中国教育统计年鉴

EDUCATIONAL STATISTICS YEARBOOK OF CHINA

2004

中华人民共和国
教育部发展规划司

DEPARTMENT OF DEVELOPMENT & PLANNING
MINISTRY OF EDUCATION
THE PEOPLE'S REPUBLIC OF CHINA

图书在版编目（CIP）数据

中国教育统计年鉴．2004/教育部发展规划司编．
北京：人民教育出版社，2005
ISBN 7－107－19118－7

Ⅰ．中...
Ⅱ．教...
Ⅲ．教育统计—统计资料—中国—2004—年鉴
Ⅳ．G526．6－54

中国版本图书馆 CIP 数据核字（2005）第 120071 号

人民教育出版社 出版发行
（北京市海淀区中关村南大街 17 号院 1 号楼　邮编：100081）
网址： http://www.pep.com.cn
山东新华印刷厂德州厂印装　　全国新华书店经销
2005 年 10 月第 1 版　　2005 年 10 月第 1 次印刷
开本：787 毫米×1 092 毫米　1/16　印张：43.75
字数：918 千字　　印数：0 001～1 200 册
定价：90.00 元

《中国教育统计年鉴》
编辑委员会名单

说　明

《中国教育统计年鉴》(2004)是一本全面反映中华人民共和国教育事业发展情况的资料性年鉴，是由教育部发展规划司根据全国各省、自治区、直辖市教育委员会、教育厅填报的学校基层报表数字整理汇编而成的。教育部教育管理信息中心承担了数据的计算机处理汇总工作。

本年鉴包括以下部分：综合部分、高等教育、中等教育、初等教育、幼儿教育、特殊教育、全国各级各类学校的分布情况、办学条件、科学研究等。

本年鉴是各有关部门研究教育改革和发展的必备资料工具书，是教育界各机关、学校指导部门制定教育计划、指导教育改革必不可少的依据。

本年鉴所列资料，暂缺台湾省、香港特别行政区和澳门特别行政区的数字；凡未注明年份的均为2004年的数字。

Notes from the Compiler

The Educational Statistics Yearbook of China for 2004 is an informational yearbook comprehensively reflecting the development of the educational undertaking of the People's Republic of China, and it was compiled by the Department of Development and Planning of Ministry of Education, based on the synthetic statistical returns relating to schools of various types and levels completed by the Educational Commissions (or the Bureaus of Education) of the provincial governments and the goverments of various autonomous regions and municipalities directly under the State Council All data were processed and calculated using Computers by the Educational Management Information Center of Ministry of Education.

The yearbook is composed of the following parts: summary tables, higher education, secondary education, primary education, pre-primary education, special education, geographical distribution of schools by type and level, Physical Facilities, Scientific Research Activities.

The yearbook is a requisite reference for all departments concerned with the study of educational reform and development, and provides indispensable factual information to the educational community (circles), the state organs, and all supervisory bodies of education (schools) engaged in curricular development and the guidance of educational reform.

The yearbook lacks the data of Taiwan Province. Hong Kong Special Administrative Region and Macao Special Administrative Region. Data in tables are for 2004, unless otherwise notified.

目　录

第一部分　教育事业发展

一、综合部分

二、高等教育

三、中等教育

(一)高中阶段教育

(二)初中阶段教育

四、初等教育

五、工读学校

六、特殊教育

七、幼儿教育

八、各级各类学校分布情况

第二部分 办学条件

一、教育经费

二、教育基本建设投资

三、仪器设备

第三部分 科学研究活动及其他

一、自然科学与技术

二、社会科学

附表：

CONTENTS

Part Ⅰ

THE DEVELOPMENT OF THE EDUCTIONAL UNDERTAKING

Summary Tables

Higher Education

Secondary Education

Senior Seconday

Junior Secondary Education

Primary Education (Primary Schools)

Correctional Work-Study Schools

Special Education

Pre – Primary Education

Ceographical Distribution of Schools by Tyre adn Level

Part Ⅱ

PHYSICAL FACILITIES

Public Expenditure on Education

Capital Construction Investment in the Educational Sector

Instrument and Equipment

Part Ⅲ

SCIENTIFIC RESEARCH ACTIVITES & OTHER

Natural Science and Technology

Social Science

Appendixes

第一部分
Part I

教育事业发展
THE DEVELOPMENT OF THE EDUCATIONAL UNDERTAKING

一、综合部分
Summary Tables

各级各类学校校数、教职工、专任教师情况

Number of Schools of all Types and Levels of Staff and Fulltime Teachers

	学校数(所) No. of Schools	教职工数(人) Staff & Workers	专任教师(人) Fulltime Teachers
一、高等教育 Higher Education			
(一)研究生培养机构(不计校数) Institutions Providing Postgraduate Programs	(769)		
1. 普通高校 Regular HEIs	(454)		
2. 科研机构 Research Institutes	(315)		
(二)普通高等学校 Regular HEIs	1731	1610658	858393
1. 本科院校 University	684	1137005	575334
2. 专科院校 Non-university Tertiary	1047	403616	237654
其中:职业技术学院 of Which: Tertiary Vocational-technical Colleges	872	327536	193432
3. 其他机构(点)(不计校数) Other Institutions	(364)	70037	45405
其中:独立学院	(249)	53211	35448
(三)成人高等学校 Adult HEIs	505	154986	86065
(四)民办的其他高等教育机构 Non-state/Private HEIs	1187	54941	26048
二、中等教育 Secondary Education	97144	6753421	5438391
(一)高中阶段教育 Senior Secondary Education	31407	6716633	1932934
1. 高中 Senior Secondary Schools	16953	5632941	1196897
普通高中 Regular Schools	15998	5623981	1190681
成人高中 Adult Schools	955	8960	6216
2. 中等职业教育 Secondary Vocational Schools	14454	1083692	736037
普通中专 Regular Specialized Sec. Schools	3047	332770	197084
成人中专 Adult SSSs	2742	125266	75758
职业高中 Vocational High Schools	5781	377221	270612
技工学校 Skilled Workers Schools	2884	205000	165000
其他机构(教学点)(不计校数) Other Institutions	(2295)	43435	27583
(二)初中阶段教育 Junior Secondary Education	65737	36788	3505457
1. 普通初中 Regular Junior Secondary Schools	63060		3476784
2. 职业初中 Vocational JSSs	697	27997	23680
3. 成人初中 Adult JSSs	1980	8791	4993
三、初等教育 Primary Education	463635	6311639	5672189
(一)普通小学 Regular Primary Schools	394183	6171358	5628860
(二)成人小学 Adult Primary Schools	69452	140281	43329
其中:扫盲班 of Which: Eliminate Illiteracy Classes	47239	108409	28941
四、工读学校 Correctional Work-Study Schools	76	2539	1533
五、特殊教育 Special Education Schools	1560	41384	31058
六、学前教育 Pre-school Education Institutions	117899	1047323	656083

注:普通高中的教职工数中包含普通初中的教职工数。

Note: Data on Staff and workers in regular junior secondary schools are included in the data of regular senior secondary schools.

各级各类学历教育学生情况

Number of Graduates, Entrants, Enrolment of Schools of All Types and Level Providing Formal Programs

	毕业生数(人) Groduates	招生数(人) New Entrants	在校生数(人) Total Enrolment
一、高等教育 Higher Education			
(一)研究生 Postgraduates	150777	326286	819896
博　士 Doctor's Degree	23446	53284	165610
硕　士 Master's Degree	127331	273002	654286
(二)普通本专科 Undergraduates in Regular HEIs	2391152	4473422	13334969
本　科 Normal Courses	1196290	2099151	7378436
专　科 Short-cycle Courses	1194862	2374271	5956533
(三)成人本专科 Undergraduates in Adult HEIs	1896152	2211580	4197956
本　科 Normal Courses	540356	759434	1415954
专　科 Short-cycle Courses	1355796	1452146	2782002
(四)其他各类高等学历教育 Students Enrolled in Other Formal Programs			
1. 在职人员攻读博士、硕士学位 Employed People Enrolled in Doctoral and Master's Degree Programs		78171	201448
2. 网络本专科生 Web-based Undergraduates	393715	839325	2365908
本　科 Normal Courses	211728	427811	1270458
专　科 Short-cycle Courses	181987	411514	1095450
3. 学历文凭考试 Students Preparing for Exams Awarding Formal Qualifications	110559	129805	353532
4. 其他 Others	43738		61937
二、中等教育 Secondary Education	30750473	34823585	102252797
(一)高中阶段教育 Senior Secondary Education	9199853	13877141	36489861
1. 高中 Senior Secondary Schools	5607914	8215096	22397394
普通高中 Regular Schools	5469351	8215096	22203701
成人高中 Adult Schools	138563		193693
2. 中等职业教育 Secondary Vocational Schools	3591939	5662045	14092467
普通中专 Regular Specialized Sec. Schools	1405817	2038445	5544733
成人中专 Adult SSSs	395513	400017	1033488
职业高中 Vocational High Schools	1255609	2126583	5169246
技工学校 Skilled Workers Schools	535000	1097000	2345000
(二)初中阶段教育 Junior Secondary Education	21550620	20946444	65762936
1. 普通初中 Regular Junior Secondary Schools	20703868	20782272	64750006
2. 职业初中 Vocational JSSs	169130	164172	525134
3. 成人初中 Adult JSSs	677622		487796
三、初等教育 Primary Education	24947962	17470128	116304169
(一)普通小学 Regular Primary Schools	21351726	17470128	112462256
(二)成人小学 Adult Primary Schools	3596236		3841913
其中:扫盲班 of Which: Eliminate Illiteracy Classes	2045819		2425446
四、工读学校 Correctional Work-Study Schools	3507	3121	7975
五、特殊教育 Special Education Schools	46727	50771	371813
六、学前教育 Pre-school Education Institutions	10597227	13503007	20894002

注:特殊教育学生数中包括普通中小学随班就读的学生。

Note: Number of The Students Followed in The Regular Primary and Middle Sohool in the Special Education.

各级各类非学历教育学生情况

Date on Students Enrollment in Non-formal Programmes of All Types and Levels

	结业生数(人) Corupleters	注册生数(人) Enrolment
一、高等教育 Higher Education	3184011	2427394
(一)研究生课程进修班 Postgraduate Courses	83868	100708
(二)自考助学班 Classes runby Non-state/Private HEIs for Students Preparingfor State-administered Examinatims for Self-directed Learners	218623	739247
(三)普通预科生 College-preparatory Classes		29954
(四)进修及培训 In-service Training	2881520	1557485
其中:资格证书培训 For Certificates of Vocational Qualifications	598737	246775
岗位证书培训 For Certificates of Job-related Qualifications	638334	343068
二、中等职业教育 Secondary Vocational Education	69573448	61983457
其中:资格证书培训 For Certificates of Vocational Qualifications	5410587	4258794
岗位证书培训 For Certificates of Job-related Qualifications	7010397	4663836
(一)中等职业学校 Secondary Vocational Schools	7803545	4502075
其中:资格证书培训 For Certificates of Vocational Qualifications	1748718	1116670
岗位证书培训 For Certificates of Job-related Qualifications	1564132	729416
(二)职业技术培训机构 Other Vocational-technical Training Institutions	61769903	57481382
其中:资格证书培训 For Certificates of Vocational Qualifications	3661869	3142124
岗位证书培训 For Certificates of Job-related Qualifications	5446265	3934420

各级民办教育基本情况

Data on Non-state/Private Schools

	学校数(所) Schools	毕业生数(人) Graduates	招生数(人) Entrants	在校生数(人) Enrollment	教职工数(人) Staff & Worker	专任教师(人) Fulltime Teacher
一、高等教育 Higher Education						
(一)普通高等教育 Regular HEIs		118961	625995	1396295	134862	81521
1. 普通高校 Regular HEIs	226	87963	318907	709636	81651	46073
本科学生 Normal Courses		3266	21635	76420		
专科学生 Short-cycle Courses		84697	297272	633216		
2. 独立学院	(249)	30998	307088	686659	53211	35448
(二)成人高校 Adult HEIs	2	824	570	1220	240	131
(三)民办的其他高等教育机构 Non-state/Private HEIs	1187	698347		1053259	54941	26048
二、中等教育机构						
(一)高中阶段教育 Senior Secondary Education	4586	575569	1299601	2946764	423286	290242
其中:普通高中 of Which:Regular senior Sec.Schools	2953	333220	785088	1847315	345419	243819
中等职业学校 Secondary Vocational Schools	1633	242349	514513	1099449	77867	46423
(二)初中阶段教育 Junior Secondary Education	4243	718879	1151749	3171786	834	634
其中:普通初中 of Which:Regular Junior Sec.Schools	4219	714917	1146372	3156837		
职业初中 Vocational JSSs	24	3962	5377	14949	834	634
(三)职业技术培训机构 Other Vocational-technical Training Institutions	19424	6295595		6790535	182896	96291
三、普通小学 Regular Primary Schools	6047	434241	564595	3283213	192704	139432
四、幼儿园 Kindergarters	62167	2089228	3200860	5841073	466024	276221

注:"()"内数据不计校数。

各级各类学校女学生数

Number of Female Students of Schools of All Levels & Types

单位：万人

Unit:in 10 thousand

	总计 Total	男 Male	女学生 Female Students 人数 Number	占学生总数的比重(%) Percentage
一、高等教育 Higher Education				
(一)研究生 Postgraduates	81.99	47.91	34.08	41.57
博　士 Doctor's Degree	16.56	11.37	5.19	31.37
硕　士 Master's Degree	65.43	36.54	28.89	44.15
(二)普通本专科 Undergraduates in Regular HEIs	1333.50	724.81	608.68	45.65
本　科 Normal Courses	737.84	414.01	323.84	43.89
专　科 Short-cycle Courses	595.65	310.81	284.85	47.82
(三)成人本专科 Undergraduates in Adult HEIs	419.80	210.11	209.69	49.95
本　科 Normal Courses	141.60	70.77	70.82	50.02
专　科 Short-cycle Courses	278.20	139.33	138.87	49.92
(四)其他各类高等学历教育 Students Enrolled in Other Formal Programs				
1. 在职人员攻读博士、硕士学位 Employed People Enrolled in Doctoral and Master's Degree Programs	20.14	14.87	5.27	26.17
2. 网络本专科生 Web-based Undergraduates	236.59	120.29	116.30	49.16
本　科 Normal Courses	127.05	65.09	61.96	48.77
专　科 Short-cycle Courses	109.55	55.20	54.35	49.61
3. 学历文凭考试 Students Preparing for Exams Awarding Formal Qualifications	35.35	18.18	17.17	48.57
4. 其他 Others	6.19	3.03	3.17	51.13
二、中等教育 Secondary Education				
(一)高中阶段教育 Senior Secondary Education				
1. 高中 Senior Secondary Schools				
普通高中 Regular Schools	2220.37	1203.29	1017.08	45.81
成人高中 Adult Schools	19.37	10.90	8.47	43.72
2. 中等职业教育 Secondary Vocational Schools				
普通中专 Regular Specialized Sec. Schools	554.47	249.29	305.19	55.04
成人中专 Adult SSSs	103.35	52.98	50.37	48.74
职业高中 Vocational High Schools	516.92	267.85	249.07	48.18
技工学校 Skilled Workers Schools				
(二)初中阶段教育 Junior Secondary Education				
1. 普通初中 Regular Junior Secondary Schools	6475.00	3407.77	3067.23	47.37
2. 职业初中 Vocational JSSs	52.51	28.11	24.41	46.48
3. 成人初中 Adult JSSs	48.78	29.30	19.48	39.93
三、初等教育 Primary Education				
(一)普通小学 Regular Primary Schools	11246.23	5965.07	5291.15	46.96
(二)成人小学 Adult Primary Schools	384.19	179.20	204.99	53.36
其中：扫盲班 of Which: Eliminate Illiteracy Classes	242.54	108.97	133.58	55.07
四、工读学校 Correctional Work-Study Schools	0.80	0.72	0.08	9.81
五、特殊教育 Special Education Schools	37.18	24.16	13.02	35.02
六、学前教育 Pre-school Education Institutions	2089.40	1145.60	943.80	45.17

各级各类学校女教师、教职工数

Number of Female Teachers, Staff & Workers of Schools of All Levels & Types

单位:万人

Unit:in 10 thousand

	教职工计 Teachers, Staff & Workers	其中:女教职工 Female Teachers, Staff & Workers		专任教师计 Full-time Teachers	其中:女专任教师 Female Full-time Teachers	
		人数 Number	占教职工总数的比重(%) Percentage		人数 Number	占专任教师总数的比重(%) Percentage
一、高等教育 Higher Education						
(一)研究生培养机构(不计校数) Institutions Providing Postgraduate Programs						
1. 普通高校 Regular HEIs						
2. 科研机构 Research Institutes						
(二)普通高等学校 Regular HEIs	161.07	69.09	42.89	85.84	36.46	42.47
1. 本科院校 University	113.70	48.14	42.34	57.53	23.68	41.17
2. 专科院校 Non-university Tertiary	40.36	17.89	44.32	23.77	10.81	45.47
其中:职业技术学院 of Which: Tertiary Vocational-technical Colleges	32.75	14.46	44.15	19.34	8.78	45.39
3. 其他机构(点)(不计校数) Other Institutions	7.00	3.06	43.65	4.54	1.96	43.26
其中:独立学院	5.32	2.34	44.04	3.54	1.53	43.17
(三)成人高等学校 Adult HEIs	15.50	6.98	45.01	8.61	4.00	46.50
(四)民办的其他高等教育机构 Non-state/Private HEIs	5.49	2.37	43.19	2.60	1.12	43.08
二、中等教育 Secondary Education						
(一)高中阶段教育 Senior Secondary Education						
1. 高中 Senior Secondary Schools						
普通高中 Regular Schools	562.40	240.00	42.67	119.07	49.67	41.71
成人高中 Adult Schools						
2. 中等职业教育 Secondary Vocational Schools						
普通中专 Regular Specialized Sec. Schools	33.28	14.91	44.82	19.71	9.30	47.19
成人中专 Adult SSSs	12.53	5.27	42.09	7.58	3.33	43.94
职业高中 Vocational High Schools	37.72	16.61	44.04	27.06	12.68	46.84
技工学校 Skilled Workers Schools						
其他机构(教学点)(不计校数) Other Institutions	4.34	1.90	43.70	2.76	1.27	46.10
(二)初中阶段教育 Junior Secondary Education						
1. 普通初中 Regular Junior Secondary Schools				347.68	159.50	45.88
2. 职业初中 Vocational JSSs	2.80	1.00	35.61	2.37	0.91	38.42
3. 成人初中 Adult JSSs						
三、初等教育 Primary Education						
(一)普通小学 Regular Primary Schools	617.14	323.45	52.41	562.89	305.17	54.22
(二)成人小学 Adult Primary Schools						
其中:扫盲班 of Which: Eliminate Illiteracy Classes						
四、工读学校 Correctional Work-Study Schools	0.25	0.08	30.68	0.15	0.05	30.53
五、特殊教育 Special Education Schools	4.14	2.78	67.06	3.11	2.26	72.65
六、学前教育 Pre-school Education Institutions	104.73	97.68	93.26	65.61	64.46	98.25

注:普通高中的教职工数中包含普通初中的教职工数。

Note:Data on staff and workers in Junior Secondary schools are included in the dala of Fenior Secondary Schools.

各级各类学校少数民族学生数

Number of Minority Students of Schools of All Levels & Types

单位:万人

Unit:in 10 thousand

	总计 Total	少数民族学生 Minority Students	
		人数 Number	占学生总数的比重(%) Percentage
一、高等教育 Higher Education			
(一)研究生 Postgraduates	81.99	3.30	4.02
博　士 Doctor's Degree	16.56	0.65	3.95
硕　士 Master's Degree	65.43	2.64	4.04
(二)普通本专科 Undergraduates in Regular HEIs	1333.50	77.43	5.81
本　科 Normal Courses	737.84	46.32	6.28
专　科 Short-cycle Courses	595.65	31.11	5.22
(三)成人本专科 Undergraduates in Adult HEIs	419.80	29.26	6.97
本　科 Normal Courses	141.60	9.50	6.71
专　科 Short-cycle Courses	278.20	19.76	7.10
(四)其他各类高等学历教育 Students Enrolled in Other Formal Programs			
1. 在职人员攻读博士、硕士学位 Employed People Enrolled in Doctoral and Master's Degree Programs	20.14		
2. 网络本专科生 Web-based Undergraduates	236.59	8.97	3.79
本　科 Normal Courses	127.05		
专　科 Short-cycle Courses	109.55		
3. 学历文凭考试 Students Preparing for Exams Awarding Formal Qualifications	35.35	0.98	2.78
4. 自学考试 Students Preparirg for State-administered Eraminations For self-directed learners.			
5. 其他 Others	6.19	0.38	6.09
二、中等教育 Secondary Education			
(一)高中阶段教育 Senior Secondary Education			
1. 高中 Senior Secondary Schools			
普通高中 Regular Schools	2220.37	145.39	6.55
成人高中 Adult Schools			
2. 中等职业教育 Secondary Vocational Schools			
普通中专 Regular Specialized Sec. Schools	554.47	33.14	5.98
成人中专 Adult SSSs	103.35	4.94	4.78
职业高中 Vocational High Schools	516.92	18.75	3.63
技工学校 Skilled Workers Schools			
(二)初中阶段教育 Junior Secondary Education			
1. 普通初中 Regular Junior Secondary Schools	6475.00	530.72	8.20
2. 职业初中 Vocational JSSs	52.51	8.95	17.05
3. 成人初中 Adult JSSs			
三、初等教育 Primary Education			
(一)普通小学 Regular Primary Schools	11246.23	1097.15	9.76
(二)成人小学 Adult Primary Schools	384.19	47.87	12.46
其中:扫盲班 of Which: Eliminate Illiteracy Classes			
四、工读学校 Correctional Work-Study Schools			
五、特殊教育 Special Education Schools	37.18	2.64	7.10
六、学前教育 Pre-school Education Institutions	2089.40	125.26	5.99

各级各类学校少数民族教职工数

Number of Minority Teachers, Staff & Workers of Schools of All Levels & Types

单位:万人

Unit:in 10 thousand

	教职工计 Teachers, Staff & Workers	少数民族教职工 Minority Teachers, Staff & Workers		专任教师计 Full-time Teachers	少数民族专任教师 Minority Full-time Teachers	
		人数 Number	占教职工总数的比重(%) Percentage		人数 Number	占专任教师总数的比重(%) Percentage
一、高等教育 Higher Education						
(一)研究生培养机构(不计校数) Institutions Providing Postgraduate Programs						
1. 普通高校 Regular HEIs						
2. 科研机构 Research Institutes						
(二)普通高等学校 Regular HEIs	161.07	7.89	4.90	85.84	4.30	5.01
1. 本科院校 University	113.70	5.77	5.08	57.53	3.01	5.24
2. 专科院校 Non-university Tertiary	40.36	1.87	4.64	23.77	1.12	4.73
其中:职业技术学院 of Which: Tertiary Vocational-technical Colleges	32.75	1.27	3.86	19.34	0.76	3.91
3. 其他机构(点)(不计校数) Other Institutions	7.00	0.25	3.52	4.54	0.16	3.52
其中:独立学院	5.32	0.20	3.75	3.54	0.13	3.72
(三)成人高等学校 Adult HEIs	15.50	0.73	4.70	8.61	0.41	4.82
(四)民办的其他高等教育机构 Non-state/Private HEIs	5.49	0.09	1.58	2.60	0.04	1.58
二、中等教育 Secondary Education						
(一)高中阶段教育 Senior Secondary Education						
1. 高中 Senior Secondary Schools						
普通高中 Regular Schools	562.40	41.16	7.32	119.07	7.36	6.18
成人高中 Adult Schools						
2. 中等职业教育 Secondary Vocational Schools						
普通中专 Regular Specialized Sec. Schools	33.28	2.06	6.20	19.71	1.29	6.55
成人中专 Adult SSSs	12.53	0.63	5.05	7.58	0.40	5.23
职业高中 Vocational High Schools	37.72	1.35	3.59	27.06	0.94	3.49
技工学校 Skilled Workers Schools						
其他机构(教学点)(不计校数) Other Institutions	4.34	0.15	3.40	2.76	0.09	3.13
(二)初中阶段教育 Junior Secondary Education						
1. 普通初中 Regular Junior Secondary Schools				347.68	27.25	7.84
2. 职业初中 Vocational JSSs	2.80	0.32	11.58	2.37	0.28	11.84
3. 成人初中 Adult JSSs						
三、初等教育 Primary Education						
(一)普通小学 Regular Primary Schools	617.14	62.26	10.09	562.89	56.86	10.10
(二)成人小学 Adult Primary Schools	14.03	1.50	10.68	4.33	0.31	7.14
其中:扫盲班 of Which: Eliminate Illiteracy Classes						
四、工读学校 Correctional Work-Study Schools						
五、特殊教育 Special Education Schools	4.14	0.21	5.04	3.11	0.16	5.14
六、学前教育 Pre-school Education Institutions	104.73	4.32	4.12	65.61	2.88	4.39

注:普通高中少数民族教职工数包括普通初中少数民族教职工数。

Note: The number of minority teachers, staff and workers employed by Junior Secondary Schools is included in that employ by Seniro Secondary Schools。

各级各类学校校数

Number of Schools of All Levels & Types

单位:所

Unit : Number of Schools

	1949	1965	1978	1980	1985	2000	2003	2004
一、高等教育 Higher Education								
(一)研究生培养机构(不计校数) Institutions Providing Postgraduate Programs						738	720	769
1. 普通高校 Regular HEIs						415	407	454
2. 科研机构 Research Institutes						323	313	315
(二)普通高等学校 Regular HEIs	205	434	598	675	1016	1041	1552	1731
1. 本科院校 University						599	644	684
2. 专科院校 Non-university Tertiary						442	908	1047
其中:职业技术学院 of Which: Tertiary Vocational-technical Colleges							711	872
3. 分校、大专班(点)(不计校数) Branch Schools & SCHE Classes							284	364
(三)成人高等学校 Adult HEIs	1	964	10395	2775	1216	772	558	505
(四)民办的其他高等教育机构 Non-state/Private HEIs							1104	1187
1. 学历文凭考试机构 Institutions Adm. Exams for Formal							384	
2. 非学历文凭考试机构 Institutions Adm. Exams for Non-formal							720	
二、中等教育 Secondary Education								97144
(一)高中阶段教育 Senior Secondary Education							31883	31407
1. 高中 Senior Secondary Schools							17096	16953
普通高中 Regular Schools	1597	4112	49215	31300	17318	14564	15779	15998
成人高中 Adult Schools						1939	1317	955
2. 中等职业教育 Secondary Vocational Schools							14787	14454
普通中专 Regular Specialized Sec. Schools	1171	1265	2760	3069	3557	3646	3065	3047
成人中专 Adult SSSs						4634	2823	2742
职业高中 Vocational High Schools						7655	5824	5781
技工学校 Skilled Workers Schools	3	281	2013	3305	3548	3792	3075	2884
其他机构(教学点)(不计校数) Other Institutions							2275	2295
(二)初中阶段教育 Junior Secondary Education								65737
1. 普通初中 Regular Junior Secondary Schools	2448	13990	113130	87077	75903	62704	63711	63060
2. 职业初中 Vocational JSSs						1194	1019	697
3. 成人初中 Adult JSSs						2001	1920	1980
三、初等教育 Primary Education								463635
(一)普通小学 Regular Primary Schools	346769	1681939	949323	917316	832309	553622	425846	394183
(二)成人小学 Adult Primary Schools					100337	156839	82713	69452
其中:扫盲班 of Which: Eliminate Illiteracy Classes					176076	104863	55901	47239
四、工读学校 Correctional Work-Study Schools	–	–	–	…	98	74	82	76
五、特殊教育 Special Education Schools	…	266	292	292	375	1539	1551	1560
六、学前教育 Pre-school Education Institutions	…	19226	163952	170419	172262	175836	116390	117899

各级各类学历教育学生数

Number of Enrolment of Schools of All Types and Level Providing Formal Programs

单位:万人

Unit:in 10 Thousand

	1949	1965	1978	1980	1985	2000	2003	2004
一、高等教育 Higher Education								
(一)研究生 Postgraduates	629	4546	10934	21604	87331	301239	651260	819896
(二)普通本专科 Undergraduates in Regular HEIs	11.65	67.44	85.63	114.37	170.31	556.09	1108.56	1333.50
(三)成人本专科 Undergraduates in Adult HEIs	0.01	41.30	140.8	155.4	172.50	353.64	559.16	419.8
(四)其他各类高等学历教育 Students Enrolled in Other Formal Programs								
1. 在职人员攻读博士、硕士学位 Employed People Enrolled in Doctoral and Master's Degree Programs							14.97	20.14
2. 网络本专科生 Web-based Undergraduates							50.07	236.59
3. 学历文凭考试 Students Preparing for Exams Awarding Formal Qualifications							39.38	35.35
二、中等教育 Secondary Education								10225.28
(一)高中阶段教育 Senior Secondary Education							3241.35	3648.99
1. 高中 Senior Secondary Schools								2239.74
普通高中 Regular Schools	20.72	130.82	1553.08	969.79	741.13	1201.26	1964.83	2220.37
成人高中 Adult Schools				75.12	138.98	32.40	21.85	19.37
2. 中等职业教育 Secondary Vocational Schools							1254.68	1409.25
普通中专 Regular Specialized Sec. Schools	22.88	54.74	88.92	124.34	157.11	489.52	502.37	554.47
成人中专 Adult SSSs	0.01	351.8	123.9	449.4		169.26	105.45	103.35
职业高中 Vocational High Schools	–	77.50	…	31.92	184.34	414.56	455.76	516.92
技工学校 Skilled Workers Schools	0.27	10.10	38.20	70.04	74.17	140.1	191.1	234.50
(二)初中阶段教育 Junior Secondary Education								6576.29
1. 普通初中 Regular Junior Secondary Schools	83.18	802.97	4995.17	4538.29	3964.83	6167.65	6618.42	6475.00
2. 职业初中 Vocational JSSs	–	365.84	…	13.45	45.23	88.64	72.41	52.51
3. 成人初中 Adult JSSs				302.57	273.30	18.77	52.82	48.78
三、初等教育 Primary Education								11630.42
(一)普通小学 Regular Primary Schools	2439.10	11620.90	14624.00	14627.00	13370.20	13013.25	11689.74	11246.23
(二)成人小学 Adult Primary Schools	1326.8	823.7	6467.2	1646.1	303.23	480.88	381.49	384.19
其中:扫盲班 of Which: Eliminate Illiteracy Classes	1326.8		1806.7	1220.9	518.98	249.32	195.22	242.54
四、工读学校 Correctional Work-Study Schools	–	–	–	…	0.65	0.77	0.75	0.80
五、特殊教育 Special Education Schools	…	2.29	3.09	3.31	4.17	37.76	36.47	37.18
六、学前教育 Pre-school Education Institutions	…	171.30	787.70	1150.80	1479.70	2244.18	2003.91	2089.40

各级各类学历教育招生数

Number of New Entrants of Schools of All Types and Level Providing Formal Programs

单位:万人

Unit:in 10 Thousand

	1949	1965	1978	1980	1985	2000	2003	2004
一、高等教育 Higher Education								
(一)研究生 Postgraduates	242	1456	10708	3616	46871	128484	268925	326286
(二)普通本专科 Undergraduates in Regular HEIs	3.06	16.42	40.15	28.12	61.92	220.61	382.17	447.34
(三)成人本专科 Undergraduates in Adult HEIs					78.78	156.15		221.16
(四)其他各类高等学历教育 Students Enrolled in Other Formal Programs								
1. 在职人员攻读博士、硕士学位 Employed People Enrolled in Doctoral and Master's Degree Programs							5.97	7.82
2. 网络本专科生 Web-based Undergraduates							22.39	83.93
3. 学历文凭考试 Students Preparing for Exams Awarding Formal Qualifications							15.80	12.98
二、中等教育 Secondary Education								3482.36
(一)高中阶段教育 Senior Secondary Education							1261.66	1387.71
1. 高中 Senior Secondary Schools								821.51
普通高中 Regular Schools	7.11	45.89	692.91	383.40	257.51	472.69	752.13	821.51
成人高中 Adult Schools				50.05	107.61	30.47		
2. 中等职业教育 Secondary Vocational Schools							509.53	566.20
普通中专 Regular Specialized Sec. Schools	9.74	20.85	44.70	46.76	66.83	132.59	183.88	203.84
成人中专 Adult SSSs				152.22		53.39	42.98	40.00
职业高中 Vocational High Schools	–	55.67	...	24.06	98.49	150.39	197.26	212.66
技工学校 Skilled Workers Schools	...	...	25.70	33.13	35.54	50.38	85.41	109.70
(二)初中阶段教育 Junior Secondary Education								2094.64
1. 普通初中 Regular Junior Secondary Schools	34.12	299.89	2005.98	1550.91	1349.40	2263.3	2195.31	2078.23
2. 职业初中 Vocational JSSs	–	250.81	...	6.66	17.61	32.27	24.82	16.42
3. 成人初中 Adult JSSs				194.81	237.02	14.67		
三、初等教育 Primary Education								1747.01
(一)普通小学 Regular Primary Schools	680.00	3296.02	3315.36	2942.34	2298.17	1946.47	1829.39	1747.01
(二)成人小学 Adult Primary Schools				248.29	194.95	452.52		
其中:扫盲班 of Which: Eliminate Illiteracy Classes				720.48	326.14	210.61		
四、工读学校 Correctional Work-Study Schools	–	–	–	...	0.32	0.44	0.34	0.31
五、特殊教育 Special Education Schools	...	...	0.59	0.59	0.92	5.29	4.88	5.08
六、学前教育 Pre-school Education Institutions	...					1531.11	1316.79	1350.30

各级各类学校教职工数

Number of Staff and Workers of Schools of All Levels & Types

单位:万人

Unit : in 10 thousand

	1949	1965	1978	1980	1985	2000	2003	2004
一、高等教育 Higher Education								
(一)研究生培养机构(不计校数) Institutions Providing Postgraduate Programs								
1. 普通高校 Regular HEIs								
2. 科研机构 Research Institutes								
(二)普通高等学校 Regular HEIs	4.60	33.30	51.80	63.20	87.06	111.28	145.26	161.07
1. 本科院校 HEIs Offering Degree Programs						92.69	106.06	113.70
2. 专科院校 Short-cycle HEIs						17.50	35.06	40.36
其中:职业技术学院 of Which: Tertiary Vocational-technical Colleges							26.82	32.75
3. 分校、大专班(点)(不计校数) Branch Schools & SCHE Classes						1.08	4.14	7.01
(三)成人高等学校 Adult HEIs				6.45	14.34	18.70	16.81	15.50
(四)民办的其他高等教育机构 Non-state/Private HEIs							5.25	5.49
1. 学历文凭考试机构 Institutions Adm. Exams for Formal							2.97	
2. 非学历文凭考试机构 Institutions Adm. Exams for Non-formal							2.28	
二、中等教育 Secondary Education								
(一)高中阶段教育 Senior Secondary Education							658.95	671.66
1. 高中 Senior Secondary Schools							550.54	563.29
普通高中 Regular Schools	10.40	67.70	391.70	389.70	355.69	491.1	549.65	562.40
成人高中 Adult Schools					5.65	2.17	0.88	0.90
2. 中等职业教育 Secondary Vocational Schools							108.42	108.37
普通中专 Regular Specialized Sec. Schools	2.40	12.20	23.70	29.80	40.32	48.81	34.7	33.28
成人中专 Adult SSSs				3.19		20.84	12.61	12.53
职业高中 Vocational High Schools	–	30.60	...	4.10	21.59	44.69	36.33	37.72
技工学校 Skilled Workers Schools	...	...	6.66	13.61	21.53	23.96	20.34	20.50
其他机构(教学点)(不计校数) Other Institutions							4.43	4.34
(二)初中阶段教育 Junior Secondary Education								
1. 普通初中 Regular Junior Secondary Schools								
2. 职业初中 Vocational JSSs							3.63	2.80
3. 成人初中 Adult JSSs					7.29	0.79	0.82	0.88
三、初等教育 Primary Education								631.16
(一)普通小学 Regular Primary Schools	84.90	407.50	562.00	605.40	602.10	645.49	625.62	617.13
(二)成人小学 Adult Primary Schools				2.02		16.24	12.41	14.03
其中:扫盲班 of Which: Eliminate Illiteracy Classes				7.40		11.01	8.63	10.84
四、工读学校 Correctional Work-Study Schools	–	–	–	...	0.32	0.27	0.26	0.25
五、特殊教育 Special Education Schools	...	0.37	0.69	0.80	1.15	4.37	4.09	4.14
六、学前教育 Pre-school Education Institutions	...	16.20	46.90	61.00	79.80	114.43	97.32	104.73

各级各类学校专任教师数

Number of Fulltime Teachers of Schools of All Levels & Types

单位:万人

Unit : in 10 thousand

	1949	1965	1978	1980	1985	2000	2003	2004
一、高等教育 Higher Education								
(一)研究生培养机构(不计校数) Institutions Providing Postgraduate Programs								
1. 普通高校 Regular HEIs								
2. 科研机构 Research Institutes								
(二)普通高等学校 Regular HEIs	1.61	13.81	20.63	24.69	34.43	46.28	72.47	85.84
1. 本科院校 HEIs Offering Degree Programs						37.08	50.25	57.53
2. 专科院校 Short-cycle HEIs						8.66	19.69	23.77
其中:职业技术学院 of Which: Tertiary Vocational-technical Colleges							14.95	19.34
3. 分校、大专班(点)(不计校数) Branch Schools & SCHE Classes						0.53	2.53	4.54
(三)成人高等学校 Adult HEIs				3.32	6.93	9.34	8.89	8.61
(四)民办的其他高等教育机构 Non-state/Private HEIs							2.45	2.60
1. 学历文凭考试机构 Institutions Adm. Exams for Formal							1.37	
2. 非学历文凭考试机构 Institutions Adm. Exams for Non-formal							1.08	
二、中等教育 Secondary Education								542.64
(一)高中阶段教育 Senior Secondary Education							176.26	193.29
1. 高中 Senior Secondary Schools							107.66	119.69
普通高中 Regular Schools	1.40	7.79	74.13	57.07	49.17	75.69	107.06	119.07
成人高中 Adult Schools					3.23	1.35	0.61	0.62
2. 中等职业教育 Secondary Vocational Schools							68.60	73.60
普通中专 Regular Specialized Sec. Schools	1.56	5.51	9.96	12.87	17.40	25.64	19.86	19.71
成人中专 Adult SSSs				1.78		11.83	7.53	7.58
职业高中 Vocational High Schools	–	5.29	...	1.65	11.58	28.18	25.79	27.06
技工学校 Skilled Workers Schools	...	...	2.80	6.14	8.89	14	12.60	16.50
其他机构(教学点)(不计校数) Other Institutions							2.81	2.76
(二)初中阶段教育 Junior Secondary Education								350.55
1. 普通初中 Regular Junior Secondary Schools	5.26	37.92	244.07	244.90	215.99	324.86	346.67	347.68
2. 职业初中 Vocational JSSs	–	14.42	...	0.67	2.49	3.83	3.08	2.37
3. 成人初中 Adult JSSs					5.00	0.43	0.48	0.50
三、初等教育 Primary Education								567.22
(一)普通小学 Regular Primary Schools	83.60	385.71	522.55	549.94	537.68	586.03	570.28	562.89
(二)成人小学 Adult Primary Schools				1.65	2.87	4.76	4.76	4.33
其中:扫盲班 of Which: Eliminate Illiteracy Classes				4.83	4.26	2.93	2.87	2.89
四、工读学校 Correctional Work-Study Schools	–	–	–	...	0.13	0.15	0.16	0.15
五、特殊教育 Special Education Schools	...	0.26	0.42	0.48	0.73	3.2	3.03	3.11
六、学前教育 Pre-school Education Institutions	...	6.18	27.75	41.07	54.99	85.65	61.29	65.61

高中阶段教育学生数的构成
Composition of Students in Senior Sec. Schools

	合计 Total	普通高中 Senior General Secondary Schools	成人高中 Adult Secondary Schools	中等职业教育 Secondary Vocational Schools				
				小计 Subtotal	中等专业学校 Specialized Sec. Schools	成人中专 Adult SSSs	职业高中 Vocational High Schools	技工学校 Skilled Worker Schools
学生数(万人) No. of Students (in 10 thousand)								
1965	622.9	130.8		492.1	52.7	351.8	77.5	10.1
1980	1720.5	969.8	75.1	675.6	124.3	449.4	31.9	70.0
1985	1295.7	741.1	139.0	415.6	157.1		184.3	74.2
1990	1528.6	717.3	47.8	763.5	224.4	158.8	247.1	133.2
2000	2463.2	1201.3	32.4	1229.5	489.5	169.3	414.6	156.1
2001	2606.3	1405.0	31.0	1170.3	457.9	189.2	383.1	140.1
2002	2889.8	1683.8	33.5	1172.5	456.4	153.3	428.1	134.7
2003	3240.9	1964.8	21.5	1254.6	502.4	105.5	455.7	191.1
2004	3649.0	2220.4	19.4	1409.3	554.5	103.3	516.9	234.5
比重(%)Percentage								
1965	100	21.0		79.0	8.5	56.5	12.4	1.6
1980	100	56.4	4.4	39.3	7.2	26.1	1.9	4.1
1985	100	57.2	10.7	32.1	12.1		14.2	5.7
1990	100	46.9	3.1	49.9	14.7	10.4	16.2	8.7
2000	100	48.8	1.3	49.9	19.9	6.9	16.8	6.3
2001	100	53.9	1.2	44.9	17.6	7.3	14.7	5.4
2002	100	58.3	1.2	40.6	15.8	5.3	14.8	4.7
2003	100	60.6	0.7	38.7	15.5	3.3	14.1	5.9
2004	100	60.9	0.5	38.6	15.2	2.8	14.2	6.4

教育规模
Size of Education

单位:万人
Unit : in 10 thousand person

年份 Year	学校数(万所) Schools (in 10 Thousand)	学生数 Enrolment	教职工数 Teachers Staff & Workers	教育人口 Educational Population	教育人口比重(%) Propotion of Education Population
1985	144	21753	1261	23014	22.0
1990	136	23654	1432	25086	22.2
1996	155	30401	1549	31950	26.2
1997	157	31076	1577	32653	26.7
1998	155	31809	1580	33389	27.0
1999	159	32672	1596	34268	27.5
2000	149	32093	1592	33685	26.8
2001	135	32135	1574	33709	26.6
2002	117	31873	1579	33452	26.2
2003	96	31989	1610	33599	26.2
2004	68	32516	1597	34113	26.4

小学学龄儿童入学率

Net Enrolment Ratio of School-age Children in Primary Schools

单位:万人

Unit:in 10 Thousand

年　份 Year	学龄儿童入学率 Net Enrolment Ratio of School-age Children in various regions.		
	全国学龄儿童数 Total No. of School-age Children	已入学学龄儿童数 No. of School-age Childen Enrolled	入学率(%) Net Enrolment Ratio
1965	11603.2	9829.1	84.7
1980	12219.6	11478.2	93.0
1985	10362.3	9942.8	95.9
1990	9740.7	9529.7	97.8
1999	12991.4	12872.8	99.1
2000	12445.3	12333.9	99.1
2001	11766.4	11561.2	99.1
2002	11310.4	11150.0	98.6
2003	10908.3	10761.6	98.7
2004	10548.1	10437.1	98.9

*1991 年以前的入学率是按 7－11 周岁统一计算的。从 1991 年起入学率是按各地不同入学年龄和学制分别计算的。

Enrolment Ratio of school-age children before 1991 was calculated on the basis of primary school pupils aged 7 - 11 enroled. From 1991 onwards its calculation has taken account of the age of entry and the length of schooling prevailing

各级教育毛入学率

Gross Enrolment Rate of Schools by Level

单位:%

Unit: %

年　份 Year	小学 Primary 按各地相应学龄计算 According to provincial primary entrant age	初中阶段 Junior 12－14 周岁 the age of 12－14	高中阶段 Senior 15－17 周岁 the age of 15－17		高等教育 IHEs 18－22 周岁 the age of 18－22
			职前	全口径	
1990	111.0	66.7	21.9		3.4
1991	109.5	69.7	23.9		3.5
1992	109.4	71.8	22.6	26.0	3.9
1993	107.3	73.1	24.1	28.4	5.0
1994	108.7	73.8	26.2	30.7	6.0
1995	106.6	78.4	28.8	33.6	7.2
1996	105.7	82.4	31.4	38.0	8.3
1997	104.9	87.1	33.8	40.6	9.1
1998	104.3	87.3	34.4	40.7	9.8
1999	104.3	88.6	35.8	41.0	10.5
2000	104.6	88.6	38.2	42.8	12.5
2001	104.5	88.7	38.6	42.8	13.3
2002	107.5	90.0	38.4	42.8	15.0
2003	107.2	92.7	42.1	43.8	17.0
2004	106.6	94.1	46.5	48.1	19.0

各级普通学校毕业生升学率

Promotion Rate of Graduates of Regular School of All Levels & Types

年　份 Year	小学升初中(%) Promotion Rate of Primary School Graduates	初中升高级中学(%) Promotion Rate of Junior Sec. School Graduates	高中升高等教育(%) Promotion Rate of Senior School Graduates
1990	74.6	40.6	27.3
1991	77.7	42.6	28.7
1992	79.7	43.6	34.9
1993	81.8	44.1	43.3
1994	86.6	47.8	46.7
1995	90.8	50.3	49.9
1996	92.6	49.8	51.0
1997	93.7	51.5	48.6
1998	94.3	50.7	46.1
1999	94.4	50.0	63.8
2000	94.9	51.2	73.2
2001	95.5	52.9	78.8
2002	97.0	58.3	83.5
2003	97.9	59.6	83.4
2004	98.1	63.8	82.5

注：高中升学率为普通高校招生数与普通高中毕业生数之比。

Note: Promotion rate of senior secondary school graduates is the ratio of total number of new entrants admitted to HEIs to the total number of graduates of regular senior secondary schools of the current year.

每十万人口各级学校平均在校生数

Number of Students of Per 100,000 Inhabitants of All Levels

单位：人

Unit: Person

年　份 Year	高等学校 Higher Education	高中阶段 Senior	初中阶段 Junior	小　学 Primary	幼儿园 Kindergarten
1990	326	1337	3426	10707	1725
1991	304	1355	3465	10502	1907
1992	313	1365	3518	10413	2072
1993	376	1448	3599	10656	2190
1994	433	1293	3681	10819	2219
1995	457	1610	3945	11010	2262
1996	470	1780	4180	11273	2208
1997	482	1905	4289	11435	2058
1998	519	1978	4408	11287	1944
1999	594	2032	4656	10855	1864
2000	723	2000	4969	10335	1782
2001	931	2021	5161	9937	1602
2002	1146	2283	5240	9525	1595
2003	1298	2523	5209	9100	1560
2004	1420	2824	5058	8725	1617

各级普通学校生师比

Pupil-Teacher Ratio of Regular Schools of All levels

单位：%

Unit：%

年份 Year	小学 Primary	初中 Junior	普通高中 Senior	职业高中 Vacational Secondary Schools	普通中专 Regular Secondary Schools	普通高校 Regular Inst. of Higher Educations 全国 Total	本科院校 University	专科院校 non-university Tertiary
1992	20.07	15.85	12.24	13.82	14.60	6.83	6.63	7.30
1993	22.37	15.65	14.96	13.86	14.55	8.00	7.82	8.61
1994	22.85	16.07	12.16	14.66	15.07	9.25	9.00	10.10
1995	23.30	16.73	12.95	15.35	15.95	9.83	9.71	10.16
1996	23.73	17.18	13.45	15.38	16.43	10.36	10.32	10.20
1997	24.16	17.33	14.05	15.88	16.71	10.87	10.80	10.85
1998	23.98	17.56	14.60	16.13	17.82	11.62	11.63	11.09
1999	23.12	18.17	15.16	15.91	17.88	13.37	13.67	12.23
2000	22.21	19.03	15.87	14.71	19.09	16.30	16.04	17.65
2001	21.64	19.24	16.73	14.26	19.91	18.22	18.47	17.15
2002	21.04	19.25	17.80	16.50	21.96	19.00	20.60	14.20
2003	20.50	19.13	18.35	17.67	25.30	17.00	21.07	14.75
2004	19.98	18.65	18.65	19.10	28.13	16.22	17.44	13.15

普通高等学校校均规模

Average Size of Regular Inst. of Higher Education

单位：人

Unit：Person

	1992	1993	1994	1995	1996	1997	1998	1999	2000	2001	2002	2003	2004
全国 Total	2074	2381	2591	2758	2927	3112	3335	3815	5289	5870	6471	7143	7704
本科院校 University	2676	3094	3418	3632	3857	4062	4418	5275	6916	8730	10454	11662	13561
专科院校 Non-university Tertiary	1051	1235	1338	1405	1466	1594	1701	1975	2282	2337	2523	2893	3209

全国各级自学考试基本情况

Basic Statistics of Applicants for State-administered Examination for Self-learners by Level

		83-2000年 合计 Total	2001 上半年 First half year	2001 下半年 Second half year	2002 上半年 First half year	2002 下半年 Second half year	2003 上半年 First half year	2003 下半年 Second half year	2004 上半年 First half year	2004 下半年 Second half year
毕业生人数	Gradutes									
本科	Normal course	336434	73130	88506	232591	121670	184789	153719	185866	183357
专科	Short-Cycle course	2739875	213555	265847	661563	278341	172815	193211	187525	211363
中专	Specialized Secondary	403467	870	774	949	84	10	8		
单科合格科次数	Passed Main-courses									
本科	Normal course	14040591	2545065	2357131	2744221	2609694	3119915	2658986	3290832	3198150
专科	Short-Cycle course	82006621	3573156	3248698	3394816	2497491	2016762	1967873	2098582	1968238
中专	Specialized Secondary	4939318	23877	1197	247	153	41	26	7	5
报考人数	Applicants									
计	Total									
本科	Normal course	14770330	2347089	2441547	2693547	2877525	3011183	2690625	3546716	3283556
专科	Short-Cycle course	118627085	4367392	4148303	3753833	3525605	3103200	2754066	2898349	2616704
中专	Specialized Secondary	5499782	10313	1444	351	230	1815	842	503	318
首次报考人数	First Time									
本科	Normal course	5020891	731805	606143	828202	704459	630324	491321	637205	428911
专科	Short-Cycle course	31712703	980880	893524	896314	715840	466105	461862	426724	372746
中专	Specialized Secondary	1436507	744	96	41	35		1	2	
报考科次 Main-courses to be Examined										
本科	Normal course	44401517	6048851	5765261	6294005	6759658	7348088	6622991	8254351	7830663
专科	Short-Cycle course	239564642	10250842	9378904	8894268	8296085	7415830	6571647	6662470	5968804
中专	Specialized Secondary	9909387	33890	2558	523	325	5667	2120	1009	574
实考人数	Actural Examined									
本科	Normal course	10939344	1938347	1906783	2127149	2230816	2384484	2080732	2456142	2282478
专科	Short-Cycle course	81827187	3528505	3249569	2954655	2647007	2022183	1850164	1850393	1733472
中专	Specialized Secondary	3486356	8713	1205	284	181	52	39	10	2
实考科次 Actural Main-courses Examined										
本科	Normal course	25086964	4585818	4281323	4745404	5083830	5496026	4793017	5922728	5755427
专科	Short-Cycle course	176118877	7913893	7001861	6680018	6074949	4509259	4127024	4424619	4120770
中专	Specialized Secondary	7977887	29937	2191	411	247	72	49	19	7
在档考生人数	Exmainees on File									
累计数	Sum。									
本科	Normal course	16241391	4037236	4643379	5471581	6176040	6806364	7297685	7934890	8363801
专科	Short-Cycle course	160319158	13353898	14247422	15143736	15859576	16325681	16787543	17214267	17587013
中专	Specialized Secondary	10943852	137889	137985	138026	138061	138061	138062	138064	138064
其中：新生数 of Which: Current session										
本科	Normal course	2299796	731805	606143	828202	704459	630324	491321	637205	428911
专科	Short-Cycle course	14062838	980880	893524	896314	715840	466105	461862	426724	372746
中专	Specialized Secondary	958261	744	96	41	35		1	2	

二、高等教育
Higher Education

高等教育学校(机构)数

Number of Higher Education Institutions

单位:所

Unit: Institutions

	计 Total	中央部委 HEIs under Central Ministries & Agencies			地方部门 HEIs under Local Auth.			民办 Non-state/Private
		计 Total	教育部 HEIs under MOE	其他部委 HEIs under Other Central Agencies	计 Total	教育部门 HEIs under MOE	非教育部门 Run by Non-ed. Dept.	
1.研究生培养机构(不计校数) Institutions providing postgraduate programs	769	369	73	296	400	332	68	
普通高校 Regular HEIs	454	97	73	24	357	332	25	
科研机构 Research Institutes	315	272		272	43		43	
2.普通高校 Regular HEIs	1731	111	73	38	1394	799	595	226
本科院校 University	684	104	73	31	571	500	71	9
专科院校 Non-umiversity Tertiary	1047	7		7	823	299	524	217
其中:职业技术学院 of which: Tertiary Vocational-teachnical Colleges	872	2		2	662	220	442	208
3.成人高等学校 HEIs for Adults	505	19	1	18	484	201	283	2
4.民办的其他高等教育机构 Non-state/Private HEIs	1187							1187

普通高等学校校数

Number of Regular Higher Educational Institutions

单位:所

Unit: Institutions

	合计 Total	大学、专门学院 Universities & Colleges	专科学校 Short-Cycle Colleges	其中:职业技术学院 of Which: Tertiary Vocational-technical Colleges
总计 Total	**1731**	**684**	**1047**	**872**
综合大学 Comprehensive University	351	125	226	221
理工院校 Natural Sciences & Technology	617	185	432	399
农业院校 Agriculture	72	33	39	37
林业院校 Forestry	18	6	12	11
医药院校 Medicine & Pharmacy	116	77	39	6
师范院校 Teacher Training	195	125	70	9
语文院校 Languages & Literature	33	14	19	17
财经院校 Finance & Economics	157	47	110	90
政法院校 Political Science & Law	65	17	48	31
体育院校 Physical Culture	26	14	12	11
艺术院校 Art	66	29	37	37
民族院校 Ethnic Nationality	15	12	3	3
合计中民办学院 of which:Non-state/Private Colleges	226	9	217	208

普通高等学校规模

Breakdown of Regular Higher Educational Institutions by Size of Enrolments

单位:所

Unit: Institutions

	学校数 Institutions	300人及以下 300 and under	301－500人 301 to 500	501－1000人 501 to 1000	1001－1500人 1001 to 1500	1501－2000人 1501 to 2000	2001－3000人 2001 to 3000	3001－4000人 3001 to 4000	4001－5000人 4001 to 5000	5001人及以上 5001 and over
总计 Total	**1731**	**102**	**46**	**136**	**93**	**74**	**150**	**144**	**141**	**845**
综合大学 Comprehensive University	351	16	12	26	23	18	32	30	20	174
理工院校 Natural Sciences & Technology	617	35	9	46	37	26	55	54	54	301
农业院校 Agriculture	72	4	2	3	7	2	8	4	4	38
林业院校 Forestry	18	3	0	3	2	2	1	1	0	6
医药院校 Medicine & Pharmacy	116	3	3	10	5	0	2	10	13	70
师范院校 Teacher Training	195	5	0	6	3	5	8	13	15	140
语文院校 Languages & Literature	33	3	1	4	2	1	5	3	3	11
财经院校 Finance & Economics	157	14	8	15	4	8	11	12	13	72
政法院校 Political Science & Law	65	0	3	9	4	4	15	7	12	11
体育院校 Physical Culture	26	6	2	2	0	3	1	3	4	5
艺术院校 Art	66	12	6	11	6	5	11	7	3	5
民族院校 Ethnic Nationality	15	1	0	1	0	0	1	0	0	12

普通高等学校设置专业数

Number of Specialities and Number of Educational Programmes Established by Field of Study in Regular Higher Educational Institutions

	合计 Total	哲学 Philosophy	经济 Economics	法学 Law	教育 Education	文学 Literature	历史 History	理学 Science	工学 Engineering	农学 Agriculture	医学 Medicine	管理学 Administration	其他 other
研究生 Postgraduates													
种数 No. of Sp.	507	10	20	35	22	35	9	65	174	38	69	24	6
点数 No. of Ed. Prog.	15045	355	830	963	573	1253	350	2201	4873	684	1839	1115	9
普通高等教育 Regular HEIS													
种数 No. of Sp.	607	5	17	34	54	89	8	81	185	37	48	49	0
点数 No. of Ed. Prog.	44848	66	2181	1824	3022	7016	299	5036	13433	1332	2072	8567	0
成人高等教育 Adult HEIS													
种数 No. of Sp.	429	1	13	26	45	49	5	47	126	31	40	46	0
点数 No. of Ed. Prog.	15282	1	922	819	1263	2365	128	1215	3787	430	927	3425	0

高等教育(机构)学生数

Data on Students in Higher Education

单位:人

Unit:in Persons

	毕(结)业生数 Graduates	授予学位数 Degree Awarded	招生数 Entrants			在校学生数 Enrolment	预计毕业生数 Anticipated Graduates for Next Year
			计 Total	其中 of which			
				应届生 Autumn Session	春季招生 Spring Session		
研究生 Postgraduates	150777	147218	326286	173775		819896	222952
博　士 Doctor's Degree	23446	22427	53284	20528		165610	56590
硕　士 Master's Degree	127331	124791	273002	153247		654286	166362
普通本科、专科生 Students Enrolled in Normal and Short-cycle Courses	2391152	1050952	4473422	4106131	30104	13334969	3150760
本　科 Normal Courses	1196290	1050952	2099151	1873699	9439	7378436	1509518
专　科 Short-cycle Courses	1194862		2374271	2232432	20665	5956533	1641242
成人本科、专科生 Students Enrolled in Normal and Short-cycle Courses Provided by Adult HEIs	1896152	79459	2211580	377222		4197956	1735862
本　科 Normal Courses	540356	79459	759434	121367		1415954	567820
专　科 Short-cycle Courses	1355796		1452146	255855		2782002	1168042
网络本科、专科生 Students Enrolled in Normal and Short-cycle Courses Provided by Web-based Programs	393715	10728	839325	121067	368170	2365908	
本　科 Normal Courses	211728	10728	427811	41632	197188	1270458	
专　科 Short-cycle Courses	181987		411514	79435	170982	1095450	
研究生课程进修班 Postgraduates Courses	83868					100708	
在职人员攻读博士硕士学位 Advanced degree Programs for persons in Employment		31465	78171			201448	
学历文凭考试 Students Enrolled in State Recognized Credit Programs Provided by Non-state/Private HEIs	110559		129805			353532	
电大注册视听生 Registered Viewers/auditors of Programs Provided by RTVUs	43738					61937	
自考助学班 Classes run by Non-state/Private HEIs for Students Preparing for State-administered Examinations for Self-directed Learners	218623		290953			739247	
普通预科生 College-preparatory Classes						29954	
进修及培训 In-service Training	2881520					1557485	
留学生 Foreign Students	36454	3030	50603		15589	64107	

分部门、分计划
Number of Postgraduate Students

	学校(机构)数(所) No. of Inst.	毕业生数 Graduates			招生数 Entrants		
		计 Total	博士 Doctor's Degree	硕士 Master's Degree	计 Total	博士 Doctor's Degree	硕士 Master's Degree
总计 Total	**769**	**150777**	**23446**	**127331**	**326286**	**53284**	**273002**
国家任务 State-planned Programs		89455	16141	73314	182868	35550	147318
委托培养 Contractual Programs		19567	4632	14935	27937	11610	16327
自筹经费 Self-financed Programs		41755	2673	39082	115481	6124	109357
一、中央部委所属 Under Central Ministries & Agencies	**369**	**103158**	**19774**	**83384**	**207654**	**43994**	**163660**
1.教育部 Under MOE	73	83884	14883	69001	165392	33019	132373
2.其他部委 Under Other Central Agencies	296	19274	4891	14383	42262	10975	31287
二、地方所属 Under Local Auth.	**400**	**47619**	**3672**	**43947**	**118632**	**9290**	**109342**
1.教育部门 Edu. Dept.	332	45544	3514	42030	113326	8937	104389
2.其他部门 Run by Non-edu. Dept.	68	2075	158	1917	5306	353	4953

分部门、分计划
Number of Postgraduate Students

	学校(机构)数(所) No. of Inst.	毕业生数 Graduates			招生数 Entrants		
		计 Total	博士 Doctor's Degree	硕士 Master's Degree	计 Total	博士 Doctor's Degree	硕士 Master's Degree
总计 Total	**454**	**143813**	**20607**	**123206**	**310672**	**47502**	**263170**
国家任务 State-planned Programs		82716	13391	69325	167731	29975	137756
委托培养 Contractual Programs		19444	4556	14888	27648	11421	16227
自筹经费 Self-financed Programs		41653	2660	38993	115293	6106	109187
一、中央部委所属 Under Central Ministries & Agencies	**97**	**96599**	**16959**	**79640**	**192851**	**38265**	**154586**
1.教育部 Under MOE	73	83884	14883	69001	165392	33019	132373
2.其他部委 Under Other Central Agencies	24	12715	2076	10639	27459	5246	22213
二、地方所属 Under Local Auth.	**357**	**47214**	**3648**	**43566**	**117821**	**9237**	**108584**
1.教育部门 Edu. Dept.	332	45544	3514	42030	113326	8937	104389
2.其他部门 Run by Non-edu. Dept.	25	1670	134	1536	4495	300	4195

研究生数(总计)
by Sector and Program (Total)

单位:人
Unit:in Persons

在校学生数 Enrolment			预计毕业生数 Graduates for Next Year		
计 Total	博士 Doctor's Degree	硕士 Master's Degree	计 Total	博士 Doctor's Degree	硕士 Master's Degree
819896	**165610**	**654286**	**222952**	**56590**	**166362**
467465	108130	359335	130883	35710	95173
87412	38150	49262	30980	14507	16473
265019	19330	245689	61089	6373	54716
547848	**140300**	**407548**	**158502**	**48598**	**109904**
436981	105484	331497	126568	35786	90782
110867	34816	76051	31934	12812	19122
272048	**25310**	**246738**	**64450**	**7992**	**56458**
260077	24339	235738	61694	7708	53986
11971	971	11000	2756	284	2472

研究生数(普通高校)
by Sector and by Program (Regular HEIs)

单位:人
Unit:in Persons

在校学生数 Enrolment			预计毕业生数 Graduates for Next Year		
计 Total	博士 Doctor's Degree	硕士 Master's Degree	计 Total	博士 Doctor's Degree	硕士 Master's Degree
779408	**148561**	**630847**	**211710**	**50746**	**160964**
428200	91658	336542	120028	30095	89933
86632	37608	49024	30695	14292	16403
264576	19295	245281	60987	6359	54628
509379	**123429**	**385950**	**147785**	**42822**	**104963**
436981	105484	331497	126568	35786	90782
72398	17945	54453	21217	7036	14181
270029	**25132**	**244897**	**63925**	**7924**	**56001**
260077	24339	235738	61694	7708	53986
9952	793	9159	2231	216	2015

分部门、分计划

Number of Postgraduate Students

	学校(机构)数(所) No. of Inst.	毕业生数 Graduates			招生数 Entrants		
		计 Total	博士 Doctor's Degree	硕士 Master's Degree	计 Total	博士 Doctor's Degree	硕士 Master's Degree
总计 Total	**315**	**6964**	**2839**	**4125**	**15614**	**5782**	**9832**
国家任务 State-planned Programs		6739	2750	3989	15137	5575	9562
委托培养 Contractual Programs		123	76	47	289	189	100
自筹经费 Self-financed Programs		102	13	89	188	18	170
一、中央部委所属 Under Central Ministries & Agencies	**272**	**6559**	**2815**	**3744**	**14803**	**5729**	**9074**
1.教育部 Under MOE							
2.其他部委 Under Other Central Agencies	272	6559	2815	3744	14803	5729	9074
二、地方所属 Under Local Auth.	**43**	**405**	**24**	**381**	**811**	**53**	**758**
1.教育部门 Edu. Dept.							
2.其他部门 Run by Non-edu. Dept.	43	405	24	381	811	53	758

分学科研

Number of Postgraduate

	毕业生数 Graduates			招生数 Entrants		
	计 Total	博士 Doctor's Degree	硕士 Master's Degree	计 Total	博士 Doctor's Degree	硕士 Master's Degree
总计 Total	**150777**	**23446**	**127331**	**326286**	**53284**	**273002**
其中:女 of Which: Female	57041	6707	50334	141913	18579	123334
哲学 Philosophy	1854	392	1462	3882	684	3198
经济学 Economics	8098	1309	6789	17007	2720	14287
法学 Law	11097	1022	10075	22979	2233	20746
教育学 Education	4276	410	3866	10053	963	9090
文学 Literature	10483	1033	9450	24783	2301	22482
历史学 History	2407	473	1934	4572	926	3646
理学 Science	17540	4518	13022	41067	10083	30984
工学 Engineering	56074	8054	48020	120750	20271	100479
农学 Agriculture	5165	977	4188	12110	2169	9941
医学 Medicine	16128	3700	12428	33012	6450	26562
军事学 Military Science	59	13	46	174	31	143
管理学 Administration	17596	1545	16051	35897	4453	31444

研究生数(科研机构)

by Sector and Program (Research Institutes)

单位:人

Unit:in Persons

在校学生数 Enrolment			预计毕业生数 Graduates for Next Year		
计 Total	博士 Doctor's Degree	硕士 Master's Degree	计 Total	博士 Doctor's Degree	硕士 Master's Degree
40488	**17049**	**23439**	**11242**	**5844**	**5398**
39265	16472	22793	10855	5615	5240
780	542	238	285	215	70
443	35	408	102	14	88
38469	**16871**	**21598**	**10717**	**5776**	**4941**
38469	16871	21598	10717	5776	4941
2019	**178**	**1841**	**525**	**68**	**457**
2019	178	1841	525	68	457

究生数(总计)

Students by Academic Field (Total)

单位:人

Unit:in Persons

在校学生数 Enrolment			预计毕业生数 Graduates for Next Year		
计 Total	博士 Doctor's Degree	硕士 Master's Degree	计 Total	博士 Doctor's Degree	硕士 Master's Degree
819896	**165610**	**654286**	**222952**	**56590**	**166362**
340825	51945	288880	83070	15911	67159
9666	2143	7523	2768	845	1923
42425	8564	33861	12215	3013	9202
55575	6515	49060	15038	2138	12900
22812	2510	20302	5297	735	4562
57589	6434	51155	14176	1987	12189
11319	2771	8548	3189	994	2195
102381	28769	73612	27623	9379	18244
318063	69315	248748	90166	25473	64693
28930	6112	22818	7052	1853	5199
81859	17771	64088	20958	5056	15902
427	109	318	129	40	89
88850	14597	74253	24341	5077	19264

分学科研
Number of Postgraduate Students

	毕业生数 Graduates			招生数 Entrants		
	计 Total	博士 Doctor's Degree	硕士 Master's Degree	计 Total	博士 Doctor's Degree	硕士 Master's Degree
总计 Total	**143813**	**20607**	**123206**	**310672**	**47502**	**263170**
其中:女 of Which: Female	54999	5939	49060	136654	16692	119962
哲学 Philosophy	1782	365	1417	3762	649	3113
经济学 Economics	7786	1188	6598	16519	2513	14006
法学 Law	10797	922	9875	22407	2125	20282
教育学 Education	4243	392	3851	9999	935	9064
文学 Literature	10385	1000	9385	24584	2239	22345
历史学 History	2355	454	1901	4490	907	3583
理学 Science	14916	3001	11915	34706	7029	27677
工学 Engineering	53297	7262	46035	114834	18501	96333
农学 Agriculture	5009	910	4099	11577	1971	9606
医学 Medicine	15727	3601	12126	32242	6276	25966
军事学 Military Science	59	13	46	173	31	142
管理学 Administration	17457	1499	15958	35379	4326	31053

分学科研
Number of Postgraduate Students

	毕业生数 Graduates			招生数 Entrants		
	计 Total	博士 Doctor's Degree	硕士 Master's Degree	计 Total	博士 Doctor's Degree	硕士 Master's Degree
总计 Total	**6964**	**2839**	**4125**	**15614**	**5782**	**9832**
其中:女 of Which: Female	2042	768	1274	5259	1887	3372
哲学 Philosophy	72	27	45	120	35	85
经济学 Economics	312	121	191	488	207	281
法学 Law	300	100	200	572	108	464
教育学 Education	33	18	15	54	28	26
文学 Literature	98	33	65	199	62	137
历史学 History	52	19	33	82	19	63
理学 Science	2624	1517	1107	6361	3054	3307
工学 Engineering	2777	792	1985	5916	1770	4146
农学 Agriculture	156	67	89	533	198	335
医学 Medicine	401	99	302	770	174	596
军事学 Military Science				1		1
管理学 Administration	139	46	93	518	127	391

究生数(普通高校)

by Academic Field (Regular HEIs)

单位:人

Unit:in Persons

在校学生数 Enrolment			预计毕业生数 Graduates for Next Year		
计 Total	博士 Doctor's Degree	硕士 Master's Degree	计 Total	博士 Doctor's Degree	硕士 Master's Degree
779408	**148561**	**630847**	**211710**	**50746**	**160964**
327890	46895	280995	79778	14337	65441
9327	2036	7291	2678	808	1870
40983	7922	33061	11759	2789	8970
54299	6166	48133	14689	2014	12675
22664	2433	20231	5254	710	4544
57105	6279	50826	14059	1945	12114
11121	2714	8407	3137	982	2155
85643	19921	65722	22922	6318	16604
302296	63768	238528	85686	23496	62190
27772	5617	22155	6794	1715	5079
79932	17302	62630	20464	4922	15542
421	109	312	126	40	86
87845	14294	73551	24142	5007	19135

究生数(科研机构)

by Academic Field (Research Institutes)

单位:人

Unit:in Persons

在校学生数 Enrolment			预计毕业生数 Graduates for Next Year		
计 Total	博士 Doctor's Degree	硕士 Master's Degree	计 Total	博士 Doctor's Degree	硕士 Master's Degree
40488	**17049**	**23439**	**11242**	**5844**	**5398**
12935	5050	7885	3292	1574	1718
339	107	232	90	37	53
1442	642	800	456	224	232
1276	349	927	349	124	225
148	77	71	43	25	18
484	155	329	117	42	75
198	57	141	52	12	40
16738	8848	7890	4701	3061	1640
15767	5547	10220	4480	1977	2503
1158	495	663	258	138	120
1927	469	1458	494	134	360
6		6	3		3
1005	303	702	199	70	129

在职人员攻读博士、硕士学位分学科学生数

Number of Postgraduate Students Studying for Advanced Degrees Without Leaving Their Jobs

单位:人

Unit: in Person

	授予学位数 Degree			招生数 Entrants			在校学生数 Enrolment		
	计 Total	博士 Doctor's Degree	硕士 Master's Degree	计 Total	博士 Doctor's Degree	硕士 Master's Degree	计 Total	博士 Doctor's Degree	硕士 Master's Degree
总计 Total	**31465**	**1134**	**30331**	**78171**	**1880**	**76291**	**201448**	**6563**	**194885**
其中:女 of Which: Female	9602	284	9318	21470	572	20898	52712	1870	50842
哲学 Philosophy	170	8	162	228	15	213	503	25	478
经济学 Economics	566	42	524	1216	19	1197	2315	69	2246
法学 Law	3278	1	3277	4870	6	4864	12543	75	12468
教育学 Education	3561	18	3543	9546	66	9480	20117	98	20019
文学 Literature	855	10	845	1962	20	1942	3911	48	3863
历史学 History	48	9	39	163	7	156	351	22	329
理学 Science	611	53	558	1974	101	1873	3861	383	3478
工学 Engineering	10095	529	9566	35160	526	34634	95497	2669	92828
农学 Agriculture	1497	45	1452	3481	81	3400	10106	271	9835
医学 Medicine	2503	289	2214	4915	759	4156	14232	2040	12192
军事学 Military Science							37		37
管理学 Administration	8281	130	8151	14656	280	14376	37975	863	37112

普通高等教育工科分大类学生数

Breakdown of Engineering Students by Subfield of Study in Regular Higher Education

单位:人

Unit: in person

	毕业生数 Graduates	招　生　数 Entrants	在校学生数 Enrolment
总计 Total	**812148**	**1466459**	**4376167**
工学 Engineering	0	266	549
地矿类 Applied geology	6900	16214	45890
材料类 Materials Science	21516	40920	123482
机械类 Mechanical Engineering	114483	287754	715550
仪器仪表类 Instrument & Meter	10404	19874	58998
能源动力类 Thermal & Nuclear Energy	12693	26511	71701
电气信息类 Electronics & Information	430568	670357	2156659
土建类 Civil Engineering & Architcture	87035	157732	470973
水利类 Hydraulics	8472	16388	47410
测绘类 Sruvey & Measure	4189	7823	22382
环境与安全类 Environment and Safety	18339	30513	103657
化工与制药类 Chemical Engineering & Pharmaceutics	2125	41800	122842
交通运输类 Transportation	19034	45575	123255
海洋工程类 Oceanic	1834	3963	10655
轻工纺织食品类 Light Industry, Textile and Food	29354	52607	149447
航空航天类 Aeronautics & Astronautics	3181	6099	17987
武器类 Weaponry	1032	2716	8250
工程力学类 Engineering Mechanics	1638	3444	10864
生物工程类 Biotechnology	7791	18862	61967
农业工程类 Agriculture Engineering	5578	5659	22311
林业工程类 Forestry Engineering	1978	2912	9243
公安技术类 Public Security Technology	4872	8470	22095

普通、成人本、专科

Number of Undergraduate Students

	毕业生数 Graduates			招生数 Entrants	
	合计 Total	本科 Normal Courses	专科 Short-cycle Courses	合计 Total	本科 Normal Courses
普通本、专科总计 Total	**2391152**	**1196290**	**1194862**	**4473422**	**2099151**
中央部委所属院校 Inst. Under SEDC	342233	297886	44347	411113	375219
其中:教育部所属院校 of Which: Inst. Under MOE	269858	245714	24144	313498	299090
地方所属学校 Inst. Under Local Auth.	1929454	875966	1053488	3437060	1462508
民办 Non-State/Private	119465	22438	97027	625249	261424
成人本、专科总计 Total	**1896152**	**540356**	**1355796**	**2211580**	**759434**
中央部委所属院校 Inst. Under SEDC	295053	137306	157747	311555	170248
其中:教育部所属院校 of Which: Inst. Under MOE	232179	114624	117555	245075	140016
地方所属学校 Inst. Under Local Auth.	1591875	402867	1189008	1886405	588281
民办 Non-State/Private	9224	183	9041	13620	905

普通本、专科分

Number of Undergraduate Students

	毕业生数 Graduates			招生数 Entrants	
	合计 Total	本科 Normal Courses	专科 Short-cycle Courses	合计 Total	本科 Normal Courses
总计 Total	**2391152**	**1196290**	**1194862**	**4473422**	**2099151**
其中:女 of Which: Female	1077005	510931	566074	2123791	982224
一、普通高等学校 Reg. Inst. of High Education	**2277455**	**1193829**	**1083626**	**4280750**	**2093714**
本科院校 University	1705415	1169804	535611	2457441	1834086
专科院校	514818	333	514485	1446846	1564
其中:高等职业学校 Non-university Tertiary	370812	60	370752	1184266	413
其他 Other	57222	23692	33530	376463	258064
其中:独立学院	30998	19172	11826	306877	240947
综合大学 Comprehensive Universities	561530	315356	246174	1016251	508394
理工院校 Natural Sciences & Tech.	807813	403091	404722	1602942	706975
农业院校 Agriculture	106183	66419	39764	199899	120248
林业院校 Forestry	14576	12070	2506	31522	22269
医药院校 Medicine & Pharmacy	105104	60953	44151	225353	116728
师范院校 Teacher Training	384740	194019	190721	592535	338442
语文院校 Language & Literature	25610	12629	12981	55161	27005
财经院校 Finance & Economics	176501	78194	98307	361370	149570
政法院校 Political Science & Law	44448	12785	31663	80275	23579
体育院校 Physical Culture	13210	10411	2799	22976	18184
艺术院校 Art	18326	11435	6891	55327	30144
民族院校 Ethnic Minorities	19414	16467	2947	37139	32176
二、成人高等学校 Higher Educational Institutions for Adults	**113697**	**2461**	**111236**	**192672**	**5437**

分举办者学生数
by Type of Courses in Higher Education

单位:人

Unit: in Person

专科 Short-cycle Courses	在校学生数 Enrolment			毕业班学生数 Graduates for Next Year		
	合计 Total	本科 Normal Courses	专科 Short-cycle Courses	合计 Total	本科 Normal Courses	专科 Short-cycle Courses
2374271	**13334969**	**7378436**	**5956533**	**3150760**	**1509518**	**1641242**
35894	1567794	1443839	123955	384862	337957	46905
14408	1222361	1164459	57902	301232	277456	23776
1974552	10369095	5302911	5066184	2537313	1107148	1430165
363825	1398080	631686	766394	228585	64413	164172
1452146	**4197956**	**1415954**	**2782002**	**1735862**	**567820**	**1168042**
141307	647219	341719	305500	269554	137436	132118
105059	515105	279032	236073	217382	112591	104791
1298124	3528086	1072746	2455340	1457955	429878	1028077
12715	22651	1489	21162	8353	506	7847

性质类别学生数
by Type of Courses in Regular Higher Education

单位:人

Unit: in Person

专科 Short-cycle Courses	在校学生数 Enrolment			毕业班学生数 Graduates for Next Year		
	合计 Total	本科 Normal Courses	专科 Short-cycle Courses	合计 Total	本科 Normal Courses	专科 Short-cycle Courses
2374271	**13334969**	**7378436**	**5956533**	**3150760**	**1509518**	**1641242**
1141567	6086836	3238371	2848465	1327457	594930	732527
2187036	**12845873**	**7362854**	**5483019**	**3013680**	**1506390**	**1507290**
623355	8588778	6732009	1856769	2066893	1440679	626214
1445282	3359485	2904	3356581	821225	212	821013
1183853	2682776	413	2682363	630153		630153
118399	897610	627941	269669	125562	65499	60063
65930	686659	555266	131393	81038	56394	24644
507857	3104510	1843484	1261026	741479	393916	347563
895967	4651507	2456198	2195309	1079031	509022	570009
79651	628145	424769	203376	144701	87350	57351
9253	98981	78012	20969	21566	16571	4995
108625	721447	463292	258155	139968	74153	65815
254093	1907810	1187514	720296	481382	245881	235501
28156	146883	79437	67446	34247	14385	19862
211800	1023588	488383	535205	242157	100940	141217
56696	221458	72257	149201	60158	13611	46547
4792	73960	64515	9445	16428	12742	3686
25183	144707	94715	49992	27425	16195	11230
4963	122877	110278	12599	25138	21624	3514
187235	**489096**	**15582**	**473514**	**137080**	**3128**	**133952**

成人本、专科分

Number of Students by type of Schools in

	毕业生数 Graduates			招生数 Entrants	
	合计 Total	本科 Normal Courses	专科 Short-cycle Courses	合计 Total	本科 Normal Courses
总计 Total	**1896152**	**540356**	**1355796**	**2211580**	**759434**
其中:女 of Which:Female	940460	270032	670428	1095845	377067
一、成人高等学校 Adult Higher Educational Institutions	**423342**	**54446**	**368896**	**428840**	**61985**
其中:全脱产 of Which:Full-time	217414	13304	204110	238231	18905
职工高等学校 Workers' Colleges	115130	1859	113271	128843	2394
农民高等学校 Peasants' Colleges	474		474	2053	
管理干部学院 Institutes for Administration	53900	5326	48574	57140	7256
教育学院 Educational Colleges	111672	46382	65290	114831	51214
独立函授学院 Independent Correspondence Colleges	4484		4484	3666	
广播电视大学 Radio/TV Universities	134488	651	133837	118233	1121
其他机构 Other Institutions	3194	228	2966	4074	
二、普通高等学校办 Run by Regular HEIs	**1472810**	**485910**	**986900**	**1782740**	**697449**
函授 Divisions of Correspondence	808616	300403	508213	984755	426118
业余 Sparetime Schools	265711	81686	184025	386246	132513
脱产 Shrot-cycle Courses for Adults	398483	103821	294662	411739	138818

普通本、专科分

Number of Students in Regular

	毕业生数 Graduates			招生数 Entrants	
	合计 Total	本科 Normal Courses	专科 Short-cycle Courses	合计 Total	本科 Normal Courses
总计 Total	**2391152**	**1196290**	**1194862**	**4473422**	**2099151**
其中:女 of Which: Female	1077005	510931	566074	2123791	982224
哲学 Philosophy	1331	1239	92	4067	1695
经济学 Economics	113687	61758	51929	240100	131913
法学 Law	133364	63334	70030	195638	102663
教育学 Education	146685	40164	106521	264251	79374
文学 Literature	367133	168738	198395	724402	361894
其中:外语 of which:Foreign Language	155771	63423	92348	302534	127023
其中:艺术 of Which: Art	101731	48478	53253	236900	133382
历史学 History	14502	10176	4326	17128	12164
理学 Science	207490	134164	73326	357070	247995
工学 Engineering	812148	442463	369685	1466459	669745
农学 Agriculture	59564	34078	25486	88281	44379
医学 Medicine	154187	81098	73089	299314	131218
管理学 Administration	381061	159078	221983	816712	316111
总计中:师范生 of Total:Students Enrolled in Teacher Training Institutions	386531	185868	200663	506819	254094

性质类别学生数
all Adult Higher Education

单位:人
Unit: in Person

专科 Short-cycle Courses	在校学生数 Enrolment			毕业班学生数 Anticipated Graduatstes for Next Year		
	合计 Total	本科 Normal Courses	专科 Short-cycle Courses	合计 Total	本科 Normal Courses	专科 Short-cycle Courses
1452146	**4197956**	**1415954**	**2782002**	**1735862**	**567820**	**1168042**
718778	2096898	708211	1388687	774792	253568	521224
366855	**741070**	**106320**	**634750**	**298928**	**47929**	**250999**
219326	327849	20332	307517	96374	5839	90535
126449	228087	2673	225414	86866	589	86277
2053	2136		2136	62		62
49884	93302	10488	82814	35660	4276	31384
63617	193841	90863	102978	86165	41889	44276
3666	3666		3666			
117112	213971	2003	211968	88115	882	87233
4074	6067	293	5774	2060	293	1767
1085291	**3456886**	**1309634**	**2147252**	**1436934**	**519891**	**917043**
558637	2014165	828422	1185743	915426	362041	553385
253733	809474	245788	563686	331286	97430	233856
272921	633247	235424	397823	190222	60420	129802

学科学生数
HEIs by Field of Study

单位:人
Unit: in Person

专科 Short-cycle Courses	在校学生数 Enrolment			预计毕业生数 Anticipated Graduates for Next Year		
	合计 Total	本科 Normal Courses	专科 Short-cycle Courses	合计 Total	本科 Normal Courses	专科 Short-cycle Courses
2374271	**13334969**	**7378436**	**5956533**	**3150760**	**1509518**	**1641242**
1141567	6086836	3238371	2848465	1327457	594930	732527
2372	9980	5886	4094	1627	1298	329
108187	731263	443792	287471	164446	83650	80796
92975	629549	366541	263008	161326	77251	84075
184877	724416	265726	458690	191024	51419	139605
362508	2118209	1191886	926323	490603	229566	261037
175511	894431	432217	462214	216437	84810	131627
103518	651666	407603	244063	134566	70089	64477
4964	60071	45299	14772	15733	10821	4912
109075	1156113	845784	310329	265055	169453	95602
796714	4376167	2424903	1951264	1055556	539287	516269
43902	280212	164514	115698	71766	37499	34267
168096	976261	558369	417892	206227	96680	109547
500601	2272728	1065736	1206992	527397	212594	314803
252725	1701846	974260	727586	471307	227520	243787

成人本、专科

Number of Students by Field of

	毕业生数 Graduates				招生数 Entrants
	合计 Total	本科 Normal Courses	专科 Short-cycle Courses	合计 Total	本科 Normal Courses
总计 Total	**1896152**	**540356**	**1355796**	**2211580**	**759434**
其中:女 of which: Female	940460	270032	670428	1095845	377067
成人高等学校 Adult Higher Educations	**423342**	**54446**	**368896**	**428840**	**61985**
哲学 Philosophy	9		9	3	
经济学 Economics	29678	1110	28568	27002	757
法学 Law	35490	4571	30919	34661	6508
教育学 Education	38213	7419	30794	35947	8600
文学 Literature	89507	21668	67839	89804	27129
其中:外语 of which: Foreign Language	21107	7978	13129	27155	11182
其中:艺术 of Which: Art	17286	2812	14474	14241	3422
历史学 History	1874	1225	649	1718	1102
理学 Science	17618	11820	5798	18268	10720
工学 Engineering	54314	1792	52522	62665	2512
农学 Agriculture	990		990	1869	42
医学 Medicine	38093	1441	36652	36223	1884
管理学 Administration	117556	3400	114156	120680	2731
总计中:师范 of the Total: Teacher Training	101812	44345	57467	105144	49654
普通高等学校办 Run by Regular HEIs	**1472810**	**485910**	**986900**	**1782740**	**697449**
哲学 Philosophy	24	24			
经济学 Economics	91627	25710	65917	97455	32733
法学 Law	98150	46682	51468	118444	68101
教育学 Education	109415	21414	88001	107089	37376
文学 Literature	308423	118815	189608	328658	161867
其中:外语 of which: Foreign Language	73699	41576	32123	109504	59771
其中:艺术 of Which: Art	77016	24539	52477	70574	35202
历史学 History	6656	4991	1665	7644	5047
理学 Science	70495	48684	21811	81286	59184
工学 Engineering	270520	86469	184051	348060	123360
农学 Agriculture	21449	3093	18356	38583	10311
医学 Medicine	163696	50773	112923	209250	70408
管理学 Administration	332355	79255	253100	446271	129062
总计中:师范 of the Total: Teacher Training	365158	152872	212286	359855	194463

分学科学生数

Study in Adult Higher Education

单位:人

Unit: in Person

专科 Short-cycle Courses	在校学生数 Enrolment 合计 Total	本科 Normal Courses	专科 Short-cycle Courses	预计毕业生数 Anticipated Graduates for Next Year 合计 Total	本科 Normal Courses	专科 Short-cycle Courses
1452146	**4197956**	**1415954**	**2782002**	**1735862**	**567820**	**1168042**
718778	2096898	708211	1388687	774792	253568	521224
366855	**741070**	**106320**	**634750**	**298928**	**47929**	**250999**
3	16		16	13		13
26245	42162	1486	40676	14750	612	14138
28153	49848	9458	40390	17722	4975	12747
27347	62725	15215	47510	26343	6676	19667
62675	146564	46477	100087	59726	20812	38914
15973	42172	18155	24017	16525	7691	8834
10819	22770	5550	17220	9046	2336	6710
616	2876	2089	787	1260	999	261
7548	31917	20398	11519	14348	10122	4226
60153	122154	3905	118249	50080	1443	48637
1827	2266	42	2224	394		394
34339	83973	1965	82008	42119	478	41641
117949	196569	5285	191284	72173	1812	70361
55490	175813	86376	89437	76958	40106	36852
1085291	**3456886**	**1309634**	**2147252**	**1436934**	**519891**	**917043**
	30	30		30	30	
64722	182149	64656	117493	78279	25392	52887
50343	218139	130313	87826	92450	55503	36947
69713	212433	67015	145418	101473	27569	73904
166791	610346	291935	318411	268316	118973	149343
49733	179828	103879	75949	67198	40718	26480
35372	126774	60545	66229	51500	21948	29552
2597	14227	9924	4303	6393	4769	1624
22102	152718	110352	42366	69699	50531	19168
224700	719740	255206	464534	281147	97671	183476
28272	66633	17238	49395	26405	5264	21141
138842	489328	126185	363143	190608	44893	145715
317209	791143	236780	554363	322134	89296	232838
165392	706150	358351	347799	339274	159455	179819

网络本、专科

Number of Students in Web-based

	毕业生数 Graduates		
	合 计 Total	本 科 Normal Courses	专 科 Short-cycle Courses
总计 Total	**393715**	**211728**	**181987**
其中：女 of Which: Female			
哲学 Philosophy			
经济学 Economics	61783	32477	29306
法学 Law	91044	60374	30670
教育学 Education	42976	900	42076
文学 Literature	38275	32192	6083
其中：外语 of which: Foreign Language	15211	12497	2714
历史学 History			
理学 Science	3597	3327	270
工学 Engineering	35610	20056	15554
农学 Agriculture	6388	457	5931
医学 Medicine	8932	3612	5320
管理学 Administration	105110	58333	46777
总计中：师范生 of Total: Students Enrolled in Teacher Training Institutions	12490	10824	1666

高等教育学生

Changes in Enrolment of

	上学年初报表在校学生数 Total enrolment at beginning of previous academic year	增加学生数 Factors of Increase					
		计 Total	招 生 No. of Students Admitted	复 学 Students Resuming Studies	转 入 Transfers from Other Inst.	其 他 Others	计 Total
博士生 Doctor's Degree	136749	54870	53284	150	515	921	26009
硕士生 Master's Degree	514468	277575	273002	444	1685	2444	137757
研究生班学生 Postgraduate Courses	104						104
普通本科生 Students Enrolled in Normal Courses	6319722	2371955	2099151	11183	99952	161669	1313241
普通专科生 Students Enrolled in Short-cycle Courses	4774708	2595531	2374271	4930	127673	88657	1413706
成人本科生 Students Enrolled in Normal Courses Provided by Adult HEIs	1290994	790656	759434	3234	4912	23076	665696
成人专科生 Students Enrolled in Short-cycle Courses Provided by Adult HEIs	2914900	1511048	1452146	3799	15662	39441	1643946
网络本科生 Students Enrolled in Normal Courses Provided by Web-based Programs	1033381	527904	427811	5905	11583	82605	290827
网络专科生 Students Enrolled in Short-cycle Courses Provided by Web-based Programs	771999	589009	411514	6960	73177	97358	265558

分学科学生数

Programs HEIs by Field of Study

单位：人

Unit: in Person

招生数 Entrants			在校学生数 Enrolment		
合 计 Total	本 科 Normal Courses	专 科 Short-cycle Courses	合 计 Total	本 科 Normal Courses	专 科 Short-cycle Courses
839325	**427811**	**411514**	**2365908**	**1270458**	**1095450**
90	90		128	128	
43414	27152	16262	194620	116291	78329
161545	84801	76744	453979	264894	189085
45706	12654	33052	144503	26268	118235
101512	83817	17695	279029	225325	53704
29788	19161	10627	94465	64429	30036
157	157		274	274	
9460	9268	192	27917	27570	347
72809	41229	31580	251668	145338	106330
6763	950	5813	27109	2508	24601
23205	5157	18048	81189	22428	58761
374664	162536	212128	905492	439434	466058
33816	31256	2560	84864	79250	5614

数变动情况

Higher Education

单位：人

Unit: in Person

减少学生数 Factors of Decrease								本学年初报表在校学生数 Total enrolment at beginning of current academic year
毕 业 Graduates	结 业 Completers of Courses without formal awards	休 学 Suspended	退 学 Quitting	开 除 Expelled	死 亡 Death	转 出 Transfers to Other Inst.	其 他 Others	
23446	214	224	523	50	19	48	1485	165610
127331	603	733	984	66	38	920	7082	654286
	34						70	
1196290	16359	13539	18744	1353	535	11570	54851	7378436
1194862	9643	10286	22183	1902	326	85530	88974	5956533
540356	7559	4142	9920	371	45	6740	96563	1415954
1355796	16750	9077	35535	818	81	18488	207401	2782002
211728	5594	7265	16396	110	46	8746	40942	1270458
181987	7625	8736	20271	47	22	8049	38821	1095450

高等教育非学历教育学生情况

Data on Students Enrolled in Non-formal Programmes of HEIS

单位:人

Unit: in Person

	结业生数 Completers		注册学生数 Total Enrolment	
	计 Total	其中:女 of Which: Female	计 Total	其中:女 Of Which: Female
研究生课程进修班 Postgraduate Courses	83868	35975	100708	45275
自考助学班 Classes run by Non-state/Private HEIs for Students Preparing for State-administered Examinations for Self-directed Learners	218623	102329	739247	349585
普通预科生 College-preparatory Classes			29954	15297
进修及培训:总计 In-service Training	2881520	1284015	1557485	725412
一周至一个月以内 one week to a months under	1518978	651784	463752	204335
一个月至半年以内 one months to half year under	932858	428798	683774	326561
半年至一年以内 half year to one year under	320765	152993	272098	128980
一年及以上 one year and over	108919	50440	137861	65536
总计中:资格证书培训 Total: For Certificates of Vocational Qualifications	598737	256235	246775	110746
岗位证书培训 For Certificates of Job-related Qualifications	638334	261271	343068	157044
总计中:外语 Total:Foreign langwage	221556	116677	158028	93040
会计 Accountant	194033	130673	79774	56390
计算机 Computer	298368	133226	273903	141528

高等教育其他学生情况
Data on Other Students Enrolled of HEIs

单位:人

Unit: in Person

	共产党员 Member of C.P.A	共青团员 Member of C.Y.L	民主党派 Non-Communist Part	华侨 Overseas Chinese	港澳台 From H.K., Macao and Taiwan	少数民族 Minorities
总计	**1512340**	**14257552**	**17071**	**3152**	**16606**	**1189578**
博士生 Doctor's Degree	60588	34789	1568	36	1275	6545
硕士生 Master's Degree	199292	333709	963	44	2009	26427
研究生班学生 Postgraduate Courses						
普通本科生 Students Enrolled in Normal Courses	431454	6390061	386	1621	11037	463236
普通专科生 Students Enrolled in Short-cycle Courses	105122	4995192	159	344	172	311070
成人本科生 Students Enrolled in Normal Courses Provided by Adult HEIs	153925	572583	3957	155	1593	95006
成人专科生 Student Enrolled in Short-cycle Courses Provided by Adult HEIs	214843	1233794	6030	515	399	197578
网络本科生 Students Earolled in Normal and Short-cycle Courses Provided by Web-based Programs	212063	358365	2677	297	38	45795
网络专科生 Students Enrolled in Short-cycle Course Provided by Web-based Programs	135053	339059	1331	140	83	43921

	毕(结)业生数 Graduates	授予学位数 Degree Awarded	招生数 Entrants	
			计 Total	其中:春季招生 of Which: Spring term
总计 Total	**36454**	**3030**	**50603**	**15589**
其中:女 of Which:Female	18765	1198	24822	7593
分层次 By level of training	**324**	**256**	**623**	**57**
博士 Doctor's Degree	714	631	1286	90
硕士 Master's Degree	2745	2143	8397	781
本科 Normal Courses	405		203	42
专科 Short-cycle Courese	32266		40094	14619
培训 In-service Training	28442	2576	39554	12689
分大洲 By continent	**627**	**212**	**824**	**138**
亚洲 Asia	4217	141	5981	1560
非洲 Africa	2574	48	3437	973
欧洲 Europe	200	13	295	70
北美洲 North America	394	40	512	159
南美洲 South America	16	6	29	5
大洋洲 Oceania	2156	576	2881	223
分经费来源 By Sources of Support	**194**	**34**	**187**	**28**
国际组织资助 Aided by IGOs	1759	66	2672	784
中国政府资助 Aided by Chinese government	32329	2348	44834	14549
本国政府资助 Aided by home government	148	14	127	11
学校间交换 Aided by inter-institutional exchanges	1783	15	1741	572
自费 Self-supporting	29842	2206	34803	12639

生情况
International Students

单位:人
Unit: in Person

在校学生数 Enrolment					
计 Total	第一年 1st year	第二年 2nd year	第三年 3rd year	第四年 4th year	第五年 5th year
64107	**43095**	**10684**	**6208**	**3024**	**1096**
29195	20568	4529	2513	1253	332
1704	**629**	**427**	**395**	**114**	**139**
3361	1325	1009	843	110	74
21804	7930	6176	4249	2611	838
425	240	171	10	4	
36813	32971	2901	711	185	45
52397	34124	9322	5342	2672	937
1717	**778**	**394**	**330**	**151**	**64**
5615	4675	501	281	93	65
3456	2825	343	195	69	24
386	251	73	37	21	4
536	442	51	23	18	2
36	28	6	1		1
5075	2657	1068	780	421	149
455	**256**	**102**	**71**	**14**	**12**
2772	2165	389	155	61	2
55769	37989	9119	5201	2528	932
332	135	168	25	2	2
2038	1675	269	48	46	0
46124	30759	8799	3724	2107	735

高等教育学校(机构)
Aggregate Data on Staff

	计 Total	校本部 Teacher, staff & Workers			
		计 Total	专任教师		
			计 Total	正高级 Senior	副高级 Sub-senior
总 计 Total	**1820585**	**1641117**	**970506**	**88924**	**280270**
其中:女 of Which: Female	784339	710847	415798	17632	107367
普通高校 Regular HEIs	1610658	1437930	858393	83231	250251
成人高校 Adult HEIs	154986	149978	86065	2005	23018
民办的其他高等教育机构 Non-state/Private HEIs	54941	53209	26048	3688	7001

高等教育学校(机构)
Aggregate Data on Staff

	计 Total	校本部 Teacher, staff & Workers			
		计 Total	专任教师		
			计 Total	正高级 Senior	副高级 Sub-senior
总 计 Total	**1610658**	**1437930**	**858393**	**83231**	**250251**
其中:女 of Which: Female	690855	620063	364559	16045	95220
分类型:本科院校 By Type of HEIs:HEIs Offening Degree Level Programs	1137005	984993	575334	71448	175131
专科院校 Short-cycle HEIs	403616	384652	237654	7143	61782
其中:高等职业学校	327536	313431	193432	5695	49530
其他机构 Other	70037	68285	45405	4640	13338
其中:独立学院	53211	51939	35448	4037	10551
分举办者:1.中央部委所属 By Providers:Central Ministries & Agencies	342495	267770	142617	28558	47559
教育部 MOE	271402	214343	115130	24036	38392
其他部委 Other Coutral Agencies	71093	53427	27487	4522	9167
2.地方所属 Local Authorities	1133301	1039335	634255	45679	181560
教育部门 Ed. Dept.	856551	777753	472989	40948	136193
其他部门 Non-Ed. Dept.	276750	261582	161266	4731	45367
3.民办 Non-state/Private	134862	130825	81521	8994	21132

教职工情况(总计)
and Workers in HEIs

单位:人
Unit:in Person

教职工数 Teacher,staff & Workers — 教职工 in College or Uni. Proper — Full-time Teachers 中级 Middle	初级 Junior	无职称 No Rank	行政人员 Adm. Personnel	教辅人员 Supporting Staff	工勤人员 Workers	科研机构人员 Personnel in Affiliated Research Org.	校办企业职工 Employees in School-run Factories & Farms	其他附设机构人员 Personnel in Others Subsidiary Units
325569	**207036**	**68707**	**284076**	**194209**	**192326**	**40562**	**58146**	**80760**
149157	105862	35780	123199	102489	69361	14175	18953	40364
280905	183285	60721	240017	169946	169574	39644	55724	77360
36383	19497	5162	30344	17796	15773	593	1679	2736
8281	4254	2824	13715	6467	6979	325	743	664

教职工情况(普通高校)
and Workers in Regular HEIs

单位:人
Unit:in Person

教职工数 Teacher,staff & Workers — 教职工 in College or Uni. Proper — Full-time Teachers 中级 Middle	初级 Junior	无职称 No Rank	行政人员 Adm. Personnel	教辅人员 Supporting Staff	工勤人员 Workers	科研机构人员 Personnel in Affiliated Research Org.	校办企业职工 Employees in School-run Factories & Farms	其他附设机构人员 Personnel in Others Subsidiary Units
280905	**183285**	**60721**	**240017**	**169946**	**169574**	**39644**	**55724**	**77360**
127825	93756	31713	104136	90258	61110	13901	17988	38903
181885	112445	34425	165326	127770	116563	37521	46215	68276
84709	61380	22640	64173	36634	46191	1880	8916	8168
68848	50235	19124	52449	29754	37796	1659	7554	4892
14311	9460	3656	10518	5542	6820	243	593	916
10868	6967	3025	7607	3798	5086	178	458	636
43602	17986	4912	46448	41950	36755	26718	19712	28295
35299	13285	4118	37061	32596	29556	16811	17333	22915
8303	4701	794	9387	9354	7199	9907	2379	5380
213698	146240	47078	170298	116331	118451	12288	34095	47583
155040	107576	33232	127362	90041	87361	10591	28182	40025
58658	38664	13846	42936	26290	31090	1697	5913	7558
23605	19059	8731	23271	11665	14368	638	1917	1482

	合计 Total	校本部 Teachers, staff & Workers			
		计 Subtotal	专任教师		
			小计 Subtotal	正高级 Senior	副高级 Sub-senior
总　计 Total	**154986**	**149978**	**86065**	**2005**	**23018**
其中:女 of which: Female	69757	67779	40018	526	9546
分类型:By Type:职工高等学校 Workers' Colleges	40789	38881	22732	519	6474
农民高等学校 Peasants' College	260	260	171		24
管理干部学院 Institutes for Administration	21143	20590	11335	616	3448
教育学院 Educational College	20873	20292	12522	427	3970
独立函授学院 Independent Correspondence Colleges	517	517	389	15	63
广播电视大学 Radio/Tv Universities	69519	67600	37870	414	8761
其他机构 Other Institutions	1885	1838	1046	14	278
分举办者:By Provider:1.中央部委所属 Under Central Ministries & Agencies	3783	3691	1803	48	479
教育部 MOE	432	425	125	10	65
其他部委 Other Central Agencies	3351	3266	1678	38	414
2.地方所属 Local Auth.	150963	146047	84131	1946	22483
教育部门 Ed. Dept.	98531	95733	54712	1015	13893
其他部门 Non-ed. Dept.	52432	50314	29419	931	8590
3.民办 Non-state/Private	240	240	131	11	56

教职工情况(成人高校)

Workers in Adult HEIs

单位:人

Unit:in Person

教职工数 Teachers,Staff & Workers								
教职工 in College or Uni. Proper						科研机构人员 Personnel in Affiliated Research Org.	校办企业职工 Employees in School-run	其他附设机构人员 Personnel in Others Subsidiary Units
Full-time Teachers			行政人员 Adm. Personnel	教辅人员 Supporting Staff	工勤人员 Workers			
中级 Middle	初级 Junior	无职称 No Rank						
36383	**19497**	**5162**	**30344**	**17796**	**15773**	**593**	**1679**	**2736**
17482	9801	2663	13112	9099	5550	194	604	1180
10548	4215	976	7532	3962	4655	68	788	1052
79	61	7	39	23	27			
4018	2423	830	4395	2268	2592	122	282	149
4553	2747	825	3413	2200	2157	137	142	302
203	94	14	104		24			
16461	9768	2466	14455	9111	6164	264	442	1213
521	189	44	406	232	154	2	25	20
852	353	71	909	493	486	12	33	47
40	10		140	105	55	7		
812	343	71	769	388	431	5	33	47
35485	19128	5089	29370	17275	15271	581	1646	2689
23012	13340	3452	19715	12059	9247	434	654	1710
12473	5788	1637	9655	5216	6024	147	992	979
46	16	2	65	28	16			

研究生指导

Aggregate Data on Supervisors

	计 Total	30岁及以下 30 and under	31—35岁 31 to 35	36—40岁 36 to 40	41—45岁 41 to 45
总 计 Total	**150798**	**618**	**8645**	**34045**	**36485**
其中:女 of Which: Female	31472	106	2184	8164	7905
分职称:By Rank:					
正高级 Senior	78046	108	1254	10251	17126
副高级 Sub-senior	72752	510	7391	23794	19359
分指导关系:By Level of Programs Supervised:					
博士导师 Supervisors of doctoral Programs	11065	21	121	1083	1725
其中:女 of Which: Female	1141		11	79	162
硕士导师 Supervisors of Master's Degree Programs	115774	580	8141	29713	29356
其中:女 of Which: Female	27876	104	2134	7789	7260
博士、硕士导师 Supervisors of Doc. & Mas. Degree Programs	23959	17	383	3249	5404
其中:女 of Which: Female	2455	2	39	296	483

研究生指导教

Data on Supervisors of Postgraduate

	计 Total	30岁及以下 30 and under	31—35岁 31 to 35	36—40岁 36 to 40
总 计 Total	**136151**	**548**	**7461**	**30240**
其中:女 of Which: Female	29560	97	2001	7674
分职称:By Rank:				
正高级 Senior	67987	101	949	8218
副高级 Sub-senior	68164	447	6512	22022
分指导关系:By Level of Programs Supervised:				
博士导师 Supervisors of doctoral Programs	8509	20	74	770
其中:女 of Which: Female	886		8	61
硕士导师 Supervisors of Master's Degree Programs	106608	512	7129	26848
其中:女 of Which: Female	26494	96	1965	7359
博士、硕士导师 Supervisors of Doc. & Mas. Degree Programs	21034	16	258	2622
其中:女 of Which: Female	2180	1	28	254

教师情况(总计)
of Postgraduate Programs

单位:人
Unit:in Person

46—50岁 46 to 50	51—55岁 51 to 55	56—60岁 56 to 60	61—65岁 61 to 65	66岁及以上 66 and over
27989	**15868**	**13969**	**7707**	**5472**
5980	3293	2324	1027	489
16700	10128	10330	6967	5182
11289	5740	3639	740	290
1626	1043	1572	1726	2148
194	124	181	211	179
21686	12112	9339	3613	1234
5256	2843	1781	564	145
4677	2713	3058	2368	2090
530	326	362	252	165

师情况(普通高校)
Programs (Regular HEIs)

单位:人
Unit: in Person

41—45岁 41 to 45	46—50岁 46 to 50	51—55岁 51 to 55	56—60岁 56 to 60	61—65岁 61 to 65	66岁及以上 66 and over
33226	**25962**	**14723**	**12777**	**6504**	**4710**
7480	5666	3075	2194	927	446
14776	15152	9250	9302	5817	4422
18450	10810	5473	3475	687	288
1360	1320	847	1256	1226	1636
118	152	93	143	164	147
27141	20416	11407	8775	3221	1159
6933	5034	2705	1718	541	143
4725	4226	2469	2746	2057	1915
429	480	277	333	222	156

分学科专任教师数(总计)

Number of Full-time Teachers by Field of Study (Total)

单位:人

Unit: in Person

	计 Total	正高级 Senior	副高级 Sub-Senior	中级 Middle	初级 Junior	无职称 No Rank
总计 Total	**970506**	**88924**	**280270**	**325569**	**207036**	**68707**
其中:女 of Which: Female	415798	17632	107367	149157	105862	35780
哲学 Philosophy	32654	3197	11041	11867	4903	1646
经济学 Economics	63759	5263	18184	23620	12539	4153
法学 Law	42134	3415	11644	15183	8707	3185
教育学 Education	84028	4044	23475	30032	20112	6365
其中:体育 of which:Sport	44256	1721	12410	16309	10629	3187
文学 Literature	206011	12506	49706	69819	54635	19345
其中:外语 of which:Foreign Language	95957	4168	21044	33219	27596	9930
其中:艺术 of which:Art	51779	3130	10545	16554	16368	5182
历史学 History	13164	1775	4146	4618	1941	684
理学 Science	125339	14484	42277	38765	22582	7231
工学 Engineering	256468	26027	75268	84174	53970	17029
其中:计算机 of which:Computer	70494	3729	15973	23473	20515	6804
农学 Agriculture	25769	3347	8355	8206	4329	1532
其中:林学 of Which:Forestry	4647	482	1501	1479	890	295
医学 Medicine	66940	9942	21159	20477	12119	3243
管理学 Administration	54240	4924	15015	18808	11199	4294

分学科专任教师数(普通高校)

Number of Full-time Teachers by Field of Study in Regular Higher Educational Institutions

单位:人

Unit: in Person

	计 Total	正高级 Senior	副高级 Sub-Senior	中级 Middle	初级 Junior	无职称 No Rank
总计 Total	**858393**	**83231**	**250251**	**280905**	**183285**	**60721**
其中:女 of Which: Female	364559	16045	95220	127825	93756	31713
哲学 Philosophy	27327	2808	9274	9675	4151	1419
经济学 Economics	50975	4554	14670	18239	10040	3472
法学 Law	34944	3023	9818	12224	7227	2652
教育学 Education	74974	3729	21168	26372	17944	5761
其中:体育 of which:Sport	40727	1661	11705	14804	9644	2913
文学 Literature	180951	11316	43491	60262	48738	17144
其中:外语 of which:Foreign Language	85294	3743	18648	28970	25000	8933
其中:艺术 of which:Art	47315	2868	9694	14949	15000	4804
历史学 History	11237	1690	3608	3722	1623	594
理学 Science	112530	14035	38211	33596	20248	6440
工学 Engineering	231605	25139	69357	74069	48058	14982
其中:计算机 of which:Computer	58751	3312	13536	19067	17171	5665
农学 Agriculture	25034	3313	8173	7884	4157	1507
其中:林学 of Which:Forestry	4539	481	1467	1433	869	289
医学 Medicine	61802	9263	19319	18867	11349	3004
管理学 Administration	47014	4361	13162	15995	9750	3746

分学科专任教师数(成人高校)

Number of Full-time Teachers by Field of Study in Adult Higher Educational Institutions

单位:人

Unit: in Person

	计 Total	正高级 Senior	副高级 Sub-Senior	中级 Middle	初级 Junior	无职称 No Rank
总计 Total	**86065**	**2005**	**23018**	**36383**	**19497**	**5162**
其中:女 of Which: Female	40018	526	9546	17482	9801	2663
哲学 Philosophy	4203	172	1388	1859	635	149
经济学 Economics	9802	254	2621	4356	2050	521
法学 Law	5933	177	1463	2548	1334	411
教育学 Education	7573	177	1958	3173	1844	421
其中:体育 of which: Sport	2905	39	613	1293	798	162
文学 Literature	18260	389	4518	7430	4651	1272
其中:外语 of which: Foreign Language	7049	73	1522	3028	1894	532
其中:艺术 of which: Art	3159	53	526	1227	1116	237
历史学 History	1745	53	490	832	298	72
理学 Science	10997	226	3609	4529	2065	568
工学 Engineering	19015	200	4563	8146	4859	1247
其中:计算机 of which: Computer	8413	84	1635	3331	2685	678
农学 Agriculture	611	19	139	274	156	23
其中:林学 of Which: Forestry	99		32	41	21	5
医学 Medicine	3003	189	1056	1089	519	150
管理学 Administration	4923	149	1213	2147	1086	328

分学科专任教师数(民办的其他高等教育机构)

Number of Full-time Teachers by Field of Study in Non-state/Private HEIs

单位:人

Unit: in Person

	计 Total	正高级 Senior	副高级 Sub-Senior	中级 Middle	初级 Junior	无职称 No Rank
总计 Total	**26048**	**3688**	**7001**	**8281**	**4254**	**2824**
其中:女 of Which: Female	11221	1061	2601	3850	2305	1404
哲学 Philosophy	1124	217	379	333	117	78
经济学 Economics	2982	455	893	1025	449	160
法学 Law	1257	215	363	411	146	122
教育学 Education	1481	138	349	487	324	183
其中:体育 of which: Sport	624	21	92	212	187	112
文学 Literature	6800	801	1697	2127	1246	929
其中:外语 of which: Foreign Language	3614	352	874	1221	702	465
其中:艺术 of which: Art	1305	209	325	378	252	141
历史学 History	182	32	48	64	20	18
理学 Science	1812	223	457	640	269	223
工学 Engineering	5848	688	1348	1959	1053	800
其中:计算机 of which: Computer	3330	333	802	1075	659	461
农学 Agriculture	124	15	43	48	16	2
其中:林学 of Which: Forestry	9	1	2	5		1
医学 Medicine	2135	490	784	521	251	89
管理学 Administration	2303	414	640	666	363	220

专任教师、聘请校外教师学历情况(总计)

Aggregate Data on Academic Qualifications of Full-time and Part-time Teachers in HEIs

单位:人

Unit:in Person

	计 Total	博　士 Doctor's Degree	硕　士 Master's Degree	本　科 Normal Courses	专科及以下 Short-cycle Courses and Under
1.专任教师 Full-time Teachers	970506	72630	235576	618769	43531
其中:女 of Which: Female	415798	16312	98920	282761	17805
正高级 Senior	88924	25623	23319	38245	1737
副高级 Sub-senior	280270	28577	67413	174839	9441
中　级 Middle	325569	15703	86530	206607	16729
初　级 Junior	207036	1032	43303	151601	11100
无职称 No Rank	68707	1695	15011	47477	4524
2.聘请校外教师 Part-time Teachers	272793	20200	71723	169695	11175
其中:女 of Which: Female	96825	3985	24658	64164	4018
正高级 Senior	49770	11064	14828	22820	1058
副高级 Sub-senior	100220	6063	28299	62974	2884
中　级 Middle	91413	2327	21207	63116	4763
初　级 Junior	20299	277	4147	14480	1395
无职称 No Rank	11091	469	3242	6305	1075
聘请校外教师中:外教 Foreign Teachers Among Part-time Teachers	6088	1051	1738	3248	51

专任教师、聘请校外教师学历情况(普通高校)

Data on Academic Qualifications of Full-time and Part-time Teachers in Regular HEIs

单位:人

Unit:in Person

	计 Total	博　士 Doctor's Degree	硕　士 Master's Degree	本　科 Normal Courses	专科及以下 Short-cycle Courses and Under
1.专任教师 Full-time Teachers	858393	70487	223860	532705	31341
其中:女 of Which: Female	364559	15519	94045	242578	12417
正高级 Senior	83231	25105	21826	34774	1526
副高级 Sub-senior	250251	27732	63174	151326	8019
中　级 Middle	280905	15082	82510	171621	11692
初　级 Junior	183285	889	41978	133178	7240
无职称 No Rank	60721	1679	14372	41806	2864
2.聘请校外教师 Part-time Teachers	181430	16397	51013	108470	5550
其中:女 of Which: Female	63239	2963	17603	40625	2048
正高级 Senior	39271	9445	11737	17472	617
副高级 Sub-senior	67750	4732	19091	42124	1803
中　级 Middle	51478	1621	14342	33726	1789
初　级 Junior	14082	183	3178	10104	617
无职称 No Rank	8849	416	2665	5044	724
聘请校外教师中:外教 Foreign Teachers Among Part-time Teachers	5777	1031	1642	3060	44

专任教师、聘请校外教师学历情况(成人高校)

Data on Academic Qualifications of Full-time and Part-time Teachers in Higher Educational Institutions for Adults

单位:人

Unit:in Person

	计 Total	博士 Doctor's Degree	硕士 Master's Degree	本科 Normal Courses	专科及以下 Short-cycle Courses and Under
1.专任教师 Full-time Teachers	86065	1174	8073	68870	7948
其中:女 of Which:Female	40018	500	3510	32600	3408
正高级 Senior	2005	128	490	1339	48
副高级 Sub-senior	23018	449	2793	18758	1018
中级 Middle	36383	467	3148	29049	3719
初级 Junior	19497	123	1120	15715	2539
无职称 No Rank	5162	7	522	4009	624
2.聘请校外教师 Part-time Teachers	46392	1212	8632	34600	1948
其中:女 of Which:Female	17163	274	3063	13169	657
正高级 Senior	3221	347	960	1872	42
副高级 Sub-senior	16385	420	3562	12052	351
中级 Middle	21104	349	3106	16708	941
初级 Junior	4446	69	674	3234	469
无职称 No Rank	1236	27	330	734	145
聘请校外教师中外教 Foreign Teachers Among Part-time Teachers	126	5	38	83	

专任教师、聘请校外教师学历情况(民办的其他高等教育机构)

Data on Academic Qualifications of Full-time and Part-time Teachers in Non-state/Private HEIs

单位:人

Unit:in Person

	计 Total	博士 Doctor's Degree	硕士 Master's Degree	本科 Normal Courses	专科及以下 Short-cycle Courses and Under
1.专任教师 Full-time Teachers	26048	969	3643	17194	4242
其中:女 of Which: Female	11221	293	1365	7583	1980
正高级 Senior	3688	390	1003	2132	163
副高级 Sub-senior	7001	396	1446	4755	404
中级 Middle	8281	154	872	5937	1318
初级 Junior	4254	20	205	2708	1321
无职称 No Rank	2824	9	117	1662	1036
2.聘请校外教师 Part-time Teachers	44971	2591	12078	26625	3677
其中:女 of Which: Female	16423	748	3992	10370	1313
正高级 Senior	7278	1272	2131	3476	399
副高级 Sub-senior	16085	911	5646	8798	730
中级 Middle	18831	357	3759	12682	2033
初级 Junior	1771	25	295	1142	309
无职称 No Rank	1006	26	247	527	206
聘请校外教师中:外教 Foreign Teachers Among Part-time Teachers	185	15	58	105	7

专任教师年龄情况(总计)

Breakdown of Full-time Teachers by Age (Total)

单位:人

Unit: in Person

	计 Total	30岁及以下 30 and under	31—35岁 31 to 35	36—40岁 36 to 40	41—45岁 41 to 45	46—50岁 46 to 50	51—55岁 51 to 55	56—60岁 56 to 60	61—65岁 61 to 65	66岁及以上 66 and over
总　计 Total	**970506**	**274381**	**179883**	**182814**	**133173**	**88507**	**51051**	**41658**	**13916**	**5123**
其中:女 of Which: Female	415798	147094	84897	76867	49171	30489	15947	8286	2419	628
正高级 Senior	88924	207	1054	9585	18515	20254	12575	14153	8754	3827
副高级 Sub-senior	280270	1546	19172	82749	73471	47618	28025	22252	4379	1058
中级 Middle	325569	50459	123878	80933	36825	18455	9438	4802	673	106
初级 Junior	207036	161175	30966	8118	3782	1796	787	318	44	50
无职称 No Rank	68707	60994	4813	1429	580	384	226	133	66	82

专任教师年龄情况(普通高校)

Breakdown of Full-time Teachers by Age (Regular HEIs)

单位:人

Unit: in Person

	计 Total	30岁及以下 30 and under	31—35岁 31 to 35	36—40岁 36 to 40	41—45岁 41 to 45	46—50岁 46 to 50	51—55岁 51 to 55	56—60岁 56 to 60	61—65岁 61 to 65	66岁及以上 66 and over
总　计 Total	**858393**	**246246**	**159483**	**161372**	**117917**	**77328**	**43542**	**36037**	**11913**	**4555**
其中:女 of Which: Female	364559	131571	74604	66622	42479	26049	13560	7123	2009	542
正高级 Senior	83231	130	886	9257	17798	19244	11547	12980	7888	3501
副高级 Sub-senior	250251	1240	17729	75915	66322	41796	23920	19027	3458	844
中级 Middle	280905	45261	110576	68655	30256	14583	7315	3693	483	83
初级 Junior	183285	145271	26138	6411	3103	1440	597	246	33	46
无职称 No Rank	60721	54344	4154	1134	438	265	163	91	51	81

专任教师年龄情况(成人高校)

Breakdown of Full-time Teachers by Age (Adult HEIs)

单位:人
Unit:in Person

	计 Total	30岁及以下 30 and under	31—35岁 31 to 35	36—40岁 36 to 40	41—45岁 41 to 45	46—50岁 46 to 50	51—55岁 51 to 55	56—60岁 56 to 60	61—65岁 61 to 65	66岁及以上 66 and over
总　计 Total	**86065**	**21372**	**16353**	**17865**	**12254**	**8760**	**5401**	**3653**	**359**	**48**
其中:女 of Which: Female	40018	11779	8370	8653	5474	3519	1648	540	33	2
正高级 Senior	2005	1	12	113	336	512	411	459	136	25
副高级 Sub-senior	23018	77	904	5765	5930	4749	3125	2269	177	22
中级 Middle	36383	3673	11171	10436	5373	3162	1670	851	46	1
初级 Junior	19497	13161	3943	1373	538	276	150	56		
无职称 No Rank	5162	4460	323	178	77	61	45	18		

专任教师年龄情况(民办的其他高等教育机构)

Breakdown of Full-time Teachers by Age (Non-state/Private HEIs)

单位:人
Unit:in Person

	计 Total	30岁及以下 30 and under	31—35岁 31 to 35	36—40岁 36 to 40	41—45岁 41 to 45	46—50岁 46 to 50	51—55岁 51 to 55	56—60岁 56 to 60	61—65岁 61 to 65	66岁及以上 66 and over
总　计 Total	**26048**	**6763**	**4047**	**3577**	**3002**	**2419**	**2108**	**1968**	**1644**	**520**
其中:女 of Which: Female	11221	3744	1923	1592	1218	921	739	623	377	84
正高级 Senior	3688	76	156	215	381	498	617	714	730	301
副高级 Sub-senior	7001	229	539	1069	1219	1073	980	956	744	192
中级 Middle	8281	1525	2131	1842	1196	710	453	258	144	22
初级 Junior	4254	2743	885	334	141	80	40	16	11	4
无职称 No Rank	2824	2190	336	117	65	58	18	24	15	1

专任教师、聘请校外教

Data on Academic Qualification of Full-time and Invited from Other Institutions

	专任教师中按授课内容分 Full-time Teachers classified by Teaching Content			
	计 Total	公共课 基础课 Common Required Course	专业课 Special Subjects	
			计 Total	其中：双师型 Double-teacher Type
总　计 Total	**936916**	**279046**	**657870**	**71489**
其中:女 of Which: Female	402397	133940	268457	26812
正高级 Senior	86786	16946	69840	5513
副高级 Sub-senior	272619	77540	195079	30207
中级 Middle	312480	96629	215851	35769
初级 Junior	198307	65859	132448	
无职称 No Rank	66724	22072	44652	
普通高校 Regular HEIs	826313	241763	584550	61640
其中:女 of Which: Female	351786	116135	235651	22872
正高级 Senior	81170	15263	65907	4667
副高级 Sub-senior	242994	67659	175335	26164
中级 Middle	268416	81578	186838	30809
初级 Junior	174902	57796	117106	
无职称 No Rank	58831	19467	39364	
成人高校 Adult HEIs	84903	28201	56702	7465
其中:女 of Which: Female	39491	13724	25767	3102
正高级 Senior	1993	494	1499	334
副高级 Sub-senior	22736	7311	15425	3191
中级 Middle	35878	12181	23697	3940
初级 Junior	19197	6528	12669	
无职称 No Rank	5099	1687	3412	
民办的其他高等教育机构 Non-state/Private HEIs	25700	9082	16618	2384
其中:女 of Which: Female	11120	4081	7039	838
正高级 Senior	3623	1189	2434	512
副高级 Sub-senior	6889	2570	4319	852
中级 Middle	8186	2870	5316	1020
初级 Junior	4208	1535	2673	
无职称 No Rank	2794	918	1876	

师岗位分类情况

Invited Teachers Classified by Teaching Content

单位：人
Unit: in Person

聘请校外教师按授课内容分 Invited Teachers Classified by Teaching Content				专任教师中不任课人数 Full-time Teacher by Nonteaching				
计 Total	公共课 基础课 Common Required Course	专业课 Special Subjects		计 Total	进修 In-service training	科研 Research	病休 Sick Leave	其他 Others
		计 Total	其中：双师型 Double-teacher Type					
273041	**74774**	**198267**	**26057**	**33590**	**20728**	**3855**	**891**	**8116**
96893	30250	66643	7770	13401	8497	1090	401	3413
49840	9869	39971	4681	2138	868	764	51	455
100350	27151	73199	12649	7651	4390	1335	206	1720
91461	26099	65362	8727	13089	8504	1249	357	2979
20299	7496	12803		8729	6150	403	199	1977
11091	4159	6932		1983	816	104	78	985
181430	51677	129753	19921	32080	20258	3663	772	7387
63239	21072	42167	5664	12773	8288	1010	346	3129
39271	7230	32041	3757	2061	858	749	49	405
67750	18696	49054	9714	7257	4298	1234	163	1562
51478	16782	34696	6450	12489	8303	1196	310	2680
14082	5433	8649		8383	6014	381	176	1812
8849	3536	5313		1890	785	103	74	928
46392	11840	34552	3678	1162	378	157	96	531
17163	4870	12293	1201	527	182	63	42	240
3221	548	2673	398	12	1	4	1	6
16385	4116	12269	1694	282	58	91	37	96
21104	5330	15774	1586	505	167	44	37	257
4446	1491	2955		300	130	18	19	133
1236	355	881		63	22		2	39
45219	11257	33962	2458	348	92	35	23	198
16491	4308	12183	905	101	27	17	13	44
7348	2091	5257	526	65	9	11	1	44
16215	4339	11876	1241	112	34	10	6	62
18879	3987	14892	691	95	34	9	10	42
1771	572	1199		46	6	4	4	32
1006	268	738		30	9	1	2	18

高等学校专任

Changes of Full-time Teachers in

	上学年初报表专任教师数 Total number of full-time teachers at beginning of previous academic year	增加专任 Factors of			
		合计 Total	录用毕业生 New recruits from current year graduates		
			计 Total	其中:of which: 研究生 completing doc. & mas. deg. Prog.	本科 completing 1st degree courses
总计 Total	**836769**	**181006**	**83114**	**38060**	**42646**
其中:女 of Which: Female	352569	81595	41254	17684	21410
普通高校 Regular HEIs	733815	162260	75373	36677	37394
其中:女 of Which: Female	306178	72740	37197	17021	18624
成人高校 Adult HEIs	80584	10833	4492	1093	3179
其中:女 of Which: Female	36956	5317	2482	537	1746
民办的其他高等教育机构 Non-state/Private HEIs	22370	7913	3249	290	2073
其中:女 of Which: Female	9435	3538	1575	126	1040

资产

Condition of Fixed Assets

	学校占地面积(平方米) Area of School sites (m^2)			图书音像 Audio-visual	
				一般图书(万册) Books & Magazines in Libraries(10,000 Volume)	
	计 Total	其中:绿化用地面积 of Which: Green Areas	其中:运动场地面积 of Which: Sports Areas	计 Total	当年新增 New Floor Space Added in Current Year
总 计 Total	**1324957611**	**313263716**	**96585408**	**112540.38**	**15054.74**
学校产权 Owned by HEIs					
非学校产权中独立使用 Not Owned by HEIs	71647346	14985633	7318434	49647.04	3882.84
普通高校 Regular HEIs	**1224484366**	**290042105**	**86557265**	**101032.43**	**13862.35**
学校产权 Owned by HEIs					
非学校产权中独立使用 Not Owned by HEIs	55162041	11579149	5095976	3334.35	497.28
成人高校 Adult HEIs	**70541979**	**15741666**	**6906931**	**9128.76**	**842.77**
学校产权 Owned by HEIs					
非学校产权中独立使用 Not Owned by HEIs	3816228	617840	570012	218.60	3.03
民办的其他高等教育机构 Non-state/Private HEIs	**29931266**	**7479945**	**3121212**	**2379.19**	**349.62**
学校产权 Owned by HEIs					
非学校产权中独立使用 Not Owned by HEIs	12669077	2788644	1652446	46094.09	3382.53

教师变动情况

Regular Higher Educational Institutions

单位：人
Unit: in Person

教师数 Increase				减少专任教师数 Factors of Decrease				本学年初报表专任教师数 Total number of full-time teachers at beginning of current academic year
外单位教师调入 Teachers recruited from other units		校内、外非教师调入 Non-teaching personnel changed into teachers						
计 Total	其中：高校调入 of Which: from reg. HEIs	计 Total	其中：本校调整 of Which: with change of status in their own institutions	合计 Total	自然减员 Retired from their posts during previcus academic year	调离教师岗位 Transferred from teaching to non-teaching posts	其他 Others	
63648	**28493**	**34244**	**21833**	**47269**	**14302**	**9980**	**22987**	**970506**
27246	11509	13095	8011	18366	5275	4063	9028	415798
56032	25438	30855	20164	37682	11705	8377	17600	858393
23885	10156	11658	7354	14359	4201	3384	6774	364559
3956	1813	2385	1369	5352	1408	1077	2867	86065
1778	819	1057	568	2255	579	433	1243	40018
3660	1242	1004	300	4235	1189	526	2520	26048
1583	534	380	89	1752	495	246	1011	11221

情况

and Teaching Resources

资料情况 ed. Resources		拥有教学用计算机（台） No. of Computers used for Instruction	语音实验室座位数（个） No. of Seats in Audio-Labs	多媒体教室座位数（个） No. of Seats in Multi-media Class rooms	网上教学课程数（种） No. of Web-Based Courses	固定资产值（万元） Fixed Assets (in 10,000 yuan)		
电子图书（片） Electronic Books & Magazines in Libraries(Disk)						合计 Total	其中：教学、科研仪器设备资产 of Which: Teaching Equipment & Instruments	
计 Total	当年新增 New Floor Space Added in Current Year						计 Total	当年新增 New Floor Space Added in Current Year
1296494	**328264**	**3230150**	**1099053**	**6894589**	**65255**	**50514859.23**	**11047107.59**	**2028704.88**
7028	685	121560	50058	244163		1868218.35	370315.31	63934.90
1053365	**313361**	**2771466**	**937061**	**6264203**	**26001**	**46614015.00**	**10179372.62**	**1892459.37**
1469	387	100505	40795	212168		1725987.79	337695.86	61186.29
200358	**5023**	**333534**	**110294**	**502224**	**35445**	**2950262.69**	**674487.07**	**101291.29**
664	18	10079	4849	13032		70228.61	19956.32	1215.01
42772	**9880**	**125150**	**51698**	**128162**	**3809**	**950581.54**	**193247.90**	**34954.22**
4896	280	10976	4414	18963		72001.95	12663.13	1533.60

校舍情况(总计)

Conditions of School Buidings (Regional Aggregates)

单位:平方米

Unit:m^2

	学校产权建筑面积 Floor Area of School Building Owned by HEIs				正在施工面积 Floor Area Under Construction	独立使用非学校产权建筑面积 Floor Area of School Building Not Owned by HEIs
	计 Subtotal	其中:危房 of Which: Dilapidated Buildings	其中:当年新增 of Which: Newly Added in Current Year	其中:被外单位借用 of Which: Floor Space Hired by Other Schools or Units		
总计 Total	**500540277**	**1686231**	**57958100**	**1226661**	**51300927**	**44365625**
一、教学及辅助用房 Buildings for Instraction and Ancillary Uses	**202255247**	**525424**	**26315884**	**305921**	**26536318**	**18221958**
教室 Classroom	93830921	193585	12842968	160193	11196268	10251293
图书馆 Library	23800789	26832	3160746	24477	5095977	1140970
实验室、实习场所 Lab. And Practice Facilities	68363352	263018	8230181	99685	7486942	5422926
体育馆 Gymnasium	10965436	12402	1540273	17654	2059973	945921
会堂 Hall	5294749	29587	541716	3912	697158	460848
二、行政办公用房 Administritive	**25744058**	**127572**	**2835564**	**70156**	**2571025**	**1884653**
三、生活用房 Residential Buildings	**181849235**	**496732**	**24371976**	**536400**	**16502683**	**24259014**
学生宿舍(公寓) Students' Dormitories	124124847	193488	18940881	274423	12469242	19561691
学生食堂 Students' Dining Halls	20402798	27660	2690518	35475	2112597	2305387
教工单身宿舍 Apartments for Single	6801319	86451	571850	20335	452649	624781
教工食堂 Dining Halls for Staff and Workers	1758597	5839	121726	8848	65701	124466
生活福利及其他用房 Residential, Welfare and Anxiliary Buildings	28761674	183294	2047001	197319	1402494	1642689
四、教工住宅 Residential Quarters for Staff and Workers	**90691737**	**536503**	**4434676**	**314184**	**5690901**	

校舍情况(普通高校)

Conditions of School Buidings (Regular HEIs)

单位:平方米

Unit: m^2

	学校产权建筑面积 Floor Area of School Building Owned by HEIs				正在施工面积 Floor Area Under Construction	独立使用非学校产权建筑面积 Floor Area of School Building Not Owned by HEIs
	计 Subtotal	其中:危房 of Which: Dilapidated Buildings	其中:当年新增 of Which: Newly Added in Current Year	其中:被外单位借用 of Which: Floor Space Hired by Other Schools or Units		
总计 Total	**455105466**	**1612470**	**55249493**	**1074109**	**48352371**	**36517506**
一、教学及辅助用房 Buildings for Instraction and Ancillary Uses	**181997693**	**496852**	**25169049**	**252397**	**24893276**	**14452254**
教室 Classroom	82357574	175225	12187962	127802	10136379	7633301
图书馆 Library	21881431	25049	3003687	18728	4908681	940656
实验室、实习场所 Lab. And Practice Facilities	64194195	259725	8041691	88601	7275558	4823741
体育馆 Gymnasium	9055886	9406	1426102	14154	1942110	736319
会堂 Hall	4508607	27447	509607	3112	630548	318237
二、行政办公用房 Administritive	**21829730**	**124996**	**2640695**	**55273**	**2405389**	**1291537**
三、生活用房 Residential Buildings	**166620810**	**459271**	**23124694**	**461860**	**15488127**	**20773715**
学生宿舍(公寓) Students' Dormitories	114254021	173468	17982654	234728	11707470	16924096
学生食堂 Students' Dining Halls	18385876	24699	2555427	22315	1980101	1934095
教工单身宿舍 Apartments for Single	6125758	81662	537913	13572	395880	428279
教工食堂 Dining Halls for Staff and Workers	1421492	5465	106558	8398	48476	65742
生活福利及其他用房 Residential, Welfare and Anxiliary Buildings	26433663	173977	1942142	182847	1356200	1421503
四、教工住宅 Residential Quarters for Staff and Workers	**84657233**	**531351**	**4315055**	**304579**	**5565579**	

校舍情况(成人高校)

Conditions of School Buidings in Adult Higher Educational Institutions

单位:平方米

Unit: m^2

	学校产权建筑面积 Floor Area of School Building Owned by HEIs				正在施工面积 Floor Area Under Construction	独立使用非学校产权建筑面积 Floor Area of School Building Not Owned by HEIs
	计 Subtotal	其中:危房 of Which: Dilapidated Buildings	其中:当年新增 of Which: Newly Added in Current Year	其中:被外单位借用 of Which: Floor Space Hired by Other Schools or Units		
总计 Total	**35071080**	**41061**	**1873521**	**139203**	**1825128**	**2673315**
一、教学及辅助用房 Buildings for Instraction and Ancillary Uses	**15187370**	**12672**	**813718**	**46024**	**1001732**	**1411767**
教室 Classroom	8742856	6060	472148	25791	647603	899449
图书馆 Library	1480760	1383	113292	5749	89666	74332
实验室、实习场所 Lab. And Practice Facilities	3445272	3093	144644	10184	155495	316697
体育馆 Gymnasium	916847	1596	65031	3500	72208	81559
会堂 Hall	601635	540	18603	800	36760	39730
二、行政办公用房 Administritive	**3033732**	**1076**	**139243**	**14033**	**119881**	**185015**
三、生活用房 Residential Buildings	**11259024**	**22161**	**858249**	**69541**	**631726**	**1076533**
学生宿舍(公寓) Students' Dormitories	7060471	9020	636860	37895	464665	892722
学生食堂 Students' Dining Halls	1474754	961	93576	13160	77541	93559
教工单身宿舍 Apartments for Single	452484	2989	21947	6763	44245	36654
教工食堂 Dining Halls for Staff and Workers	283875	174	10950	450	11242	10173
生活福利及其他用房 Residential, Welfare and Anxiliary Buildings	1987440	9017	94916	11273	34033	43425
四、教工住宅 Residential Quarters for Staff and Workers	**5590954**	**5152**	**62311**	**9605**	**71789**	

校舍情况(民办的其他高等教育机构)

Conditions of School Buidings in Non-State/Private HEIs

单位:平方米

Unit: m²

	学校产权建筑面积 Floor Area of School Building Owned by HEIs				正在施工面积 Floor Area Under Construction	独立使用非学校产权建筑面积 Floor Area of School Building Not Owned by HEIs
	计 Subtotal	其中:危房 of Which: Dilapidated Buildings	其中:当年新增 of Which: Newly Added in Current Year	其中:被外单位借用 of Which: Floor Space Hired by Other Schools or Units		
总计 Total	**10363731**	**32700**	**835086**	**13349**	**1123428**	**5174804**
一、教学及辅助用房 Buildings for Instraction and Ancillary Uses	**5070184**	**15900**	**333117**	**7500**	**641310**	**2357937**
教室 Classroom	2730491	12300	182858	6600	412286	1718543
图书馆 Library	438598	400	43767		97630	125982
实验室、实习场所 Lab. And Practice Facilities	723885	200	43846	900	55889	282488
体育馆 Gymnasium	992703	1400	49140		45655	128043
会堂 Hall	184507	1600	13506		29850	102881
二、行政办公用房 Administritive	**880596**	**1500**	**55626**	**850**	**45755**	**408101**
三、生活用房 Residential Buildings	**3969401**	**15300**	**389033**	**4999**	**382830**	**2408766**
学生宿舍(公寓) Students' Dormitories	2810355	11000	321367	1800	297107	1744873
学生食堂 Students' Dining Halls	542168	2000	41515		54955	277733
教工单身宿舍 Apartments for Single	223077	1800	11990		12524	159848
教工食堂 Dining Halls for Staff and Workers	53230	200	4218		5983	48551
生活福利及其他用房 Residential, Welfare and Anxiliary Buildings	340571	300	9943	3199	12261	177761
四、教工住宅 Residential Quarters for Staff and Workers	**443550**		**57310**		**53533**	

三、中等教育
Secondary Education

(一)高中阶段教育
Senior Secondary

普通高中校数、班数

Number of Senior Secondary Schools and Classes

	学校数(所) Schools			班数(个) Classes
	合 计 Total	高级中学 Senior Sec. Schools	完全中学 Complete Sec. Schools	
总 计 Total	**15998**	**6161**	**9837**	**381113**
教育部门和集体办 Run by Ed. Dept. & Communities	11944	4943	7001	327131
社会力量办 Non-state/Private	2953	991	1962	36083
其他部门办 Run by Non-ed. Dept.	1101	227	874	17899
城市 Urban	6375	2248	4127	146751
教育部门和集体办 Run by Ed. Dept. & Communities	4057	1536	2521	115019
社会力量办 Non-state/Private	1640	570	1070	18523
其他部门办 Run by Non-ed. Dept.	678	142	536	13209
县镇 Counties & Towns	7169	3149	4020	191050
教育部门和集体办 Run by Ed. Dept. & Communities	5909	2750	3159	173834
社会力量办 Non-state/Private	1049	353	696	14656
其他部门办 Run by Non-ed. Dept.	211	46	165	2560
农村 Rural		764	1690	43312
教育部门和集体办 Run by Ed. Dept. & Communities	1978	657	1321	38278
社会力量办 Non-state/Private	264	68	196	2904
其他部门办 Run by Non-ed. Dept.	212	39	173	2130
总计中:其他学校附设初中班 Junior Sec. Classes Attached to Others Schools				6258
独立设置少数民族学校 Inde. Sec. Schools for Minorities	2323			7468

普通高中班额情况

Size of Senior Secondary Schools Classes

单位:个
unit:classes

	计 Subtotal	一年级 Grade 1	二年级 Grade 2	三年级 Grade 3
合 计 Total	**381113**	**138943**	**125167**	**117003**
城市:25 人及以下 urban:under 25 years	2003	456	707	840
26－35 人 between 26－35	5357	1585	1827	1945
36－45 人 between 36－45	18660	5826	6274	6560
46－55 人 between 46－55	50387	18518	16927	14942
56－65 人 between 56－65	44594	16857	15019	12718
66 人及以上 over 66 years	25750	9702	7964	8084
县镇:25 人及以下 Countries & Town under 25 years	1187	254	360	573
26－35 人 between 26－35	3055	751	1026	1278
36－45 人 between 36－45	10989	3110	3876	4003
46－55 人 between 46－55	48895	17933	16073	14889
56－65 人 between 56－65	62819	23419	20845	18555
66 人及以上 over 66 years	64105	24640	20179	19286
农村:25 人及以下 Rural:under 25 years	593	114	221	258
26－35 人 between 26－35	1290	306	435	549
36－45 人 between 36－45	3678	1044	1239	1395
46－55 人 between 46－55	11273	3997	3702	3574
56－65 人 between 56－65	13590	5101	4429	4060
66 人及以上 over 66 years	12888	5330	4064	3494

普通高中学生数

Number of Students in Senior Secondary Schools

单位：人

Unit：in Person

	毕业生数 Graduates	招生数 Students Admitted	在校学生数 Enrolment				
			合　计 Total	其中女 of Which：Female	一年级 Grade 1	二年级 Grade 2	三年级 Grade 3
总　计 Total	**5469351**	**8215096**	**22203701**	**10170790**	**8223771**	**7247149**	**6732781**
其中女 of Which：Female	2425129	3804214	10170790		3806702	3333660	3030428
教育部门和集体办 Run by Ed. Dept. & Communities	4929504	7131787	19533817	8957292	7138772	6388739	6006306
社会力量办 Non-state/Private	333220	785088	1847315	806310	786562	588232	472521
其他部门办 Run by Non-ed. Dept.	206627	298221	822569	407188	298437	270178	253954
城市 Urban	1972368	2917762	7982201	3816315	2919814	2629914	2432473
教育部门和集体办 Run by Ed. Dept. & Communities	1648130	2346737	6508977	3128392	2348117	2147484	2013376
社会力量办 Non-state/Private	176759	361699	890097	398362	362253	288816	239028
其他部门办 Run by Non-ed. Dept.	147479	209326	583127	289561	209444	193614	180069
县镇 Counties & Towns	2875761	4337612	11670174	5217803	4343190	3792022	3534962
教育部门和集体办 Run by Ed. Dept. & Communities	2707145	3925487	10716281	4801674	3930105	3491181	3294995
社会力量办 Non-state/Private	135590	360772	818244	349798	361657	258065	198522
其他部门办 Run by Non-ed. Dept.	33026	51353	135649	66331	51428	42776	41445
农村 Rural	621222	959722	2551326	1136672	960767	825213	765346
教育部门和集体办 Run by Ed. Dept. & Communities	574229	859563	2308559	1027226	860550	750074	697935
社会力量办 Non-state/Private	20871	62617	138974	58150	62652	41351	34971
其他部门办 Run by Non-ed. Dept.	26122	37542	103793	51296	37565	33788	32440
总计中：其他学校附设初中班 Classes Attached to Others Schools	69761	136311	329076	158387	136431	105737	86908
重读生 Repeaters			185718	72424	8675	6436	170607
重读中女 of Which：Female			72424		2488	2192	67744
少数民族学生 Minority Students	351029	555007	1453882	600883	556816	469260	427806
独立设置少数民族学校 Inde. Sec. Schools for Minorities	95912	142925	385304	199192	143047	126823	115434

普通中学教职工数

Number of Teachers, Staff & Workers in General Secondary Schools

单位:人

Unit:in Person

	教职工数 Teachers, Staff & Workers							
	合　计 Total	专任教师 Full-time Teachers	行政人员 Adm. Personnel	教辅人员 Supporting Staff	工勤人员 Workers	校办工厂、农(林)场职工 Employees in School-run Factories & Farms	代课教师 Substitute Teachers	兼任教师 Part-time Teachers
总　计 Total	**5623981**	**4667465**	**351154**	**240298**	**352865**	**12199**	**120535**	**34490**
其中女 of Which: Female	2399965	2091696	75289	108136	120529	4315	58281	12428
少数民族 Minority	411625	346124	24697	14026	26379	399	8812	1937
教育部门和集体办 Run by Ed. Dept. & Communities	5062513	4258311	303088	212140	278455	10519	96674	17377
社会力量办 Non-state/Private	345419	243819	27979	17610	55138	873	18589	15367
其他部门办 Run by Non-ed. Dept.	216049	165335	20087	10548	19272	807	5272	1746
城市 Urban	1452770	1137098	126229	83855	99855	5733	36406	17317
教育部门和集体办 Run by Ed. Dept. & Communities	1157525	921049	97924	67512	66126	4914	24804	7107
社会力量办 Non-state/Private	163219	113559	15303	9442	24569	346	7793	9148
其他部门办 Run by Non-ed. Dept.	132026	102490	13002	6901	9160	473	3809	1062
县镇 Counties & Towns	2139285	1761567	117945	105188	149947	4638	36629	10055
教育部门和集体办 Run by Ed. Dept. & Communities	1970602	1638920	105683	97531	124296	4172	29441	5185
社会力量办 Non-state/Private	132917	95614	9160	6007	21783	353	6798	4441
其他部门办 Run by Non-ed. Dept.	35766	27033	3102	1650	3868	113	390	429
农村 Rural	2031926	1768800	106980	51255	103063	1828	47500	7118
教育部门和集体办 Run by Ed. Dept. & Communities	1934386	1698342	99481	47097	88033	1433	42429	5085
社会力量办 Non-state/Private	49283	34646	3516	2161	8786	174	3998	1778
其他部门办 Run by Non-ed. Dept.	48257	35812	3983	1997	6244	221	1073	255

普通高中分课程专

Number of Full-time Senior Secondary School Teachers

	总 计 Total	其中女 of Which: Female	政 治 Politics	语 文 Chinese	数 学 Mathematics	物 理 Physics	化 学 Chemistry	生 物 Biology
合 计 Total	**1190681**	**496650**	**78120**	**193448**	**188544**	**115934**	**110258**	**54675**
研究生毕业 Graduate	12329	5144	990	2441	2144	1216	1293	678
本科毕业 Under-graduate	935371	402949	63934	160442	153584	93161	89915	43959
专科毕业 Associate Bachelor	238183	87479	12996	30255	32507	21291	18831	9939
高中阶段毕业 High School Graduate	4664	1059	197	308	306	266	216	97
高中阶段毕业以下 Below High School Graduate	134	19	3	2	3		3	2
合计中:女 of Total:Female	496650		33471	91627	63223	31364	43339	23993
少数民族 Minorities	73625	30113	5447	12271	11337	7096	6651	3255
城市 Urban	448304	216860	28356	71477	70069	43484	41546	20368
县镇 County & Towns	606571	233176	40410	99231	96653	59552	56471	27949
农村 Rural	135806	46614	9354	22740	21822	12898	12241	6358

普通高中专任教师专业技术

Full-time Teachers in Senior Secondary

	合 计 Total	其中女 of the Total: Female	25岁及以下 25 Years and Under	26－30	31－35
总 计 Total	**1190681**	**496650**	**206026**	**265714**	**252586**
中学高级 Senior	220147	64558	110	578	9529
中学一级 1st Grade	409234	159984	1699	36071	149743
中学二级 2nd Grade	387437	181530	71484	194596	89328
中学三级 3rd Grade	37491	17174	19515	14864	2155
未评职称 Rank Undecided	136372	73404	113218	19605	1831
总计中:女 of Which: Female	496650		114263	129815	108832
少数民族 Minorities	73625	30113	9088	16872	17695
城市 Urban	448304	216860	72473	91477	89440
县镇 County & Towns	606571	233176	107309	138245	133227
农村 Rural	135806	46614	26244	35992	29919

任教师学历情况
by Subject Taught & Educational Attainment

单位:人

Unit: in Person

地 理 Geography	历 史 History	外 语 Foreign Languages	信息技术 Infor. Technique	体 育 Physical Culture	音 乐 Music	美 术 Fine Arts	劳动技术 Skills Teaching	其 他 Others	当年不任课 No Teaching Load in Current year
53101	**65842**	**178717**	**31251**	**60872**	**15929**	**17279**	**3514**	**7696**	**15501**
438	745	1627	187	244	51	60	9	82	124
40563	53434	134760	21188	43226	9405	11066	1881	4759	10094
11937	11554	41954	9689	16473	6204	5979	1432	2540	4602
161	104	368	185	900	260	171	178	298	649
2	5	8	2	29	9	3	14	17	32
20758	28275	112870	11439	10394	9718	6272	791	3615	5501
3321	4371	9020	1775	3888	1009	863	172	1898	1251
19691	24246	67947	12174	23929	6700	7221	1375	3249	6472
27200	33650	90926	15354	30305	7795	8302	1725	3697	7351
6210	7946	19844	3723	6638	1434	1756	414	750	1678

职称、年龄结构情况
Schools Broken Down by Rank and Age

单位:人

Unit:in Person

36－40	41－45	46－50	51－55	56－60	61岁及以上 61 Years and Over
230121	**107358**	**56114**	**35882**	**31514**	**5366**
62061	55620	35891	25778	25713	4867
143044	46204	17938	8878	5258	399
23619	4982	1990	1002	398	38
569	184	105	59	33	7
828	368	190	165	112	55
84209	32279	15745	8439	2544	524
16475	7252	3302	1639	1120	182
88624	46002	25092	16515	15395	3286
119386	51756	26131	15924	12979	1614
22111	9600	4891	3443	3140	466

普通高中专任

Changes of Full-time Teachers in

	上学年初报表专任教师数 Total Number of Full-time Teachers at Beginning of Previous Academic Year	增加教师 Factors of Increase				
		计 Total	录用毕业生 New Recruits from Current Year Graduates	调入 Teachers Recruited from Other Units	校内调整 of which With Change of Status in Their Own Institutions	其他 Others
合计 Total	**1070323**	**215954**	**86751**	**79510**	**35941**	**13752**
其中女 of Which: Female	430532	100852	47688	32526	15408	5230
城市 Urban	405460	80824	29277	30519	14257	6771
其中女 of Which: Female	191678	41121	17359	13684	7152	2926
县镇 Counties & Towns	539550	110096	47767	40119	16719	5491
其中女 of Which: Female	198007	49481	25370	15724	6490	1897
农村 Rural	125311	25036	9709	8872	4965	1490
其中女 of Which: Female	40843	10254	4963	3118	1766	407

普通高中学生、教职工

Supplementary Information on Students and Full-time

	在校学生中 of Total Students		
	共产党员 Member of C. P. C.	共青团员 Member of C. Y. L.	华侨 Overseas Chinese
合计 Total	**41785**	**14782168**	**2770**
其中女 of Which: Female	19546	6983049	1272
城市 Urban	15358	5367874	1162
其中女 of Which: Female	7817	2671869	550
县镇 Counties & Towns	23105	7786846	873
其中女 of Which: Female	10215	3571864	392
农村 Rural	3322	1627448	735
其中女 of Which: Female	1514	739316	330

教师变动情况
General Secondary Schools

单位:人

Unit: in Person

减 少 教 师 Factors of Decrease					本学年初报表专任教师数 Total Number of Full-time Teachers at Beginning of Current Academic Year
计 Total	自然减员 Retired from their posts during previous academic Year	调出 Transferred from Teaching to Non-Teaching Posts	校内调整 of Which with Change of Status in their own Institutions	其 他 Others	
95596	**10511**	**48855**	**20957**	**15273**	**1190681**
34734	3409	18614	7149	5562	496650
37980	5714	17555	8082	6629	448304
15939	2190	7758	3271	2720	216860
43075	3924	22763	9886	6502	606571
14312	1048	8043	3080	2141	233176
14541	873	8537	2989	2142	135806
4483	171	2813	798	701	46614

政治面貌及其他
Teachers of Senior Secondary Schools

单位:人

Unit: in Person

专任教师中 of Total Full-time Teachers			
共产党员 Member of C. P. C.	共青团员 Member of C. Y. L.	民主党派 Member of Non-Communist Part	华 侨 Overseas Chinese
308941	**230972**	**19999**	**182**
94473	119688	7533	62
129438	84166	14025	120
51478	48686	5881	40
148978	115994	5200	54
36744	57056	1453	19
30525	30812	774	8
6251	13946	199	3

普通高中

Condition of School Buildings in

	学校占地面积 Areas Occupied	校舍建筑面积 Floor Space	教学及辅 Teaching & Assistant			
			计 Total	其中		
				普通教室 classroom	实验室 Laboratory	图书室 Library
合　计 Total	**817099314**	**303964972**	**120154917**	**74658765**	**19195420**	**8543888**
城市 Urban	293071175	128916422	53511255	30728600	8915780	4325715
县镇 County City & Towns	405096511	140173296	53691544	34844995	8506642	3582389
农村 Rural	118931628	34875254	12952118	9085170	1772998	635784

普通高中

Condition of School Buildings in

	体育运动场(馆)面积(平方米) Sports Areas (m^2)	计算机(台) PC (set)	图书藏量(册) Books & Magazines in Libraries (Volume)	电子图书藏量(片) Electronic Books & Magazines in Libraries (disk)
合　计 Total	**194009259**	**2134739**	**487087208**	**15516992**
城市 Urban	74939486	1066709	217425042	8102814
县镇 County City & Towns	91146478	858983	213952846	6244401
农村 Rural	27923295	209047	55709320	1169777

办学条件(一)

Senior Secondary Schools (1)

单位:平方米

Unit:m^2

助用房 Buildings of Which 微机室 PC-room	语音室 Linguistic	行政办公用房 Administritive 计 Total	其中教师办公室 of Which: for Teachers	生活用房 Residential and Welfare	其他用房 Rooms for Other Purposes	校舍面积中 of the Floor Space 危房面积 Floor Space of Dilapidated Buildings	当年新增 New Floor Space Added in Current Year
4520006	**2358576**	**29922308**	**17538362**	**119097325**	**34790422**	**4310335**	**21451751**
2141228	1111707	13698142	7750748	43642628	18064397	781046	8420242
1950213	1042595	13047525	7802377	60209775	13224452	2485595	11104433
428565	204274	3176641	1985237	15244922	3501573	1043694	1927076

办学条件(二)

Senior Secondary Schools (2)

固定资产总值(万元) Total Value of Fixed Asset (in 10 thousand yuan) 计 Total	其中:仪器设备总值(万元) of Which: Total Value of Equip & Instru. (in 10,000 yuan) 计 Subtotal	专业实验设备 For Profession	专业实习设备 For Practice
24564946.66	**2724142.44**	**1689211.41**	**323014.26**
11672208.83	1465209.46	887850.15	141994.88
10481303.51	1028615.24	668174.05	143958.56
2411434.32	230317.74	133237.21	37060.82

普通高中办学条件(三)

Condition of School Buildings in Senior Secondary Schools (3)

单位:所

Unit: School

	体育运动场(馆)面积达标校数 Schools No: Sports Areas Reached Standard	体育器械配备达标校数 Schools No: Sports Equip. Reached Standard	音乐器械配备达标校数 Schools No: Musical Instru. Reached Standard	美术器械配备达标校数 Schools No: Fine Arts Instru. Reached Standard	理科实验仪器达标校数 Schools No: Equip. of Natural Sci. Reached Standard	建立校园网校数 Schools No: Campus Networks Set
合 计 Total	**11940**	**12032**	**10879**	**10860**	**12751**	**8365**
城市 Urban	4792	5090	4833	4801	5362	4122
县镇 County City & Towns	5367	5294	4682	4684	5633	3416
农村 Rural	1781	1648	1364	1375	1756	827

成人高中

Basic Statistics of

	学校数(所) Schools	教学班(点)(个) External Teaching Sites	毕(结)业生数 Graduates	
			计 Total	其中:女 of which: Female
合 计 Total	**955**	**3362**	**138563**	**61703**
职工高中 Senior Sec. Schools for Staff & workers	306	1244	60830	29312
农民高中 Senior Sec. Shools for Peasants	649	2118	77733	32391

中等职业学校(机构)数

Number of Secondary Vocational Schools

单位:人

Unit:in Person

	计 Total	中央部门 HEIs under Central Ministries & Agencies	地方部门 HEIs under Local Auth. 计 Total	地方部门 教育部门 Run by Ed. Dept.	地方部门 非教育部门 Run by Non-ed. Dept.	民办 Non-state/prrivate
中等职业学校 Secondary Vocational Schools	11570	100	9837	6720	3117	1633
其中:普通中等专业学校 of which: Reg. Specialized Sec. Schools	3047	61	2754	1277	1477	232
成人中等专业学校 Specialized Sec. Schools for Adults	2742	24	2550	1731	819	168
职业高中学校 Vocational High Schools	5781	15	4533	3712	821	1233
其他机构(教学点)(不计校数) Other Institutions	2295	28	2056	1380	676	211

注:未含技工学校数据(以后中等职业学校有关表均同)。

Note:Data on Skilled Workers are not included.(same as the Fallowings).

基本情况

Adult Schools

单位:人(人次)

Unit:in Person

注册学生数 enrolment 计 Total	注册学生数 enrolment 其中:女 of which:Female	教职工数 Teachers,Staff & Workers 计 Total	教职工数 其中:专任教师 of which:Full-time Teacher	聘请校外教师 Part-time Teachers
193693	**84680**	**8960**	**6216**	**5945**
85311	40683	3861	2465	1917
108382	43997	5099	3751	4028

中等职业学校分办学类型及

Data on Students and Staff and Workers

	计 Total			中职全日制学生 Fulltime Students of SVSs		
	毕业生数 Graduates	招生数 Entrants	在校学生数 Enrolment	毕业生数 Graduates	招生数 Entrants	在校学生数 Enrolment
总　计 Total	**3056939**	**4565045**	**11747467**	**2901766**	**4451558**	**11439665**
其中:女 of Which: Female	1603028	2302752	6046331	1524570	2250252	5904386
分办学类型:By Types						
普通中专学校 Reg. Specialized Sec. Schools	1011821	1525028	4069880	999018	1512282	4032786
成人中专学校 Specialized Sec. Schools for Adults	326891	386338	946767	203591	297236	711850
职业高中学校 Vocational High Schools	1183331	2019800	4877009	1181811	2018128	4871027
其他机构 Other Institutions	534896	633879	1853811	517346	623912	1824002
分举办者 By Providers:						
1.中央部门 Under Central Ministries & Agencies	29091	38376	109042	24494	33243	96734
2.地方部门 Under Local Authorities	2785499	4012156	10538976	2638565	3907922	10251154
教育部门 Under Ed. Dept	1825626	2671215	6960148	1740332	2616667	6816026
非教育部门 Run by Non-ed. Dept	959873	1340941	3578828	898233	1291255	3435128
3.民办 Non-state/Private	242349	514513	1099449	238707	510393	1091777

注:SVSs=中等职业学校。下同。

Note: SVSs=Secondary Vocational School.(Same as the Following.)

举办者的中职学生及教职工情况

of Secondary Vocational Schools by Types and Providers of Schools

单位:人

Unit:in Person

中职非全日制学生 Parttime Students of SVSs			教职工数 Teachers,Staff & Workers							聘请校外教师 Part-time Teachers
				其中:专任教师 of which: Full-time Teachers						
毕业生数 Graduates	招生数 Entrants	在校学生数 Enrolment	计 Total	计 Total	正高级 Senior	副高级 Sub-senior	中级 Middle	初级 Junior	无职称 No Rank	
155173	**113487**	**307802**	**878692**	**571037**	**4530**	**94496**	**231475**	**190342**	**50194**	**80804**
78458	52500	141945	386979	265763	1425	37792	107036	93906	25604	31737
12803	12746	37094	332770	197084	1220	43312	81694	56519	14339	29406
123300	89102	234917	125266	75758	1087	13877	36120	20113	4561	25700
1520	1672	5982	377221	270612	1947	31858	102783	105592	28432	20986
17550	9967	29809	43435	27583	276	5449	10878	8118	2862	4712
4597	5133	12308	14375	6864	58	1537	3349	1646	274	1720
146934	104234	287822	786450	517750	1951	86312	213143	178036	38308	66444
85294	54548	144122	523428	368109	1126	53775	147788	137189	28231	27909
61640	49686	143700	263022	149641	825	32537	65355	40847	10077	38535
3642	4120	7672	77867	46423	2521	6647	14983	10660	11612	12640

中等职业学校

Number of students in Secondary

	毕业生数 Graduates		招生数 Entrants		
	计 Total	其中:获得职业资格证书 of which: Recipients of Vocational qualifications	计 Total	其中:初中毕业 of which: Junior Sec. School Graduates 计 Total	应届毕业生 Autumn Session
合　计 Total	**3056939**	**1513555**	**4565045**	**4254365**	**4000699**
其中:中职全日制学生 of which: fulltime students	2901766	1455803	4451558	4214000	3988661
中职非全日制学生 parttime students	155173	57752	113487	40365	12038
1.普通中专学生 Students of Regular SSSs	1405817	606141	2038445	1954634	1848800
2.成人中专学生 Students of Adult SSSs	395513	160178	400017	289127	237496
3.职业高中学生 Students of Vocational High Schools	1255609	747236	2126583	2010604	1914403
二、培训学生 Traning students	7803545				
三、外国留学生 Foreign Students	1222				

注:SSSs＝中等专业学校

Note: SSSs＝Specialized Secondary Schools

中等职业学校

Number of Female students in Secondary

	毕业生数 Graduates		招生数 Entrants		
	计 Total	其中:获得职业资格证书 of which: Recipients of Vocational qualifications	计 Total	其中:初中毕业 of which: Junior Sec. School Graduates 计 Total	应届毕业生 Autumn Session
一、中职学生计 Students of SVSs	1603028	765835	2302752	2152325	2032022
其中:中职全日制学生 of which: full-time students	1524570	735616	2250252	2135297	2025877
中职非全日制学生 part time students	78458	30219	52500	17028	6145
1.普通中专学生 Students of Regular SSSs	802795	326925	1090833	1048579	994277
2.成人中专学生 Students of Adult SSSs	199072	81375	194331	140959	119108
3.职业高中学生 Students of Vocational High Schools	601161	357535	1017588	962787	918637
二、培训学生 Traning students	3396834				
三、外国留学生 Foreign Students	610				

注:SSSs＝中等专业学校

Note: SSSs＝Specialized Secondary Schools

(机构)各类学生数
Vocational Schools (Institutions)

单位:人
Unit:in Person

在校学生数 Enrolment					
计 Total	一年级 Grade 1	二年级 Grade 2	三年级 Grade 3	四年级及以上 Over Grade 4	预计毕业生数 Graduates for Next Year
11747467	**4588818**	**3921944**	**3084958**	**151747**	**3482414**
11439665	4460384	3807384	3021042	150855	3329323
307802	128434	114560	63916	892	153091
5544733	2044904	1801987	1557300	140542	1564540
1033488	415509	376378	239322	2279	399771
5169246	2128405	1743579	1288336	8926	1518103
4502075					
697					

(机构)各类女学生数
Vocational Schools (Institutions)

单位:人
Unit:in Person

在校学生数 Enrolment					
计 Total	一年级 Grade 1	二年级 Grade 2	三年级 Grade 3	四年级及以上 Over Grade 4	预计毕业生数 Graduates for Next Year
6046331	2317252	2003852	1632735	92492	1779635
5904386	2257473	1951778	1603087	92048	1710335
141945	59779	52074	29648	444	69300
3051872	1095873	986401	883921	85677	860831
503722	202221	180429	119741	1331	190654
2490737	1019158	837022	629073	5484	728150
1795717					
341					

中等职业学校(机构)学生分科类情况(总计)

Data on Secondary Vocational Schools by Field of Study (Total)

单位:人

Unit:in Person

	毕业生数 Graduates		招生数 Entrants			在校学生数 Enrolment	预计毕业生数 Graduates for Next Year
				其中:初中毕业 of which:Junior Sec. School Graduates			
	计 Total	其中:获得职业资格证书 of which: Reciptents of Vocational Qualifications	计 Total	计 Total	应届毕业生 Autumn Session		
总　计 Total	**3056939**	**1513555**	**4565045**	**4254365**	**4000699**	**11747467**	**3482414**
其中:女 of Which: Female	1603028	765835	2302752	2152325	2032022	6046331	1779635
农林类 Agri. & Forestry	171887	77490	192852	170614	148488	532252	185009
资源与环境类 Resources & Environment	16621	8356	23052	20216	17648	58078	16308
能源类 Energy	19753	7150	38153	32355	28208	86655	24169
土木水利工程类 Civil & Hydraulic Engineering	73515	37081	112971	103095	95568	288588	79748
加工制造类 Manufacturing	338482	202310	847118	806219	765260	1830489	437826
交通运输类 Commu. & Transpor.	72169	40958	134203	120498	114164	324914	90724
信息技术类 Infor. Technologies	766995	436071	1156166	1099220	1050502	2961554	882349
医药卫生类 Medicine & Health	340554	90176	388142	361267	329496	1108831	340101
商贸与旅游类 Trade & Tourism	282711	160223	407027	390663	374535	1121544	344213
财经类 Finance & Economics	240408	128966	299863	275604	260839	800119	254659
文化艺术与体育类 Culture, Arts & Physical Edu.	196444	87859	255653	230860	216643	734127	221049
社会公共事业类 Public Affairs	142736	60652	154672	137016	123366	406996	140109
师范类 Teacher Training	231815	101845	246001	215155	201950	733462	250427
其他 Other	162849	74418	309172	291583	274032	759858	215723

中等职业学校(机构)学生分科类情况(全日制学生)

Data on Secondary Vocational Schools by Field of Study (full-time students)

单位:人
Unit:in Person

	毕业生数 Graduates		招生数 Entrants			在校学生数 Enrolment	预计毕业生数 Graduates for Next Year
	计 Total	其中:获得职业资格证书 of which: Recipients of Vocational Qualifications	计 Total	其中:初中毕业 of which:Junior Sec. School Graduates 计 Total	其中:初中毕业 应届毕业生 Autumn Session		
总　计 Total	**2901766**	**1455803**	**4451558**	**4214000**	**3988661**	**11439665**	**3329323**
其中:女 of Which: Female	1524570	735616	2250252	2135297	2025877	5904386	1710335
农林类 Agri. & Forestry	153313	74307	178305	163036	147445	488118	162932
资源与环境类 Resources & Environment	16460	8356	23052	20216	17648	58059	16289
能源类 Energy	15960	6776	34829	31922	28207	77667	20032
土木水利工程类 Civil & Hydraulic Engineering	71126	36099	110530	102631	95485	281963	77442
加工制造类 Manufacturing	334293	201494	843688	803862	763894	1823523	435306
交通运输类 Commu. & Transpor.	69771	40512	130400	120172	113846	311277	83958
信息技术类 Infor. Technologies	753331	430000	1142133	1093928	1048539	2938974	872509
医药卫生类 Medicine & Health	328660	85834	380041	358165	328766	1079165	327233
商贸与旅游类 Trade & Tourism	279252	159817	404901	389227	373669	1116262	342178
财经类 Finance & Economics	208873	116846	277672	268074	258611	741077	223590
文化艺术与体育类 Culture, Arts & Physical Edu.	196011	87829	254688	230622	216548	732298	220558
社会公共事业类 Public Affairs	134067	59775	142438	130500	122877	383087	131591
师范类 Teacher Training	199854	89048	225277	212392	200003	681807	221415
其他 Other	140795	59110	303604	289253	273123	726388	194290

中等职业学校(机构)学生分科类情况(普通中专)

Data on Secondary Vocational Schools by Field of Study (Specialized Secondary Schools)

单位:人

Unit:in Person

	毕业生数 Graduates		招生数 Entrants			在校学生数 Enrolment	预计毕业生数 Graduates for Next Year
	计 Total	其中:获得职业资格证书 of which: Reciptents of Vocational Qualifications	计 Total	其中:初中毕业 of which:Junior Sec. School Graduates			
				计 Total	应届毕业生 Autumn Session		
总 计 Total	**1405817**	**606141**	**2038445**	**1954634**	**1848800**	**5544733**	**1564540**
其中:女 of Which: Female	802795	326925	1090833	1048579	994277	3051872	860831
农林类 Agri. & Forestry	58972	29201	52572	49196	44538	160903	55600
资源与环境类 Resources & Environment	12366	5880	16368	14991	14373	41346	11387
能源类 Energy	10554	5411	24406	22578	19857	57122	13866
土木水利工程类 Civil & Hydraulic Engineering	49268	24396	73984	69994	65522	196265	52666
加工制造类 Manufacturing	142557	77424	386351	374781	356819	843776	178602
交通运输类 Commu. & Transpor.	25301	13621	57784	53589	51052	144027	36532
信息技术类 Infor. Technologies	293049	144929	389258	377660	363956	1105133	327944
医药卫生类 Medicine & Health	248127	58066	313001	297794	273455	877693	252330
商贸与旅游类 Trade & Tourism	130458	63961	198403	193980	186912	558096	160636
财经类 Finance & Economics	101522	53013	143595	140496	135492	378766	108221
文化艺术与体育类 Culture, Arts & Physical Edu.	95664	33793	111759	100843	94501	352223	103399
社会公共事业类 Public Affairs	60228	22186	53709	49487	46485	165441	57052
师范类 Teacher Training	145256	61774	151435	146067	138129	492471	160738
其他 Other	32495	12486	65820	63178	57709	171471	45567

中等职业学校(机构)学生分科类情况(成人中专)

Data on Secondary Vocational Schools by Field of Study (Adult Specialized Secondary Schools)

单位:人

Unit:in Person

	毕业生数 Graduates		招生数 Entrants			在校学生数 Enrolment	预计毕业生数 Graduates for Next Year
	计 Total	其中:获得职业资格证书 of which: Recipients of Vocational Qualifications	计 Total	其中:初中毕业 of which:Junior Sec. School Graduates			
				计 Total	应届毕业生 Autumn Session		
总 计 Total	**395513**	**160178**	**400017**	**289127**	**237496**	**1033488**	**399771**
其中:女 of Which: Female	199072	81375	194331	140959	119108	503722	190654
农林类 Agri. & Forestry	27201	5644	21792	13690	5062	63415	31030
资源与环境类 Resources & Environment	824	406	1430	642	429	4215	1252
能源类 Energy	7011	578	5397	2197	1246	13438	5569
土木水利工程类 Civil & Hydraulic Engineering	8927	4846	10753	6045	5128	23684	6765
加工制造类 Manufacturing	35156	19970	63142	55284	49146	144627	43919
交通运输类 Commu. & Transpor.	9575	3487	14051	7788	6491	38941	14294
信息技术类 Infor. Technologies	76842	36129	107414	92134	83189	250525	82150
医药卫生类 Medicine & Health	42516	11240	25053	17467	13100	92365	40361
商贸与旅游类 Trade & Tourism	20801	8640	24817	20826	18917	65942	22737
财经类 Finance & Economics	53008	21998	41196	24584	18016	109040	48660
文化艺术与体育类 Culture, Arts & Physical Edu.	9632	4306	9579	7661	6891	23376	8177
社会公共事业类 Public Affairs	27257	6445	25858	16083	8827	60253	22979
师范类 Teacher Training	49814	20336	37031	16201	14676	95094	45066
其他 Other	26949	16153	12504	8525	6378	48573	26812

中等职业学校(机构)学生分科类情况(职业高中)

Data on Secondary Vocational Schools by Field of Study (Vocational High Schools)

单位:人

Unit:in Person

	毕业生数 Graduates		招生数 Entrants			在校学生数 Enrolment	预计毕业生数 Graduates for Next Year
	计 Total	其中:获得职业资格证书 of which: Recipients of Vocational Qualifications	计 Total	其中:初中毕业 of which:Junior Sec. School Graduates 计 Total	应届毕业生 Autumn Session		
总　计 Total	**1255609**	**747236**	**2126583**	**2010604**	**1914403**	**5169246**	**1518103**
其中:女 of Which: Female	601161	357535	1017588	962787	918637	2490737	728150
农林类 Agri. & Forestry	85714	42645	118488	107728	98888	307934	98379
资源与环境类 Resources & Environment	3431	2070	5254	4583	2846	12517	3669
能源类 Energy	2188	1161	8350	7580	7105	16095	4734
土木水利工程类 Civil & Hydraulic Engineering	15320	7839	28234	27056	24918	68639	20317
加工制造类 Manufacturing	160769	104916	397625	376154	359295	842086	215305
交通运输类 Commu. & Transpor.	37293	23850	62368	59121	56621	141946	39898
信息技术类 Infor. Technologies	397104	255013	659494	629426	603357	1605896	472255
医药卫生类 Medicine & Health	49911	20870	50088	46006	42941	138773	47410
商贸与旅游类 Trade & Tourism	131452	87622	183807	175857	168706	497506	160840
财经类 Finance & Economics	85878	53955	115072	110524	107331	312313	97778
文化艺术与体育类 Culture, Arts & Physical Edu.	91148	49760	134315	122356	115251	358528	109473
社会公共事业类 Public Affairs	55251	32021	75105	71446	68054	181302	60078
师范类 Teacher Training	36745	19735	57535	52887	49145	145897	44623
其他 Other	103405	45779	230848	219880	209945	539814	143344

中等职业学校(机构)分年龄学生数

Number of Students by age in Secondary Vocational Schools (Institutions)

单位:人

Unit:in Person

	计 Total	14岁及以下 14 years and under	15岁 15 years	16岁 16 years	17岁 17 years	18岁 18 years	19岁 19 years	20岁 20 years	21岁 21 years	22岁及以上 22 years and over
合　计 Total	**11747467**	**168779**	**1454424**	**3251040**	**3283651**	**2154140**	**793595**	**238495**	**85409**	**317934**
其中:中职全日制学生 of which: full-time students	11439665	167533	1448618	3230720	3273705	2132564	776669	224349	71372	114135
中职非全日制学生 part-time students	307802	1246	5806	20320	9946	21576	16926	14146	14037	203799
1.普通中专学生 Students of Regular SSSs	5544733	91378	691612	1485084	1538241	1058122	438845	139064	46554	55833
2.成人中专学生 Students of Adult SSSs	1033488	10050	75894	212422	212411	155338	69718	36941	23727	236987
3.职业高中学生 Students of Vocational High Schools	5169246	67351	686918	1553534	1532999	940680	285032	62490	15128	25114

中等职业学校(机构)分年龄女学生数

Number of Female Students by age in Secondary Vocational Schools (Institutions)

单位:人

Unit:in Person

	计 Total	14岁及以下 14 years and under	15岁 15 years	16岁 16 years	17岁 17 years	18岁 18 years	19岁 19 years	20岁 20 years	21岁 21 years	22岁及以上 22 years and over
合　计 Total	**6046331**	**93982**	**761686**	**1693504**	**1706961**	**1104377**	**396010**	**110114**	**37573**	**142124**
其中:中职全日制学生 of which: full-time students	5904386	93384	758756	1686190	1702539	1096637	388637	103982	30828	43433
中职非全日制学生 part-time students	141945	598	2930	7314	4422	7740	7373	6132	6745	98691
1.普通中专学生 Students of Regular SSSs	3051872	56250	390906	828980	857329	577727	231159	67425	21038	21058
2.成人中专学生 Students of Adult SSSs	503722	4697	39362	106055	108603	75200	31806	16135	10763	111101
3.职业高中学生 Students of Vocational High Schools	2490737	33035	331418	758469	741029	451450	133045	26554	5772	9965

中等职业学校(机构)

Changes in Enrolment of Secondary

	上学年初报表在校学生数 Total Enrolment at Beginning of Previous Academic year	增加学生数 Factors of Increase				
		计 Total	招生 No. of Students Admitted	复学 Students Resuming Studies	转入 Transfers from Other Inst.	其他 Others
合计 Total	**10634590**	**5307124**	**4565045**	**9648**	**406512**	**325919**
其中:中职全日制学生 of which: Full-time Students	10279731	5134571	4451558	8772	368943	305298
中职非全日制学生 Part-time students	354859	172553	113487	876	37569	20621
1.普通中专学生 Students of Regular SSSs	5047896	2412170	2038445	4612	210866	158247
2.成人中专学生 Students of Adult SSSs	1061683	529382	400017	1778	67251	60336
3.职业高中学生 Students of Vocational High Schools	4525011	2365572	2126583	3258	128395	107336

中等职业学校(机构)

Changes in Female Enrolment of

	上学年初报表在校学生数 Total Enrolment at Beginning of Previous Academic year	增加学生数 Factors of Increase				
		计 Total	招生 No. of Students Admitted	复学 Students Resuming Studies	转入 Transfers from Other Inst.	其他 Others
合计 Total	**5516084**	**2666799**	**2302752**	**3291**	**204260**	**156496**
其中:中职全日制学生 of which: Full-time Students	5339588	2587677	2250252	2964	188949	145512
中职非全日制学生 Part-time students	176496	79122	52500	327	15311	10984
1.普通中专学生 Students of Regular SSSs	2822681	1286649	1090833	1674	116835	77307
2.成人中专学生 Students of Adult SSSs	527172	252083	194331	601	28966	28185
3.职业高中学生 Students of Vocational High Schools	2166231	1128067	1017588	1016	58459	51004

学生变动情况

Vocational Schools (Institutions)

单位:人
Unit: in Person

减少学生数 Factors of Decrease									本学年初报表在校学生数
计 Total	毕业 Graduates	结业 Completers of Courses without formal awards	休学 Suspended	退学 Quitting	开除 Expelled	死亡 Death	转出 Transfers to Other Inst.	其他 Others	Total enrolment at beginning of current academic year
4194247	**3056939**	**93596**	**23401**	**204502**	**7893**	**1525**	**412082**	**394309**	**11747467**
3974637	2901766	78860	22975	199516	7893	1525	403079	359023	11439665
219610	155173	14736	426	4986			9003	35286	307802
1915333	1405817	16105	11152	83142	5037	272	218668	175140	5544733
557577	395513	20571	1424	21373	490	18	39110	79078	1033488
1721337	1255609	56920	10825	99987	2366	1235	154304	140091	5169246

女学生变动情况

Secondary Vocational Schools (Institutions)

单位:人
Unit: in Person

减少学生数 Factors of Decrease									本学年初报表在校学生数
计 Total	毕业 Graduates	结业 Completers of Courses without formal awards	休学 Suspended	退学 Quitting	开除 Expelled	死亡 Death	转出 Transfers to Other Inst.	其他 Others	Total enrolment at beginning of current academic year
2136552	**1603028**	**41615**	**9226**	**85148**	**1601**	**513**	**205175**	**190246**	**6046331**
2022879	1524570	34923	9065	83308	1601	513	202126	166773	5904386
113673	78458	6692	161	1840			3049	23473	141945
1057458	802795	5895	4293	34046	1101	101	120313	88914	3051872
275533	199072	9035	536	9990	87	4	16663	40146	503722
803561	601161	26685	4397	41112	413	408	68199	61186	2490737

中等职业学校(机构)其他学生情况

Other Students in Secondary Vocational Schools (Institutions)

单位:人

Unit:in persons

	共产党员 Member of C.P.A	共青团员 Member of C.Y.L	华侨 Overseas Chinese	港澳台 From H.K., Macao and Taiwan	少数民族 Minorities	残疾人 Disabled
合计 Total	**76220**	**6781813**	**3835**	**294**	**568322**	**10139**
其中:女 of Which: Female	27971	3550632	2200	103	285680	4064
中职全日制学生 full-time students	43657	6713614	3835	293	551771	10084
中职非全日制学生 part-time students	32563	68199		1	16551	55
1.普通中专学生 Students of Regular SSSs	28287	3417507	1608	153	331380	5507
2.成人中专学生 Students of Adult SSSs	38338	474385	94	21	49403	721
3.职业高中学生 Students of Vocational High Schools	9595	2889921	2133	120	187539	3911

中等职业学校(机构)培训学生情况

Training Students in Secondary Vocational Schools (Institutions)

单位:人次

Unit:in persons

	结业生数 Graduates		注册学生数 Enrolment	
	计 Total	其中:女 of Which: Female	计 Total	其中:女 of Which: Female
总计 Total	**7803545**	**3396834**	**4502075**	**1795717**
其中:少数民族 of Which:Minority	389387	157770	312683	97851
一周至一个月以下 a week to one month under	5147302	2135353	2619622	968080
一个月至半年以下 one month to half year under	2002053	956902	1136242	490887
半年以上 half year and over	654190	304579	746211	336750
总计中: of Which:资格证书培训 For Certificates of Vocational Qualifications	1748718	780735	1116670	467482
岗位证书培训 For Certificates of Job-related Qualifications	1564132	703670	729416	329791
总计中: of Which:外语 Foreign language	201957	123039	148981	93638
会计 Accountant	571350	399873	250562	170373
计算机 Computer	1002533	491401	586012	286496
农业技术 Agriculture Technology	2715822	842686	1687774	480037

中等职业学校(机构)外国留学生情况
Information on International Students in Secondary Vocational Schools (Institutions)

单位:人
Unit:in persons

	结业生数 Graduates		注册学生数 Enrolment	
	计 Total	其中:女 of Which: Female	计 Total	其中:女 of Which: Female
总　计 Total	**1222**	**610**	**697**	**341**
分时间:By time:				
一周至一个月以下 from one week to a month under	588	280	209	112
一个月至半年以下 a month to half a year under	85	49		
半年以上 Over half a year	549	281	488	229
分地区:By continent:				
亚洲 Asia	939	506	630	315
非洲 Africa	34	13	20	13
欧洲 Europe	132	42	47	13
北美洲 North America	87	40		
南美洲 South America	23	9		
大洋洲 Oceania	7			

中等职业学校

Number of Teachers, Staff & Workers in

	教职工数 Teachers,		
		校本部 Teacher, staff & Workers in	
	计 Total	计 Total	专任教师 Full-time Teachers
总计 Total	**878692**	**856157**	**571037**
其中:女 of Which: Female	386979	377235	265763
正高级 Senior	6314	6240	4530
副高级 Sub-senior	125026	124090	94496
中级 Middle	303956	299432	231475
初级 Junior	258015	252917	190342
无职称 No Rank	185381	173478	50194
其中聘任制: of Which: Part-time	185221	181276	125132
其中:女 of Which: Female	80669	79084	57444
正高级 Senior	2205	2185	1653
副高级 Sub-senior	24306	24194	18781
中级 Middle	61078	60443	47697
初级 Junior	54557	53675	41606
无职称 No Rank	43075	40779	15395

中等职业学校(机构)

Number of Teachers, Staff & Workers in

	教职工数 Teachers,		
		校本部 Teacher, staff & Workers in	
	计 Total	计 Total	专任教师 Full-time Teachers
总计 Total	**332770**	**321286**	**197084**
其中:女 of Which: Female	149149	143795	93004
正高级 Senior	1706	1676	1220
副高级 Sub-senior	54257	53728	43312
中级 Middle	110482	107857	81694
初级 Junior	85066	82384	56519
无职称 No Rank	81259	75641	14339
其中聘任制: of Which: Part-time	60706	59121	37867
其中:女 of Which: Female	26803	26057	17444
正高级 Senior	524	515	402
副高级 Sub-senior	9132	9082	7420
中级 Middle	19501	19183	14881
初级 Junior	15944	15562	11127
无职称 No Rank	15605	14779	4037

(机构)教职工数(总计)

Secondary Vocational Schools (Total)

单位:人

Unit:in person

Staff & Workers 教 职 工 College or Uni. Proper			校办企业职工 Employees in School-run Factories & Farms	其他附设机构人员 Personnel in Others Subsidiary Units	聘请校外教师 Part-time Teachers
行政人员 Adm. Personnel	教辅人员 Supporting Staff	工勤人员 Workers			
115712	**66513**	**102895**	**11086**	**11449**	**80804**
40398	34680	36394	4121	5623	31737
1313	157	240	14	60	3885
22908	3517	3169	232	704	22277
38811	20878	8268	1451	3073	33805
24257	24322	13996	1910	3188	11038
28423	17639	77222	7479	4424	9799
22031	13738	20375	2053	1892	
7533	6875	7232	717	868	
434	41	57	5	15	
4334	596	483	54	58	
7245	3947	1554	266	369	
4528	4954	2587	367	515	
5490	4200	15694	1361	935	

教职工数(普通中专)

Secondary Vocational Schools (Institutions)(SSSs)

单位:人

Unit:in person

Staff & Workers 教 职 工 College or Uni. Proper			校办企业职工 Employees in School-run Factories & Farms	其他附设机构人员 Personnel in Others Subsidiary Units	聘请校外教师 Part-time Teachers
行政人员 Adm. Personnel	教辅人员 Supporting Staff	工勤人员 Workers			
52074	**26836**	**45292**	**4504**	**6980**	**29406**
20394	15001	15396	1613	3741	12290
347	35	74	2	28	1290
8087	1223	1106	97	432	8671
15271	8398	2494	552	2073	11607
11923	9849	4093	620	2062	4474
16446	7331	37525	3233	2385	3364
8627	5040	7587	779	806	
3279	2704	2630	302	444	
83	8	22		9	
1364	147	151	11	39	
2460	1486	356	81	237	
1959	1867	609	86	296	
2761	1532	6449	601	225	

中等职业学校(机构)

Number of Teachers, Staff & Workers in

	教职工数 Teachers,		
	计 Total	校本部 Teacher, staff & Workers in	
		计 Total	专任教师 Full-time Teachers
总 计 Total	**125266**	**122661**	**75758**
其中:女 of Which: Female	52719	51721	33289
正高级 Senior	1425	1413	1087
副高级 Sub-senior	19074	19003	13877
中 级 Middle	49003	48579	36120
初 级 Junior	32052	31440	20113
无职称 No Rank	23712	22226	4561
其中聘任制: of Which: Part-time teachers	26252	25737	17019
其中:女 of Which: Female	10698	10568	7344
正高级 Senior	501	498	381
副高级 Sub-senior	4008	4005	2998
中 级 Middle	9766	9641	7314
初 级 Junior	6740	6561	4596
无职称 No Rank	5237	5032	1730

中等职业学校(机构)

Number of Teachers, Staff & Workers in

	教职工数 Teachers,		
	计 Total	校本部 Teacher, staff & Workers in	
		计 Total	专任教师 Full-time Teachers
总 计 Total	**377221**	**370179**	**270612**
其中:女 of Which: Female	166129	163400	126755
正高级 Senior	2820	2788	1947
副高级 Sub-senior	44520	44203	31858
中 级 Middle	129652	128521	102783
初 级 Junior	129503	127947	105592
无职称 No Rank	70726	66720	28432
其中聘任制: of Which: Part-time teachers	86361	85142	62787
其中:女 of Which: Female	37956	37515	29235
正高级 Senior	1024	1016	752
副高级 Sub-senior	9323	9269	6910
中 级 Middle	27896	27771	22600
初 级 Junior	28731	28517	23747
无职称 No Rank	19387	18569	8778

教职工数(成人中专)

Secondary Vocational Schools (Institutions)(Adult SSSs)

单位:人

Unit:in person

Staff & Workers					
教 职 工 College or Uni. Proper			校办企业职工 Employees in School-run Factories & Farms	其他附设机构人员 Personnel in Others Subsidiary Units	聘请校外教师 Part-time Teachers
行政人员 Adm. Personnel	教辅人员 Supporting Staff	工勤人员 Workers			
19340	**12759**	**14804**	**1640**	**965**	**25700**
6234	6585	5613	692	306	8792
269	28	29	3	9	1055
3896	761	469	32	39	7286
6642	4330	1487	202	222	13207
4122	4706	2499	272	340	3046
4411	2934	10320	1131	355	1106
3459	2461	2798	243	272	
1035	1205	984	98	32	
105	6	6		3	
750	173	84	2	1	
1146	853	328	73	52	
685	815	465	80	99	
773	614	1915	88	117	

教职工数(职业高中)

Secondary Vocational Schools (Institutions)(Vocational High Schools)

单位:人

Unit:in person

Staff & Workers					
教 职 工 College or Uni. Proper			校办企业职工 Employees in School-run Factories & Farms	其他附设机构人员 Personnel in Others Subsidiary Units	聘请校外教师 Part-time Teachers
行政人员 Adm. Personnel	教辅人员 Supporting Staff	工勤人员 Workers			
38293	**23411**	**37863**	**4385**	**2657**	**20986**
11706	11255	13684	1606	1123	8804
623	83	135	9	23	1277
9657	1289	1399	96	221	4878
14714	7015	4009	521	610	7092
6980	8591	6784	908	648	2917
6319	6433	25536	2851	1155	4822
8374	5300	8681	806	413	
2627	2504	3149	253	188	
217	18	29	5	3	
1895	230	234	38	16	
3069	1308	794	76	49	
1530	1952	1288	143	71	
1663	1792	6336	544	274	

中等职业学校(机构)

Number of Teachers, Staff & Workers in Secondary

	教职工数 Teachers,		
	计 Total	校本部 Teacher, staff & Workers in	
		计 Total	专任教师 Full-time Teachers
总　计 Total	**43435**	**42031**	**27583**
其中:女 of Which: Female	18982	18319	12715
正高级 Senior	363	363	276
副高级 Sub-senior	7175	7156	5449
中　级 Middle	14819	14475	10878
初　级 Junior	11394	11146	8118
无职称 No Rank	9684	8891	2862
其中聘任制: of Which: Part-time teachers	11902	11276	7459
其中:女 of Which: Female	5212	4944	3421
正高级 Senior	156	156	118
副高级 Sub-senior	1843	1838	1453
中　级 Middle	3915	3848	2902
初　级 Junior	3142	3035	2136
无职称 No Rank	2846	2399	850

教职工数(其他机构)
Vocational Schools (Institutions)(Other Institutions)

单位:人

Unit:in person

Staff & Workers					
教 职 工 College or Uni. Proper			校办企业职工 Employees in School-run Factories & Farms	其他附设机构人员 Personnel in Others Subsidiary Units	聘请校外教师 Part-time Teachers
行政人员 Adm. Personnel	教辅人员 Supporting Staff	工勤人员 Workers			
6005	**3507**	**4936**	**557**	**847**	**4712**
2064	1839	1701	210	453	1851
74	11	2			263
1268	244	195	7	12	1442
2184	1135	278	176	168	1899
1232	1176	620	110	138	601
1247	941	3841	264	529	507
1571	937	1309	225	401	
592	462	469	64	204	
29	9				
325	46	14	3	2	
570	300	76	36	31	
354	320	225	58	49	
293	262	994	128	319	

中等职业学校(机构)分科专任教师数(总计)

Number of Full-time Teachers by Field of Study in Secondary Vocational Schools (Institutions) (Total)

单位:人

Unit:in Person

	计 Total	其中:女 of Which: Female	正高级 Senior	副高级 Sub-Senior	中　级 Middle	初　级 Junior	无职称 No Rank
总　计 Total	**571037**	**265763**	**4530**	**94496**	**231475**	**190342**	**50194**
其中:女 of Which: Female	265763		1425	37792	107036	93906	25604
文化基础课 Common Required Subject	275898	135256	1809	48309	113497	89433	22850
专业课:小　计 Specialized Subject	278878	125477	2645	44924	111436	94492	25381
农林类 Agri. & Forestry	17645	6789	72	3259	8018	5611	685
资源与环境类 Resources & Environment	1633	618	7	391	708	466	61
能源类 Energy	2420	886	19	600	1096	572	133
土木水利工程类 Civil & Hydraulic Engineering	7027	2826	36	1492	3141	2049	309
加工制造类 Manufacturing	26972	9430	212	4917	11251	8331	2261
交通运输类 Commu. & Transpor.	6532	1969	55	1092	2843	2045	497
信息技术类 Infor. Technologies	55235	23236	543	5782	19998	21848	7064
医药卫生类 Medicine & Health	24983	13449	554	6728	10280	6187	1234
商贸与旅游类 Trade & Tourism	16546	9793	138	2117	6412	5983	1896
财经类 Finance & Economics	27618	14828	148	4484	12397	8666	1923
文化艺术与体育类 Culture, Arts & Physical Edu.	37031	16796	477	5015	13269	14091	4179
社会公共事业类 Public Affairs	6546	2788	53	972	2582	2179	760
师范类 Teacher Training	28337	13460	144	5183	11887	9149	1974
其他 Other	20353	8609	187	2892	7554	7315	2405
实习指导课 Practice Course	16261	5030	76	1263	6542	6417	1963

中等职业学校(机构)分科专任教师数(普通中专)

Number of Full-time Teachers by Field of Study in Secondary Vocational Schools (SSSs)

单位:人

Unit: in Person

	计 Total	其中:女 of Which: Female	正高级 Senior	副高级 Sub-Senior	中 级 Middle	初 级 Junior	无职称 No Rank
总 计 Total	**197084**	**93004**	**1220**	**43312**	**81694**	**56519**	**14339**
其中:女 of Which: Female	93004		391	18413	38887	28081	7232
文化基础课 Common Required Subject	80434	40607	397	18588	33584	22193	5672
专业课:小 计 Specialized Subject	109512	50176	800	24154	45071	31564	7923
农林类 Agri. & Forestry	6006	2375	18	1783	2655	1369	181
资源与环境类 Resources & Environment	984	360	2	271	463	216	32
能源类 Energy	1230	460	4	401	559	216	50
土木水利工程类 Civil & Hydraulic Engineering	3719	1558	7	960	1652	940	160
加工制造类 Manufacturing	9708	3705	39	2496	4239	2320	614
交通运输类 Commu. & Transpor.	2297	759	12	508	1112	528	137
信息技术类 Infor. Technologies	16075	6739	105	2469	6213	5523	1765
医药卫生类 Medicine & Health	16402	9119	182	5053	6732	3694	741
商贸与旅游类 Trade & Tourism	5560	3211	32	959	2254	1818	497
财经类 Finance & Economics	11123	6038	58	2449	5239	2832	545
文化艺术与体育类 Culture, Arts & Physical Edu.	17664	7438	235	3037	6669	6050	1673
社会公共事业类 Public Affairs	2726	1196	17	516	1144	790	259
师范类 Teacher Training	11045	5125	31	2287	4279	3629	819
其他 Other	4973	2093	58	965	1861	1639	450
实习指导课 Practice Course	7138	2221	23	570	3039	2762	744

中等职业学校(机构)分科专任教师数(成人中专)

Number of Full-time Teachers by Field of Study in Secondary Vocational Schools (Adult SSSs)

单位:人
Unit:in Person

	计 Total	其中:女 of Which: Female	正高级 Senior	副高级 Sub- Senior	中 级 Middle	初 级 Junior	无职称 No Rank
总 计 Total	**75758**	**33289**	**1087**	**13877**	**36120**	**20113**	**4561**
其中:女 of Which: Female	33289		327	4936	16440	9613	1973
文化基础课 Common Required Subject	36554	16735	409	7581	17719	9113	1732
专业课:小 计 Specialized Subject	36824	15854	654	6045	17306	10223	2596
农林类 Agri. & Forestry	3799	1662	34	643	1976	1017	129
资源与环境类 Resources & Environment	177	74	5	55	77	35	5
能源类 Energy	520	185	13	80	265	119	43
土木水利工程类 Civil & Hydraulic Engineering	683	288	12	151	346	159	15
加工制造类 Manufacturing	2234	754	44	428	1046	534	182
交通运输类 Commu. & Transpor.	661	194	10	128	303	191	29
信息技术类 Infor. Technologies	5211	2017	155	593	2122	1652	689
医药卫生类 Medicine & Health	2645	1334	186	595	1124	685	55
商贸与旅游类 Trade & Tourism	1034	570	23	146	504	279	82
财经类 Finance & Economics	4696	2191	54	663	2394	1177	408
文化艺术与体育类 Culture, Arts & Physical Edu.	1837	794	24	178	639	632	364
社会公共事业类 Public Affairs	734	292	12	144	316	181	81
师范类 Teacher Training	9843	4391	59	1793	4942	2762	287
其他 Other	2750	1108	23	448	1252	800	227
实习指导课 Practice Course	2380	700	24	251	1095	777	233

中等职业学校(机构)分科专任教师数(职业高中)

Number of Full-time Teachers by Field of Study in Secondary Vocational Schools (Vocational High Schools)

单位:人

Unit: in Person

	计 Total	其中:女 of Which: Female	正高级 Senior	副高级 Sub-Senior	中级 Middle	初级 Junior	无职称 No Rank
总计 Total	**270612**	**126755**	**1947**	**31858**	**102783**	**105592**	**28432**
其中:女 of Which: Female	126755		628	12213	46858	52207	14849
文化基础课 Common Required Subject	146317	71919	917	19823	57147	54232	14198
专业课:小计 Specialized Subject	118150	52917	1005	11649	43473	48725	13298
农林类 Agri. & Forestry	7273	2521	17	658	3157	3091	350
资源与环境类 Resources & Environment	328	126		41	118	147	22
能源类 Energy	581	210	2	89	233	224	33
土木水利工程类 Civil & Hydraulic Engineering	2181	780	12	234	954	869	112
加工制造类 Manufacturing	13760	4503	109	1643	5455	5202	1351
交通运输类 Commu. & Transpor.	3201	894	26	379	1272	1228	296
信息技术类 Infor. Technologies	31485	13460	249	2351	10723	13882	4280
医药卫生类 Medicine & Health	4720	2325	107	638	2006	1588	381
商贸与旅游类 Trade & Tourism	9353	5701	78	944	3408	3686	1237
财经类 Finance & Economics	10379	5870	34	1069	4164	4312	800
文化艺术与体育类 Culture, Arts & Physical Edu.	15480	7629	205	1464	5175	6729	1907
社会公共事业类 Public Affairs	2920	1241	22	296	1046	1157	399
师范类 Teacher Training	4725	2612	43	518	1644	2008	512
其他 Other	11764	5045	101	1325	4118	4602	1618
实习指导课 Practice Course	6145	1919	25	386	2163	2635	936

中等职业学校(机构)分科专任教师数(其他机构)

Number of Full-time Teachers by Field of Study in Secondary Vocational Schools (Other Institutions)

单位:人

Unit:in Person

	计 Total	其中:女 of Which: Female	正高级 Senior	副高级 Sub- Senior	中　级 Middle	初　级 Junior	无职称 No Rank
总　计 Total	**27583**	**12715**	**276**	**5449**	**10878**	**8118**	**2862**
其中:女 of Which: Female	12715		79	2230	4851	4005	1550
文化基础课 Common Required Subject	12593	5995	86	2317	5047	3895	1248
专业课:小　计 Speicialiged Subject	14392	6530	186	3076	5586	3980	1564
农林类 Agri. & Forestry	567	231	3	175	230	134	25
资源与环境类 Resources & Environment	144	58		24	50	68	2
能源类 Energy	89	31		30	39	13	7
土木水利工程类 Civil & Hydraulic Engineering	444	200	5	147	189	81	22
加工制造类 Manufacturing	1270	468	20	350	511	275	114
交通运输类 Commu. & Transpor.	373	122	7	77	156	98	35
信息技术类 Infor. Technologies	2464	1020	34	369	940	791	330
医药卫生类 Medicine & Health	1216	671	79	442	418	220	57
商贸与旅游类 Trade & Tourism	599	311	5	68	246	200	80
财经类 Finance & Economics	1420	729	2	303	600	345	170
文化艺术与体育类 Culture, Arts & Physical Edu.	2050	935	13	336	786	680	235
社会公共事业类 Public Affairs	166	59	2	16	76	51	21
师范类 Teacher Training	2724	1332	11	585	1022	750	356
其他 Other	866	363	5	154	323	274	110
实习指导课 Practice Course	598	190	4	56	245	243	50

中等职业学校(机构)专任教师、聘请校外教师学历情况(总计)

Data on Academic Qualifications of Full-time and Part-time Teachers in Secondary Vocational Schools (Total)

单位:人
Unit:in Person

	计 Total	博士 Doctor's Degree	硕士 Master's Degree	本科 Normal Courses	专科 Short-cycle Courses	高中阶段及以下 Below High School Graduate
1.专任教师 Full-time Teacher	571037	227	7076	387649	159854	16231
其中:女 of Which: Female	265763	74	3145	186867	70043	5634
正高级 Senior	4530	112	503	3247	596	72
副高级 Sub-senior	94496	64	2505	77448	13546	933
中　级 Middle	231475	37	2961	165094	58107	5276
初　级 Junior	190342	6	787	114855	68172	6522
无职称 No Rank	50194	8	320	27005	19433	3428
其中:实习指导课教师 of Which:Practice Course Teacher	16261	5	84	6573	7422	2177
2.聘请校外教师 Part-time Teacher	80804	345	3593	54552	20113	2201
其中:女 of Which: Female	31737	94	1137	21456	8329	721
正高级 Senior	3885	175	633	2709	280	88
副高级 Sub-senior	22277	118	1500	17657	2647	355
中　级 Middle	33805	20	905	24249	8149	482
初　级 Junior	11038	1	231	6130	4336	340
无职称 No Rank	9799	31	324	3807	4701	936
其中:实习指导课教师 of Which:Practice Course Teacher	4316	7	106	2488	1325	390
聘请校外教师中:外教 Foreign Teachers Among Part-time Teachers	260	7	39	195	15	4

中等职业学校(机构)专任教师、聘请校外教师学历情况(普通中专学校)

Data on Academic Qualifications of Full-time and Part-time Teachers in Secondary Vocational Schools (SSSs)

单位:人

Unit:in Person

	计 Total	博 士 Doctor's Degree	硕 士 Master's Degree	本 科 Normal Courses	专 科 Short-cycle Courses	高中阶段及以下 Below High School Graduate
1.专任教师 Full-time Teacher	197084	68	3830	149066	38564	5556
其中:女 of Which: Female	93004	27	1820	72606	16624	1927
正高级 Senior	1220	9	78	923	166	44
副高级 Sub-senior	43312	33	1409	36934	4390	546
中 级 Middle	81694	20	1717	63025	14803	2129
初 级 Junior	56519	3	440	38987	15164	1925
无职称 No Rank	14339	3	186	9197	4041	912
其中:实习指导课教师 of Which:Practice Course Teacher	7138		37	2882	3173	1046
2.聘请校外教师 Part-time Teacher	29406	126	1376	21905	5239	760
其中:女 of Which: Female	12290	24	490	9161	2350	265
正高级 Senior	1290	45	145	946	85	69
副高级 Sub-senior	8671	53	462	7196	801	159
中 级 Middle	11607	10	377	9009	2002	209
初 级 Junior	4474		144	3014	1199	117
无职称 No Rank	3364	18	248	1740	1152	206
其中:实习指导课教师 of Which:Practice Course Teacher	1397	4	35	784	442	132
聘请校外教师中:外教 Foreign Teachers Among Part-time Teachers	143	5	20	108	10	

中等职业学校(机构)专任教师、聘请校外教师学历情况(成人中专学校)

Data on Academic Qualifications of Full-time and Part-time Teachers in Secondary Vocational Schools (Adult SSSs)

单位:人
Unit:in Person

	计 Total	博士 Doctor's Degree	硕士 Master's Degree	本科 Normal Courses	专科 Short-cycle Courses	高中阶段及以下 Below High School Graduate
1.专任教师 Full-time Teacher	75758	86	1006	47057	24674	2935
其中:女 of Which: Female	33289	27	377	20537	11187	1161
正高级 Senior	1087	71	238	697	77	4
副高级 Sub-senior	13877	10	377	11133	2236	121
中　级 Middle	36120	2	293	23392	11348	1085
初　级 Junior	20113		55	10009	8774	1275
无职称 No Rank	4561	3	43	1826	2239	450
其中:实习指导课教师 of Which:Practice Course Teacher	2380	3	26	1003	997	351
2.聘请校外教师 Part-time Teacher	25700	118	1287	17299	6621	375
其中:女 of Which: Female	8792	45	320	5932	2411	84
正高级 Senior	1055	77	263	661	54	
副高级 Sub-senior	7286	35	662	5465	1023	101
中　级 Middle	13207	4	292	9251	3567	93
初　级 Junior	3046		40	1553	1425	28
无职称 No Rank	1106	2	30	369	552	153
其中:实习指导课教师 of Which:Practice Course Teacher	1153	1	26	778	279	69
聘请校外教师中:外教 Foreign Teachers Among Part-time Teachers	19		7	11	1	

中等职业学校(机构)专任教师、聘请校外教师学历情况(职业高中)

Data on Academic Qualifications of Full-time and Part-time Teachers in Secondary Vocational Schools (Vocational High Schools)

单位:人

Unit:in Person

	计 Total	博士 Doctor's Degree	硕士 Master's Degree	本科 Normal Courses	专科 Short-cycle Courses	高中阶段及以下 Below High School Graduate
1.专任教师 Full-time Teacher	270612	54	1549	170979	90979	7051
其中:女 of Which: Female	126755	16	650	83924	39847	2318
正高级 Senior	1947	24	149	1442	317	15
副高级 Sub-senior	31858	18	487	24683	6457	213
中　级 Middle	102783	7	639	70544	29740	1853
初　级 Junior	105592	3	207	60194	42135	3053
无职称 No Rank	28432	2	67	14116	12330	1917
其中:实习指导课教师 of Which:Practice Course Teacher	6145	1	16	2417	3015	696
2.聘请校外教师 Part-time Teacher	20986	61	587	12067	7314	957
其中:女 of Which: Female	8804	19	202	5015	3241	327
正高级 Senior	1277	33	167	935	130	12
副高级 Sub-senior	4878	14	230	3852	722	60
中　级 Middle	7092	2	128	4625	2189	148
初　级 Junior	2917	1	23	1230	1484	179
无职称 No Rank	4822	11	39	1425	2789	558
其中:实习指导课教师 of Which:Practice Course Teacher	1615		37	852	543	183
聘请校外教师中:外教 Foreign Teachers Among Part-time Teachers	79	1	11	60	4	3

中等职业学校(机构)专任教师、聘请校外教师学历情况(其他机构)

Data on Academic Qualifications of Full-time and Part-time Teachers in Secondary Vocational Schools (Other Institutions)

单位:人

Unit: in Person

	计 Total	博士 Doctor's Degree	硕士 Master's Degree	本科 Normal Courses	专科 Short-cycle Courses	高中阶段及以下 Below High School Graduate
1. 专任教师 Full-time Teacher	27583	19	691	20547	5637	689
其中:女 of Which: Female	12715	4	298	9800	2385	228
正高级 Senior	276	8	38	185	36	9
副高级 Sub-senior	5449	3	232	4698	463	53
中 级 Middle	10878	8	312	8133	2216	209
初 级 Junior	8118		85	5665	2099	269
无职称 No Rank	2862		24	1866	823	149
其中:实习指导课教师 of Which: Practice Course Teacher	598	1	5	271	237	84
2. 聘请校外教师 Part-time Teacher	4712	40	343	3281	939	109
其中:女 of Which: Female	1851	6	125	1348	327	45
正高级 Senior	263	20	58	167	11	7
副高级 Sub-senior	1442	16	146	1144	101	35
中 级 Middle	1899	4	108	1364	391	32
初 级 Junior	601		24	333	228	16
无职称 No Rank	507		7	273	208	19
其中:实习指导课教师 of Which: Practice Course Teacher	151	2	8	74	61	6
聘请校外教师中:外教 Foreign Teachers Among Part-time Teachers	19	1	1	16		1

中等职业学校(机构)

Breakdown of Full-time Teachers by Age in Secondary

	计 Total	30 岁及 以下 30 and under	31—35 岁 31 to 35	36—40 岁 36 to 40
总　计 Total	**571037**	**167371**	**126874**	**113635**
其中:女 of Which: Female	265763	92936	63460	51864
正高级 Senior	4530	57	148	331
副高级 Sub-senior	94496	368	3326	21941
中　级 Middle	231475	17166	68337	70791
初　级 Junior	190342	107031	51344	19037
无职称 No Rank	50194	42749	3719	1535
普通中专学校 SSSs	197084	52645	42206	42197
其中:女 of Which: Female	93004	29213	21210	20032
正高级 Senior	1220	14	42	96
副高级 Sub-senior	43312	97	1429	11495
中　级 Middle	81694	6184	25628	25288
初　级 Junior	56519	33931	14130	4951
无职称 No Rank	14339	12419	977	367
成人中专学校 Adult SSSs	75758	13929	14957	16512
其中:女 of Which: Female	33289	7343	7649	7756
正高级 Senior	1087	3	19	82
副高级 Sub-senior	13877	59	419	2514
中　级 Middle	36120	1765	8251	10671
初　级 Junior	20113	8956	5672	2936
无职称 No Rank	4561	3146	596	309
职业高中学校 Vocational High Schools	270612	92155	63985	49708
其中:女 of Which: Female	126755	51610	31815	21775
正高级 Senior	1947	34	75	144
副高级 Sub-senior	31858	175	1299	6548
中　级 Middle	102783	8302	31016	31661
初　级 Junior	105592	59028	29582	10572
无职称 No Rank	28432	24616	2013	783
其他机构 Other Institutions	27583	8642	5726	5218
其中:女 of Which: Female	12715	4770	2786	2301
正高级 Senior	276	6	12	9
副高级 Sub-senior	5449	37	179	1384
中　级 Middle	10878	915	3442	3171
初　级 Junior	8118	5116	1960	578
无职称 No Rank	2862	2568	133	76

专任教师分年龄情况

Vocational Schools (Institutions)

单位:人

Unit: in Person

41—45岁 41 to 45	46—50岁 46 to 50	51—55岁 51 to 55	56—60岁 56 to 60	61岁及以上 66 and over
66311	**46303**	**29531**	**18517**	**2495**
27280	17987	9855	1901	480
632	862	890	934	676
22595	19923	14740	10390	1213
35501	21298	11715	6153	514
6709	3566	1812	797	46
874	654	374	243	46
25135	17384	10455	6313	749
10852	7196	3683	659	159
178	259	206	238	187
10909	9001	5921	4019	441
11909	7021	3757	1798	109
1898	936	466	202	5
241	167	105	56	7
12359	8824	5420	3370	387
5156	3425	1615	287	58
189	234	254	202	104
3328	3176	2363	1826	192
7293	4518	2386	1163	73
1313	751	346	130	9
236	145	71	49	9
25572	17786	12221	7973	1212
9917	6493	4078	828	239
234	317	379	428	336
7025	6613	5645	4052	501
14688	8783	5083	2933	317
3255	1760	937	429	29
370	313	177	131	29
3245	2309	1435	861	147
1355	873	479	127	24
31	52	51	66	49
1333	1133	811	493	79
1611	976	489	259	15
243	119	63	36	3
27	29	21	7	1

中等职业学校(机构)专任教师、

Data on the Numbers by Teaching Conrse of Full-time and

	专任教师中按授课内容分 Full-time Teacher by Teaching Content			
	计 Total	文化基础课 Common Required Subject	专业课、实习指导课 Specialized Subject, Practice Course	
			计 Total	其中:双师型 Double-teacher Type
总　计 Total	**565176**	**273478**	**291698**	**63265**
其中:女 of Which: Female	263402	134292	129110	24391
正高级 Senior	4506	1794	2712	684
副高级 Sub-senior	93518	47816	45702	12682
中　级 Middle	229065	112495	116570	30360
初　级 Junior	188205	88619	99586	17071
无职称 No Rank	49882	22754	27128	2468
普通中专学校 SSSs	195513	79928	115585	27649
其中:女 of Which: Female	92362	40382	51980	11240
正高级 Senior	1216	395	821	214
副高级 Sub-senior	43033	18480	24553	7390
中　级 Middle	81046	33373	47673	13764
初　级 Junior	55961	22031	33930	5686
无职称 No Rank	14257	5649	8608	595
成人中专学校 Adult SSSs	74503	36241	38262	6997
其中:女 of Which: Female	32776	16622	16154	2532
正高级 Senior	1075	399	676	185
副高级 Sub-senior	13712	7526	6186	1389
中　级 Middle	35502	17552	17950	3479
初　级 Junior	19713	9052	10661	1586
无职称 No Rank	4501	1712	2789	358
职业高中学校 Vocational High Schools	267842	144814	123028	26307
其中:女 of Which: Female	125656	71331	54325	9745
正高级 Senior	1939	914	1025	244
副高级 Sub-senior	31366	19502	11864	3190
中　级 Middle	101750	56567	45183	12024
初　级 Junior	104519	53685	50834	9416
无职称 No Rank	28268	14146	14122	1433
其他机构 Other Institutions	27318	12495	14823	2312
其中:女 of Which: Female	12608	5957	6651	874
正高级 Senior	276	86	190	41
副高级 Sub-senior	5407	2308	3099	713
中　级 Middle	10767	5003	5764	1093
初　级 Junior	8012	3851	4161	383
无职称 No Rank	2856	1247	1609	82

聘请校外教师岗位分类情况

Part-time Teachers in Secondary Vocational Schools

单位：人
Unit: in Person

聘请校外教师按授课内容分 Part-time Teacher by Teaching Content				专任教师中不任课人数 Full-time Teacher by Non-teaching			
计 Total	文化基础课 Common Required Subject	专业课、实习指导课 Specialized Subject, Practice Course		计 Total	进修 In-service	病休 Sick Leave	其他 Others
		计 Total	其中：双师型 Double-teacher Type				
80804	**29022**	**51782**	**9760**	**5861**	**929**	**645**	**4287**
31737	13251	18486	2951	2361	452	281	1628
3885	916	2969	749	24	2	2	20
22277	7906	14371	3397	978	87	104	787
33805	11789	22016	4122	2410	340	267	1803
11038	4448	6590	928	2137	412	240	1485
9799	3963	5836	564	312	88	32	192
29406	11942	17464	3299	1571	406	149	1016
12290	5673	6617	935	642	187	62	393
1290	229	1061	315	4			4
8671	3693	4978	1243	279	33	26	220
11607	4642	6965	1343	648	162	79	407
4474	2019	2455	289	558	183	41	334
3364	1359	2005	109	82	28	3	51
25700	6809	18891	3260	1255	131	69	1055
8792	2750	6042	1087	513	66	28	419
1055	240	815	218	12	2	1	9
7286	1771	5515	1154	165	17	11	137
13207	3595	9612	1494	618	52	29	537
3046	895	2151	323	400	33	27	340
1106	308	798	71	60	27	1	32
20986	8425	12561	2588	2770	288	408	2074
8804	4056	4748	741	1099	145	181	773
1277	410	867	174	8		1	7
4878	1926	2952	783	492	15	66	411
7092	2773	4319	990	1033	82	151	800
2917	1266	1651	267	1073	158	165	750
4822	2050	2772	374	164	33	25	106
4712	1846	2866	613	265	104	19	142
1851	772	1079	188	107	54	10	43
263	37	226	42				
1442	516	926	217	42	22	1	19
1899	779	1120	295	111	44	8	59
601	268	333	49	106	38	7	61
507	246	261	10	6		3	3

中等职业学校(机构)

Changes of Full-time Teachers in Secondary

	上学年初报表专任教师数 Total number of full-time teachers at beginning of previous academic year	合 计 Total	录用毕业生 New recruits from current year graduates			增加专任 Factors of 外单位 Teachers from other
			计 Total	研究生 completing doc, & mas. deg. Prog.	本科生 completing 1st degree courses	计 Total
总　计 Total	**556937**	**86753**	**27059**	**484**	**20739**	**26644**
其中:女 of Which: Female	256937	40693	14973	297	11285	12025
普通中专学校 SSSs	191844	24141	8577	271	7311	6008
其中:女 of Which: Female	89639	11527	4840	176	3994	2755
成人中专学校 Adult SSSs	72171	12153	2313	57	1807	4168
其中:女 of Which: Female	31516	5319	1123	20	850	1779
职业高中学校 Vocational High Schools	254672	43369	13571	103	10181	14944
其中:女 of Which: Female	118102	20575	7644	71	5683	6793
其他机构 Other Institutions	38250	7090	2598	53	1440	1524
其中:女 of Which: Female	17680	3272	1366	30	758	698

专任教师变动情况

Vocational Schools (Institutions)

单位:人

Unit: in Person

教师数 Increase				减少专任教师数 Factors of Decrease				本学年初报表专任教师数 Total number of full-time teachers at beginning of current academic year
教师调入 recruited units	非教师调入 Non-teaching personnel changed into teachers							
其中:中职学校调入 of Which: from other SVSs	计 Total	其中:本校调整 of Which: with change of status in their own institutions	其他 Others	合计 Total	自然减员 Retired from their posts during previous academic year	调离教师岗位人员 Transferred from teaching to non-teaching posts	其他 Others	
8567	**10969**	**7964**	**22081**	**72653**	**8012**	**12063**	**52578**	**571037**
3765	4555	3073	9140	31867	3307	5067	23493	265763
2731	3136	2189	6420	18901	2315	3211	13375	197084
1247	1358	909	2574	8162	889	1284	5989	93004
871	1240	898	4432	8566	1454	1500	5612	75758
319	526	340	1891	3546	491	622	2433	33289
4321	5404	4117	9450	27429	3826	6092	17511	270612
1870	2188	1542	3950	11922	1750	2631	7541	126755
644	1189	760	1779	17757	417	1260	16080	27583
329	483	282	725	8237	177	530	7530	12715

中等职业学校
Condition of Fixed Assets and Teaching Resources in

	学校占地面积(平方米) Area of School sites (m^2)			图书音像 Audio-visual	
				一般图书(万册) Books & Magazines in Libraries(10,000 Volume)	
	计 Total	其中:绿化用地面积 of Which: Green Areas	其中:运动场地面积 of Which: Sports Areas	计 Total	当年新增 New Floor Space Added in Current Year
总 计 Total					
学校产权 Owned by HEIs	473126105	90008008	74690480	305338916.00	17963834.00
非学校产权中独立使用 Not Owned by HEIs	29366660	5349800	5078993	7684446.00	502438.00
普通中专学校 SSSs					
学校产权 Owned by HEIs	193485880	39326737	30482276	145302508.00	6920558.00
非学校产权中独立使用 Not Owned by HEIs	8188133	1449217	1371206	2105177.00	107525.00
成人中专学校 Adult SSSs					
学校产权 Owned by HEIs	47703332	8077231	5974793	37773505.00	1871427.00
非学校产权中独立使用 Not Owned by HEIs	4678033	1022926	766778	1018091.00	69274.00
职业高中学校 Vocational High Schools					
学校产权 Owned by HEIs	209562681	38045094	35047808	104529252.00	8266433.00
非学校产权中独立使用 Not Owned by HEIs	14664798	2131999	2711394	4014303.00	291109.00
其他机构 Other Institutions					
学校产权 Owned by HEIs	22374212	4558946	3185603	17733651.00	905416.00
非学校产权中独立使用 Not Owned by HEIs	1835696	745658	229615	546875.00	34530.00

(机构)资产情况

Secondary Vocational Schools (Institutions)

资料情况 ed. Resources		拥有教学用计算机(台) No. of Computers used for Instruction	语音实验室座位数(个) No. of Seats in Audio-Labs	多媒体教室座位数(个) No. of Seats in Multi-media Class rooms	网上教学课程数(种) No. of Web-Based Courses	固定资产值(万元) Fixed Assets (in 10,000 yuan)		
电子图书(片) Electronic Books & Magazines in Libraries(Disk)						合计 Total	其中:教学、科研仪器设备资产 of which:Teaching Equipment & Instruments	
计 Total	当年新增 New Floor Space Added in Current Year						计 Total	当年新增 New Floor Space Added in Current Year
19877014	5866784	1539640	423995	1402873	53932	11701311.98	2485161.61	302098.39
1415369	771418	45409	14630	29656	2144	353469.38	56403.85	7833.29
8736732	3182326	602366	164525	644221	20074	5509624.73	1203026.85	129651.65
783430	599547	11237	4368	10652	236	104558.53	14596.15	1746.86
2164980	183851	188989	60867	200420	13013	1344451.06	290381.83	31436.47
14493	3929	7268	1929	5628	1184	93395.14	7929.33	1132.01
5657625	1953060	672253	174182	478525	19830	4111939.52	853253.88	126487.30
537446	87942	25330	7772	12656	619	136014.91	29525.47	4519.72
3317677	547547	76032	24421	79707	1015	735296.67	138499.05	14522.97
80000	80000	1574	561	720	105	19500.80	4352.90	434.70

中等职业学校(机构)教职工中其他情况

Other Teachers, Staff & Workers in Secondary Vocational Schools (Institutions)

单位:人

Unit: in persons

	共产党员 Member of C.P.A	共青团员 Member of C.Y.L	民主党派 Non-Communist Parties	华侨 Overseas Chinese	港澳台 From H.K., Macao and Taiwan	少数民族 Minorities
总计 Total						
教职工 Teachers, Staff & Workers	279802	110849	11948	290	110	41955
其中:女 of Which: Female	92940	58773	5197	125	55	18378
专任教师 Full-time Teachers	169091	88719	9222	168	55	27168
其中:女 of Which: Female	60271	47807	4169	90	22	12415
普通中专学校 SSSs						
教职工 Teachers, Staff & Workers	118242	35490	6238	157	73	20623
其中:女 of Which: Female	42078	18827	2795	59	36	9192
专任教师 Full-time Teachers	64881	26738	4954	85	31	12901
其中:女 of Which: Female	25124	14520	2250	43	10	5944
成人中专学校 Adult SSSs						
教职工 Teachers, Staff & Workers	45489	10707	1313	31	3	6325
其中:女 of Which: Female	14447	5332	492	14	1	2614
专任教师 Full-time Teachers	28422	7370	932	18	2	3961
其中:女 of Which: Female	9629	3739	365	10		1637
职业高中学校 Vocational High Schools						
教职工 Teachers, Staff & Workers	101884	58669	3692	81	15	13532
其中:女 of Which: Female	31588	31521	1599	42	8	5922
专任教师 Full-time Teachers	67830	49817	2771	54	11	9442
其中:女 of Which: Female	22634	27021	1302	31	7	4405
其他机构 Other Institutions						
教职工 Teachers, Staff & Workers	14187	5983	705	21	19	1475
其中:女 of Which: Female	4827	3093	311	10	10	650
专任教师 Full-time Teachers	7958	4794	565	11	11	864
其中:女 of Which: Female	2884	2527	252	6	5	429

中等职业学校(机构)校舍情况(总计)

Conditions of School Buidings in Secondary Vocational Schools (Institations) (Total)

单位:平方米
Unit:m²

	学校产权建筑面积 Floor Area of School Building Owned by HEIs				正在施工面积 Floor Area Under Construction	独立使用非学校产权建筑面积 Floor Area of School Building Not Owned by HEIs
	计 Subtotal	其中:危房 of Which: Dilapidated Buildings	其中:当年新增 of Which: Newly Added in Current Year	其中:被外单位借用 of Which: Floor Space Hired by Other Schools or Units		
总 计 Total	**162714594**	**1387995**	**6643975**	**573267**	**4815831**	**9918617**
一、教学及辅助用房 Buildings for Instruction and Ancillary Uses	66409025	368433	2848215	230412	2384911	4580811
教室 Classroom	36915179	254441	1720733	103560	1263495	2815660
图书馆 Library	5025581	12652	175946	2705	265026	222532
实验室、实习场所 Lab. And Practice Facilities	18001628	77802	742629	118462	584460	975836
体育馆 Gymnasium	3808550	1993	125315	2931	208722	317141
会堂 Hall	2658087	21545	83592	2754	63208	249642
二、行政办公用房 Administritive	12463148	96013	345838	35995	330988	787582
三、生活用房 Residential Buildings	61389940	776302	2954558	290309	1732128	4542445
学生宿舍(公寓) Students' Dormitories	35942611	325857	2035367	113256	1278311	3020329
学生食堂 Students' Dining Halls	8237215	68826	490618	21615	297074	577662
教工单身宿舍 Apartments for Single	3456201	113827	99721	13547	60150	353405
教工食堂 Dining Halls for Staff and Workers	1455469	11234	31273	6205	26488	97479
生活福利及其他用房 Residential, Welfare and Anxiliary Buildings	12298444	256558	297579	135686	70105	493570
四、教工住宅 Residential Quarters for Staff and Workers	22452481	147247	495364	16551	367804	7779

中等职业学校(机构)校舍情况(普通中专学校)

Conditions of School Buidings in Secondary Vocational Schools (SSSs)

单位:平方米

Unit: m^2

	学校产权建筑面积 Floor Area of School Building Owned by HEIs				正在施工面积 Floor Area Under Construction	独立使用非学校产权建筑面积 Floor Area of School Building Not Owned by HEIs
	计 Subtotal	其中:危房 of Which: Dilapidated Buildings	其中:当年新增 of Which: Newly Added in Current Year	其中:被外单位借用 of Which: Floor Space Hired by Other Schools or Units		
总计 Total	**75146286**	**444764**	**2499795**	**304677**	**2282166**	**2711940**
一、教学及辅助用房 Buildings for Instruction and Anxiliary Uses	29844352	117707	1152332	148778	1130115	1227607
教室 Classroom	14711029	62029	668621	32281	616220	673141
图书馆 Library	2646396	3737	58915	732	130217	59703
实验室、实习场所 Lab. And Practice Facilities	8671902	38704	349658	112834	247073	317455
体育馆 Gymnasium	2435097	1100	53364	2931	101507	127358
会堂 Hall	1379928	12137	21774		35098	49950
二、行政办公用房 Administritive	4884386	27901	96169	12323	128588	169464
三、生活用房 Residential Buildings	28193126	248342	1025042	131710	779165	1309899
学生宿舍(公寓) Students' Dormitories	17266297	117283	772505	49698	610619	914036
学生食堂 Students' Dining Halls	3744369	21906	152742	12229	110911	142218
教工单身宿舍 Apartments for Single	1295119	26698	17120	5589	23200	80175
教工食堂 Dining Halls for Staff and Workers	839630	4202	7728	5052	8147	12438
生活福利及其他用房 Residential, Welfare and Anxiliary Buildings	5047711	78253	74947	59142	26288	161032
四、教工住宅 Residential Quarters for Staff and Workers	12224422	50814	226252	11866	244298	4970

中等职业学校(机构)校舍情况(成人中专学校)
Conditions of School Buidings in Secondary Vocational Schools (Adult SSSs)

单位:平方米
Unit:m²

	学校产权建筑面积 Floor Area of School Building Owned by HEIs				正在施工面积 Floor Area Under Construction	独立使用非学校产权建筑面积 Floor Area of School Building Not Owned by HEIs
	计 Subtotal	其中:危房 of Which: Dilapidated Buildings	其中:当年新增 of Which: Newly Added in Current Year	其中:被外单位借用 of Which: Floor Space Hired by Other Schools or Units		
总　计 Total	**18260770**	**136771**	**724921**	**82606**	**259220**	**2163338**
一、教学及辅助用房 Buildings for Instruction and Ancillary Uses	7418004	31752	257124	28380	115260	1003260
教室 Classroom	4717070	26664	171125	26203	74527	698458
图书馆 Library	501470	1186	28157	515	7611	42882
实验室、实习场所 Lab. And Practice Facilities	1661880	1873	38656	502	8153	128995
体育馆 Gymnasium	247074	143	1510		22130	56521
会堂 Hall	290510	1886	17676	1160	2839	76404
二、行政办公用房 Administritive	1860048	11714	50228	15707	28892	242175
三、生活用房 Residential Buildings	6414945	67569	327340	37419	79559	915494
学生宿舍(公寓) Students' Dormitories	3635320	27046	222702	18705	61461	557284
学生食堂 Students' Dining Halls	765013	11214	46523	2887	6016	94866
教工单身宿舍 Apartments for Single	383179	8910	14850	494	7650	93658
教工食堂 Dining Halls for Staff and Workers	133389	1244	6223	807	1558	44366
生活福利及其他用房 Residential, Welfare and Anxiliary Buildings	1498044	19155	37042	14526	2874	125320
四、教工住宅 Residential Quarters for Staff and Workers	2567773	25736	90229	1100	35509	2409

中等职业学校(机构)校舍情况(职业高中学校)

Conditions of School Buidings in Secondary Vocational Schools (Vocational High Schools)

单位:平方米

Unit: m[2]

	学校产权建筑面积 Floor Area of School Building Owned by HEIs				正在施工面积 Floor Area Under Construction	独立使用非学校产权建筑面积 Floor Area of School Building Not Owned by HEIs
	计 Subtotal	其中:危房 of Which: Dilapidated Buildings	其中:当年新增 of Which: Newly Added in Current Year	其中:被外单位借用 of Which: Floor Space Hired by Other Schools or Units		
总　计 Total	**60106213**	**782486**	**2861164**	**169002**	**1828860**	**4384403**
一、教学及辅助用房 Buildings for Instruction and Ancillary Uses	25466205	213370	1157621	51134	937111	2023014
教室 Classroom	15574735	164411	760006	44036	466223	1295595
图书馆 Library	1504762	6959	61885	488	102675	107326
实验室、实习场所 Lab. And Practice Facilities	6731519	33728	257219	5126	267224	401845
体育馆 Gymnasium	827314	750	38859		76418	106448
会堂 Hall	827875	7522	39652	1484	24571	111800
二、行政办公用房 Administritive	5107232	54674	168909	7965	163912	328763
三、生活用房 Residential Buildings	23395482	447782	1382463	106318	677738	2032226
学生宿舍(公寓) Students' Dormitories	13002676	178923	875931	35662	456548	1335936
学生食堂 Students' Dining Halls	3244675	35566	262195	6499	144073	303028
教工单身宿舍 Apartments for Single	1665493	77278	62671	7444	28480	165347
教工食堂 Dining Halls for Staff and Workers	408881	5788	15092	346	16783	34975
生活福利及其他用房 Residential, Welfare and Anxiliary Buildings	5073757	150227	166574	56367	31854	192940
四、教工住宅 Residential Quarters for Staff and Workers	6137294	66660	152171	3585	50099	400

中等职业学校(机构)校舍情况(其他机构)

Conditions of School Buidings in Secondary Vocational Schools (Other Institutions)

单位:平方米

Unit:m²

	学校产权建筑面积 Floor Area of School Building Owned by HEIs				正在施工面积 Floor Area Under Construction	独立使用非学校产权建筑面积 Floor Area of School Building Not Owned by HEIs
	计 Subtotal	其中:危房 of Which: Dilapidated Buildings	其中:当年新增 of Which: Newly Added in Current Year	其中:被外单位借用 of Which: Floor Space Hired by Other Schools or Units		
总　计 Total	**9201325**	**23974**	**558095**	**16982**	**445585**	**658936**
一、教学及辅助用房 Buildings for Instruction and Ancillary Uses	3680464	5604	281138	2120	202425	326930
教室 Classroom	1912345	1337	120981	1040	106525	148466
图书馆 Library	372953	770	26989	970	24523	12621
实验室、实习场所 Lab. And Practice Facilities	936327	3497	97096		62010	127541
体育馆 Gymnasium	299065		31582		8667	26814
会堂 Hall	159774		4490	110	700	11488
二、行政办公用房 Administritive	611482	1724	30532		9596	47180
三、生活用房 Residential Buildings	3386387	12609	219713	14862	195666	284826
学生宿舍(公寓) Students' Dormitories	2038318	2605	164229	9191	149683	213073
学生食堂 Students' Dining Halls	483158	140	29158		36074	37550
教工单身宿舍 Apartments for Single	112410	941	5080	20	820	14225
教工食堂 Dining Halls for Staff and Workers	73569		2230			5700
生活福利及其他用房 Residential, Welfare and Anxiliary Buildings	678932	8923	19016	5651	9089	14278
四、教工住宅 Residential Quarters for Staff and Workers	1522992	4037	26712		37898	

职业技术培训

Basic Statistics of Vocational-Technical

	学校数（所）Schools	教学班（点）（个）External Teaching Sites (classes)	结业生数 计 Total
总　计 Total	**217143**	**769984**	**61769903**
职工技术培训学校(机构) Vocational-Technical Training Schools	4301	26865	2480275
教育部门和集体办 Run by Ed. Dept. & Collectives	1583	14215	1389329
其他部门办 Run by Non-Ed. Dept.	2079	9795	905512
民办 Non-state/Private	639	2855	185434
农村成人文化技术培训学校(机构) Technical Training Schools for Peasants	191704	612584	51271952
教育部门和集体办 Run by Ed. Dept. & Collectives	184770	585990	49212599
其中：县办 of which: County-run	1694	154358	2101910
乡办 of which: Township-run	27096	149742	20454879
村办 of which: Village-run	155980	281890	26655810
其他部门办 Run by Non-Ed. Dept.	6042	25545	1975456
民办 Non-state/Private	892	1049	83897
其他培训机构(含社会培训机构) Others	21138	130535	8017676
教育部门和集体办 Run by Ed. Dept. & Collectives	1185	12092	719832
其他部门办 Run by Non-Ed. Dept.	2060	13601	1271580
民办 Non-state/Private	17893	104842	6026264
总计中：少数民族 Total of: Minority	2850	7110	3652427
培训时间：Length of training:			
一周至一个月以下 1 week to less than 1 month			42133556
一个月至半年以下 1 month to less than 6 months			14183900
半年以上 More than 6 months			5452447
培训形式：Mode of training:			
资格证书培训 For Certificates of Vocational qualifications			3661869
岗位证书培训 For Certificates of Job-related qualifications			5446265
培训科目：Subjects of training:			
外语 Foreign language			1360992
会计 Accounting			793386
计算机 Computer			1916812
农业技术 Agricultural techniques			30534327

机构基本情况

Training Institutions

单位:人次

Unit:in Person

Graduates	注册学生数 Enrolment		教职工数 Teachers,Staff & Workers		聘请校外教师 Part-time Teachers
其中:女 of which: Female	计 total	其中:女 of which: Female	计 Total	其中:专任教师 of which: Full-time Teacher	
27048197	**57481382**	**25594562**	**514534**	**234330**	**452198**
1110439	1852344	828414	34699	20975	17649
674807	986729	471035	17116	10810	6942
352083	688206	276167	12161	6360	8982
83549	177409	81212	5422	3805	1725
22564464	46842345	20962844	270515	106385	323894
21628300	44682395	19967814	260128	100124	308438
945549	8375640	3655745	11790	7177	9363
8698347	15852490	6890285	85514	39728	105303
11984404	20454265	9421784	162824	53219	193772
895224	2042556	939328	6979	3623	14969
40940	117394	55702	3408	2638	487
3373294	8786693	3803304	209320	106970	110655
332276	821187	359311	13954	7206	6144
510528	1469774	631292	21300	9916	12913
2530490	6495732	2812701	174066	89848	91598
1523708	2803742	1198918	13869	2918	16358
18279637	34274801	15042932			
6326308	17721793	8057212			
2442252	5484788	2494418			
1460516	3142124	1334331			
2339778	3934420	1722345			
586320	1428679	649081			
444267	622003	384264			
922017	1652206	810622			
12995277	23468986	10267992			

职业技术培训机构资产情况

Condition of Fixed Assets and Teaching Resources in Vocational-Technical Training Institutions

	总计 Total	职工技术培训学校(机构) Vocational-Technical Training Institutions	农村成人文化技术培训学校(机构) Technical Training Schools for Peasants	其他培训机构(含社会培训机构) Others
占地面积(平方米) Area of School sites (m^2)	118374548	13746361	73154542	31473645
教学行政用房建筑面积(平方米) Administritive (m^2)	34516700	3654891	16209748	14652061
图书藏量(册) Books (Volume)	98654375	6888814	37397711	54367850
教学用计算机(台) No. of computers used for Instruction	554728	56019	131512	367197
语音实验室座位数(个) No. of Seats in Audio-Labs	150964	16851	33135	100978
多媒体教室座位数(个) No. of Seats in Multi-media Class rooms	349800	47957	103669	198174
固定资产总值(万元) Fixed Assets (in 10,000 yuan)	267489088	3377252	2068436	262043400
其中:教学、实习仪器设备资产值 of which: Teaching Equipment & Instruments	112149438	1119798	381470	110648171

(二)初中阶段教育

Junior Secondary Education

初中阶段校数、班数

Number of Schools, Classes Admitted in Junior Schools

	学校数(所) Schools	班数(个) Classes				
		计 Total	一年级 Grade 1	二年级 Grade 2	三年级 Grade 3	四年级 Grade 4
总计 Total	**63757**	**1153572**	**375149**	**381099**	**372600**	**24724**
教育部门和集体办 Run by Ed. Dept. & Communities	56944	1053367	340982	349031	342234	21120
社会力量办 Non-state/private	4243	62948	22859	20582	18472	1035
其他部门办 Run by Non-Ed. Dept.	2570	37257	11308	11486	11894	2569
城市 Urban	8775	219406	68979	70345	71004	9078
教育部门和集体办 Run by Ed. Dept. & Communities	6028	170167	52931	54637	55736	6863
社会力量办 Non-state/private	1450	26919	9383	8736	8038	762
其他部门办 Run by Non-Ed. Dept.	1297	22320	6665	6972	7230	1453
县镇 Counties & Towns	16386	380104	124654	125578	122466	7406
教育部门和集体办 Run by Ed. Dept. & Communities	14576	351036	114098	116271	113863	6804
社会力量办 Non-state/private	1390	23670	8916	7697	6863	194
其他部门办 Run by Non-Ed. Dept.	420	5398	1640	1610	1740	408
农村 Rural	38596	554062	181516	185176	179130	8240
教育部门和集体办 Run by Ed. Dept. & Communities	36340	532164	173953	178123	172635	7453
社会力量办 Non-state/private	1403	12359	4560	4149	3571	79
其他部门办 Run by Non-Ed. Dept.	853	9539	3003	2904	2924	708
总计中:四年制 of the Total:4-Year	–	77393	14906	17136	21355	23996
普通中学附设班 Classes Attached to General Sec. Schools	–	24863	8273	8267	8040	283
其他单位(学校)办班 Classes Run by other Unit (or Schools)	–	1150	364	385	385	16
独立设置少数民族学校 Inde. Sec. Schools for Minorities	26	29144	9832	9830	9149	333

注:本表初中阶段仅含普通初中和职业初中,未包括成人初中学生,下同。

Note:Date on General and Vocational Schools are included, the same below.

普通初中校数、班数

Number of Junior Schools and Classes

	学校数(所) Schools			班数(个) Classes				
	合　计 Total	初级中学 Junior Sec. Schools	九年一贯制学校 9-Year Sec. Schools	计 Total	一年级 Grade 1	二年级 Grade 2	三年级 Grade 3	四年级 Grade 4
总计 Total	**63060**	**53887**	**9173**	**1144002**	**372044**	**378070**	**369483**	**24405**
教育部门和集体办 Run by Ed. Dept. & Communities	56275	50000	6275	1044098	337991	346100	339203	20804
社会力量办 Non-state/private	4219	2595	1624	62680	22761	20492	18395	1032
其他部门办 Run by Non-ed. Dept.	2566	1292	1274	37224	11292	11478	11885	2569
城市 Urban	8747	6578	2169	219058	68883	70224	70882	9069
教育部门和集体办 Run by Ed. Dept. & Communities	6010	5200	810	169887	52858	54539	55636	6854
社会力量办 Non-state/private	1443	747	696	26875	9368	8721	8024	762
其他部门办 Run by Non-ed. Dept.	1294	631	663	22296	6657	6964	7222	1453
县镇 Counties & Towns	16218	14596	1622	377580	123849	124748	121613	7370
教育部门和集体办 Run by Ed. Dept. & Communities	14415	13450	965	348655	113351	115489	113047	6768
社会力量办 Non-state/private	1384	914	470	23527	8858	7649	6826	194
其他部门办 Run by Non-ed. Dept.	419	232	187	5398	1640	1610	1740	408
农村 Rural	38095	32713	5382	547364	179312	183098	176988	7966
教育部门和集体办 Run by Ed. Dept. & Communities	35850	31350	4500	525556	171782	176072	170520	7182
社会力量办 Non-state/private	1392	934	458	12278	4535	4122	3545	76
其他部门办 Run by Non-ed. Dept.	853	429	424	9530	2995	2904	2923	708
总计中:四年制初中 of the Total:4-Year Junior Sec. School				76554	14760	16988	21111	23695
其他学校附设初中班 Junior Sec. Classes Attached to Others Schools				23332	7717	7894	7506	215
独立设置少数民族学校 Inde. Sec. Schools for Minorities				28974	9783	9772	9093	326

职业初中校数、班数

Number of Schools, Classes Admitted in Vocational Junior Secondary Schools

	学校数(所) Schools	班数(个) Classes				
		计 Total	一年级 Grade 1	二年级 Grade 2	三年级 Grade 3	四年级 Grade 4
总计 Total	**697**	**9570**	**3105**	**3029**	**3117**	**319**
教育部门和集体办 Run by Ed. Dept. & Communities	669	9269	2991	2931	3031	316
社会力量办 Non-state/private	24	268	98	90	77	3
其他部门办 Run by Non-ed. Dept.	4	33	16	8	9	
城市 Urban	28	348	96	121	122	9
教育部门和集体办 Run by Ed. Dept. & Communities	18	280	73	98	100	9
社会力量办 Non-state/private	7	44	15	15	14	
其他部门办 Run by Non-ed. Dept.	3	24	8	8	8	
县镇 Counties & Towns	168	2524	805	830	853	36
教育部门和集体办 Run by Ed. Dept. & Communities	161	2381	747	782	816	36
社会力量办 Non-state/private	6	143	58	48	37	
其他部门办 Run by Non-ed. Dept.	1					
农村 Rural	501	6698	2204	2078	2142	274
教育部门和集体办 Run by Ed. Dept. & Communities	490	6608	2171	2051	2115	271
社会力量办 Non-state/private	11	81	25	27	26	3
其他部门办 Run by Non-ed. Dept.		9	8		1	
总计中:四年制 of the Total:4-Year		839	146	148	244	301
普通中学附设班 Classes Attached to General Sec. School		1531	556	373	534	68
其他单位(学校)办班 Classes run by Other Unit (Schools)		1150	364	385	385	16
独立设置少数民族学校 Inde. Sec. Schools for Minorities	26	170	49	58	56	7

普通初中班额情况

Size of Junior Secondary Schools Classes

单位:个

Unit:Class

	计 Total	一年级 Grade 1	二年级 Grade 2	三年级 Grade 3	四年级 Grade 4
合　计 Total	**1144002**	**372044**	**378070**	**369483**	**24405**
城市:Urban:					
25人及以下	4952	1758	1553	1449	192
26－35人	16793	5576	5181	5062	974
36－45人	44191	13896	13813	13848	2634
46－55人	71181	22546	22992	22802	2841
56－65人	52178	16360	16882	17354	1582
66人及以上	29763	8747	9803	10367	846
县镇: Counties & Towns:					
25人及以下	2698	954	766	860	118
26－35人	10161	3424	3105	3085	547
36－45人	40601	13198	12238	13423	1742
46－55人	115785	37628	38022	37605	2530
56－65人	108583	35280	36327	35391	1585
66人及以上	99752	33365	34290	31249	848
农村: Rural:					
25人及以下	5445	1872	1509	1866	198
26－35人	18721	6162	5745	6199	615
36－45人	70622	23141	22214	23627	1640
46－55人	167504	53194	55722	55694	2894
56－65人	151609	49014	51792	49086	1717
66人及以上	133463	45929	46116	40516	902

职业初中班额情况

Size of Vocational Junior Secondary Schools Classes

单位:个

Unit:Class

	计 Total	一年级 Grade 1	二年级 Grade 2	三年级 Grade 3	四年级 Grade 4
合　计 Total	**9570**	**3105**	**3029**	**3117**	**319**
城市:Urban:					
25人及以下	55	19	17	18	1
26－35人	52	16	13	17	6
36－45人	53	11	21	19	2
46－55人	88	31	29	28	
56－65人	65	15	28	22	
66人及以上	35	4	13	18	
县镇: Counties & Towns:					
25人及以下	98	21	17	55	5
26－35人	153	32	45	60	16
36－45人	403	124	142	135	2
46－55人	682	262	204	211	5
56－65人	597	168	198	223	8
66人及以上	591	198	224	169	
农村: Rural:					
25人及以下	211	66	60	65	20
26－35人	595	179	160	197	59
36－45人	1165	377	349	379	60
46－55人	1631	587	473	527	44
56－65人	1421	484	462	436	39
66人及以上	1675	511	574	538	52

初中阶段

Number of Students in

	毕业生数 Graduates	招生数 Students Admitted	合 计 Total	其中女 of Which: Female
总 计 Total	**20872998**	**20946444**	**65275140**	**30916341**
其中女 of Which: Female	9970378	9883959	30916341	0
教育部门和集体办 Run by Ed. Dept. & Communities	19641147	19295188	60466435	28819103
社会力量办 Non-state/private	718879	1151749	3171786	1317257
其他部门办 Run by Non-ed. Dept.	512972	499507	1636919	779981
城市 Urban	3621954	3478839	11212647	5319894
教育部门和集体办 Run by Ed. Dept. & Communities	3015384	2754171	9002834	4324936
社会力量办 Non-state/private	301018	435232	1246263	534050
其他部门办 Run by Non-ed. Dept.	305552	289436	963550	460908
县镇 Counties & Towns	6984040	7107292	22009690	10363090
教育部门和集体办 Run by Ed. Dept. & Communities	6626218	6555919	20489295	9730723
社会力量办 Non-state/private	277231	474334	1270394	514485
其他部门办 Run by Non-ed. Dept.	80591	77039	250001	117882
农村 Rural	10267004	10360313	32052803	15233357
教育部门和集体办 Run by Ed. Dept. & Communities	9999545	9985098	30974306	14763444
社会力量办 Non-state/private	140630	242183	655129	268722
其他部门办 Run by Non-ed. Dept.	126829	133032	423368	201191
总计中:四年制 of the Total:4-Year	0	0	3889019	1788231
九年一贯制学校 9-Year Sec. Schools	973909	1147280	3438162	1588256
其他学校附设初中班 Junior Sec. Classes Attached to Others Schools	462466	440793	1340414	622422
其他单位(学校)办班 Classes Run by Other Unit(or Schools)	20231	19598	63046	28563
重读生 Repeaters	0	0	111627	41738
重读中女 of Which: Female	0	0	41738	0
少数民族学生 Minority Students	1588431	1848190	5396705	2274299
独立设置少数民族学校 Inde. Sec. Schools for Minorities	416346	469969	1399357	680899

学生数

Junior Schools

单位：人

Unit: in Person

在校学生数 Enrolment 一年级 Grade 1	二年级 Grade 2	三年级 Grade 3	四年级 Grade 4	毕业班学生数 Graduates for Next Year
21007666	**21767875**	**21229693**	**1269906**	**21400940**
9905985	10280264	10111994	618098	10114936
19352224	20220705	19783874	1109632	19950334
1155510	1041739	927986	46551	927895
499932	505431	517833	113723	522711
3483777	3617935	3671752	439183	3709394
2758137	2914008	2993647	337042	3029186
436111	403314	371244	35594	370035
289529	300613	306861	66547	310173
7133936	7341339	7147166	387249	7210135
6580065	6849639	6696842	362749	6758919
476747	416052	370067	7528	370611
77124	75648	80257	16972	80605
10389953	10808601	10410775	443474	10481411
10014022	10457058	10093385	409841	10162229
242652	222373	186675	3429	187249
133279	129170	130715	30204	131933
695088	828116	1098697	1267118	1263690
1151237	1152236	1048741	85948	1057859
441664	455910	429182	13658	433262
19598	21357	21371	720	21629
61222	20547	29097	761	0
22026	7324	12103	285	0
1856420	1825660	1664865	49760	1645390
470927	475890	439071	13469	438759

普通初中
Number of Students in

	毕业生数 Graduates	招生数 Students Admitted	在校学生数 合计 Total	其中女 of Which: Female
总　计 Total	**20703868**	**20782272**	**64750006**	**30672272**
其中女 of Which: Female	9890907	9808548	30672272	
教育部门和集体办 Run by Ed. Dept. & Communities	19476292	19137126	59957544	28580466
社会力量办 Non-state/private	714917	1146372	3156837	1312385
其他部门办 Run by Non-ed. Dept.	512659	498774	1635625	779421
城市 Urban	3616176	3474648	11196865	5312928
教育部门和集体办 Run by Ed. Dept. & Communities	3010424	2750646	8989180	4318485
社会力量办 Non-state/private	300478	434775	1244870	533832
其他部门办 Run by Non-ed. Dept.	305274	289227	962815	460611
县镇 Counties & Towns	6935778	7064699	21870482	10298686
教育部门和集体办 Run by Ed. Dept. & Communities	6580237	6516607	20358628	9668955
社会力量办 Non-state/private	274985	471053	1261853	511849
其他部门办 Run by Non-ed. Dept.	80556	77039	250001	117882
农村 Rural	10151914	10242925	31682659	15060658
教育部门和集体办 Run by Ed. Dept. & Communities	9885631	9869873	30609736	14593026
社会力量办 Non-state/private	139454	240544	650114	266704
其他部门办 Run by Non-ed. Dept.	126829	132508	422809	200928
总计中:四年制 of the Total:4-Year			3845974	1767583
九年一贯制学校 9-Year Sec. Schools	973909	1147280	3438162	1588256
其他学校附设初中班 Junior Sec. Classes Attached to Others Schools	437269	418327	1268076	590115
重读生 Repeaters			110323	41219
重读中女 of Which: Female			41219	
少数民族学生 Minority Students	1563356	1812940	5307179	2236031
独立设置少数民族学校 Inde. Sec. Schools for Minorities	413713	468132	1393209	677966

学生数

Junior Secondary Schools

单位：人

Unit: in Person

在校学生数 Enrolment				毕业班学生数 Graduates for Next Year
一年级 Grade 1	二年级 Grade 2	三年级 Grade 3	四年级 Grade 4	
20843167	**21593028**	**21059054**	**1254757**	**21228099**
9830435	10198971	10032211	610655	10034877
19193835	20051191	19617874	1094644	19782068
1150133	1036681	923633	46390	923606
499199	505156	517547	113723	522425
3479586	3612255	3666126	438898	3703643
2754612	2909103	2988708	336757	3024122
435654	402814	370808	35594	369599
289320	300338	306610	66547	309922
7091327	7292170	7101349	385636	7163982
6540737	6803325	6653430	361136	6715171
473466	413197	367662	7528	368206
77124	75648	80257	16972	80605
10272254	10688603	10291579	430223	10360474
9898486	10338763	9975736	396751	10042775
241013	220670	185163	3268	185801
132755	129170	130680	30204	131898
687850	820150	1085750	1252224	1248995
1151237	1152236	1048741	85948	1057859
419186	435648	403841	9401	405011
60895	20029	28638	761	
21887	7120	11927	285	
1821256	1800444	1636714	48765	1617562
469090	473769	437109	13241	436816

职业初中

Number of Students in Vocational

	毕业生数 Graduates	招生数 Students Admitted	合计 Total	其中女 of Which: Female
总　计 Total	**169130**	**164172**	**525134**	**244069**
其中女 of Which: Female	79471	75411	244069	
教育部门和集体办 Run by Ed. Dept. & Communities	164855	158062	508891	238637
社会力量办 Non-state/private	3962	5377	14949	4872
其他部门办 Run by Non-ed. Dept.	313	733	1294	560
城市 Urban	5778	4191	15782	6966
教育部门和集体办 Run by Ed. Dept. & Communities	4960	3525	13654	6451
社会力量办 Non-state/private	540	457	1393	218
其他部门办 Run by Non-ed. Dept.	278	209	735	297
县镇 Counties & Towns	48262	42593	139208	64404
教育部门和集体办 Run by Ed. Dept. & Communities	45981	39312	130667	61768
社会力量办 Non-state/private	2246	3281	8541	2636
其他部门办 Run by Non-ed. Dept.	35			
农村 Rural	115090	117388	370144	172699
教育部门和集体办 Run by Ed. Dept. & Communities	113914	115225	364570	170418
社会力量办 Non-state/private	1176	1639	5015	2018
其他部门办 Run by Non-ed. Dept.		524	559	263
总计中:四年制 of the Total:4-Year			43045	20648
普通中学附设班 Classes Attached to General Sec. Schools	25197	22466	72338	32307
其他单位(学校)办班 Classes Run by Other Unit(or Schools)	20231	19598	63046	28563
重读生 Repeaters			1304	519
重读中女 of Which: Female			519	
少数民族学生 Minority Students	25075	35250	89526	38268
独立设置少数民族学校 Inde. Sec. Schools for Minorities	2633	1837	6148	2933

学生数

Junior Secondary Schools

单位：人

Unit: in Person

在校学生数 Enrolment				毕业班学生数 Graduates for Next Year
一年级 Grade 1	二年级 Grade 2	三年级 Grade 3	四年级 Grade 4	
164499	**174847**	**170639**	**15149**	**172841**
75550	81293	79783	7443	80059
158389	169514	166000	14988	168266
5377	5058	4353	161	4289
733	275	286		286
4191	5680	5626	285	5751
3525	4905	4939	285	5064
457	500	436		436
209	275	251		251
42609	49169	45817	1613	46153
39328	46314	43412	1613	43748
3281	2855	2405		2405
117699	119998	119196	13251	120937
115536	118295	117649	13090	119454
1639	1703	1512	161	1448
524		35		35
7238	7966	12947	14894	14695
22478	20262	25341	4257	28251
19598	21357	21371	720	21629
327	518	459		
139	204	176		
35164	25216	28151	995	27828
1837	2121	1962	228	1943

初中阶段学龄人口及在校学生情况

Number of School-age Population and Enrolment of Junior Schools

单位:人

Unit:in Person

	在校学龄人口数 School-age Population		在校学生数 Enrolment					
	计 Total	其中:女 of Which: Female	计 Total	其中:女 of Which: Female	一年级 Grade 1	二年级 Grade 2	三年级 Grade 3	四年级 Grade 4
合　计 Total	**56523608**	**26923007**	**65275140**	**30916341**	**21007666**	**21767875**	**21229693**	**1269906**
10岁及以下 Under 10 years			27402	12886	26390	933	77	2
11岁	222389	110279	927798	448088	879638	45249	2809	102
12岁	7636643	3667206	9136105	4395929	8005187	1058662	71544	712
13岁	19204153	9171696	19206975	9173063	9696826	8278711	1212782	18656
14岁	21092991	10020544	21116243	10031483	1941668	10061009	8706655	406911
15岁	8364027	3951609	12229858	5736884	378366	1937002	9235831	678659
16岁	3351	1649	2206553	954312	62012	323904	1678518	142119
17岁	54	24	361431	140921	12659	50038	277812	20922
18岁及以上 Over 18 years			62775	22775	4920	12367	43665	1823
城市 Urban	9376869	4474560	11212647	5319894	3483777	3617935	3671752	439183
10岁及以下 Under 10 years			5343	2630	5149	153	40	1
11岁	127513	64041	263356	131358	252272	9983	1001	100
12岁	1521327	736662	1756108	854665	1455377	284915	15440	376
13岁	3212685	1534576	3214294	1535413	1434962	1451843	319227	8262
14岁	3577935	1701777	3589984	1707461	292474	1542547	1563952	191011
15岁	937245	437439	1993942	926337	38687	291533	1470537	193185
16岁	164	65	349015	148064	4050	33696	270361	40908
17岁			36786	12892	535	2824	28541	4886
18岁及以上 Over 18 years			3819	1074	271	441	2653	454

初中阶段学龄人口及在校学生情况(续)

Number of School-age Population and Enrolment of Junior Schools

单位:人
Unit: in Person

	在校学龄人口数 School-age Population		在校学生数 Enrolment					
	计 Total	其中:女 of Which: Female	计 Total	其中:女 of Which: Female	一年级 Grade 1	二年级 Grade 2	三年级 Grade 3	四年级 Grade 4
县镇 Counties & Towns	19195151	9085375	22009690	10363090	7133936	7341339	7147166	387249
10 岁及以下 Under 10 years			10663	5120	10323	331	9	
11 岁	67286	33120	332861	159269	313388	18517	956	
12 岁	2445891	1160016	3002676	1429730	2589922	384027	28633	94
13 岁	6547132	3107972	6548192	3108425	3421961	2677803	441887	6541
14 岁	7095986	3352223	7098341	3353278	651433	3488615	2831739	126554
15 岁	3038123	1431675	4165829	1945378	122552	646885	3195128	201264
16 岁	685	349	715503	309024	19458	105842	543964	46239
17 岁	48	20	116162	45749	3640	15917	90467	6138
18 岁及以上 Over 18 years			19463	7117	1259	3402	14383	419
农村 Rural	27951588	13363072	32052803	15233357	10389953	10808601	10410775	443474
10 岁及以下 Under 10 years			11396	5136	10918	449	28	1
11 岁	27590	13118	331580	157461	313978	16748	852	2
12 岁	3669425	1770528	4377321	2111534	3959888	389720	27471	242
13 岁	9444336	4529148	9444489	4529225	4839903	4149065	451668	3853
14 岁	10419070	4966544	10427918	4970744	997761	5029847	4310964	89346
15 岁	4388659	2082495	6070088	2865169	217127	998585	4570166	284210
16 岁	2502	1235	1142035	497224	38504	184366	864193	54972
17 岁	6	4	208483	82280	8484	31297	158804	9898
18 岁及以上 Over 18 years			39493	14584	3390	8524	26629	950

职业初中

Number of Teachers, Staff & Workers

	教职工数 Teachers, Staff & Workers			
	合 计 Total	专任教师 Full-time Teachers	行政人员 Adm. Personnel	教辅人员 Supporting Staff
总 计 Total	**27997**	**23680**	**1515**	**957**
其中女 of Which: Female	9969	9099	124	324
少数民族 Minority	3242	2803	134	99
教育部门和集体办 Run by Ed. Dept. & Communities	27077	22979	1435	927
社会力量办 Non-state/private	834	634	72	28
其他部门办 Run by Non-ed. Dept.	86	67	8	2
城市 Urban	1240	967	109	51
教育部门和集体办 Run by Ed. Dept. & Communities	934	767	71	40
社会力量办 Non-state/private	220	133	30	9
其他部门办 Run by Non-ed. Dept.	86	67	8	2
县镇 Counties & Towns	8438	7110	469	291
教育部门和集体办 Run by Ed. Dept. & Communities	7985	6749	435	274
社会力量办 Non-state/private	453	361	34	17
其他部门办 Run by Non-ed. Dept.				
农村 Rural	18319	15603	937	615
教育部门和集体办 Run by Ed. Dept. & Communities	18158	15463	929	613
社会力量办 Non-state/private	161	140	8	2
其他部门办 Run by Non-ed. Dept.				

教职工数

in Vocational Junior Secondary Schools

单位：人

Unit: in Person

工勤人员 Workers	校办工厂、农(林)场职工 Employees in School-run Factories & Farms	代课教师 Substitute Teachers	兼任教师 Part-time Teachers
1789	**56**	**894**	**359**
411	11	368	70
204	2	87	79
1680	56	817	329
100		77	25
9			5
111	2	37	27
54	2	36	22
48		1	
9			5
541	27	232	126
500	27	232	119
41			7
1137	27	625	206
1126	27	549	188
11		76	18

普通初中分课程专

Number of Full-time Junior Secondary School Teachers

	总计 Total	其中女 of Which: Female	政治 Politics	语文 Chinese	数学 Mathematics	物理 Physics	化学 Chemistry	生物 Biology
合 计 Total	**3476784**	**1595046**	**241072**	**686180**	**646100**	**253463**	**156758**	**131558**
研究生毕业 Graduate	5426	2855	502	1220	913	382	255	243
本科毕业 Under-graduate	1007333	534830	78314	237575	183991	74190	50575	35349
专科毕业 Associate Bachelor	2247998	986029	148543	419327	428636	168530	100620	84498
高中阶段毕业 High School Graduate	211291	70413	13403	27666	32241	10242	5239	11278
高中阶段毕业以下 Below High School Graduate	4736	919	310	392	319	119	69	190
合计中:女 of Total:Female	1595046		100288	353571	267915	72713	57930	61085
少数民族 Minorities	272499	115873	21048	54424	47899	19433	12540	10615
城市 Urban	688794	423918	44091	123607	120580	49808	31499	26456
县镇 County & Towns	1154996	537133	81137	223220	212551	83476	51495	45088
农村 Rural	1632994	633995	115844	339353	312969	120179	73764	60014

职业初中分课程专任

Number of Full-time Vocational Schools Teachers

	总计 Total	其中女 of Which: Female	文化课 Cultural Subject	专业课				
				农林类 Aqri. & Forestry	资源与环境类 Resources & Environment	能源类 Energy	土木水利工程类 Civil & Water Engineering	加工制造类 Manufactruing
合 计 Total	**23680**	**9099**	**21009**	**693**	**80**	**31**	**40**	**45**
研究生毕业 Graduate	41	16	34					
本科毕业 Under-graduate	5315	2212	4790	147	14	6	14	8
专科毕业 Associate Bachelor	15716	6113	13996	455	64	23	24	29
高中阶段毕业 High School Graduate	2534	739	2136	86	2	1	2	8
高中阶段毕业以下 Below High School Graduate	74	19	53	5		1		
合计中:女 of Total:Female	9099		8241	208	32	11	12	12
少数民族 Minorities	2803	1139	2309	122	16	6	5	11

任教师学历情况

by Subject Taught & Educational Attainment

单位:人

Unit: in Person

地 理 Geography	历史 History	外 语 Foreign Languages	信息技术 Infor. Technique	体 育 Physical Culture	音 乐 Music	美 术 Fine Arts	劳动技术 Skills Teaching	其 他 Others	当年不任课 No Teaching Load in Currentyear
125458	**162158**	**535682**	**77409**	**164591**	**78681**	**74077**	**40872**	**32470**	**70255**
157	322	738	134	162	68	59	33	99	139
29403	47034	150536	20016	43282	15020	15622	4918	7482	14026
83560	102454	360806	52443	103915	53700	50323	27417	19592	43634
12069	12074	23316	4758	16686	9714	7900	8091	4913	11701
269	274	286	58	546	179	173	413	384	755
52303	70558	367958	28382	27038	52528	31373	11778	13805	25821
10064	12553	33504	5233	13987	6739	5625	2886	9188	6761
23732	32452	113183	17984	37672	18028	16813	7325	6933	18631
43019	55109	179481	26470	55574	26879	25346	13777	10658	21716
58707	74597	243018	32955	71345	33774	31918	19770	14879	29908

教师学历情况

by Subject Taught Educational Attainment

单位:人

Unit:in Person

Subjects									
交通运输类 Commu. & Trancpor.	信息技术类 Infor. Technique	医药卫生类 Medicine & Health	商贸与旅游类 Trade & Travel	财经类 Finance & Economics	文化艺术与体育类 Cultural. Arts & Physical Edu.	社会公共事业类 Public Affairs	其 他 Others	实习指导 Practical Guiding	当年不任课 No Teaching Load in Current Year
31	**243**	**80**	**17**	**51**	**858**	**51**	**170**	**42**	**239**
					3			1	3
6	64	18	2	12	149	5	22	3	55
20	156	61	15	33	544	39	97	29	131
3	23	1		6	156	7	47	8	48
2					6		4	1	2
11	77	44	8	22	288	21	40	9	63
7	29	18	4	5	118	11	88	14	40

普通初中专任教师专业技术

Full-time Teachers in Junior Secondary

	合　计 Total	其中女 Of the Total: Female	25 岁及以下 25 Years and Under	26－30	31－35
总　计 Total	**3476784**	**1595046**	**552327**	**865069**	**739944**
中学高级 Senior	195655	85617	93	369	5572
中学一级 1st Grade	1193067	484073	3315	58938	303291
中学二级 2nd Grade	1455039	690527	144356	634208	398384
中学三级 3rd Grade	323206	162443	176300	112880	20802
未评职称 Rank Undecided	309817	172386	228263	58674	11895
总计中:女 of Which: Female	1595046		319579	445154	354255
少数民族 Minorities	272499	115873	39973	78043	63326
城市 Urban	688794	423918	86038	144818	152224
县镇 Counties & Towns	1154996	537133	165370	289224	261765
农村 Rural	1632994	633995	300919	431027	325955

职业初中专任教师专业技术

Full-time Teachers in Vocational Secondary

	合　计 Total	其中女 Of the Total: Female	25 岁及以下 25 Years and Under	26－30	31－35
总　计 Total	**23680**	**9099**	**4126**	**6385**	**4932**
中学高级 Senior	563	123		2	22
中学一级 1st Grade	7044	1967	25	346	1577
中学二级 2nd Grade	10552	4406	921	4283	2989
中学三级 3rd Grade	3051	1371	1506	1154	230
未评职称 Rank Undecided	2470	1232	1674	600	114
总计中:女 of Which: Female	9099		2133	2926	2038
少数民族 Minorities	2803	1139	502	876	602

职称、年龄结构情况
Schools Broken Down by Rank and Age

单位:人
Unit: in Person

36-40	41-45	46-50	51-55	56-60	61岁及以上 61 Years and Over
35347	**41540**	**47331**	**40836**	**23122**	**1445**
552089	294126	232906	154108	83501	2714
345964	189680	147835	92670	50340	1034
158219	57649	34552	18589	8959	123
6941	2883	1792	1064	528	16
5618	2374	1396	949	552	96
241738	107239	77947	44584	4154	396
44100	20724	14279	8249	3687	118
122893	66251	55601	41630	18178	1161
197926	97997	72707	44599	24577	831
231270	129878	104598	67879	40746	722

职称、年龄结构情况
Schools Broken Down by Rank and Age

单位:人
Unit: in Person

36-40	41-45	46-50	51-55	56-60	61岁及以上 61 Years and Over
3511	**2004**	**1438**	**797**	**474**	**13**
98	139	144	108	46	4
1991	1254	1005	506	331	9
1289	554	261	171	84	
95	34	19	5	8	
38	23	9	7	5	
1131	493	248	108	22	
405	214	119	61	22	2

普通初中专任

Changes of Full-time Teachers in

	上学年初报表专任教师数 Total Number of Full-time Teachers at Beginning of Previous Academic Year	增加教师 Factors of Increase				
		计 Total	录用毕业生 New from Current Year Graduates	调入 Teachers Recruited from Other Units	校内调整 of which with change of status in their own institutions	其他 Others
合计 Total	**3470781**	**388814**	**100400**	**203488**	**57850**	**27076**
其中女 of Which: Female	1570653	185800	56792	95544	21330	12134
城市 Urban	681664	87236	21388	44765	12620	8463
其中女 of Which: Female	418598	49884	13783	25418	6043	4640
县镇 Counties & Towns	1143984	132703	30876	74102	19086	8639
其中女 of Which: Female	524083	63163	17213	35048	7092	3810
农村 Rural	1645135	168873	48134	84621	26144	9974
其中女 of Which: Female	627976	72749	25792	35078	8195	3684

职业初中专任

Changes of Full-time Teachers in

	上学年初报表专任教师数 Total Number of Full-time Teachers at Beginning of Previous Academic Year	增加教师 Factors of Increase				
		计 Total	录用毕业生 New Recruits from Current Year Graduates	调入 Teachers Recruited from Other Units	校内调整 of which with change of status in their own institutions	其他 Others
合计 Total	**26273**	**2812**	**708**	**1222**	**616**	**266**
其中女 of Which: Female	10105	1165	335	494	234	102
城市 Urban	1118	121	24	45	31	21
其中女 of Which: Female	618	51	18	21	12	
县镇 Counties & Towns	8134	1008	144	466	259	139
其中女 of Which: Female	3646	454	72	203	109	70
农村 Rural	17021	1683	540	711	326	106
其中女 of Which: Female	5841	660	245	270	113	32

教师变动情况
Junior Secondary Schools

单位:人
Unit: in Person

减少教师 Factors of Decrease					本学年初报表专任教师数 Total Number of Full-time Teachers at Beginning of Current Academic Year
计 Total	自然减员 Retired from their posts during previcus academic year	调出 Transferred from teaching to Non-Teaching posts	校内调整 of which with change of status in their own institutions	其 他 Others	
382811	**36604**	**222820**	**82393**	**40994**	**3476784**
161407	13899	98620	31976	16912	1595046
80106	11923	35278	21375	11530	688794
44564	7134	19896	11069	6465	423918
121691	10031	67815	30248	13597	1154996
50113	3448	30297	11473	4895	537133
181014	14650	119727	30770	15867	1632994
66730	3317	48427	9434	5552	633995

教师变动情况
Vocational Junior Secondary Schools

单位:人
Unit: in Person

减少教师 Factors of Decrease					本学年初报表专任教师数 Total Number of Full-time Teachers at Beginning of Current Academic Year
计 Total	自然减员 Retired from their posts during previcus academic year	调出 Transterred from teaching to Non-Teaching Posts	校内调整 of which with change of status in their own institutions	其 他 Others	
5405	**95**	**3096**	**1438**	**776**	**23680**
2171	17	1276	575	303	9099
272	6	84	140	42	967
165	2	47	83	33	504
2032	15	1035	730	252	7110
954		505	323	126	3146
3101	74	1977	568	482	15603
1052	15	724	169	144	5449

普通初中学生、教职工政治面貌及其他

Supplementary Information on Students and Full-time Teachers of Junior Secondary Schools

单位：人

Unit: in Person

	在校学生中 of Total Students			专任教师中 of Total Full-time Teachers			
	共产党员 Member of C.P.C.	共青团员 Member of C.Y.L.	华侨 Overseas Chinese	共产党员 Member of C.P.C.	共青团员 Member of C.Y.L.	民主党派 Non-Communist Parties	华侨 Overseas Chinese
合　计 Total	**30420**	**14555768**	**6837**	**746319**	**697878**	**18419**	**357**
其中女 of Which: Female	15135	7378463	3455	215183	370685	9576	168
城市 Urban	2312	1978711	1720	164472	128286	12133	203
其中女 of Which: Female	1157	1066496	827	82620	83970	7006	113
县镇 Counties & Towns	9348	5174917	2433	248150	220565	3748	77
其中女 of Which: Female	4702	2614052	1339	68198	116195	1631	29
农村 Rural	18760	7402140	2684	333697	349027	2538	77
其中女 of Which: Female	9276	3697915	1289	64365	170520	939	26

职业初中学生、教职工政治面貌及其他

Supplementary Information on Students and Full-time Teachers of Vocational Junior Secondary Schools

单位：人

Unit: in Person

	在校学生中 of Total Students			专任教师中 of Total Full-time Teachers			
	共产党员 Member of C. P. C.	共青团员 Member of C. Y. L.	华侨 Overseas Chinese	共产党员 Member of C. P. C.	共青团员 Member of C. Y. L.	民主党派 Non-Communist Parties	华侨 Overseas Chinese
合　计 Total	**30420**	**14555768**	**6837**	**746319**	**697878**	**18419**	**357**
其中女 of Which: Female	15135	7378463	3455	215183	370685	9576	168
城市 Urban	8974	3738365	1377	134098	132656	12887	153
其中女 of Which: Female	2312	1978711	1720	164472	128286	12133	203
县镇 Counties & Towns	32453	12961763	3306	397128	336559	8948	131
其中女 of Which: Female	14917	6185916	1731	104942	173251	3084	48
农村 Rural	10215	3571864	392	36744	57056	1453	19
其中女 of Which: Female	22082	9029588	3419	364222	379839	3312	85

普通初中
Condition of School Buildings in

	学校占地面积 Areas Occupied	校舍建筑面积 Floor Space	教学及辅助用房 Teaching & Assistant Buildings				
			计 Total	其中 of Which			
				普通教室 classroom	实验室 Laboratory	图书室 Library	微机室 PC-room
合　计 Total	**1445675662**	**349983624**	**159013475**	**113771246**	**20166679**	**6820961**	**5228354**
城市 Urban	176851476	63812653	31585495	19951386	4350479	1573092	1215673
县镇 County City & Towns	451083019	114790355	50605563	36301407	6439209	2072359	1644483
农村 Rural	817741167	171380616	76822417	57518453	9376991	3175510	2368198

普通初中
Condition of School Buildings in

	体育运动场(馆)面积(平方米) Sports Areas (m^2)	计算机(台) PC (set)	图书藏量(册) Books & Magazines in Libraries (Volume)
合计 Total	**406130241**	**2453378**	**850951211**
城市 Urban	57745354	662693	145124841
县镇 County City & Towns	123273552	773241	273623213
农村 Rural	225111335	1017444	432203157

普通初中办学
Condition of School Buildings

	体育运动场(馆)面积达标校数 Schools No: Sprots Areas Reached Standard	体育器械配备达标校数 Schools No: Sports Equip. Reached Standard
合计 Total	**41861**	**40255**
城市 Urban	5708	6087
县镇 County City & Towns	11565	11404
农村 Rural	24588	22764

办学条件(一)
Junior Secondary Schools (1)

单位:平方米

Unit:m²

	行政办公用房 Administritive		生活用房 Residential and Welfare	其他用房 Rooms for Other Purposes	校舍面积中 of the Floor Space	
语言室 Linguistic	计 Total	其中教师办公室 of Which: for Teachers			危房面积 Floor Space of Dilapidated Buildings	当年新增 New Floor Space Added in Current Year
2181293	**38670925**	**26521604**	**115531256**	**36767968**	**13039579**	**11503192**
586542	8566513	5165869	13829787	9830858	690217	2152394
749716	11704677	7912781	41075987	11404128	3603640	4153393
845035	18399735	13442954	60625482	15532982	8745722	5197405

办学条件(二)
Junior Secondary Schools (2)

电子图书藏量(片) Electronic Books & Magazines in Libraries (disk)	固定资产总值(万元) Total Value of Fixed Asset (in 10,000 thousand yuan)			
	计 Total	其中:仪器设备总值(万元) of Which: Total Value of Equip & Instru. (in 10,000 thousand yuan)		
		计 Subtotal	专业实验设备 For Prefession	专业实习设备 For Practice
293663.48	**10569704**	**21108504.05**	**2144401.34**	**1355977.93**
4033092	5498351.17	668244.65	413862.95	71364.53
3425819	7077104.28	624659.82	388454.14	93123.85
3110793	8533048.60	851496.87	553610.84	129175.10

条件(三)
in Junior Secondary Schools(3)

单位:所

Unit: School

音乐器械配备达标校数 Schools No:Musical Instru. Reached Standard	美术器械配备达标校数 Schools No:Fine Arts Instru. Reached Standard	理科实验仪器达标校数 Schools No:Equip. of Natural Sci. Reached Standard	建立校园网校数 Schools No:Campus Networks Set
34808	**33875**	**44500**	**12872**
5822	5675	6522	3755
10031	9810	12431	4125
18955	18390	25547	4992

职业初中

Condition of School Buildings in

	学校占地面积 Areas Occupied	校舍建筑面积 Floor Space	教学及辅助用房 Teaching & Assistant Buildings				
			计 Total	其中 of Which			
				普通教室 classroom	实验室 Laboratory	图书室 Library	微机室 PC-room
合计 Total	**17310517**	**2302080**	**985422**	**730293**	**117546**	**50687**	**35066**
城市 Urban	495867	135390	56100	35870	8619	3916	3159
县镇 County City & Towns	4410312	608291	255308	182675	32471	12740	11239
农村 Rural	12404338	1558399	674014	511748	76456	34031	20668

职业初中

Condition of School Buildings in

	体育运动场(馆)面积(平方米) Sports Areas (m^2)	计算机(台) PC (set)	图书藏量(册) Books & Magazines in Libraries (Volume)	电子图书藏量(片) Electronic Books & Magazines in Libraries (disk)
合计 Total	**4076434**	**12696**	**5560117**	**17086**
城市 Urban	151374	1221	184233	4176
县镇 County City & Towns	961485	4188	1433604	1661
农村 Rural	2963575	7287	3942280	11249

办学条件(一)

Vocational Junior Secondary Schools (1)

单位:平方米

Unit:m²

语音室 Linguistic	行政办公用房 Administritive 计 Total	其中教师办公室 of Which: for Teachers	生活用房 Residential and Welfare	其他用房 Rooms for Other Purposes	校舍面积中 of the Floor Space 危房面积 Floor Space of Dilapidated Buildings	当年新增 New Floor Space Added in Current Year	实习工厂(农场)面积
11344	**247052**	**184096**	**841700**	**227906**	**189298**	**64422**	**24623**
1385	18849	11415	47999	12442	5276	507	8118
3204	69614	54520	211239	72130	43362	17527	5501
6755	158589	118161	582462	143334	140660	46388	11004

办学条件(二)

Vocational Junior Secondary Schools (2)

固定资产总值(万元) Total Value of Fixed Asset (in 10,000 thousand yuan)			
计 Total	其中:仪器设备总值(万元) of Which: Total Value of Equip & Instru. (in 10,000 thousand yuan)		
	计 Subtotal	专业实验设备 For Prefession	专业实习设备 For Practice
108174.21	**11249.93**	**7025.50**	**1802.48**
8492.13	1766.38	1226.44	330.74
40333.92	3758.88	1966.10	678.64
59348.16	5724.67	3832.96	793.10

职业初中办学条件(三)

Condition of School Buildings in Vocational Junior Secondary Schools (3)

单位:所

Unit: School

	体育运动场(馆)面积达标校数 Schools No: Sprots Areas Reached Standard	体育器械配备达标校数 Schools No: Sports Equip. Reached Standard	音乐器械配备达标校数 Schools No: Musical Instru. Reached Standard	美术器械配备达标校数 Schools No: Fine Arts Instru. Reached Standard	教学实验仪器达标校数 Schools No: Equip. of Natural Sci. Reached Standard	建立校园网校数 Schools No: Campus Networks Set
合计 Total	**436**	**385**	**311**	**304**	**402**	**51**
城市 Urban	17	17	7	6	13	4
县镇 County City & Towns	102	88	80	74	94	20
农村 Rural	317	280	224	224	295	27

成人初中基本情况

Basic Statistics of Adult Schools by Province

单位:人(人次)

Unit:in Person

	学校数(所) Schools	教学班(点)(个) External Teaching Sites	毕(结)业生数 Graduates		注册学生数 enrolment		教职工数 Teachers,Staff & Workers		聘请校外教师 Part-time Teachers
			计 Total	其中:女 of which: Female	计 Total	其中:女 of which: Female	计 Total	其中:专任教师 of which: Full-time Teacher	
合　计 Total	**1980**	**5628**	**677622**	**272736**	**487796**	**194797**	**8791**	**4993**	**5489**
职工初中 Junior Sec.Schools for Staff & workers	127	405	20490	11477	17619	8094	993	716	356
农民初中 Junior Sec. Shools for Peasants	1853	5223	657132	261259	470177	186703	7798	4277	5133

四、初等教育（小学）
Primary Education
（Primary Schools）

小学校数、教学点数及班数

Number of Schools, Exter nal Teaching Sites & Classes in Primary Schools

	学校数(所) Schools	教学点数(个) External Teaching sites	班数(个) Classes
总　　计 Total	**394183**	**101508**	**3203047**
教育部门和集体办 Run by Ed. Dept. & Communities	383622	99258	3042694
社会力量办 Non-state/private	6047	1870	86345
其他部门办 Run by Non-ed. Dept.	4514	380	74008
城市 Urban	23445	771	400798
教育部门和集体办 Run by Ed. Dept. & Communities	19833	734	325737
社会力量办 Non-state/private	1751	19	36598
其他部门办 Run by Non-ed. Dept.	1861	18	38463
县镇 Counties & Towns	33420	2641	451455
教育部门和集体办 Run by Ed. Dept. & Communities	31599	2578	422463
社会力量办 Non-state/private	1137	44	18898
其他部门办 Run by Non-ed. Dept.	684	19	10094
农村 Rural	337318	98096	2350794
教育部门和集体办 Run by Ed. Dept. & Communities	332190	95946	2294494
社会力量办 Non-state/private	3159	1807	30849
其他部门办 Run by Non-ed. Dept.	1969	343	25451
总计中:六年制 of the Total:6-Year			3034486
一贯制学校小学部 Primary Schools for 6-Year			106231
其他学校附设 Other Primary Schools Attached			11233
独立设置的少数民族学校 Inde. Sec. Schools for Minorities	13336		83741

小学班额情况

Size of Primary Classes

单位:个

Unit:Calss

	合　计 Total	一年级 Grade 1	二年级 Grade 2	三年级 Grade 3	四年级 Grade 4	五年级 Grade 5	六年级 Grade 6	复式班 Multiple-grade Classes
合　计 Total	**3203047**	**551467**	**540992**	**542446**	**525846**	**517066**	**423814**	**101416**
城市:Urban:								
25 人及以下	32433	7064	6763	5634	4962	4529	3291	190
26－35 人	59602	11549	11135	10416	9941	9189	7360	12
36－45 人	99258	17847	17615	16868	16691	16382	13852	3
46－55 人	107487	17360	18125	18593	18501	18756	16148	4
56－65 人	66360	9968	9791	11672	12081	12630	10217	1
66 人及以上	35658	4795	4712	6267	7149	7228	5507	
县镇:Counties & Town:								
25 人及以下	53574	12915	11274	9025	7587	6404	4341	2028
26－35 人	69236	12680	12323	11648	11328	11631	9281	345
36－45 人	102677	17091	16998	16824	17568	18335	15787	74
46－55 人	107274	16268	16643	17923	18608	19807	18000	25
56－65 人	67925	9397	10060	12127	12445	12800	11084	12
66 人及以上	50769	7166	7037	9214	9721	9877	7750	4
农村:Rural:								
25 人及以下	922706	203988	185571	153277	125578	100749	69818	83725
26－35 人	556132	90497	92091	96906	95275	93871	76711	10781
36－45 人	440272	60939	64597	74166	79162	85153	73314	2941
46－55 人	267590	32474	35823	44452	48913	54989	50101	838
56－65 人	113837	13342	14288	18885	21015	24071	21982	254
66 人及以上	50257	6127	6146	8549	9321	10665	9270	179

小　学

Number of Students

	毕业生数 Graduates	招生数 Entrants			
		计 Total	其中受过学前教育 of which: never received the pre-school education	合计 Total	其中女 Of Which: Female
总　计 Total	**21351726**	**17470128**	**14487564**	**112462256**	**52811549**
其中女 of Which: Female	10096689	8149966	6678151	52811549	
教育部门和集体办 Run by Ed. Dept. & Communities	20416787	16429376	13597108	106295624	50087428
社会力量办 Non-state/private	434241	564595	459830	3283213	1363203
其他部门办 Run by Non-ed. Dept.	500698	476157	430626	2883419	1360918
城市 Urban	3028051	2996128	2770481	18314007	8539921
教育部门和集体办 Run by Ed. Dept. & Communities	2570562	2453352	2290801	15248552	7165533
社会力量办 Non-state/private	176027	264966	222209	1410005	591967
其他部门办 Run by Non-ed. Dept.	281462	277810	257471	1655450	782421
县镇 Counties & Towns	3762044	3171362	2858484	20362265	9448885
教育部门和集体办 Run by Ed. Dept. & Communities	3589434	2996678	2702057	19258956	8984112
社会力量办 Non-state/private	107491	114045	99684	726399	283944
其他部门办 Run by Non-ed. Dept.	65119	60639	56743	376910	180829
农村 Rural	14561631	11302638	8858599	73785984	34822743
教育部门和集体办 Run by Ed. Dept. & Communities	14256786	10979346	8604250	71788116	33937786
社会力量办 Non-state/private	150728	185584	137937	1146809	487289
其他部门办 Run by Non-ed. Dept.	154117	137708	116412	851059	397668
总计中:六年制 of the Total: 6-Year	20188445	16445079	13646911	106939483	50185037
一贯制学校小学部 Primary Schools for 6-Year	809844	664480	565841	4372433	1990743
其他学校附设 Other Primary Schools Attached	139186	61907	51002	427408	182755
少数民族 Minorities	1870265	1856783	977421	10971548	4964343
重读生 Repeaters				362177	150850
重读中女 of Which: Female				150850	
小学教学点 Teaching Places for Publs	493041	1108390	706899	4499758	2124569
复式班 Morning & Afternoon Shift Classes	12	291929	148175	1390943	638679

学 生 数
in Primary Schools

单位：人
Unit：in Person

在校学生数 Enrolment						毕业班学生数 Graduates for Next Year
一年级 Grade 1	二年级 Grade 2	三年级 Grade 3	四年级 Grade 4	五年级 Grade 5	六年级 Grade 6	
17747491	**18226389**	**19604088**	**19754067**	**20087610**	**17042611**	**20203171**
8268283	8531715	9197103	9300962	9482985	8030501	9490455
16703433	17211574	18529601	18662710	19006169	16182137	19153882
566595	541502	571639	579221	568410	455846	543052
477463	473313	502848	512136	513031	404628	506237
2999329	2991119	3175267	3231347	3238233	2678712	3122887
2456281	2480214	2641651	2695224	2710058	2265124	2622926
265035	239144	245472	240911	228966	190477	209530
278013	271761	288144	295212	299209	223111	290431
3202631	3218531	3509244	3588815	3694971	3148073	3728356
3027451	3045265	3320885	3392241	3490654	2982460	3525971
114460	111179	122649	130049	136778	111284	136415
60720	62087	65710	66525	67539	54329	65970
11545531	12016739	12919577	12933905	13154406	11215826	13351928
11219701	11686095	12567065	12575245	12805457	10934553	13004985
187100	191179	203518	208261	202666	154085	197107
138730	139465	148994	150399	146283	127188	149836
16692830	17172284	18467723	18620375	18959291	17026980	19108280
669598	661632	728639	766607	815889	730068	850661
62074	61021	64931	70085	80673	88624	100184
1925430	1870365	1884796	1827562	1801615	1661780	1749156
277363	31502	24976	16055	10041	2240	
118317	12324	9667	6085	3742	715	
1138001	1105745	905512	628612	425957	295931	337717
367067	425726	297221	193595	76438	30896	40806

小学学龄人口入学

Number on School-age Population

	在校学龄人口数 School-age Population		招生数 Entrants		
	计 Total	其中女 of Which: Female	计 Total	其中受过学前教育 of which never received the pre-school education	计 Total
合　计 Total	**104370925**	**49088999**	**17470128**	**14487564**	**112462256**
5岁及以下 Under 5 years			454713	361947	472314
6岁	6927875	3242898	8752608	7701008	9276791
7岁	16480506	7707731	7690391	6121639	16482027
8岁	17417371	8178449	450840	262874	17417748
9岁	18403769	8666781	79088	30797	18403774
10岁	18783095	8866884	23190	5948	18783095
11岁	18526620	8744954	10143	2020	18669413
12岁	7829904	3680561	5538	853	10806701
13岁	1690	704	2122	298	1583823
14岁	95	37	879	126	426363
15岁及以上 Over 15 years			616	54	140207
城市 Urban	17051879	7968700	2996128	2770481	18314007
5岁及以下 Under 5 years			63857	57608	64560
6岁	1728117	807577	2005194	1875018	2087707
7岁	2806469	1307015	872020	793273	2806469
8岁	2910276	1362371	48451	39964	2910276
9岁	3047251	1425390	5199	3809	3047251
10岁	3080389	1443658	944	573	3080389
11岁	2780440	1297761	304	166	2846615
12岁	698937	324928	84	60	1283138
13岁			22	9	157054
14岁			5	1	26374
15岁及以上 Over 15 years			48		4174

及在校生情况
of Primary Schools

单位:人
Unit:in Person

在校学生数 Enrolment						
其中女 of Which: Female	一年级 Grade 1	二年级 Grade 2	三年级 Grade 3	四年级 Grade 4	五年级 Grade 5	六年级 Grade 6
52811549	**17747491**	**18226389**	**19604088**	**19754067**	**20087610**	**17042611**
227302	464423	7672	207	7	4	1
4354879	8806629	459601	10278	261	20	2
7708498	7803457	8209703	457243	10987	475	162
8178636	524809	8530539	7919610	430779	11250	761
8666781	95428	782330	9839617	7272063	400583	13753
8866884	28917	156361	1039319	10368601	6827238	362659
8811338	12646	45515	230662	1250135	10972569	6157886
5058737	6784	19605	67531	298296	1410361	9004124
694166	2616	9232	23959	82797	334601	1130618
183454	1075	3744	10472	28094	97107	285871
60874	707	2087	5190	12047	33402	86774
8539921	2999329	2991119	3175267	3231347	3238233	2678712
33525	64006	544	10			
980939	2005016	81785	892	14		
1307015	874182	1846185	85034	929	29	110
1362371	49366	972300	1805811	81544	1236	19
1425390	5322	78402	1150143	1735902	76258	1224
1443658	963	9555	113845	1248354	1639710	67962
1327966	312	1664	15757	138652	1333523	1356707
583979	86	435	2873	21524	158770	1099450
64124	22	118	612	3424	23984	128894
9636	6	43	179	780	4050	21316
1318	48	88	111	224	673	3030

小学学龄人口入学

Number on School-age Population

	在校学龄人口数 School-age Population		招生数 Entrants		
	计 Total	其中女 of Which: Female	计 Total	其中受过学前教育 of which never received the pre-school education	计 Total
县镇 Counties & Towns	**18875024**	**8767538**	**3171362**	**2858484**	**20362265**
5岁及以下 Under 5 years			101529	89054	104403
6岁	1310999	605433	1726797	1588041	1846182
7岁	2989024	1381845	1266880	1127758	2989080
8岁	3125300	1449728	63427	47699	3125326
9岁	3324564	1548922	8681	4704	3324564
10岁	3393567	1583431	2230	795	3393567
11岁	3318160	1545691	982	279	3345143
12岁	1413211	652390	636	97	1921086
13岁	185	95	125	35	244153
14岁	14	3	53	13	55003
15岁及以上 Over 15 years			22	9	13758
农村 Rural	68444022	32352761	11302638	8858599	73785984
5岁及以下 Under 5 years			289330	215274	303351
6岁	3888759	1829888	5020469	4236909	5342901
7岁	10685013	5018871	5551624	4201566	10686479
8岁	11381795	5366350	338971	175302	11382146
9岁	12031957	5692469	65210	22286	12031962
10岁	12309139	5839795	20017	4580	12309139
11岁	12428017	5901502	8857	1575	12477652
12岁	5717756	2703243	4818	696	7602477
13岁	1505	609	1975	254	1182616
14岁	81	34	821	112	344986
15岁及以上 Over 15 years			546	45	122275

及在校生情况(续)
of Primary Schools

单位:人
Unit: in Person

在校学生数 Enrolment						
其中女 of Which: Female	一年级 Grade 1	二年级 Grade 2	三年级 Grade 3	四年级 Grade 4	五年级 Grade 5	六年级 Grade 6
9448885	**3202631**	**3218531**	**3509244**	**3588815**	**3694971**	**3148073**
51266	102701	1638	63	1		
860003	1734022	109732	2396	30	2	
1381867	1280361	1592340	113306	2958	95	20
1449744	70465	1380166	1563987	108035	2337	336
1548922	10110	108065	1630110	1473560	99310	3409
1583431	2794	18269	157067	1750413	1379963	85061
1558046	1178	4838	30033	196960	1920451	1191683
883347	722	2043	7895	41889	230263	1638274
104426	151	1059	3066	10843	47300	181734
22528	103	299	1030	3196	11864	38511
5305	24	82	291	930	3386	9045
34822743	11545531	12016739	12919577	12933905	13154406	11215826
142511	297716	5489	135	6	4	1
2513932	5067591	268072	7001	217	18	2
5019616	5648914	4771190	258892	7100	351	32
5366521	404978	6178074	4549807	241204	7677	406
5692469	79999	595863	7059368	4062597	225015	9120
5839795	25160	128537	768407	7369834	3807565	209636
5925326	11153	39013	184872	914523	7718595	3609496
3591411	5976	17127	56763	234883	1021328	6266400
525671	2443	8055	20281	68530	263317	819990
151240	966	3402	9263	24118	81193	226044
54251	635	1917	4788	10893	29343	74699

小学教

Number of Teachers, Staff &

	教职 Teachers,			
	合计 Total	专任教师 Full-time Teachers	行政人员 Adm. Personnel	教辅人员 Teaching Auxiliary
总计 Total	**6171358**	**5628860**	**308624**	**82835**
其中女 of Which: Female	3234456	3051704	77915	39639
少数民族 Minorities	622567	568607	30681	5598
教育部门和集体办 Run by Ed. Dept. & Communities	5780128	5320413	283688	69558
社会力量办 Non-state/private	192704	139432	12110	8614
其他部门办 Run by Non-ed. Dept.	198526	169015	12826	4663
城市 Urban	1077119	937495	73297	23889
教育部门和集体办 Run by Ed. Dept. & Communities	876952	778327	59798	16758
社会力量办 Non-state/private	95061	67939	6398	4647
其他部门办 Run by Non-ed. Dept.	105106	91229	7101	2484
县镇 Counties & Towns	1185461	1053492	64702	26022
教育部门和集体办 Run by Ed. Dept. & Communities	1105798	993512	59556	22845
社会力量办 Non-state/private	49439	34895	3113	2427
其他部门办 Run by Non-ed. Dept.	30224	25085	2033	750
农村 Rural	3908778	3637873	170625	32924
教育部门和集体办 Run by Ed. Dept. & Communities	3797378	3548574	164334	29955
社会力量办 Non-state/private	48204	36598	2599	1540
其他部门办 Run by Non-ed. Dept.	63196	52701	3692	1429

职工数

Workers in Primary Schools

单位:人

Unit:in Person

工 数 Staff & Workers		代课教师 Substitute Teachers	兼任教师 Part-time Teachers
工勤人员 Workers	校办工厂、农场职工 Employees in School-run Factories & Farms		
147158	**3881**	**378614**	**17968**
63722	1476	224980	8879
17366	315	57860	1356
103375	3094	358057	14179
32135	413	14773	2759
11648	374	5784	1030
40928	1510	34066	4516
20992	1077	27168	2563
15817	260	3289	1211
4119	173	3609	742
40194	1051	24951	2865
28943	942	21545	2143
8944	60	2795	593
2307	49	611	129
66036	1320	319597	10587
53440	1075	309346	9473
7374	93	8687	955
5222	152	1564	159

小学专任教师

Breakdown of Full-time Primary School

	总 计 Total	其中女 of Which: Female	思想品德 Moral Edu.	语 文 Chinese	数 学 Mathematics	外 语 Foreign Languages	自 然 Natural Science
合 计 Total	**5628860**	**3051704**	**125242**	**2476669**	**1817076**	**192329**	**146164**
研究生毕业 Graduate	1395	824	112	485	259	112	39
本科毕业 Under-graduate	257650	178554	6816	109064	63178	20712	5896
专科毕业 Associate Bachelor	2485580	1584087	47790	1126580	768725	122863	54665
高中阶段毕业 High School Graduate	2789184	1266556	67434	1201501	954625	48149	82652
高中阶段毕业以下 Below High School Graduate	95051	21683	3090	39039	30289	493	2912
合计中:女 of Total:Female	3051704		53994	1486278	886804	148510	57783
少数民族 Minorities	568607	261477	14385	252412	177213	12058	15387

小学专任教师专业

Full-time Teachers in Primary Schools

	合 计 Total	其中女 of Which Female	25岁及以下 25 Years and Under	26－30 26 to 30	31－35 31 to 35
合 计 Total	**5628860**	**3051704**	**854958**	**950054**	**802691**
中学高级 Senior Secondary	18277	8478	33	109	874
小学高级 Senior Primary	2191733	1087550	2821	59359	280502
小学一级 1st Grade Primary	2458818	1343318	247845	702027	454045
小学二级 2nd Grade Primary	596178	373053	364236	130731	39857
小学三级 3rd Grade Primary	31558	17633	14892	6059	2840
未评职称 Rank Undecided	332296	221672	225131	51769	24573
总计中:女 of the Total:Female	3051704		602095	634463	522829
少数民族 Minorities	568607	261477	92487	109051	89914

学历情况
Teachers by Educational Attainment

单位:人
Unit: in Person

社会 Social Science	信息技术 Information Technique	体育 Physical Culture	音乐 Music	美术 Arts	劳动 Skills Teaching	其他 Others	当年不任课 No Teaching Load in Current Year
86704	**71593**	**178696**	**129830**	**109393**	**39161**	**110521**	**145482**
33	61	40	51	42	11	82	68
3287	7548	12091	9695	8704	1185	5063	4411
31127	44664	82294	65197	52684	12933	40695	35363
50436	19148	81595	53620	46411	23714	61284	98615
1821	172	2676	1267	1552	1318	3397	7025
35616	29561	38083	97300	59949	18746	71125	67955
8983	4835	17455	12532	9469	3865	24739	15274

技术职称、年龄结构情况
BrokenDown by Rank and Age

单位:人
Unit:in Person

36－40 36 to 40	41－45 41 to 45	46－50 46 to 50	51－55 51 to 55	56－60 56 to 60	61岁及以上 61 Years And Over
693011	**693464**	**814907**	**592652**	**224369**	**2754**
2597	3493	4599	4226	2181	165
332919	397709	541635	419506	155675	1607
319184	268153	250655	155956	60229	724
22103	14673	11556	8626	4288	108
2133	1851	1650	1462	650	21
14075	7585	4812	2876	1346	129
410308	346196	333016	194164	8263	370
77581	67420	70992	45503	15305	354

小学专任教

Changes of Full-time

	上学年初报表专任教师数 Total Number of Full-time Teachers at Beginning of Previous Academic Year	增加教师 Factors of Increase				
		计 Total	录用毕业生 New Recruits from Current Year Graduates	调入 Teachers Recruited from Other Units	校内调整 of Which With Change of Status in Their Own Institutions	其他 Others
合计 Total	**5702448**	**729521**	**91716**	**430093**	**161005**	**46707**
其中女 of Which: Female	3053904	366648	59750	217056	64449	25393
城市 Urban	921412	111881	18363	69140	13039	11339
其中女 of Which: Female	713914	77284	13964	47940	7736	7644
县镇 Counties & Towns	1043953	129079	13621	79649	26245	9564
其中女 of Which: Female	706299	78062	9809	49683	12913	5657
农村 Rural	3737083	488561	59732	281304	121721	25804
其中女 of Which: Female	1633691	211302	35977	119433	43800	12092

小学学生、教职工

Supplementary Information on Students and

	在校学生中 of Total Students		教职 of Total Staff	
	共青团员 Member of C.Y.L.	华侨 Overseas Chinese	共产党员 Member of C.P.C.	共青团员 Member of C.Y.L.
合计 Total	**58358**	**9136**	**1313081**	**923255**
其中女 of Which: Female	29127	3972	462848	636576
城市 Urban	8865	2776	244577	233968
其中女 of Which: Female	4935	1189	156889	186346
县镇 Counties & Towns	12100	1663	269988	184653
其中女 of Which: Female	6029	746	123230	139414
农村 Rural	37393	4697	798516	504634
其中女 of Which: Female	18163	2037	182729	310816

师变动情况
Teachers in Primary Schools

单位:人
Unit: in Person

减少教师 Factors of Decrease					本学年初报表专任教师数 Total Number of Full-time Teachers at Beginning of Current Academic Year
计 Total	自然减员 Retired from their posts during previous academic year	调出 Transferred from teaching to Non-Teaching Posts	校内调整 of Which With Change of Status in Their Own Institutions	其他 Others	
803109	**115056**	**439855**	**169905**	**78293**	**5628860**
368848	49643	212604	69407	37194	3051704
95798	19963	48634	13336	13865	937495
66419	14791	33868	8197	9563	724779
119540	19034	61093	23401	16012	1053492
66716	11091	35842	11398	8385	717645
587771	76059	330128	133168	48416	3637873
235713	23761	142894	49812	19246	1609280

政治面貌及其他
Staff & Workers of Primary Schools

单位:人
Unit: in Person

工中 & Workers		专任教师中 of Total Full-time Teachers			
民主党派 Non-Communist Parties	华侨 Overseas Chinese	共产党员 Member of C.P.C.	共青团员 Member of C.Y.L.	民主党派 Non-Communist Parties	华侨 Overseas Chinese
15797	**1268**	**1076982**	**888048**	**13544**	**671**
9681	638	398076	613348	8363	377
6756	334	187072	223576	5651	187
4922	239	126048	178221	4181	130
3443	263	215549	177513	2897	135
2418	134	106882	134044	2099	84
5598	671	674361	486959	4996	349
2341	265	165146	301083	2083	163

小学办学
Condition of School Buildings

	学校占地面积 Areas Occupied	校舍建筑面积 Floor Space	教学及辅 Teaching & Assistant				
			计 Total	其中 普通教室 classroom	实验室 Laboratory	图书室 Library	微机室 PC-room
合　计 Total	**2689087714**	**578892590**	**355016682**	**297372008**	**15545131**	**13537276**	**6498270**
城市 Urban	243565965	94917693	55069103	40678986	2651140	2070664	1809301
县镇 County City & Towns	349842728	97260995	56608825	46212625	2456110	2004453	1530807
农村 Rural	2095679021	386713902	243338754	210480397	10437881	9462159	3158162

小　学　办
Condition of School Buildings

	体育运动场(馆)面积(平方米) Sports Areas (m^2)	计算机(台) PC (set)	图书藏量(册) Books & Magazines in Libraries (Volume)
合　计 Total	**883710121**	**3182886**	**1421451482**
城市 Urban	85949630	1079925	286989943
县镇 County City & Towns	117830067	762253	275333788
农村 Rural	679930424	1340708	859127751

条件(一)
in Primary Schools (1)

单位:平方米
Unit:m²

助用房 Buildings of Which 语音室 Linguistic	行政办公用房 Administritive 计 Total	其中教师办公室 of Which: for Teachers	生活用房 Residential and Welfare	其他用房 Rooms for Other Purposes	校舍面积中 of the Floor Space 危房面积 Floor Space of Dilapidated Buildings	当年新增 New Floor Space Added in Current Year
2067467	**63023856**	**48892201**	**100073141**	**60778911**	**32383252**	**13915530**
739758	10951255	7125625	13938482	14958853	1189986	2654857
576757	10466686	7495237	19032885	11152599	3252114	3016304
750952	41605915	34271339	67101774	34667459	27941152	8244369

学条件(二)
in Primary Schools (2)

电子图书藏量(片) Electronic Books & Magazines in Libraries (disk)	固定资产总值(万元) Total Value of Fixed Asset (10,000) 计 Total	其中:仪器设备总值(万元) of Which: Total Value of Equip & Instru. (10,000) 计 Subtotal	专业实验设备 For Prefession	专业实习设备 For Practice
19768156	**31546534.90**	**3180853.87**	**1862042.46**	**321493.15**
9362901	8085391.68	1245478.04	646577.20	99923.23
3624869	6218987.46	700913.29	430313.79	81123.34
6780386	17242155.76	1234462.54	785151.47	140446.58

小学办学条件(三)
Condition of School Buildings in Primary Schools (3)

单位:所

Unit: School

	体育运动场(馆)面积达标校数 Schools No: Sprots Areas Reached Standard	体育器械配备达标校数 Schools No: Sports Equip. Reached Standard	音乐器械配备达标校数 Schools No: Musical Instru. Reached Standard	美术器械配备达标校数 Schools No: Fine Arts Instru. Reached Standard	教学自然实验仪器达标校数 Schools No: Equip. of Natural Sci. Reached Standard	建立校园网校数 Schools No: Campus Networks Set
合　计 Total	**202520**	**179463**	**157982**	**150448**	**200695**	**22241**
城市 Urban	14301	16072	15558	14797	16469	7539
县镇 County City & Towns	20090	20207	18845	17776	22526	4835
农村 Rural	168129	143184	123579	117875	161700	9867

成人小学基本情况
Basic Statistics of Adult Primary Schools

单位:人(人次)

Unit:in Person

	学校数(所) Schools	教学班(点)(个) External Teaching Sites	毕(结)业生数 Graduates		注册学生数 enrolment		教职工数 Teachers,Staff & Workers		聘请校外教师 Part-time Teachers
			计 Total	其中:女 of which: Female	计 Total	其中:女 of which: Female	计 Total	其中:专任教师 of which: Full-time Teacher	
合计 Total	**69452**	**139884**	**3596236**	**1860169**	**3841913**	**2049896**	**140281**	**43329**	**110684**
其中:少数民族 of which:Minority	2121	8517	378695	198621	478715	258721	14978	3093	13973
职工小学 General Primary Schools for Staff & workers	1145	1454	43272	22983	41001	21479	1312	781	1300
农民小学 General Primary Shools for Peasants	68307	138430	3552964	1837186	3800912	2028417	138969	42548	109384
小学班 Primary Classes	21068	36308	1507145	750673	1375466	692651	30560	13607	33220
扫盲班 Elimnate Illiteracy Classes	47239	102122	2045819	1086513	2425446	1335766	108409	28941	76164

五、工读学校
Correctional Work-Study Schools

工读学校基本情况

Basic Statistics of Correctional Work-study Schools

单位:人

Unit:in Person

	学校数 (所) Schools	班 数 (个) Classes	离校人数 School leavers	人校人数 No. of persons Entered	在校生数 Enrolment	教职工数 Teachers, Staff & Workers	
						计 Total	其中专任教师 of Which: Full-time Teachers
合 计 Total	**76**	**391**	**3507**	**3121**	**7975**	**2539**	**1533**
其中女 of Which:Female			295	394	782	779	468

六、特殊教育
Special Education

特殊教育

Basic Statistics of

	学校数（所） Schools	班 数（个） Classes	毕业生数 Graduates	招生数 Entrants	合 计 Total	一年级 Grade 1	二年级 Grade 2
总 计 Total	**1560**	**13368**	**46727**	**50771**	**371813**	**46397**	**47798**
其中女 of Which Female			16604	18018	130222	16350	16753
盲人学校 Schools for the Blind	33	833			41713	4120	4305
聋人学校 Schools for the Deaf-mute	668	8334			112833	16219	14174
弱智学校 Schools for Retarded	369	4201			217267	26058	29319
其他学校 Other Schools	490						
特殊教育学校 Schools For Special Edu.		12675	11853	19282	128843	20653	16870
盲人学校 Schools for the Blind		827			7529	1157	920
聋人学校 Schools for the Deaf-mute		8241			85154	12794	10344
弱智学校 Schools for Retarded		3607			36160	6702	5606
小学附设特教班 Classes Attached to Primary Schools		678	650	771	4830	876	675
盲人学校 Schools for the Blind		6			99	38	11
聋人学校 Schools for the Deaf-mute		93			614	180	97
弱智学校 Schools for Retarded		579			4117	658	567
小学随班就读 Followers in Primary Schools			21460	17427	190486	24868	30253
盲人学校 Schools for the Blind					21892	2925	3374
聋人学校 Schools for the Deaf-mute					21122	3245	3733
弱智学校 Schools for Retarded					147472	18698	23146
普通（职业）初中附设特教 Special Classes Attached to Junior High (Vocational) Schools		15	35	64	195		
盲人学校 Schools for the Blind					3		
聋人学校 Schools for the Deaf-mute					5		
弱智学校 Schools for Retarded		15			187		
普通（职业）初中随班就读 Followers in Junior High(Vocational) Schools			12729	13227	47459		
盲人学校 Schools for the Blind					12190		
聋人学校 Schools for the Deaf-mute					5938		
弱智学校 Schools for Retarded					29331		
合计中：of the Total:							
城市 Urban	710	7321	13444	14364	106009	13044	11903
县镇 County City & Towns	771	5463	12914	15538	98911	13402	12463
农村 Rural	79	584	20369	20869	166893	19951	23432

基本情况
Special Education

单位:人

Unit:in Person

在校学生数 Enrolment							
三年级 Grade 3	四年级 Grade 4	五年级 Grade 5	六年级 Grade 6	七年级 Grade 7	八年级 Grade 8	九年级 Grade 9	十年级 Grade 10
50421	**51623**	**49876**	**43987**	**25424**	**25631**	**23950**	**6706**
17380	17828	17175	15248	9131	9257	8513	2587
4985	4870	4607	4076	5132	4247	4165	1206
14510	14457	12839	11585	9086	9676	7132	3155
30926	32296	32430	28326	11206	11708	12653	2345
15956	15520	13393	12408	10531	9803	8448	5261
1003	753	638	501	526	434	401	1196
10396	10526	9214	8774	7481	6908	5582	3135
4557	4241	3541	3133	2524	2461	2465	930
981	804	819	661	14			
18	21	4	7				
130	90	59	58				
833	693	756	596	14			
33484	35299	35664	30918				
3964	4096	3965	3568				
3984	3841	3566	2753				
25536	27362	28133	24597				
				44	20	36	95
				2	1		
				1	2	2	
				41	17	34	95
				14835	15808	15466	1350
				4604	3812	3764	10
				1604	2766	1548	20
				8627	9230	10154	1320
12122	12640	12304	11654	8825	8808	8769	5940
12967	12976	12138	10568	8316	8282	7205	594
25332	26007	25434	21765	8283	8541	7976	172

特殊教育在校学生中职业技术
Condition of Minorities and Vocational &

	合　计 Total	其中:女 of Which Female	一年级 Grade 1	二年级 Grade 2	三年级 Grade 3
职业技术班 Voca. & Skill Class	4751	1311	59	66	110
少数民族 Minorities	26405	134	4174	4074	4135

特殊教育学
Number of Teachers, Staff and Workers

	教　职 Teachers, Staff		
	合　计 Total	专任教师 Full-time Teachers	行政人员 Adm. Personnel
合　计 Total	**41384**	**31058**	**3832**
中:女 of Which: Female	27751	22564	1758
少数民族 Minorities	2084	1597	174

班学生及少数民族学生情况

Skill Students in special Edu. Schools

单位：人

Unit: in Person

四年级 Grade 4	五年级 Grade 5	六年级 Grade 6	七年级 Grade 7	八年级 Grade 8	九年级 Grade 9	十年级 Grade 10
91	219	393	646	818	835	1514
3971	3399	2867	1265	1304	1066	150

校教职工数

in Special Education Schools

单位：人

Unit: in Person

工 数 & Workers		代课教师 Substitute Teachers	兼任教师 Part-time Teachers
教辅人员 Teaching Auxiliary	工勤人员 Workers		
2177	**4317**	**761**	**280**
1358	2071	502	144
87	226	31	11

特殊教育学校专任

Full-time Teachers in Special Education

	合 计 Total	按学历分 Broken down by Educational Attainment				
		研究生毕业 Graduate	本科毕业 Under-graduate	专科毕业 Associate Bachelor	高中阶段毕业 High School Graduate	高中阶段毕业以下 Below High School Graduate
合　计 Total	**31058**	**77**	**5061**	**16240**	**9364**	**316**
其中:女 of Which:Female	22564	46	3488	11956	6867	207
受过特教专业培训	16310	27	2778	9084	4326	95

特殊教育专任

Changes of Full-time Teachers in

	上学年初报表专任教师数 Total Number of Full-time Teachers at Beginning of Previous Academic Year	增　加　教　师 Factors of Increase				
		计 Total	录用毕业生 New Recruits from Current Year Graduates	调　入 Teachers Recruited from Other Units	校内调整 of Which With Change of Status in Their Own Institutions	其　他 Others
合　计 Total	**30346**	**2885**	**767**	**1258**	**654**	**206**
其中女 of Which: Female	22008	1942	528	881	382	151

特殊教育学

Condition of School Buildings

	学校占地面积 Areas Occupied	校舍建筑面积 Floor Space	教学及辅助用房 Teaching & Assistant Buildings					
			计 Total	其中 of Which				
				普通教室 classroom	实验室 Laboratory	图书室 Library	微机室 PC-room	专用教室 Classroom Only
合计 Total	**10227228**	**3856823**	**1635608**	**1034273**	**69527**	**61663**	**44107**	**254473**

教师学历、职称情况
Schools Broken Down by Rank and Age

单位:人
Unit:in Person

按职称分 Brokendown by Rank					
中学高级 Senior Secondary	小学高级 Senior Primary	小学一级 1st Grade Primary	小学二级 2nd Grade Primary	小学三级 3rd Grade Primary	未评职称 Rank Undecided
850	**13506**	**11722**	**2849**	**159**	**1972**
439	9967	8518	2109	106	1425
352	6268	6921	1750	64	955

教师变动情况
Special Education Schools

单位:人
Unit: in Person

减 少 教 师 Factors of Decrease					本学年初报表专任教师数 Total Number of Full-time Teachers at Beginning of Current Academic Year
计 Total	自然减员 Retired from their posts during previous academic year	调出 Transterred from Teaching to Non-Teaching Posts	校内调整 of Which With Change of Status in Their Own Institutions	其 他 Others	
2173	**554**	**763**	**570**	**286**	**31058**
1386	393	485	328	180	22564

校办学条件
in Special Education Schools

单位:平方米
Unit:m^2

行政办公用房 Administritive		生活用房 Residential and Welfare	其他用房 Rooms for Other Purposes	校舍面积中 of the Floor Space		图书(册) Books & Magazines in Libraries (Volume)	教学用录像录音带(盘) Video and Tape (disc) for Teaching
计 Total	其中教师办公室 of Which: for Teachers			危房面积 Floor Space of Dilapidated Buildings	当年新增 New Floor Space Added in Current Year		
452133	**276968**	**1155813**	**613269**	**106053**	**109287**	**6058417**	**59465**

七、幼儿教育
Pre-Primary Education

幼儿园园数、班数

Number of Kindergartens, Classes in Pre-Primary Education

	园数(所) Kindergartens		班数(个) Classes	
	计 Total	其中少数民族幼儿园 of Which: Minorities	计 Total	其中学前班 of Which: Pre-School
总　计 Total	**117899**	**588**	**757414**	**321633**
教育部门和集体办 Run by Ed. Dept. & Communities	47575	384	475019	277691
社会力量办 Non-state/private	62167	188	227298	34897
其他部门办 Run by Non-ed. Dept.	8157	16	55097	9045
城市 Urban	32938	110	194544	32860
教育部门和集体办 Run by Ed. Dept. & Communities	8201	69	65947	17813
社会力量办 Non-state/private	19005	33	87690	10482
其他部门办 Run by Non-ed. Dept.	5732	8	40907	4565
县镇 Counties & Towns	30701	261	170961	45739
教育部门和集体办 Run by Ed. Dept. & Communities	10424	159	90825	33933
社会力量办 Non-state/private	19033	98	72547	10324
其他部门办 Run by Non-ed. Dept.	1244	4	7589	1482
农村 Rural	54260	217	391909	243034
教育部门和集体办 Run by Ed. Dept. & Communities	28950	156	318247	225945
社会力量办 Non-state/private	24129	57	67061	14091
其他部门办 Run by Non-ed. Dept.	1181	4	6601	2998
合计中:独立设置幼儿园、小学附设幼儿园、独立设置学前班 of Total: Inde. Kinder., Kinder. Attached to Primary School and Inde. Pre-school Classes			463199	68931
小学附设幼儿班、学前班 Kinder. And Pre-school Classes Attached to Primary School			294215	252702

幼儿教育分年龄学生数

Number of Pre-school Education by Ages

单位:人

Unit: in Person

	入园(班)人数 Enrollment		在园(班)人数 Retained		离园(班)人数 Leavers	
	计 Total	其中学前班 of Which: Pre-School	计 Total	其中学前班 of Which: Pre-School	计 Total	其中学前班 of Which: Pre-School
总　计 Total	**13503007**	**7540944**	**20894002**	**8882683**	**10597227**	**7024480**
其中:女 of Which:Female	6047868	3383225	9438046	3994948	4789932	3172551
少数民族 Minorities	1001545	760281	1252576	821058	672971	564443
教育部门和集体办 Run by Ed. Dept. & Communities	9585680	6664467	13410073	7585127	7881520	5980074
3岁以下 3 and under	304642	26930	382749	30878	12473	3163
3－5岁 3－5 years	4225307	2066692	6592785	2423254	625260	403218
5岁以上 5 and over	5055731	4570845	6434539	5130995	7243787	5573693
社会力量办 Non-state/private	3200860	688586	5841073	1007106	2089228	786802
3岁以下 3 and under	460036	10112	638329	12367	35757	1294
3－5岁 3－5 years	1890009	179941	3584607	252297	296556	53847
5岁以上 5 and over	850815	498533	1618137	742442	1756915	731661
其他部门办 Run by Non-ed. Dept.	716467	187891	1642856	290450	626479	257604
3岁以下 3 and under	130161	1320	174372	1910	8244	241
3－5岁 3－5 years	378769	35777	954541	50511	71191	14158
5岁以上 5 and over	207537	150794	513943	238029	547044	243205
城市 Urban	2661464	791256	5534326	1089877	2139004	872581
其中:女 of Which:Female	1186320	351155	2505300	484956	953906	384729
少数民族 Minorities	96762	45413	166687	52550	66189	36249
教育部门和集体办 Run by Ed. Dept. & Communities	1151136	520771	2165403	641529	984722	510138
3岁以下 3 and under	101041	2220	132640	2456	4722	168
3－5岁 3－5 years	562438	123531	1205654	154794	81151	29297
5岁以上 5 and over	487657	395020	827109	484279	898849	480673
社会力量办 Non-state/private	1027310	179023	2145824	288616	716758	222389
3岁以下 3 and under	185082	2070	276302	3105	18549	473
3－5岁 3－5 years	580619	32874	1279928	48308	103268	9497
5岁以上 5 and over	261609	144079	589594	237203	594941	212419
其他部门办 Run by Non-ed. Dept.	483018	91462	1223099	159732	437524	140054
3岁以下 3 and under	101107	596	134768	881	6862	143
3－5岁 3－5 years	268554	18380	734541	27738	50968	6974
5岁以上 5 and over	113357	72486	353790	131113	379694	132937

幼儿教育分年龄学生数(续)

Number of Pre-school Education by Ages

单位:人

Unit: in Person

	入园(班)人数 Enrollment		在园(班)人数 Retained		离园(班)人数 Leavers	
	计 Total	其中学前班 of Which: Pre-School	计 Total	其中学前班 of Which: Pre-School	计 Total	其中学前班 of Which: Pre-School
县镇 Counties & Towns	3243902	1364047	5393470	1676988	2421016	1350662
其中:女 of Which:Female	1439648	603668	2419545	744766	1079363	599222
少数民族 Minorities	248924	135443	368055	153480	168040	116296
教育部门和集体办 Run by Ed. Dept. & Communities	2025625	1119871	3217358	1322124	1671012	1063894
3岁以下 3 and under	113522	5081	137377	5989	3224	461
3-5岁 3-5 years	990821	326711	1755651	394508	159248	75109
5岁以上 5 and over	921282	788079	1324330	921627	1508540	988324
社会力量办 Non-state/private	1104339	213648	1938679	307052	654776	243059
3岁以下 3 and under	172735	3822	228406	4380	11288	388
3-5岁 3-5 years	656085	51272	1212495	70877	98975	17875
5岁以上 5 and over	275519	158554	497778	231795	544513	224796
其他部门办 Run by Non-ed. Dept.	113938	30528	237433	47812	95228	43709
3岁以下 3 and under	19097	542	26281	748	1045	74
3-5岁 3-5 years	60377	5430	134276	7400	11574	2909
5岁以上 5 and over	34464	24556	76876	39664	82609	40726
农村 Rural	7597641	5385641	9966206	6115818	6037207	4801237
其中:女 of Which:Female	3421900	2428402	4512701	2765226	2756423	2188600
少数民族 Minorities	655837	579425	717861	615028	438772	411898
教育部门和集体办 Run by Ed. Dept. & Communities	6408936	5023825	8027312	5621474	5225775	4406042
3岁以下 3 and under	90079	19629	112732	22433	4527	2534
3-5岁 3-5 years	2672065	1616450	3631480	1873952	385575	298812
5岁以上 5 and over	3646792	3387746	4283100	3725089	4835673	4104696
社会力量办 Non-state/private	1069194	295915	1756570	411438	717705	321354
3岁以下 3 and under	102489	4220	134531	4882	5920	433
3-5岁 3-5 years	652394	95785	1092131	133102	94084	26465
5岁以上 5 and over	314311	195910	529908	273454	617701	294456
其他部门办 Run by Non-ed. Dept.	119511	65901	182324	82906	93727	73841
3岁以下 3 and under	9957	182	13323	281	337	24
3-5岁 3-5 years	49838	11967	85724	15373	8649	4275
5岁以上 5 and over	59716	53752	83277	67252	84741	69542

幼儿园教

Number of Teachers, Staff

	教职 Teachers, Staff	
	合计 Total	园长 Kindergarten heads
总计 Total	**1047323**	**103486**
教育部门和集体办 Run by Ed. Dept. & Communities	405340	33795
社会力量办 Non-state/private	466024	57738
其他部门办 Run by Non-ed. Dept.	175959	11953
城市 Urban	525017	43461
教育部门和集体办 Run by Ed. Dept. & Communities	158612	10917
社会力量办 Non-state/private	222799	23270
其他部门办 Run by Non-ed. Dept.	143606	9274
县镇 Counties & Towns	308809	30990
教育部门和集体办 Run by Ed. Dept. & Communities	145505	10499
社会力量办 Non-state/private	142114	18859
其他部门办 Run by Non-ed. Dept.	21190	1632
农村 Rural	213497	29035
教育部门和集体办 Run by Ed. Dept. & Communities	101223	12379
社会力量办 Non-state/private	101111	15609
其他部门办 Run by Non-ed. Dept.	11163	1047
其中:女 of Which: Female	976782	96016
幼教专业毕业 Graduates of Pre-school Education Programmes	562740	59596
少数民族 Minorities	43195	4256

职工数

& Workers in Kindergarten

单位:人

Unit:in Person

工数 & Workers			代课教师 Substitute Teachers	兼任教师 Part-time Teachers
专任教师 Full-time Teachers	保健员 Health Nurses	其他 Other		
656038	**71342**	**216412**	**72804**	**12222**
284572	18605	68368	42985	4559
276221	41398	90667	22097	5898
95290	11339	57377	7722	1765
301566	37130	142860	20508	5509
99441	8562	39692	8592	1357
125541	19810	54178	6043	2751
76584	8758	48990	5873	1401
205850	22112	49857	20863	3565
107465	6805	20736	12721	1510
86073	13685	23497	6881	1827
12312	1622	5624	1261	228
148667	12100	23695	31433	3148
77666	3238	7940	21672	1692
64607	7903	12992	9173	1320
6394	959	2763	588	136
644596	66974	169196	67129	9543
475930	9777	17437	33877	3672
28796	2808	7335	2833	369

幼儿园园长、专任教师

Breakdown of Kindergarten Heads and Teachers

	合 计 Total	按学历分 Brokendown by Educational Attainment				
		研究生毕业 Graduate	本科毕业 Under-graduate	专科毕业 Associate Bachelor	高中阶段毕业 High School Graduate	高中阶段以下毕业 Below High School Graduate
合 计 Total	**759569**	**996**	**36150**	**308435**	**377079**	**36909**
园长 Kinder-garten Heads	103486	607	10194	44588	44123	3974
专任教师 Teachers	656083	389	25956	263847	332956	32935
城市 Urban	345027	812	24625	167558	142463	9569
园长 Kinder-garten Heads	43461	488	6757	21552	13609	1055
专任教师 Teachers	301566	324	17868	146006	128854	8514
县镇 Counties & Towns	236840	133	8867	95408	121904	10528
园长 Kinder-garten Heads	30990	99	2444	13232	14044	1171
专任教师 Teachers	205850	34	6423	82176	107860	9357
农村 Rural	177702	51	2658	45469	112712	16812
园长 Kinder-garten Heads	29035	20	993	9804	16470	1748
专任教师 Teachers	148667	31	1665	35665	96242	15064

幼儿园教职工

Supplementary Information

	教职工中 of Total Staff & Workers		
	共产党员 Member of C.P.C.	共青团员 Member of C.Y.L.	民主党派 Member of Non-Communist. Parties
合 计 Total	**105913**	**325170**	**2749**
其中女 of Which: Female	94270	314865	2442
城市 Urban	56617	163287	1412
其中女 of Which: Female	50854	157920	1220
县镇 Counties & Towns	33893	98337	940
其中女 of Which: Female	30318	95417	871
农村 Rural	15403	63546	397
其中女 of Which: Female	13098	61528	351

学历、职称情况
by Educational Attainment and Rank

单位:人

Unit:in Person

按职称分 Brokendown by Rank					
中学高级 Senior Secondary	小学高级 Senior Primary	小学一级 1st Grade Primary	小学二级 2nd Grade Primary	小学三级 3rd Grade Primary	未评职称 Rank Undecided
4713	**117567**	**161779**	**68381**	**11103**	**396026**
2536	27653	15815	4530	902	52050
2177	89914	145964	63851	10201	343976
3120	63809	79404	35733	6321	156640
1772	14454	7217	1907	372	17739
1348	49355	72187	33826	5949	138901
1218	41032	55602	19881	3047	116060
577	8562	4271	1146	262	16172
641	32470	51331	18735	2785	99888
375	12726	26773	12767	1735	123326
187	4637	4327	1477	268	18139
188	8089	22446	11290	1467	105187

政治面貌及其他
on Staff & Workers of kindergarten

单位:人

Unit: in Person

	专任教师中 of Total Full-time Teachers			
华侨 Overseas Chinese	共产党员 Member of C.P.C.	共青团员 Member of C.Y.L.	民主党派 Member of Non-Communist Party	华侨 Overseas Chinese
385	**56354**	**275888**	**1372**	**171**
335	53638	269875	1331	162
225	27301	138962	594	92
203	26226	135679	575	89
93	20206	83968	554	45
75	19292	82250	537	40
67	8847	52958	224	34
57	8120	51946	219	33

	学校占地面积 Areas Occupied	校舍建筑面积 Floor Space	教学及辅助用房 Teaching & Assistant Buildings				
			计 Total	其中 of Which			
				活动室 Recreational	睡眠室 Bedroom	保健室 Health Care	图书室 Picture Books
合计 Total	**156301473**	**78217399**	**51354630**	**30073274**	**13357657**	**1649343**	**1734224**
城市 Urban	59026923	36884115	23633244	13313039	7064240	651488	709858
县镇 County City & Towns	44170919	22698744	15100072	8824174	3885928	513136	494260
农村 Rural	53103631	18634540	12621314	7936061	2407489	484719	530106

及其他情况
Buildings and Others

单位：平方米
Unit：m²

行政办公用房 Administritive		生活用房 Residential and Welfare	其他用房 For Other Purposes	校舍面积中 of Hoor Space:		幼儿园中户外活动场 Areas for Out Door Activities	图书（册） Picture Books	教学用录像录音带（盒） Video & Tapes for Teaching
计 Total	其中教师办公室 of Which: Office			危房面积 Floor Space of Dilapidated Buildings	当年新增 New Floor Space Added in Current Year			
6607247	**4014810**	**8789468**	**11466054**	**306508**	**1898843**	**66022916**	**61632129**	**7590467**
2892650	1448227	4241382	6116839	84314	811844	25260111	27769764	4008074
1922332	1219079	2660762	3015578	145233	684926	18220080	16766046	1999946
1792265	1347504	1887324	2333637	76961	402073	22542725	17096319	1582447

八、各级各类学校分布情况

Geographical Distribution of Schools by Type and Level

高等教育学校(机构)数

Number of Higher Education Institutions

单位:所

Unit: Institutions

地 区 Region	普通高校 Regular HEIs					成人高等学校 HEIs for Adults		民办的其他高等教育机构 Non-state/Private HEIs
	计 Total	其中:中央部委 of which: HEIs under Central Ministries & Agencies	本科院校 HEIs Providing Degree-level	专科院校 Short-cycle HEIs	其中:高等职业学校 of which: Teitiary Voc. Colleges	计 Total	其中:中央部委 of which: HEIs under Central Ministries & Agencies	
总 计 Total	**1731**	**111**	**684**	**1047**	**872**	**505**	**19**	**1187**
北 京 Beijing	77	33	56	21	20	33	9	68
河 北 Hebei	87	5	30	57	48	14		47
天 津 Beijing	40	3	18	22	21	20		68
山 西 Shaanxi	56		16	40	35	16		40
内蒙古 lnner Mongoolia	31		10	21	18	6		30
辽 宁 Liaoning	71	5	39	32	24	28	2	182
吉 林 Jilin	42	2	24	18	10	21	1	26
黑龙江 Heilongjiang	59	3	25	34	31	34	2	45
上 海 Shanghai	58	9	30	28	23	22	1	212
江 苏 Jiangsu	112	10	41	71	65	27	1	15
浙 江 Zhejiang	67	2	26	41	36	16		34
安 徽 Anhui	81	2	26	55	48	11		9
福 建 Fujian	53	2	17	36	31	14		11
江 西 Jiangxi	66		18	48	42	11		35
山 东 Shandong	97	2	37	60	52	24		112
河 南 Henan	82	1	28	54	37	23		67
湖 北 Hubei	85	8	32	53	49	17		8
湖 南 Hunan	81	3	24	57	47	22		65
广 东 Guangdong	94	4	34	60	55	30	1	61
广 西 Guangxi	49		15	34	22	7		4
海 南 Hainan	14		4	10	8	1		1
重 庆 Chongqing	35	2	17	18	17	11		10
四 川 Sichuan	68	6	28	40	32	31	1	35
贵 州 Guizhou	34		10	24	16	7		3
云 南 Yunnan	43		16	27	20	5		
西 藏 Tibet	4		3	1				
陕 西 Shaanxi	62	6	30	32	27	24	1	35
甘 肃 Gansu	31	2	13	18	11	12		32
青 海 Qinghai	11		3	8	6	2		
宁 夏 Ningxia	13	1	3	10	9	1		
新 疆 Xinjiang	28		11	17	12	15		

高等学校(机

Data on Postgraduates in

地　区 Region	毕(结)业生数 Graduates				授予学位数 Degree Awarded	招生数	
	计 Total	其中:女 of which: Female	博　士 Doctor's Degree	硕　士 Master's Degree		计 Total	其中:女 of which: Female
总　计 Total	**150777**	**57041**	**23446**	**127331**	**147218**	**326286**	**141913**
北　京 Beijing	28755	11091	6084	22671	28021	54344	23978
天　津 Tianjin	4995	1992	982	4013	5215	9259	4264
河　北 Hebei	2786	1323	211	2575	2745	6491	3385
山　西 Shaanxi	1541	771	102	1439	1499	4146	1849
内蒙古 Inner Mongolia	861	484	43	818	848	2403	1319
辽　宁 Liaoning	7051	3183	998	6053	7088	16938	8382
吉　林 Jilin	5888	2842	1128	4760	5880	11983	6108
黑龙江 Heilongjiang	5345	2208	709	4636	4974	12023	5272
上　海 Shanghai	13469	4773	2737	10732	13258	25334	10590
江　苏 Jiangsu	11732	3744	1626	10106	11101	26772	11120
浙　江 Zhejiang	4858	1572	895	3963	4835	8029	3291
安　徽 Anhui	3273	840	547	2726	2628	7290	2333
福　建 Fujian	2820	1054	291	2529	2842	7275	3152
江　西 Jiangxi	1349	433	43	1306	1326	3185	1350
山　东 Shandong	4907	2284	613	4294	4928	11224	5651
河　南 Henan	2036	909	86	1950	2005	5408	2564
湖　北 Hubei	11945	4332	1766	10179	11555	26101	10510
湖　南 Hunan	4148	1378	511	3637	4165	10656	4610
广　东 Guangdong	6893	2405	1165	5728	6789	14822	5747
广　西 Guangxi	1481	618	20	1461	1456	3589	1649
海　南 Hainan	90	50	7	83	90	415	178
重　庆 Chongqing	3426	1284	388	3038	3396	8202	3481
四　川 Sichuan	6684	2237	838	5846	6370	16344	6689
贵　州 Guizhou	640	250	25	615	640	2165	834
云　南 Yunnan	1684	698	116	1568	1589	4517	2091
西　藏 Tibet	22	4		22	22	80	19
陕　西 Shaanxi	9096	2976	1189	7907	9075	19049	7694
甘　肃 Gansu	1965	775	290	1675	1874	5073	2113
青　海 Qinghai	84	26	6	78	84	320	132
宁　夏 Ningxia	121	64		121	121	513	261
新　疆 Xinjiang	832	441	30	802	799	2336	1297

构)研究生数(总计)

Higher Education Institutions (Total)

单位:人

Unit: in Person

Entrants		在校学生数 Enrolment				预计毕业生数 Anticipated Graduates for Next Year			
博士 Doctor's Degree	硕士 Master's Degree	计 Total	其中:女 of which: Female	博士 Doctor's Degree	硕士 Master's Degree	计 Total	其中:女 of which: Female	博士 Doctor's Degree	硕士 Master's Degree
53284	**273002**	**819896**	**340825**	**165610**	**654286**	**222952**	**83070**	**56590**	**166362**
12456	41888	139413	57804	39208	100205	40031	15606	13161	26870
1717	7542	24543	10692	4940	19603	6668	2661	1525	5143
527	5964	14932	7632	1480	13452	3568	1720	507	3061
315	3831	9228	4947	930	8298	2195	1248	343	1852
153	2250	5345	2904	365	4980	1211	665	135	1076
2420	14518	42714	20063	8293	34421	11464	4770	3133	8331
2097	9886	29586	14722	5626	23960	7301	3494	1543	5758
1942	10081	30268	12572	6455	23813	8315	3069	2681	5634
5477	19857	69437	28321	17564	51873	21187	7594	7100	14087
4590	22182	67850	26369	14802	53048	18517	6421	5296	13221
1648	6381	22062	8255	5808	16254	6111	2042	1277	4834
1034	6256	17474	5330	2787	14687	4340	1232	789	3551
862	6413	18273	7620	2349	15924	5147	1982	798	4349
129	3056	7483	2924	331	7152	1793	581	100	1693
1492	9732	27837	13315	4164	23673	6954	3106	1286	5668
207	5201	11853	5452	494	11359	2634	1120	135	2499
4602	21499	66369	25521	13410	52959	18335	6147	4636	13699
1605	9051	26083	10426	4742	21341	7015	2238	1722	5293
2679	12143	37022	15241	7533	29489	11841	3774	2564	9277
89	3500	7827	3589	227	7600	1641	732	77	1564
22	393	766	333	62	704	150	58	22	128
874	7328	19367	7604	2727	16640	4851	1552	1032	3819
2310	14034	41749	16079	7919	33830	11528	3825	3044	8484
63	2102	4457	1825	152	4305	841	338	34	807
362	4155	10170	4535	916	9254	2356	946	268	2088
	80	117	29		117	20	2		20
2772	16277	49464	18403	9999	39465	12658	4356	2613	10045
683	4390	11495	4706	1986	9509	2797	1059	692	2105
24	296	618	251	53	565	126	36	13	113
5	508	974	526	5	969	175	32		175
128	2208	5120	2835	283	4837	1182	664	64	1118

普通高校

Data on Postgraduates in

地区 Region	毕(结)业生数 Graduates				授予学位数 Degrees Awarded	招生数	
	计 Total	其中:女 of which: Female	博士 Doctor's Degree	硕士 Master's Degree		计 Total	其中:女 of which: Female
总计 Total	**143813**	**54999**	**20607**	**123206**	**140614**	**310672**	**136654**
北京 Beijing	25201	10031	4487	20714	24607	46254	21115
天津 Tianjin	4995	1992	982	4013	5215	9259	4264
河北 Hebei	2767	1316	211	2556	2726	6472	3378
山西 Shaanxi	1477	755	79	1398	1445	4016	1809
内蒙古 Inner Mongolia	859	483	43	816	846	2399	1319
辽宁 Liaoning	6726	3083	812	5914	6785	16254	8133
吉林 Jilin	5685	2779	1009	4676	5680	11442	5922
黑龙江 Heilongjiang	5278	2182	705	4573	4908	11902	5235
上海 Shanghai	12788	4597	2410	10378	12632	23545	10030
江苏 Jiangsu	11561	3702	1585	9976	10943	26416	11017
浙江 Zhejiang	4831	1568	895	3936	4808	7965	3279
安徽 Anhui	3034	786	442	2592	2389	7008	2263
福建 Fujian	2787	1044	274	2513	2809	7152	3112
江西 Jiangxi	1349	433	43	1306	1326	3185	1350
山东 Shandong	4781	2239	574	4207	4809	10949	5537
河南 Henan	2007	905	86	1921	1976	5355	2558
湖北 Hubei	11688	4271	1681	10007	11310	25423	10277
湖南 Hunan	4120	1371	511	3609	4138	10595	4593
广东 Guangdong	6655	2326	1079	5576	6566	14323	5598
广西 Guangxi	1481	618	20	1461	1456	3589	1649
海南 Hainan	90	50	7	83	90	415	178
重庆 Chongqing	3425	1284	388	3037	3395	8188	3478
四川 Sichuan	6455	2148	799	5656	6140	15865	6545
贵州 Guizhou	611	240		611	611	2078	813
云南 Yunnan	1606	667	88	1518	1521	4271	2000
西藏 Tibet	22	4		22	22	80	19
陕西 Shaanxi	8834	2913	1153	7681	8827	18563	7555
甘肃 Gansu	1744	705	214	1530	1711	4732	2011
青海 Qinghai	44	19		44	44	247	113
宁夏 Ningxia	121	64		121	121	513	261
新疆 Xinjiang	791	424	30	761	758	2217	1243

研究生数
Higher Education Institutions

单位:人
Unit:in Person

Entrants		在校学生数 Enrolment				预计毕业生数 Anticipated Graduates for Next Year			
博士 Doctor's Degree	硕士 Master's Degree	计 Total	其中:女 of which: Female	博士 Doctor's Degree	硕士 Master's Degree	计 Total	其中:女 of which: Female	博士 Doctor's Degree	硕士 Master's Degree
47502	**263170**	**779408**	**327890**	**148561**	**630847**	**211710**	**79778**	**50746**	**160964**
9227	37027	119029	51155	29860	89169	34367	13934	10028	24339
1717	7542	24543	10692	4940	19603	6668	2661	1525	5143
527	5945	14858	7605	1480	13378	3544	1715	507	3037
275	3741	8858	4816	776	8082	2092	1208	279	1813
153	2246	5333	2902	365	4968	1209	664	135	1074
2137	14117	40678	19386	7286	33392	10794	4568	2682	8112
1862	9580	28174	14232	4868	23306	6908	3361	1234	5674
1931	9971	29960	12463	6404	23556	8218	3037	2654	5564
4809	18736	64747	26856	15561	49186	19999	7256	6416	13583
4489	21927	66916	26124	14496	52420	18272	6359	5190	13082
1647	6318	21908	8214	5804	16104	6079	2033	1277	4802
920	6088	16535	5113	2412	14123	4034	1163	663	3371
821	6331	17997	7527	2245	15752	5090	1965	773	4317
129	3056	7483	2924	331	7152	1793	581	100	1693
1419	9530	27120	13044	3937	23183	6748	3043	1206	5542
206	5149	11711	5423	492	11219	2593	1110	135	2458
4412	21011	64747	25001	12889	51858	17923	6028	4463	13460
1595	9000	25935	10384	4732	21203	6978	2227	1722	5256
2458	11865	35725	14826	6999	28726	11505	3665	2447	9058
89	3500	7827	3589	227	7600	1641	732	77	1564
22	393	766	333	62	704	150	58	22	128
874	7314	19349	7601	2727	16622	4849	1552	1032	3817
2163	13702	40488	15684	7525	32963	11181	3732	2926	8255
26	2052	4256	1767	49	4207	811	326	7	804
273	3998	9509	4281	670	8839	2162	865	190	1972
	80	117	29		117	20	2		20
2678	15885	48113	18046	9685	38428	12260	4266	2503	9757
525	4207	10497	4425	1476	9021	2472	982	488	1984
	247	427	195	1	426	72	20	1	71
5	508	974	526	5	969	175	32		175
113	2104	4828	2727	257	4571	1103	633	64	1039

科研机构

Data on Postgraduates in

地　区 Region	毕(结)业生数 Graduates				授予学位数 Degrees Awarded	招生数	
	计 Total	其中:女 of which: Female	博　士 Doctor's Degree	硕　士 Master's Degree		计 Total	其中:女 of which: Female
总　计 Total	**6964**	**2042**	**2839**	**4125**	**140614**	**15614**	**5259**
北　京 Beijing	3554	1060	1597	1957	24607	8090	2863
天　津 Tianjin					5215		
河　北 Hebei	19	7		19	2726	19	7
山　西 Shanxi	64	16	23	41	1445	130	40
内蒙古 Inner Mongolia	2	1		2	846	4	
辽　宁 Liaoning	325	100	186	139	6785	684	249
吉　林 Jilin	203	63	119	84	5680	541	186
黑龙江 Heilongjiang	67	26	4	63	4908	121	37
上　海 Shanghai	681	176	327	354	12632	1789	560
江　苏 Jiangsu	171	42	41	130	10943	356	103
浙　江 Zhejiang	27	4		27	4808	64	12
安　徽 Anhui	239	54	105	134	2389	282	70
福　建 Fujian	33	10	17	16	2809	123	40
江　西 Jiangxi					1326		
山　东 Shandong	126	45	39	87	4809	275	114
河　南 Henan	29	4		29	1976	53	6
湖　北 Hubei	257	61	85	172	11310	678	233
湖　南 Hunan	28	7		28	4138	61	17
广　东 Guangdong	238	79	86	152	6566	499	149
广　西 Guangxi					1456		
海　南 Hainan					90		
重　庆 Chongqing	1			1	3395	14	3
四　川 Sichuan	229	89	39	190	6140	479	144
贵　州 Guizhou	29	10	25	4	611	87	21
云　南 Yunnan	78	31	28	50	1521	246	91
西　藏 Tibet					22		
陕　西 Shaanxi	262	63	36	226	8827	486	139
甘　肃 Gansu	221	70	76	145	1711	341	102
青　海 Qinghai	40	7	6	34	44	73	19
宁　夏 Ningxia					121		
新　疆 Xinjiang	41	17		41	758	119	54

研究生数

Research Institutions

单位:人

Unit:in Person

Entrants		在校学生数 Enrolment				预计毕业生数 Anticipated Graduates for Next Year			
博　士 Doctor's Degree	硕　士 Master's Degree	计 Total	其中:女 of which: Female	博　士 Doctor's Degree	硕　士 Master's Degree	计 Total	其中:女 of which: Female	博　士 Doctor's Degree	硕　士 Master's Degree
5782	**9832**	**40488**	**12935**	**17049**	**23439**	**11242**	**3292**	**5844**	**5398**
3229	4861	20384	6649	9348	11036	5664	1672	3133	2531
	19	74	27		74	24	5		24
40	90	370	131	154	216	103	40	64	39
	4	12	2		12	2	1		2
283	401	2036	677	1007	1029	670	202	451	219
235	306	1412	490	758	654	393	133	309	84
11	110	308	109	51	257	97	32	27	70
668	1121	4690	1465	2003	2687	1188	338	684	504
101	255	934	245	306	628	245	62	106	139
1	63	154	41	4	150	32	9		32
114	168	939	217	375	564	306	69	126	180
41	82	276	93	104	172	57	17	25	32
73	202	717	271	227	490	206	63	80	126
1	52	142	29	2	140	41	10		41
190	488	1622	520	521	1101	412	119	173	239
10	51	148	42	10	138	37	11		37
221	278	1297	415	534	763	336	109	117	219
	14	18	3		18	2			2
147	332	1261	395	394	867	347	93	118	229
37	50	201	58	103	98	30	12	27	3
89	157	661	254	246	415	194	81	78	116
94	392	1351	357	314	1037	398	90	110	288
158	183	998	281	510	488	325	77	204	121
24	49	191	56	52	139	54	16	12	42
15	104	292	108	26	266	79	31		79

Data on Students Enrolled in Normal and

地 区 Region	毕(结)业生数 Graduates				授予学位数 Degrees Awarded	招生数	
	计 Total	其中:女 of which: Female	本 科 Normal Courses	专 科 Short-cycle Courses		计 Total	其中:女 of which: Female
总 计 Total	**4287304**	**2017465**	**1736646**	**2550658**	**1130411**	**6685002**	**3219636**
北 京 Beijing	224377	109618	117213	107164	77837	270060	134103
天 津 Tianjin	88952	46822	39739	49213	24607	132422	69119
河 北 Hebei	232922	117200	69144	163778	52576	328062	166720
山 西 Shaanxi	104585	51681	38015	66570	26617	168774	83928
内蒙古 Inner Mongolia	64029	31645	24307	39722	12504	105204	53538
辽 宁 Liaoning	187001	93448	97915	89086	67430	269090	131876
吉 林 Jilin	118981	57156	66728	52253	43134	182821	88892
黑龙江 Heilongjiang	146896	70530	71895	75001	55243	226487	111332
上 海 Shanghai	137738	68440	63607	74131	45502	200865	101991
江 苏 Jiangsu	306858	142838	135723	171135	90983	445340	210828
浙 江 Zhejiang	198887	105010	76625	122262	38887	270080	154501
安 徽 Anhui	142557	56884	52922	89635	37366	232143	97915
福 建 Fujian	80424	35637	31153	49271	19202	157197	79073
江 西 Jiangxi	112432	42315	47054	65378	28363	235465	96980
山 东 Shandong	274604	131794	112315	162289	63764	459765	232129
河 南 Henan	221064	98850	62855	158209	48284	365070	173047
湖 北 Hubei	246790	98583	129343	117447	87057	425316	178220
湖 南 Hunan	227831	100612	71874	155957	47629	303048	139289
广 东 Guangdong	212317	100598	67022	145295	45682	401752	193513
广 西 Guangxi	109430	52627	28980	80450	18878	180772	90845
海 南 Hainan	17355	7605	5126	12229	1805	32647	15916
重 庆 Chongqing	88941	39504	38686	50255	22459	154029	71835
四 川 Sichuan	232430	115619	87859	144571	54641	335042	155530
贵 州 Guizhou	70677	32794	22700	47977	10492	137507	61168
云 南 Yunnan	74581	36580	26976	47605	15746	141492	72296
西 藏 Tibet	2108	870	964	1144	672	6003	3009
陕 西 Shaanxi	182592	83903	87554	95038	61669	275204	133417
甘 肃 Gansu	70686	29830	26017	44669	16534	105540	44219
青 海 Qinghai	10854	5034	3858	6996	2360	17123	8478
宁 夏 Ningxia	21759	10343	7236	14523	3838	26626	12422
新 疆 Xinjiang	76646	43095	25241	51405	8650	94056	53507

本科、专科学生数

Short-cycle Courses in Higher Education

单位:人
Unit:in Person

Entrants		在校学生数 Enrolment				预计毕业生数 Anticipated Graduates for Next Year			
本科 Normal Courses	专科 Short-cycle Courses	计 Total	其中:女 of which: Female	本科 Normal Courses	专科 Short-cycle Courses	计 Total	其中:女 of which: Female	本科 Normal Courses	专科 Short-cycle Courses
2858585	**3826417**	**17532925**	**8183734**	**8794390**	**8738535**	**4886622**	**2102249**	**2077338**	**2809284**
157358	112702	763936	372313	500773	263163	228750	105031	132575	96175
59541	72881	364141	183165	192014	172127	102592	43838	46563	56029
108353	219709	914467	449112	368155	546312	284599	132239	91426	193173
63916	104858	463631	225989	197400	266231	143153	63759	46889	96264
47336	57868	266312	136479	132682	133630	72587	33417	29884	42703
150948	118142	738049	358808	460110	277939	203357	94359	107882	95475
109624	73197	483730	230587	324715	159015	133737	59450	78533	55204
115686	110801	602061	284012	358572	243489	158638	72906	82448	76190
100686	100179	562684	278466	308826	253858	169840	76828	78651	91189
218370	226970	1241737	572583	673723	568014	337085	147270	163736	173349
124375	145705	750559	390942	369743	380816	217670	111473	88097	129573
89755	142388	613705	254076	276840	336865	168606	66438	57981	110625
71772	85425	395290	187800	196458	198832	97998	43608	41224	56774
83063	152402	593186	239244	256912	336274	144150	50703	58411	85739
170883	288882	1214236	578836	573857	640379	342732	148956	145516	197216
124233	240837	900263	408844	371569	528694	248611	96600	79682	168929
187033	238283	1133161	464967	594223	538938	295136	101438	146387	148749
112277	190771	818232	369926	366823	451409	234584	91133	85088	149496
166772	234980	985230	467459	425441	559789	271601	117446	90543	181058
53467	127305	433555	211118	151787	281768	134137	63773	34634	99503
11419	21228	78439	36357	33361	45078	20420	8943	7069	13351
72189	81840	380416	176079	216110	164306	100296	43670	49398	50898
129012	206030	833803	377942	440676	393127	210321	89575	98116	112205
41108	96399	283941	124112	126040	157901	66722	25030	26300	40422
52078	89414	339537	167848	157880	181657	100195	47436	38384	61811
3909	2094	14731	6857	9395	5336	3176	1439	1300	1876
126699	148505	730664	326247	382509	348155	201871	77772	89440	112431
47334	58206	272057	112747	140726	131331	78813	28683	31952	46861
7255	9868	46967	23258	22980	23987	13523	6037	5460	8063
9862	16764	66495	31580	31209	35286	21146	9540	7652	13494
42272	51784	247710	135981	132881	114829	80576	43459	36117	44459

Data on Students Enrolled in Normal and

地区 Region	毕(结)业生数 Graduates 计 Total	其中:女 of which: Female	本科 Normal Courses	专科 Short-cycle Courses	授予学位数 Degrees Awarded	招生数 计 Total	其中:女 of which: Female
总计 Total	**2391152**	**1077005**	**1196290**	**1194862**	**1050952**	**4473422**	**2123791**
北京 Beijing	100130	47333	71585	28545	63188	144294	71894
天津 Tianjin	51666	26107	29208	22458	23872	91254	47639
河北 Hebei	143148	72025	50471	92677	45201	238226	120897
山西 Shaanxi	51118	24483	28567	22551	24927	107500	52563
内蒙古 Inner Mongolia	31075	15863	13439	17636	12407	70091	34997
辽宁 Liaoning	115889	55886	69004	46885	64283	184307	92157
吉林 Jilin	65011	29993	46039	18972	41682	111162	54310
黑龙江 Heilongjiang	84964	39223	51139	33825	49358	149781	71511
上海 Shanghai	88645	45150	46436	42209	42357	128682	67330
江苏 Jiangsu	197423	87230	98683	98740	78709	313649	143087
浙江 Zhejiang	103123	51526	40089	63034	34523	182847	100188
安徽 Anhui	88440	32694	39636	48804	35664	178979	74805
福建 Fujian	52818	21407	21914	30904	18996	119908	59669
江西 Jiangxi	65386	24245	31699	33687	27291	187999	79943
山东 Shandong	166959	75998	69531	97428	63217	327452	160861
河南 Henan	134293	55277	48152	86141	44465	257356	121672
湖北 Hubei	143246	58578	88282	54964	80009	295701	126299
湖南 Hunan	111021	49083	51822	59199	46374	206793	95380
广东 Guangdong	125229	54275	48917	76312	44269	264537	117034
广西 Guangxi	50261	20608	18259	32002	16038	103612	50514
海南 Hainan	7854	3210	3355	4499	1754	19704	9615
重庆 Chongqing	50599	21007	27692	22907	22405	99851	48126
四川 Sichuan	100998	46934	63677	37321	53848	215179	96679
贵州 Guizhou	31059	15406	14230	16829	10097	60578	29081
云南 Yunnan	34836	16661	17564	17272	15151	75017	37427
西藏 Tibet	2108	870	964	1144	672	6003	3009
陕西 Shaanxi	110975	47467	67142	43833	60937	195721	92381
甘肃 Gansu	39390	15711	17412	21978	14731	64231	26117
青海 Qinghai	5802	2807	3046	2756	2060	9452	4627
宁夏 Ningxia	7505	3582	4763	2742	3838	13701	7057
新疆 Xinjiang	30181	16366	13573	16608	8629	49855	26922

普通本科、专科学生数

Short-cycle Courses in Higher Education

单位:人

Unit:in Person

Entrants		在校学生数 Enrolment				预计毕业生数 Anticipated Graduates for Next Year			
本 科 Normal Courses	专 科 Short-cycle Courses	计 Total	其中:女 of which: Female	本 科 Normal Courses	专 科 Short-cycle Courses	计 Total	其中:女 of which: Female	本 科 Normal Courses	专 科 Short-cycle Courses
2099151	**2374271**	**13334969**	**6086836**	**7378436**	**5956533**	**3150760**	**1327457**	**1509518**	**1641242**
101650	42644	499524	235681	385342	114182	123308	55464	88789	34519
46263	44991	285655	140665	166423	119232	70290	33131	35603	34687
84419	153807	697440	344360	314975	382465	190280	87967	70407	119873
49362	58138	345318	165604	172171	173147	90728	39344	37314	53414
31940	38151	198709	100268	104294	94415	43584	20765	18749	24835
110962	73345	583465	280956	388589	194876	149015	68134	83267	65748
77879	33283	362191	171173	268447	93744	85824	37334	53427	32397
83335	66446	465703	214050	300777	164926	104389	47934	59908	44481
67964	60718	415701	208092	245164	170537	107582	52327	54804	52778
164417	149232	994808	445095	576544	418264	239788	101827	125371	114417
90653	92194	572759	285415	302658	270101	137363	66412	57064	80299
72792	106187	501290	204422	248140	253150	116918	43930	47811	69107
54807	65101	325727	152293	167055	158672	67269	28393	28555	38714
64921	123078	489854	197750	220115	269739	100858	36475	42489	58369
118623	208829	946124	435959	472204	473920	226181	99180	98824	127357
92989	164367	702846	310048	320601	382245	166968	58870	62607	104361
139155	156546	892018	371077	497101	394917	191384	70713	105049	86335
91830	114963	639001	286394	322713	316288	153911	56357	62902	91009
119877	144660	726866	325262	350668	376198	164759	67924	62796	101963
37371	66241	281044	128518	122339	158705	67491	28408	22926	44565
7904	11800	57883	26344	27091	30792	13313	5531	4797	8516
53729	46122	284546	131566	178622	105924	62814	27357	34467	28347
97284	117895	637340	281448	386301	251039	136350	58881	78748	57602
28113	32465	179852	79646	106483	73369	39725	15302	20868	18857
36878	38139	216308	102616	126036	90272	48278	22027	24290	23988
3909	2094	14731	6857	9395	5336	3176	1439	1300	1876
98752	96969	583926	254084	331009	252917	142289	52837	69325	72964
33512	30719	200282	81028	118955	81327	51174	16701	24534	26640
4786	4666	29483	14508	18446	11037	8191	4011	4263	3928
7506	6195	41448	20557	27142	14306	9029	4206	5944	3085
25569	24286	163127	85100	102636	60491	38531	18276	22320	16211

Data on Students Enrolled in Normal and Short-cycle Courses

地　区 Region	毕(结)业生数 Graduates				授予学位数 Degrees Awarded	招生数	
	计 Total	其中:女 of which: Female	本　科 Normal Courses	专　科 Short-cycle Courses		计 Total	其中:女 of which: Female
总　计 Total	**1896152**	**940460**	**540356**	**1355796**	**79459**	**2211580**	**1095845**
北　京 Beijing	124247	62285	45628	78619	14649	125766	62209
天　津 Tianjin	37286	20715	10531	26755	735	41168	21480
河　北 Hebei	89774	45175	18673	71101	7375	89836	45823
山　西 Shaanxi	53467	27198	9448	44019	1690	61274	31365
内蒙古 Inner Mongolia	32954	15782	10868	22086	97	35113	18541
辽　宁 Liaoning	71112	37562	28911	42201	3147	84783	39719
吉　林 Jilin	53970	27163	20689	33281	1452	71659	34582
黑龙江 Heilongjiang	61932	31307	20756	41176	5885	76706	39821
上　海 Shanghai	49093	23290	17171	31922	3145	72183	34661
江　苏 Jiangsu	109435	55608	37040	72395	12274	131691	67741
浙　江 Zhejiang	95764	53484	36536	59228	4364	87233	54313
安　徽 Anhui	54117	24190	13286	40831	1702	53164	23110
福　建 Fujian	27606	14230	9239	18367	206	37289	19404
江　西 Jiangxi	47046	18070	15355	31691	1072	47466	17037
山　东 Shandong	107645	55796	42784	64861	547	132313	71268
河　南 Henan	86771	43573	14703	72068	3819	107714	51375
湖　北 Hubei	103544	40005	41061	62483	7048	129615	51921
湖　南 Hunan	116810	51529	20052	96758	1255	96255	43909
广　东 Guangdong	87088	46323	18105	68983	1413	137215	76479
广　西 Guangxi	59169	32019	10721	48448	2840	77160	40331
海　南 Hainan	9501	4395	1771	7730	51	12943	6301
重　庆 Chongqing	38342	18497	10994	27348	54	54178	23709
四　川 Sichuan	131432	68685	24182	107250	793	119863	58851
贵　州 Guizhou	39618	17388	8470	31148	395	76929	32087
云　南 Yunnan	39745	19919	9412	30333	595	66475	34869
西　藏 Tibet							
陕　西 Shaanxi	71617	36436	20412	51205	732	79483	41036
甘　肃 Gansu	31296	14119	8605	22691	1803	41309	18102
青　海 Qinghai	5052	2227	812	4240	300	7671	3851
宁　夏 Ningxia	14254	6761	2473	11781		12925	5365
新　疆 Xinjiang	46465	26729	11668	34797	21	44201	26585

成人本科、专科学生数

Provided by Adult HEIs in Higher Education

单位:人

Unit:in Person

Entrants		在校学生数 Enrolment				预计毕业生数 Anticipated Graduates for Next Year			
本 科 Normal Courses	专 科 Short-cycle Courses	计 Total	其中:女 of which: Female	本 科 Normal Courses	专 科 Short-cycle Courses	计 Total	其中:女 of which: Female	本 科 Normal Courses	专 科 Short-cycle Courses
759434	**1452146**	**4197956**	**2096898**	**1415954**	**2782002**	**1735862**	**774792**	**567820**	**1168042**
55708	70058	264412	136632	115431	148981	105442	49567	43786	61656
13278	27890	78486	42500	25591	52895	32302	10707	10960	21342
23934	65902	217027	104752	53180	163847	94319	44272	21019	73300
14554	46720	118313	60385	25229	93084	52425	24415	9575	42850
15396	19717	67603	36211	28388	39215	29003	12652	11135	17868
39986	44797	154584	77852	71521	83063	54342	26225	24615	29727
31745	39914	121539	59414	56268	65271	47913	22116	25106	22807
32351	44355	136358	69962	57795	78563	54249	24972	22540	31709
32722	39461	146983	70374	63662	83321	62258	24501	23847	38411
53953	77738	246929	127488	97179	149750	97297	45443	38365	58932
33722	53511	177800	105527	67085	110715	80307	45061	31033	49274
16963	36201	112415	49654	28700	83715	51688	22508	10170	41518
16965	20324	69563	35507	29403	40160	30729	15215	12669	18060
18142	29324	103332	41494	36797	66535	43292	14228	15922	27370
52260	80053	268112	142877	101653	166459	116551	49776	46692	69859
31244	76470	197417	98796	50968	146449	81643	37730	17075	64568
47878	81737	241143	93890	97122	144021	103752	30725	41338	62414
20447	75808	179231	83532	44110	135121	80673	34776	22186	58487
46895	90320	258364	142197	74773	183591	106842	49522	27747	79095
16096	61064	152511	82600	29448	123063	66646	35365	11708	54938
3515	9428	20556	10013	6270	14286	7107	3412	2272	4835
18460	35718	95870	44513	37488	58382	37482	16313	14931	22551
31728	88135	196463	96494	54375	142088	73971	30694	19368	54603
12995	63934	104089	44466	19557	84532	26997	9728	5432	21565
15200	51275	123229	65232	31844	91385	51917	25409	14094	37823
27947	51536	146738	72163	51500	95238	59582	24935	20115	39467
13822	27487	71775	31719	21771	50004	27639	11982	7418	20221
2469	5202	17484	8750	4534	12950	5332	2026	1197	4135
2356	10569	25047	11023	4067	20980	12117	5334	1708	10409
16703	27498	84583	50881	30245	54338	42045	25183	13797	28248

高等教育网络本科、专科

Data on Students Enrolled in Normal and Short-cycle Courses

地 区 Region	毕(结)业生数 Graduates				授予学位数 Degrees Awarded	招生
	计 Total	其中:女 of which: Female	本 科 Normal Courses	专 科 Short-cycle Courses		计 Total
总 计 Total	**393715**		**211728**	**181987**	**10728**	**839325**
北 京 Beijing	296335		142646	153689	6375	679400
天 津 Tianjin	818		646	172	75	3512
河 北 Hebei						
山 西 Shaanxi						
内蒙古 Inner Mongolia						
辽 宁 Liaoning	1301		1301		1218	5790
吉 林 Jilin	623		623			3858
黑龙江 Heilongjiang	7816		1863	5953	491	8765
上 海 Shanghai	3522		3510	12	365	18604
江 苏 Jiangsu						1255
浙 江 Zhejiang	4435		4435		917	6277
安 徽 Anhui						488
福 建 Fujian	7049		5898	1151		8924
江 西 Jiangxi						
山 东 Shandong	12117		9542	2575		1499
河 南 Henan	306		306		40	1860
湖 北 Hubei	7066		3522	3544	665	28423
湖 南 Hunan	30675		19817	10858	124	7275
广 东 Guangdong	4155		3964	191	434	14392
广 西 Guangxi						
海 南 Hainan						
重 庆 Chongqing	8614		6563	2051		11619
四 川 Sichuan	8284		6668	1616	24	24660
贵 州 Guizhou						
云 南 Yunnan						
西 藏 Tibet	247		72	175		840
陕 西 Shaanxi						10065
甘 肃 Gansu	352		352			1819
青 海 Qinghai						
宁 夏 Ningxia						
新 疆 Xinjiang						

生学生数

Provided by Web-based Programs in Higher Education

单位:人
Unit:in Person

数 Entrants			在校学生数 Enrolment			
其中:女 of which: Female	本 科 Normal Courses	专 科 Short-cycle Courses	计 Total	其中:女 of which: Female	本 科 Normal Courses	专 科 Short-cycle Courses
	427811	**411514**	**2365908**		**1270458**	**1095450**
	309332	370068	1823015		829329	993686
	3360	152	11337		10814	523
	4621	1169	24529		22057	2472
	3487	371	8609		8238	371
	3936	4829	13969		9088	4881
	14091	4513	45761		39311	6450
	1218	37	10794		10589	205
	6277		16682		16682	
	488		488		488	
	7897	1027	34390		31006	3384
	1230	269	13225		10673	2552
	817	1043	4542		3422	1120
	18092	10331	74166		45912	28254
	7275		85436		73975	11461
	11145	3247	34679		29368	5311
	8152	3467	46548		37826	8722
	15757	8903	74749		55878	18871
	455	385	1445		647	798
	8371	1694	28757		22899	5858
	1810	9	12787		12256	531

综合大学本科、专科生

Data on Students of Comprehensive

地 区 Region	毕(结)业生数 Graduates			招生数 Entrants		
	计 Total	本 科 Normal Courses	专 科 Short-cycle Courses	计 Total	本 科 Normal Courses	专 科 Short-cycle Courses
总 计 Totall	**561530**	**315356**	**246174**	**1016251**	**508394**	**507857**
北 京 Beijing	15943	8142	7801	22712	12003	10709
天 津 Tianjin	8055	2525	5530	21957	4555	17402
河 北 Hebei	13294	4365	8929	19386	6017	13369
山 西 Shaanxi	3635	3313	322	4205	3271	934
内蒙古 Inner Mongolia	9091	4238	4853	16452	9463	6989
辽 宁 Liaoning	22214	11518	10696	35117	16616	18501
吉 林 Jilin	23527	20182	3345	28431	23047	5384
黑龙江 Heilongjiang	28004	13779	14225	45020	22355	22665
上 海 Shanghai	20548	12301	8247	32677	13840	18837
江 苏 Jiangsu	40245	30965	9280	54930	47406	7524
浙 江 Zhejiang	27588	11305	16283	41347	14956	26391
安 徽 Anhui	3375	3209	166	6310	6060	250
福 建 Fujian	16492	9056	7436	37775	22970	14805
江 西 Jiangxi	23630	6780	16850	78409	18041	60368
山 东 Shandong	67240	28270	38970	146168	47800	98368
河 南 Henan	16704	13865	2839	22778	20568	2210
湖 北 Hubei	33936	28831	5105	38766	31406	7360
湖 南 Hunan	45870	29521	16349	76816	44075	32741
广 东 Guangdong	49817	17738	32079	110652	45766	64886
广 西 Guangxi	7067	4615	2452	16411	7482	8929
海 南 Hainan	2378	1027	1351	5980	2943	3037
重 庆 Chongqing	12362	7036	5326	23482	13387	10095
四 川 Sichuan	20256	11250	9006	45965	19797	26168
贵 州 Guizhou	8554	6000	2554	17983	9602	8381
云 南 Yunnan	7438	3489	3949	16549	10135	6414
西 藏 Tibet	563	400	163	1476	1224	252
陕 西 Shaanxi	12979	9719	3260	13131	11341	1790
甘 肃 Gansu	6340	2603	3737	11056	5047	6009
青 海 Qinghai	1736	1216	520	2380	1533	847
宁 夏 Ningxia	4069	3188	881	7204	4785	2419
新 疆 Xinjiang	8580	4910	3670	14726	10903	3823

学生数
Universities

单位：人

Unit: in Person

在校学生数 Enrolment			预计毕业生数 Anticipated Graduates for Next Year		
计 Total	本科 Normal Courses	专科 Short-cycle Courses	计 Total	本科 Normal Courses	专科 Short-cycle Courses
3104510	**1843484**	**1261026**	**741479**	**393916**	**347563**
72409	44161	28248	18177	9917	8260
58682	14071	44611	15190	3099	12091
57684	25500	32184	15194	5906	9288
19549	15915	3634	6860	4978	1882
54366	33340	21026	12784	5740	7044
106221	59205	47016	29165	13076	16089
103899	88543	15356	25333	19981	5352
142149	79193	62956	36008	16296	19712
99606	55406	44200	25389	13913	11476
191773	169730	22043	44301	37826	6475
128977	56836	72141	33448	13340	20108
19478	18325	1153	4203	3772	431
105463	68763	36700	20341	11377	8964
195511	61249	134262	43230	10946	32284
404951	186289	218662	95410	40753	54657
83953	77323	6630	19269	16697	2572
157675	132771	24904	39434	31726	7708
258386	162981	95405	61479	33742	27737
312899	144383	168516	72169	26747	45422
38811	21516	17295	8370	4545	3825
19283	9055	10228	4734	1383	3351
66595	45360	21235	15149	9530	5619
130112	73638	56474	28140	14938	13202
57288	38495	18793	12886	7665	5221
49224	33043	16181	10460	5979	4481
4109	3293	816	865	510	355
52837	44879	7958	15712	11901	3811
32051	16676	15375	8129	3227	4902
7414	5535	1879	2150	1487	663
21154	16742	4412	4886	3784	1102
52001	41268	10733	12614	9135	3479

高等理工院校本科、

Data on Students of of Institutions

地区 Region	毕(结)业生数 Graduates 计 Total	本科 Normal Courses	专科 Short-cycle Courses	招生数 计 Total	本科 Normal Courses
总计 Total	**807813**	**403091**	**404722**	**1602942**	**706975**
北京 Beijing	41690	32070	9620	57438	43832
天津 Tianjin	23161	14077	9084	34142	18879
河北 Hebei	58162	20961	37201	100024	40045
山西 Shaanxi	16252	10007	6245	39269	17758
内蒙古 Inner Mongolia	5705	1652	4053	15962	4298
辽宁 Liaoning	51064	35322	15742	76487	54831
吉林 Jilin	16639	10262	6377	31822	21870
黑龙江 Heilongjiang	23333	18439	4894	42810	27920
上海 Shanghai	33148	18601	14547	45907	26486
江苏 Jiangsu	91849	38341	53508	162047	66550
浙江 Zhejiang	31306	12600	18706	61510	33332
安徽 Anhui	33673	15157	18516	79979	26632
福建 Fujian	12054	3577	8477	33647	13436
江西 Jiangxi	15976	10356	5620	54223	22326
山东 Shandong	32950	13926	19024	60832	26229
河南 Henan	58369	14897	43472	122124	32032
湖北 Hubei	74466	37436	37030	177763	67125
湖南 Hunan	33681	9026	24655	69508	22963
广东 Guangdong	25152	7996	17156	60937	17677
广西 Guangxi	12180	4770	7410	27157	10063
海南 Hainan				865	
重庆 Chongqing	12090	4819	7271	27136	10020
四川 Sichuan	36347	23358	12989	85941	36021
贵州 Guizhou	532		532	4810	
云南 Yunnan	6678	3530	3148	12474	5359
西藏 Tibet					
陕西 Shaanxi	49797	36594	13203	89292	52150
甘肃 Gansu	8812	5317	3495	18094	9141
青海 Qinghai	25		25	1149	
宁夏 Ningxia	90		90	758	
新疆 Xinjiang	2632		2632	8835	

专科生学生数

of Science & Technology

单位:人

Unit: in Person

Entrants	在校学生数 Enrolment			预计毕业生数 Anticipated Graduates for Next Year		
专科 Short-cycle Courses	计 Total	本科 Normal Courses	专科 Short-cycle Courses	计 Total	本科 Normal Courses	专科 Short-cycle Courses
895967	**4651507**	**2456198**	**2195309**	**1079031**	**509022**	**570009**
13606	212110	172690	39420	53027	41849	11178
15263	114131	72663	41468	28761	16540	12221
59979	300063	140277	159786	79530	30649	48881
21511	119661	60756	58905	29971	12924	17047
11664	38100	13581	24519	7085	2209	4876
21656	248555	191939	56616	60724	42197	18527
9952	102075	74527	27548	23185	14066	9119
14890	134239	103177	31062	27979	21410	6569
19421	151203	96831	54372	38234	21518	16716
95497	467448	225643	241805	108989	48826	60163
28178	196008	109152	86856	46050	19534	26516
53347	211776	91248	120528	49216	18738	30478
20211	85180	36038	49142	15719	4952	10767
31897	137920	72116	65804	23700	13366	10334
34603	174385	101800	72585	41997	21804	20193
90092	310641	105226	205415	72829	19082	53747
110638	503749	229516	274233	106037	46663	59374
46545	202536	75500	127036	50569	13178	37391
43260	149439	47001	102438	33942	8828	25114
17094	74643	34330	40313	17412	6267	11145
865	1096		1096	156		156
17116	75219	34060	41159	18180	6938	11242
49920	245644	138784	106860	54111	29505	24606
4810	8727		8727	1292		1292
7115	37334	20978	16356	8554	4349	4205
37142	274387	176257	98130	64559	36735	27824
8953	52670	32108	20562	12541	6895	5646
1149	2567		2567	901		901
758	1430		1430	166		166
8835	18571		18571	3615		3615

高等农业院校本科、

Data on Students of Institutions

地　区 Region	毕(结)业生数 Graduates				招生数
	计 Total	本　科 Normal Courses	专　科 Short-cycle Courses	计 Total	本　科 Normal Courses
总　计 Total	**106183**	**66419**	**39764**	**199899**	**120248**
北　京 Beijing	4916	3572	1344	7224	5005
天　津 Tianjin	1036	535	501	2573	1739
河　北 Hebei	4364	2489	1875	11552	5822
山　西 Shaanxi	3020	2171	849	4668	2444
内蒙古 Inner Mongolia	3215	2204	1011	6197	4718
辽　宁 Liaoning	5849	3410	2439	8211	4967
吉　林 Jilin	3886	2677	1209	8566	5912
黑龙江 Heilongjiang	7680	4170	3510	19082	7963
上　海 Shanghai	1783	1264	519	3557	2734
江　苏 Jiangsu	3798	2373	1425	10766	3724
浙　江 Zhejiang	1335	752	583	3681	2833
安　徽 Anhui	3963	2658	1305	6936	3776
福　建 Fujian	3971	2880	1091	7660	4664
江　西 Jiangxi	2358	2060	298	4018	2654
山　东 Shandong	8744	5320	3424	13654	9418
河　南 Henan	6940	2591	4349	10990	3549
湖　北 Hubei	2534	2102	432	3980	3900
湖　南 Hunan	3637	2348	1289	7664	4838
广　东 Guangdong	7515	5046	2469	16456	14866
广　西 Guangxi	1845		1845	4919	
海　南 Hainan	1729	1188	541	2401	1628
重　庆 Chongqing	3410	2619	791	5935	4360
四　川 Sichuan	4127	2969	1158	6947	4938
贵　州 Guizhou					
云　南 Yunnan	1678	1357	321	4717	2352
西　藏 Tibet	289	196	93	558	490
陕　西 Shaanxi	6636	3760	2876	8313	4638
甘　肃 Gansu	1933	1290	643	2796	2796
青　海 Qinghai	285		285	574	
宁　夏 Ningxia					
新　疆 Xinjiang	3707	2418	1289	5304	3520

专科生学生数

of Agriculture

单位:人

Unit:in Person

Entrants	在校学生数 Enrolment			预计毕业生数 Anticipated Graduates for Next Year		
专科 Short-cycle Courses	计 Total	本科 Normal Courses	专科 Short-cycle Courses	计 Total	本科 Normal Courses	专科 Short-cycle Courses
79651	**628145**	**424769**	**203376**	**144701**	**87350**	**57351**
2219	25650	20260	5390	6436	4816	1620
834	8286	5728	2558	1623	883	740
5730	35157	18692	16465	8793	3893	4900
2224	19048	11954	7094	4511	2635	1876
1479	19582	15618	3964	4069	2890	1179
3244	28962	18679	10283	7868	4033	3835
2654	23028	16710	6318	4888	3169	1719
11119	48972	26967	22005	9823	5128	4695
823	15480	12285	3195	4170	2666	1504
7042	31734	13190	18544	7866	3136	4730
848	9783	7382	2401	1865	1016	849
3160	23010	15021	7989	5812	3355	2457
2996	21154	15771	5383	4000	3462	538
1364	13295	10697	2598	2920	2548	372
4236	46009	35994	10015	10260	6965	3295
7441	31692	13403	18289	8216	3264	4952
80	14660	14177	483	3056	2878	178
2826	25603	17852	7751	6018	4042	1976
1590	49840	43578	6262	9317	7026	2291
4919	11638		11638	2764		2764
773	10035	7126	2909	2561	1661	900
1575	18386	15007	3379	4129	3038	1091
2009	23303	18516	4787	5656	4314	1342
2365	12594	7856	4738	2454	1663	791
68	1529	1156	373	408	226	182
3675	28908	17000	11908	7963	3944	4019
	10034	9254	780	2294	1761	533
574	1194		1194	462		462
1784	19579	14896	4683	4499	2938	1561

高等林业院校本科、

Data on Students of

地 区 Region	毕(结)业生数 Graduates				招生数
	计 Total	本 科 Normal Courses	专 科 Short-cycle Courses	计 Total	本 科 Normal Courses
总 计 Total	**14576**	**12070**	**2506**	**31522**	**22269**
北 京 Beijing	2562	2209	353	3481	3481
天 津 Tianjin					
河 北 Hebei					
山 西 Shaanxi				532	
内蒙古 Inner Mongolia					
辽 宁 Liaoning				545	
吉 林 Jilin					
黑龙江 Heilongjiang	3595	3092	503	5922	4018
上 海 Shanghai					
江 苏 Jiangsu	2677	2353	324	4060	4004
浙 江 Zhejiang	1651	1157	494	4060	4060
安 徽 Anhui				289	
福 建 Fujian				772	
江 西 Jiangxi				584	
山 东 Shandong					
河 南 Henan				956	
湖 北 Hubei				360	
湖 南 Hunan	2333	2204	129	4714	4353
广 东 Guangdong					
广 西 Guangxi	180		180	1435	
海 南 Hainan					
重 庆 Chongqing					
四 川 Sichuan					
贵 州 Guizhou					
云 南 Yunnan	1139	1055	84	2652	2353
西 藏 Tibet					
陕 西 Shaanxi					
甘 肃 Gansu	439		439	1160	
青 海 Qinghai					
宁 夏 Ningxia					
新 疆 Xinjiang					

专科生学生数

Institutions of Forestry

单位:人

Unit: in Person

Entrants	在校学生数 Enrolment			预计毕业生数 Anticipated Graduates for Next Year		
专科 Short-cycle Courses	计 Total	本科 Normal Courses	专科 Short-cycle Courses	计 Total	本科 Normal Courses	专科 Short-cycle Courses
9253	**98981**	**78012**	**20969**	**21566**	**16571**	**4995**
	13554	12958	596	3626	3117	509
532	1828		1828	536		536
545	941		941	65		65
1904	19945	15945	4000	4537	3656	881
56	15664	15057	607	3703	3328	375
	12507	12103	404	2434	2030	404
289	289		289			
772	1368		1368			
584	1060		1060	70		70
956	1548		1548	167		167
360	737		737	121		121
361	15345	14856	489	3133	3005	128
1435	3312		3312	614		614
299	8314	7093	1221	1988	1435	553
1160	2569		2569	572		572

高等医药院校本科、

Data on Students of Institutions

地　区 Region	毕(结)业生数 Graduates			招生数	
	计 Total	本　科 Normal Courses	专　科 Short-cycle Courses	计 Total	本　科 Normal Courses
总　计 Total	**105104**	**60953**	**44151**	**225353**	**116728**
北　京 Beijing	1895	1142	753	3585	2196
天　津 Tianjin	2457	1401	1056	5699	2973
河　北 Hebei	11662	5053	6609	23013	7393
山　西 Shaanxi	5482	3301	2181	10889	4253
内蒙古 Inner Mongolia	648	589	59	2192	1087
辽　宁 Liaoning	6120	4567	1553	14729	8571
吉　林 Jilin	2346	593	1753	5369	1337
黑龙江 Heilongjiang	4370	2842	1528	8311	5073
上　海 Shanghai	1693	1059	634	2403	1528
江　苏 Jiangsu	4262	3580	682	8231	7452
浙　江 Zhejiang	3305	1454	1851	8507	5098
安　徽 Anhui	6425	4102	2323	12470	6327
福　建 Fujian	2921	1480	1441	4670	3033
江　西 Jiangxi	3358	2622	736	8492	5011
山　东 Shandong	10552	4346	6206	22253	9058
河　南 Henan	2627	1939	688	6981	3634
湖　北 Hubei	2633	1688	945	6197	2519
湖　南 Hunan	3524	1109	2415	7338	1975
广　东 Guangdong	4448	3141	1307	17161	12695
广　西 Guangxi	4459	2906	1553	8256	4378
海　南 Hainan	408	202	206	1256	691
重　庆 Chongqing	1740	691	1049	4109	1540
四　川 Sichuan	3971	3255	716	8984	5955
贵　州 Guizhou	4114	2838	1276	7497	4957
云　南 Yunnan	2220	1363	857	3179	2331
西　藏 Tibet	78	27	51	435	343
陕　西 Shaanxi	2714	910	1804	6102	1287
甘　肃 Gansu	2086	1184	902	2492	1605
青　海 Qinghai	389	389		1339	525
宁　夏 Ningxia	653	393	260	998	721
新　疆 Xinjiang	1544	787	757	2216	1182

专科生学生数
of Medicine & Pharmacy

单位：人
Unit: in Person

Entrants	在校学生数 Enrolment			预计毕业生数 Anticipated Graduates for Next Year		
专科 Short-cycle Courses	计 Total	本科 Normal Courses	专科 Short-cycle Courses	计 Total	本科 Normal Courses	专科 Short-cycle Courses
108625	**721447**	**463292**	**258155**	**139968**	**74153**	**65815**
1389	13433	9199	4234	2997	1492	1505
2726	16094	9925	6169	3055	1447	1608
15620	67227	32721	34506	14069	4934	9135
6636	37384	20018	17366	8579	3898	4681
1105	5852	4302	1550	768	728	40
6158	46982	32787	14195	9387	5678	3709
4032	13631	4784	8847	3252	713	2539
3238	30783	21373	9410	5808	3535	2273
875	8601	6217	2384	1767	1010	757
779	31106	28529	2577	4903	4136	767
3409	28629	17763	10866	5973	2572	3401
6143	41179	27003	14176	6870	3917	2953
1637	14654	10484	4170	2684	1521	1163
3481	26391	18923	7468	4575	3325	1250
13195	67235	38611	28624	13015	5041	7974
3347	20103	14851	5252	3331	2576	755
3678	23412	12206	11206	4797	2189	2608
5363	19895	7439	12456	4054	1150	2904
4466	42586	31161	11425	6661	4081	2580
3878	27545	18877	8668	5160	3280	1880
565	4334	2815	1519	1098	531	567
2569	11827	6085	5742	2343	883	1460
3029	35011	28538	6473	6229	5032	1197
2540	27860	21528	6332	5616	3768	1848
848	12731	10278	2453	2351	1653	698
92	950	716	234	124	23	101
4815	15162	4455	10707	3555	770	2785
887	12807	10102	2705	2915	2012	903
814	4259	2855	1404	1049	762	287
277	4431	3299	1132	934	520	414
1034	9353	5448	3905	2049	976	1073

高等师范院校本科、

Data on Students of

地 区 Region	毕(结)业生数 Graduates			招生数	
	计 Total	本 科 Normal Courses	专 科 Short-cycle Courses	计 Total	本 科 Normal Courses
总 计 Total	**384740**	**194019**	**190721**	**592535**	**338442**
北 京 Beijing	4209	4209		4927	4927
天 津 Tianjin	5358	4077	1281	7463	5786
河 北 Hebei	30445	9101	21344	38794	14653
山 西 Shaanxi	15043	7438	7605	26494	15649
内蒙古 Inner Mongolia	9394	3821	5573	21507	10578
辽 宁 Liaoning	12291	6890	5401	17544	9855
吉 林 Jilin	11426	9080	2346	21640	16221
黑龙江 Heilongjiang	8952	5057	3895	14994	9607
上 海 Shanghai	8940	7160	1780	9123	8240
江 苏 Jiangsu	22157	14482	7675	26528	20661
浙 江 Zhejiang	14614	7506	7108	23145	16684
安 徽 Anhui	27663	12232	15431	41225	24244
福 建 Fujian	10871	4895	5976	21268	10607
江 西 Jiangxi	11165	7447	3718	15499	12130
山 东 Shandong	23159	11841	11318	34207	16010
河 南 Henan	30135	10186	19949	50095	25351
湖 北 Hubei	10742	7447	3295	14938	8506
湖 南 Hunan	11379	6209	5170	17829	10315
广 东 Guangdong	11593	7375	4218	23485	15469
广 西 Guangxi	14369	3973	10396	21166	9535
海 南 Hainan	2114	938	1176	4391	2642
重 庆 Chongqing	7392	4993	2399	14548	9984
四 川 Sichuan	24696	15904	8792	31599	16829
贵 州 Guizhou	10417	2666	7751	17792	7894
云 南 Yunnan	8432	3205	5227	15122	7139
西 藏 Tibet	610		610	1014	
陕 西 Shaanxi	14606	7893	6713	26231	13654
甘 肃 Gansu	12253	3418	8835	15149	6703
青 海 Qinghai	1153	711	442	1994	1623
宁 夏 Ningxia	1223		1223	1509	
新 疆 Xinjiang	7939	3865	4074	11315	6946

专科生学生数

Institutions of Teachers

单位：人

Unit: in Person

Entrants	在校学生数 Enrolment			预计毕业生数 Anticipated Graduates for Next Year		
专 科 Short-cycle Courses	计 Total	本 科 Normal Courses	专 科 Short-cycle Courses	计 Total	本 科 Normal Courses	专 科 Short-cycle Courses
254093	**1907810**	**1187514**	**720296**	**481382**	**245881**	**235501**
	19312	18990	322	4763	4441	322
1677	26010	21786	4224	5724	4361	1363
24141	123035	56279	66756	37898	14694	23204
10845	88074	46749	41325	24141	9522	14619
10929	60434	31948	28486	14277	6091	8186
7689	54253	35581	18672	14960	8293	6667
5419	72802	57260	15542	17498	11254	6244
5387	48963	33058	15905	10063	5447	4616
883	34747	31690	3057	8679	7498	1181
5867	105115	76775	28340	28506	18213	10293
6461	77433	56739	20694	19592	11194	8398
16981	129182	79640	49542	30809	14897	15912
10661	63692	35730	27962	14614	7221	7393
3369	54925	40800	14125	14652	8828	5824
18197	114117	70841	43276	30549	16879	13670
24744	151505	84088	67417	38473	15681	22792
6432	50856	32977	17879	12941	7938	5003
7514	53370	31907	21463	12647	5483	7164
8016	70814	45261	25553	15280	8138	7142
11631	65565	31149	34416	18460	6130	12330
1749	13409	8095	5314	2938	1222	1716
4564	42172	32546	9626	8450	5655	2795
14770	115680	78354	37326	27053	16912	10141
9898	49573	26950	22623	11290	5567	5723
7983	48259	25201	23058	12974	5187	7787
1014	1911		1911	897		897
12577	75650	41365	34285	18063	7499	10564
8446	46469	21437	25032	13491	4742	8749
371	6378	5566	812	1263	1010	253
1509	4287		4287	1017		1017
4369	39818	28752	11066	9420	5884	3536

高等语文院校本科、

Data on Students of Institutions

地　区 Region	毕(结)业生数 Graduates			招生数	
	计 Total	本　科 Normal Courses	专　科 Short-cycle Courses	计 Total	本　科 Normal Courses
总　计 Total	**25610**	**12629**	**12981**	**55161**	**27005**
北　京 Beijing	7505	4630	2875	11100	7326
天　津 Tianjin	1604	898	706	3301	2476
河　北 Hebei	425		425	1962	
山　西 Shaanxi				1191	
内蒙古 Inner Mongolia	787		787	1500	
辽　宁 Liaoning	1401	1401		2718	2622
吉　林 Jilin	421		421	1724	1460
黑龙江 Heilongjiang					
上　海 Shanghai	2424	1039	1385	3825	1408
江　苏 Jiangsu	636		636	1495	
浙　江 Zhejiang	1625		1625	3720	728
安　徽 Anhui				910	
福　建 Fujian	65		65	181	
江　西 Jiangxi					
山　东 Shandong					
河　南 Henan					
湖　北 Hubei					
湖　南 Hunan	847		847	2042	
广　东 Guangdong	2342	2342		4510	4510
广　西 Guangxi					
海　南 Hainan	173		173	340	
重　庆 Chongqing	1479	962	517	4537	3319
四　川 Sichuan	256		256	2210	500
贵　州 Guizhou					
云　南 Yunnan					
西　藏 Tibet					
陕　西 Shaanxi	3620	1357	2263	7895	2656
甘　肃 Gansu					
青　海 Qinghai					
宁　夏 Ningxia					
新　疆 Xinjiang					

专科生学生数
of language & Literature

单位:人

Unit:in Person

Entrants	在校学生数 Enrolment			预计毕业生数 Anticipated Graduates for Next Year		
专科 Short-cycle Courses	计 Total	本科 Normal Courses	专科 Short-cycle Courses	计 Total	本科 Normal Courses	专科 Short-cycle Courses
28156	**146883**	**79437**	**67446**	**34247**	**14385**	**19862**
3774	33313	24665	8648	8773	5611	3162
825	9908	7302	2606	2221	1293	928
1962	3751		3751	922		922
1191	1605		1605	414		414
1500	3881		3881	842		842
96	8509	8413	96	1779	1779	
264	4719	3035	1684	782	53	729
2417	12807	5291	7516	3690	1206	2484
1495	2836		2836	636		636
2992	9561	980	8581	2432		2432
910	1701		1701	414		414
181	679		679	212		212
2042	4946		4946	1285		1285
	12366	12366		2243	2243	
340	640		640	220		220
1218	10184	7748	2436	1719	1066	653
1710	5013	1860	3153	853	128	725
5239	20464	7777	12687	4810	1006	3804

高等财经院校本科、

Data on Students of Institutions

地　区 Region	毕(结)业生数 Graduates 计 Total	本　科 Normal Courses	专　科 Short-cycle Courses	招生数 计 Total	本　科 Normal Courses
总　计 Total	**176501**	**78194**	**98307**	**361370**	**149570**
北　京 Beijing	9358	7868	1490	16382	10392
天　津 Tianjin	6441	4464	1977	10754	7276
河　北 Hebei	11382	6850	4532	15375	7592
山　西 Shaanxi	3583	2337	1246	11270	5987
内蒙古 Inner Mongolia	1487	935	552	4501	1796
辽　宁 Liaoning	9031	2137	6894	12599	4776
吉　林 Jilin	4621	1983	2638	6912	2983
黑龙江 Heilongjiang	5598	3164	2434	8255	5244
上　海 Shanghai	12045	2272	9773	19396	9300
江　苏 Jiangsu	11492	4395	7097	19370	7904
浙　江 Zhejiang	13463	4867	8596	25063	11372
安　徽 Anhui	6799	2278	4521	19322	5753
福　建 Fujian	1494		1494	5431	
江　西 Jiangxi	5832	2434	3398	16948	4759
山　东 Shandong	8497	4124	4373	14888	5191
河　南 Henan	10197	4674	5523	24246	7855
湖　北 Hubei	9236	4926	4310	31192	13367
湖　南 Hunan	3710	1405	2305	13297	3311
广　东 Guangdong	8008	2697	5311	14062	4034
广　西 Guangxi	4890	30	4860	10957	2086
海　南 Hainan	871		871	3858	
重　庆 Chongqing	4842	3723	1119	8483	6778
四　川 Sichuan	2959	2586	373	7080	4081
贵　州 Guizhou	3433	1255	2178	5619	2848
云　南 Yunnan	1606	1504	102	4007	2901
西　藏 Tibet					
陕　西 Shaanxi	10705	2486	8219	24073	6080
甘　肃 Gansu	3017	1518	1499	4679	3576
青　海 Qinghai					
宁　夏 Ningxia	190		190	791	
新　疆 Xinjiang	1714	1282	432	2560	2328

专科生学生数
of Finance & Economics

单位:人

Unit: in Person

Entrants	在校学生数 Enrolment			预计毕业生数 Anticipated Graduates for Next Year		
专科 Short-cycle Courses	计 Total	本科 Normal Courses	专科 Short-cycle Courses	计 Total	本科 Normal Courses	专科 Short-cycle Courses
211800	**1023588**	**488383**	**535205**	**242157**	**100940**	**141217**
5990	52532	38336	14196	11421	8507	2914
3478	33838	25280	8558	8152	5822	2330
7783	52504	31924	20580	15080	8369	6711
5283	35262	16779	18483	9558	3357	6201
2705	11539	5505	6034	2225	1091	1134
7823	42317	15233	27084	13444	3450	9994
3929	22947	9553	13394	6851	1962	4889
3011	25226	17192	8034	5896	3699	2197
10096	56966	23661	33305	15113	4048	11065
11466	55614	27935	27679	12097	6349	5748
13691	74516	35264	39252	17974	6561	11413
13569	45246	16903	28343	10653	3132	7521
5431	10606		10606	2314		2314
12189	40097	16330	23767	7567	3476	4091
9697	46379	25641	20738	9798	5136	4662
16391	58464	25710	32754	12687	5307	7380
17825	75016	35321	39695	12474	6526	5948
9986	37185	12178	25007	7921	2302	5619
10028	43111	13750	29361	11523	3124	8399
8871	26660	3127	23533	7039	27	7012
3858	8203		8203	1487		1487
1705	26858	22524	4334	5435	4209	1226
2999	18483	13215	5268	3865	2793	1072
2771	17288	9628	7660	4035	1844	2191
1106	10624	9035	1589	1994	1746	248
17993	64906	14680	50226	17078	2261	14817
1103	18005	13604	4401	4955	2914	2041
791	2034		2034	286		286
232	11162	10075	1087	3235	2928	307

高等政法院校本科、

Data on Students of Institutions

地　区 Region	毕(结)业生数 Graduates			招生数	
	计 Total	本　科 Normal Courses	专　科 Short-cycle Courses	计 Total	本　科 Normal Courses
总　计 Total	**44448**	**12785**	**31663**	**80275**	**23579**
北　京 Beijing	5205	3974	1231	6344	4702
天　津 Tianjin	662		662	623	
河　北 Hebei	4495	996	3499	7214	2157
山　西 Shaanxi	625		625	1227	
内蒙古 Inner Mongolia	504		504	544	
辽　宁 Liaoning	2044	1141	903	2730	2106
吉　林 Jilin	583		583	992	
黑龙江 Heilongjiang	159		159	1800	
上　海 Shanghai	2352	1558	794	4336	2650
江　苏 Jiangsu	1830		1830	2990	1284
浙　江 Zhejiang	1747		1747	2444	
安　徽 Anhui	1619		1619	2570	
福　建 Fujian	622		622	1274	
江　西 Jiangxi	849		849	3029	
山　东 Shandong	695		695	1356	619
河　南 Henan	3272		3272	6205	
湖　北 Hubei	1176	135	1041	3474	455
湖　南 Hunan	894		894	1993	
广　东 Guangdong	1561		1561	2709	600
广　西 Guangxi	1328		1328	2855	
海　南 Hainan				450	
重　庆 Chongqing	3288	2173	1115	6215	3370
四　川 Sichuan	910		910	2312	
贵　州 Guizhou	1059		1059	1927	
云　南 Yunnan	1201		1201	2835	906
西　藏 Tibet	49		49	360	
陕　西 Shaanxi	3519	2136	1383	5241	2842
甘　肃 Gansu	1557	672	885	2377	1888
青　海 Qinghai	297		297	283	
宁　夏 Ningxia				321	
新　疆 Xinjiang	346		346	1245	

专科生学生数

of Political Science & Law

单位：人

Unit: in Person

Entrants	在校学生数 Enrolment			预计毕业生数 Anticipated Graduates for Next Year		
专科 Short-cycle Courses	计 Total	本科 Normal Courses	专科 Short-cycle Courses	计 Total	本科 Normal Courses	专科 Short-cycle Courses
56696	**221458**	**72257**	**149201**	**60158**	**13611**	**46547**
1642	21174	17277	3897	5658	4132	1526
623	2419		2419	1025		1025
5057	17609	6274	11335	6277	1086	5191
1227	3797		3797	1020		1020
544	2539		2539	1000		1000
624	8505	6082	2423	2026	1079	947
992	3342		3342	1140		1140
1800	4964		4964	1363		1363
1686	11868	7539	4329	3474	1636	1838
1706	7648	3093	4555	1408		1408
2444	6978		6978	1972		1972
2570	6301		6301	1855		1855
1274	2613		2613	703		703
3029	7297		7297	1500		1500
737	3360	619	2741	1008		1008
6205	13659		13659	4007		4007
3019	10914	1682	9232	2409	120	2289
1993	5677		5677	2106		2106
2109	7402	600	6802	2507		2507
2855	6977		6977	2473		2473
450	450		450			
2845	19121	11747	7374	4291	2420	1871
2312	5145		5145	1310		1310
1927	4579		4579	1252		1252
1929	6630	1305	5325	1445		1445
360	628		628			
2399	16023	10530	5493	3430	2165	1265
489	8923	5509	3414	2308	973	1335
283	1060		1060	480		480
321	687		687			
1245	3169		3169	711		711

高等体育院校本科、

Data on Students of Institutions

地区 Region	毕(结)业生数 Graduates			招生数	
	计 Total	本科 Normal Courses	专科 Short-cycle Courses	计 Total	本科 Normal Courses
总计 Total	**13210**	**10411**	**2799**	**22976**	**18184**
北京 Beijing	1274	1274		2111	2111
天津 Tianjin	1171	653	518	1375	1152
河北 Hebei	968	656	312	894	740
山西 Shaanxi				650	
内蒙古 Inner Mongolia	44		44	225	
辽宁 Liaoning	1132	945	187	1850	1646
吉林 Jilin	509	509		1286	1286
黑龙江 Heilongjiang	596	596		1155	1155
上海 Shanghai	860	860		999	999
江苏 Jiangsu	447	297	150	553	450
浙江 Zhejiang				132	
安徽 Anhui	91		91	816	
福建 Fujian					
江西 Jiangxi					
山东 Shandong	691	493	198	1769	1600
河南 Henan				3	
湖北 Hubei	866	866		2322	2322
湖南 Hunan	88		88	391	
广东 Guangdong	1073	755	318	1446	1223
广西 Guangxi	764		764	929	
海南 Hainan					
重庆 Chongqing					
四川 Sichuan	1404	1404		2080	1900
贵州 Guizhou					
云南 Yunnan				117	
西藏 Tibet					
陕西 Shaanxi	1232	1103	129	1873	1600
甘肃 Gansu					
青海 Qinghai					
宁夏 Ningxia					
新疆 Xinjiang					

专科生学生数

of Physical Culture

单位:人

Unit: in Person

Entrants	在校学生数 Enrolment			预计毕业生数 Anticipated Graduates for Next Year		
专 科 Short-cycle Courses	计 Total	本 科 Normal Courses	专 科 Short-cycle Courses	计 Total	本 科 Normal Courses	专 科 Short-cycle Courses
4792	**73960**	**64515**	**9445**	**16428**	**12742**	**3686**
	7219	7219		1400	1400	
223	5545	4513	1032	1704	973	731
154	3599	3308	291	1013	876	137
650	650		650	650		650
225	498		498	28		28
204	6100	5660	440	1487	1251	236
	4013	4013		681	681	
	3872	3872		737	737	
	3961	3961		972	972	
103	1950	1615	335	426	336	90
132	132		132			
816	1660		1660	383		383
169	4892	4723	169	546	546	
3	3		3			
	7279	7279		1154	1154	
391	865		865	200		200
223	5636	4652	984	1391	992	399
929	1726		1726	742		742
180	8127	7947	180	1534	1534	
117	117		117			
273	6116	5753	363	1380	1290	90

高等艺术院校本科、

Data on Students of

地 区 Region	毕(结)业生数 Graduates			招生数	
	计 Total	本 科 Normal Courses	专 科 Short-cycle Courses	计 Total	本 科 Normal Courses
总 计 Total	**18326**	**11435**	**6891**	**55327**	**30144**
北 京 Beijing	2174	1309	865	3719	2523
天 津 Tianjin	768	578	190	2047	1427
河 北 Hebei	291		291	985	
山 西 Shaanxi	141		141	429	
内蒙古 Inner Mongolia				291	
辽 宁 Liaoning	784	716	68	4641	2472
吉 林 Jilin	753	753		3970	3763
黑龙江 Heilongjiang				169	
上 海 Shanghai	1127	322	805	2611	779
江 苏 Jiangsu	1541	788	753	3362	2196
浙 江 Zhejiang	1631	448	1183	3825	1590
安 徽 Anhui				1356	
福 建 Fujian	37	26	11	146	97
江 西 Jiangxi	31		31	2677	
山 东 Shandong	1460	1003	457	3617	2431
河 南 Henan				1279	
湖 北 Hubei	696	696		1999	1697
湖 南 Hunan	64		64	544	
广 东 Guangdong	1043	838	205	2764	1961
广 西 Guangxi	614	393	221	1137	735
海 南 Hainan					
重 庆 Chongqing	1102	676	426	971	971
四 川 Sichuan	1691	856	835	7147	3013
贵 州 Guizhou					
云 南 Yunnan	621	538	83	2269	1343
西 藏 Tibet					
陕 西 Shaanxi	1444	1184	260	2682	2456
甘 肃 Gansu					
青 海 Qinghai					
宁 夏 Ningxia					
新 疆 Xinjiang	313	311	2	690	690

专科生学生数

Institutions of Art

单位:人

Unit: in Person

Entrants	在校学生数 Enrolment			预计毕业生数 Anticipated Graduates for Next Year		
专 科 Short-cycle Courses	计 Total	本 科 Normal Courses	专 科 Short-cycle Courses	计 Total	本 科 Normal Courses	专 科 Short-cycle Courses
25183	**144707**	**94715**	**49992**	**27425**	**16195**	**11230**
1196	12744	9552	3192	3259	1756	1503
620	6124	5155	969	1301	1185	116
985	1687		1687	400		400
429	1421		1421	454		454
291	291		291			
2169	11703	6439	5264	2362	759	1603
207	10720	10022	698	1957	1548	409
169	235		235	33		33
1832	6035	2283	3752	1335	337	998
1166	9920	5949	3971	2329	1228	1101
2235	12942	6439	6503	2640	817	1823
1356	2746		2746	660		660
49	400	269	131	52	22	30
2677	3421		3421	91		91
1186	8798	6897	1901	1735	1449	286
1279	2980		2980	564		564
302	5291	4830	461	839	839	
544	864		864	129		129
803	6066	5016	1050	993	919	74
402	3528	2974	554	722	722	
	3653	3545	108	728	728	
4134	16265	10851	5414	1467	1039	428
926	5829	4032	1797	958	634	324
226	8847	8265	582	1958	1754	204
	2197	2197		459	459	

民族院校本科、

Data on Students of

地区 Region	毕(结)业生数 Graduates 计 Total	 本科 Normal Courses	 专科 Short-cycle Courses	招生数 计 Total	 本科 Normal Courses
总计 Total	**19414**	**16467**	**2947**	**37139**	**32176**
北京 Beijing	1186	1186		2832	2832
天津 Tianjin					
河北 Hebei					
山西 Shaanxi					
内蒙古 Inner Mongolia					
辽宁 Liaoning	957	957		2500	2500
吉林 Jilin					
黑龙江 Heilongjiang					
上海 Shanghai					
江苏 Jiangsu					
浙江 Zhejiang					
安徽 Anhui					
福建 Fujian					
江西 Jiangxi				1485	
山东 Shandong					
河南 Henan					
湖北 Hubei	4138	4000	138	7488	6870
湖南 Hunan	331		331	303	
广东 Guangdong					
广西 Guangxi	2041	1572	469	3348	3092
海南 Hainan					
重庆 Chongqing					
四川 Sichuan	2106	2095	11	4410	4250
贵州 Guizhou	1544	1471	73	3016	2812
云南 Yunnan	1634	1523	111	2795	2059
西藏 Tibet	519	341	178	2160	1852
陕西 Shaanxi	194		194	263	48
甘肃 Gansu	1760	1410	350	2912	2756
青海 Qinghai	1822	730	1092	1627	1105
宁夏 Ningxia	1182	1182		2000	2000
新疆 Xinjiang					

专科生学生数

Institutions of Nationalities

单位:人

Unit:in Person

Entrants	在校学生数 Enrolment			预计毕业生数 Anticipated Graduates for Next Year		
专科 Short-cycle Courses	计 Total	本科 Normal Courses	专科 Short-cycle Courses	计 Total	本科 Normal Courses	专科 Short-cycle Courses
4963	**122877**	**110278**	**12599**	**25138**	**21624**	**3514**
	9715	9715		1751	1751	
	8571	8571		1672	1672	
1485	2270		2270			
618	25125	23797	1328	5021	4830	191
303	839		839	382		382
256	11270	10366	904	2505	1955	550
160	15115	14598	517	2553	2553	
204	10198	9882	316	2136	2024	112
736	8988	7215	1773	2229	1644	585
308	5604	4230	1374	882	541	341
215	789	48	741	269		269
156	10920	10265	655	2319	2010	309
522	6372	4490	1882	1779	1004	775
	7101	7101		1640	1640	

职业技术学院本科、

Data on Students of Short-cycle

地　区 Region	毕(结)业生数 Graduates			招生数	
	计 Total	本　科 Normal Courses	专　科 Short-cycle Courses	计 Total	本　科 Normal Courses
总　计 Total	**370812**	**60**	**370752**	**1184266**	**413**
北　京 Beijing	3941		3941	16821	
天　津 Tianjin	10906		10906	34765	
河　北 Hebei	25540		25540	62349	
山　西 Shaanxi	4743		4743	21140	
内蒙古 Inner Mongolia	3739		3739	17771	
辽　宁 Liaoning	14254		14254	24580	
吉　林 Jilin	2304		2304	5689	
黑龙江 Heilongjiang	8371		8371	34394	
上　海 Shanghai	10442		10442	31358	
江　苏 Jiangsu	48293		48293	108053	
浙　江 Zhejiang	29980		29980	55506	243
安　徽 Anhui	16154		16154	62592	
福　建 Fujian	5052		5052	26826	
江　西 Jiangxi	7241		7241	73509	
山　东 Shandong	26567		26567	101939	
河　南 Henan	18047		18047	64320	
湖　北 Hubei	31139		31139	88720	
湖　南 Hunan	25194		25194	70509	
广　东 Guangdong	31358		31358	85118	
广　西 Guangxi	6849		6849	30563	
海　南 Hainan	1899		1899	7742	
重　庆 Chongqing	4508		4508	16293	
四　川 Sichuan	5843		5843	42314	
贵　州 Guizhou	1943		1943	10815	
云　南 Yunnan	2805		2805	11033	170
西　藏 Tibet					
陕　西 Shaanxi	15371		15371	48805	
甘　肃 Gansu	3924		3924	12635	
青　海 Qinghai	607		607	2780	
宁　夏 Ningxia	892		892	4135	
新　疆 Xinjiang	2906	60	2846	11192	

专科生学生数
Vocational Colleges

单位:人
Unit:in Person

Entrants	在校学生数 Enrolment			预计毕业生数 Anticipated Graduates for Next Year		
专科 Short-cycle Courses	计 Total	本科 Normal Courses	专科 Short-cycle Courses	计 Total	本科 Normal Courses	专科 Short-cycle Courses
1183853	**2682776**	**413**	**2682363**	**630153**		**630153**
16821	36902		36902	7908		7908
34765	88967		88967	24281		24281
62349	141306		141306	36988		36988
21140	59113		59113	17917		17917
17771	36481		36481	6847		6847
24580	67275		67275	23428		23428
5689	14522		14522	3932		3932
34394	73547		73547	16316		16316
31358	74263		74263	19374		19374
108053	260982		260982	59332		59332
55263	155208	243	154965	42603		42603
62592	132161		132161	31221		31221
26826	58994		58994	10631		10631
73509	130823		130823	18364		18364
101939	208926		208926	42438		42438
64320	128387		128387	29066		29066
88720	218762		218762	49035		49035
70509	182853		182853	48717		48717
85118	201121		201121	50796		50796
30563	60441		60441	12571		12571
7742	17197		17197	3872		3872
16293	33204		33204	7574		7574
42314	77532		77532	13955		13955
10815	21838		21838	4940		4940
10863	21320	170	21150	3621		3621
48805	116365		116365	30244		30244
12635	27270		27270	6585		6585
2780	6075		6075	2130		2130
4135	8032		8032	862		862
11192	22909		22909	4605		4605

广播电视大学本科、

Number of Students in Radio

地　区 Region	毕业生数 Graduates			招生数	
	合　计 Total	本　科 Normal Courses	专　科 Short-cycle Courses	合　计 Total	本　科 Normal Courses
合　计 Total	**134488**	**651**	**133837**	**118233**	**1121**
北　京 Beijing	1061		1061	855	
天　津 Tianjin	3850		3850	3060	
河　北 Hebei	9187		9187	3653	
山　西 Shaanxi	1470		1470	1388	
内蒙古 Inner Mongolia	2693		2693	1666	
辽　宁 Liaoning	4278		4278	5625	
吉　林 Jilin	6883		6883	8246	
黑龙江 Heilongjiang	4652		4652	2596	
上　海 Shanghai	429		429	152	
江　苏 Jiangsu	1328	120	1208	518	9
浙　江 Zhejiang	4832		4832	2994	
安　徽 Anhui	504		504	264	
福　建 Fujian	1282		1282	923	
江　西 Jiangxi	4779		4779		
山　东 Shandong	3480		3480	2040	
河　南 Henan	1398		1398	1058	
湖　北 Hubei	6796	112	6684	14778	365
湖　南 Hunan	10380		10380	7705	
广　东 Guangdong	6315		6315	6579	
广　西 Guangxi	3172	414	2758	4155	500
海　南 Hainan	1024		1024	2130	
重　庆 Chongqing	7519	5	7514	9187	247
四　川 Sichuan	19596		19596	17871	
贵　州 Guizhou	6059		6059	4336	
云　南 Yunnan	1724		1724	1633	
西　藏 Tibet					
陕　西 Shaanxi	8429		8429	5650	
甘　肃 Gansu	1004		1004	2788	
青　海 Qinghai	758		758	2056	
宁　夏 Ningxia	4845		4845	3174	
新　疆 Xinjiang	4761		4761	1153	

专科学生数

& TV Universities

单位:人

Unit:in Person

Entrants	在校学生数 Enrolment			毕业班学生数 Graduates for Next Year		
专 科 Short-cycle Courses	合 计 Total	本 科 Normal Courses	专 科 Short-cycle Courses	合 计 Total	本 科 Normal Courses	专 科 Short-cycle Courses
117112	**213971**	**2003**	**211968**	**88115**	**882**	**87233**
855	2227		2227	1239		1239
3060	7482		7482	4422		4422
3653	13849		13849	6982		6982
1388	2129		2129	727		727
1666	2720		2720	1086		1086
5625	9839		9839	4206		4206
8246	8319		8319	73		73
2596	3147		3147	551		551
152	562		562	375		375
509	1356	22	1334	856	13	843
2994	6234		6234	3239		3239
264	558		558	294		294
923	3439		3439	2479		2479
	4775		4775	2491		2491
2040	5040		5040	2998		2998
1058	3190		3190	2160		2160
14413	30146	678	29468	15394	313	15081
7705	12824		12824	5202		5202
6579	13868		13868	6860		6860
3655	8712	919	7793	3177	419	2758
2130	2197		2197	67		67
8940	14956	384	14572	5769	137	5632
17871	22183		22183	3683		3683
4336	5145		5145	1136		1136
1633	4307		4307	2674		2674
5650	8831		8831	3137		3137
2788	4482		4482	1860		1860
2056	2353		2353	271		271
3174	6911		6911	3737		3737
1153	2190		2190	970		970

职工高等学校本科、
Number of Students in

地 区 Region	毕业生数 Graduates			招生数	
	合 计 Total	本 科 Normal Courses	专 科 Short-cycle Courses	合 计 Total	本 科 Normal Courses
合 计 Total	**115130**	**1859**	**113271**	**128843**	**2394**
北 京 Beijing	7514	297	7217	7066	300
天 津 Tianjin	7515		7515	10001	
河 北 Hebei	3459	651	2808	3358	573
山 西 Shanxi	4268	242	4026	4990	562
内蒙古 Inner Mongolia	4312		4312	4316	
辽 宁 Liaoning	7678	14	7664	8001	49
吉 林 Jilin	3873	375	3498	6767	400
黑龙江 Heilongjiang	9053	173	8880	14433	229
上 海 Shanghai	4590		4590	9869	
江 苏 Jiangsu	2644		2644	2508	
浙 江 Zhejiang	6251		6251	5365	
安 徽 Anhui	1646		1646	952	
福 建 Fujian	1337		1337	758	
江 西 Jiangxi	2389		2389	732	
山 东 Shandong	1012		1012	1485	40
河 南 Henan	5936		5936	6270	
湖 北 Hubei	1668	30	1638	1668	68
湖 南 Hunan	12646		12646	10678	
广 东 Guangdong	5271		5271	7218	
广 西 Guangxi	379		379		
海 南 Hainan					
重 庆 Chongqing	1636		1636	3490	
四 川 Sichuan	7480	77	7403	6542	104
贵 州 Guizhou	1655		1655	1366	
云 南 Yunnan	93		93	156	
西 藏 Tibet					
陕 西 Shaanxi	4002		4002	4728	
甘 肃 Gansu	2558		2558	2287	69
青 海 Qinghai	1259		1259	1357	
宁 夏 Ningxia					
新 疆 Xinjiang	3006		3006	2482	

专科学生数
Workers' Colleges

单位:人
Unit: in Person

Entrants	在校学生数 Enrolment			毕业班学生数 Graduates for Next Year		
专科 Short-cycle Courses	合计 Total	本科 Normal Courses	专科 Short-cycle Courses	合计 Total	本科 Normal Courses	专科 Short-cycle Courses
126449	**228087**	**2673**	**225414**	**86866**	**589**	**86277**
6766	14322	373	13949	5825	38	5787
10001	11725		11725	2647		2647
2785	5956	573	5383	2452		2452
4428	7316	640	6676	2186	78	2108
4316	6665		6665	2256		2256
7952	11706	93	11613	3253	27	3226
6367	11390	400	10990	5172	400	4772
14204	24650	232	24418	8577		8577
9869	18367		18367	6989		6989
2508	6746		6746	3137		3137
5365	13646		13646	7461		7461
952	2060		2060	1131		1131
758	1591		1591	833		833
732	2760		2760	1308		1308
1445	3219	95	3124	1192	20	1172
6270	14372		14372	6803		6803
1600	2685	83	2602	1057	15	1042
10678	14653		14653	3225		3225
7218	12653		12653	4293		4293
	1123		1123	475		475
3490	4271		4271	834		834
6438	10621	104	10517	5295		5295
1366	2429		2429	876		876
156	508		508	149		149
4728	9017	11	9006	3838	11	3827
2218	3665	69	3596	1116		1116
1357	5325		5325	2018		2018
2482	4646		4646	2468		2468

农民高等学校本科、

Number of Students in

地　区 Region	毕业生数 Graduates			招生数	
	合　计 Total	本　科 Normal Courses	专　科 Short-cycle Courses	合　计 Total	本　科 Normal Courses
合　计 Total	**474**		**474**	**2053**	
北　京 Beijing					
天　津 Tianjin					
河　北 Hebei					
山　西 Shanxi					
内蒙古 Inner Mongolia					
辽　宁 Liaoning					
吉　林 Jilin	474		474	2053	
黑龙江 Heilongjiang					
上　海 Shanghai					
江　苏 Jiangsu					
浙　江 Zhejiang					
安　徽 Anhui					
福　建 Fujian					
江　西 Jiangxi					
山　东 Shandong					
河　南 Henan					
湖　北 Hubei					
湖　南 Hunan					
广　东 Guangdong					
广　西 Guangxi					
海　南 Hainan					
重　庆 Chongqing					
四　川 Sichuan					
贵　州 Guizhou					
云　南 Yunnan					
西　藏 Tibet					
陕　西 Shaanxi					
甘　肃 Gansu					
青　海 Qinghai					
宁　夏 Ningxia					
新　疆 Xinjiang					

专科学生数
Peasant Colleges

单位:人
Unit: in Person

Entrants	在校学生数 Enrolment			毕业班学生数 Graduates for Next Year		
专科 Short-cycle Courses	合计 Total	本科 Normal Courses	专科 Short-cycle Courses	合计 Total	本科 Normal Courses	专科 Short-cycle Courses
2053	**2136**		**2136**	**62**		**62**
2053	2136		2136	62		62

独立函授学院本科、

Number of Students in Independent

地　区 Region	毕业生数 Graduates			招生数	
	合　计 Total	本　科 Normal Courses	专　科 Short-cycle Courses	合　计 Total	本　科 Normal Courses
合　计 Total	**4484**		**4484**	**3666**	
北　京 Beijing					
天　津 Tianjin					
河　北 Hebei					
山　西 Shanxi					
内蒙古 Inner Mongolia					
辽　宁 Liaoning					
吉　林 Jilin					
黑龙江 Heilongjiang					
上　海 Shanghai					
江　苏 Jiangsu					
浙　江 Zhejiang					
安　徽 Anhui					
福　建 Fujian					
江　西 Jiangxi					
山　东 Shandong					
河　南 Henan					
湖　北 Hubei					
湖　南 Hunan					
广　东 Guangdong					
广　西 Guangxi					
海　南 Hainan					
重　庆 Chongqing					
四　川 Sichuan	4484		4484	3666	
贵　州 Guizhou					
云　南 Yunnan					
西　藏 Tibet					
陕　西 Shaanxi					
甘　肃 Gansu					
青　海 Qinghai					
宁　夏 Ningxia					
新　疆 Xinjiang					

专科学生数

Correspondence Colleges

单位:人

Unit:in Person

Entrants	在校学生数 Enrolment			毕业班学生数 Graduates for Next Year		
专科 Short-cycle Courses	合计 Total	本科 Normal Courses	专科 Short-cycle Courses	合计 Total	本科 Normal Courses	专科 Short-cycle Courses
3666	**3666**		**3666**			
3666	3666		3666			

教育学院本科、

Number of Students in

地　区 Region	毕业生数 Graduates			招生数	
	合　计 Total	本　科 Normal Courses	专　科 Short-cycle Courses	合　计 Total	本　科 Normal Courses
合　计 Total	**111672**	**46382**	**65290**	**114831**	**51214**
北　京 Beijing	5480	2752	2728	4639	2163
天　津 Tianjin					
河　北 Hebei	249		249	44	
山　西 Shanxi	1788		1788	1988	
内蒙古 Inner Mongolia	304		304	199	
辽　宁 Liaoning	886	726	160	1292	888
吉　林 Jilin	2304	1353	951	2579	1972
黑龙江 Heilongjiang	4756	1683	3073	3503	1626
上　海 Shanghai					
江　苏 Jiangsu	4287	2865	1422	6717	5204
浙　江 Zhejiang	8748	6193	2555	5272	3817
安　徽 Anhui	6516	2666	3850	5107	2614
福　建 Fujian	3622	2255	1367	4650	3138
江　西 Jiangxi	4378	2049	2329	4487	1695
山　东 Shandong	8358	4134	4224	6391	2893
河　南 Henan	8286	1618	6668	12050	3830
湖　北 Hubei	3782	1610	2172	5351	2000
湖　南 Hunan	4776		4776	3026	
广　东 Guangdong	4725	3396	1329	5955	4705
广　西 Guangxi	5616	1723	3893	4531	1376
海　南 Hainan					
重　庆 Chongqing	2119	1231	888	3084	1932
四　川 Sichuan	11188	3735	7453	9568	4178
贵　州 Guizhou	5875	2124	3751	10104	2527
云　南 Yunnan	161		161	445	
西　藏 Tibet					
陕　西 Shaanxi	3903	1426	2477	5322	1940
甘　肃 Gansu	1234		1234	1788	
青　海 Qinghai					
宁　夏 Ningxia					
新　疆 Xinjiang	8331	2843	5488	6739	2716

专科学生数
Educational Colleges

单位：人
Unit: in Person

Entrants	在校学生数 Enrolment			毕业班学生数 Graduates for Next Year		
专科 Short-cycle Courses	合计 Total	本科 Normal Courses	专科 Short-cycle Courses	合计 Total	本科 Normal Courses	专科 Short-cycle Courses
63617	**193841**	**90863**	**102978**	**86165**	**41889**	**44276**
2476	9492	4091	5401	4879	1928	2951
44	151		151	106		106
1988	2778		2778	985		985
199	450		450	251		251
404	2261	1511	750	963	623	340
607	5667	4417	1250	3088	2445	643
1877	6828	3402	3426	3325	1776	1549
1513	11106	8323	2783	4893	3390	1503
1455	12365	8826	3539	6983	4982	2001
2493	9077	3500	5577	3970	886	3084
1512	8978	5871	3107	4977	3229	1748
2792	7527	2876	4651	3040	1181	1859
3498	15512	8337	7175	9400	5407	3993
8220	17204	5083	12121	5154	1253	3901
3351	7084	2831	4253	1890	800	1090
3026	4557		4557	1568		1568
1250	10360	7752	2608	4401	3047	1354
3155	8315	2331	5984	3784	955	2829
1152	5624	3582	2042	2548	1650	898
5390	14007	6709	7298	7912	3969	3943
7577	13144	3958	9186	3472	925	2547
445	1052		1052	607		607
3382	6674	2726	3948	1353	786	567
1788	1643		1643			
4023	11985	4737	7248	6616	2657	3959

管理干部学院本科、

Number of Students in Institutes for

地　区 Region	毕业生数 Graduates			招生数	
	合　计 Total	本　科 Normal Courses	专　科 Short-cycle Courses	合　计 Total	本　科 Normal Courses
合　计 Total	**53900**	**5326**	**48574**	**57140**	**7256**
北　京 Beijing	3797	252	3545	3007	411
天　津 Tianjin	2931		2931	2204	
河　北 Hebei	1221		1221	130	
山　西 Shanxi	2973		2973	4321	
内蒙古 Inner Mongolia					
辽　宁 Liaoning	501	193	308	421	299
吉　林 Jilin	683	246	437	656	240
黑龙江 Heilongjiang	1801	227	1574	1642	427
上　海 Shanghai	1227		1227	1398	
江　苏 Jiangsu	564	49	515	947	94
浙　江 Zhejiang					
安　徽 Anhui	643		643	439	
福　建 Fujian	1084	44	1040	1928	135
江　西 Jiangxi	811	313	498	189	130
山　东 Shandong	7654	1328	6326	8638	2879
河　南 Henan	1392	281	1111	1296	628
湖　北 Hubei	4119	1282	2837	4595	1263
湖　南 Hunan	1449		1449	1819	
广　东 Guangdong	7576	147	7429	8948	132
广　西 Guangxi	5222	260	4962	5613	
海　南 Hainan					
重　庆 Chongqing	236		236	81	
四　川 Sichuan	6401	605	5796	7201	592
贵　州 Guizhou					
云　南 Yunnan					
西　藏 Tibet					
陕　西 Shaanxi	1615	99	1516	1667	26
甘　肃 Gansu					
青　海 Qinghai					
宁　夏 Ningxia					
新　疆 Xinjiang					

专科学生数
Administration

单位：人

Unit: in Person

Entrants	在校学生数 Enrolment			毕业班学生数 Graduates for Next Year		
专科 Short-cycle Courses	合计 Total	本科 Normal Courses	专科 Short-cycle Courses	合计 Total	本科 Normal Courses	专科 Short-cycle Courses
49884	**93302**	**10488**	**82814**	**35660**	**4276**	**31384**
2596	4584	452	4132	1434	46	1388
2204	2920		2920	683		683
130	848		848	718		718
4321	6279		6279	1958		1958
122	782	315	467	753	296	457
416	656	240	416			
1215	1643	427	1216	1		1
1398	2274		2274	926		926
853	1105	97	1008	159		159
439	1016		1016	575		575
1793	3035	230	2805	1107	95	1012
59	861	414	447	316	52	264
5759	12646	3475	9171	6534	2246	4288
668	1438	708	730	142	80	62
3332	7667	2308	5359	3041	1045	1996
1819	3013		3013	1194		1194
8816	14454	161	14293	5420	29	5391
5613	15533	1043	14490	7160	387	6773
81	81		81			
6609	10800	592	10208	3539		3539
1641	1667	26	1641			

其他机构本科、

Number of Students in

地区 Region	毕业生数 Graduates			招生数	
	合计 Total	本科 Normal Courses	专科 Short-cycle Courses	合计 Total	本科 Normal Courses
合计 Total	**3194**	**228**	**2966**	**4074**	
北京 Beijing					
天津 Tianjin					
河北 Hebei					
山西 Shanxi					
内蒙古 Inner Mongolia					
辽宁 Liaoning					
吉林 Jilin					
黑龙江 Heilongjiang					
上海 Shanghai					
江苏 Jiangsu					
浙江 Zhejiang	23		23	65	
安徽 Anhui					
福建 Fujian					
江西 Jiangxi					
山东 Shandong					
河南 Henan	1106	228	878	751	
湖北 Hubei					
湖南 Hunan	1409		1409	1183	
广东 Guangdong					
广西 Guangxi					
海南 Hainan					
重庆 Chongqing					
四川 Sichuan					
贵州 Guizhou					
云南 Yunnan					
西藏 Tibet					
陕西 Shaanxi	656		656	2075	
甘肃 Gansu					
青海 Qinghai					
宁夏 Ningxia					
新疆 Xinjiang					

专科学生数

Other Instiutes

单位：人

Unit: in Person

Entrants	在校学生数 Enrolment			毕业班学生数 Graduates for Next Year		
专科 Short-cycle Courses	合计 Total	本科 Normal Courses	专科 Short-cycle Courses	合计 Total	本科 Normal Courses	专科 Short-cycle Courses
4074	**6067**	**293**	**5774**	**2060**	**293**	**1767**
65	90		90	25		25
751	2045	293	1752	1294	293	1001
1183	1579		1579	463		463
2075	2353		2353	278		278

普通高等学校举办函授、业余、

Number of Students in Correspondence Courses for Adults run by Regular Institu

地 区 Region	函授、业余 Divisions of Correspondence and Sparetime Schools							
	毕业生数 Graduates			招生数 Entrants			在校学生 Enrolm	
	合 计 Total	本 科 Normal Courses	专 科 Short-cycle Courses	合 计 Total	本 科 Normal Courses	专 科 Short-cycle Courses	合 计 Total	本 科 Normal Courses
合 计 Total	**1074327**	**382089**	**692238**	**1371001**	**558631**	**812370**	**2823639**	**1074210**
北 京 Beijing	75925	31254	44671	77107	38593	38514	184650	84383
天 津 Tianjin	16868	9204	7664	20448	11170	9278	48272	22169
河 北 Hebei	56919	14016	42903	62205	18386	43819	160386	43423
山 西 Shanxi	33162	7498	25664	37747	11018	26729	84452	21044
内蒙古 Inner Mongolia	17764	9271	8493	21213	13104	8109	44578	24569
辽 宁 Liaoning	31825	15254	16571	40387	24552	15835	86282	47351
吉 林 Jilin	30987	15858	15129	38215	23034	15181	76410	43567
黑龙江 Heilongjiang	25975	13642	12333	34664	22401	12263	71122	43257
上 海 Shanghai	38242	16535	21707	54496	30220	24276	115920	58404
江 苏 Jiangsu	70215	28693	41522	88848	38456	50392	181002	72087
浙 江 Zhejiang	62774	28592	34182	61452	26645	34807	126650	51733
安 徽 Anhui	30759	6480	24279	36846	10763	26083	81606	18849
福 建 Fujian	16146	6576	9570	23895	12853	11042	45990	21853
江 西 Jiangxi	27965	12259	15706	34429	14736	19693	74252	30853
山 东 Shandong	82147	36116	46031	106138	44752	61386	220769	87142
河 南 Henan	41946	10449	31497	65403	23162	42241	128100	37981
湖 北 Hubei	64335	26718	37617	82151	33091	49060	155093	66777
湖 南 Hunan	63634	15790	47844	51414	14325	37089	112865	33932
广 东 Guangdong	54611	13680	40931	100833	40266	60567	194771	64940
广 西 Guangxi	42836	8077	34759	60308	14146	46162	113699	24628
海 南 Hainan	5201	1153	4048	7281	2245	5036	13946	4353
重 庆 Chongqing	16622	7000	9622	26280	12839	13441	49284	23294
四 川 Sichuan	46765	10240	36525	41987	15622	26365	82979	27632
贵 州 Guizhou	8471	2604	5867	45982	6934	39048	62659	10461
云 南 Yunnan	26195	7581	18614	48359	13059	35300	90555	28317
西 藏 Tibet								
陕 西 Shaanxi	38079	12860	25219	44412	19009	25403	94441	36968
甘 肃 Gansu	15474	5366	10108	22202	9338	12864	46078	16473
青 海 Qinghai	722	214	508	1672	1179	493	5090	2753
宁 夏 Ningxia	8348	2161	6187	7761	1530	6231	15860	3241
新 疆 Xinjiang	23415	6948	16467	26866	11203	15663	55878	21776

脱产分本专科学生数

divisions、Sparetime Schools & Short-cycle tions of Higher Education

单位:人

Unit:in Person

数 ent	脱产 Short-cycle courses for Adults								
	毕业生数 Graduates			招生数 Entrants			在校学生数 Enrolment		
专 科 Short-cycle Courses	合 计 Total	本 科 Normal Courses	专 科 Short-cycle Courses	合 计 Total	本 科 Normal Courses	专 科 Short-cycle Courses	合 计 Total	本 科 Normal Courses	专 科 Short-cycle Courses
1749429	**398483**	**103821**	**294662**	**411739**	**138818**	**272921**	**633247**	**235424**	**397823**
100267	30470	11073	19397	33092	14241	18851	49137	26132	23005
26103	6122	1327	4795	5455	2108	3347	8087	3422	4665
116963	18739	4006	14733	20446	4975	15471	35837	9184	26653
63408	9806	1708	8098	10840	2974	7866	15359	3545	11814
20009	7881	1597	6284	7719	2292	5427	13190	3819	9371
38931	25944	12724	13220	29057	14198	14859	43714	22251	21463
32843	8766	2857	5909	13143	6099	7044	16961	7644	9317
27865	15695	5031	10664	19868	7668	12200	28968	10477	18491
57516	4605	636	3969	6268	2502	3766	9860	5258	4602
108915	30397	5313	25084	32153	10190	21963	45614	16650	28964
74917	13136	1751	11385	12085	3260	8825	18815	6526	12289
62757	14049	4140	9909	9556	3586	5970	18098	6351	11747
24137	4135	364	3771	5135	839	4296	6530	1449	5081
43399	6724	734	5990	7629	1581	6048	13157	2654	10503
133627	4994	1206	3788	7621	1696	5925	10926	2604	8322
90119	26707	2127	24580	20886	3624	17262	31068	6903	24165
88316	22844	11309	11535	21072	11091	9981	38468	24445	14023
78933	22516	4262	18254	20430	6122	14308	29740	10178	19562
129831	8590	882	7708	7682	1792	5890	12258	1920	10338
89071	1944	247	1697	2553	74	2479	5129	527	4602
9593	3276	618	2658	3532	1270	2262	4413	1917	2496
25990	10210	2758	7452	12056	3442	8614	21654	10228	11426
55347	35518	9525	25993	33028	11232	21796	52207	19338	32869
52198	17558	3742	13816	15141	3534	11607	20712	5138	15574
62238	11572	1831	9741	15882	2141	13741	26807	3527	23280
57473	14933	6027	8906	15629	6972	8657	23755	11769	11986
29605	11026	3239	7787	12244	4415	7829	15907	5229	10678
2337	2313	598	1715	2586	1290	1296	4716	1781	2935
12619	1061	312	749	1990	826	1164	2276	826	1450
34102	6952	1877	5075	6961	2784	4177	9884	3732	6152

在职人员攻读博士、硕士

Number of Postgraduate Students Studying for Advanced

	授予学位数 Degree Awarded		
	计 Total	博士 Doctor's Degree	硕士 Master's Degree
合计 Total	**31465**	**1134**	**30331**
北京 Beijing	5841	451	5390
天津 Tianjin	759	31	728
河北 Hebei	1049	19	1030
山西 Shanxi	471		471
内蒙古 Inner Mongolia	251		251
辽宁 Liaoning	2378	139	2239
吉林 Jilin	1392		1392
黑龙江 Heilongjiang	1018	15	1003
上海 Shanghai	2664	32	2632
江苏 Jiangsu	1996	84	1912
浙江 Zhejiang	1420	11	1409
安徽 Anhui	436	6	430
福建 Fujian	470		470
江西 Jiangxi	217		217
山东 Shandong	857	23	834
河南 Henan	585		585
湖北 Hubei	3079	116	2963
湖南 Hunan	1023	19	1004
广东 Guangdong	836	1	835
广西 Guangxi	8		8
海南 Hainan			
重庆 Chongqing	756	147	609
四川 Sichuan	1174	10	1164
贵州 Guizhou	53		53
云南 Yunnan	267		267
西藏 Tibet	12		12
陕西 Shaanxi	1702	6	1696
甘肃 Gansu	528	5	523
青海 Qinghai	22		22
宁夏 Ningxia			
新疆 Xinjiang	201	19	182

学位学生情况

Degrees Without Leaving Their Jobs

单位:人

Unit: in Person

招生数 Entrants			在校学生数 Enrolment		
计 Total	博士 Doctor's Degree	硕士 Master's Degree	计 Total	博士 Doctor's Degree	硕士 Master's Degree
78171	**1880**	**76291**	**201448**	**6563**	**194885**
10903	247	10656	32927	891	32036
1571	106	1465	6032	473	5559
2032	18	2014	4673	68	4605
918		918	1913		1913
886		886	2152		2152
5824	205	5619	13308	672	12636
2683	2	2681	5228	7	5221
2134		2134	7220		7220
6455	65	6390	18279	414	17865
7160	196	6964	19298	842	18456
2124		2124	5285		5285
1777	27	1750	5331	51	5280
2460		2460	4013		4013
831		831	1953		1953
2505	11	2494	4884	47	4837
1909		1909	3777		3777
7011	357	6654	14287	1385	12902
2643	282	2361	6971	631	6340
3745	13	3732	9382	29	9353
98		98	528		528
2012	230	1782	4177	725	3452
2386	36	2350	7176	135	7041
810		810	1216		1216
1597	9	1588	3404	26	3378
20		20	34		34
3785	14	3771	13206	23	13183
1246	12	1234	3405	19	3386
116		116	213		213
82		82	82		82
448	50	398	1094	125	969

高等教育非学历

Data on Students Enrolled in Non-formal

	毕(结)业生数 Corupleters								
				进修及培训 In-service Training					
	研究生课程进修班 Postgraduate Courses	自考助学班 Classes Run by Non-state/private HEIs for Students Preparing for State-administared Examinations for Self-directed learners	普通预科生 College-preparatory Classes	总计 Total	一周至一个月以内 a week to 1 months under	一个月至半年以内 1 months to half year under	半年至一年以内 half year to one year under	一年及以上 One year and over	资格证书培训 For Certificates of Vocational Qualifications
合　计 Total	**83868**	**218623**		**2881520**	**1518978**	**932858**	**320765**	**108919**	**598737**
北　京 Beijing	19037	36159		298258	113989	77226	84082	22961	41115
天　津 Tianjin	1358	4368		46292	20281	19566	4847	1598	12998
河　北 Hebei	422	5135		80917	29700	11233	33350	6634	19807
山　西 Shanxi	1248	3840		11491	6216	3781	1294	200	1184
内蒙古 Inner Mongolia		190		27273	19319	5072	1949	933	14170
辽　宁 Liaoning	6042	16794		52278	35294	12323	2369	2292	18804
吉　林 Jilin	4508	6911		34098	26636	4835	2110	517	6916
黑龙江 Heilongjiang	826	6252		44730	24012	9802	4905	6011	15886
上　海 Shanghai	5448	10133		648641	252136	312460	75625	8420	62263
江　苏 Jiangsu	6304	3604		121419	56095	39504	14695	11125	32470
浙　江 Zhejiang	6227	2912		160478	109395	39273	7786	4024	24811
安　徽 Anhui	2908	3613		75834	62935	7381	4272	1246	26587
福　建 Fujian	1927	5947		84667	47804	27173	9351	339	13945
江　西 Jiangxi	577	6434		40942	27078	6171	1361	6332	7970
山　东 Shandong	4684	7257		148172	96215	37989	9223	4745	37629
河　南 Henan	2939	10513		197643	158321	24612	7673	7037	16287
湖　北 Hubei	1773	9865		57463	30315	22302	4294	552	23020
湖　南 Hunan	1510	18812		80665	51375	20446	5146	3698	33728
广　东 Guangdong	3555	9048		172938	84535	72352	13016	3035	46694
广　西 Guangxi		1413		39227	20966	17569	692		8736
海　南 Hainan				1196	1025	38	32	101	53
重　庆 Chongqing	420	12187		30216	11944	15791	2257	224	8239
四　川 Sichuan	4467	12013		90495	48959	36458	1090	3988	33540
贵　州 Guizhou	117	1099		45644	23402	12411	3120	6711	8943
云　南 Yunnan	1898	530		31984	23476	5289	2039	1180	6769
西　藏 Tibet				818	107	633	78		
陕　西 Shaanxi	2683	15744		85875	48116	26220	7253	4286	30680
甘　肃 Gansu	2494	7150		68136	34429	31712	1990	5	10537
青　海 Qinghai		284		9579	8738	841			2583
宁　夏 Ningxia	44			21202	6264	12902	1942	94	13816
新　疆 Xinjiang	452	416		72949	39901	19493	12924	631	18557

教育学生情况(总计)

Programmes of HEIs (Total)

单位:人

Unit: in Person

岗位证书培训 For Certificates of Job-related Qualifications	注册学生数 Total Enrolment									
	研究生课程进修班 Postgraduate Courses	自考助学班 Classes Run by Non-state/private HEIs for Students Preparing for State-administrated Examinations for Self-directed Learners	普通预科生 College-preparatory Classes	进修及培训 In-service Training					资格证书培训 For Certificates of Vocational Qualifications	岗位证书培训 For Certificates of Job-related Qualifications
				总计 Total	一周至一个月以内 a week to 1 months under	一个月至半年以内 1 months to half year under	半年至一年以内 half year to one year under	一年及以上 One year and over		
638334	**100708**	**739247**	**29954**	**1557485**	**463752**	**683774**	**272098**	**137861**	**246775**	**343068**
42460	28225	173520	580	202988	43651	47597	71919	39821	23249	15671
15099	1640	16348	325	6008	1519	3871	432	186	2506	2247
12988	420	28811	470	13449	1669	3499	803	7478	3808	1108
3409	1117	8630	36	4554	1048	2200	1193	113	362	1241
6460	63	1005	857	8202	3699	866	2974	663	3409	3730
18520	6839	66946	285	18515	11628	3345	1861	1681	3326	10399
4991	3453	14758	212	4130	1086	2223	526	295	638	145
10424	1044	16804	5146	24045	2355	4119	2676	14895	2434	5652
146096	9134	37428	244	697652	162673	405395	116329	13255	50570	174885
21851	7204	22610	278	46367	11770	18526	10714	5357	15667	6817
58427	6882	10468	42	97919	47925	28577	15140	6277	8596	29970
22592	852	2751	77	9610	2405	1981	2583	2641	3402	4701
35163	2755	13247	779	23121	18632	2338	2114	37	4927	2397
6653	831	6566	321	21456	14088	3118	520	3730	3530	3352
19852	3712	15268	100	52166	20959	19059	7471	4677	18921	7258
22132	4471	53319	2698	18280	7995	4882	3330	2073	5507	1454
17236	3349	29759	815	19229	4726	11201	1529	1773	5136	10856
12798	1358	41082	1014	13049	4057	4049	1094	3849	2824	2188
41177	6252	33744	1207	82646	22590	44107	9822	6127	28739	21066
15198		10808	468	28376	9321	17082	897	1076	8686	7655
		1626	110	235	36	77	32	90		
9674	490	23980	588	7495	3790	2056	1207	442	2297	3189
29945	3317	24450	3183	20280	4487	10457	644	4692	9353	2408
3379	654	3826	1158	46165	23423	12713	3318	6711	9245	3577
3614	2041	321	2545	7583	3774	434	620	2755	1813	1098
286			398	883	107	633	78	65		286
30879	2317	65619	548	46091	16559	14307	8524	6701	15696	15558
13296	1579	11369	1426	12653	3481	8019	1142	11	1639	907
991	46	2335	749	745	699	1	30	15	745	
5954	26		1185	8656	5173	1587	1802	94	6152	1730
6790	637	1849	2110	14937	8427	5455	774	281	3598	1523

	毕(结)业生数 Corupleters								
	研究生课程进修班 Postgraduate Courses	自考助学班 Classes Run by Non-state/private HEIs for Students Preparing for State-administrated Examinations for Self-directed Learners	普通预科生 College-preparatory Classes	进修及培训 In-service Training					资格证书培训 For Certificates of Vocational Qualifications
				总计 Total	一周至一个月以内 a week to 1 months under	一个月至半年以内 1 months to half year under	半年至一年以内 half year to one year under	一年及以上 One year and over	
合　计 Total	**83373**	**113750**		**1001328**	**562945**	**313169**	**80033**	**45181**	**283354**
北　京 Beijing	18542	16106		121500	56211	37563	21614	6112	20049
天　津 Tianjin	1358	2864		21945	5757	12817	3192	179	4616
河　北 Hebei	422	1462		38333	26173	5725	984	5451	16658
山　西 Shanxi	1248	557		5995	5193	556	151	95	308
内蒙古 Inner Mongolia				7452	3436	2913	1010	93	3332
辽　宁 Liaoning	6042			17436	7150	7374	2336	576	3809
吉　林 Jilin	4508	3829		24323	18624	3182	2000	517	6024
黑龙江 Heilongjiang	826	2304		25294	17815	3656	233	3590	13049
上　海 Shanghai	5448	3413		59462	20226	31535	6173	1528	18581
江　苏 Jiangsu	6304	1024		70670	32623	17409	11515	9123	20011
浙　江 Zhejiang	6227	1527		84638	67381	12043	3129	2085	15398
安　徽 Anhui	2908	1902		39856	32455	4923	2323	155	6398
福　建 Fujian	1927	5702		15151	7194	6437	1431	89	7047
江　西 Jiangxi	577	5666		24683	15623	4108	790	4162	6821
山　东 Shandong	4684	4928		60311	36165	18766	3296	2084	28416
河　南 Henan	2939	184		42447	28095	8805	348	5199	8083
湖　北 Hubei	1773	6555		48116	29160	16784	1620	552	19371
湖　南 Hunan	1510	9494		26137	18916	4260	2907	54	10298
广　东 Guangdong	3555	6254		75592	31678	36409	7240	265	20311
广　西 Guangxi		1275		25622	12419	13191	12		8233
海　南 Hainan				1139	1025	18	32	64	53
重　庆 Chongqing	420	11727		17054	8365	6871	1624	194	3969
四　川 Sichuan	4467	10462		46299	19589	24901	827	982	11688
贵　州 Guizhou	117	486		6858	6165	693			2293
云　南 Yunnan	1898	530		31721	23476	5026	2039	1180	6619
西　藏 Tibet				818	107	633	78		
陕　西 Shaanxi	2683	11249		13961	3527	8896	970	568	2706
甘　肃 Gansu	2494	3560		7407	6388	960	54	5	1420
青　海 Qinghai		274		9579	8738	841			2583
宁　夏 Ningxia	44			15535	6264	7235	1942	94	9968
新　疆 Xinjiang	452	416		15994	7007	8639	163	185	5242

教育学生情况(普通高校)

Programmes of HEIs (Regular HEIs)

单位:人

Unit: in Person

岗位证书培训 For Certificates of Job-related Qualifications	注册学生数 Total Enrolment									
	研究生课程进修班 Postgraduate Courses	自考助学班 Classes Run by Non-state/private HEIs for Students Preparing for State-administrated Examinations for Self-directed Learners	普通预科生 College-preparatory Classes	进修及培训 In-service Training					资格证书培训 For Certificates of Vocational Qualifications	岗位证书培训 For Certificates of Job-related Qualifications
				总计 Total	一周至一个月以内 a week to 1 months under	一个月至半年以内 1 months to half year under	半年至一年以内 half year to one year under	一年及以上 One year and over		
231510	**100002**	**348250**	**29954**	**392961**	**144481**	**154278**	**59654**	**34548**	**115559**	**83497**
10680	27766	47136	580	58436	14227	23727	15105	5377	7745	2335
4173	1640	12946	325	4703	382	3798	432	91	2262	1186
11411	420	15583	470	8141	953	782	574	5832	2317	177
1827	1117	2165	36	224			156	68	24	
2971	63		857	5864	3623		2181	60	2460	3344
3626	6839		285	4316	892	1396	1848	180	1492	2055
4846	3453	8592	212	2647	1046	1064	336	201	493	
5467	1044	5295	5146	7650	516	1226	214	5694	1269	5216
18678	9134	15428	244	39321	6308	23833	6638	2542	15133	13259
6721	7204	22519	278	28977	7540	10543	8769	2125	12874	3176
21267	6882	3908	42	54475	29508	13861	7781	3325	2341	9830
15425	852	1562	77	1834	267	1146	153	268	1220	310
4864	2755	12579	779	6297	4802	1011	481	3	4162	1608
5123	831	4431	321	12010	8683	1401	483	1443	3250	1790
12554	3466	7337	100	16117	7585	6381	1739	412	11968	2749
15712	4471	1216	2698	9819	5800	3766		253	1541	500
14100	3349	25897	815	18580	4726	11201	1529	1124	5136	10856
3621	1358	30998	1014	5211	1882	2688	641		1214	1304
19838	6252	25861	1207	32099	10296	15935	5522	346	10963	10435
7984		10663	468	17802	5713	11992	97		8153	5327
		1445	110	111	36	18	32	25		
2146	490	21299	588	1972	1387	399	67	119	933	339
18527	3316	11875	3183	6144	1632	2411	574	1527	1398	
1155	654	1898	1158	6879	6186	693			2293	1155
3577	2041	321	2545	7583	3774	434	620	2755	1813	1098
286			398	883	107	633	78	65		286
2367	2317	44353	548	12376	2786	7489	1693	408	2308	1225
1929	1579	8859	1426	3317	2744	508	54	11	402	776
991	46	2235	749	745	699	1	30	15	745	
4135	26		1185	8656	5173	1587	1802	94	6152	1730
5509	637	1849	2110	9772	5208	4354	25	185	3498	1431

高等教育非学历

Data on Students Enrolled in Non-formal

	毕(结)业生数 Corupleters								
				进修及培训 In-service Training					
	研究生课程进修班 Postgraduate Courses	自考助学班 Classes Run by Non-state/private HEIs for Students Preparing for State-administrated Examinations for Self-directed Learners	普通预科生 College-preparatory Classes	总计 Total	一周至一个月以内 a week to 1 months under	一个月至半年以内 1 months to half year under	半年至一年以内 half year to one year under	一年及以上 One year and over	资格证书培训 For Certificates of Vocational Qualifications
合　计 Total		**3484**		**1341061**	**827392**	**368026**	**121974**	**23669**	**231695**
北　京 Beijing		1151		88425	45200	30416	8976	3833	14642
天　津 Tianjin		1504		24347	14524	6749	1655	1419	8382
河　北 Hebei				36184	230	3769	31712	473	782
山　西 Shanxi									
内蒙古 Inner Mongolia				17602	15630	1309	409	254	10037
辽　宁 Liaoning				26399	22328	3133	20	918	13965
吉　林 Jilin				8109	7472	637			747
黑龙江 Heilongjiang				10756	4823	3488	2445		1796
上　海 Shanghai				311440	162632	119270	28812	726	11231
江　苏 Jiangsu				50749	23472	22095	3180	2002	12459
浙　江 Zhejiang		177		70746	41949	24839	2809	1149	8181
安　徽 Anhui		43		32922	29915	2128	879		19324
福　建 Fujian		245		69516	40610	20736	7920	250	6898
江　西 Jiangxi				13319	11433	1771		115	494
山　东 Shandong				48475	46470	1323	682		1340
河　南 Henan				147841	126434	13537	6864	1006	6000
湖　北 Hubei				9347	1155	5518	2674		3649
湖　南 Hunan				27717	24296	2453	968		12088
广　东 Guangdong				71375	47837	21096	1700	742	23729
广　西 Guangxi		98		13505	8547	4308	650		503
海　南 Hainan									
重　庆 Chongqing				12529	3579	8920		30	4083
四　川 Sichuan				36488	27873	6298	200	2117	16275
贵　州 Guizhou		256		38786	17237	11718	3120	6711	6650
云　南 Yunnan				263		263			150
西　藏 Tibet									
陕　西 Shaanxi				61819	43367	14049	2925	1478	22799
甘　肃 Gansu				49780	27485	21682	613		8328
青　海 Qinghai		10							
宁　夏 Ningxia				5667		5667			3848
新　疆 Xinjiang				56955	32894	10854	12761	446	13315

教育学生情况(成人高校)
Programmes of HEIs (HEIs for Adults)

单位:人
Unit: in Person

岗位证书培训 For Certificates of Job-related Qualifications	注册学生数 Total Enrolment									
	研究生课程进修班 Postgraduate Courses	自考助学班 Classes Run by Non-state/private HEIs for Students Preparing for State-administrated Examinations for Self-directed Learners	普通预科生 College-preparatory Classes	进修及培训 In-service Training					资格证书培训 For Certificates of Vocational Qualifications	岗位证书培训 For Certificates of Job-related Qualifications
				总计 Total	一周至一个月以内 a week to 1 months under	一个月至半年以内 1 months to half year under	半年至一年以内 half year to one year under	一年及以上 One year and over		
330989		**12318**		**713295**	**272889**	**321439**	**86639**	**32328**	**67570**	**206923**
29550		301		55192	27842	13147	2548	11655	9684	11495
10926		3402		1305	1137	73		95	244	1061
1193				1929	41	1828		60	1023	861
3229				76	76					76
7489				4983	4920			63	63	907
				62				62		
3194		14								
81544		2553		446317	142648	236120	66517	1032	12914	138832
15130				17390	4230	7983	1945	3232	2793	3641
36178		708		35447	18417	13169	1951	1910	3914	18923
6117		62		2747	1408	358	981		476	2118
30299		668		16675	13830	1327	1484	34	765	789
1530				6878	5362	1401		115	266	1512
4469				4450	3764		686		928	3498
5375		225		3359	174	181	2970	34	2930	40
3136				649				649		
8181				1788	845	943			875	701
14690				24229	7736	13646	1533	1314	13492	2984
7214		74		10344	3608	5010	650	1076	533	2328
7528				4348	2403	1657		288	884	2850
10887		3216		7150	1722	3055		2373	3247	1811
2224		995		39286	17237	12020	3318	6711	6952	2422
37										
26402				17184	11595	2760	1300	1529	4400	9851
11367				6342	675	5660	7		1087	131
		100								
1819										
1281				5165	3219	1101	749	96	100	92

高等教育非学历

Data on Students Enrolled in Non-formal

	毕(结)业生数 Corupleters								
				进修及培训 In-service Training					
	研究生课程进修班 Postgraduate Courses	自考助学班 Classes Run by Non-state/private HEIs for Students Preparing for State-administrated Examinations for Self-directed Learners	普通预科生 College-preparatory Classes	总计 Total	一周至一个月以内 a week to 1 months under	一个月至半年以内 1 months to half year under	半年至一年以内 half year to one year under	一年及以上 One year and over	资格证书培训 For Certificates of Vocational Qualifications
合　计 Total		**101389**		**538774**	**128332**	**251615**	**118758**	**40069**	**83688**
北　京 Beijing		18902		87976	12269	9199	53492	13016	6424
天　津 Tianjin									
河　北 Hebei		3673		6400	3297	1739	654	710	2367
山　西 Shanxi		3283		5496	1023	3225	1143	105	876
内蒙古 Inner Mongolia		190		2219	253	850	530	586	801
辽　宁 Liaoning		16794		8443	5816	1816	13	798	1030
吉　林 Jilin		3082		1666	540	1016	110		145
黑龙江 Heilongjiang		3948		8680	1374	2658	2227	2421	1041
上　海 Shanghai		6720		277739	69278	161655	40640	6166	32451
江　苏 Jiangsu		2580							
浙　江 Zhejiang		1208		5094	65	2391	1848	790	1232
安　徽 Anhui		1668		3056	565	330	1070	1091	865
福　建 Fujian									
江　西 Jiangxi		768		2940	22	292	571	2055	655
山　东 Shandong		2329		39386	13580	17900	5245	2661	7873
河　南 Henan		10329		7355	3792	2270	461	832	2204
湖　北 Hubei		3310							
湖　南 Hunan		9318		26811	8163	13733	1271	3644	11342
广　东 Guangdong		2794		25971	5020	14847	4076	2028	2654
广　西 Guangxi		40		100		70	30		
海　南 Hainan				57		20		37	
重　庆 Chongqing		460		633			633		187
四　川 Sichuan		1551		7708	1497	5259	63	889	5577
贵　州 Guizhou		357							
云　南 Yunnan									
西　藏 Tibet									
陕　西 Shaanxi		4495		10095	1222	3275	3358	2240	5175
甘　肃 Gansu		3590		10949	556	9070	1323		789
青　海 Qinghai									
宁　夏 Ningxia									
新　疆 Xinjiang									

教育学生情况(民办的其他高等教育机构)

Programmes of HEIs (Non-state/Private HEIs)

单位:人

Unit: in Person

岗位证书培训 For Certificates of Job-related Qualifications	研究生课程进修班 Postgraduate Courses	自考助学班 Classes Run by Non-state/private HEIs for Students Preparing for State-administrated Examinations for Self-directed Learners	普通预科生 College-preparatory Classes	注册学生数 Total Enrolment: 进修及培训 In-service Training: 总计 Total	一周至一个月以内 a week to 1 months under	一个月至半年以内 1 months to half year under	半年至一年以内 half year to one year under	一年及以上 One year and over	资格证书培训 For Certificates of Vocational Qualifications	岗位证书培训 For Certificates of Job-related Qualifications
75835		**378679**		**451229**	**46382**	**208057**	**125805**	**70985**	**63646**	**52648**
2230		126083		89360	1582	10723	54266	22789	5820	1841
384		13228		3379	675	889	229	1586	468	70
1582		6465		4330	1048	2200	1037	45	338	1241
260		1005		2262		866	793	603	949	310
7405		66946		9216	5816	1949	13	1438	1771	7437
145		6166		1421	40	1159	190	32	145	145
1763		11495		16395	1839	2893	2462	9201	1165	436
45874		19447		212014	13717	145442	43174	9681	22523	22794
		91								
982		5852		7997		1547	5408	1042	2341	1217
1050		1127		5029	730	477	1449	2373	1706	2273
				149			149			
		2135		2568	43	316	37	2172	14	50
2829		7931		31599	9610	12678	5046	4265	6025	1011
1045		51878		5102	2021	935	360	1786	1036	914
		3862								
996		10084		6050	1330	418	453	3849	735	183
6649		7883		26318	4558	14526	2767	4467	4284	7647
		71		230		80	150			
		181		124		59		65		
		2681		1175			1140	35	480	
531		9359		6986	1133	4991	70	792	4708	597
		933								
2110		21266		16531	2178	4058	5531	4764	8988	4482
		2510		2994	62	1851	1081		150	

高等教育非学历

Data on Students Enrolled in Non-formal

	毕(结)业生数 Corupleters								
	研究生课程进修班 Postgraduate Courses	自考助学班 Classes Run by Non-state/private HEIs for Students Preparing for State-administrated Examinations for Self-directed Learners	普通预科生 College-preparatory Classes	进修及培训 In-service Training					资格证书培训 For Certificates of Vocational Qualifications
				总计 Total	一周至一个月以内 a week to 1 months under	一个月至半年以内 1 months to half year under	半年至一年以内 half year to one year under	一年及以上 One year and over	
合　计 Total	**495**	**0**	**0**	**357**	**309**	**48**	**0**	**0**	**0**
北　京 Beijing	495	0	0	357	309	48	0	0	0
天　津 Tianjin	0	0	0	0	0	0	0	0	0
河　北 Hebei	0	0	0	0	0	0	0	0	0
山　西 Shanxi	0	0	0	0	0	0	0	0	0
内蒙古 Inner Mongolia	0	0	0	0	0	0	0	0	0
辽　宁 Liaoning	0	0	0	0	0	0	0	0	0
吉　林 Jilin	0	0	0	0	0	0	0	0	0
黑龙江 Heilongjiang	0	0	0	0	0	0	0	0	0
上　海 Shanghai	0	0	0	0	0	0	0	0	0
江　苏 Jiangsu	0	0	0	0	0	0	0	0	0
浙　江 Zhejiang	0	0	0	0	0	0	0	0	0
安　徽 Anhui	0	0	0	0	0	0	0	0	0
福　建 Fujian	0	0	0	0	0	0	0	0	0
江　西 Jiangxi	0	0	0	0	0	0	0	0	0
山　东 Shandong	0	0	0	0	0	0	0	0	0
河　南 Henan	0	0	0	0	0	0	0	0	0
湖　北 Hubei	0	0	0	0	0	0	0	0	0
湖　南 Hunan	0	0	0	0	0	0	0	0	0
广　东 Guangdong	0	0	0	0	0	0	0	0	0
广　西 Guangxi	0	0	0	0	0	0	0	0	0
海　南 Hainan	0	0	0	0	0	0	0	0	0
重　庆 Chongqing	0	0	0	0	0	0	0	0	0
四　川 Sichuan	0	0	0	0	0	0	0	0	0
贵　州 Guizhou	0	0	0	0	0	0	0	0	0
云　南 Yunnan	0	0	0	0	0	0	0	0	0
西　藏 Tibet	0	0	0	0	0	0	0	0	0
陕　西 Shaanxi	0	0	0	0	0	0	0	0	0
甘　肃 Gansu	0	0	0	0	0	0	0	0	0
青　海 Qinghai	0	0	0	0	0	0	0	0	0
宁　夏 Ningxia	0	0	0	0	0	0	0	0	0
新　疆 Xinjiang	0	0	0	0	0	0	0	0	0

教育学生情况(科研机构)
Programmes of HEIs (Research Institutes)

单位:人

Unit: in Person

	注册学生数 Total Enrolment									
				进修及培训 In-service Training						
岗位证书培训 For Certificates of Job-related Qualifications	研究生课程进修班 Postgraduate Courses	自考助学班 Classes Run by Non-state/private HEIs for Students Preparing for State-administrated Examinations for Self-directed Learners	普通预科生 College-preparatory Classes	总计 Total	一周至一个月以内 a week to 1 months under	一个月至半年以内 1 months to half year under	半年至一年以内 half year to one year under	一年及以上 One year and over	资格证书培训 For Certificates of Vocational Qualifications	岗位证书培训 For Certificates of Job-related Qualifications
0	**706**	**0**	**0**	**0**	**0**	**0**	**0**	**0**	**0**	**0**
0	459	0	0	0	0	0	0	0	0	0
0	0	0	0	0	0	0	0	0	0	0
0	0	0	0	0	0	0	0	0	0	0
0	0	0	0	0	0	0	0	0	0	0
0	0	0	0	0	0	0	0	0	0	0
0	0	0	0	0	0	0	0	0	0	0
0	0	0	0	0	0	0	0	0	0	0
0	0	0	0	0	0	0	0	0	0	0
0	0	0	0	0	0	0	0	0	0	0
0	0	0	0	0	0	0	0	0	0	0
0	0	0	0	0	0	0	0	0	0	0
0	0	0	0	0	0	0	0	0	0	0
0	0	0	0	0	0	0	0	0	0	0
0	0	0	0	0	0	0	0	0	0	0
0	246	0	0	0	0	0	0	0	0	0
0	0	0	0	0	0	0	0	0	0	0
0	0	0	0	0	0	0	0	0	0	0
0	0	0	0	0	0	0	0	0	0	0
0	0	0	0	0	0	0	0	0	0	0
0	0	0	0	0	0	0	0	0	0	0
0	0	0	0	0	0	0	0	0	0	0
0	0	0	0	0	0	0	0	0	0	0
0	1	0	0	0	0	0	0	0	0	0
0	0	0	0	0	0	0	0	0	0	0
0	0	0	0	0	0	0	0	0	0	0
0	0	0	0	0	0	0	0	0	0	0
0	0	0	0	0	0	0	0	0	0	0
0	0	0	0	0	0	0	0	0	0	0
0	0	0	0	0	0	0	0	0	0	0
0	0	0	0	0	0	0	0	0	0	0
0	0	0	0	0	0	0	0	0	0	0

外国留

Information on

	毕(结)业生数 Graduates	授予学位数 Degree Awarded	招生数 Entrants	
			计 Total	其中:春季招生 of Which:Spring term
合　计 Total	**36454**	**3030**	**50603**	**15589**
北　京 Beijing	13584	1035	19116	4297
天　津 Tianjin	2424	243	2810	952
河　北 Hebei	243	15	359	98
山　西 Shanxi	31		76	19
内蒙古 Inner Mongolia	66	1	255	35
辽　宁 Liaoning	1528	115	2027	755
吉　林 Jilin	1005	332	1374	554
黑龙江 Heilongjiang	1224	101	1674	933
上　海 Shanghai	5689	358	8897	3492
江　苏 Jiangsu	1227	195	2168	616
浙　江 Zhejiang	1334	58	1868	751
安　徽 Anhui	180	14	243	85
福　建 Fujian	1129	31	1349	690
江　西 Jiangxi	21	3	53	2
山　东 Shandong	1523	103	1395	578
河　南 Henan	253	46	357	178
湖　北 Hubei	509	80	1311	167
湖　南 Hunan	84	30	133	48
广　东 Guangdong	1433	93	1382	243
广　西 Guangxi	390	39	933	211
海　南 Hainan	3		18	
重　庆 Chongqing	107	8	330	118
四　川 Sichuan	288	23	534	124
贵　州 Guizhou			44	28
云　南 Yunnan	1611	8	814	268
西　藏 Tibet	17		30	
陕　西 Shaanxi	408	98	591	217
甘　肃 Gansu	34		136	72
青　海 Qinghai	26		52	21
宁　夏 Ningxia	6		18	12
新　疆 Xinjiang	77	1	256	25

学生情况

International Students

单位:人

Unit: in Person

在校学生数 Enrolment					
计 Total	第一年 1st year	第二年 2nd year	第三年 3rd year	第四年 4th year	第五年 5th year
64107	**43095**	**10684**	**6208**	**3024**	**1096**
23071	16550	3241	1990	962	328
4275	2895	738	372	198	72
538	292	104	74	37	31
51	47	4			
320	256	43	15	4	2
2765	1889	444	233	170	29
2024	975	492	303	168	86
1794	987	375	300	108	24
9584	6733	1347	896	463	145
3155	2064	669	289	105	28
1546	1108	247	122	47	22
361	236	59	48	17	1
1096	578	330	95	72	21
107	57	22	9	1	18
2243	1400	438	284	107	14
1038	456	271	145	99	67
1855	1175	321	225	78	56
320	164	75	49	15	17
1840	1333	217	165	99	26
1303	798	273	141	69	22
19	17		2		
420	276	78	24	40	2
955	528	245	148	21	13
48	46	1		1	
1400	1083	224	85	5	3
44	30	14			
1138	690	196	93	92	67
136	115	16	5		
86	47	32	4	3	
26	16	5	4	1	
549	254	163	88	42	2

高等学校(机构)

Aggregate Data on le Staff

	计 Total	教职 Teacher, staff 校本部 Teacher, staff & Workers 计 Total	专任教师 Full-time Teachers 计 Total	正高级 Senior	副高级 Sub-senior	中级 Middle
合　计 Total	**1820585**	**1641117**	**970506**	**88924**	**280270**	**325569**
北　京 Beijing	124493	102605	50179	9014	16938	16344
天　津 Tianjin	42122	38455	21992	2483	7491	6949
河　北 Hebei	81757	74240	43940	4068	13426	13615
山　西 Shanxi	50541	46874	28160	2085	7798	9409
内蒙古 Inner Mongolia	27888	26349	15607	825	4719	5400
辽　宁 Liaoning	89767	81732	46099	4676	15370	15198
吉　林 Jilin	56139	52202	28472	3169	8224	9195
黑龙江 Heilongjiang	75964	66013	38210	3794	12502	11342
上　海 Shanghai	75071	61960	31335	4365	9367	11878
江　苏 Jiangsu	122544	109176	66118	5798	17609	22118
浙　江 Zhejiang	68863	63159	40455	3263	10951	13174
安　徽 Anhui	54952	51562	32330	2091	8613	10486
福　建 Fujian	41312	37849	23005	2016	6331	7330
江　西 Jiangxi	57187	51593	32728	2388	8742	10021
山　东 Shandong	110777	102455	63452	6115	18274	19130
河　南 Henan	83262	75743	48364	2578	12853	16593
湖　北 Hubei	111730	99642	59349	6012	18083	20420
湖　南 Hunan	80440	72041	42755	3680	12288	14423
广　东 Guangdong	96284	88817	56250	4588	15161	19927
广　西 Guangxi	32853	30936	19385	1139	5232	7611
海　南 Hainan	6453	6066	3818	356	1003	1171
重　庆 Chongqing	38204	34476	20979	1763	6006	7864
四　川 Sichuan	81587	74322	44912	3555	12239	15652
贵　州 Guizhou	24614	23515	14935	958	4126	5311
云　南 Yunnan	30068	28351	16545	1206	4580	6203
西　藏 Tibet	1913	1870	1081	28	202	434
陕　西 Shaanxi	84446	74915	42076	4613	11885	13997
甘　肃 Gansu	26761	24317	15115	1188	3884	5148
青　海 Qinghai	7066	6132	3858	163	1005	1745
宁　夏 Ningxia	6684	6176	3699	279	1157	1179
新　疆 Xinjiang	28843	27574	15303	668	4211	6302

教职工情况(总计)

and Workers in HEIs (Total)

单位:人

Unit: in Person

工　数 & Workers							
教职工 in College or Uni. Proper					科研机构人员 Personnel in Affiliated Research Org.	校办企业职工 Employees in School-run Factories & Farms	其他附设机构人员 Personnel in Others Subsidiary Units
初　级 Junior	无职称 No Rank	行政人员 Adm. Personnel	教辅人员 Supporting Staff	工勤人员 Workers			
207036	**68707**	**284076**	**194209**	**192326**	**40562**	**58146**	**80760**
5830	2053	21584	16783	14059	11503	4458	5927
3898	1171	6911	4995	4557	1234	1282	1151
9026	3805	12375	7980	9945	441	2741	4335
6893	1975	7416	5217	6081	596	1334	1737
3727	936	4541	3302	2899	171	546	822
8549	2306	15572	10430	9631	1817	2163	4055
6037	1847	9211	6965	7554	1107	954	1876
8077	2495	10799	7289	9715	1716	3142	5093
4644	1081	12163	9399	9063	2652	5514	4945
16139	4454	17908	12418	12732	2854	3508	7006
9600	3467	10175	6998	5531	1333	1655	2716
8483	2657	7710	5746	5776	820	824	1746
5444	1884	7242	3936	3666	633	1769	1061
8668	2909	8557	4917	5391	471	2810	2313
14875	5058	17380	10916	10707	1366	3851	3105
12335	4005	11356	8374	7649	606	2511	4402
10106	4728	17414	11961	10918	2003	4059	6026
8761	3603	12326	8708	8252	1197	2814	4388
12119	4455	15417	9928	7222	1284	2586	3597
3701	1702	4960	3472	3119	242	739	936
938	350	901	565	782	54	66	267
4033	1313	6112	3614	3771	520	1109	2099
10427	3039	11866	8923	8621	1209	2222	3834
3455	1085	3733	2409	2438	337	476	286
3381	1175	5037	3484	3285	427	738	552
313	104	367	206	216	23	5	15
9022	2559	14384	8417	10038	2696	2934	3901
3895	1000	3880	2477	2845	645	823	976
794	151	945	732	597	466	181	287
782	302	1072	510	895	71	19	418
3084	1038	4762	3138	4371	68	313	888

高等学校(机构)

Aggregate Data on Female Staff

	教职 Teacher, staff					
		校本部 Teacher, staff & Workers				
			专任教师 Full-time Teachers			
	计 Total	计 Total	计 Total	正高级 Senior	副高级 Sub-senior	中级 Middle
合　计 Total	**784339**	**710847**	**415798**	**17632**	**107367**	**149157**
北　京 Beijing	59705	50232	23157	1945	7577	9011
天　津 Tianjin	18834	17574	10242	582	3315	3485
河　北 Hebei	36916	33804	21276	1155	6208	6905
山　西 Shanxi	23626	22089	13901	629	3493	4902
内蒙古 Inner Mongolia	13042	12405	7703	161	2085	2871
辽　宁 Liaoning	41742	38814	23304	1298	7583	8216
吉　林 Jilin	25146	23658	13791	835	3796	4672
黑龙江 Heilongjiang	34486	29734	17947	1007	5642	5553
上　海 Shanghai	32767	27368	12820	543	3098	5784
江　苏 Jiangsu	50526	45029	26551	733	5596	9435
浙　江 Zhejiang	29989	27787	17217	466	3871	5855
安　徽 Anhui	20420	19061	11611	303	2697	3802
福　建 Fujian	17448	16156	9619	307	2194	3288
江　西 Jiangxi	22310	20238	12456	412	2772	4070
山　东 Shandong	47204	43975	27911	1418	7210	8964
河　南 Henan	34030	30726	19789	512	4500	7005
湖　北 Hubei	46234	41035	23016	1184	6317	8541
湖　南 Hunan	33375	30081	16659	526	4143	6069
广　东 Guangdong	42359	38717	23242	702	5306	8977
广　西 Guangxi	14299	13470	7973	158	1796	3359
海　南 Hainan	2769	2580	1515	54	293	510
重　庆 Chongqing	15323	13899	8021	309	2019	3162
四　川 Sichuan	32703	29909	17675	612	4204	6136
贵　州 Guizhou	11242	10809	6713	222	1711	2542
云　南 Yunnan	13940	13159	7704	273	1933	2988
西　藏 Tibet	754	739	439	3	60	178
陕　西 Shaanxi	33774	30408	16781	785	3915	6233
甘　肃 Gansu	10331	9504	5856	213	1317	2061
青　海 Qinghai	3095	2737	1764	49	418	831
宁　夏 Ningxia	3048	2861	1793	70	526	561
新　疆 Xinjiang	12902	12289	7352	166	1772	3191

女教职工情况(总计)

and Workers in HEIs (Total)

单位:人

Unit:in Person

工　数 & Workers							
教职工 in College or Uni. Proper					科研机构人员 Personnel in Affiliated Research Org.	校办企业职工 Employees in School-run Factories & Farms	其他附设机构人员 Personnel in Others Subsidiary Units
初　级 Junior	无职称 No Rank	行政人员 Adm. Personnel	教辅人员 Supporting Staff	工勤人员 Workers			
105862	**35780**	**123199**	**102489**	**69361**	**14175**	**18953**	**40364**
3433	1191	11334	10213	5528	4856	1580	3037
2217	643	3237	2599	1496	298	322	640
4854	2154	4734	4390	3404	174	914	2024
3714	1163	3227	2877	2084	219	572	746
2036	550	1867	1842	993	49	222	366
4860	1347	6953	5763	2794	688	565	1675
3458	1030	3693	3665	2509	297	237	954
4338	1407	4582	3925	3280	807	1042	2903
2760	635	5897	4846	3805	947	2142	2310
8438	2349	7492	6010	4976	762	944	3791
5064	1961	4721	3681	2168	399	501	1302
3644	1165	2828	2663	1959	210	244	905
2873	957	3116	1975	1446	201	528	563
3897	1305	3327	2479	1976	133	1054	885
7646	2673	6373	5905	3786	460	1098	1671
5864	1908	4429	4172	2336	221	688	2395
4715	2259	7533	6218	4268	610	1413	3176
4119	1802	5339	4833	3250	366	951	1977
6045	2212	7231	5219	3025	402	940	2300
1758	902	2260	1919	1318	100	264	465
491	167	388	327	350	21	2	166
1870	661	2852	1711	1315	168	339	917
5169	1554	5308	4217	2709	425	698	1671
1645	593	1813	1300	983	92	196	145
1873	637	2205	1847	1403	182	228	371
149	49	164	81	55	3	1	11
4584	1264	6006	4133	3488	705	886	1775
1827	438	1376	1248	1024	172	221	434
395	71	393	397	183	160	69	129
446	190	411	322	335	20	4	163
1680	543	2110	1712	1115	28	88	497

高等学校(机构)

Aggregate Data on Staff

	计 Total	教职 Teacher, staff 校本部 Teacher, staff & Workers 计 Total	专任教师 Full-time Teachers 计 Total	正高级 Senior	副高级 Sub-senior	中级 Middle
合　计 Total	**1610658**	**1437930**	**858393**	**83231**	**250251**	**280905**
北　京 Beijing	108284	86723	43476	7887	14776	14139
天　津 Tianjin	36400	32829	18973	2429	6354	5718
河　北 Hebei	72853	65505	39235	3621	11776	12061
山　西 Shanxi	43852	40611	24768	1881	6724	8170
内蒙古 Inner Mongolia	26331	24810	14793	817	4440	5060
辽　宁 Liaoning	79093	71204	40697	4426	13432	13126
吉　林 Jilin	49859	45977	25011	2875	7237	7851
黑龙江 Heilongjiang	64831	55217	32119	3525	10459	8893
上　海 Shanghai	68279	55240	28737	4214	8699	10616
江　苏 Jiangsu	110775	97571	59037	5621	16172	19342
浙　江 Zhejiang	60833	55276	35766	3168	10059	11259
安　徽 Anhui	50116	46819	29538	2019	7958	9477
福　建 Fujian	36666	33344	20417	1949	5654	6306
江　西 Jiangxi	51520	47066	30419	2273	8135	9199
山　东 Shandong	93653	86201	53847	5394	15921	15975
河　南 Henan	71988	64814	41821	2338	11215	13996
湖　北 Hubei	105249	93280	55683	5933	17126	18878
湖　南 Hunan	72227	64065	38345	3434	11204	12531
广　东 Guangdong	79820	72919	46951	4222	13086	15820
广　西 Guangxi	29732	27875	17583	1113	4786	6717
海　南 Hainan	6311	5924	3733	351	989	1138
重　庆 Chongqing	33407	29794	18214	1704	5333	6668
四　川 Sichuan	71619	64733	39306	3291	10711	13285
贵　州 Guizhou	22597	21512	13792	944	3890	4767
云　南 Yunnan	27530	25837	15162	1198	4310	5615
西　藏 Tibet	1913	1870	1081	28	202	434
陕　西 Shaanxi	74607	65467	37145	4355	10587	11968
甘　肃 Gansu	24544	22170	13727	1142	3463	4490
青　海 Qinghai	5820	4925	3079	157	875	1296
宁　夏 Ningxia	6684	6176	3699	279	1157	1179
新　疆 Xinjiang	23265	22176	12239	643	3521	4931

教职工情况(普通高校)

and Workers in HEIs (Regular HEIs)

单位:人

Unit: in Person

工 数 & Workers							
教职工 in College or Uni. Proper					科研机构人员 Personnel in Affiliated Research Org.	校办企业职工 Employees in School-run Factories & Farms	其他附设机构人员 Personnel in Others Subsidiary Units
初级 Junior	无职称 No Rank	行政人员 Adm. Personnel	教辅人员 Supporting Staff	工勤人员 Workers			
183285	**60721**	**240017**	**169946**	**169574**	**39644**	**55724**	**77360**
5041	1633	16820	14445	11982	11428	4385	5748
3418	1054	5677	4187	3992	1220	1228	1123
8231	3546	10745	6800	8725	428	2688	4232
6218	1775	6084	4484	5275	561	1003	1677
3559	917	4169	3132	2716	159	540	822
7765	1948	13039	9115	8353	1775	2106	4008
5358	1690	7878	6303	6785	1093	922	1867
7086	2156	8676	6096	8326	1676	3078	4860
4225	983	9934	8301	8268	2646	5459	4934
13980	3922	15948	11018	11568	2773	3456	6975
8112	3168	8816	5948	4746	1254	1634	2669
7747	2337	6688	5247	5346	811	750	1736
4790	1718	6091	3583	3253	611	1694	1017
8105	2707	7651	4342	4654	438	2595	1421
12519	4038	14051	9278	9025	1159	3458	2835
10917	3355	9083	7259	6651	574	2390	4210
9314	4432	16064	11171	10362	1982	3986	6001
7941	3235	10532	7858	7330	1181	2655	4326
9975	3848	12325	8167	5476	1244	2497	3160
3359	1608	4321	3207	2764	228	693	936
920	335	869	549	773	54	66	267
3578	931	5183	3009	3388	520	1018	2075
9243	2776	9772	8110	7545	1189	2118	3579
3180	1011	3222	2257	2241	337	471	277
3027	1012	4615	3017	3043	427	732	534
313	104	367	206	216	23	5	15
8052	2183	12336	7020	8966	2653	2817	3670
3662	970	3454	2323	2666	638	795	941
616	135	758	589	499	435	178	282
782	302	1072	510	895	71	19	418
2252	892	3777	2415	3745	56	288	745

高等学校(机构)

Aggregate Data on Female Staff

	教职 Teacher, staff					
		校本部 Teacher, staff & Workers				
	计 Total	计 Total	专任教师 Full-time Teachers			
			计 Total	正高级 Senior	副高级 Sub-senior	中级 Middle
合 计 Total	**690855**	**620063**	**364559**	**16045**	**95220**	**127825**
北 京 Beijing	52143	42827	19874	1598	6606	7729
天 津 Tianjin	15993	14768	8551	567	2737	2757
河 北 Hebei	32636	29585	18804	982	5406	6066
山 西 Shanxi	20545	19237	12285	574	3024	4264
内蒙古 Inner Mongolia	12232	11601	7229	161	1932	2656
辽 宁 Liaoning	36420	33563	20394	1224	6594	7020
吉 林 Jilin	22062	20602	11973	729	3314	3929
黑龙江 Heilongjiang	29165	24597	14849	904	4706	4262
上 海 Shanghai	29585	24223	11710	517	2877	5225
江 苏 Jiangsu	45235	39797	23332	703	5091	8191
浙 江 Zhejiang	26312	24163	15036	450	3578	4987
安 徽 Anhui	18540	17225	10552	289	2478	3439
福 建 Fujian	15354	14148	8441	300	1967	2779
江 西 Jiangxi	20201	18481	11605	391	2582	3746
山 东 Shandong	40014	37079	23598	1215	6289	7546
河 南 Henan	29145	25978	16853	433	3828	5802
湖 北 Hubei	43720	38554	21688	1167	6012	7935
湖 南 Hunan	29976	26747	14767	464	3770	5177
广 东 Guangdong	35276	31977	19472	635	4593	7222
广 西 Guangxi	12889	12071	7150	150	1601	2942
海 南 Hainan	2705	2516	1473	53	287	484
重 庆 Chongqing	13467	12081	6963	297	1822	2639
四 川 Sichuan	28486	25812	15407	555	3620	5136
贵 州 Guizhou	10305	9878	6184	218	1623	2282
云 南 Yunnan	12784	12011	7069	273	1834	2708
西 藏 Tibet	754	739	439	3	60	178
陕 西 Shaanxi	29707	26477	14637	710	3436	5333
甘 肃 Gansu	9421	8624	5285	204	1179	1761
青 海 Qinghai	2607	2260	1418	49	384	623
宁 夏 Ningxia	3048	2861	1793	70	526	561
新 疆 Xinjiang	10128	9581	5728	160	1464	2446

女教职工情况(普通高校)

and Workers in HEIs (Regular HEIs)

单位:人
Unit:in Person

工　数
& Workers

教职工 in College or Uni. Proper					科研机构人员 Personnel in Affiliated Research Org.	校办企业职工 Employees in School-run Factories & Farms	其他附设机构人员 Personnel in Others Subsidiary Units
初级 Junior	无职称 No Rank	行政人员 Adm. Personnel	教辅人员 Supporting Staff	工勤人员 Workers			
93756	**31713**	**104136**	**90258**	**61110**	**13901**	**17988**	**38903**
2975	966	9095	9129	4729	4825	1542	2949
1914	576	2681	2190	1346	294	302	629
4378	1972	4062	3754	2965	173	888	1990
3376	1047	2665	2500	1787	206	381	721
1944	536	1690	1759	923	43	222	366
4427	1129	5746	5073	2350	664	535	1658
3081	920	3094	3279	2256	293	221	946
3766	1211	3662	3291	2795	797	1017	2754
2510	581	4816	4212	3485	945	2113	2304
7288	2059	6654	5304	4507	735	932	3771
4236	1785	4172	3127	1828	375	495	1279
3320	1026	2412	2434	1827	205	210	900
2529	866	2606	1812	1289	190	493	523
3672	1214	2995	2213	1668	124	945	651
6428	2120	5013	5218	3250	422	982	1531
5158	1632	3508	3585	2032	217	641	2309
4404	2170	6985	5810	4071	603	1397	3166
3730	1626	4660	4386	2934	363	902	1964
5059	1963	5885	4301	2319	388	888	2023
1610	847	1981	1759	1181	95	258	465
487	162	373	324	346	21	2	166
1693	512	2478	1487	1153	168	307	911
4672	1424	4309	3777	2319	416	677	1581
1519	542	1602	1207	885	92	195	140
1703	551	2034	1604	1304	182	227	364
149	49	164	81	55	3	1	11
4074	1084	5172	3538	3130	697	849	1684
1716	425	1201	1176	962	170	207	420
297	65	359	335	148	150	68	129
446	190	411	322	335	20	4	163
1195	463	1651	1271	931	25	87	435

高等学校(机构)
Aggregate Data on Staff

	教职 Teacher, staff					
		校本部 Teacher, staff & Workers				
			专任教师 Full-time Teachers			
	计 Total	计 Total	计 Total	正高级 Senior	副高级 Sub-senior	中级 Middle
合　计 Total	**154986**	**149978**	**86065**	**2005**	**23018**	**36383**
北　京 Beijing	7455	7198	3261	120	951	1472
天　津 Tianjin	5722	5626	3019	54	1137	1231
河　北 Hebei	5215	5122	2715	100	899	989
山　西 Shanxi	4425	4273	2347	45	780	903
内蒙古 Inner Mongolia	1557	1539	814	8	279	340
辽　宁 Liaoning	6568	6505	3559	74	1226	1579
吉　林 Jilin	5088	5066	2803	83	809	1181
黑龙江 Heilongjiang	9045	8718	4914	169	1821	1976
上　海 Shanghai	3590	3520	1766	46	424	923
江　苏 Jiangsu	11079	10926	6816	143	1345	2700
浙　江 Zhejiang	5999	5891	3700	73	726	1594
安　徽 Anhui	3959	3931	2335	26	600	864
福　建 Fujian	3659	3518	2025	24	523	853
江　西 Jiangxi	4216	3083	1615	67	466	600
山　东 Shandong	11056	10573	6247	261	1577	2097
河　南 Henan	8224	8096	5022	82	1333	2026
湖　北 Hubei	6095	5995	3575	59	922	1529
湖　南 Hunan	4854	4726	2706	43	693	1257
广　东 Guangdong	12281	11798	7033	150	1533	3232
广　西 Guangxi	2972	2912	1706	25	405	844
海　南 Hainan	108	108	66	2	12	26
重　庆 Chongqing	3272	3157	2018	31	545	947
四　川 Sichuan	8508	8233	4918	162	1351	2122
贵　州 Guizhou	1981	1967	1139	13	235	544
云　南 Yunnan	2538	2514	1383	8	270	588
西　藏 Tibet						
陕　西 Shaanxi	7021	6738	3621	104	1007	1588
甘　肃 Gansu	1675	1640	1099	2	329	558
青　海 Qinghai	1246	1207	779	6	130	449
宁　夏 Ningxia						
新　疆 Xinjiang	5578	5398	3064	25	690	1371

教职工情况(成人高校)

and Workers in HEIs (HEIs for Adults)

单位:人

Unit:in Person

工　　数 & Workers							
教职工 in College or Uni. Proper					科研机构人员 Personnel in Affiliated Research Org.	校办企业职工 Employees in School-Run Factories & Farms	其他附设机构人员 Personnel in Others Subsidiary Units
		行政人员 Adm. Personnel	教辅人员 Supporting Staff	工勤人员 Workers			
初　级 Junior	无职称 No Rank						
19497	**5162**	**30344**	**17796**	**15773**	**593**	**1679**	**2736**
584	134	1974	1079	884	28	58	171
480	117	1234	808	565	14	54	28
589	138	952	733	722	5	12	76
506	113	915	496	515	24	84	44
168	19	372	170	183	12	6	
545	135	1391	770	785	5	35	23
614	116	1066	556	641	9	4	9
762	186	1721	974	1109	32	64	231
333	40	768	440	546	6	53	11
2102	526	1755	1298	1057	81	52	20
1104	203	962	744	485	76	18	14
602	243	847	406	343	3	17	8
480	145	917	270	306	22	75	44
394	88	602	441	425	29	215	889
1697	615	2164	1135	1026	41	250	192
1155	426	1522	895	657	31	95	2
789	276	1240	706	474	21	54	25
535	178	1059	498	463	6	103	19
1710	408	2247	1369	1149	33	79	371
338	94	596	260	350	14	46	
16	10	28	7	7			
347	148	488	409	242		91	24
1061	222	1791	669	855	20	52	203
275	72	500	142	186		5	9
354	163	422	467	242		6	18
762	160	1329	1087	701	33	95	155
185	25	310	100	131	5	28	2
178	16	187	143	98	31	3	5
832	146	985	723	626	12	25	143

高等学校(机构)

Aggregate Data on Female Staff

	计 Total	教职 Teacher, staff — 校本部 Teacher, staff & Workers 计 Total	专任教师 Full-time Teachers 计 Total	正高级 Senior	副高级 Sub-senior	中级 Middle
合 计 Total	**69757**	**67779**	**40018**	**526**	**9546**	**17482**
北 京 Beijing	3869	3742	1873	33	495	926
天 津 Tianjin	2841	2806	1691	15	578	728
河 北 Hebei	2673	2647	1525	40	494	559
山 西 Shanxi	2095	2041	1193	12	361	485
内蒙古 Inner Mongolia	810	804	474		153	215
辽 宁 Liaoning	3287	3264	2006	33	667	920
吉 林 Jilin	2509	2498	1500	27	387	654
黑龙江 Heilongjiang	4194	4014	2446	62	846	1006
上 海 Shanghai	1581	1545	781	3	134	415
江 苏 Jiangsu	4965	4912	3112	22	481	1209
浙 江 Zhejiang	2650	2621	1663	14	239	716
安 徽 Anhui	1583	1569	894	3	210	316
福 建 Fujian	1704	1618	958	2	202	418
江 西 Jiangxi	1592	1241	637	15	164	248
山 东 Shandong	4582	4404	2713	61	591	887
河 南 Henan	3653	3614	2303	40	546	945
湖 北 Hubei	2367	2339	1299	13	298	602
湖 南 Hunan	1983	1946	1162	9	244	564
广 东 Guangdong	5533	5220	2982	32	568	1446
广 西 Guangxi	1349	1338	782	8	181	392
海 南 Hainan	47	47	27		4	19
重 庆 Chongqing	1206	1168	742	5	156	418
四 川 Sichuan	3659	3556	2020	35	528	914
贵 州 Guizhou	923	917	528	4	87	260
云 南 Yunnan	1156	1148	635		99	280
西 藏 Tibet						
陕 西 Shaanxi	2968	2876	1624	32	384	718
甘 肃 Gansu	716	699	478		107	269
青 海 Qinghai	488	477	346		34	208
宁 夏 Ningxia						
新 疆 Xinjiang	2774	2708	1624	6	308	745

女教职工情况(成人高校)

and Workers in HEIs (HEIs for Adults)

单位:人

Unit:in Person

工　数 & Workers							
教职工 in College or Uni. Proper					科研机构人员 Personnel in Affiliated Research Org.	校办企业职工 Employees in School-run Factories & Farms	其他附设机构人员 Personnel in Others Subsidiary Units
初　级 Junior	无职称 No Rank	行政人员 Adm. Personnel	教辅人员 Supporting Staff	工勤人员 Workers			
9801	**2663**	**13112**	**9099**	**5550**	**194**	**604**	**1180**
350	69	1006	557	306	11	32	84
303	67	556	409	150	4	20	11
343	89	408	419	295		1	25
268	67	389	275	184	11	27	16
92	14	177	83	70	6		
307	79	649	388	221	3	15	5
347	85	472	335	191	3		8
415	117	706	509	353	8	25	147
204	25	363	204	197	2	28	6
1112	288	732	642	426	27	12	14
580	114	372	370	216	21	3	5
251	114	349	214	112	3	7	4
256	80	413	126	121	11	35	40
164	46	215	212	177	8	109	234
834	340	916	479	296	15	55	108
550	222	626	492	193	4	35	
309	77	499	368	173	7	11	10
257	88	381	259	144		35	2
773	163	1002	743	493	13	52	248
146	55	263	157	136	5	6	
2	2	15	3	2			
126	37	191	136	99		32	6
439	104	871	368	297	9	15	79
126	51	209	86	94		1	5
170	86	171	243	99		1	7
403	87	538	472	242	8	31	53
91	11	130	47	44	2	14	1
98	6	34	62	35	10	1	
485	80	459	441	184	3	1	62

高等学校(机构)教职工
Aggregate Data on Staff and

	计 Total	教职 Teacher, staff				
		校本部 Teacher, staff & Workers				
		计 Total	专任教师 Full-time Teachers			
			计 Total	正高级 Senior	副高级 Sub-senior	中级 Middle
合 计 Total	**54941**	**53209**	**26048**	**3688**	**7001**	**8281**
北 京 Beijing	8754	8684	3442	1007	1211	733
天 津 Tianjin						
河 北 Hebei	3689	3613	1990	347	751	565
山 西 Shanxi	2264	1990	1045	159	294	336
内蒙古 Inner Mongolia						
辽 宁 Liaoning	4106	4023	1843	176	712	493
吉 林 Jilin	1192	1159	658	211	178	163
黑龙江 Heilongjiang	2088	2078	1177	100	222	473
上 海 Shanghai	3202	3200	832	105	244	339
江 苏 Jiangsu	690	679	265	34	92	76
浙 江 Zhejiang	2031	1992	989	22	166	321
安 徽 Anhui	877	812	457	46	55	145
福 建 Fujian	987	987	563	43	154	171
江 西 Jiangxi	1451	1444	694	48	141	222
山 东 Shandong	6068	5681	3358	460	776	1058
河 南 Henan	3050	2833	1521	158	305	571
湖 北 Hubei	386	367	91	20	35	13
湖 南 Hunan	3359	3250	1704	203	391	635
广 东 Guangdong	4183	4100	2266	216	542	875
广 西 Guangxi	149	149	96	1	41	50
海 南 Hainan	34	34	19	3	2	7
重 庆 Chongqing	1525	1525	747	28	128	249
四 川 Sichuan	1460	1356	688	102	177	245
贵 州 Guizhou	36	36	4	1	1	
云 南 Yunnan						
西 藏 Tibet						
陕 西 Shaanxi	2818	2710	1310	154	291	441
甘 肃 Gansu	542	507	289	44	92	100
青 海 Qinghai						
宁 夏 Ningxia						
新 疆 Xinjiang						

情况(民办的其他高等教育机构)

Workers in HEIs(Non-state/private HEIs)

单位:人

Unit:in Person

工　数 & Workers							
教职工 in College or Uni. Proper					科研机构人员 Personnel in Affiliated Research Org.	校办企业职工 Employees in School-run Factories & Farms	其他附设机构人员 Personnel in Others Subsidiary Units
		行政人员 Adm. Personnel	教辅人员 Supporting Staff	工勤人员 Workers			
初　级 Junior	无职称 No Rank						
4254	**2824**	**13715**	**6467**	**6979**	**325**	**743**	**664**
205	286	2790	1259	1193	47	15	8
206	121	678	447	498	8	41	27
169	87	417	237	291	11	247	16
239	223	1142	545	493	37	22	24
65	41	267	106	128	5	28	
229	153	402	219	280	8		2
86	58	1461	658	249		2	
57	6	205	102	107			11
384	96	397	306	300	3	3	33
134	77	175	93	87	6	57	2
174	21	234	83	107			
169	114	304	134	312	4		3
659	405	1165	502	656	166	143	78
263	224	751	220	341	1	26	190
3	20	110	84	82		19	
285	190	735	352	459	10	56	43
434	199	845	392	597	7	10	66
4		43	5	5			
2	5	4	9	2			
108	234	441	196	141			
123	41	303	144	221		52	52
	2	11	10	11			
208	216	719	310	371	10	22	76
48	5	116	54	48	2		33

高等学校(机构)

Aggregate Data on Female Staff

	教职 Teacher, staff					
		校本部 Teacher, staff & Workers				
	计 Total	计 Total	专任教师 Full-time Teachers			
			计 Total	正高级 Senior	副高级 Sub-senior	中级 Middle
合　计 Total	**23727**	**23005**	**11221**	**1061**	**2601**	**3850**
北　京 Beijing	3693	3663	1410	314	476	356
天　津 Tianjin						
河　北 Hebei	1607	1572	947	133	308	280
山　西 Shanxi	986	811	423	43	108	153
内蒙古 Inner Mongolia						
辽　宁 Liaoning	2035	1987	904	41	322	276
吉　林 Jilin	575	558	318	79	95	89
黑龙江 Heilongjiang	1127	1123	652	41	90	285
上　海 Shanghai	1601	1600	329	23	87	144
江　苏 Jiangsu	326	320	107	8	24	35
浙　江 Zhejiang	1027	1003	518	2	54	152
安　徽 Anhui	297	267	165	11	9	47
福　建 Fujian	390	390	220	5	25	91
江　西 Jiangxi	517	516	214	6	26	76
山　东 Shandong	2608	2492	1600	142	330	531
河　南 Henan	1232	1134	633	39	126	258
湖　北 Hubei	147	142	29	4	7	4
湖　南 Hunan	1416	1388	730	53	129	328
广　东 Guangdong	1550	1520	788	35	145	309
广　西 Guangxi	61	61	41		14	25
海　南 Hainan	17	17	15	1	2	7
重　庆 Chongqing	650	650	316	7	41	105
四　川 Sichuan	558	541	248	22	56	86
贵　州 Guizhou	14	14	1		1	
云　南 Yunnan						
西　藏 Tibet						
陕　西 Shaanxi	1099	1055	520	43	95	182
甘　肃 Gansu	194	181	93	9	31	31
青　海 Qinghai						
宁　夏 Ningxia						
新　疆 Xinjiang						

女教职工情况(民办的其他高等教育机构)

and Workers in HEIs(Non-state/private HEIs)

单位:人

Unit: in Person

工 数 & Workers							
教职工 in College or Uni. Proper					科研机构人员 Personnel in Affiliated Research Org.	校办企业职工 Employees in School-run Factories & Farms	其他附设机构人员 Personnel in Others Subsidiary Units
初级 Junior	无职称 No Rank	行政人员 Adm. Personnel	教辅人员 Supporting Staff	工勤人员 Workers			
2305	**1404**	**5951**	**3132**	**2701**	**80**	**361**	**281**
108	156	1233	527	493	20	6	4
133	93	264	217	144	1	25	9
70	49	173	102	113	2	164	9
126	139	558	302	223	21	15	12
30	25	127	51	62	1	16	
157	79	214	125	132	2		2
46	29	718	430	123		1	
38	2	106	64	43			6
248	62	177	184	124	3	3	18
73	25	67	15	20	2	27	1
88	11	97	37	36			
61	45	117	54	131	1		
384	213	444	208	240	23	61	32
156	54	295	95	111		12	86
2	12	49	40	24		5	
132	88	298	188	172	3	14	11
213	86	344	175	213	1		29
2		16	3	1			
2	3			2			
51	112	183	88	63			
58	26	128	72	93		6	11
		2	7	4			
107	93	296	123	116		6	38
20	2	45	25	18			13

专任教师学历、职称情况(总计)

Data on Academic Qualifications, Rank of Full-time Teacher (Total)

单位:人

Unit: in Person

	计 Total	按学历分 By Educational Attainment				按职称分 By Rank				
		博 士 Doctor's Degree	硕 士 Master's Degree	本 科 Normal Courses	专科及以下 Short-cycle Courses and Under	正高级 Senior	副高级 Sub-Senior	中 级 Middle	初 级 Junior	无职称 No Rank
合 计 Total	**970506**	**72630**	**235576**	**618769**	**43531**	**88924**	**280270**	**325569**	**207036**	**68707**
北 京 Beijing	50179	11111	17616	19940	1512	9014	16938	16344	5830	2053
天 津 Tianjin	21992	2340	5599	12976	1077	2483	7491	6949	3898	1171
河 北 Hebei	43940	1789	10448	30057	1646	4068	13426	13615	9026	3805
山 西 Shanxi	28160	1244	6131	19023	1762	2085	7798	9409	6893	1975
内蒙古 Inner Mongolia	15607	405	2356	11931	915	825	4719	5400	3727	936
辽 宁 Liaoning	46099	3397	11815	29412	1475	4676	15370	15198	8549	2306
吉 林 Jilin	28472	2859	6526	18332	755	3169	8224	9195	6037	1847
黑龙江 Heilongjiang	38210	2413	7813	26492	1492	3794	12502	11342	8077	2495
上 海 Shanghai	31335	5758	10140	14226	1211	4365	9367	11878	4644	1081
江 苏 Jiangsu	66118	6133	17719	40364	1902	5798	17609	22118	16139	4454
浙 江 Zhejiang	40455	2991	9724	26068	1672	3263	10951	13174	9600	3467
安 徽 Anhui	32330	1560	7445	21773	1552	2091	8613	10486	8483	2657
福 建 Fujian	23005	1784	5245	14898	1078	2016	6331	7330	5444	1884
江 西 Jiangxi	32728	911	5650	24081	2086	2388	8742	10021	8668	2909
山 东 Shandong	63452	3662	14585	42289	2916	6115	18274	19130	14875	5058
河 南 Henan	48364	1814	9737	35428	1385	2578	12853	16593	12335	4005
湖 北 Hubei	59349	4819	16769	35243	2518	6012	18083	20420	10106	4728
湖 南 Hunan	42755	2483	9586	28707	1979	3680	12288	14423	8761	3603
广 东 Guangdong	56250	4846	15948	33158	2298	4588	15161	19927	12119	4455
广 西 Guangxi	19385	712	4395	13473	805	1139	5232	7611	3701	1702
海 南 Hainan	3818	235	827	2471	285	356	1003	1171	938	350
重 庆 Chongqing	20979	1258	5266	13094	1361	1763	6006	7864	4033	1313
四 川 Sichuan	44912	2841	11232	27684	3155	3555	12239	15652	10427	3039
贵 州 Guizhou	14935	276	1971	11561	1127	958	4126	5311	3455	1085
云 南 Yunnan	16545	815	3492	11311	927	1206	4580	6203	3381	1175
西 藏 Tibet	1081	14	109	836	122	28	202	434	313	104
陕 西 Shaanxi	42076	3096	11201	25965	1814	4613	11885	13997	9022	2559
甘 肃 Gansu	15115	700	3219	10538	658	1188	3884	5148	3895	1000
青 海 Qinghai	3858	10	288	2957	603	163	1005	1745	794	151
宁 夏 Ningxia	3699	83	503	2820	293	279	1157	1179	782	302
新 疆 Xinjiang	15303	271	2221	11661	1150	668	4211	6302	3084	1038

专任教师学历,职称情况(普通高校)

Data on Academic Qualifications, Rank of Full-time Teacher (Ragular HEIs)

单位:人

Unit: in Person

	计 Total	按学历分 By Educational Attainment				按职称分 By Rank				
		博士 Doctor's Degree	硕士 Master's Degree	本科 Normal Courses	专科及以下 Short-cycle Courses and Under	正高级 Senior	副高级 Sub-Senior	中级 Middle	初级 Junior	无职称 No Rank
合计 Total	**858393**	**70487**	**223860**	**532705**	**31341**	**83231**	**250251**	**280905**	**183285**	**60721**
北京 Beijing	43476	10674	15889	15832	1081	7887	14776	14139	5041	1633
天津 Tianjin	18973	2331	5392	10520	730	2429	6354	5718	3418	1054
河北 Hebei	39235	1742	9703	26463	1327	3621	11776	12061	8231	3546
山西 Shanxi	24768	1168	5841	16459	1300	1881	6724	8170	6218	1775
内蒙古 Inner Mongolia	14793	405	2328	11238	822	817	4440	5060	3559	917
辽宁 Liaoning	40697	3254	11406	25156	881	4426	13432	13126	7765	1948
吉林 Jilin	25011	2098	6234	16126	553	2875	7237	7851	5358	1690
黑龙江 Heilongjiang	32119	2377	7421	21627	694	3525	10459	8893	7086	2156
上海 Shanghai	28737	5706	9697	12393	941	4214	8699	10616	4225	983
江苏 Jiangsu	59037	6080	17175	34466	1316	5621	16172	19342	13980	3922
浙江 Zhejiang	35766	2969	9377	22106	1314	3168	10059	11259	8112	3168
安徽 Anhui	29538	1542	7183	19550	1263	2019	7958	9477	7747	2337
福建 Fujian	20417	1775	4957	12854	831	1949	5654	6306	4790	1718
江西 Jiangxi	30419	898	5506	22384	1631	2273	8135	9199	8105	2707
山东 Shandong	53847	3539	13636	34830	1842	5394	15921	15975	12519	4038
河南 Henan	41821	1783	9247	30061	730	2338	11215	13996	10917	3355
湖北 Hubei	55683	4811	16209	32562	2101	5933	17126	18878	9314	4432
湖南 Hunan	38345	2429	9175	25469	1272	3434	11204	12531	7941	3235
广东 Guangdong	46951	4740	14476	26189	1546	4222	13086	15820	9975	3848
广西 Guangxi	17583	706	4254	11889	734	1113	4786	6717	3359	1608
海南 Hainan	3733	235	822	2408	268	351	989	1138	920	335
重庆 Chongqing	18214	1245	5082	10910	977	1704	5333	6668	3578	931
四川 Sichuan	39306	2774	10590	23632	2310	3291	10711	13285	9243	2776
贵州 Guizhou	13792	273	1901	10641	977	944	3890	4767	3180	1011
云南 Yunnan	15162	812	3428	10069	853	1198	4310	5615	3027	1012
西藏 Tibet	1081	14	109	836	122	28	202	434	313	104
陕西 Shaanxi	37145	3057	10808	22313	967	4355	10587	11968	8052	2183
甘肃 Gansu	13727	691	3111	9477	448	1142	3463	4490	3662	970
青海 Qinghai	3079	10	275	2371	423	157	875	1296	616	135
宁夏 Ningxia	3699	83	503	2820	293	279	1157	1179	782	302
新疆 Xinjiang	12239	266	2125	9054	794	643	3521	4931	2252	892

专任教师学历、职称情况(成人高校)

Data on Academic Qualifications, Rank of Full-time Teacher (HEIs for Adults)

单位:人

Unit: in Person

	计 Total	按学历分 By Educational Attainment				按职称分 By Rank				
		博士 Doctor's Degree	硕士 Master's Degree	本科 Normal Courses	专科及以下 Short-cycle Courses and Under	正高级 Senior	副高级 Sub-Senior	中级 Middle	初级 Junior	无职称 No Rank
合计 Total	**86065**	**1174**	**8073**	**68870**	**7948**	**2005**	**23018**	**36383**	**19497**	**5162**
北京 Beijing	3261	60	678	2294	229	120	951	1472	584	134
天津 Tianjin	3019	9	207	2456	347	54	1137	1231	480	117
河北 Hebei	2715	20	461	2181	53	100	899	989	589	138
山西 Shanxi	2347	3	183	1867	294	45	780	903	506	113
内蒙古 Inner Mongolia	814		28	693	93	8	279	340	168	19
辽宁 Liaoning	3559	6	202	2991	360	74	1226	1579	545	135
吉林 Jilin	2803	743	216	1690	154	83	809	1181	614	116
黑龙江 Heilongjiang	4914	14	293	4097	510	169	1821	1976	762	186
上海 Shanghai	1766	15	294	1265	192	46	424	923	333	40
江苏 Jiangsu	6816	53	510	5675	578	143	1345	2700	2102	526
浙江 Zhejiang	3700	20	285	3122	273	73	726	1594	1104	203
安徽 Anhui	2335	16	249	1944	126	26	600	864	602	243
福建 Fujian	2025	3	219	1586	217	24	523	853	480	145
江西 Jiangxi	1615	10	125	1331	149	67	466	600	394	88
山东 Shandong	6247	23	565	5207	452	261	1577	2097	1697	615
河南 Henan	5022	12	382	4368	260	82	1333	2026	1155	426
湖北 Hubei	3575	4	550	2611	410	59	922	1529	789	276
湖南 Hunan	2706	9	143	2156	398	43	693	1257	535	178
广东 Guangdong	7033	72	1118	5261	582	150	1533	3232	1710	408
广西 Guangxi	1706	6	140	1493	67	25	405	844	338	94
海南 Hainan	66		2	54	10	2	12	26	16	10
重庆 Chongqing	2018	12	157	1613	236	31	545	947	347	148
四川 Sichuan	4918	34	503	3635	746	162	1351	2122	1061	222
贵州 Guizhou	1139	3	70	918	148	13	235	544	275	72
云南 Yunnan	1383	3	64	1242	74	8	270	588	354	163
西藏 Tibet										
陕西 Shaanxi	3621	18	259	3053	291	104	1007	1588	762	160
甘肃 Gansu	1099	1	61	874	163	2	329	558	185	25
青海 Qinghai	779		13	586	180	6	130	449	178	16
宁夏 Ningxia										
新疆 Xinjiang	3064	5	96	2607	356	25	690	1371	832	146

专任教师学历、职称情况（民办的其他高等教育机构）

Data on Academic Qualifications, Rank of Full-time Teacher (Non-state/private HEIs)

单位：人

Unit: in Person

	计 Total	按学历分 By Educational Attainment				按职称分 By Rank				
		博士 Doctor's Degree	硕士 Master's Degree	本科 Normal Courses	专科及以下 Short-cycle Courses and Under	正高级 Senior	副高级 Sub-Senior	中级 Middle	初级 Junior	无职称 No Rank
合 计 Total	**26048**	**969**	**3643**	**17194**	**4242**	**3688**	**7001**	**8281**	**4254**	**2824**
北 京 Beijing	3442	377	1049	1814	202	1007	1211	733	205	286
天 津 Tianjin										
河 北 Hebei	1990	27	284	1413	266	347	751	565	206	121
山 西 Shanxi	1045	73	107	697	168	159	294	336	169	87
内蒙古 Inner Mongolia										
辽 宁 Liaoning	1843	137	207	1265	234	176	712	493	239	223
吉 林 Jilin	658	18	76	516	48	211	178	163	65	41
黑龙江 Heilongjiang	1177	22	99	768	288	100	222	473	229	153
上 海 Shanghai	832	37	149	568	78	105	244	339	86	58
江 苏 Jiangsu	265		34	223	8	34	92	76	57	6
浙 江 Zhejiang	989	2	62	840	85	22	166	321	384	96
安 徽 Anhui	457	2	13	279	163	46	55	145	134	77
福 建 Fujian	563	6	69	458	30	43	154	171	174	21
江 西 Jiangxi	694	3	19	366	306	48	141	222	169	114
山 东 Shandong	3358	100	384	2252	622	460	776	1058	659	405
河 南 Henan	1521	19	108	999	395	158	305	571	263	224
湖 北 Hubei	91	4	10	70	7	20	35	13	3	20
湖 南 Hunan	1704	45	268	1082	309	203	391	635	285	190
广 东 Guangdong	2266	34	354	1708	170	216	542	875	434	199
广 西 Guangxi	96		1	91	4	1	41	50	4	
海 南 Hainan	19		3	9	7	3	2	7	2	5
重 庆 Chongqing	747	1	27	571	148	28	128	249	108	234
四 川 Sichuan	688	33	139	417	99	102	177	245	123	41
贵 州 Guizhou	4			2	2	1	1			2
云 南 Yunnan										
西 藏 Tibet										
陕 西 Shaanxi	1310	21	134	599	556	154	291	441	208	216
甘 肃 Gansu	289	8	47	187	47	44	92	100	48	5
青 海 Qinghai										
宁 夏 Ningxia										
新 疆 Xinjiang										

聘请校外教师学历情况(总计)

Aggregate Data on Academic Qualifications of Part-time Teachers in HEIs (Total)

单位:人

Unit:in Person

	计 Total	博　士 Doctor's Degree	硕　士 Master's Degree	本　科 Normal Courses	专科及以下 Short-cycle Courses and Under
合　计 Total	**272793**	**20200**	**71723**	**169695**	**11175**
北　京 Beijing	30246	2807	10059	15156	2224
天　津 Tianjin	5551	170	1253	3910	218
河　北 Hebei	14742	795	3877	9676	394
山　西 Shanxi	5569	195	949	4033	392
内蒙古 Inner Mongolia	2377	42	342	1966	27
辽　宁 Liaoning	13084	1196	3967	7714	207
吉　林 Jilin	4839	817	1246	2670	106
黑龙江 Heilongjiang	9526	442	2103	6451	530
上　海 Shanghai	17302	1596	4331	10400	975
江　苏 Jiangsu	13875	1104	3996	8384	391
浙　江 Zhejiang	8968	518	2223	5878	349
安　徽 Anhui	8125	569	2353	4991	212
福　建 Fujian	7694	780	1354	5084	476
江　西 Jiangxi	9230	310	1611	6868	441
山　东 Shandong	16922	1418	5089	9824	591
河　南 Henan	11606	826	2857	7606	317
湖　北 Hubei	14229	1644	4603	7788	194
湖　南 Hunan	10282	831	2495	6596	360
广　东 Guangdong	12196	738	3319	7652	487
广　西 Guangxi	4661	157	1003	3343	158
海　南 Hainan	769	122	125	488	34
重　庆 Chongqing	4613	176	940	3234	263
四　川 Sichuan	13330	1164	3337	8223	606
贵　州 Guizhou	2950	150	652	2104	44
云　南 Yunnan	4720	117	1203	3196	204
西　藏 Tibet	63	1	3	58	1
陕　西 Shaanxi	16506	1102	4480	10184	740
甘　肃 Gansu	3938	278	1300	2321	39
青　海 Qinghai	492	3	54	410	25
宁　夏 Ningxia	560	4	75	467	14
新　疆 Xinjiang	3828	128	524	3020	156

聘请校外教师学历情况(普通高校)

Aggregate Data on Academic Qualifications of Part-time Teachers in HEIs

单位:人
Unit:in Person

	计 Total	博士 Doctor's Degree	硕士 Master's Degree	本科 Normal Courses	专科及以下 Short-cycle Courses and Under
合计 Total	**181430**	**16397**	**51013**	**108470**	**5550**
北京 Beijing	11610	1792	3991	5578	249
天津 Tianjin	3914	156	1029	2556	173
河北 Hebei	12130	734	3316	7774	306
山西 Shanxi	3756	99	664	2709	284
内蒙古 Inner Mongolia	2129	42	335	1725	27
辽宁 Liaoning	8555	929	2793	4706	127
吉林 Jilin	3445	409	1009	1994	33
黑龙江 Heilongjiang	6652	384	1747	4292	229
上海 Shanghai	8387	1083	2441	4420	443
江苏 Jiangsu	10710	991	3166	6228	325
浙江 Zhejiang	5425	438	1496	3264	227
安徽 Anhui	5949	536	1926	3347	140
福建 Fujian	5608	748	980	3452	428
江西 Jiangxi	7560	300	1395	5525	340
山东 Shandong	13181	1210	4199	7491	281
河南 Henan	8520	780	2432	5171	137
湖北 Hubei	12973	1610	4251	6946	166
湖南 Hunan	7077	699	1710	4471	197
广东 Guangdong	6293	550	1851	3593	299
广西 Guangxi	3603	150	891	2446	116
海南 Hainan	702	120	119	430	33
重庆 Chongqing	2877	170	746	1923	38
四川 Sichuan	7979	976	2317	4402	284
贵州 Guizhou	2030	142	523	1339	26
云南 Yunnan	2909	107	868	1804	130
西藏 Tibet	63	1	3	58	1
陕西 Shaanxi	11186	859	3223	6738	366
甘肃 Gansu	3134	253	1072	1805	4
青海 Qinghai	104	3	22	72	7
宁夏 Ningxia	560	4	75	467	14
新疆 Xinjiang	2409	122	423	1744	120

聘请校外教师学历情况(成人高校)
Aggregate Data on Academic Qualifications of Part-time Teachers (HEIs for Adults)

单位:人
Unit:in Person

	计 Total	博士 Doctor's Degree	硕士 Master's Degree	本科 Normal Courses	专科及以下 Short-cycle Courses and Under
合计 Total	**46392**	**1212**	**8632**	**34600**	**1948**
北京 Beijing	3077	165	714	2037	161
天津 Tianjin	1637	14	224	1354	45
河北 Hebei	1089	11	232	830	16
山西 Shanxi	779	11	108	614	46
内蒙古 Inner Mongolia	248		7	241	
辽宁 Liaoning	1492	5	249	1213	25
吉林 Jilin	633	320	64	235	14
黑龙江 Heilongjiang	1930	26	187	1485	232
上海 Shanghai	1277	48	276	919	34
江苏 Jiangsu	2456	100	691	1607	58
浙江 Zhejiang	2181	27	340	1723	91
安徽 Anhui	1710	11	371	1311	17
福建 Fujian	1686	6	262	1371	47
江西 Jiangxi	1184	5	126	991	62
山东 Shandong	1460	48	381	966	65
河南 Henan	1088	6	166	899	17
湖北 Hubei	899	2	181	691	25
湖南 Hunan	1903	10	345	1449	99
广东 Guangdong	4631	118	1100	3301	112
广西 Guangxi	924	7	110	765	42
海南 Hainan	67	2	6	58	1
重庆 Chongqing	1552	5	156	1170	221
四川 Sichuan	4537	144	874	3208	311
贵州 Guizhou	854	8	126	702	18
云南 Yunnan	1811	10	335	1392	74
西藏 Tibet					
陕西 Shaanxi	3165	89	766	2265	45
甘肃 Gansu	315	8	102	189	16
青海 Qinghai	388		32	338	18
宁夏 Ningxia					
新疆 Xinjiang	1419	6	101	1276	36

聘请校外教师学历情况(民办的其他高等教育机构)

Aggregate Data on Academic Qualifications of Part-time Teachers (Non-state/private HEIs)

单位:人

Unit:in Person

	计 Total	博士 Doctor's Degree	硕士 Master's Degree	本科 Normal Courses	专科及以下 Short-cycle Courses and Under
合计 Total	**44971**	**2591**	**12078**		
北京 Beijing	15559	850	5354		
天津 Tianjin					
河北 Hebei	1523	50	329		
山西 Shanxi	1034	85	177		
内蒙古 Inner Mongolia					
辽宁 Liaoning	3037	262	925		
吉林 Jilin	761	88	173		
黑龙江 Heilongjiang	944	32	169		
上海 Shanghai	7638	465	1614		
江苏 Jiangsu	709	13	139		
浙江 Zhejiang	1362	53	387		
安徽 Anhui	466	22	56		
福建 Fujian	400	26	112		
江西 Jiangxi	486	5	90		
山东 Shandong	2281	160	509		
河南 Henan	1998	40	259		
湖北 Hubei	357	32	171		
湖南 Hunan	1302	122	440		
广东 Guangdong	1272	70	368		
广西 Guangxi	134		2		
海南 Hainan					
重庆 Chongqing	184	1	38		
四川 Sichuan	814	44	146		
贵州 Guizhou	66		3		
云南 Yunnan					
西藏 Tibet					
陕西 Shaanxi	2155	154	491		
甘肃 Gansu	489	17	126		
青海 Qinghai					
宁夏 Ningxia					
新疆 Xinjiang					

资产情况(学校

Condition of Fixed Assets and Teaching

	学校占地面积(平方米) Area of School sites (m^2)			图书音像 Audio-visual	
				一般图书(万册) Books & Magazines in Libraries(10 Thouand Volume)	
	计 Total	其中:绿化用地面积 of Which: Green Areas	其中:运动场地面积 of Which: Sports Areas	计 Total	当年新增 New Floor Space Added in Current Year
合　计 Total	**1324957611**	**313263716**	**96585408**	**112540.38**	**15054.74**
北　京 Beijing	49050769	14868496	3425196	6306.88	503.77
天　津 Tianjin	26197308	4000195	2727895	2663.57	444.72
河　北 Hebei	53232676	7612158	4294724	4814.13	584.94
山　西 Shanxi	23056020	5026327	2810101	3064.98	421.98
内蒙古 Inner Mongolia	19467205	3318082	1424669	1553.29	224.72
辽　宁 Liaoning	56027068	12115084	4603557	5147.35	567.81
吉　林 Jilin	36913454	10702564	2524523	3075.76	375.90
黑龙江 Heilongjiang	56263126	8566400	3646949	4327.08	667.28
上　海 Shanghai	33296371	8714146	2187728	4672.42	545.67
江　苏 Jiangsu	103872223	28273759	7411958	7547.41	831.60
浙　江 Zhejiang	50464074	15049594	4557805	4667.43	732.89
安　徽 Anhui	47674698	10178814	3566438	3736.56	512.81
福　建 Fujian	34119467	9057458	2450201	2674.44	437.82
江　西 Jiangxi	61003679	19130836	4021477	3646.97	809.03
山　东 Shandong	103953208	21328881	7672330	7211.83	1322.18
河　南 Henan	68424467	11640307	5464733	6215.14	830.24
湖　北 Hubei	80170350	21885304	5428844	6719.40	1001.19
湖　南 Hunan	58285231	15849103	4107196	5033.82	649.60
广　东 Guangdong	92806195	23146870	5638237	6547.97	898.05
广　西 Guangxi	29258397	7573728	1956244	2434.93	337.96
海　南 Hainan	7034748	2126322	513131	456.07	99.05
重　庆 Chongqing	34792437	10878669	1614577	2354.02	353.45
四　川 Sichuan	62265188	14690318	4400050	4994.97	549.99
贵　州 Guizhou	20237939	3189602	1094473	1719.11	126.11
云　南 Yunnan	17025444	3955075	1460266	1766.32	239.94
西　藏 Tibet	1874729	461950	92342	117.63	6.20
陕　西 Shaanxi	47269869	8453099	4376606	5492.24	637.47
甘　肃 Gansu	20441807	4917243	1284447	1569.11	151.41
青　海 Qinghai	4290307	501950	313474	361.67	11.37
宁　夏 Ningxia	5012985	1287113	334547	314.02	28.75
新　疆 Xinjiang	21176172	4764269	1180690	1333.86	150.84

产权)(总计)

Resources (Owned by HEIs)(Total)

资料情况 ed. Resources		拥有教学用计算机(台) No. of computers used for Instruction	语音实验室座位数(个) No. of Seats in Audio-Labs	多媒体教室座位数(个) No. of Seats in Multi-media Class rooms	网上教学课程数(种) No. of Web-Based Courses	固定资产值(万元) Fixed Assets (in 10,000 yuan)		
电子图书(片) Electronic Books & Magazines in Libraries(Disk)						合计 Total	其中:教学、科研仪器设备资产 of which: Teaching Equipment & Instruments	
计 Total	当年新增 New Floor Space Added in Current Year						计 Total	当年新增 New Floor Space Added in Current Year
1296494	**328264**	**3230150**	**1099053**	**6894589**	**65255**	**50514859.23**	**11047107.59**	**2028704.88**
312491	166122	196664	52889	444028	5832	3965905.20	1059321.61	160239.34
2850	586	72713	21517	145307	536	1078651.28	320047.19	58670.13
768	168	142641	51437	309508	1564	1975469.45	377785.29	58157.91
4148	319	70930	26586	129464	1149	922151.37	225833.56	38582.48
8223	832	36262	9369	54730	683	509735.65	109827.94	26400.44
1759	392	155215	65340	309860	5271	2355022.92	480270.25	71341.79
183670	50272	86031	34201	135320	997	1386902.97	303763.25	50358.93
11550	1637	110621	41974	231415	1406	1972270.51	412871.91	82515.76
3083	1321	140518	32837	274363	1325	2468126.79	652821.56	114258.49
4382	619	258935	67981	618429	2595	3965716.82	855014.95	151311.31
2350	704	169516	52718	423494	9008	2757602.77	523470.72	119068.38
3408	930	89099	36385	196994	1625	1445517.22	328595.11	59757.33
1925	401	83927	31256	186341	1483	1247231.39	267228.96	53408.93
312760	3378	114385	48161	260964	1388	1382225.76	276566.23	59902.92
27395	8035	198982	77038	422041	2638	3458259.37	656078.92	122827.82
1365	379	144560	54300	315394	2803	2182193.66	450989.65	70509.44
3144	1169	192046	64411	472807	3530	3075198.92	665183.63	142308.26
117989	13187	150018	49785	267811	6701	1872464.62	431520.07	78527.52
192775	10377	217500	71697	573982	5026	3572472.81	707869.22	132903.94
5982	800	62804	21691	121331	552	620772.66	187342.16	35574.28
168	34	12964	4855	25504	22	165686.70	36694.11	7824.47
525	150	71895	26428	139695	382	1113918.39	206349.39	60959.16
2404	489	130395	48623	301997	2952	2278613.59	478024.74	78676.33
1080	228	37622	16698	61229	468	386516.93	106489.51	17646.26
440	219	48964	16241	93272		728931.41	141867.46	36925.59
315	30	1470	612	3065	21	27577.27	6172.13	1681.17
80007	63611	143714	45544	217697	1946	2219290.53	482680.19	79132.84
3934	949	40680	11653	63322	162	631001.73	140070.67	31103.21
4399	553	6170	1630	5576	215	67900.89	15139.85	2647.19
47	41	10969	2665	16926	112	135743.57	29973.01	3863.62
1156	333	31940	12531	72723	2863	545786.08	111244.35	21619.64

资产情况(学校

Condition of Fixed Assets and

	学校占地面积(平方米) Area of School sites (m^2)			图书音像 Audio-visual	
				一般图书(万册) Books & Magazines in Libraries(10,000 Volume)	
	计 Total	其中:绿化用地面积 of Which:Green Areas	其中:运动场地面积 of Which: Sports Areas	计 Total	当年新增 New Floor Space Added in Current Year
合 计 Total	**1224484366**	**290042105**	**86557265**	**101032.43**	**13862.35**
北 京 Beijing	37298671	10377364	2707433	5667.48	456.70
天 津 Tianjin	24690393	3895037	2636651	2409.45	434.42
河 北 Hebei	49652416	7127224	3954180	4281.79	477.30
山 西 Shanxi	20647052	4603328	2503535	2757.38	359.62
内蒙古 Inner Mongolia	18504262	3208870	1294255	1477.33	219.87
辽 宁 Liaoning	50781863	10328125	4008142	4590.39	527.22
吉 林 Jilin	35225189	10404636	2221800	2812.70	350.72
黑龙江 Heilongjiang	52902712	7785638	3302828	3746.04	618.81
上 海 Shanghai	31591924	8314079	2034816	4172.94	524.84
江 苏 Jiangsu	98346110	26640492	6597856	6955.01	776.92
浙 江 Zhejiang	46590528	14040644	4031012	4146.64	713.27
安 徽 Anhui	44342539	9780152	3282004	3423.14	478.14
福 建 Fujian	32487152	8740165	2376419	2388.37	385.44
江 西 Jiangxi	58013260	18280303	3741832	3365.21	778.38
山 东 Shandong	92486382	19232157	6348007	6327.39	1176.71
河 南 Henan	62053486	10334265	4755561	5466.72	743.78
湖 北 Hubei	76073578	20767562	5120452	6278.14	978.83
湖 南 Hunan	55389363	15366138	3899440	4639.41	617.02
广 东 Guangdong	83578296	21278591	4693633	5552.39	765.1
广 西 Guangxi	28060197	7318075	1899529	2199	304.93
海 南 Hainan	6942928	2055622	498331	448.24	98.65
重 庆 Chongqing	32246479	10485295	1452982	2123.86	321.99
四 川 Sichuan	58734918	14043003	4023709	4392.8	506.29
贵 州 Guizhou	19442680	3045586	1020724	1515.98	122.37
云 南 Yunnan	15865306	3812992	1377730	1681.08	234.55
西 藏 Tibet	1874729	461950	92342	117.63	6.2
陕 西 Shaanxi	44184259	7866525	3877657	4959.4	594.22
甘 肃 Gansu	19268439	4675357	1161391	1429.72	132.24
青 海 Qinghai	3204631	419494	248492	318.58	7.88
宁 夏 Ningxia	5012985	1287113	334547	314.02	28.75
新 疆 Xinjiang	18991639	4066323	1059975	1074.2	121.19

产权)(普通高校)

Teaching Resources (Owned by HEIs)(Regular HEIs)

资料情况 ed. Resources		拥有教学用计算机(台) No. of computers used for Instruction	语音实验室座位数(个) No. of Seats in Audio-Labs	多媒体教室座位数(个) No. of Seats in Multi-media Class rooms	网上教学课程数(种) No. of Web-Based Courses	固定资产值(万元) Fixed Assets (in 10,000 yuan)		
电子图书(片) Electronic Books & Magazines in Libraries(Disk)						合计 Total	其中:教学、科研仪器设备资产 of which: Teaching Equipment & Instruments	
计 Total	当年新增 New Floor Space Added in Current Year						计 Total	当年新增 New Floor Space Added in Current Year
1053365	**313361**	**2771466**	**937061**	**6264203**	**26001**	**46614015.00**	**10179372.62**	**1892459.37**
301337	165580	158647	41624	388641	4981	3624487.78	1004153.43	152293.98
1544	348	59382	18237	128489	322	1010853.23	299625.84	56852.15
746	161	127874	44826	289562	490	1825013.07	350038.59	51550.76
1342	199	59080	22465	117413	757	803407.88	198812.00	34852.49
8219	830	34078	8729	52894	60	489840.95	106079.26	26023.14
818	233	131929	55623	282560	2738	2163078.76	446055.74	66500.30
175648	49281	75800	29897	127190	481	1310299.66	289648.67	48429.01
10143	1415	94438	34586	217738	902	1829963.11	379978.37	77831.85
1532	1093	124699	27945	251669	829	2359142.78	620563.13	109527.79
4216	565	229579	60057	580239	1494	3686889.11	800525.41	143569.02
1802	635	143836	45706	362113	1421	2568005.02	469914.04	113551.21
3096.46	884.03	76338	32429	180200	216	1331087.58	307260.16	55616.8
1862.31	377.11	72018	27737	166301	1457	1151116.72	244026.81	47185.9
309710.88	2880.99	101972	44139	246964	583	1315355.3	261994.67	57874.64
4565.87	774.8	168156	60868	385084	856	3109287.93	576985.19	109000.13
930	235.8	120580	42750	284069	1173	1956858.89	405383.43	62093.79
3056.62	1124.41	178875	59973	454558	1999	2939842.83	634446.51	138590.32
110350.34	12575.42	128259	41790	245767	912	1753009.68	399235.09	73889.72
31397.87	9062.54	162351	54037	469004	1895	3090059.07	592478.24	114728.86
5962.09	798.57	55008	18625	112865	58	557800.88	171236.46	32976.96
168.37	34.27	12488	4761	24929	22	164228.5	35888	7791.5
498.9	144.21	61590	23548	125064	382	1009655.3	188475.57	57886.26
2270.96	459.59	110364	42389	277073	819	2102819.32	443591.52	73984.33
679.87	93.55	33922	15551	55939	15	362154.04	99110.45	15717.68
401.56	218.85	46210	15026	87975		699918.3	135698.08	36179.28
315.43	30	1470	612	3065	21	27577.27	6172.13	1681.17
65263.87	62231.56	127807	39957	205717	797	2090687.24	449259.32	73033.05
1363.26	378.78	36802	10599	60396	16	601365.55	130522.49	29053.79
2996.87	343.58	4724	1292	4196	50	60248.59	12933.69	2529.09
47	41.41	10969	2665	16926	112	135743.57	29973.01	3863.62
1079.29	330.37	22221	8618	59603	143	484217.09	89307.32	17800.78

资产情况(学校

Condition of Fixed Assets and Teaching

	学校占地面积(平方米) Area of School sites (m²)			图书音像 Audio-visual	
				一般图书(万册) Books & Magazines in Libraries(10,000 Volume)	
	计 Total	其中:绿化用地面积 of Which: Green Areas	其中:运动场地面积 of Which: Sports Areas	计 Total	当年新增 New Floor Space Added in Current Year
合　计 Total	**70541979**	**15741666**	**6906931**	**9128.76**	**842.77**
北　京 Beijing	5788137	2932658	221483	409.82	12.97
天　津 Tianjin	1506915	105158	91244	254.12	10.30
河　北 Hebei	1931129	266035	173624	357.67	97.64
山　西 Shanxi	1483864	188748	187205	225.35	44.39
内蒙古 Inner Mongolia	962943	109212	130414	75.86	4.85
辽　宁 Liaoning	1857289	158419	333393	339.95	10.32
吉　林 Jilin	1433313	270456	227987	218.04	13.71
黑龙江 Heilongjiang	2893154	492462	307321	457.65	36.21
上　海 Shanghai	1393772	320190	109702	235.07	15.25
江　苏 Jiangsu	5146930	1405669	758876	558.05	50.78
浙　江 Zhejiang	2667507	744898	389177	446.94	13.60
安　徽 Anhui	2494959	314812	214024	266.32	29.37
福　建 Fujian	1460522	224173	53246	233.12	24.58
江　西 Jiangxi	1800524	618362	161730	221.65	24.31
山　东 Shandong	4931525	1145114	793646	592.35	88.57
河　南 Henan	5041788	1114876	513847	604.79	75.15
湖　北 Hubei	3810324	1050942	246292	429.36	18.03
湖　南 Hunan	2308149	360509	149836	298.80	16.96
广　东 Guangdong	6612858	1186928	628186	790.70	67.61
广　西 Guangxi	1191592	255303	54465	232.43	32.83
海　南 Hainan	91820	70700	14800	7.83	0.40
重　庆 Chongqing	2068489	324598	131980	214.14	29.52
四　川 Sichuan	3076885	496650	305603	522.69	35.72
贵　州 Guizhou	795259	144016	73749	197.03	3.70
云　南 Yunnan	1160138	142083	82536	85.24	5.39
西　藏 Tibet					
陕　西 Shaanxi	2190949	276407	243812	425.96	30.68
甘　肃 Gansu	1171036	241886	123056	125.08	16.79
青　海 Qinghai	1085676	82456	64982	43.09	3.49
宁　夏 Ningxia					
新　疆 Xinjiang	2184533	697946	120715	259.66	29.65

产权)(成人高校)

Resources (Owned by HEIs)(HEIs for Adults)

资料情况 ed. Resources: 电子图书(片) Electronic Books & Magazines in Libraries(Disk) 计 Total	资料情况 ed. Resources: 电子图书(片) Electronic Books & Magazines in Libraries(Disk) 当年新增 New Floor Space Added in Current Year	拥有教学用计算机(台) No. of computers used for Instruction	语音实验室座位数(个) No. of Seats in Audio-Labs	多媒体教室座位数(个) No. of Seats in Multi-media Class rooms	网上教学课程数(种) No. of Web-Based Courses	固定资产值(万元) Fixed Assets (in 10,000 yuan): 合计 Total	固定资产值(万元) Fixed Assets (in 10,000 yuan): 其中:教学、科研仪器设备资产 of which: Teaching Equipment & Instruments 计 Total	固定资产值(万元) Fixed Assets (in 10,000 yuan): 其中:教学、科研仪器设备资产 of which: Teaching Equipment & Instruments 当年新增 New Floor Space Added in Current Year
200358	**5023**	**333534**	**110294**	**502224**	**35445**	**2950262.69**	**674487.07**	**101291.29**
496	36	22233	4450	32119	770	180365.30	31617.53	3806.33
1306	238	13331	3280	16818	214	67798.05	20421.35	1817.98
15	4	9522	4481	16920	1039	96014.30	21394.61	5520.25
1626	88	6900	2035	7825	324	70723.34	16796.89	2836.72
4	2	2183	604	1836	623	19886.50	3740.48	377.30
94	11	11555	3984	13156	1985	70068.29	18176.35	2629.05
8006	979	6584	2177	5255	499	59594.41	11636.63	1771.97
839	211	10860	5094	10446	439	109973.69	26807.61	3581.53
807	89	8943	2567	15644	489	85018.03	22461.60	3951.44
164	52	27185	6962	36679	1099	269681.76	52887.04	7185.79
361	63	21259	5307	54730	6177	153919.44	47048.19	4773.75
54	4	8590	3176	15748	1397	84836.69	16239.98	1760.53
42	20	9253	2425	16563	10	81765.01	18602.98	3876.86
2521	377	6099	2449	9709	775	39146.41	9685.73	1718.28
442	78	18986	9711	24339	1156	232935.64	49041.05	9705.21
421	138	17002	9518	27612	1369	197128.08	38583.35	7691.32
85	43	12439	4068	16145	1529	131545.49	29016.42	3387.94
5014	192	13632	3766	16924	5626	80377.04	19960.98	2646.00
159429	625	42565	12902	87662	2861	375310.35	88282.19	9789.97
20	2	7613	2970	8466	494	60250.78	15840.70	2592.32
		430	48	575		1428.20	806.11	32.97
26	5	8188	2256	11705		87001.91	14982.62	2855.90
51	14	16702	5024	19527	2115	153204.77	29864.82	4264.30
400	134	3649	1099	5260	453	23810.89	7267.06	1903.58
39	0	2754	1215	5297		29013.11	6169.38	746.31
14734	1375	10512	3622	8008	1044	92094.45	24268.75	4185.65
1881	30	3400	853	2756	73	28149.47	8743.48	1945.08
1402	209	1446	338	1380	165	7652.30	2206.16	118.10
77	3	9719	3913	13120	2720	61568.99	21937.03	3818.86

资产情况(学校产权)

Condition of Fixed Assets and Teaching Resources (Owned by HEIs)

	学校占地面积(平方米) Area of School sites (m^2)			图书音像 Audio-visual	
				一般图书(万册) Books & Magazines in Libraries(10,000 Volume)	
	计 Total	其中:绿化用地面积 of Which: Green Areas	其中:运动场地面积 of Which: Sports Areas	计 Total	当年新增 New Floor Space Added in Current Year
合 计 Total	**29931266**	**7479945**	**3121212**	**2379.19**	**349.62**
北 京 Beijing	5963961	1558474	496280	229.58	34.10
天 津 Tianjin					
河 北 Hebei	1649131	218899	166920	174.67	10.00
山 西 Shanxi	925104	234251	119361	82.25	17.97
内蒙古 Inner Mongolia				0.10	
辽 宁 Liaoning	3387916	1628540	262022	217.01	30.27
吉 林 Jilin	254952	27472	74736	45.02	11.47
黑龙江 Heilongjiang	467260	288300	36800	123.39	12.26
上 海 Shanghai	310675	79877	43210	264.41	5.58
江 苏 Jiangsu	379183	227598	55226	34.35	3.90
浙 江 Zhejiang	1206039	264052	137616	73.85	6.02
安 徽 Anhui	837200	83850	70410	47.10	5.30
福 建 Fujian	171793	93120	20536	52.95	27.80
江 西 Jiangxi	1189895	232171	117915	60.11	6.34
山 东 Shandong	6535301	951610	530677	292.09	56.90
河 南 Henan	1329193	191166	195325	143.63	11.31
湖 北 Hubei	286448	66800	62100	11.90	4.33
湖 南 Hunan	587719	122456	57920	95.61	15.62
广 东 Guangdong	2615041	681351	316418	204.88	65.34
广 西 Guangxi	6608	350	2250	3.50	0.20
海 南 Hainan					
重 庆 Chongqing	477469	68776	29615	16.02	1.94
四 川 Sichuan	453385	150665	70738	79.48	7.98
贵 州 Guizhou				6.10	0.04
云 南 Yunnan					
西 藏 Tibet					
陕 西 Shaanxi	894661	310167	255137	106.88	12.57
甘 肃 Gansu	2332			14.31	2.38
青 海 Qinghai					
宁 夏 Ningxia					
新 疆 Xinjiang					

（民办的其他高等教育机构）
(Non-state/private HEIs)

资料情况 ed. Resources						固定资产值(万元) Fixed Assets (in 10,000 yuan)		
电子图书(片) Electronic Books & Magazines in Libraries(Disk)		拥有教学用计算机(台) No. of computers used for Instruction	语音实验室座位数(个) No. of Seats in Audio-Labs	多媒体教室座位数(个) No. of Seats in Multi-media Class rooms	网上教学课程数(种) No. of Web-Based Courses	合 计 Total	其中:教学、科研仪器设备资产 of which: Teaching Equipment & Instruments	
计 Total	当年新增 New Floor Space Added in Current Year						计 Total	当年新增 New Floor Space Added in Current Year
42772	**9880**	**125150**	**51698**	**128162**	**3809**	**950581.54**	**193247.90**	**34954.22**
10659	506	15784	6815	23268	81	161052.12	23550.65	4139.03
8	3	5245	2130	3026	35	54442.08	6352.09	1086.90
1180	32	4950	2086	4226	68	48020.15	10224.67	893.27
		1	36			8.20	8.20	
846	148	11731	5733	14144	548	121875.87	16038.16	2212.44
16	11	3647	2127	2875	17	17008.90	2477.95	157.95
568	11	5323	2294	3231	65	32333.71	6085.93	1102.38
743	139	6876	2325	7050	7	23965.98	9796.83	779.26
2	2	2171	962	1511	2	9145.95	1602.50	556.50
187	5	4421	1705	6651	1410	35678.31	6508.49	743.42
257.65	42.21	4171	780	1046	12	29592.95	5094.97	2380.00
20.72	3.74	2656	1094	3477	16	14349.66	4599.17	2346.17
528.06	120.05	6314	1573	4291	30	27724.05	4885.83	310.00
22387.03	7182.43	11840	6459	12618	626	116035.80	30052.68	4122.48
13.72	5.05	6978	2032	3713	261	28206.69	7022.87	724.33
2.01	1.5	732	370	2104	2	3810.60	1720.70	330.00
2624.7	419.53	8127	4229	5120	163	39077.90	12324.00	1991.80
1948.15	688.89	12584	4758	17316	270	107103.39	27108.79	8385.11
		183	96			2721.00	265.00	5.00
		46	46			30.00		
0.61	0.1	2117	624	2926		17261.18	2891.20	217.00
81.45	15.28	3329	1210	5397	18	22589.50	4568.40	427.70
		51	48	30		552.00	112.00	25.00
9.21	4.29	5395	1965	3972	105	36508.84	9152.12	1914.14
690	540	478	201	170	73	1486.71	804.70	104.34

资产情况

Condition of Fixed Assets and Teaching Resources

	学校占地面积(平方米) Area of School sites (m^2)			图书音像 Audio-visual	
				一般图书(万册) Books & Magazines in Libraries(10,000 Volume)	
	计 Total	其中:绿化用地面积 of Which: Green Areas	其中:运动场地面积 of Which: Sports Areas	计 Total	当年新增 New Floor Space Added in Current Year
合　计 Total	**71647346**	**14985633**	**7318434**	**49647.04**	**3882.84**
北　京 Beijing	4426035	1052178	718458	176.63	25.43
天　津 Tianjin	779941	89701	53201	68.43	2.20
河　北 Hebei	7460662	1322117	694055	755.64	132.95
山　西 Shanxi	3168209	420442	389339	166.07	5.32
内蒙古 Inner Mongolia	1139372	87885	77793	39.18	3.99
辽　宁 Liaoning	2413039	353442	395377	104.32	0.68
吉　林 Jilin	1728246	718200	410957	15.30	1.00
黑龙江 Heilongjiang	2568535	482045	250782	88.12	3.68
上　海 Shanghai	2223670	509069	151466	342.05	14.95
江　苏 Jiangsu	3104952	827026	295296	128.42	28.87
浙　江 Zhejiang	1768455	296070	61938	29.12	11.07
安　徽 Anhui	2077450	342982	108637	224.68	32.92
福　建 Fujian	1678391	413129	184687	71.80	18.61
江　西 Jiangxi	2167962	221705	128993	26.09	2.80
山　东 Shandong	5244757	1776509	541973	185.73	44.35
河　南 Henan	1726964	147294	175027	73.12	1.96
湖　北 Hubei	4151014	851676	359189	170.40	23.10
湖　南 Hunan	2578756	494083	251822	10152.16	503.49
广　东 Guangdong	9723369	2278006	1024103	581.98	79.52
广　西 Guangxi	793135	108635	71015	23.12	6.51
海　南 Hainan	94167	33148	8104	4.00	1.00
重　庆 Chongqing	1619409	338710	61085	35559.01	2849.95
四　川 Sichuan	3491533	912113	486951	311.37	41.75
贵　州 Guizhou	356443	60133	18300	15.00	3.00
云　南 Yunnan	939884	65960	31477	25.00	10.00
西　藏 Tibet	95000	1550	17355	6.29	0.00
陕　西 Shaanxi	3571682	727561	278634	248.24	18.74
甘　肃 Gansu	307760	27929	32230	33.06	15.00
青　海 Qinghai	6058		1500	5.51	
宁　夏 Ningxia	7663		4200		
新　疆 Xinjiang	234833	26335	34490	17.20	

(非学校产权)(总计)
(Not Owned by HEIs)(Total)

资料情况 ed. Resources 电子图书(片) Electronic Books & Magazines in Libraries(Disk) 计 Total	当年新增 New Floor Space Added in Current Year	拥有教学用计算机(台) No. of computers used for Instruction	语音实验室座位数(个) No. of Seats in Audio-Labs	多媒体教室座位数(个) No. of Seats in Multmedia Class rooms	网上教学课程数(种) No. of Web-Based Courses	固定资产值(万元) Fixed Assets (in 10,000 yuan) 合计 Total	其中:教学、科研仪器设备资产 of which: Teaching Equipment & Instruments 计 Total	当年新增 New Floor Space Added in Current Year
7028	**685**	**121560**	**50058**	**244163**		**1868218.35**	**370315.31**	**63934.90**
86	56	5170	2023	12865		35407.18	9512.73	1123.86
81		3031	384	4272		83775.02	24414.02	4381.66
179	110	14241	9190	34354		261124.14	53827.28	6627.59
156	50	1412	686	4120		48407.63	11357.89	166.77
35	10	1394	432	1326		48194.70	9402.00	238.00
5	5	2923	928	3704		43190.11	5195.98	501.00
41		626	220	2358		42790.00	3048.12	
24	20	3645	1591	6154		60116.41	15344.06	3201.52
128	1	6025	2862	20569		52088.26	5021.17	117.10
45	3	4760	2046	12706		134328.82	11026.82	698.00
80	14	382	90			18868.04	3424.03	1093.35
158	26	4217	2179	5541		32087.60	15073.20	1947.20
31	6	4703	1118	7609		82761.64	16208.43	5246.49
4	3	389	145	205		11673.00	3481.00	2148.00
29	17	3996	1540	6280		55351.76	13487.20	2036.46
3	0	3606	1023	2891		4335.85	1211.65	94.90
26	4	5863	4555	23059		208363.19	17216.59	5210.29
4571	161	5640	1821	4073		47433.90	21902.50	863.50
737	94	19087	6673	50894		259193.26	48726.86	12355.17
451	62	634	497	4966		71892.18	19026.72	5642.22
		200				1749.00	1349.00	400.00
4	1	8274	1916	3281		20230.45	12506.00	648.00
42	9	9503	4196	23139		146764.36	27674.86	6520.25
0		1003	420	353		16464.94	8699.19	646.44
11	10	757	662	410		1041.00	674.00	10.00
		122	102	659		877.00	482.40	5.40
50	22	8964	2498	7963		71576.38	8772.20	1787.40
50		592	133	181		5944.53	1079.33	224.33
		182	88	81		2103.00	1085.08	
2		219	40	150		85.00	85.00	

资产情况

Condition of Fixed Assets and Teaching Resources

	学校占地面积(平方米) Area of School sites (m^2)			图书音像 Audio-visual	
				一般图书(万册) Books & Magazines in Libraries(10 Thouand Volume)	
	计 Total	其中:绿化用地面积 of Which: Green Areas	其中:运动场地面积 of Which: Sports Areas	计 Total	当年新增 New Floor Space Added in Current Year
合　计 Total	**55162041**	**11579149**	**5095976**	**3334.35**	**497.28**
北　京 Beijing	2033033	426756	342759	104.46	16.67
天　津 Tianjin	771911	83143	50926	66.91	1.50
河　北 Hebei	7013026	1227844	658855	748.43	132.95
山　西 Shanxi	2797805	368510	343819	110.77	3.22
内蒙古 Inner Mongolia	1139372	87885	77793	39.18	3.99
辽　宁 Liaoning	1691562	300551	293662	32.66	0.10
吉　林 Jilin	1421130	686500	356500	6.00	
黑龙江 Heilongjiang	1983862	389103	136815	79.37	3.58
上　海 Shanghai	1933385	461378	108646	70.77	14.70
江　苏 Jiangsu	2559463	602713	213611	116.02	28.57
浙　江 Zhejiang	1593810	272451	41845	28.92	11.07
安　徽 Anhui	1775847	328610	82070	212.14	32.81
福　建 Fujian	1313615	335227	148666	67.7	18.61
江　西 Jiangxi	1474627	127349	78313	25.29	2.8
山　东 Shandong	2828386	1283685	160784	123.65	18.55
河　南 Henan	1260195	105260	120687	53.3	0.4
湖　北 Hubei	3954115	803340	326674	158.2	22.6
湖　南 Hunan	1297224	172011	45122	62.55	1.65
广　东 Guangdong	6861767	1698144	729438	502.13	78.47
广　西 Guangxi	773259	106135	69715	21.32	6.51
海　南 Hainan	94167	33148	8104	4	1
重　庆 Chongqing	1267959	236754	29589	93.31	9.95
四　川 Sichuan	3152673	851969	440732	300.67	41.74
贵　州 Guizhou	261100	47833	6000	8	2.5
云　南 Yunnan	877207	61160	21977	25	10
西　藏 Tibet	95000	1550	17355	6.29	
陕　西 Shaanxi	2556250	463630	145962	215.24	18.34
甘　肃 Gansu	191875	1100	10167	30.56	15
青　海 Qinghai	220			5.51	
宁　夏 Ningxia	7663		4200		
新　疆 Xinjiang	180533	15410	25190	16	

(非学校产权)(普通高校)
(Not Owned by HEIs)(HEIs)

资料情况 ed. Resources		拥有教学用计算机(台) No. of computers used for Instruction	语音实验室座位数(个) No. of Seats in Audio-Labs	多媒体教室座位数(个) No. of Seats in Multimedia Class rooms	网上教学课程数(种) No. of Web-Based Courses	固定资产值(万元) Fixed Assets (in 10,000 yuan)		
电子图书(片) Electronic Books & Magazines in Libraries(Disk)						合　计 Total	其中:教学、科研仪器设备资产 of which: Teaching Equipment & Instruments	
计 Total	当年新增 New Floor Space Added in Current Year						计 Total	当年新增 New Floor Space Added in Current Year
1469	**387**	**100505**	**40795**	**212168**		**1725987.79**	**337695.86**	**61186.29**
21	4	2905	1374	8080		25540.69	5209.90	341.60
81		2336	224	3742		82776.02	23738.02	4286.66
179	110	13881	8842	29474		259219.09	53182.68	6617.59
6		533	380	3350		34267.96	10808.34	90.32
35	10	1394	432	1326		48194.70	9402.00	238.00
		1782	395	1630		33931.41	2858.98	338.00
		140		1860		38610.00	1666.00	
24	20	3099	1211	5844		59198.10	14578.06	3201.52
103	1	4462	2087	18309		50527.63	4103.04	17.00
45	3	4368	1911	12216		133060.82	10724.82	642.00
20	4	382	90			14756.31	2931.03	1038.85
147.85	25.6	2755	1538	4303		22173.6	11918.2	1896.2
28.6	4.4	4391	1058	6894		82604.74	16169.53	5226.49
3.8	2.8	354	145	205		11273	3131	2148
20.41	17.37	3396	1006	5086		42578.2	11678.6	2036.46
0.3	0.1	2761	856	2470		2538.57	938.57	50
26.31	4.03	5213	4323	20833		202826.19	16131.59	5145.29
5.2	0.2	1887	386	1280		29231.9	17524.4	250.9
134.54	93.76	16667	5709	46610		228156.97	43129.52	11929.37
451	62	563	449	4954		71511.18	18830.72	5642.22
		200				1749	1349	. 400
4.15	0.75	7844	896	2281		20230.45	12506	648
38.92	7.55	9300	4166	22898		144794.36	27601.86	6508.25
		768	340	300		13397.19	8357.19	643.44
10	10	697	662	240		921	616	
		122	102	659		877	482.4	5.4
33.89	7.02	7722	2124	7323		66337.38	6742	1640.4
50		464	88			2704.33	404.33	204.33
			1	1		2000	982.08	
2.3		119						

资产情况

Condition of Fixed Assets and Teaching Resources

	学校占地面积(平方米) Area of School sites (m^2)			图书音像 Audio-visual	
				一般图书(万册) Books & Magazines in Libraries(10,000 Volume)	
	计 Total	其中:绿化用地面积 of Which: Green Areas	其中:运动场地面积 of Which: Sports Areas	计 Total	当年新增 New Floor Space Added in Current Year
合　计 Total	**3816228**	**617840**	**570012**	**218.60**	**3.03**
北　京 Beijing	110288	3070	1310	9.20	0.03
天　津 Tianjin	8030	6558	2275	1.52	0.70
河　北 Hebei	118364	30193	800	6.00	
山　西 Shanxi	175246	45622	21607	23.30	
内蒙古 Inner Mongolia					
辽　宁 Liaoning	45430	3000	26430	0.70	
吉　林 Jilin	1610	60	110	2.80	
黑龙江 Heilongjiang	146934	17400	17836	4.00	
上　海 Shanghai	47592	300			
江　苏 Jiangsu	318794	75958	54418	2.20	0.10
浙　江 Zhejiang	31090	4119	4360		
安　徽 Anhui	182226	13882	24517	12.54	0.11
福　建 Fujian	41399	6000	12347	4.10	
江　西 Jiangxi	24300	2300	2800	0.80	
山　东 Shandong	463565	11000	182835		
河　南 Henan	117664	3300	950		
湖　北 Hubei	113963	10870	9891	12.00	0.50
湖　南 Hunan	130393	52574	30	12.29	0.04
广　东 Guangdong	932861	168514	67289	75.25	0.85
广　西 Guangxi	18926	2500	1300	0.50	
海　南 Hainan					
重　庆 Chongqing	33000	8100	2500	5.70	
四　川 Sichuan	193668	29935	34918	10.00	
贵　州 Guizhou	63173	9300	4300	7.00	0.50
云　南 Yunnan	62677	4800	9500		
西　藏 Tibet					
陕　西 Shaanxi	283038	77761	58506	25.00	0.20
甘　肃 Gansu	91859	19799	18383	2.50	
青　海 Qinghai	5838		1500		
宁　夏 Ningxia					
新　疆 Xinjiang	54300	10925	9300	1.20	

(非学校产权)(成人高校)

(Not Owned by HEIs)(HEIs for Adults)

资料情况 ed. Resources		拥有教学用计算机(台) No. of computers used for Instruction	语音实验室座位数(个) No. of Seats in Audio-Labs	多媒体教室座位数(个) No. of Seats in Multi-media Class rooms	网上教学课程数(种) No. of Web-Based Courses	固定资产值(万元) Fixed Assets (in 10,000 yuan)		
电子图书(片) Electronic Books & Magazines in Libraries(Disk)						合计 Total	其中:教学、科研仪器设备资产 of which: Teaching Equipment & Instruments	
计 Total	当年新增 New Floor Space Added in Current Year						计 Total	当年新增 New Floor Space Added in Current Year
664	**18**	**10079**	**4849**	**13032**		**70228.61**	**19956.32**	**1215.01**
0		860	223	1970		1613.59	1240.33	158.26
1	0	695	160	530		999.00	676.00	95.00
		120	40	40		118.00	118.00	
		579	256	520		1559.00	353.45	45.45
		40				1860.00	60.00	
40		50	51	74		4033.00	1271.12	
		306	260	140		888.31	736.00	
		331	204	210				
0		130	45	300		982.00	132.00	30.00
						4111.73	493.00	54.50
10		1062	641	1229		9764.00	3035.00	21.00
0		312	60	515		106.90	18.90	
		35				400.00	350.00	
		260	250	200		7512.56	767.60	
0		400				767.28	17.28	
		456	232	864		4961.00	962.00	61.00
0		950	104	932		5049.00	1726.10	236.00
593	1	1792	908	3524		17366.29	5477.34	405.80
						200.00	15.00	
		430	1020	1000				
3	1	100	30	81		830.00	33.00	10.00
0		235	80	53		485.75	72.00	3.00
1	0	60		170		120.00	58.00	10.00
15	15	532	158	340		3638.00	1666.20	85.00
		62		110		2675.20	490.00	
		182	87	80		103.00	103.00	
		100	40	150		85.00	85.00	

资产情况

Condition of Fixed Assets and Teaching Resources

	学校占地面积(平方米) Area of School sites (m^2)			图书音像 Audio-visual	
				一般图书(万册) Books & Magazines in Libraries(10,000 Volume)	
	计 Total	其中:绿化用地面积 of Which: Green Areas	其中:运动场地面积 of Which: Sports Areas	计 Total	当年新增 New Floor Space Added in Current Year
合　计 Total	**12669077**	**2788644**	**1652446**	**46094.09**	**3382.53**
北　京 Beijing	2282714	622352	374389	62.97	8.73
天　津 Tianjin					
河　北 Hebei	329272	64080	34400	1.21	
山　西 Shanxi	195158	6310	23913	32.00	2.10
内蒙古 Inner Mongolia					
辽　宁 Liaoning	676047	49891	75285	70.96	0.58
吉　林 Jilin	305506	31640	54347	6.50	1.00
黑龙江 Heilongjiang	437739	75542	96131	4.75	0.10
上　海 Shanghai	242693	47391	42820	271.28	0.25
江　苏 Jiangsu	226695	148355	27267	10.20	0.20
浙　江 Zhejiang	143555	19500	15733	0.20	
安　徽 Anhui	119377	490	2050		
福　建 Fujian	323377	71902	23674		
江　西 Jiangxi	669035	92056	47880		
山　东 Shandong	1952806	481824	198354	62.08	25.80
河　南 Henan	349105	38734	53390	19.82	1.56
湖　北 Hubei	82936	37466	22624	0.20	
湖　南 Hunan	1151139	269498	206670	10077.32	501.80
广　东 Guangdong	1928741	411348	227376	4.60	0.20
广　西 Guangxi	950			1.30	
海　南 Hainan					
重　庆 Chongqing	318450	93856	28996	35460.00	2840.00
四　川 Sichuan	145192	30209	11301	0.70	0.01
贵　州 Guizhou	32170	3000	8000		
云　南 Yunnan					
西　藏 Tibet					
陕　西 Shaanxi	732394	186170	74166	8.00	0.20
甘　肃 Gansu	24026	7030	3680		
青　海 Qinghai					
宁　夏 Ningxia					
新　疆 Xinjiang					

(非学校产权)(民办的其他高等教育机构)

(Not Owned by HEIs)(Non-state/private HEIs)

资料情况 ed. Resources		拥有教学用计算机(台) No. of computers used for Instruction	语音实验室座位数(个) No. of Seats in Audio-Labs	多媒体教室座位数(个) No. of Seats in Multi-media Class rooms	网上教学课程数(种) No. of Web-Based Courses	固定资产值(万元) Fixed Assets (in 10,000 yuan)		
电子图书(片) Electronic Books & Magazines in Libraries(Disk)						合　计 Total	其中:教学、科研仪器设备资产 of which: Teaching Equipment & Instruments	
计 Total	当年新增 New Floor Space Added in Current Year						计 Total	当年新增 New Floor Space Added in Current Year
4896	**280**	**10976**	**4414**	**18963**		**72001.95**	**12663.13**	**1533.60**
65	52	1405	426	2815		8252.90	3062.50	624.00
		240	308	4840		1787.05	526.60	10.00
150	50	300	50	250		12580.67	196.10	31.00
5	5	1101	533	2074		7398.70	2277.00	163.00
1		436	169	424		147.00	111.00	
0		240	120	170		30.00	30.00	
25		1232	571	2050		1560.63	918.13	100.10
		262	90	190		286.00	170.00	26.00
60	10							
		400		9		150.00	120.00	30.00
2	2			200		50.00	20.00	20.00
9.08	0.1	340	284	994		5261.00	1041.00	
2.25		445	167	421		1030.00	255.80	44.90
0.01		194		1362		576.00	123.00	4.00
4565.77	160.58	2803	1331	1861		13153.00	2652.00	376.60
9		628	56	760		13670.00	120.00	20.00
		71	48	12		181.00	181.00	
		103		160		1140.00	40.00	2.00
						2582.00	270.00	
0.6		710	216	300		1601.00	364.00	62.00
		66	45	71		565.00	185.00	20.00

校舍情况(总计)

Conditions of School Buildings (Regional Aggregates)

单位:平方米

Unit: m^2

	学校产权建筑面积 Floor Area of School Building Owned by HEIs				正在施工面积 Floor Area Under Construction	独立使用非学校产权建筑面积 Floor Area of School Building Not Owned by HEIs
	计 Total	其中:危房 of Which: Dilapidated Buildings	其中:当年新增 of Which: Newly Added in Current Year	其中:被外单位借用 of Which: Floor Space Hired by Other Schools or Units		
合　计 Total	**500540277**	**1686231**	**57958100**	**1226661**	**51300927**	**44365625**
北　京 Beijing	27002707	179944	2475969	188285	2182856	2434467
天　津 Tianjin	10334754	17873	911301	62945	1047221	1045948
河　北 Hebei	20893915	9271	2458822	23107	1952909	4871497
山　西 Shanxi	12982719	24043	930714	342401	900945	585600
内蒙古 Inner Mongolia	6183447	93011	504874	9173	350164	799164
辽　宁 Liaoning	19501757	61914	3003282	32729	1602559	1959506
吉　林 Jilin	14149313	110374	937969	54842	947392	943459
黑龙江 Heilongjiang	18988795	130231	2023273	17076	1061937	1953908
上　海 Shanghai	14645230		1613753	71857	946799	2197464
江　苏 Jiangsu	35582133	91955	3730325	26422	4266304	1937562
浙　江 Zhejiang	19968521	5119	2665274	10695	3053683	1802061
安　徽 Anhui	16575419	85799	2220312	25915	1939573	1806120
福　建 Fujian	12016581	39824	1867935	3761	1226916	1444262
江　西 Jiangxi	19172822	38582	3631471	50318	2782419	603637
山　东 Shandong	36644218	93465	5813133	18004	3981689	1684500
河　南 Henan	26267661	24389	2985535	8311	2500300	1868833
湖　北 Hubei	32416975	32225	3771322	128955	3461329	2873812
湖　南 Hunan	22678871	48374	2678514	3506	2684140	2073040
广　东 Guangdong	30691448	74337	4026877	48509	4580816	3589334
广　西 Guangxi	9778751	3235	1005866	24325	1084916	406315
海　南 Hainan	1968462	3932	174263		237195	153537
重　庆 Chongqing	10929782	139915	1299382		1418640	1030863
四　川 Sichuan	23925643	56558	2198327	8936	1824887	2168552
贵　州 Guizhou	7337550	15286	432607	2637	566648	402618
云　南 Yunnan	7276219	51505	1016961	2956	384367	380869
西　藏 Tibet	441845	19542	50892		62015	
陕　西 Shaanxi	24697234	114726	1962362	60546	2904241	2485942
甘　肃 Gansu	7214612	24250	873678	450	965901	635556
青　海 Qinghai	1481562	8924	33238		30792	77055
宁　夏 Ningxia	1663800	9400	262523		47072	10357
新　疆 Xinjiang	7127531	78228	397346		304302	139787

校舍情况(普通高校)

Conditions of School Buidings (HEIs)

单位:平方米

Unit:m^2

	学校产权建筑面积 Floor Area of School Building Owned by HEIs				正在施工面积 Floor Area Under Construction	独立使用非学校产权建筑面积 Floor Area of School Building Not Owned by HEIs
	计 Total	其中:危房 of Which: Dilapidated Buildings	其中:当年新增 of Which: Newly Added in Current Year	其中:被外单位借用 of Which: Floor Space Hired by Other Schools or Units		
合 计 Total	**455105466**	**1612470**	**55249493**	**1074109**	**48352371**	**36517506**
北 京 Beijing	24275602	179367	2345846	184916	1974259	1447988
天 津 Tianjin	9751596	11790	883458	62681	962681	1034961
河 北 Hebei	19030214	9271	2387820	19502	1913053	4508331
山 西 Shanxi	11565498	23693	878090	341030	891759	432150
内蒙古 Inner Mongolia	5877307	93011	466787	9173	350164	797764
辽 宁 Liaoning	17712919	61709	2908330	30981	1509015	1620030
吉 林 Jilin	13235037	108522	869237	50401	940173	783330
黑龙江 Heilongjiang	17473238	127727	1925068	2361	1058377	1563765
上 海 Shanghai	13646053		1489907	63530	938799	1847695
江 苏 Jiangsu	32905756	91955	3606420	23000	4032381	1725535
浙 江 Zhejiang	18138449	5119	2586828		2975636	1587610
安 徽 Anhui	15452372	84078	2123848	24397	1772375	1534376
福 建 Fujian	11091529	39824	1739071	1129	1115144	1174170
江 西 Jiangxi	18024535	36008	3565362	50038	2618653	405964
山 东 Shandong	31372798	58438	5405622	14724	3646916	1319318
河 南 Henan	23084645	24389	2784940	970	2306356	1502310
湖 北 Hubei	30597301	32225	3732584	57422	3461329	2757869
湖 南 Hunan	21105328	45961	2521135	2006	2608826	1372211
广 东 Guangdong	26293576	72295	3722860	37554	4125323	2400997
广 西 Guangxi	9039313	3235	954851	24325	1047805	385362
海 南 Hainan	1945803	3932	174263		237195	149857
重 庆 Chongqing	9588851	139915	1184391		1351173	835302
四 川 Sichuan	21526622	52101	2112607	8686	1778011	1821804
贵 州 Guizhou	6899771	15286	424857	2637	542648	343357
云 南 Yunnan	6873555	45039	972253	2956	359561	344411
西 藏 Tibet	441845	19542	50892		62015	
陕 西 Shaanxi	22450461	113726	1939931	59690	2487698	2081967
甘 肃 Gansu	6766800	24250	810495		959901	525623
青 海 Qinghai	1289634	4334	31338		30792	71361
宁 夏 Ningxia	1663800	9400	262523		47072	10357
新 疆 Xinjiang	5985258	76328	387879		247281	131731

校舍情况(成人高校)

Conditions of School Buidings (HEIs for Adults)

单位:平方米

Unit: m^2

	学校产权建筑面积 Floor Area of School Building Owned by HEIs				正在施工面积 Floor Area Under Construction	独立使用非学校产权建筑面积 Floor Area of School Building Not Owned by HEIs
	计 Total	其中:危房 of Which: Dilapidated Buildings	其中:当年新增 of Which: Newly Added in Current Year	其中:被外单位借用 of Which: Floor Space Hired by Other Schools or Units		
合 计 Total	**35071080**	**41061**	**1873521**	**139203**	**1825128**	**2673315**
北 京 Beijing	1557047	577	35317	3369	6981	89139
天 津 Tianjin	583158	6083	27843	264	84540	10987
河 北 Hebei	1232762		43102	105	31856	178271
山 西 Shanxi	954050	350	27035	1371	2950	62424
内蒙古 Inner Mongolia	306140		38087			
辽 宁 Liaoning	865480	205	60823	1748	11544	57203
吉 林 Jilin	780213	1852	68732	4271	7219	28982
黑龙江 Heilongjiang	1396462	2504	82965	14715	3560	92534
上 海 Shanghai	863534		121882	4348	8000	72331
江 苏 Jiangsu	2578090		107222	3422	184468	115119
浙 江 Zhejiang	1332700		57461	7095	73247	61377
安 徽 Anhui	971326	1721	96464	1518	167198	155820
福 建 Fujian	869424		128864	2632	24872	96339
江 西 Jiangxi	739522	2574	57590	280	37895	10152
山 东 Shandong	2637270	2327	215067	1180	81450	27347
河 南 Henan	2611541		190295	7341	168601	196607
湖 北 Hubei	1744274		35740	71533		70021
湖 南 Hunan	1253561	2413	69899	1500	33250	144388
广 东 Guangdong	3332171	2042	102670	10955	412873	594562
广 西 Guangxi	732696		51015		37111	20003
海 南 Hainan	22659					
重 庆 Chongqing	1068804		74265		35467	79960
四 川 Sichuan	2182169	4457	41213	250	46876	199578
贵 州 Guizhou	437779		7750		24000	36135
云 南 Yunnan	402664	6466	44708		24806	36458
西 藏 Tibet						
陕 西 Shaanxi	1838349	1000	13631	856	253343	161399
甘 肃 Gansu	443034		62514	450	6000	62429
青 海 Qinghai	191928	4590	1900			5694
宁 夏 Ningxia						
新 疆 Xinjiang	1142273	1900	9467		57021	8056

校舍情况(民办的其他高等教育机构)

Conditions of School Buidings (Non-state/private HEIs)

单位:平方米

Unit: m^2

	学校产权建筑面积 Floor Area of School Building Owned by HEIs				正在施工面积 Floor Area Under Construction	独立使用非学校产权建筑面积 Floor Area of School Building Not Owned by HEIs
	计 Total	其中:危房 of Which: Dilapidated Buildings	其中:当年新增 of Which: Newly Added in Current Year	其中:被外单位借用 of Which: Floor Space Hired by Other Schools or Units		
合　计 Total	**10363731**	**32700**	**835086**	**13349**	**1123428**	**5174804**
北　京 Beijing	1170058		94806		201616	897340
天　津 Tianjin						
河　北 Hebei	630939		27900	3500	8000	184895
山　西 Shanxi	463171		25589		6236	91026
内蒙古 Inner Mongolia						1400
辽　宁 Liaoning	923358		34129		82000	282273
吉　林 Jilin	134063			170		131147
黑龙江 Heilongjiang	119095		15240			297609
上　海 Shanghai	135643		1964	3979		277438
江　苏 Jiangsu	98287		16683		49455	96908
浙　江 Zhejiang	497372		20985	3600	4800	153074
安　徽 Anhui	151721					115924
福　建 Fujian	55628				86900	173753
江　西 Jiangxi	408765		8519		125871	187521
山　东 Shandong	2634150	32700	192444	2100	253323	337835
河　南 Henan	571475		10300		25343	169916
湖　北 Hubei	75400		2998			45922
湖　南 Hunan	319982		87480		42064	556441
广　东 Guangdong	1065701		201347		42620	593775
广　西 Guangxi	6742					950
海　南 Hainan						3680
重　庆 Chongqing	272127		40726		32000	115601
四　川 Sichuan	216852		44507			147170
贵　州 Guizhou						23126
云　南 Yunnan						
西　藏 Tibet						
陕　西 Shaanxi	408424		8800		163200	242576
甘　肃 Gansu	4778		669			47504
青　海 Qinghai						
宁　夏 Ningxia						
新　疆 Xinjiang						

普通高中校数、班数(总计)

Number of Senior Secondary Schools and Classes (Regional Aggregates)

	学校数(所) Schools			班数(个) Classes			
	合 计 Total	高级中学 Senior Sec. Schools	完全中学 Complete Sec. Schools	计 Total	一年级 Grade 1	二年级 Grade 2	三年级 Grade 3
合 计 Total	**15998**	**6161**	**9837**	**381113**	**138943**	**125167**	**117003**
北 京 Beijing	338	69	269	6415	2189	2226	2000
天 津 Tianjin	230	79	151	4208	1496	1440	1272
河 北 Hebei	814	404	410	20739	7380	6867	6492
山 西 Shanxi	560	238	322	11385	4052	3790	3543
内蒙古 Inner Mongolia	372	144	228	8362	3070	2788	2504
辽 宁 Liaoning	464	349	115	12061	4430	4024	3607
吉 林 Jilin	296	175	121	7871	2933	2565	2373
黑龙江 Heilongjiang	479	263	216	9879	3546	3282	3051
上 海 Shanghai	344	154	190	6795	2279	2264	2252
江 苏 Jiangsu	844	303	541	24906	8868	8240	7798
浙 江 Zhejiang	610	430	180	16821	5884	5794	5143
安 徽 Anhui	758	174	584	16905	6406	5491	5008
福 建 Fujian	614	104	510	12696	4785	4157	3754
江 西 Jiangxi	642	193	449	13712	5027	4513	4172
山 东 Shandong	862	533	329	30168	10739	9982	9447
河 南 Henan	909	611	298	24409	8952	7720	7737
湖 北 Hubei	631	422	209	18295	6492	5918	5885
湖 南 Hunan	773	332	441	21338	7981	7032	6325
广 东 Guangdong	998	238	760	23733	9087	7763	6883
广 西 Guangxi	526	205	321	10767	4009	3421	3337
海 南 Hainan	104	8	96	1810	710	577	523
重 庆 Chongqing	291	11	280	7881	2754	2641	2486
四 川 Sichuan	797	94	703	20883	7604	6867	6412
贵 州 Guizhou	452	111	341	7850	2997	2535	2318
云 南 Yunnan	429	61	368	7451	2901	2381	2169
西 藏 Tibet	22	13	9	496	196	159	141
陕 西 Shaanxi	624	243	381	13795	5012	4409	4374
甘 肃 Gansu	470	90	380	8267	3046	2641	2580
青 海 Qinghai	143	15	128	1717	639	572	506
宁 夏 Ningxia	104	24	80	2057	741	659	657
新 疆 Xinjiang	498	71	427	7441	2738	2449	2254

普通高中校数、班数(城市)

Number of Senior Secondary Schools and Classes (Urban)

	学校数(所) Schools			班数(个) Classes			
	合计 Total	高级中学 Senior Sec. Schools	完全中学 Complete Sec. Schools	计 Total	一年级 Grade 1	二年级 Grade 2	三年级 Grade 3
合　计 Total	**6375**	**2248**	**4127**	**146751**	**52944**	**48718**	**45089**
北　京 Beijing	214	32	182	3929	1317	1354	1258
天　津 Tianjin	140	29	111	2433	870	835	728
河　北 Hebei	301	82	219	6928	2491	2316	2121
山　西 Shanxi	266	76	190	5038	1789	1682	1567
内蒙古 Inner Mongolia	196	70	126	4231	1539	1424	1268
辽　宁 Liaoning	290	204	86	6835	2492	2312	2031
吉　林 Jilin	107	54	53	2910	1080	976	854
黑龙江 Heilongjiang	213	108	105	4297	1537	1442	1318
上　海 Shanghai	211	113	98	4389	1436	1453	1500
江　苏 Jiangsu	265	77	188	7013	2484	2343	2186
浙　江 Zhejiang	274	174	100	7641	2689	2645	2307
安　徽 Anhui	258	52	206	5203	1950	1691	1562
福　建 Fujian	191	44	147	3948	1502	1295	1151
江　西 Jiangxi	197	53	144	3819	1352	1257	1210
山　东 Shandong	391	226	165	13919	4882	4661	4376
河　南 Henan	349	173	176	8014	2974	2516	2524
湖　北 Hubei	335	204	131	9494	3391	3115	2988
湖　南 Hunan	272	63	209	7999	2958	2676	2365
广　东 Guangdong	398	95	303	9013	3420	2972	2621
广　西 Guangxi	162	73	89	3344	1236	1066	1042
海　南 Hainan	34	4	30	657	257	209	191
重　庆 Chongqing	107	8	99	2683	914	903	866
四　川 Sichuan	226	29	197	5890	2121	1923	1846
贵　州 Guizhou	148	27	121	2412	880	804	728
云　南 Yunnan	109	22	87	1950	744	640	566
西　藏 Tibet	12	7	5	270	91	95	84
陕　西 Shaanxi	263	59	204	4701	1667	1549	1485
甘　肃 Gansu	156	33	123	2582	950	848	784
青　海 Qinghai	42	5	37	455	173	153	129
宁　夏 Ningxia	39	13	26	885	317	289	279
新　疆 Xinjiang	209	39	170	3869	1441	1274	1154

普通高中校数、班数(县镇)

Number of Senior Secondary Schools and Classes (County City & Towns)

	学校数(所) Schools			班数(个) Classes			
	合计 Total	高级中学 Senior Sec. Schools	完全中学 Complete Sec. Schools	计 Total	一年级 Grade 1	二年级 Grade 2	三年级 Grade 3
合计 Total	**7169**	**3149**	**4020**	**191050**	**70107**	**62359**	**58584**
北京 Beijing	113	34	79	2346	821	821	704
天津 Tianjin	73	34	39	1300	466	441	393
河北 Hebei	425	281	144	12351	4360	4048	3943
山西 Shanxi	228	136	92	5419	1937	1807	1675
内蒙古 Inner Mongolia	160	71	89	3916	1450	1295	1171
辽宁 Liaoning	130	113	17	4342	1612	1417	1313
吉林 Jilin	171	113	58	4721	1756	1516	1449
黑龙江 Heilongjiang	191	128	63	4527	1618	1494	1415
上海 Shanghai	126	39	87	2325	812	783	730
江苏 Jiangsu	301	126	175	10946	3950	3625	3371
浙江 Zhejiang	331	252	79	9082	3159	3119	2804
安徽 Anhui	317	86	231	8648	3271	2804	2573
福建 Fujian	355	57	298	7603	2832	2491	2280
江西 Jiangxi	355	128	227	8846	3282	2934	2630
山东 Shandong	419	275	144	15151	5475	4952	4724
河南 Henan	422	345	77	14187	5147	4510	4530
湖北 Hubei	203	151	52	6545	2280	2071	2194
湖南 Hunan	358	184	174	10186	3822	3333	3031
广东 Guangdong	398	108	290	10983	4270	3564	3149
广西 Guangxi	340	129	211	7101	2651	2249	2201
海南 Hainan	55	3	52	1020	401	325	294
重庆 Chongqing	59	1	58	2211	798	743	670
四川 Sichuan	467	46	421	12727	4662	4206	3859
贵州 Guizhou	234	74	160	4870	1885	1552	1433
云南 Yunnan	270	35	235	4914	1940	1555	1419
西藏 Tibet	10	6	4	226	105	64	57
陕西 Shaanxi	164	90	74	5428	1984	1707	1737
甘肃 Gansu	205	53	152	4461	1649	1408	1404
青海 Qinghai	88	10	78	1132	414	376	342
宁夏 Ningxia	41	11	30	953	347	308	298
新疆 Xinjiang	160	30	130	2583	951	841	791

普通高中校数、班数(农村)

Number of Senior Secondary Schools and Classes (Rural)

	学校数(所) Schools			班数(个) Classes			
	合计 Total	高级中学 Senior Sec. Schools	完全中学 Complete Sec. Schools	计 Total	一年级 Grade 1	二年级 Grade 2	三年级 Grade 3
合计 Total	**2454**	**764**	**1690**	**43312**	**15892**	**14090**	**13330**
北京 Beijing	11	3	8	140	51	51	38
天津 Tianjin	17	16	1	475	160	164	151
河北 Hebei	88	41	47	1460	529	503	428
山西 Shanxi	66	26	40	928	326	301	301
内蒙古 Inner Mongolia	16	3	13	215	81	69	65
辽宁 Liaoning	44	32	12	884	326	295	263
吉林 Jilin	18	8	10	240	97	73	70
黑龙江 Heilongjiang	75	27	48	1055	391	346	318
上海 Shanghai	7	2	5	81	31	28	22
江苏 Jiangsu	278	100	178	6947	2434	2272	2241
浙江 Zhejiang	5	4	1	98	36	30	32
安徽 Anhui	183	36	147	3054	1185	996	873
福建 Fujian	68	3	65	1145	451	371	323
江西 Jiangxi	90	12	78	1047	393	322	332
山东 Shandong	52	32	20	1098	382	369	347
河南 Henan	138	93	45	2208	831	694	683
湖北 Hubei	93	67	26	2256	821	732	703
湖南 Hunan	143	85	58	3153	1201	1023	929
广东 Guangdong	202	35	167	3737	1397	1227	1113
广西 Guangxi	24	3	21	322	122	106	94
海南 Hainan	15	1	14	133	52	43	38
重庆 Chongqing	125	2	123	2987	1042	995	950
四川 Sichuan	104	19	85	2266	821	738	707
贵州 Guizhou	70	10	60	568	232	179	157
云南 Yunnan	50	4	46	587	217	186	184
西藏 Tibet							
陕西 Shaanxi	197	94	103	3666	1361	1153	1152
甘肃 Gansu	109	4	105	1224	447	385	392
青海 Qinghai	13		13	130	52	43	35
宁夏 Ningxia	24		24	219	77	62	80
新疆 Xinjiang	129	2	127	989	346	334	309

普通高中学生数(总计)

Number of Students in Senior Secondary Schools (Regional Aggregates)

单位:人

Unit: in Person

	毕业生数 Graduates	招生数 Students Admitted	在校学生数 Enrolment 合计 Total	其中女 of Which: Female	一年级 Grade 1	二年级 Grade 2	三年级 Grade 3	毕业班学生数 Graduates for Next Year
合 计 Total	**5469351**	**8215096**	**22203701**	**10170790**	**8223771**	**7247149**	**6732781**	**6732781**
北 京 Beijing	66556	93519	274803	145454	94131	95873	84799	84799
天 津 Tianjin	52635	72335	198537	103447	72452	68501	57584	57584
河 北 Hebei	318714	464146	1293887	655229	464341	429408	400138	400138
山 西 Shanxi	163273	228292	647261	311263	228403	214718	204140	204140
内蒙古 Inner Mongolia	117525	179126	473568	238576	179228	156502	137838	137838
辽 宁 Liaoning	169848	258609	685199	340951	258728	225959	200512	200512
吉 林 Jilin	101107	169907	451637	228850	169980	146202	135455	135455
黑龙江 Heilongjiang	139441	203315	546793	276981	203350	181968	161475	161475
上 海 Shanghai	91017	106474	313811	163266	106914	104904	101993	101993
江 苏 Jiangsu	353177	494692	1373465	593475	495691	453178	424596	424596
浙 江 Zhejiang	215649	299904	860613	408022	300227	298206	262180	262180
安 徽 Anhui	248451	402700	1050188	434501	403792	340276	306120	306120
福 建 Fujian	159242	255749	659758	306036	256291	213171	190296	190296
江 西 Jiangxi	198869	294093	800049	314659	295538	263340	241171	241171
山 东 Shandong	476833	680506	1891006	840425	680592	625867	584547	584547
河 南 Henan	424773	613250	1687496	751507	613676	527469	546351	546351
湖 北 Hubei	322890	429734	1197354	515744	429837	384436	383081	383081
湖 南 Hunan	289817	464404	1190533	534673	464555	385620	340358	340358
广 东 Guangdong	318190	508059	1313116	593438	508147	429928	375041	375041
广 西 Guangxi	165146	244968	651494	308174	245053	206373	200068	200068
海 南 Hainan	26749	39634	102632	40659	39673	32519	30440	30440
重 庆 Chongqing	102356	162613	452705	208498	162755	148896	141054	141054
四 川 Sichuan	279445	490364	1295105	585549	490700	423136	381269	381269
贵 州 Guizhou	94939	173638	444031	182621	173761	141405	128865	128865
云 南 Yunnan	99365	167299	419758	198637	167452	132340	119966	119966
西 藏 Tibet	6756	11019	26740	13156	11021	8446	7273	7273
陕 西 Shaanxi	219980	305475	833275	380006	305748	264790	262737	262737
甘 肃 Gansu	109055	186561	499609	201769	186668	159180	153761	153761
青 海 Qinghai	20660	34778	92122	45630	34977	30220	26925	26925
宁 夏 Ningxia	32475	41618	118009	57008	41630	37931	38448	38448
新 疆 Xinjiang	84418	138315	359147	192586	138460	116387	104300	104300

普通高中学生数(城市)

Number of Students in Senior Secondary Schools (Urban)

单位:人

Unit: in Person

	毕业生数 Graduates	招生数 Students Admitted	在校学生数 Enrolment					毕业班学生数 Graduates for Next Year
			合计 Total	其中女 of Which: Female	一年级 Grade 1	二年级 Grade 2	三年级 Grade 3	
合计 Total	**1972368**	**2917762**	**7982201**	**3816315**	**2919814**	**2629914**	**2432473**	**2432473**
北京 Beijing	42011	54732	161590	85463	55131	56079	50380	50380
天津 Tianjin	29623	39563	109028	57149	39622	37503	31903	31903
河北 Hebei	94589	141569	400439	204573	141584	134913	123942	123942
山西 Shanxi	67758	98463	276378	134031	98496	91485	86397	86397
内蒙古 Inner Mongolia	58073	88510	235894	120099	88580	78562	68752	68752
辽宁 Liaoning	94056	135527	364567	186578	135596	122139	106832	106832
吉林 Jilin	37099	60206	159505	82040	60218	52908	46379	46379
黑龙江 Heilongjiang	56717	83165	226676	115796	83186	75414	68076	68076
上海 Shanghai	61027	66728	200665	104153	66905	66755	67005	67005
江苏 Jiangsu	92195	125300	350402	161849	125529	116231	108642	108642
浙江 Zhejiang	90983	135218	386232	184693	135359	134911	115962	115962
安徽 Anhui	72606	117276	305315	136530	117334	98307	89674	89674
福建 Fujian	48011	78427	196548	95814	78509	63141	54898	54898
江西 Jiangxi	54539	75218	210931	89739	75293	69269	66369	66369
山东 Shandong	203979	295263	832892	379693	295343	278146	259403	259403
河南 Henan	117431	182999	492601	229526	183154	152190	157257	157257
湖北 Hubei	153222	208432	582479	263380	208464	189848	184167	184167
湖南 Hunan	88936	135873	356046	167350	135917	116410	103719	103719
广东 Guangdong	119153	185077	482825	228518	185121	159257	138447	138447
广西 Guangxi	48903	71030	190185	92218	71040	59732	59413	59413
海南 Hainan	8564	13211	34180	14928	13225	10765	10190	10190
重庆 Chongqing	33992	49424	142664	69200	49425	47673	45566	45566
四川 Sichuan	76517	129528	351131	164356	129571	113349	108211	108211
贵州 Guizhou	28605	48253	132337	60425	48293	43537	40507	40507
云南 Yunnan	26938	42115	108030	53853	42125	34539	31366	31366
西藏 Tibet	4142	5672	15216	7303	5674	5046	4496	4496
陕西 Shaanxi	68687	95504	264745	125545	95554	86253	82938	82938
甘肃 Gansu	32442	54833	146703	65066	54844	47847	44012	44012
青海 Qinghai	5277	9032	23700	12149	9039	7951	6710	6710
宁夏 Ningxia	12765	17353	49276	24176	17359	16381	15536	15536
新疆 Xinjiang	43528	74261	193021	100122	74324	63373	55324	55324

普通高中学生数(县镇)

Number of Students in Senior Secondary Schools (County City & Towns)

单位:人

Unit: in Person

	毕业生数 Graduates	招生数 Students Admitted	在校学生数 Enrolment 合计 Total	其中女 of Which: Female	一年级 Grade 1	二年级 Grade 2	三年级 Grade 3	毕业班学生数 Graduates for Next Year
合 计 Total	**2875761**	**4337612**	**11670174**	**5217803**	**4343190**	**3792022**	**3534962**	**3534962**
北 京 Beijing	23197	36766	107591	57371	36970	37692	32929	32929
天 津 Tianjin	16865	23828	63907	33245	23853	22137	17917	17917
河 北 Hebei	202452	287824	799937	401905	288004	261735	250198	250198
山 西 Shanxi	82838	111257	318566	153255	111335	106391	100840	100840
内蒙古 Inner Mongolia	56893	86913	228037	113581	86945	74768	66324	66324
辽 宁 Liaoning	63533	102236	265295	127786	102275	85672	77348	77348
吉 林 Jilin	61033	103462	274233	137889	103523	87094	83616	83616
黑龙江 Heilongjiang	69819	99992	265181	132503	100006	88050	77125	77125
上 海 Shanghai	29105	38290	109210	57167	38532	36773	33905	33905
江 苏 Jiangsu	153937	227018	623978	263660	227465	206904	189609	189609
浙 江 Zhejiang	123048	162990	469677	221266	163172	161809	144696	144696
安 徽 Anhui	129936	215966	563081	222070	216892	183295	162894	162894
福 建 Fujian	96780	152882	400555	182017	153302	130261	116992	116992
江 西 Jiangxi	131752	196833	532630	202488	198194	177096	157340	157340
山 东 Shandong	255650	361419	990279	430863	361419	324682	304178	304178
河 南 Henan	273849	372771	1047104	456366	372980	330236	343888	343888
湖 北 Hubei	127896	161140	455902	184776	161192	143342	151368	151368
湖 南 Hunan	152287	248122	634292	280472	248218	204583	181491	181491
广 东 Guangdong	147007	244645	622493	273379	244670	202195	175628	175628
广 西 Guangxi	111824	166365	442251	207154	166439	140478	135334	135334
海 南 Hainan	16509	23643	61646	22943	23667	19586	18393	18393
重 庆 Chongqing	29868	50174	137890	61098	50195	45610	42085	42085
四 川 Sichuan	177145	307429	806852	358419	307654	265388	233810	233810
贵 州 Guizhou	60159	112144	282004	110378	112206	88861	80937	80937
云 南 Yunnan	64962	113000	279807	129372	113142	87695	78970	78970
西 藏 Tibet	2614	5347	11524	5853	5347	3400	2777	2777
陕 西 Shaanxi	92688	128658	350311	153688	128850	109336	112125	112125
甘 肃 Gansu	60834	104543	281504	109224	104628	88825	88051	88051
青 海 Qinghai	13894	22856	61195	30141	22937	19839	18419	18419
宁 夏 Ningxia	16081	20029	57027	27303	20035	18311	18681	18681
新 疆 Xinjiang	31306	49070	126215	70171	49143	39978	37094	37094

普通高中学生数(农村)

Number of Students in Senior Secondary Schools (Rural)

单位:人

Unit: in Person

	毕业生数 Graduates	招生数 Students Admitted	在校学生数 Enrolment 合计 Total	其中女 of Which: Female	一年级 Grade 1	二年级 Grade 2	三年级 Grade 3	毕业班学生数 Graduates for Next Year
合　计 Total	**621222**	**959722**	**2551326**	**1136672**	**960767**	**825213**	**765346**	**765346**
北　京 Beijing	1348	2021	5622	2620	2030	2102	1490	1490
天　津 Tianjin	6147	8944	25602	13053	8977	8861	7764	7764
河　北 Hebei	21673	34753	93511	48751	34753	32760	25998	25998
山　西 Shanxi	12677	18572	52317	23977	18572	16842	16903	16903
内蒙古 Inner Mongolia	2559	3703	9637	4896	3703	3172	2762	2762
辽　宁 Liaoning	12259	20846	55337	26587	20857	18148	16332	16332
吉　林 Jilin	2975	6239	17899	8921	6239	6200	5460	5460
黑龙江 Heilongjiang	12905	20158	54936	28682	20158	18504	16274	16274
上　海 Shanghai	885	1456	3936	1946	1477	1376	1083	1083
江　苏 Jiangsu	107045	142374	399085	167966	142697	130043	126345	126345
浙　江 Zhejiang	1618	1696	4704	2063	1696	1486	1522	1522
安　徽 Anhui	45909	69458	181792	75901	69566	58674	53552	53552
福　建 Fujian	14451	24440	62655	28205	24480	19769	18406	18406
江　西 Jiangxi	12578	22042	56488	22432	22051	16975	17462	17462
山　东 Shandong	17204	23824	67835	29869	23830	23039	20966	20966
河　南 Henan	33493	57480	147791	65615	57542	45043	45206	45206
湖　北 Hubei	41772	60162	158973	67588	60181	51246	47546	47546
湖　南 Hunan	48594	80409	200195	86851	80420	64627	55148	55148
广　东 Guangdong	52030	78337	207798	91541	78356	68476	60966	60966
广　西 Guangxi	4419	7573	19058	8802	7574	6163	5321	5321
海　南 Hainan	1676	2780	6806	2788	2781	2168	1857	1857
重　庆 Chongqing	38496	63015	172151	78200	63135	55613	53403	53403
四　川 Sichuan	25783	53407	137122	62774	53475	44399	39248	39248
贵　州 Guizhou	6175	13241	29690	11818	13262	9007	7421	7421
云　南 Yunnan	7465	12184	31921	15412	12185	10106	9630	9630
西　藏 Tibet								
陕　西 Shaanxi	58605	81313	218219	100773	81344	69201	67674	67674
甘　肃 Gansu	15779	27185	71402	27479	27196	22508	21698	21698
青　海 Qinghai	1489	2890	7227	3340	3001	2430	1796	1796
宁　夏 Ningxia	3629	4236	11706	5529	4236	3239	4231	4231
新　疆 Xinjiang	9584	14984	39911	22293	14993	13036	11882	11882

普通高中女学生数

Number of Female Students in Senior Secondary Schools

单位:人

Unit:in Person

	毕业生数 Graduates	招生数 Students Admitted	在校学生数 Enrolment				毕业班学生数 Graduates for Next Year
			合计 Total	一年级 Grade 1	二年级 Grade 2	三年级 Grade 3	
合计 Total	**2425129**	**3804214**	**10170790**	**3806702**	**3333660**	**3030428**	**3030428**
北京 Beijing	35237	48641	145454	48844	51700	44910	44910
天津 Tianjin	26995	38252	103447	38284	35519	29644	29644
河北 Hebei	154556	235910	655229	235996	221378	197855	197855
山西 Shanxi	74802	110618	311263	110653	106102	94508	94508
内蒙古 Inner Mongolia	58728	89975	238576	90008	79947	68621	68621
辽宁 Liaoning	84493	128497	340951	128543	112778	99630	99630
吉林 Jilin	50078	86745	228850	86775	73942	68133	68133
黑龙江 Heilongjiang	69678	103106	276981	103118	92700	81163	81163
上海 Shanghai	47021	55152	163266	55266	54568	53432	53432
江苏 Jiangsu	148531	215157	593475	215415	196648	181412	181412
浙江 Zhejiang	100120	143181	408022	143256	141613	123153	123153
安徽 Anhui	96234	171156	434501	171607	140688	122206	122206
福建 Fujian	70787	121524	306036	121634	99397	85005	85005
江西 Jiangxi	74809	117557	314659	117762	104144	92753	92753
山东 Shandong	203503	305610	840425	305653	279246	255526	255526
河南 Henan	179321	281002	751507	281163	234769	235575	235575
湖北 Hubei	133420	189410	515744	189431	167321	158992	158992
湖南 Hunan	125036	209675	534673	209715	173241	151717	151717
广东 Guangdong	135900	234106	593438	234137	194767	164534	164534
广西 Guangxi	75353	117540	308174	117566	96823	93785	93785
海南 Hainan	10022	16276	40659	16284	12749	11626	11626
重庆 Chongqing	47615	75000	208498	75056	68177	65265	65265
四川 Sichuan	125865	222572	585549	222679	191044	171826	171826
贵州 Guizhou	36844	73145	182621	73173	57918	51530	51530
云南 Yunnan	46152	79955	198637	79978	62027	56632	56632
西藏 Tibet	3389	5231	13156	5231	4237	3688	3688
陕西 Shaanxi	98593	140958	380006	141048	120877	118081	118081
甘肃 Gansu	41542	76708	201769	76731	64318	60720	60720
青海 Qinghai	10439	17025	45630	17104	14977	13549	13549
宁夏 Ningxia	14892	20312	57008	20312	17933	18763	18763
新疆 Xinjiang	45174	74218	192586	74280	62112	56194	56194

普通中学教职工数(总计)

Number of Teachers, Staff & Workers in General Secondary Schools (Regional Aggregates)

单位:人

Unit: in Person

	教职工数 Teachers, Staff & Workers						代课教师 Substitute Teachers	兼任教师 Part-time Teachers
	合计 Total	专任教师 Full-time Teachers	行政人员 Adm. Personnel	教辅人员 Supporting Staff	工勤人员 Workers	校办工厂、农(林)场职工 School-run by Factories & Farms		
合 计 Total	**5623981**	**4667465**	**351154**	**240298**	**352865**	**12199**	**120535**	**34490**
北 京 Beijing	76347	51114	10683	7906	6209	435	1022	467
天 津 Tianjin	55223	41397	7024	3289	3201	312	747	712
河 北 Hebei	344686	290078	20270	13708	19774	856	6410	1280
山 西 Shanxi	186674	153390	9767	8615	14048	854	10986	1560
内蒙古 Inner Mongolia	121274	92188	10153	7415	11261	257	3485	929
辽 宁 Liaoning	180225	144608	26205	1289	7996	127	1295	1488
吉 林 Jilin	123022	93056	13576	9851	6215	324	1948	1632
黑龙江 Heilongjiang	185184	149472	15322	7407	12557	426	1001	670
上 海 Shanghai	76222	51899	7440	9379	6929	575	1860	1748
江 苏 Jiangsu	330488	272348	16883	16976	23518	763	5714	1293
浙 江 Zhejiang	191700	162890	9564	7372	11247	627		2027
安 徽 Anhui	222229	190042	11549	7149	13251	238	8631	2771
福 建 Fujian	163985	139549	11342	4588	8246	260	2446	1234
江 西 Jiangxi	180557	160201	5830	4587	9660	279	2963	1313
山 东 Shandong	473687	379100	29725	30570	33051	1241	5749	1068
河 南 Henan	424093	365498	21093	15747	21120	635	6664	1563
湖 北 Hubei	269895	229649	11025	11738	16408	1075	8053	852
湖 南 Hunan	303636	260897	13699	10765	17521	754	3540	956
广 东 Guangdong	339997	288970	20810	11245	18654	318	11668	876
广 西 Guangxi	189618	148645	14002	9551	17119	301	9381	1879
海 南 Hainan	32936	26436	1549	1204	3719	28	463	142
重 庆 Chongqing	111385	92051	6773	4681	7600	280	1996	463
四 川 Sichuan	302361	253358	17929	10610	20036	428	4880	2042
贵 州 Guizhou	131660	115616	6704	3633	5627	80	3397	1366
云 南 Yunnan	147274	124718	5469	4426	12558	103	1927	402
西 藏 Tibet	8247	7371	236	53	583	4	44	75
陕 西 Shaanxi	185508	154242	14735	7978	8299	254	6461	1588
甘 肃 Gansu	105341	93024	4424	3097	4693	103	3493	779
青 海 Qinghai	21853	19402	720	511	1199	21	206	71
宁 夏 Ningxia	25627	21875	828	1182	1701	41	1046	170
新 疆 Xinjiang	113047	94381	5825	3776	8865	200	3059	1074

普通中学教职工数(城市)

Number of Teachers, Staff & Workers in General Secondary Schools (Urban)

单位:人

Unit: in Person

	教职工数 Teachers, Staff & Workers						代课教师 Substitute Teachers	兼任教师 Part-time Teachers
	合计 Total	专任教师 Full-time Teachers	行政人员 Adm. Personnel	教辅人员 Supporting Staff	工勤人员 Workers	校办工厂、农(林)场职工 Employees in School-run by Factories & Farms		
合计 Total	**1452770**	**1137098**	**126229**	**83855**	**99855**	**5733**	**36406**	**17317**
北京 Beijing	39157	25813	6341	3380	3275	348	664	383
天津 Tianjin	26416	18155	4396	1682	1944	239	667	581
河北 Hebei	74608	58260	6198	4257	5373	520	1871	776
山西 Shanxi	53475	40566	4479	3320	4856	254	4361	1015
内蒙古 Inner Mongolia	42353	31402	5010	2731	3085	125	1736	433
辽宁 Liaoning	75962	60769	11488	626	3023	56	235	822
吉林 Jilin	33075	24882	3786	2559	1745	103	1032	582
黑龙江 Heilongjiang	56550	45065	5308	2606	3422	149	373	568
上海 Shanghai	44187	29400	4363	6122	3965	337	1506	1569
江苏 Jiangsu	78554	63262	5585	4372	5158	177	768	566
浙江 Zhejiang	68954	56403	3894	3117	5078	462		1156
安徽 Anhui	47483	38371	3370	2365	3316	61	2126	1284
福建 Fujian	37041	30414	2761	1634	2111	121	407	428
江西 Jiangxi	30735	26136	1857	939	1715	88	529	635
山东 Shandong	146057	112229	11672	11460	9982	714	1778	448
河南 Henan	80621	64123	7195	4397	4728	178	2927	485
湖北 Hubei	92287	74351	6132	5563	5787	454	2577	699
湖南 Hunan	54957	44249	3319	3259	3710	420	877	459
广东 Guangdong	102178	82009	7817	5519	6675	158	5420	520
广西 Guangxi	31646	24460	2592	2036	2465	93	605	952
海南 Hainan	7385	5616	456	330	977	6	118	23
重庆 Chongqing	24686	19229	1731	1421	2125	180	282	192
四川 Sichuan	54507	43187	4101	2805	4284	130	1036	533
贵州 Guizhou	22765	18455	1770	1031	1476	33	427	325
云南 Yunnan	18774	14829	1176	1041	1675	53	44	147
西藏 Tibet	2413	2067	132	29	185		1	31
陕西 Shaanxi	37097	28533	4450	1788	2176	150	2094	525
甘肃 Gansu	21907	17706	1607	1087	1464	43	383	452
青海 Qinghai	5005	4189	325	164	327		51	28
宁夏 Ningxia	7752	6355	367	407	614	9	393	86
新疆 Xinjiang	34183	26613	2551	1808	3139	72	1118	614

普通中学教职工数(县镇)

Number of Teachers, Staff & Workers in General Secondary Schools (County City & Towns)

单位:人

Unit: in Person

	教职工数 Teachers, Staff & Workers						代课教师 Substitute Teachers	兼任教师 Part-time Teachers
	合计 Total	专任教师 Full-time Teachers	行政人员 Adm. Personnel	教辅人员 Supporting Staff	工勤人员 Workers	校办工厂、农(林)场职工 Employees in School-run by Factories & Farms		
合计 Total	**2139285**	**1761567**	**117945**	**105188**	**149947**	**4638**	**36629**	**10055**
北京 Beijing	29909	20338	3543	3808	2159	61	303	73
天津 Tianjin	18679	14358	1910	1369	974	68	27	127
河北 Hebei	148578	123354	7938	7009	9971	306	2328	396
山西 Shanxi	57534	45893	2470	3397	5203	571	2860	340
内蒙古 Inner Mongolia	50221	38280	3288	3390	5169	94	845	129
辽宁 Liaoning	37277	28853	5413	288	2697	26	116	47
吉林 Jilin	58014	43359	6184	5032	3227	212	560	977
黑龙江 Heilongjiang	52987	41695	4670	2534	3963	125	171	50
上海 Shanghai	30377	21311	2915	3158	2767	226	327	179
江苏 Jiangsu	93736	75799	4319	5769	7538	311	1068	343
浙江 Zhejiang	104631	90274	4763	3891	5571	132		849
安徽 Anhui	71595	59732	3590	3032	5121	120	2481	644
福建 Fujian	78962	67693	4988	2100	4047	134	1011	598
江西 Jiangxi	89086	78249	2452	2860	5383	142	1277	456
山东 Shandong	225075	180318	13200	14394	16778	385	3055	354
河南 Henan	150474	127578	6555	7119	8944	278	1843	527
湖北 Hubei	66286	56860	1880	3108	4126	312	1615	74
湖南 Hunan	119155	100175	5092	5308	8341	239	1073	396
广东 Guangdong	135313	116808	6964	3757	7695	89	3021	154
广西 Guangxi	112155	87592	7478	6049	10849	187	5917	521
海南 Hainan	18171	14905	581	674	1996	15	250	111
重庆 Chongqing	18207	14610	979	1219	1333	66	315	85
四川 Sichuan	125356	103884	6042	5872	9289	269	1654	727
贵州 Guizhou	62370	53967	3165	2053	3149	36	925	477
云南 Yunnan	63107	52442	2188	2438	5999	40	502	118
西藏 Tibet	5796	5266	104	24	398	4	43	44
陕西 Shaanxi	38632	31355	2491	2567	2158	61	1634	828
甘肃 Gansu	35136	30532	1312	1447	1796	49	926	202
青海 Qinghai	10458	9100	317	309	720	12	83	42
宁夏 Ningxia	9517	8030	294	521	640	32	147	45
新疆 Xinjiang	22491	18957	860	692	1946	36	252	142

普通中学教职工数(农村)

Number of Teachers, Staff & Workers in General Secondary Schools (Rural)

单位:人

Unit:in Person

	教职工数 Teachers,Staff & Workers						代课教师 Substitute Teachers	兼任教师 Part-time Teachers
	合计 Total	专任教师 Full-time Teachers	行政人员 Adm. Personnel	教辅人员 Supporting Staff	工勤人员 Workers	校办工厂、农(林)场职工 Employees in School-run by Factories & Farms		
合 计 Total	**2031926**	**1768800**	**106980**	**51255**	**103063**	**1828**	**47500**	**7118**
北 京 Beijing	7281	4963	799	718	775	26	55	11
天 津 Tianjin	10128	8884	718	238	283	5	53	4
河 北 Hebei	121500	108464	6134	2442	4430	30	2211	108
山 西 Shanxi	75665	66931	2818	1898	3989	29	3765	205
内蒙古 Inner Mongolia	28700	22506	1855	1294	3007	38	904	367
辽 宁 Liaoning	66986	54986	9304	375	2276	45	944	619
吉 林 Jilin	31933	24815	3606	2260	1243	9	356	73
黑龙江 Heilongjiang	75647	62712	5344	2267	5172	152	457	52
上 海 Shanghai	1658	1188	162	99	197	12	27	
江 苏 Jiangsu	158198	133287	6979	6835	10822	275	3878	384
浙 江 Zhejiang	18115	16213	907	364	598	33		22
安 徽 Anhui	103151	91939	4589	1752	4814	57	4024	843
福 建 Fujian	47982	41442	3593	854	2088	5	1028	208
江 西 Jiangxi	60736	55816	1521	788	2562	49	1157	222
山 东 Shandong	102555	86553	4853	4716	6291	142	916	266
河 南 Henan	192998	173797	7343	4231	7448	179	1894	551
湖 北 Hubei	111322	98438	3013	3067	6495	309	3861	79
湖 南 Hunan	129524	116473	5288	2198	5470	95	1590	101
广 东 Guangdong	102506	90153	6029	1969	4284	71	3227	202
广 西 Guangxi	45817	36593	3932	1466	3805	21	2859	406
海 南 Hainan	7380	5915	512	200	746	7	95	8
重 庆 Chongqing	68492	58212	4063	2041	4142	34	1399	186
四 川 Sichuan	122498	106287	7786	1933	6463	29	2190	782
贵 州 Guizhou	46525	43194	1769	549	1002	11	2045	564
云 南 Yunnan	65393	57447	2105	947	4884	10	1381	137
西 藏 Tibet	38	38						
陕 西 Shaanxi	109779	94354	7794	3623	3965	43	2733	235
甘 肃 Gansu	48298	44786	1505	563	1433	11	2184	125
青 海 Qinghai	6390	6113	78	38	152	9	72	1
宁 夏 Ningxia	8358	7490	167	254	447		506	39
新 疆 Xinjiang	56373	48811	2414	1276	3780	92	1689	318

普通中学女教职工数

Number of Female Teachers, Staff & Workers in General Secondary Schools

单位:人

Unit: in Person

	教职工数 Teachers, Staff & Workers						代课教师 Substitute Teachers	兼任教师 Part-time Teachers
	合计 Total	专任教师 Full-time Teachers	行政人员 Adm. Personnel	教辅人员 Supporting Staff	工勤人员 Workers	校办工厂、农(林)场职工 Employees in School-run by Factories & Farms		
合 计 Total	**2399965**	**2091696**	**75289**	**108136**	**120529**	**4315**	**58281**	**12428**
北 京 Beijing	48552	36102	5155	4547	2555	193	678	279
天 津 Tianjin	31594	25688	2906	1793	1117	90	472	417
河 北 Hebei	189360	172958	3449	6508	6084	361	3615	620
山 西 Shanxi	96108	85161	1971	4151	4538	287	6366	570
内蒙古 Inner Mongolia	60996	51176	2826	3589	3328	77	1751	391
辽 宁 Liaoning	99882	87545	9250	724	2332	31	737	802
吉 林 Jilin	67265	56328	3845	4940	2011	141	1129	754
黑龙江 Heilongjiang	101732	88267	5084	3748	4441	192	519	376
上 海 Shanghai	43346	31831	2987	5305	3046	177	1159	975
江 苏 Jiangsu	129690	112549	2710	6576	7634	221	3028	396
浙 江 Zhejiang	88599	77977	2005	3555	4846	216		772
安 徽 Anhui	62854	54231	1569	3127	3839	88	3338	593
福 建 Fujian	61035	53531	1743	2317	3366	78	1114	321
江 西 Jiangxi	54737	48779	966	1695	3199	98	1261	398
山 东 Shandong	192294	167932	4653	11413	7888	408	2233	254
河 南 Henan	184569	168168	3791	6656	5744	210	3088	497
湖 北 Hubei	89194	77281	1898	4466	5186	363	3666	258
湖 南 Hunan	113877	102356	1354	4349	5529	289	1547	232
广 东 Guangdong	147456	128626	3599	6261	8813	157	5784	256
广 西 Guangxi	77598	62982	1862	4397	8198	159	4836	623
海 南 Hainan	12100	9264	340	603	1875	18	198	31
重 庆 Chongqing	41209	36084	1014	2028	2000	83	822	128
四 川 Sichuan	107342	94525	2695	4483	5552	87	2042	356
贵 州 Guizhou	42545	37400	1206	1605	2310	24	980	309
云 南 Yunnan	60771	51061	999	2074	6598	39	929	128
西 藏 Tibet	3088	2756	95	23	212	2	7	20
陕 西 Shaanxi	80170	72076	2543	3127	2344	80	3164	936
甘 肃 Gansu	32789	29448	579	1208	1522	32	1458	201
青 海 Qinghai	9769	8824	161	258	522	4	115	18
宁 夏 Ningxia	10226	8998	141	472	590	25	541	56
新 疆 Xinjiang	59218	51792	1893	2138	3310	85	1704	461

普通中学教职工总数中

Number of General Secondary Schools Teachers,

	教职工数 Teachers, Staff & Workers		
	合 计 Total	专任教师 Full-time Teachers	行政人员 Adm. Personnel
合 计 Total	**345419**	**243819**	**27979**
北 京 Beijing	3452	2104	568
天 津 Tianjin	2367	1319	401
河 北 Hebei	26787	19272	1886
山 西 Shanxi	22817	15899	1465
内蒙古 Inner Mongolia	6053	3831	756
辽 宁 Liaoning	5025	4006	775
吉 林 Jilin	3542	2069	466
黑龙江 Heilongjiang	8331	6324	804
上 海 Shanghai	3833	2552	457
江 苏 Jiangsu	31148	23214	1633
浙 江 Zhejiang	23085	16957	1253
安 徽 Anhui	14838	9721	1242
福 建 Fujian	9300	6586	951
江 西 Jiangxi	17257	12194	1294
山 东 Shandong	33593	23821	2793
河 南 Henan	23583	17311	1750
湖 北 Hubei	9610	6415	688
湖 南 Hunan	18259	13530	1276
广 东 Guangdong	23237	16370	1844
广 西 Guangxi	11817	8289	1197
海 南 Hainan	3142	1998	284
重 庆 Chongqing	3391	2297	312
四 川 Sichuan	11035	7635	801
贵 州 Guizhou	7657	5224	697
云 南 Yunnan	3679	2441	344
西 藏 Tibet	192	155	17
陕 西 Shaanxi	12014	8262	1411
甘 肃 Gansu	1970	1373	206
青 海 Qinghai	295	201	24
宁 夏 Ningxia	503	326	40
新 疆 Xinjiang	3607	2123	344

社会力量办教职工数

Staff & Workers Maintained by Communities

单位：人

Unit: in Person

教辅人员 Supporting Staff	工勤人员 Workers	校办工厂、农(林)场职工 Employees in School-run by Factories & Farms	代课教师 Substitute Teachers	兼任教师 Part-time Teachers
17610	**55138**	**873**	**18589**	**1536**
296	484		107	50
253	394		320	259
1008	4604	17	1081	387
1087	4363	3	2837	977
348	1109	9	529	580
121	123		257	573
163	794	50	329	1129
301	890	12	49	445
396	408	20	786	1067
1683	4532	86	750	383
1086	3786	3		1447
933	2939	3	1602	1400
520	1233	10	237	534
756	2976	37	414	654
1930	4896	153	2229	498
999	3432	91	1808	796
505	1930	72	266	269
900	2486	67	155	514
1299	3668	56	725	342
472	1716	143	1059	893
165	693	2	7	42
112	670		375	176
799	1795	5	632	447
266	1461	9	412	314
225	665	4	3	112
7	13			
628	1700	13	1091	505
83	308		406	423
12	50	8	8	2
23	114		50	46
234	906		65	103

普通高中专任教师

Breakdown of Senior Secondary Schools Full-time

	合计 Total	其中女 of Which: Female	按学历分 By Educational Attainment			
			研究生毕业 Graduate	本科毕业 Under-graduate	专科毕业 Associate Bachelor	高中阶段毕业 High School Graduate
合　计 Total	**1190681**	**496650**	**12329**	**935371**	**238183**	**4664**
北　京 Beijing	18672	12664	681	17144	823	24
天　津 Tianjin	13105	8257	328	10787	1923	61
河　北 Hebei	67536	37797	598	52475	14170	291
山　西 Shanxi	36985	18818	467	27794	8507	211
内蒙古 Inner Mongolia	24593	12424	139	18056	6236	161
辽　宁 Liaoning	35586	21500	242	31512	3602	216
吉　林 Jilin	22302	12786	739	19757	1750	55
黑龙江 Heilongjiang	32648	18552	316	26371	5852	105
上　海 Shanghai	17832	10127	484	16951	388	9
江　苏 Jiangsu	82855	32494	400	69162	13109	177
浙　江 Zhejiang	53303	23496	377	48987	3813	121
安　徽 Anhui	45646	12155	298	36950	8249	147
福　建 Fujian	40132	15065	329	28969	10693	138
江　西 Jiangxi	43653	12743	258	27821	15279	291
山　东 Shandong	102278	43040	1078	82448	18567	183
河　南 Henan	75961	29874	1167	60155	14330	298
湖　北 Hubei	60334	18787	997	48316	10582	428
湖　南 Hunan	62361	20684	391	48412	13343	207
广　东 Guangdong	75330	31157	736	59081	15221	285
广　西 Guangxi	32727	12862	399	23340	8866	122
海　南 Hainan	5608	1919	37	4477	1086	8
重　庆 Chongqing	24067	8437	216	19007	4783	57
四　川 Sichuan	66453	22877	490	47922	17792	233
贵　州 Guizhou	22488	7529	167	17495	4704	120
云　南 Yunnan	25076	9633	254	19863	4865	91
西　藏 Tibet	1694	610	12	1312	339	28
陕　西 Shaanxi	40745	16940	389	29749	10360	242
甘　肃 Gansu	25458	7208	95	15551	9671	138
青　海 Qinghai	5906	2474	55	3826	1966	59
宁　夏 Ningxia	6538	2563	43	5347	1131	17
新　疆 Xinjiang	22809	11178	147	16334	6183	141

学历、职称情况(总计)

Teachers by Educational Attainment (Regional Aggregates)

单位:人

Unit: in Person

	按职称分 By Rank				
高中阶段毕业以下 Below High School Graduate	中学高级 Senior Secondary	中学一级 1st Grade	中学二级 2nd Grade	中学三级 3rd Grade	未评职称 Rank Undecided
134	**220147**	**409234**	**387437**	**37491**	**136372**
	4658	6698	5311	88	1917
6	3290	4471	4272	133	939
2	10098	22330	22823	2225	10060
6	5430	11492	12803	1819	5441
1	4675	10022	6427	847	2622
14	9989	11468	9361	316	4452
1	4639	9724	6224	390	1325
4	8236	12174	7702	921	3615
	4169	7719	4878	27	1039
7	13887	26434	28965	1810	11759
5	9503	16449	20369	617	6365
2	10416	15609	13114	1671	4836
3	6660	12919	16685	945	2923
4	10040	14996	12229	1544	4844
2	15608	28048	39143	4353	15126
11	12619	22626	26334	4943	9439
11	14317	23409	15690	1986	4932
8	11973	25271	18962	1258	4897
7	10652	29681	24123	1477	9397
	5330	11559	11214	1622	3002
	1394	2094	1575	25	520
4	3715	8016	9154	870	2312
16	12487	22430	22277	2499	6760
2	4388	7199	7876	661	2364
3	4572	9697	7452	586	2769
3	82	411	725	105	371
5	6925	12706	13037	1998	6079
3	3326	8922	9144	1128	2938
	758	2722	1901	68	457
	1543	2649	1542	170	634
4	4768	9289	6125	389	2238

普通高中专任教师

Breakdown of Senior Secondary Schools Full-time

	合计 Total	其中女 of Which: Female	按学历分 By Educational Attainment			
			研究生毕业 Graduate	本科毕业 Undergraduate	专科毕业 Associate Bachelor	高中阶段毕业 High School Graduate
合　计 Total	**448304**	**216860**	**7547**	**390891**	**48594**	**1224**
北　京 Beijing	11100	7818	574	10084	425	17
天　津 Tianjin	7157	4834	216	6309	601	26
河　北 Hebei	21545	12931	331	18762	2405	46
山　西 Shanxi	15693	8678	301	13186	2161	43
内蒙古 Inner Mongolia	12434	6736	94	10244	2053	43
辽　宁 Liaoning	19618	12745	180	18265	1097	67
吉　林 Jilin	7937	4860	362	7202	362	11
黑龙江 Heilongjiang	14476	8984	140	13161	1162	12
上　海 Shanghai	10874	6440	418	10270	181	5
江　苏 Jiangsu	23460	10848	175	21044	2178	58
浙　江 Zhejiang	24354	11400	243	22974	1094	41
安　徽 Anhui	14641	5109	176	12847	1588	29
福　建 Fujian	12964	6157	154	11011	1752	46
江　西 Jiangxi	12162	4467	125	9051	2889	96
山　东 Shandong	47732	22375	543	42492	4616	80
河　南 Henan	24142	10610	684	20857	2546	53
湖　北 Hubei	30620	11046	786	26267	3419	145
湖　南 Hunan	19033	7111	261	16284	2443	44
广　东 Guangdong	27861	13427	521	23794	3458	85
广　西 Guangxi	9827	4611	217	8275	1314	21
海　南 Hainan	1989	839	18	1806	163	2
重　庆 Chongqing	8335	3546	139	7421	759	16
四　川 Sichuan	18945	7459	224	16363	2281	71
贵　州 Guizhou	6995	3118	58	6101	804	31
云　南 Yunnan	6560	3059	118	5828	587	26
西　藏 Tibet	966	383	10	752	188	15
陕　西 Shaanxi	12903	6058	266	10938	1660	38
甘　肃 Gansu	8041	3112	70	6536	1421	14
青　海 Qinghai	1621	840	6	1183	424	8
宁　夏 Ningxia	2680	1226	26	2340	309	5
新　疆 Xinjiang	11639	6033	111	9244	2254	30

学历、职称情况(城市)

Teachers by Educational Attainment (Urban)

单位:人

Unit: in Person

高中阶段毕业以下 Below High School Graduate	按职称分 By Rank				
	中学高级 Senior Secondary	中学一级 1st Grade	中学二级 2nd Grade	中学三级 3rd Grade	未评职称 Rank Undecided
48	**114794**	**156981**	**126677**	**6733**	**43119**
	3169	4539	2850	4	538
5	2123	2360	2119	17	538
1	5117	7468	5982	388	2590
2	3324	5306	4493	414	2156
	3135	4803	3005	297	1194
9	5646	5895	5575	79	2423
	2269	3096	2030	85	457
1	4548	4523	3434	234	1737
	2812	4690	2871	12	489
5	5622	7553	7753	144	2388
2	5663	7391	8533	84	2683
1	4462	4820	3527	289	1543
1	3250	4165	4263	132	1154
1	3968	4104	2902	248	940
1	8803	13387	18139	1254	6149
2	5776	7809	7453	704	2400
3	8868	10981	7717	619	2435
1	5602	8492	3746	160	1033
3	6273	11222	7668	239	2459
	2556	3507	2714	206	844
	699	707	458	6	119
	1968	3176	2565	84	542
6	5268	7194	4777	205	1501
1	2012	2441	1808	95	639
1	1825	2606	1531	68	530
1	63	274	407	61	161
1	3686	4755	3019	256	1187
	1900	3209	1977	133	822
	415	827	292	9	78
	862	1124	511	38	145
	3110	4557	2558	169	1245

普通高中专任教师

Breakdown of Senior Secondary Schools Full-time Teachers

	合计 Total	其中女 of Which: Female	按学历分 By Educational Attainment			
			研究生毕业 Graduate	本科毕业 Under-graduate	专科毕业 Associate Bachelor	高中阶段毕业 High School Graduate
合　计 Total	**606571**	**233176**	**4303**	**456196**	**143530**	**2484**
北　京 Beijing	7227	4633	101	6745	375	6
天　津 Tianjin	4448	2592	69	3538	805	35
河　北 Hebei	41094	22310	262	30475	10154	202
山　西 Shanxi	18354	8843	157	12748	5311	136
内蒙古 Inner Mongolia	11658	5475	44	7532	3971	110
辽　宁 Liaoning	13119	7370	62	11020	1913	122
吉　林 Jilin	13577	7516	371	11964	1203	38
黑龙江 Heilongjiang	14622	7790	161	10897	3519	43
上　海 Shanghai	6702	3580	66	6450	184	2
江　苏 Jiangsu	36383	13719	169	31527	4637	48
浙　江 Zhejiang	28602	11974	134	25732	2655	78
安　徽 Anhui	23329	5466	108	19103	4071	46
福　建 Fujian	23769	7878	171	15905	7612	79
江　西 Jiangxi	28261	7580	119	17322	10648	170
山　东 Shandong	50739	19242	519	37294	12840	85
河　南 Henan	44957	17035	441	35008	9299	205
湖　北 Hubei	22489	5981	191	17498	4657	139
湖　南 Hunan	33562	10286	119	25368	7973	97
广　东 Guangdong	35607	13412	140	26929	8397	138
广　西 Guangxi	21882	7892	179	14625	6980	98
海　南 Hainan	3241	958	18	2420	799	4
重　庆 Chongqing	6619	2093	47	5505	1049	16
四　川 Sichuan	40317	13249	244	27561	12383	122
贵　州 Guizhou	13894	3992	96	10329	3386	82
云　南 Yunnan	16501	5860	117	12660	3666	56
西　藏 Tibet	728	227	2	560	151	13
陕　西 Shaanxi	16315	6366	74	11762	4382	95
甘　肃 Gansu	13732	3440	22	7667	5935	105
青　海 Qinghai	3825	1484	49	2353	1377	46
宁　夏 Ningxia	3103	1131	17	2544	535	7
新　疆 Xinjiang	7915	3802	34	5155	2663	61

学历、职称情况(县镇)

by Educational Attainment (County City & Towns)

单位:人

Unit: in Person

	按职称分 By Rank				
高中阶段毕业以下 Below High School Graduate	中学高级 Senior Secondary	中学一级 1st Grade	中学二级 2nd Grade	中学三级 3rd Grade	未评职称 Rank Undecided
58	**91469**	**209767**	**208011**	**22374**	**74950**
	1413	2017	2372	84	1341
1	1045	1607	1427	66	303
1	4580	13467	14900	1549	6598
2	1887	5404	7236	1047	2780
1	1473	5032	3258	522	1373
2	3631	4564	3060	193	1671
1	2307	6261	3924	253	832
2	2963	6262	3468	506	1423
	1303	2892	1963	13	531
2	6164	12209	12439	618	4953
3	3825	8958	11666	519	3634
1	4925	8110	6917	815	2562
2	3151	7897	10629	634	1458
2	5573	9776	8172	1183	3557
1	6367	13746	19401	2762	8463
4	6263	13209	16297	3291	5897
4	4599	9554	5545	830	1961
5	5544	13325	10899	819	2975
3	3490	14066	11821	884	5346
	2693	7813	8043	1281	2052
	633	1238	1028	13	329
2	1016	2187	2443	155	818
7	6443	13009	14371	1797	4697
1	2063	4274	5550	490	1517
2	2522	6407	5174	393	2005
2	19	137	318	44	210
2	2096	5130	5733	650	2706
3	1271	4686	5456	694	1625
	340	1790	1367	48	280
	591	1276	792	93	351
2	1279	3464	2342	128	702

普通高中专任教师

Breakdown of Senior Secondary Schools Full-time

	合计 Total	其中女 of Which: Female	按学历分 By Educational Attainment 研究生毕业 Graduate	本科毕业 Under- graduate	专科毕业 Associate Bachelor	高中阶段毕业 High School Graduate
合　计 Total	**135806**	**46614**	**479**	**88284**	**46059**	**956**
北　京 Beijing	345	213	6	315	23	1
天　津 Tianjin	1500	831	43	940	517	
河　北 Hebei	4897	2556	5	3238	1611	43
山　西 Shanxi	2938	1297	9	1860	1035	32
内蒙古 Inner Mongolia	501	213	1	280	212	8
辽　宁 Liaoning	2849	1385	3	2227	592	27
吉　林 Jilin	788	410	6	591	185	6
黑龙江 Heilongjiang	3550	1778	15	2313	1171	50
上　海 Shanghai	256	107		231	23	2
江　苏 Jiangsu	23012	7927	56	16591	6294	71
浙　江 Zhejiang	347	122		281	64	2
安　徽 Anhui	7676	1580	14	5000	2590	72
福　建 Fujian	3399	1030	4	2053	1329	13
江　西 Jiangxi	3230	696	14	1448	1742	25
山　东 Shandong	3807	1423	16	2662	1111	18
河　南 Henan	6862	2229	42	4290	2485	40
湖　北 Hubei	7225	1760	20	4551	2506	144
湖　南 Hunan	9766	3287	11	6760	2927	66
广　东 Guangdong	11862	4318	75	8358	3366	62
广　西 Guangxi	1018	359	3	440	572	3
海　南 Hainan	378	122	1	251	124	2
重　庆 Chongqing	9113	2798	30	6081	2975	25
四　川 Sichuan	7191	2169	22	3998	3128	40
贵　州 Guizhou	1599	419	13	1065	514	7
云　南 Yunnan	2015	714	19	1375	612	9
西　藏 Tibet						
陕　西 Shaanxi	11527	4516	49	7049	4318	109
甘　肃 Gansu	3685	656	3	1348	2315	19
青　海 Qinghai	460	150		290	165	5
宁　夏 Ningxia	755	206		463	287	5
新　疆 Xinjiang	3255	1343	2	1935	1266	50

学历、职称情况(农村)

Teachers by Educational Attainment (Rural)

单位:人
Unit: in Person

	按职称分 By Rank				
高中阶段毕业以下 Below High School Graduate	中学高级 Senior Secondary	中学一级 1st Grade	中学二级 2nd Grade	中学三级 3rd Grade	未评职称 Rank Undecided
28	**13884**	**42486**	**52749**	**8384**	**18303**
	76	142	89		38
	122	504	726	50	98
	401	1395	1941	288	872
2	219	782	1074	358	505
	67	187	164	28	55
3	712	1009	726	44	358
	63	367	270	52	36
1	725	1389	800	181	455
	54	137	44	2	19
	2101	6672	8773	1048	4418
	15	100	170	14	48
	1029	2679	2670	567	731
	259	857	1793	179	311
1	499	1116	1155	113	347
	438	915	1603	337	514
5	580	1608	2584	948	1142
4	850	2874	2428	537	536
2	827	3454	4317	279	889
1	889	4393	4634	354	1592
	81	239	457	135	106
	62	149	89	6	72
2	731	2653	4146	631	952
3	776	2227	3129	497	562
	313	484	518	76	208
	225	684	747	125	234
2	1143	2821	4285	1092	2186
	155	1027	1711	301	491
	3	105	242	11	99
	90	249	239	39	138
2	379	1268	1225	92	291

普通高中办学

Condition of School Buildings in Senior

	学校占地面积 Areas Occupied	校舍建筑面积 Floor Space	教学及辅 Teaching & Assistant			
			计 Total	其中		
				普通教室 classroom	实验室 Laboratory	图书室 Library
合 计 Total	**817099314**	**303964972**	**120154917**	**74658765**	**19195420**	**8543888**
北 京 Beijing	12914326	6257219	2269538	1208430	387302	197322
天 津 Tianjin	7544266	3166275	1267866	657811	227255	107113
河 北 Hebei	42697858	15754447	6532651	4127556	1271384	453467
山 西 Shanxi	24496480	8969960	3333968	2199826	480045	235533
内蒙古 Inner Mongolia	21614032	5206127	2133302	1364885	349069	136512
辽 宁 Liaoning	19206668	7193097	2973724	1650015	418501	224500
吉 林 Jilin	14761045	4557005	1951137	1227586	241703	110676
黑龙江 Heilongjiang	19086047	5641282	2690814	1625543	407745	147982
上 海 Shanghai	9944037	5692937	2396348	1083976	438980	200195
江 苏 Jiangsu	55181051	23022917	9522603	5553634	1572130	837373
浙 江 Zhejiang	36443795	16071360	6379490	3122054	1228255	704175
安 徽 Anhui	40148465	12490459	5125507	3506736	846011	321349
福 建 Fujian	29960009	11830131	5058708	2826133	1017564	448963
江 西 Jiangxi	33961550	11354651	4533402	3106188	585772	284352
山 东 Shandong	63020576	23787521	8873541	5718796	1266900	583063
河 南 Henan	46684077	17461327	6281743	4197413	904307	471340
湖 北 Hubei	34395155	14212395	4721513	2996320	777721	305799
湖 南 Hunan	44706317	17298176	6629861	4121087	1026273	481820
广 东 Guangdong	61463301	24603534	10181504	5922732	1700767	706288
广 西 Guangxi	27180500	9145988	3074238	2114124	412827	213956
海 南 Hainan	7935428	2054492	770731	507160	123944	73979
重 庆 Chongqing	14472520	7233681	2678099	1738664	403506	145135
四 川 Sichuan	38649395	17662417	6248207	4188298	906022	351715
贵 州 Guizhou	15023583	4791665	1995106	1316766	313064	114105
云 南 Yunnan	21379647	6736765	2655331	1747388	474447	179093
西 藏 Tibet	1522306	435915	144148	107592	13459	4827
陕 西 Shaanxi	20174677	8233567	3646967	2505134	545517	201920
甘 肃 Gansu	16216002	5067371	2377056	1712612	281341	119984
青 海 Qinghai	5290800	1204918	548740	382407	72800	20517
宁 夏 Ningxia	4838312	1427099	653601	440894	106288	29885
新 疆 Xinjiang	26187089	5400274	2505473	1681005	394521	130950

条件(一)(总计)

Secondary Schools (1) (Regional Aggregates)

单位:平方米

Unit: m²

助用房 Buildings		行政办公用房 Administritive		生活用房 Residential and Welfare	其他用房 Rooms for Other Purposes	校舍面积中 of the Floor Space	
of Which							
微机室 PC-room	语音室 Linguistic	计 Total	其中教师办公室 of Which: for Teachers			危房面积 Floor Space of Dilapidated Buildings	当年新增 New Floor Space Added in Current Year
4520006	**2358576**	**29922308**	**17538362**	**119097325**	**34790422**	**4310335**	**21451751**
96504	46760	704030	396601	1593372	1690279	18461	191485
59320	34569	405522	230609	767335	725552	2378	140260
268445	152490	1650972	1137731	5948463	1622361	129146	1079520
123459	73614	1103757	691397	3441887	1090348	117700	370509
87671	55661	746115	428164	1728941	597769	127913	461995
108838	69091	935553	502448	2171537	1112283	40724	535808
75175	46476	622385	371920	1286272	697211	38504	380919
101675	64380	896191	496959	1403212	651065	83695	352522
96244	49231	575943	273560	1399780	1320866		383165
360993	156098	2245855	1333657	8879551	2374908	1287	2001323
241863	148064	1361308	769415	6534837	1795725	12077	1024001
202100	90466	1105479	616771	5109147	1150326	411628	741492
161997	90799	981780	488097	4610243	1179400	159052	653825
160648	103099	932634	591827	4883230	1005385	148433	1010111
318375	185626	2526877	1569221	10522489	1864614	40289	1561862
244714	112889	2144947	1389538	7302746	1731891	175193	1407348
168000	92519	1371478	727182	6417606	1701798	130514	581489
240874	117757	1333043	712179	7388721	1946551	226180	937259
353188	158190	1985537	993247	8952273	3484220	213802	1353528
117997	54112	591997	355334	4560570	919183	268963	432689
33134	14893	116872	56930	969038	197851	52322	78747
112323	48911	493273	262148	3322199	740110	114978	415943
224596	115241	1296377	717963	8682751	1435082	352945	2010754
89721	35694	468138	252124	1693027	635394	84250	389256
94457	56314	469393	235947	2928129	683912	338512	1091400
3033	2176	60142	35229	178922	52703	13660	119950
142947	76772	1139531	803025	2607056	840013	181646	690374
89916	40529	728079	504442	1409570	552666	404620	395803
18972	10900	160451	102336	382752	112975	59641	67294
28485	11368	170148	133695	460084	143266	36137	127086
94342	43887	598501	358666	1561585	734715	325685	464034

普通高中办学

Condition of School Buildings in Senior

	学校占地面积 Areas Occupied	校舍建筑面积 Floor Space	教学及辅 Teaching & Assistant			
			计 Total	其中 普通教室 classroom	实验室 Laboratory	图书室 Library
合　计 Total	**293071175**	**128916422**	**53511255**	**30728600**	**8915780**	**4325715**
北　京 Beijing	6771874	4061940	1401036	752686	238328	139109
天　津 Tianjin	3609840	1934469	791452	399731	139186	68556
河　北 Hebei	14216121	6221905	2774614	1655792	583060	223491
山　西 Shanxi	10403286	4872052	1781431	1080322	274016	138062
内蒙古 Inner Mongolia	9329648	3000863	1250667	749426	223452	92048
辽　宁 Liaoning	10537408	4173065	1804489	896929	252346	145708
吉　林 Jilin	5354565	1957130	871546	513596	91081	53077
黑龙江 Heilongjiang	7251332	2650805	1312624	712446	195136	81742
上　海 Shanghai	4532508	3172958	1355616	575013	245481	119107
江　苏 Jiangsu	15556772	7207720	3301497	1802041	574156	333428
浙　江 Zhejiang	17552824	8632169	3479561	1628806	649065	402764
安　徽 Anhui	12039582	4439785	2013780	1269037	384778	157603
福　建 Fujian	7986015	3874502	1789027	875390	388507	186299
江　西 Jiangxi	8388441	3511961	1433689	940776	218311	102317
山　东 Shandong	29663958	11971124	4770619	2899298	685984	371162
河　南 Henan	16022545	6763158	2500217	1559489	405557	200653
湖　北 Hubei	18345272	7645486	2760792	1654353	465696	190054
湖　南 Hunan	13880653	6389103	2723763	1575852	439015	213833
广　东 Guangdong	18932044	9602734	4277860	2173319	705494	331885
广　西 Guangxi	6770734	2891298	1020728	656204	156056	91464
海　南 Hainan	2260183	929766	323655	187129	62048	41161
重　庆 Chongqing	4711528	2806593	1085048	660543	185790	78757
四　川 Sichuan	12452333	6395072	2416139	1513888	355564	160780
贵　州 Guizhou	4188249	1746737	710474	441672	117695	48367
云　南 Yunnan	5312423	2189297	875406	544858	165734	75389
西　藏 Tibet	744879	190311	64283	39376	8241	3566
陕　西 Shaanxi	6370165	3328020	1650436	1062035	252052	107152
甘　肃 Gansu	5260261	2058988	998894	658322	139466	59264
青　海 Qinghai	1314839	400952	201300	126195	34828	8488
宁　夏 Ningxia	2224120	728717	346104	224282	53103	17563
新　疆 Xinjiang	11086773	3167742	1424508	899794	226554	82866

条件(一)(城市)
Secondary Schools (1) (Urban)

单位:平方米
Unit:m^2

助用房 Buildings		行政办公用房 Administritive		生活用房 Residential and Welfare	其他用房 Rooms for Other Purposes	校舍面积中 of the Floor Space	
of Which		计 Total	其中教师办公室 of Which: for Teachers			危房面积 Floor Space of Dilapidated Buildings	当年新增 New Floor Space Added in Current Year
微机室 PC-room	语音室 Linguistic						
2141228	**1111707**	**13698142**	**7750748**	**43642628**	**18064397**	**781046**	**8420242**
63596	27246	462694	247747	896959	1301251	17351	92362
36479	21581	263648	149963	344411	534958		103798
113356	64627	703084	425591	2045200	699007	23408	349578
65870	42163	598676	348715	1790107	701838	26711	138890
51117	30837	447636	227082	893197	409363	41196	247970
67925	43096	538351	305299	1094910	735315	16891	215197
37599	19803	270305	153309	483995	331284	4360	229177
48030	26872	434700	227069	582146	321335	31885	88344
53350	29936	326070	152769	658675	832597		67270
132182	50580	727735	440324	2310574	867914	1067	736580
148625	95334	740246	432163	3270373	1141989	1520	570499
84378	38103	489355	277287	1415649	521001	76569	255560
61088	32007	388796	183798	1198940	497739	13095	251021
57010	33800	335209	213616	1389465	353598	26655	304775
184016	110304	1297382	796490	4761734	1141389	10126	856843
94878	47202	812970	568219	2754144	695827	38647	500764
101467	56138	799781	432529	3097993	986920	33252	203348
116261	53669	587686	294308	2277641	800013	55472	350238
151649	65238	851017	418688	2715894	1757963	22710	463889
49314	18079	202851	119137	1247367	420352	13120	132493
19279	6743	45931	23036	452895	107285	6959	28511
50065	16453	213445	103221	1130719	377381	21524	214062
93847	49538	552927	283238	2799260	626746	23516	922228
34131	13792	236785	109272	485417	314061	17870	64937
36772	20064	155528	81966	825270	333093	29788	435435
2014	1447	19688	8460	75358	30982	4272	2608
68029	39712	393487	261398	852580	431517	30128	125221
37085	19427	298186	171266	518103	243805	56901	98298
7710	4822	70149	35279	93188	36315	17576	4907
13861	4706	88984	65184	221121	72508	3110	65036
60245	28388	344840	194325	959343	439051	115367	300403

普通高中办学

Condition of School Buildings in Senior

	学校占地面积 Areas Occupied	校舍建筑面积 Floor Space	教学及辅 Teaching & Assistant			
			计 Total	其中		
				普通教室 classroom	实验室 Laboratory	图书室 Library
合　计 Total	**405096511**	**140173296**	**53691544**	**34844995**	**8506642**	**3582389**
北　京 Beijing	5712553	2067428	823665	429572	138773	55800
天　津 Tianjin	3197619	995763	404806	217462	80197	33973
河　北 Hebei	24453658	8352604	3297407	2162244	612971	204784
山　西 Shanxi	10985944	3457790	1331797	964213	183153	84072
内蒙古 Inner Mongolia	11125408	2057865	826350	582296	114942	41760
辽　宁 Liaoning	6860233	2505478	974952	614801	140122	72173
吉　林 Jilin	8479430	2466192	1011662	665684	140785	55729
黑龙江 Heilongjiang	8024085	2290108	1052900	679673	171552	51010
上　海 Shanghai	5217613	2449344	998534	487790	182071	77129
江　苏 Jiangsu	21893055	9636134	3864828	2295630	621305	348665
浙　江 Zhejiang	18611420	7347365	2876795	1479964	574686	300369
安　徽 Anhui	18475456	5810174	2307381	1613815	366541	133229
福　建 Fujian	18378867	6796061	2816805	1662073	555662	234236
江　西 Jiangxi	21898106	6876451	2755435	1899861	335272	163268
山　东 Shandong	29730965	10690333	3684136	2479717	546546	201281
河　南 Henan	25907243	9434683	3328749	2286371	454609	254306
湖　北 Hubei	11795637	5069868	1555257	1032650	263860	100388
湖　南 Hunan	23484588	8420612	3120913	2012841	482540	227832
广　东 Guangdong	29357192	10286950	4072618	2528043	719344	267954
广　西 Guangxi	19100372	5919946	1968846	1396075	249059	119026
海　南 Hainan	4708085	959376	391707	277979	55025	29507
重　庆 Chongqing	4146063	1904403	746871	461550	99491	34828
四　川 Sichuan	22515734	9901029	3373121	2322926	493635	175522
贵　州 Guizhou	8619033	2498618	1065945	723325	163649	53370
云　南 Yunnan	13688608	3928074	1558822	1050382	270164	94724
西　藏 Tibet	777427	245604	79865	68216	5218	1261
陕　西 Shaanxi	6805541	2816589	1169266	820339	194245	62054
甘　肃 Gansu	7788191	2314225	1047554	781759	114517	50963
青　海 Qinghai	3598154	731125	318599	232188	36345	11650
宁　夏 Ningxia	1739947	531030	226551	152144	44013	9740
新　疆 Xinjiang	8020284	1412074	639407	463412	96350	31786

条件(一)(县镇)

Secondary Schools (1) (County City & Towns)

单位:平方米

Unit: m^2

助用房 Buildings of Which 微机室 PC-room	语音室 Linguistic	行政办公用房 Administritive 计 Total	其中教师办公室 of Which: for Teachers	生活用房 Residential and Welfare	其他用房 Rooms for Other Purposes	校舍面积中 of the Floor Space 危房面积 Floor Space of Dilapidated Buildings	当年新增 New Floor Space Added in Current Year
1950213	**1042595**	**13047525**	**7802377**	**60209775**	**13224452**	**2485595**	**11104433**
30722	18896	216350	137224	652947	374466	1110	98823
18881	11068	122898	68629	300087	167972	2378	9123
140394	79424	827641	618628	3426853	800703	91401	684869
49536	26531	434093	291916	1406746	285154	70024	200276
34150	23209	278652	188715	776071	176792	82399	203255
34779	21460	346347	169168	875861	308318	16349	290727
35544	25287	334461	205852	764904	355165	26258	151742
39782	29274	360761	213858	633245	243202	35936	221068
41137	17854	238394	115629	730858	481558		315895
146775	73112	965258	583112	3847713	958335		813258
91979	52506	617179	334152	3208317	645074	10557	450639
86908	40962	457417	245872	2597535	447841	185062	322600
90407	52545	507256	268909	2904161	567839	116266	320030
93314	60244	506832	317846	3078812	535372	93636	659547
123525	69545	1050758	650224	5300355	655084	26994	646789
130505	59410	1192667	708427	3988948	924319	103108	858214
55313	30555	425714	223553	2535542	553355	58837	346543
98956	49100	595616	326677	3907085	796998	105121	519824
144050	65962	816860	409139	4239790	1157682	120248	774432
66380	35350	378425	230044	3102931	469744	235144	277465
11895	7005	58600	29570	432894	76175	43877	47636
33768	20638	127708	68263	907100	122724	23123	134416
117779	60115	650945	381585	5165541	711422	234184	1020122
46964	17774	188543	119799	982761	261369	55406	218171
51798	32154	286732	137996	1768548	313972	267758	589073
1019	729	40454	26769	103564	21721	9388	117342
47498	23684	386450	274388	1013075	247798	57782	332881
42098	17499	322923	241044	695991	247757	242647	239072
10557	5536	83481	60512	257024	72021	36084	61290
11947	6074	62721	51531	192226	49532	19802	56542
21853	9093	165389	103346	412290	194988	114716	122769

普通高中办学

Condition of School Buildings in Senior

	学校占地面积 Areas Occupied	校舍建筑面积 Floor Space	教学及辅 Teaching & Assistant			
			计 Total	其中		
				普通教室 classroom	实验室 Laboratory	图书室 Library
合 计 Total	**118931628**	**34875254**	**12952118**	**9085170**	**1772998**	**635784**
北 京 Beijing	429899	127851	44837	26172	10201	2413
天 津 Tianjin	736807	236043	71608	40618	7872	4584
河 北 Hebei	4028079	1179938	460630	309520	75353	25192
山 西 Shanxi	3107250	640118	220740	155291	22876	13399
内蒙古 Inner Mongolia	1158976	147399	56285	33163	10675	2704
辽 宁 Liaoning	1809027	514554	194283	138285	26033	6619
吉 林 Jilin	927050	133683	67929	48306	9837	1870
黑龙江 Heilongjiang	3810630	700369	325290	233424	41057	15230
上 海 Shanghai	193916	70635	42198	21173	11428	3959
江 苏 Jiangsu	17731224	6179063	2356278	1455963	376669	155280
浙 江 Zhejiang	279551	91826	23134	13284	4504	1042
安 徽 Anhui	9633427	2240500	804346	623884	94692	30517
福 建 Fujian	3595127	1159568	452876	288670	73395	28428
江 西 Jiangxi	3675003	966239	344278	265551	32189	18767
山 东 Shandong	3625653	1126064	418786	339781	34370	10620
河 南 Henan	4754289	1263486	452777	351553	44141	16381
湖 北 Hubei	4254246	1497041	405464	309317	48165	15357
湖 南 Hunan	7341076	2488461	785185	532394	104718	40155
广 东 Guangdong	13174065	4713850	1831026	1221370	275929	106449
广 西 Guangxi	1309394	334744	84664	61845	7712	3466
海 南 Hainan	967160	165350	55369	42052	6871	3311
重 庆 Chongqing	5614929	2522685	846180	616571	118225	31550
四 川 Sichuan	3681328	1366316	458947	351484	56823	15413
贵 州 Guizhou	2216301	546310	218687	151769	31720	12368
云 南 Yunnan	2378616	619394	221103	152148	38549	8980
西 藏 Tibet						
陕 西 Shaanxi	6998971	2088958	827265	622760	99220	32714
甘 肃 Gansu	3167550	694158	330608	272531	27358	9757
青 海 Qinghai	377807	72841	28841	24024	1627	379
宁 夏 Ningxia	874245	167352	80946	64468	9172	2582
新 疆 Xinjiang	7080032	820458	441558	317799	71617	16298

条件(一)(农村)

Secondary Schools (1) (Rural)

单位:平方米

Unit: m^2

助用房 Buildings		行政办公用房 Administritive		生活用房 Residential and Welfare	其他用房 Rooms for Other Purposes	校舍面积中 of the Floor Space	
of Which							
微机室 PC-room	语音室 Linguistic	计 Total	其中教师办公室 of Which: for Teachers			危房面积 Floor Space of Dilapidated Buildings	当年新增 New Floor Space Added in Current Year
428565	**204274**	**3176641**	**1985237**	**15244922**	**3501573**	**1043694**	**1927076**
2186	618	24986	11630	43466	14562		300
3960	1920	18976	12017	122837	22622		27339
14695	8439	120247	93512	476410	122651	14337	45073
8053	4920	70988	50766	245034	103356	20965	31343
2404	1615	19827	12367	59673	11614	4318	10770
6134	4535	50855	27981	200766	68650	7484	29884
2032	1386	17619	12759	37373	10762	7886	
13863	8234	100730	56032	187821	86528	15874	43110
1757	1441	11479	5162	10247	6711		
82036	32406	552862	310221	2721264	548659	220	451485
1259	224	3883	3100	56147	8662		2863
30814	11401	158707	93612	1095963	181484	149997	163332
10502	6247	85728	35390	507142	113822	29691	82774
10324	9055	90593	60365	414953	116415	28142	45789
10834	5777	178737	122507	460400	68141	3169	58230
19331	6277	139310	112892	559654	111745	33438	48370
11220	5826	145983	71100	784071	161523	38425	31598
25657	14988	149741	91194	1203995	349540	65587	67197
57489	26990	317660	165420	1996589	568575	70844	115207
2303	683	10721	6153	210272	29087	20699	22731
1960	1145	12341	4324	83249	14391	1486	2600
28490	11820	152120	90664	1284380	240005	70331	67465
12970	5588	92505	53140	717950	96914	95245	68404
8626	4128	42810	23053	224849	59964	10974	106148
5887	4096	27133	15985	334311	36847	40966	66892
27420	13376	359594	267239	741401	160698	93736	232272
10733	3603	106970	92132	195476	61104	105072	58433
705	542	6821	6545	32540	4639	5981	1097
2677	588	18443	16980	46737	21226	13225	5508
12244	6406	88272	60995	189952	100676	95602	40862

普通高中办

Condition of School Buildings in Senior

	体育运动场(馆)面积(平方米) Sports Areas (m^2)	计算机(台) PC (set)	图书藏量(册) Books & Magazines in Libraries (Volume)
合　计 Total	**194009259**	**2134739**	**487087208**
北　京 Beijing	3559848	65588	14627384
天　津 Tianjin	2070578	32623	5854747
河　北 Hebei	12200545	107656	23076961
山　西 Shanxi	5523521	58948	14085984
内蒙古 Inner Mongolia	6259862	35586	8443079
辽　宁 Liaoning	5414778	62886	10512705
吉　林 Jilin	4422901	42187	7710616
黑龙江 Heilongjiang	6400093	53344	7986462
上　海 Shanghai	2924437	70341	12921892
江　苏 Jiangsu	13011724	169570	40868489
浙　江 Zhejiang	10158156	120822	26309299
安　徽 Anhui	9010155	99245	21776858
福　建 Fujian	7138198	87732	28345835
江　西 Jiangxi	7326705	64466	14455419
山　东 Shandong	13110469	156993	28516325
河　南 Henan	10100185	89105	23366855
湖　北 Hubei	7196788	66985	16713041
湖　南 Hunan	9037258	105681	23462771
广　东 Guangdong	13751456	187620	51842225
广　西 Guangxi	5647060	55978	15626423
海　南 Hainan	1561783	12728	2983496
重　庆 Chongqing	3372707	46313	7786674
四　川 Sichuan	8700511	91965	23594763
贵　州 Guizhou	3137365	36270	8449735
云　南 Yunnan	3727926	36198	9974515
西　藏 Tibet	424915	2046	337519
陕　西 Shaanxi	6240088	68421	16158195
甘　肃 Gansu	4217143	44022	9406352
青　海 Qinghai	1193622	10496	2048964
宁　夏 Ningxia	1269968	13329	2080613
新　疆 Xinjiang	5898514	39595	7763012

学条件(二)(总计)

Secondary Schools (2) (Regional Aggregates)

电子图书藏量(片) Electronic Books & Magazines in Libraries (disk)	固定资产总值(万元) Total Value of Fixed Asset (in 10,000 yuan)			
	合 计 Total	其中:仪器设备总值(万元) of Which: Total Value of Equip & Instru. (in 10,000 yuan)		
		计 Sub-Total	专业实验设备 For Prefession	专业实习设备 For Practice
15516992	**24564946.66**	**2724142.44**	**1689211.41**	**323014.26**
494109	620620.56	76110.38	38294.17	8373.21
123772	228711.79	36656.19	20532.19	2814.93
1042919	1132155.60	124707.43	77476.44	14591.91
349398	640769.08	69222.38	38523.33	11300.60
158691	297293.21	34416.14	23235.73	3692.94
38873	560564.00	87834.00	45572.00	5052.00
218874	466235.85	107768.69	93021.62	6190.08
135978	656659.93	84565.57	60115.92	12643.22
268822	727755.72	111121.03	62544.05	5263.26
1462525	2354937.90	241151.49	144600.12	22320.00
343280	1821759.58	151495.04	75714.19	449.80
268515	1064700.32	104459.51	66861.07	15799.33
438044	808739.00	97861.00	85403.00	12458.00
440546	623653.00	66753.01	46635.10	11658.85
334447	1941313.77	160446.94	88110.51	27183.20
697759	1116212.73	99247.81	61250.25	17722.96
439324	1112979.44	116579.29	71149.43	22278.60
892367	1146222.12	138000.64	89193.14	20167.84
3668849	2327827.19	297372.09	199894.10	45297.57
499707	464266.00	46267.16	34955.28	7596.29
37607	212860.41	23032.77	15534.30	4339.20
393877	610656.83	71660.18	33242.54	6587.31
834766	1273240.28	135086.53	78256.73	12953.70
170633	265421.85	37212.83	22072.39	6360.79
69539	462479.83	38836.35	21605.61	3514.56
1602	94122.02	2293.52	1806.94	114.80
900226	632796.24	73457.71	46378.10	7704.09
460698	340594.54	37549.03	24738.93	5035.51
11917	53373.33	6438.96	4917.88	792.23
16178	122829.26	13119.72	6437.23	1134.72
303150	383195.28	33419.05	11139.12	1622.76

普通高中办

Condition of School Buildings in Senior

	体育运动场(馆)面积(平方米) Sports Areas (m^2)	计算机(台) PC (set)	图书藏量(册) Books & Magazines in Libraries (Volume)
合 计 Total	**74939486**	**1066709**	**217425042**
北 京 Beijing	1898159	47809	10634700
天 津 Tianjin	1041571	21442	4123439
河 北 Hebei	3960747	46592	8819439
山 西 Shanxi	2812236	33735	8352175
内蒙古 Inner Mongolia	3122948	21516	4902265
辽 宁 Liaoning	3065712	43564	7042924
吉 林 Jilin	1437423	19854	3418357
黑龙江 Heilongjiang	2468250	27527	3896732
上 海 Shanghai	1428747	46575	8561346
江 苏 Jiangsu	3694758	65712	13633673
浙 江 Zhejiang	4908025	70340	13399669
安 徽 Anhui	2659730	40107	7588715
福 建 Fujian	1921622	35888	9875297
江 西 Jiangxi	2165613	25195	4648479
山 东 Shandong	6174694	92091	15322714
河 南 Henan	3985306	42505	10288497
湖 北 Hubei	4137548	41570	9975616
湖 南 Hunan	3247818	46568	9246912
广 东 Guangdong	4897830	94316	19969729
广 西 Guangxi	1723899	23145	5278140
海 南 Hainan	461111	5470	937611
重 庆 Chongqing	1150744	19117	3117728
四 川 Sichuan	2897822	37983	8881562
贵 州 Guizhou	975883	15102	3255121
云 南 Yunnan	1022771	14363	3457895
西 藏 Tibet	392477	1357	215321
陕 西 Shaanxi	2506005	33669	8027509
甘 肃 Gansu	1342244	19519	4472303
青 海 Qinghai	309919	4376	835323
宁 夏 Ningxia	397436	6643	886869
新 疆 Xinjiang	2730438	23059	4358982

学条件(二)(城市)

Secondary Schools (2) (Urban)

电子图书藏量(片) Electronic Books & Magazines in Libraries (disk)	固定资产总值(万元) Total Volue of Fixed Asset (in 10,000 yuan)			
	计 Total	其中:仪器设备总值(万元) of Which: Total Value of Equip & Instru. (in 10,000 yuan)		
		计 Sub-Total	专业实验设备 For Prefession	专业实习设备 For Practice
8102814	**11672208.83**	**1465209.46**	**887850.15**	**141994.88**
270808	364797.30	51065.85	21328.29	5064.89
96564	124918.11	23390.63	11735.62	1298.85
437228	417516.77	58430.26	34746.62	5876.76
251592	369115.95	48956.04	24378.24	7198.38
119904	163027.92	20707.92	14352.55	2265.34
26230	326145.00	63439.00	33462.00	2275.00
137856	179232.37	39132.49	29829.36	3417.34
108364	446648.28	57481.45	43418.74	5198.00
203887	486225.08	74195.29	40164.46	2025.65
512837	786704.76	108661.88	62569.11	5669.35
202905	1042223.89	93036.81	44221.92	79.69
83878	433725.28	45744.98	32166.13	5867.59
246009	353660.00	54290.00	48962.00	5328.00
164292	233659.56	29178.62	22552.98	4188.41
210082	1069816.44	93713.00	50770.48	15520.20
406971	452077.43	45568.06	29475.74	6953.60
172916	631956.26	74925.82	46244.35	15434.14
531994	493291.46	67995.73	46387.02	9327.43
2120250	997843.81	152525.33	96378.39	16775.04
124020	166653.24	19604.53	15439.58	2386.22
22663	112239.94	13154.20	8667.20	2026.50
268780	278503.30	24961.94	16514.38	2703.31
335769	556233.97	73085.15	36206.52	4386.04
105625	113899.68	17334.84	9954.85	2781.59
18724	180026.40	20234.19	11440.15	1153.59
562	69484.02	1577.25	1218.47	94.00
598803	350555.88	44162.08	27270.14	2718.24
119229	139337.02	19917.89	13793.94	2566.39
2944	15562.69	3052.13	2453.53	193.60
5961	79489.07	6652.42	2597.69	216.63
195167	237637.95	19033.68	9149.70	1005.11

普通高中办

Condition of School Buildings in Senior

	体育运动场(馆)面积(平方米) Sports Areas (m^2)	计算机(台) PC (set)	图书藏量(册) Books & Magazines in Libraries (Volume)
合 计 Total	**91146478**	**858983**	**213952846**
北 京 Beijing	1523184	16146	3726387
天 津 Tianjin	850525	9786	1560004
河 北 Hebei	6946859	54492	12257924
山 西 Shanxi	2166353	21109	4923002
内蒙古 Inner Mongolia	2839238	13231	3302592
辽 宁 Liaoning	1861453	16111	3081573
吉 林 Jilin	2710638	21313	4017552
黑龙江 Heilongjiang	2693508	19614	2979108
上 海 Shanghai	1429307	23082	4194839
江 苏 Jiangsu	5046173	66114	15786000
浙 江 Zhejiang	5131384	49959	12782368
安 徽 Anhui	4180644	43056	10466884
福 建 Fujian	4432825	44698	16056067
江 西 Jiangxi	4266426	34779	8635835
山 东 Shandong	6221368	58595	11870839
河 南 Henan	5019440	40428	11550511
湖 北 Hubei	2230555	19669	5112274
湖 南 Hunan	4342929	46218	11265076
广 东 Guangdong	6111117	64052	21006221
广 西 Guangxi	3618731	31680	9857392
海 南 Hainan	846737	6306	1781237
重 庆 Chongqing	755000	12466	2150958
四 川 Sichuan	5000117	47595	13180395
贵 州 Guizhou	1773600	17895	4399616
云 南 Yunnan	2194232	19533	5773580
西 藏 Tibet	32438	689	122198
陕 西 Shaanxi	1861275	20218	4460558
甘 肃 Gansu	1942221	19301	3870750
青 海 Qinghai	808343	5511	1046070
宁 夏 Ningxia	684057	4970	845923
新 疆 Xinjiang	1625801	10367	1889113

学条件(二)(县镇)

Secondary Schools (2) (County City & Towns)

电子图书藏量(片) Electronic Books & Magazines in Libraries (disk)	固定资产总值(万元) Total Volue of Fixed Asset (in 10,000 yuan)			
	计 Total	其中:仪器设备总值(万元) of Which: Total Volue of Equip & Instru. (in 10,000 yuan)		
		计 Sub-Total	专业实验设备 For Prefession	专业实习设备 For Practice
6244401	**10481303.51**	**1028615.24**	**668174.05**	**143958.56**
222609	242126.76	22679.30	15347.61	3237.49
26751	92277.15	12028.54	7975.75	1139.78
493576	653431.73	59728.22	38463.51	7741.01
79296	227889.74	16077.26	11847.26	3028.80
38735	128309.55	13327.75	8612.07	1388.79
10795	203739.00	21488.00	10356.00	2082.00
77446	279355.58	68222.14	62941.44	2677.50
23744	167568.43	21297.30	12874.55	5995.13
63999	234013.84	35898.58	21657.18	3063.61
638568	1098645.83	90997.37	55463.82	11604.11
139960	766741.66	58097.74	31205.77	370.11
130757	430602.59	48928.76	29009.02	7145.86
173833	387056.00	39481.00	33132.00	6349.00
271772	345882.05	32483.67	21781.52	6584.18
114690	761370.57	57049.74	34360.81	11059.21
274559	572102.32	48416.38	28267.20	9508.04
252761	409676.11	34521.80	19987.61	5665.87
336467	521007.55	57310.17	34153.42	8909.82
1304301	908915.45	98996.24	70498.03	17783.62
375487	287458.91	25965.63	18894.85	5172.72
14754	89005.98	8255.62	5480.76	2130.35
98817	121486.18	16789.78	7618.69	1876.98
481772	662796.02	57937.91	39331.71	7841.03
60918	127322.58	15740.43	9964.18	2784.72
49415	254726.89	16022.02	9073.16	1997.67
1040	24638.00	716.27	588.47	20.80
129023	181704.52	19222.98	13400.43	3224.22
331360	140362.75	13913.61	8690.97	1787.94
7892	35233.09	3112.73	2262.98	583.63
9956	28611.70	5542.73	3429.89	656.10
9348	97244.98	8365.57	1503.39	548.47

普通高中办

Condition of School Buildings in

	体育运动场(馆)面积(平方米) Sports Areas (m^2)	计算机(台) PC (set)	图书藏量(册) Books & Magazines in Libraries (Volume)
合　计 Total	**27923295**	**209047**	**55709320**
北　京 Beijing	138505	1633	266297
天　津 Tianjin	178482	1395	171304
河　北 Hebei	1292939	6572	1999598
山　西 Shanxi	544932	4104	810807
内蒙古 Inner Mongolia	297676	839	238222
辽　宁 Liaoning	487613	3211	388208
吉　林 Jilin	274840	1020	274707
黑龙江 Heilongjiang	1238335	6203	1110622
上　海 Shanghai	66383	684	165707
江　苏 Jiangsu	4270793	37744	11448816
浙　江 Zhejiang	118747	523	127262
安　徽 Anhui	2169781	16082	3721259
福　建 Fujian	783751	7146	2414471
江　西 Jiangxi	894666	4492	1171105
山　东 Shandong	714407	6307	1322772
河　南 Henan	1095439	6172	1527847
湖　北 Hubei	828685	5746	1625151
湖　南 Hunan	1446511	12895	2950783
广　东 Guangdong	2742509	29252	10866275
广　西 Guangxi	304430	1153	490891
海　南 Hainan	253935	952	264648
重　庆 Chongqing	1466963	14730	2517988
四　川 Sichuan	802572	6387	1532806
贵　州 Guizhou	387882	3273	794998
云　南 Yunnan	510923	2302	743040
西　藏 Tibet			
陕　西 Shaanxi	1872808	14534	3670128
甘　肃 Gansu	932678	5202	1063299
青　海 Qinghai	75360	609	167571
宁　夏 Ningxia	188475	1716	347821
新　疆 Xinjiang	1542275	6169	1514917

学条件(二)(农村)

Senior Secondary Schools (2) (Rural)

电子图书藏量(片) Electronic Books & Magazines in Libraries (disk)	固定资产总值(万元) Total Volue of Fixed Asset (in 10,000 yuan)			
	计 Total	其中:仪器设备总值(万元) of Which: Total Volue of Equip & Instru. (in 10,000 yuan)		
		计 Sub total	专业实验设备 For Prefession	专业实习设备 For Practice
1169777	**2411434.32**	**230317.74**	**133237.21**	**37060.82**
692	13696.50	2365.23	1618.27	70.83
457	11516.53	1237.02	820.82	376.30
112115	61207.10	6548.95	4266.31	974.14
18510	43763.39	4189.08	2297.83	1073.42
52	5955.74	380.47	271.11	38.81
1848	30680.00	2907.00	1754.00	695.00
3572	7647.90	414.06	250.82	95.24
3870	42443.22	5786.82	3822.63	1450.09
936	7516.80	1027.16	722.41	174.00
311120	469587.31	41492.24	26567.19	5046.54
415	12794.03	360.49	286.50	
53880	200372.45	9785.77	5685.92	2785.88
18202	68023.00	4090.00	3309.00	781.00
4482	44111.39	5090.72	2300.60	886.26
9675	110126.76	9684.20	2979.22	603.79
16229	92032.98	5263.37	3507.31	1261.32
13647	71347.07	7131.67	4917.47	1178.59
23906	131923.11	12694.74	8652.70	1930.59
244298	421067.93	45850.52	33017.68	10738.91
200	10153.85	697.00	620.85	37.35
190	11614.49	1622.95	1386.34	182.35
26280	210667.35	29908.46	9109.47	2007.02
17225	54210.29	4063.47	2768.50	726.63
4090	24199.59	4137.56	2153.36	794.48
1400	27726.54	2580.14	1092.30	363.30
172400	100535.84	10072.65	5707.53	1761.63
10109	60894.77	3717.53	2254.02	681.18
1081	2577.55	274.10	201.37	15.00
261	14728.49	924.57	409.65	261.99
98635	48312.35	6019.80	486.03	69.18

中等职业学

Number of Secondary

地区 Region	中等职业学校 Secondary Vocational Schools				普通中等专业学校 Reg. Specialized Sec. Schools			
	计 Total	中央部门 HEIs under Central Ministries & Agencies	地方部门 HEIs under Local Auth.	民办 Non-state/private	计 Total	中央部门 HEIs under Central Ministries & Agencies	地方部门 HEIs under Local Auth.	民办 Non-state/private
合计 Total	**11570**	**100**	**9837**	**1633**	**3047**	**61**	**2754**	**232**
北京 Beijing	148	8	126	14	56	7	48	1
天津 Tianjin	159		156	3	45		45	
河北 Hebei	624	3	528	93	143	2	90	51
山西 Shanxi	429	2	401	26	73	1	71	1
内蒙古 Inner Mongolia	232		227	5	52		52	
辽宁 Liaoning	425	4	325	96	127	4	114	9
吉林 Jilin	267	1	258	8	56	1	55	
黑龙江 Heilongjiang	335	1	328	6	44	1	43	
上海 Shanghai	168	4	156	8	82	3	77	2
江苏 Jiangsu	546	2	511	33	150	1	135	14
浙江 Zhejiang	537	3	379	155	55	1	49	5
安徽 Anhui	510		441	69	90		85	5
福建 Fujian	389	1	332	56	389	1	332	56
江西 Jiangxi	387	9	260	118	65	1	55	9
山东 Shandong	798		688	110	145		143	2
河南 Henan	781	10	730	41	123	5	118	
湖北 Hubei	401	4	364	33	186	2	172	12
湖南 Hunan	648	5	421	222	72	5	67	
广东 Guangdong	684	4	577	103	283	3	244	36
广西 Guangxi	409	2	334	73	103	1	101	1
海南 Hainan	81		69	12	27		27	
重庆 Chongqing	307	1	227	79	38		37	1
四川 Sichuan	660	1	537	122	122	1	105	16
贵州 Guizhou	221		195	26	89		89	
云南 Yunnan	400	10	364	26	99	4	86	9
西藏 Tibet	10		10		9		9	
陕西 Shaanxi	448	9	352	87	88	5	83	
甘肃 Gansu	298	9	283	6	118	6	110	2
青海 Qinghai	51	1	49	1	28	1	27	
宁夏 Ningxia	34		33	1	12		12	
新疆 Xinjiang	183	6	176	1	78	5	73	

校(机构)数

Vocational Schools

单位:人

Unit:in Person

成人中等专业学校 Specialized Sec. Schools for Adults				职业高中学校 Vocational High Schools			
计 Total	中央部门 HEIs under Central Ministries & Agencies	地方部门 HEIs under Local Auth.	民办 Non-state/private	计 Total	中央部门 HEIs under Central Ministries & Agencies	地方部门 HEIs under Local Auth.	民办 Non-state/private
2742	**24**	**2550**	**168**	**5781**	**15**	**4533**	**1233**
15	1	14		77		64	13
25		24	1	89		87	2
198		184	14	283	1	254	28
152	1	151		204		179	25
70		70		110		105	5
1		1		297		210	87
96		96		115		107	8
136		135	1	155		150	5
45	1	41	3	41		38	3
140	1	139		256		237	19
87	2	84	1	395		246	149
107		95	12	313		261	52
87	1	84	2	235	7	121	107
223		195	28	430		350	80
223	2	209	12	435	3	403	29
69		69		146	2	123	21
132		108	24	444		246	198
152	1	142	9	249		191	58
116		113	3	190	1	120	69
10		10		44		32	12
91	1	75	15	178		115	63
244		209	35	294		223	71
21		18	3	111		88	23
137	6	131		164		147	17
70	3	64	3	290	1	205	84
55	3	51	1	125		122	3
8		7	1	15		15	
5		5		17		16	1
26	1	25		79		78	1

中等职业学校

Number of students in Secondary

地　区 Region	毕业生数 Graduates		招生数 Entrants		
	计 Total	其中:获得职业资格证书 of which: Reciptents of Vocational Qualifications	计 Total	其中:初中毕业 of which: Junior Sec. School Graduates	
				计 Total	应届毕业生 Autumn Session
合　计 Total	**3056939**	**1513555**	**4565045**	**4254365**	**4000699**
北　京 Beijing	65097	30841	63031	60931	57094
天　津 Tianjin	51919	24506	47740	45630	44002
河　北 Hebei	183835	74382	239333	223312	212810
山　西 Shanxi	97683	45817	119120	108738	94181
内蒙古 Inner Mongolia	53321	20959	67587	59495	55529
辽　宁 Liaoning	104637	43989	145528	136644	131313
吉　林 Jilin	46695	17449	61408	54518	50994
黑龙江 Heilongjiang	69990	36212	73782	66166	59953
上　海 Shanghai	61893	33506	60825	57388	56799
江　苏 Jiangsu	161109	89871	367647	359954	355424
浙　江 Zhejiang	172626	111408	265021	256656	245899
安　徽 Anhui	110613	44482	226897	204027	187710
福　建 Fujian	110262	59917	154623	144589	130392
江　西 Jiangxi	97780	51223	165368	152230	137975
山　东 Shandong	279590	130382	391374	359389	337452
河　南 Henan	265708	123813	379605	332333	307261
湖　北 Hubei	104687	44667	196821	190735	183816
湖　南 Hunan	150958	88939	300548	290212	275555
广　东 Guangdong	189729	108575	246461	240897	233732
广　西 Guangxi	88867	46262	126900	117555	110579
海　南 Hainan	12367	4081	21133	19805	19268
重　庆 Chongqing	75721	45744	126491	120232	114051
四　川 Sichuan	147652	83036	249588	229863	218098
贵　州 Guizhou	48252	20146	61662	60373	54180
云　南 Yunnan	91218	37618	97592	88698	80137
西　藏 Tibet	2544	1125	4223	3756	1999
陕　西 Shaanxi	110851	56374	172129	153841	140560
甘　肃 Gansu	49288	18896	64277	60988	56880
青　海 Qinghai	5804	2514	7173	6367	4923
宁　夏 Ningxia	14884	5578	21917	16252	15246
新　疆 Xinjiang	31359	11243	39241	32791	26887

(机构)学生数
Vocational Schools (Institutions)

单位：人

Unit: in Person

在校学生数 Enrolment					预计毕业生数 Graduates for Next Year
计 Total	一年级 Grade 1	二年级 Grade 2	三年级 Grade 3	四年级及以上 Over Grade 4	
11747467	**4588818**	**3921944**	**3084958**	**151747**	**3482414**
208019	63828	63717	62773	17701	63427
135229	47901	46364	39180	1784	40740
630727	240748	212106	170931	6942	194321
328386	119127	106328	94333	8598	102366
173956	67690	54441	48231	3594	51238
412239	145618	145808	114627	6186	126691
164170	61525	56930	44129	1586	54689
222538	73782	77334	68330	3092	80550
217356	61500	68135	65086	22635	63404
909152	367840	307497	225411	8404	198106
728559	265203	254765	207918	673	219529
519691	227319	167939	121234	3199	144907
400822	154920	134640	109454	1808	116282
397698	165369	133691	97362	1276	113865
1048100	391672	373953	274437	8038	337325
979518	393399	319708	259969	6442	312435
458459	199392	148320	107710	3037	128967
649161	300591	211599	131970	5001	165561
655428	246554	215230	188120	5524	195241
344237	126940	117925	96414	2958	100240
51191	21143	15264	12122	2662	13949
321831	126646	108986	85697	502	102156
599872	250109	203366	141793	4604	178556
158768	61722	51731	43293	2022	50197
271485	97675	82099	85435	6276	91498
8549	4227	2395	1815	112	2736
413101	172253	137340	95474	8034	130368
175122	64381	52578	52327	5836	54760
18737	7213	5686	5191	647	5909
48975	21934	15270	11170	601	13776
96391	40597	30799	23022	1973	28625

中等职业学校(机

Number of Female Students in

地　区 Region	毕业生数 Graduates		招生数 Entrants		
	计 Total	其中:获得职业资格证书 of which: Recipients of Vocational Qualifications	计 Total	其中:初中毕业 of which: Junior Sec. School Graduates	
				计 Total	应届毕业生 Autumn Session
合　计 Total	**1603028**	**765835**	**2302752**	**2152325**	**2032022**
北　京 Beijing	34503	15428	32384	31056	29200
天　津 Tianjin	27383	12506	23894	22900	22199
河　北 Hebei	103247	42038	127821	118387	113807
山　西 Shanxi	57895	26820	67216	60992	53040
内蒙古 Inner Mongolia	27810	10773	32740	28860	26884
辽　宁 Liaoning	52669	22660	72334	70148	67802
吉　林 Jilin	25514	9274	30669	27231	25816
黑龙江 Heilongjiang	35310	19500	36772	33963	31142
上　海 Shanghai	32472	16357	29354	27888	27532
江　苏 Jiangsu	81773	43698	188066	183029	180510
浙　江 Zhejiang	88055	52152	131773	127058	121452
安　徽 Anhui	56005	20225	109146	99697	92601
福　建 Fujian	55352	30010	73006	68728	63073
江　西 Jiangxi	51253	24460	81287	74986	68341
山　东 Shandong	138510	61535	194301	178471	168124
河　南 Henan	140799	61040	196564	172722	161573
湖　北 Hubei	52790	23258	93164	91061	88458
湖　南 Hunan	80776	47286	157149	152649	143787
广　东 Guangdong	103326	57160	130043	125388	121792
广　西 Guangxi	50810	25112	61625	56836	54020
海　南 Hainan	7089	2060	10567	10160	9883
重　庆 Chongqing	39353	23346	62348	59692	56835
四　川 Sichuan	74403	41332	122598	113466	107504
贵　州 Guizhou	22298	8929	29703	29028	26692
云　南 Yunnan	47101	19351	49455	45912	41277
西　藏 Tibet	1295	536	1951	1779	1081
陕　西 Shaanxi	60712	29768	88728	79398	72696
甘　肃 Gansu	26812	9753	34025	32498	30588
青　海 Qinghai	2967	990	3463	2999	2407
宁　夏 Ningxia	7959	2919	10111	7556	7262
新　疆 Xinjiang	16787	5559	20495	17787	14644

构)女学生数

Secondary Vocational Schools (Institutions)

单位:人

Unit: in Person

在校学生数 Enrolment					预计毕业生数 Graduates for Next Year
计 Total	一年级 Grade 1	二年级 Grade 2	三年级 Grade 3	四年级及以上 Over Grade 4	
6046331	**2317252**	**2003852**	**1632735**	**92492**	**1779635**
108322	32767	32157	33448	9950	33308
69539	23956	23900	20771	912	21389
345390	129145	114781	96940	4524	106381
186187	67448	59009	54975	4755	57961
87439	32861	27006	25569	2003	26542
213622	72592	72912	63219	4899	61925
83700	30705	28688	23515	792	27241
113805	36773	38493	36142	2397	39927
108524	29505	34355	33394	11270	32234
469698	188247	158584	117057	5810	100097
370494	131799	130684	107597	414	113857
256064	109510	82555	61858	2141	71663
194223	73298	65348	54702	875	57420
197160	81288	66649	48230	993	53775
523353	194506	185772	137685	5390	166502
508651	202806	164484	138097	3264	158742
220714	94643	70495	53647	1929	61074
341718	157366	111086	69842	3424	86425
351616	130110	115085	103078	3343	105326
176157	61897	60296	51662	2302	52924
27646	10573	8451	6843	1779	7014
164741	62610	56164	45556	411	53401
303993	122979	102130	75552	3332	90197
77990	29927	24776	22179	1108	23744
140393	49667	42787	44143	3796	46271
4317	1953	1384	898	82	1194
220384	88914	71344	55023	5103	67790
96284	34192	28995	29485	3612	30103
9729	3523	2723	3060	423	3440
22718	10143	6682	5567	326	6903
51760	21549	16077	13001	1133	14865

普通中等专业

Number of Students in Reg.

地　区 Region	毕业生数 Graduates		招生数 Entrants		
	计 Total	其中:获得职业资格证书 of which: Recipients of Vocational Qualifications	计 Total	其中:初中毕业 of which: Junior Sec. School Graduates	
				计 Total	应届毕业生 Autumn Session
合　计 Total	**1405817**	**606141**	**2038445**	**1954634**	**1848800**
北　京 Beijing	34339	14511	33475	33112	32315
天　津 Tianjin	26249	13053	24637	24276	23348
河　北 Hebei	80508	25927	104790	97876	92553
山　西 Shanxi	57715	25220	67186	65216	58923
内蒙古 Inner Mongolia	26449	5406	32253	30056	27054
辽　宁 Liaoning	39344	16038	78223	71385	68124
吉　林 Jilin	18187	6139	27898	27866	27143
黑龙江 Heilongjiang	34596	15462	33267	31444	27695
上　海 Shanghai	30810	16494	38672	38493	38493
江　苏 Jiangsu	90394	47408	219362	216311	214194
浙　江 Zhejiang	32198	13873	43283	42994	41364
安　徽 Anhui	34126	9762	60723	55419	51233
福　建 Fujian	104612	59605	149048	141209	129783
江　西 Jiangxi	42949	15554	76481	71104	64908
山　东 Shandong	95937	32770	120106	116244	111198
河　南 Henan	105462	35841	163468	152295	144359
湖　北 Hubei	63512	27679	115517	113657	109343
湖　南 Hunan	56332	23498	95839	91008	84814
广　东 Guangdong	104102	55121	136895	133790	130520
广　西 Guangxi	47389	23785	59745	56258	52033
海　南 Hainan	9761	3103	16432	15367	15120
重　庆 Chongqing	24610	15015	33616	33318	31875
四　川 Sichuan	52528	22752	79882	76804	72940
贵　州 Guizhou	37295	16468	42287	42129	38975
云　南 Yunnan	48676	21928	51627	50718	46993
西　藏 Tibet	2518	1125	4133	3666	1909
陕　西 Shaanxi	35214	16540	42597	41102	37661
甘　肃 Gansu	32831	12797	44000	43214	40491
青　海 Qinghai	3847	1428	3325	3062	2861
宁　夏 Ningxia	8569	3001	11688	10372	9739
新　疆 Xinjiang	24758	8838	27990	24869	20839

学校学生数

Specialized Sec. Schools

单位:人

Unit: in Person

在校学生数 Enrolment					预计毕业生数 Graduates for Next Year
计 Total	一年级 Grade 1	二年级 Grade 2	三年级 Grade 3	四年级及以上 Over Grade 4	
5544733	**2044904**	**1801987**	**1557300**	**140542**	**1564540**
113689	33613	34293	30951	14832	29889
69542	24648	24430	19319	1145	18800
275874	104703	88352	76553	6266	85324
188796	67193	54731	58290	8582	57216
89603	32356	28739	24924	3584	26294
208597	78299	72645	52309	5344	60355
84047	27901	26723	28016	1407	28038
107997	33267	35330	36308	3092	40412
140450	39235	42156	37949	21110	34709
573136	219546	196922	148385	8283	109609
128069	43297	44470	39636	666	39730
148465	61092	47304	37030	3039	38403
382869	149323	126056	105682	1808	109881
189303	76481	62762	48961	1099	47886
366030	120179	124073	114065	7713	111892
416575	164047	132979	113158	6391	118717
272217	118087	86396	64729	3005	74538
245814	95841	81666	64167	4140	65397
363734	136931	119179	102348	5276	105931
178615	59750	60930	55059	2876	54545
42152	16436	12435	10619	2662	11283
99541	33670	32766	32603	502	32638
222927	79966	74949	63454	4558	67483
116529	42302	36599	35606	2022	35222
147618	51634	43670	46666	5648	49319
8286	4137	2285	1752	112	2673
127584	42609	37896	40020	7059	38527
127809	44053	38345	39667	5744	39704
9359	3325	2837	2920	277	2970
28182	11688	8627	7266	601	6995
71324	29295	21442	18888	1699	20160

普通中等专业

Number of Female Students in

	毕业生数 Graduates		招生数 Entrants		
	计 Total	其中:获得职业资格证书 of which: Reciptents of Vocational Qualifications	计 Total	其中:初中毕业 of which: Junior Sec. School Graduates 计 Total	应届毕业生 Autumn Session
合　计 Total	**802795**	**326925**	**1090833**	**1048579**	**994277**
北　京 Beijing	18358	7537	17727	17544	17070
天　津 Tianjin	13650	6763	11785	11574	11210
河　北 Hebei	48568	15234	58300	53776	51867
山　西 Shanxi	36804	15904	39930	38369	34574
内蒙古 Inner Mongolia	14179	2616	15321	14326	12850
辽　宁 Liaoning	21414	8003	39627	38209	36772
吉　林 Jilin	10857	3704	14579	14556	14188
黑龙江 Heilongjiang	19465	8525	17797	17118	15428
上　海 Shanghai	16730	8387	19804	19712	19712
江　苏 Jiangsu	48835	24900	117856	116050	114472
浙　江 Zhejiang	19372	7162	23977	23756	23042
安　徽 Anhui	21175	5168	33394	31360	29595
福　建 Fujian	53180	29808	71238	68010	62780
江　西 Jiangxi	26143	8765	41618	38174	34531
山　东 Shandong	57320	18168	69258	67389	64498
河　南 Henan	63814	19421	90773	84419	78955
湖　北 Hubei	34170	14851	57017	56210	54508
湖　南 Hunan	31008	13151	51318	49363	45400
广　东 Guangdong	58023	29506	74300	72077	70731
广　西 Guangxi	30807	14598	31721	29564	27946
海　南 Hainan	5805	1575	8335	7988	7854
重　庆 Chongqing	14049	8402	18458	18303	17599
四　川 Sichuan	30529	12596	44473	42728	40339
贵　州 Guizhou	17994	7316	21804	21585	20182
云　南 Yunnan	27021	11359	28562	28046	25626
西　藏 Tibet	1282	536	1914	1742	1044
陕　西 Shaanxi	21829	9618	23342	22329	20883
甘　肃 Gansu	18963	6754	24498	24245	23001
青　海 Qinghai	2122	587	1820	1698	1593
宁　夏 Ningxia	5264	1566	5306	4602	4466
新　疆 Xinjiang	14065	4445	14981	13757	11561

学校女学生数

Reg. Specialized Sec. Schools

单位：人

Unit: in Person

在校学生数 Enrolment					预计毕业生数 Graduates for Next Year
计 Total	一年级 Grade 1	二年级 Grade 2	三年级 Grade 3	四年级及以上 Over Grade 4	
3051872	**1095873**	**986401**	**883921**	**85677**	**860831**
61515	17740	18209	17280	8286	16030
34628	11805	12332	9860	631	9563
158135	58267	50158	45540	4170	48303
112790	40113	31945	35987	4745	34061
44558	15442	13741	13379	1996	13882
110290	39881	36084	30159	4166	27590
45434	14601	14483	15647	703	15090
59485	17797	19308	19983	2397	22090
72299	19927	22143	19845	10384	17779
312534	117919	106732	82159	5724	59651
73619	23980	25771	23455	413	23898
86696	33735	28190	22738	2033	22845
188098	71530	62419	53274	875	55649
105228	41618	35303	27437	870	25680
213669	69296	71157	67995	5221	65555
236476	91316	74883	67055	3222	67526
137896	58389	43272	34321	1914	37671
136180	51318	45572	36399	2891	37104
201644	74343	65916	58188	3197	58907
100473	31809	34100	32310	2254	31813
23140	8335	7057	5969	1779	5667
55860	18519	18581	18349	411	18757
127697	44538	42749	37107	3303	38320
60847	21999	18842	18898	1108	18094
83039	28564	25144	25952	3379	26869
4216	1916	1345	873	82	1169
73797	23355	21621	24307	4514	22396
73493	24665	22178	23092	3558	22520
5386	1820	1512	1894	160	1890
13169	5321	3919	3603	326	3154
39581	16015	11735	10866	965	11308

成人中等专业

Number of Students in Specialized

	毕业生数 Graduates		招生数 Entrants		
	计 Total	其中:获得职业资格证书 of which: Reciptents of Vocational Qualifications	计 Total	其中:初中毕业 of which:Junior Sec. School Graduates	
				计 Total	应届毕业生 Autumn Session
合　计 Total	**395513**	**160178**	**400017**	**289127**	**237496**
北　京 Beijing	5666	2350	3952	2883	831
天　津 Tianjin	4324	702	1857	629	360
河　北 Hebei	17628	8474	13646	11662	8761
山　西 Shanxi	10408	3094	6438	3597	448
内蒙古 Inner Mongolia	7095	4275	5611	909	798
辽　宁 Liaoning	15052	607	2136	1912	1771
吉　林 Jilin	9603	1690	5260	1826	887
黑龙江 Heilongjiang	14059	4709	11182	7180	5359
上　海 Shanghai	7980	2163	3835	577	
江　苏 Jiangsu	13064	5710	16200	12826	11371
浙　江 Zhejiang	18298	3675	20098	16232	11826
安　徽 Anhui	12869	3051	15886	9225	8301
福　建 Fujian	5650	312	5575	3380	609
江　西 Jiangxi	3792	2840	4250	3069	2714
山　东 Shandong	47171	19949	53157	39772	34964
河　南 Henan	43623	27120	44002	23884	17595
湖　北 Hubei	9621	2818	14272	11955	10901
湖　南 Hunan	16303	10343	26586	24672	23508
广　东 Guangdong	32074	15925	36641	35158	32022
广　西 Guangxi	14851	6295	10797	8192	7373
海　南 Hainan	511	74	522	372	191
重　庆 Chongqing	12130	4963	24873	22978	21156
四　川 Sichuan	34299	19348	41658	31176	26894
贵　州 Guizhou	3800	619	5233	4311	1561
云　南 Yunnan	11949	2028	5397	1436	623
西　藏 Tibet	26		90	90	90
陕　西 Shaanxi	10977	4022	9255	5116	3756
甘　肃 Gansu	5515	1009	2533	1399	959
青　海 Qinghai	947	517	1576	1064	626
宁　夏 Ningxia	3565	1274	4778	763	513
新　疆 Xinjiang	2663	222	2721	882	728

学校学生数

Sec. Schools for Adults

单位：人

Unit: in Person

在校学生数 Enrolment					预计毕业生数 Graduates for Next Year
计 Total	一年级 Grade 1	二年级 Grade 2	三年级 Grade 3	四年级及以上 Over Grade 4	
1033488	**415509**	**376378**	**239322**	**2279**	**399771**
13506	4559	5150	3797		6163
5367	1980	2428	959		2781
44748	15146	13834	15286	482	19220
19202	6438	7268	5496		7392
9450	5611	1184	2645	10	2788
7738	2136	3575	2027		2692
13795	5260	6202	2333		6576
31785	11182	13343	7260		14347
13270	3869	5480	3921		5769
48968	16200	18536	14111	121	18755
53165	20181	21084	11893	7	19697
33570	15886	11026	6619	39	14978
17953	5597	8584	3772		6401
21156	4250	8929	7977		9382
122010	53255	48774	19963	18	49080
110460	56652	36171	17637		55274
29258	14272	10188	4798		10148
59568	26586	21237	11745		16500
101692	36675	33963	30806	248	33110
36338	10797	14295	11164	82	13039
1119	522	449	148		430
64505	24974	22009	17522		19205
94243	41777	33539	18927		30587
14095	5233	5255	3607		7005
16054	5473	3706	6625	250	6988
263	90	110	63		63
23790	9255	10258	3736	541	10230
7865	2578	2757	2530		3760
4428	1576	1624	858	370	1234
6981	4778	1885	318		2857
7146	2721	3535	779	111	3320

成人中等专业

Number of Female Students in

	毕业生数 Graduates		招生数 Entrants		
				其中:初中毕业 of which:Junior Sec. School Graduates	
	计 Total	其中:获得职业资格证书 of which: Recipients of Vocational Qualifications	计 Total	计 Total	应届毕业生 Autumn Session
合　计 Total	**199072**	**81375**	**194331**	**140959**	**119108**
北　京 Beijing	3409	1214	2277	1577	566
天　津 Tianjin	2363	146	926	407	253
河　北 Hebei	10949	5478	7490	6163	4828
山　西 Shanxi	5756	1820	3546	1644	258
内蒙古 Inner Mongolia	3431	2243	2847	580	512
辽　宁 Liaoning	5667	243	930	826	762
吉　林 Jilin	5164	229	2604	1001	429
黑龙江 Heilongjiang	4266	2086	4204	3320	2444
上　海 Shanghai	4053	733	1719	345	
江　苏 Jiangsu	7076	2736	8351	5719	5175
浙　江 Zhejiang	10785	2240	12804	10386	7638
安　徽 Anhui	6738	1302	7529	4396	3913
福　建 Fujian	2172	202	1768	718	293
江　西 Jiangxi	1997	1316	1644	1534	1423
山　东 Shandong	23424	10084	25643	19503	16726
河　南 Henan	22051	13456	19609	9723	8937
湖　北 Hubei	3983	1307	5812	5385	5166
湖　南 Hunan	8276	5101	13085	12190	11475
广　东 Guangdong	18500	8815	19921	17969	16234
广　西 Guangxi	8174	3235	5191	4055	3705
海　南 Hainan	255	42	299	264	162
重　庆 Chongqing	6395	2450	12318	11552	10670
四　川 Sichuan	16193	9540	20320	15034	13109
贵　州 Guizhou	1435	261	1721	1455	615
云　南 Yunnan	5722	1275	2154	764	302
西　藏 Tibet	13		37	37	37
陕　西 Shaanxi	5481	2171	4330	2539	2091
甘　肃 Gansu	2600	518	1254	669	476
青　海 Qinghai	396	185	593	263	221
宁　夏 Ningxia	1435	791	2122	376	264
新　疆 Xinjiang	913	156	1283	565	424

学校女学生数

Specialized Sec. Schools for Adults

单位:人

Unit: in Person

在校学生数 Enrolment					
计 Total	一年级 Grade 1	二年级 Grade 2	三年级 Grade 3	四年级及以上 Over Grade 4	预计毕业生数 Graduates for Next Year
503722	**202221**	**180429**	**119741**	**1331**	**190654**
7633	2640	2895	2098		3675
2734	964	1155	615		1415
26482	8842	7994	9382	264	11430
10178	3546	3622	3010		4128
4708	2847	590	1264	7	1368
3428	930	1584	914		1250
5522	2604	2326	592		2069
11232	4204	3985	3043		4157
6249	1726	2680	1843		2948
23747	8467	9341	5853	86	8486
31880	12804	12262	6813	1	11223
15665	7529	4925	3203	8	6809
6125	1768	2929	1428		1771
8227	1644	3438	3145		3693
59662	25706	24324	9620	12	24950
50551	25049	16752	8750		24846
11486	5812	3495	2179		3651
28623	13098	10503	5022		7392
56639	19922	18837	17734	146	18686
18502	5191	7578	5685	48	6437
648	299	220	129		235
33228	12489	11720	9019		10119
45851	20504	15690	9657		14640
4592	1721	1662	1209		2233
7111	2296	1763	2916	136	3054
101	37	39	25		25
11440	4330	4517	2304	289	4630
3610	1254	1133	1223		1710
1806	593	597	353	263	614
2608	2122	332	154		1726
3454	1283	1541	559	71	1284

职业高中学

Number of Students in

地 区 Region	毕业生数 Graduates		招生数 Entrants		
	计 Total	其中：获得职业资格证书 of which: Recipients of Vocational Qualifications	计 Total	其中：初中毕业 of which: Junior Sec. School Graduates	
				计 Total	应届毕业生 Autumn Session
合 计 Total	**1255609**	**747236**	**2126583**	**2010604**	**1914403**
北 京 Beijing	25092	13980	25604	24936	23948
天 津 Tianjin	21346	10751	21246	20725	20294
河 北 Hebei	85699	39981	120897	113774	111496
山 西 Shanxi	29560	17503	45496	39925	34810
内蒙古 Inner Mongolia	19777	11278	29723	28530	27677
辽 宁 Liaoning	50241	27344	65169	63347	61418
吉 林 Jilin	18905	9620	28250	24826	22964
黑龙江 Heilongjiang	21335	16041	29333	27542	26899
上 海 Shanghai	23103	14849	18318	18318	18306
江 苏 Jiangsu	57651	36753	132085	130817	129859
浙 江 Zhejiang	122130	93860	201640	197430	192709
安 徽 Anhui	63618	31669	150288	139383	128176
福 建 Fujian					
江 西 Jiangxi	51039	32829	84637	78057	70353
山 东 Shandong	136482	77663	218111	203373	191290
河 南 Henan	116623	60852	172135	156154	145307
湖 北 Hubei	31554	14170	67032	65123	63572
湖 南 Hunan	78323	55098	178123	174532	167233
广 东 Guangdong	53553	37529	72925	71949	71190
广 西 Guangxi	26627	16182	56358	53105	51173
海 南 Hainan	2095	904	4179	4066	3957
重 庆 Chongqing	38981	25766	68002	63936	61020
四 川 Sichuan	60825	40936	128048	121883	118264
贵 州 Guizhou	7157	3059	14142	13933	13644
云 南 Yunnan	30593	13662	40568	36544	32521
西 藏 Tibet					
陕 西 Shaanxi	64660	35812	120277	107623	99143
甘 肃 Gansu	10942	5090	17744	16375	15430
青 海 Qinghai	1010	569	2272	2241	1436
宁 夏 Ningxia	2750	1303	5451	5117	4994
新 疆 Xinjiang	3938	2183	8530	7040	5320

校学生数

Vocational High Schools

单位:人

Unit: in Person

在校学生数 Enrolment					预计毕业生数 Graduates for Next Year
计 Total	一年级 Grade 1	二年级 Grade 2	三年级 Grade 3	四年级及以上 Over Grade 4	
5169246	**2128405**	**1743579**	**1288336**	**8926**	**1518103**
80824	25656	24274	28025	2869	27375
60320	21273	19506	18902	639	19159
310105	120899	109920	79092	194	89777
120388	45496	44329	30547	16	37758
74903	29723	24518	20662		22156
195904	65183	69588	60291	842	63644
66328	28364	24005	13780	179	20075
82756	29333	28661	24762		25791
63636	18396	20499	23216	1525	22926
287048	132094	92039	62915		69742
547325	201725	189211	156389		160102
337656	150341	109609	77585	121	91526
187239	84638	62000	40424	177	56597
560060	218238	201106	140409	307	176353
452483	172700	150558	129174	51	138444
156984	67033	51736	38183	32	44281
343779	178164	108696	56058	861	83664
190002	72948	62088	54966		56200
129284	56393	42700	30191		32656
7920	4185	2380	1355		2236
157785	68002	54211	35572		50313
282702	128366	94878	59412	46	80486
28144	14187	9877	4080		7970
107813	40568	34723	32144	378	35191
261727	120389	89186	51718	434	81611
39448	17750	11476	10130	92	11296
4950	2312	1225	1413		1705
13812	5468	4758	3586		3924
17921	8581	5822	3355	163	5145

职业高中学

Number of Female Students in

地区 Region	毕业生数 Graduates 计 Total	毕业生数 Graduates 其中:获得职业资格证书 of which: Reciptents of Vocational Qualifications	招生数 Entrants 计 Total	招生数 Entrants 其中:初中毕业 of which: Junior Sec. School Graduates 计 Total	招生数 Entrants 其中:初中毕业 of which: Junior Sec. School Graduates 应届毕业生 Autumn Session
合　计 Total	**601161**	**357535**	**1017588**	**962787**	**918637**
北　京 Beijing	12736	6677	12380	11935	11564
天　津 Tianjin	11370	5597	11183	10919	10736
河　北 Hebei	43730	21326	62031	58448	57112
山　西 Shanxi	15335	9096	23740	20979	18208
内蒙古 Inner Mongolia	10200	5914	14572	13954	13522
辽　宁 Liaoning	25588	14414	31777	31113	30268
吉　林 Jilin	9493	5341	13486	11674	11199
黑龙江 Heilongjiang	11579	8889	14771	13525	13270
上　海 Shanghai	11689	7237	7831	7831	7820
江　苏 Jiangsu	25862	16062	61859	61260	60863
浙　江 Zhejiang	57898	42750	94992	92916	90772
安　徽 Anhui	28092	13755	68223	63941	59093
福　建 Fujian					
江　西 Jiangxi	23113	14379	38025	35278	32387
山　东 Shandong	57766	33283	99400	91579	86900
河　南 Henan	54934	28163	86182	78580	73681
湖　北 Hubei	14637	7100	30335	29466	28784
湖　南 Hunan	41492	29034	92746	91096	86912
广　东 Guangdong	26803	18839	35822	35342	34827
广　西 Guangxi	11829	7279	24713	23217	22369
海　南 Hainan	1029	443	1933	1908	1867
重　庆 Chongqing	18909	12494	31572	29837	28566
四　川 Sichuan	27681	19196	57805	55704	54056
贵　州 Guizhou	2869	1352	6178	5988	5895
云　南 Yunnan	14358	6717	18739	17102	15349
西　藏 Tibet					
陕　西 Shaanxi	33402	17979	61056	54530	49722
甘　肃 Gansu	5249	2481	8273	7584	7111
青　海 Qinghai	449	218	1050	1038	593
宁　夏 Ningxia	1260	562	2683	2578	2532
新　疆 Xinjiang	1809	958	4231	3465	2659

校女学生数

Vocational High Schools

单位：人

Unit: in Person

在校学生数 Enrolment					
计 Total	一年级 Grade 1	二年级 Grade 2	三年级 Grade 3	四年级及以上 Over Grade 4	预计毕业生数 Graduates for Next Year
2490737	**1019158**	**837022**	**629073**	**5484**	**728150**
39174	12387	11053	14070	1664	13603
32177	11187	10413	10296	281	10411
160773	62036	56629	42018	90	46648
63219	23789	23442	15978	10	19772
38173	14572	12675	10926		11292
99904	31781	35244	32146	733	33085
32744	13500	11879	7276	89	10082
43088	14772	15200	13116		13680
29976	7852	9532	11706	886	11507
133417	61861	42511	29045		31960
264995	95015	92651	77329		78736
153703	68246	49440	35917	100	42009
83705	38026	27908	17648	123	24402
250022	99504	90291	60070	157	75997
221624	86441	72849	62292	42	66370
71332	30442	23728	17147	15	19752
176915	92950	55011	28421	533	41929
93333	35845	30332	27156		27733
57182	24897	18618	13667		14674
3858	1939	1174	745		1112
75653	31602	25863	18188		24525
130445	57937	43691	28788	29	37237
12551	6207	4272	2072		3417
50243	18807	15880	15275	281	16348
135147	61229	45206	28412	300	40764
19181	8273	5684	5170	54	5873
2537	1110	614	813		936
6941	2700	2431	1810		2023
8725	4251	2801	1576	97	2273

中等职业学校(机

Number of Students by age in Secondary

地　区 Region	计 Total	14岁及以下 14 years and under	15岁 15 years	16岁 16 years	17岁 17 years
合　计 Total	**11747467**	**168779**	**1454424**	**3251040**	**3283651**
北　京 Beijing	208019	3445	29947	54480	57497
天　津 Tianjin	135229	107	7890	36852	39864
河　北 Hebei	630727	2317	30992	143416	183196
山　西 Shanxi	328386	5227	40428	84863	92910
内蒙古 Inner Mongolia	173956	2010	13007	38720	49276
辽　宁 Liaoning	412239	5430	22582	90588	124024
吉　林 Jilin	164170	1602	7268	36899	47835
黑龙江 Heilongjiang	222538	1820	9475	43388	59594
上　海 Shanghai	217356	836	25715	51584	59380
江　苏 Jiangsu	909152	4727	111299	264561	281709
浙　江 Zhejiang	728559	10408	81684	199034	223171
安　徽 Anhui	519691	13060	105105	157344	133166
福　建 Fujian	400822	5608	46306	108106	113178
江　西 Jiangxi	397698	18653	102637	130193	89606
山　东 Shandong	1048100	15196	141000	298015	314664
河　南 Henan	979518	25744	164035	283336	244970
湖　北 Hubei	458459	9146	88160	151503	114876
湖　南 Hunan	649161	12228	133155	226942	159550
广　东 Guangdong	655428	2536	37475	168762	198436
广　西 Guangxi	344237	1360	18902	83765	99655
海　南 Hainan	51191	363	3448	11883	14597
重　庆 Chongqing	321831	3771	48250	104252	89175
四　川 Sichuan	599872	7616	69622	192039	178945
贵　州 Guizhou	158768	1232	19195	38258	39006
云　南 Yunnan	271485	3458	25710	66410	70797
西　藏 Tibet	8549	442	684	1506	1821
陕　西 Shaanxi	413101	3803	32988	103215	116727
甘　肃 Gansu	175122	3141	17987	42718	47137
青　海 Qinghai	18737	653	2256	4351	4616
宁　夏 Ningxia	48975	1081	6862	11818	10907
新　疆 Xinjiang	96391	1759	10360	22239	23366

构)分年龄学生数

Vocational Schools (Institutions)

单位:人

Unit: in Person

18 岁 18 years	19 岁 19 years	20 岁 20years	21 岁 21 years	22 岁及以上 22 years and over
2154140	**793595**	**238495**	**85409**	**317934**
36418	14826	2513	1190	7703
34454	10506	2116	683	2757
148371	69208	18766	7081	27380
58475	21745	6022	1383	17333
38870	16827	5790	2554	6902
100928	36434	11411	4730	16112
41802	17114	4615	1946	5089
54627	26948	11013	4579	11094
45303	18494	4160	643	11241
161431	56658	14389	2049	12329
145151	43458	6522	1600	17531
68586	22863	6761	2331	10475
74462	27040	8769	1945	15408
36822	10194	2644	715	6234
180869	60848	18848	7013	11647
150182	51244	18920	10545	30542
62259	17811	3969	1144	9591
80539	24095	4545	1246	6861
159795	56314	15424	4507	12179
78080	34972	11990	4485	11028
11300	5724	2708	573	595
51894	12599	2965	1255	7670
101891	30557	8954	2785	7463
28471	14822	6820	3155	7809
53603	26341	9855	3782	11529
1552	945	441	239	919
84239	34150	14932	5883	17164
34548	15991	6265	2550	4785
2781	1391	675	451	1563
7602	4585	2138	566	3416
18835	8891	3555	1801	5585

中等职业学校(机构)

Number of Female Students by age in

	计 Total	14 岁及以下 14 years and under	15 岁 15 years	16 岁 16 years
合　计 Total	**6046331**	**93982**	**761686**	**1693504**
北京 Beijing	108322	2465	16131	28560
天津 Tianjin	69539	49	4063	18675
河北 Hebei	345390	1312	16845	78291
山西 Shanxi	186187	2661	23537	48989
内蒙古 Inner Mongolia	87439	1126	6220	19916
辽宁 Liaoning	213622	3906	12371	48953
吉林 Jilin	83700	951	3457	19578
黑龙江 Heilongjiang	113805	1192	4979	22641
上海 Shanghai	108524	472	12716	25076
江苏 Jiangsu	469698	2440	59559	138249
浙江 Zhejiang	370494	5137	40796	101818
安徽 Anhui	256064	6404	51857	78944
福建 Fujian	194223	2806	22026	52703
江西 Jiangxi	197160	10517	54095	65586
山东 Shandong	523353	8650	69960	151044
河南 Henan	508651	13999	85595	148771
湖北 Hubei	220714	4825	45260	73829
湖南 Hunan	341718	6557	74844	119923
广东 Guangdong	351616	1684	21200	91059
广西 Guangxi	176157	928	10278	43802
海南 Hainan	27646	272	1864	6203
重庆 Chongqing	164741	1675	24553	54198
四川 Sichuan	303993	4732	36396	97077
贵州 Guizhou	77990	566	9964	20471
云南 Yunnan	140393	2042	14130	35763
西藏 Tibet	4317	167	291	708
陕西 Shaanxi	220384	2518	17872	57348
甘肃 Gansu	96284	1748	10521	24360
青海 Qinghai	9729	493	1468	2279
宁夏 Ningxia	22718	714	3516	5814
新疆 Xinjiang	51760	974	5322	12876

分年龄女学生数

Secondary Vocational Schools (Institutions)

单位:人

Unit: in Person

17 岁 17 years	18 岁 18 years	19 岁 19 years	20 岁 20years	21 岁 21 years	22 岁及以上 22 years and over
1706961	**1104377**	**396010**	**110114**	**37573**	**142124**
29814	18147	7140	1143	664	4258
21206	17657	5477	1035	358	1019
99812	80676	39162	10219	3393	15680
53651	33292	11561	2788	523	9185
24798	20245	8292	2562	980	3300
67473	54157	18408	4708	1476	2170
24505	22147	8706	2041	740	1575
33020	28962	11838	4928	2116	4129
30326	22974	9434	2031	296	5199
145316	81891	27956	6729	1047	6511
112768	73996	21643	2774	798	10764
66865	33118	11012	3025	708	4131
57256	36273	12623	3593	784	6159
44079	16190	4431	1042	336	884
157066	87743	30115	9410	3714	5651
128823	76374	25875	8889	4729	15596
55163	28466	7765	1505	389	3512
81665	40967	12145	1921	494	3202
106122	85666	29328	7790	2404	6363
51138	39695	17420	5689	2231	4976
8276	6498	2985	1180	187	181
46067	26929	6090	1249	512	3468
93516	50160	14169	3628	1033	3282
19784	13759	6802	2896	1052	2696
37655	27103	13163	4555	1680	4302
1043	835	456	234	140	443
63230	46116	17116	7031	2551	6602
25998	19389	8088	2962	1050	2168
2239	1450	595	229	131	845
4987	3574	1650	470	232	1761
13300	9928	4565	1858	825	2112

中等职业学校(机

Data on Training Students in Graduation Secondary

结业生数

地 区 Region	计 Total	其中:女 of Which: Female	其中:少数民族 of Which: Minority	其中:资格证书培训 Vocational Qualifications Training of Which:	其中:岗位证书培训 of Which: Tob-related Training	其中:外语 of Which: Foreign language
合 计 Total	**7803545**	**3396834**	**389387**	**1748718**	**1564132**	**201957**
北 京 Beijing	86911	49470	1834	42530	17036	8358
天 津 Tianjin	87479	54195	386	17596	15173	33870
河 北 Hebei	389367	191311	33257	100817	89927	19386
山 西 Shanxi	690515	291403	51	94757	34018	5601
内蒙古 Inner Mongolia	89596	41592	26642	34860	20954	863
辽 宁 Liaoning	126505	45848	16938	29662	56243	1923
吉 林 Jilin	45669	22989	1741	7768	10181	693
黑龙江 Heilongjiang	113517	52960	925	28096	41227	3735
上 海 Shanghai	169457	80677	96	35349	79759	10816
江 苏 Jiangsu	749879	401986	560	160141	159805	21882
浙 江 Zhejiang	313384	128929	201	93120	76986	8260
安 徽 Anhui	155554	63100	446	35600	67718	3653
福 建 Fujian	278394	104765	1967	105160	33593	4373
江 西 Jiangxi	75828	35046	29	25870	24519	2717
山 东 Shandong	251446	112228	1836	81994	52615	16953
河 南 Henan	584812	208220	2942	138020	110165	4938
湖 北 Hubei	190952	54545	13214	26230	80990	2587
湖 南 Hunan	129370	61668	12669	51046	34503	9339
广 东 Guangdong	438050	259044	451	109864	95468	18822
广 西 Guangxi	157203	67454	45896	48796	48157	2759
海 南 Hainan	14515	5554	3528	4766	2958	150
重 庆 Chongqing	84905	41039	6470	24744	27094	3755
四 川 Sichuan	322599	156813	8612	88967	123767	6792
贵 州 Guizhou	344440	105670	64694	65827	21394	436
云 南 Yunnan	384907	195007	87860	107230	106230	4094
西 藏 Tibet	2887	1061	1900	947	1289	1
陕 西 Shaanxi	1171985	386499	252	44480	54688	2558
甘 肃 Gansu	155577	79919	8264	31498	39446	1553
青 海 Qinghai	22971	7457	6988	4703	5288	147
宁 夏 Ningxia	109968	49162	23057	87100	8871	325
新 疆 Xinjiang	64903	41223	15681	21180	24070	619

构)培训结业学生情况

Vocational Schools (Institutions)

Graduates

其中:会计 of Which: Accountant	其中:计算机 of Which: Computer	其中:农业技术 of Which: Agriculture Technology	一周至一个月以下 a week to one month under	一个月至半年以下 one month to half year under	半年以上 half year and over
571350	**1002533**	**2715822**	**5147302**	**2002053**	**654190**
5420	16949	4526	44108	37186	5617
1432	19178	10361	26262	50952	10265
20833	85410	64880	203718	127509	58140
5750	41845	533721	614095	63070	13350
753	29047	2197	71742	14460	3394
6274	18083	13332	61929	30906	33670
2193	12182	10325	31218	11369	3082
5553	17519	17186	73372	30793	9352
28423	20407		99906	55071	14480
82409	85936	71366	313574	359205	77100
22101	36507	11079	215516	63193	34675
8377	22880	7560	94022	43878	17654
13178	35259	157157	184090	33099	61205
1192	15792	1504	45492	24239	6097
25225	60527	11490	161924	64697	24825
8041	88401	240028	342364	179451	62997
10518	17353	76476	88926	85794	16232
3882	33351	7774	66021	36187	27162
128620	86870	3718	260244	123914	53892
7050	30795	31753	93453	40461	23289
345	1952	4111	8500	3712	2303
3955	14643	4288	58485	17439	8981
41108	44094	17362	217681	74506	30412
7408	23121	260052	288073	50058	6309
45788	61849	22868	280556	90639	13712
28	57	559	1996	693	198
4613	37884	1033205	990158	155444	26383
46714	20886	11101	127038	23018	5521
221	6373	3524	16284	6092	595
6100	9441	78466	19747	88056	2165
27846	7942	3853	46808	16962	1133

中等职业学校(机

Data on Training Students in of Enrolment Secondary

地区 Region	注册生数 计 Total	其中:女 of Which: Female	其中:少数民族 of Which: Minority	其中:资格证书培训 of Which: Vocational Qualifications Training	其中:岗位证书培训 of Which: Tob-related Training	其中:外语 of Which: Foreign language
合 计 Total	**4502075**	**1795717**	**312683**	**1116670**	**729416**	**148981**
北 京 Beijing	50311	25347	1193	23112	6497	8809
天 津 Tianjin	46499	34387	46	6930	5617	31619
河 北 Hebei	240707	126019	27809	75679	40943	11604
山 西 Shanxi	629308	260060	18	26724	12245	4124
内蒙古 Inner Mongolia	21307	11141	6421	5638	5453	456
辽 宁 Liaoning	90195	33446	14309	18811	50231	944
吉 林 Jilin	17440	8247	1160	7471	2896	30
黑龙江 Heilongjiang	54616	23392	1316	15649	19178	1701
上 海 Shanghai	92548	48953	148	23956	44765	4117
江 苏 Jiangsu	292643	133843	339	103934	84830	16436
浙 江 Zhejiang	224632	92827	82	60923	45149	6748
安 徽 Anhui	66630	28517	168	12299	19509	140
福 建 Fujian	255547	91240	2080	101849	8188	2532
江 西 Jiangxi	71999	33869	32	15496	32354	2207
山 东 Shandong	98888	45395	1201	39617	7176	8442
河 南 Henan	319930	113001	3088	88024	49344	8292
湖 北 Hubei	195484	42179	11028	14871	60336	1687
湖 南 Hunan	82820	42064	6684	31074	13092	7928
广 东 Guangdong	217481	123824	327	72527	47329	15537
广 西 Guangxi	111394	44139	34074	36684	20792	2797
海 南 Hainan	2021	923	708	1331	439	
重 庆 Chongqing	44506	22636	3903	13355	9424	3124
四 川 Sichuan	149048	78554	2444	30514	40690	5116
贵 州 Guizhou	631968	81872	112923	111853	26953	601
云 南 Yunnan	139599	69146	41877	41629	20716	1289
西 藏 Tibet	3330	1085	2521	238	1165	
陕 西 Shaanxi	126753	58604	169	31860	19342	1593
甘 肃 Gansu	86369	54712	2816	20513	13701	594
青 海 Qinghai	9155	3278	4225	755	1261	147
宁 夏 Ningxia	101015	44362	22965	79514	3943	
新 疆 Xinjiang	27932	18655	6609	3840	15858	367

构)培训注册学生情况

Vocational Schools (Institutions)

Enrolment

其中:会计 of Which: Accountant	其中:计算机 of Which: Computer	其中:农业技术 of Which: Agriculture Technology	一周至一个月以下 a week to one month under	一个月至半年以下 one month to half year under	半年以上 half year and over
250562	**586012**	**1687774**	**2619622**	**1136242**	**746211**
558	13211	4366	20699	23106	6506
132	3805	1118	962	35975	9562
8702	48941	41436	101661	62531	76515
4081	25693	550640	536264	76153	16891
189	10362	1347	11565	5290	4452
3456	11209	7073	37503	19457	33235
626	4699	836	6857	5954	4629
3592	7920	17806	31202	9892	13522
23488	12803		46498	31460	14590
17537	52251	79750	134639	75503	82501
18760	19977	4743	131194	50094	43344
655	11650	2332	36244	13772	16614
5892	20931	179458	159134	19667	76746
1386	7838	959	41022	17355	13622
13453	24957	1327	46785	30350	21753
7205	54471	26643	162089	74467	83374
8537	8130	83284	65021	98376	32087
2839	26586	784	25809	26742	30269
19512	52124	2422	97409	80374	39698
1789	19585	24801	63016	25445	22933
110	237	998	827	871	323
3726	8757	2516	24740	9502	10264
32115	26881	11783	78850	40073	30125
8101	33044	518348	524153	96985	10830
1389	25093	6739	69312	55550	14737
28	57	449	1253	528	1549
930	27223	27876	55031	43995	27727
39633	13141	2950	71317	12131	2921
21	3528	3654	5532	3089	534
6528	6623	78403	14743	83684	2588
15592	4285	2933	18291	7871	1770

中等职业学校(机构)

Changes of Employment in fecondary

	上学年初报表在校学生数 Total enrolment at beginning of previous academic year	增加学生数 Factors of Increase			
		计 Total	招生 No. of Students Admitted	复学 Students Resuming Studies	转入 Transfers from Other Inst.
合 计 Total	**10634590**	**5307124**	**4565045**	**9648**	**406512**
北 京 Beijing	213451	67557	63031	85	1777
天 津 Tianjin	140417	52344	47740	140	2328
河 北 Hebei	598362	267909	239333	373	19390
山 西 Shanxi	320724	136826	119120	40	9237
内蒙古 Inner Mongolia	174291	77769	67587	224	5680
辽 宁 Liaoning	376622	164146	145528	207	4846
吉 林 Jilin	154647	66286	61408	233	1933
黑龙江 Heilongjiang	220641	82606	73782	61	6836
上 海 Shanghai	226557	63844	60825	94	901
江 苏 Jiangsu	742309	584484	367647	309	155243
浙 江 Zhejiang	695996	280196	265021	135	8632
安 徽 Anhui	412315	242720	226897	170	2788
福 建 Fujian	376083	165437	154623	701	7429
江 西 Jiangxi	323244	208422	165368	869	11263
山 东 Shandong	901892	465608	391374	84	41770
河 南 Henan	892472	441403	379605	742	36184
湖 北 Hubei	353186	243381	196821	349	24953
湖 南 Hunan	574141	330901	300548	1241	17166
广 东 Guangdong	630818	273216	246461	298	7967
广 西 Guangxi	319248	137509	126900	321	3342
海 南 Hainan	44649	21642	21133	80	377
重 庆 Chongqing	282692	137119	126491	418	3643
四 川 Sichuan	519499	288847	249588	1251	14997
贵 州 Guizhou	160616	68020	61662	184	3088
云 南 Yunnan	270436	106602	97592	64	3110
西 藏 Tibet	6718	4575	4223	67	
陕 西 Shaanxi	377095	183690	172129	619	7524
甘 肃 Gansu	167065	70798	64277	79	2314
青 海 Qinghai	18347	7801	7173	28	293
宁 夏 Ningxia	43801	23038	21917	3	479
新 疆 Xinjiang	96256	42428	39241	179	1022

学生变动情况

Vocational Schools (Institutions)

单位:人

Unit:in Person

其他 Others	减少学生数 Factors of Decrease 计 Total	毕业 Graduates	结业 Completers of Courses without formal awards	休学 Suspended	退学 Quitting	开除 Expelled	死亡 Death	转出 Transfer to Other Inst.	其他 Others	本学年初报表在校学生数 Total enrolment at beginning of current academic year
325919	**4194247**	**3056939**	**93596**	**23401**	**204502**	**7893**	**1525**	**412082**	**394309**	**11747467**
2664	72989	65097	287	293	3317	65	15	2346	1569	208019
2136	57532	51919	175	296	2055	54	4	2342	687	135229
8813	235544	183835	11864	402	5912	173	8	14810	18540	630727
8429	129164	97683	1352	390	2215	63	9	5924	21528	328386
4278	78104	53321	2297	224	3372	151	3	8597	10139	173956
13565	128529	104637	113	470	7624	331	12	3945	11397	412239
2712	56763	46695	1352	113	2500	68	6	3467	2562	164170
1927	80709	69990	43	112	2094	62	2	4165	4241	222538
2024	73045	61893	3179	248	2680	2	16	1664	3363	217356
61285	417641	161109	819	577	12403	331	34	182220	60148	909152
6408	247633	172626	1127	2349	25273	367	45	18912	26934	728559
12865	135344	110613	1601	1307	6141	161	4	4427	11090	519691
2684	140698	110262	3533	1446	8223	224	8	7928	9074	400822
30922	133968	97780	2087	1566	7758	687	9	11167	12914	397698
32380	319400	279590	1928	291	7150	338	10	20869	9224	1048100
24872	354357	265708	8195	869	9250	444	12	22513	47366	979518
21258	138108	104687	4936	547	6052	387	19	11515	9965	458459
11946	255881	150958	14954	3638	20497	881	882	33059	31012	649161
18490	248606	189729	4609	900	16144	340	233	7977	28674	655428
6946	112520	88867	2413	829	8635	512	28	4978	6258	344237
52	15100	12367	52	142	836	78	2	291	1332	51191
6567	97980	75721	2470	1217	6403	358	19	5800	5992	321831
23011	208474	147652	4630	2511	19212	553	35	10018	23863	599872
3086	69868	48252	3800	822	4405	277	12	3332	8968	158768
5836	105553	91218	984	512	3764	253	61	5326	3435	271485
285	2744	2544		11	138	16		22	13	8549
3418	147684	110851	12075	653	4424	251	9	10166	9255	413101
4128	62741	49288	1414	243	2609	112	12	2018	7045	175122
307	7411	5804	370	37	354	15	5	258	568	18737
639	17864	14884	333	169	678	51	2	239	1508	48975
1986	42293	31359	604	217	2384	288	9	1787	5645	96391

中等职业学校(机构)

Changes of female Employment in fecondary

	上学年初报表在校学生数 Total enrolment at beginning of previous academic year	增加学生数 Factors of Increase			
		计 Total	招生 No. of Students Admitted	复学 Students Resuming Studies	转入 Transfers from Other Inst.
合计 Total	**5516084**	**2666799**	**2302752**	**3291**	**204260**
北京 Beijing	110034	35184	32384	28	965
天津 Tianjin	73414	26049	23894	14	1001
河北 Hebei	330222	143353	127821	200	10484
山西 Shanxi	185632	75952	67216	14	3463
内蒙古 Inner Mongolia	89680	37315	32740	98	3512
辽宁 Liaoning	197231	79333	72334	115	2173
吉林 Jilin	80855	32884	30669	92	791
黑龙江 Heilongjiang	115416	39724	36772	58	2409
上海 Shanghai	115076	31158	29354	44	319
江苏 Jiangsu	383406	302482	188066	38	86059
浙江 Zhejiang	355493	140122	131773	60	4486
安徽 Anhui	205919	117498	109146	71	1431
福建 Fujian	182516	77453	73006	157	2751
江西 Jiangxi	162100	101622	81287	280	5986
山东 Shandong	449808	229666	194301	35	19956
河南 Henan	461856	225125	196564	273	15334
湖北 Hubei	173427	114090	93164	94	11293
湖南 Hunan	302273	171253	157149	253	8100
广东 Guangdong	336983	144129	130043	171	4123
广西 Guangxi	168673	66331	61625	125	1840
海南 Hainan	25173	10758	10567	28	150
重庆 Chongqing	146941	67289	62348	83	1719
四川 Sichuan	264360	141502	122598	612	6794
贵州 Guizhou	76595	32691	29703	83	1444
云南 Yunnan	140648	53382	49455	18	1632
西藏 Tibet	3567	2117	1951	20	20
陕西 Shaanxi	205440	94640	88728	54	4031
甘肃 Gansu	91469	37404	34025	35	1164
青海 Qinghai	9701	3774	3463	19	135
宁夏 Ningxia	21698	10521	10111		234
新疆 Xinjiang	50478	21998	20495	119	481

女学生数变动情况

Vocational Schools (Institutions)

单位:人

Unit: in Person

	减少学生数 Factors of Decrease									本学年初报表在校学生数 Total enrolment at beginning of current academic year
其他 Others	计 Total	毕业 Graduates	结业 Completers of Courses without formal awards	休学 Suspended	退学 Quitting	开除 Expelled	死亡 Death	转出 Transfer to Other Inst.	其他 Others	
156496	**2136552**	**1603028**	**41615**	**9226**	**85148**	**1601**	**513**	**205175**	**190246**	**6046331**
1807	36896	34503	88	113	1105	11	7	386	683	108322
1140	29924	27383	90	143	789	1	1	1223	294	69539
4848	128185	103247	5340	160	2534	26	5	7555	9318	345390
5259	75397	57895	867	206	979	5	6	2807	12632	186187
965	39556	27810	1041	64	1767	36	1	2630	6207	87439
4711	62942	52669	52	200	2949	77	3	1352	5640	213622
1332	30039	25514	676	86	1108	8	1	1543	1103	83700
485	41335	35310	1	42	848	19	1	1805	3309	113805
1441	37710	32472	1760	94	911		2	689	1782	108524
28319	216190	81773	273	185	5150	62	22	100883	27842	469698
3803	125121	88055	366	669	8968	44	18	8571	18430	370494
6850	67353	56005	672	634	2542	34	2	2245	5219	256064
1539	65746	55352	894	568	3242	21	3	2332	3334	194223
14069	66562	51253	739	600	3126	188	4	4405	6247	197160
15374	156121	138510	848	99	2969	65	3	9443	4184	523353
12954	178330	140799	3535	355	4123	87	1	11652	17778	508651
9539	66803	52790	1747	206	2259	67	2	5052	4680	220714
5751	131808	80776	7641	1563	9477	175	277	17247	14652	341718
9792	129496	103326	2029	330	6436	33	90	3338	13914	351616
2741	58847	50810	410	283	3035	48	9	2123	2129	176157
13	8285	7089	27	56	377	13		118	605	27646
3139	49489	39353	948	526	2989	119	6	2465	3083	164741
11498	101869	74403	1921	1017	9356	151	3	4186	10832	303993
1461	31296	22298	1259	243	1674	60	2	1201	4559	77990
2277	53637	47101	428	212	1427	53	28	2883	1505	140393
146	1367	1295		5	51			9	7	4317
1827	79696	60712	6593	349	2280	75	2	5328	4357	220384
2180	32589	26812	849	116	1196	27	4	863	2722	96284
157	3746	2967	224	13	120	1	4	131	286	9729
176	9501	7959	148	18	262	10	1	100	1003	22718
903	20716	16787	149	71	1099	85	5	610	1910	51760

中等职业学校(机

Information on International Students in

地 区 Region	计 Total	其中:女 of Which: Female	结业生数 分时间 一周至一个月以下 a week to one month under	一个月至半年以下 one month to half year under
合 计 Total	**1222**	**610**	**588**	**85**
北 京 Beijing	525	238	408	74
天 津 Tianjin	25	19		
河 北 Hebei	32	13		
山 西 Shanxi				
内蒙古 Inner Mongolia				
辽 宁 Liaoning	25	14		1
吉 林 Jilin	112	82	109	3
黑龙江 Heilongjiang	3	3	3	
上 海 Shanghai				
江 苏 Jiangsu				
浙 江 Zhejiang	1			
安 徽 Anhui				
福 建 Fujian	13	3	13	
江 西 Jiangxi	289	175		
山 东 Shandong				
河 南 Henan				
湖 北 Hubei	5	1	1	1
湖 南 Hunan				
广 东 Guangdong	21	9		
广 西 Guangxi	26	13		3
海 南 Hainan				
重 庆 Chongqing				
四 川 Sichuan	1			1
贵 州 Guizhou				
云 南 Yunnan	144	40	54	2
西 藏 Tibet				
陕 西 Shaanxi				
甘 肃 Gansu				
青 海 Qinghai				
宁 夏 Ningxia				
新 疆 Xinjiang				

构)外国留学生情况

Secondary Vocational Schools (Institutions)

Graduates						
by Time	分地区 by continent					
半年以上 half year and over	亚洲 Asia	非洲 Africa	欧洲 Europe	北美洲 North America	南美洲 South America	大洋洲 Oceania
549	**939**	**34**	**132**	**87**	**23**	**7**
43	298	2	131	85	2	7
25	25					
32		32				
24	25					
	112					
	2		1			
1	1					
	13					
289	289					
3	5					
21					21	
23	25			1		
				1		
88	144					

中等职业学校

Number of Teachers, Staff & Workers in

		教职工数 Teachers,	
		校本部教职工 Teacher,	
	计 Total	计 Total	专任教师 Full-time Teachers
合　计 Total	**878692**	**856157**	**571037**
北　京 Beijing	20296	19623	10989
天　津 Tianjin	14203	13861	8358
河　北 Hebei	55812	54667	36030
山　西 Shanxi	25871	25238	16829
内蒙古 Inner Mongolia	18116	17769	11978
辽　宁 Liaoning	36036	34922	22509
吉　林 Jilin	25824	25339	15759
黑龙江 Heilongjiang	23230	22615	14608
上　海 Shanghai	18090	17607	9271
江　苏 Jiangsu	51464	50490	35883
浙　江 Zhejiang	41053	40433	31408
安　徽 Anhui	29025	28180	19402
福　建 Fujian	24438	24127	17266
江　西 Jiangxi	21855	20798	14301
山　东 Shandong	80528	78161	52494
河　南 Henan	64614	62614	43609
湖　北 Hubei	33091	32192	21460
湖　南 Hunan	41538	40267	26632
广　东 Guangdong	49485	48771	33794
广　西 Guangxi	29530	28047	17764
海　南 Hainan	4318	4136	2576
重　庆 Chongqing	20002	19360	12919
四　川 Sichuan	41164	40516	26837
贵　州 Guizhou	12139	11930	7612
云　南 Yunnan	23534	23246	15290
西　藏 Tibet	1155	1155	774
陕　西 Shaanxi	32940	31496	20035
甘　肃 Gansu	19113	18684	12064
青　海 Qinghai	2290	2216	1610
宁　夏 Ningxia	2748	2722	1734
新　疆 Xinjiang	15190	14975	9242

(机构)教职工数

Secondary Vocational Schools (Institutions)

单位:人

Unit: in Person

Staff & Workers					聘请校外教师 Part-time Teachers
staff & Workers in College or Uni. Proper			校办企业职工 Employees in School-run Factories & Farms	其他附设机构人员 Personnel in Others Subsidiary Units	
行政人员 Adm. Personnel	教辅人员 Supporting Staff	工勤人员 Workers			
115712	**66513**	**102895**	**11086**	**11449**	**80804**
4075	1829	2730	156	517	1787
2837	980	1686	200	142	1509
7322	4327	6988	515	630	3853
3323	2051	3035	330	303	2019
2296	1480	2015	169	178	839
5415	2677	4321	595	519	3537
4293	2760	2527	313	172	871
3370	1707	2930	106	509	870
2998	2108	3230	346	137	3405
5019	3778	5810	583	391	5378
3400	2118	3507	317	303	4672
3617	1938	3223	243	602	3248
3090	1535	2236	199	112	3912
2639	1392	2466	902	155	2060
10849	6071	8747	1518	849	4179
7346	4854	6805	1098	902	5448
4373	2695	3664	382	517	3746
5413	3020	5202	639	632	3173
6316	3546	5115	191	523	5135
3726	2468	4089	256	1227	3083
613	318	629	14	168	392
2746	1549	2146	339	303	2518
5200	3230	5249	310	338	3426
2125	864	1329	44	165	1606
2808	1559	3589	77	211	2804
148	59	174			31
5262	2683	3516	844	600	5060
2456	1440	2724	168	261	1154
233	117	256	44	30	77
361	205	422	26		317
2043	1155	2535	162	53	695

中等职业学校(机

Number of Female Teachers, Staff & Workers

		教职工数 Teachers,	
		校本部教职工 Teacher,	
	计 Total	计 Total	专任教师 Full-time Teachers
合　计 Total	**386979**	**377235**	**265763**
北　京 Beijing	11750	11479	7239
天　津 Tianjin	7562	7389	5018
河　北 Hebei	27597	27178	20362
山　西 Shanxi	12834	12551	9129
内蒙古 Inner Mongolia	8582	8439	6155
辽　宁 Liaoning	19409	18847	13486
吉　林 Jilin	13176	12922	9015
黑龙江 Heilongjiang	11776	11448	8231
上　海 Shanghai	8865	8707	4894
江　苏 Jiangsu	21938	21528	16107
浙　江 Zhejiang	19089	18797	15053
安　徽 Anhui	9640	9248	6369
福　建 Fujian	10138	10035	7321
江　西 Jiangxi	7921	7499	5036
山　东 Shandong	33219	32352	23934
河　南 Henan	27455	26414	19518
湖　北 Hubei	13060	12666	8308
湖　南 Hunan	16301	15831	10878
广　东 Guangdong	21955	21726	15095
广　西 Guangxi	12852	11994	7416
海　南 Hainan	1674	1573	885
重　庆 Chongqing	8236	7928	5501
四　川 Sichuan	15978	15725	10804
贵　州 Guizhou	5022	4924	3159
云　南 Yunnan	10437	10342	6749
西　藏 Tibet	506	506	333
陕　西 Shaanxi	13455	12925	8836
甘　肃 Gansu	7183	6987	4654
青　海 Qinghai	1004	974	698
宁　夏 Ningxia	1128	1121	740
新　疆 Xinjiang	7237	7180	4840

构)女教职工数

in Secondary Vocational Schools (Institutions)

单位:人

Unit: in Person

Staff & Workers					聘请校外教师 Part-time Teachers
staff & Workers in College or Uni. Proper			校办企业职工 Employees in School-run Factories & Farms	其他附设机构人员 Personnel in Others Subsidiary Units	
行政人员 Adm. Personnel	教辅人员 Supporting Staff	工勤人员 Workers			
40398	**34680**	**36394**	**4121**	**5623**	**31737**
2220	1018	1002	58	213	881
1270	585	516	78	95	673
2236	2154	2426	172	247	1968
1184	1199	1039	104	179	963
823	848	613	62	81	415
2454	1514	1393	300	262	1779
1701	1529	677	157	97	403
1385	903	929	24	304	493
1353	1145	1315	108	50	1369
1524	1905	1992	220	190	2020
1067	1154	1523	155	137	1701
1060	904	915	78	314	1045
1028	763	923	45	58	1226
821	676	966	381	41	785
2975	2981	2462	473	394	1701
2265	2434	2197	573	468	2031
1601	1351	1406	144	250	1320
1528	1372	2053	226	244	1214
2366	1993	2272	62	167	2003
1326	1342	1910	104	754	1106
236	180	272	4	97	132
994	741	692	120	188	877
1798	1557	1566	100	153	1291
798	459	508	15	83	500
986	898	1709	18	77	937
59	37	77			7
1659	1322	1108	201	329	1945
674	790	869	81	115	465
92	73	111	17	13	25
104	124	153	7		145
811	729	800	34	23	317

普通中等专业学

Number of Teachers, Staff & Workers

	教职工数 Teachers,			
		校本部教职工 Teacher, staff & Workers		
	计 Total	计 Total	专任教师 Full-time Teachers	行政人员 Adm. Personnel
合　计 Total	**332770**	**321286**	**197084**	**52074**
北　京 Beijing	7940	7362	3785	1545
天　津 Tianjin	6201	6018	3377	1269
河　北 Hebei	15424	14956	8367	2687
山　西 Shanxi	9417	9099	5247	1663
内蒙古 Inner Mongolia	6408	6261	3775	988
辽　宁 Liaoning	15062	14668	8472	2672
吉　林 Jilin	7197	7028	4052	1429
黑龙江 Heilongjiang	6055	5791	3039	1123
上　海 Shanghai	11162	10852	5273	2081
江　苏 Jiangsu	19096	18498	12394	2308
浙　江 Zhejiang	5665	5430	3698	657
安　徽 Anhui	9806	9485	5875	1441
福　建 Fujian	23834	23530	16883	2991
江　西 Jiangxi	6798	6649	4091	1161
山　东 Shandong	21621	20842	12771	3789
河　南 Henan	18739	17716	10849	2802
湖　北 Hubei	17295	16529	10609	2593
湖　南 Hunan	9354	8844	5362	1542
广　东 Guangdong	26380	25959	17214	3687
广　西 Guangxi	13552	12394	7883	1624
海　南 Hainan	2349	2254	1271	406
重　庆 Chongqing	4635	4353	2624	744
四　川 Sichuan	13681	13329	7815	2358
贵　州 Guizhou	7058	6988	4418	1325
云　南 Yunnan	10386	10213	6145	1534
西　藏 Tibet	967	967	662	121
陕　西 Shaanxi	12713	11792	6688	2269
甘　肃 Gansu	11988	11633	7204	1637
青　海 Qinghai	1435	1403	985	150
宁　夏 Ningxia	1436	1413	762	234
新　疆 Xinjiang	9116	9030	5494	1244

校教职工数

in Reg. Specialized Sec. Schools

单位：人

Unit: in Person

Staff & Workers in College or Uni. Proper		校办企业职工 Employees in School-run Factories & Farms	其他附设机构人员 Personnel in Others Subsidiary Units	聘请校外教师 Part-time Teachers
教辅人员 Supporting Staff	工勤人员 Workers			
26836	**45292**	**4504**	**6980**	**29406**
772	1260	128	450	952
446	926	131	52	492
1390	2512	182	286	1488
775	1414	158	160	501
617	881	58	89	543
1408	2116	187	207	1414
595	952	126	43	176
583	1046	29	235	223
1173	2325	225	85	2241
1345	2451	377	221	1731
467	608	55	180	674
766	1403	76	245	629
1485	2171	199	105	3912
555	842	98	51	909
1818	2464	423	356	1128
1514	2551	470	553	1261
1293	2034	303	463	1759
698	1242	231	279	909
2146	2912	124	297	2180
1104	1783	34	1124	1174
214	363		95	266
415	570	58	224	424
1194	1962	114	238	1123
451	794	9	61	415
782	1752	47	126	554
37	147			31
1134	1701	453	468	1437
770	2022	122	233	450
65	203	4	28	22
111	306	23		62
713	1579	60	26	326

普通中等专业学

Number of Teachers, Staff &

	教职工数 Teachers,			
		校本部教职工 Teacher, staff &		
	计 Total	计 Total	专任教师 Full-time Teachers	行政人员 Adm. Personnel
合　计 Total	**149149**	**143795**	**93004**	**20394**
北　京 Beijing	4177	3941	2326	797
天　津 Tianjin	3110	3006	1919	539
河　北 Hebei	7579	7405	4683	1059
山　西 Shanxi	4686	4551	2937	672
内蒙古 Inner Mongolia	3216	3151	2023	439
辽　宁 Liaoning	7653	7516	4879	1206
吉　林 Jilin	3617	3533	2362	610
黑龙江 Heilongjiang	3000	2842	1730	502
上　海 Shanghai	5324	5218	2741	952
江　苏 Jiangsu	8584	8353	5906	857
浙　江 Zhejiang	2658	2558	1820	260
安　徽 Anhui	3641	3447	2206	519
福　建 Fujian	9869	9767	7153	990
江　西 Jiangxi	2724	2660	1572	434
山　东 Shandong	9610	9186	6204	1215
河　南 Henan	8283	7718	5025	1029
湖　北 Hubei	6972	6636	4247	952
湖　南 Hunan	3865	3641	2275	539
广　东 Guangdong	11905	11726	7867	1464
广　西 Guangxi	6208	5505	3449	654
海　南 Hainan	957	921	483	155
重　庆 Chongqing	2032	1858	1169	306
四　川 Sichuan	5775	5603	3406	997
贵　州 Guizhou	3140	3098	1975	562
云　南 Yunnan	4659	4630	2834	635
西　藏 Tibet	413	413	275	44
陕　西 Shaanxi	5213	4841	2957	805
甘　肃 Gansu	4607	4450	2918	504
青　海 Qinghai	637	620	435	66
宁　夏 Ningxia	629	623	347	82
新　疆 Xinjiang	4406	4378	2881	549

校女教职工数
Workers in Specialized Sec. Schools

单位:人

Unit: in Person

Staff & Workers				聘请校外教师 Part-time Teachers
Workers in College or Uni. Proper		校办企业职工 Employees in School-run Factories & Farms	其他附设机构人员 Personnel in Others Subsidiary Units	
教辅人员 Supporting Staff	工勤人员 Workers			
15001	**15396**	**1613**	**3741**	**12290**
418	400	50	186	464
275	273	63	41	248
755	908	59	115	705
477	465	39	96	308
409	280	24	41	277
834	597	59	78	724
325	236	63	21	93
316	294	6	152	120
586	939	70	36	866
713	877	135	96	689
267	211	20	80	244
360	362	30	164	245
732	892	45	57	1226
329	325	50	14	418
1039	728	177	247	539
846	818	239	326	523
710	727	109	227	711
386	441	86	138	384
1219	1176	33	146	922
654	748	8	695	420
129	154		36	76
220	163	24	150	180
634	566	41	131	445
267	294	4	38	181
460	701	8	21	288
29	65			7
590	489	94	278	598
432	596	53	104	162
35	84	4	13	9
80	114	6		30
475	473	14	14	188

成人中等专业学校教

Number of Teachers, Staff & Workers

	教职工数 Teachers,			
		校本部教职工 Teacher, staff &		
	计 Total	计 Total	专任教师 Full-time Teachers	行政人员 Adm. Personnel
合　计 Total	**125266**	**122661**	**75758**	**19340**
北　京 Beijing	1068	1066	461	343
天　津 Tianjin	1001	1001	563	222
河　北 Hebei	8312	8177	5264	1270
山　西 Shanxi	4718	4649	2891	707
内蒙古 Inner Mongolia	3265	3153	2108	373
辽　宁 Liaoning	555	531	364	93
吉　林 Jilin	6732	6625	4341	959
黑龙江 Heilongjiang	6429	6375	4319	868
上　海 Shanghai	1393	1358	642	310
江　苏 Jiangsu	7408	7303	4043	1039
浙　江 Zhejiang	2630	2603	1594	415
安　徽 Anhui	3210	3095	1648	685
福　建 Fujian				
江　西 Jiangxi	2675	2104	1399	352
山　东 Shandong	12312	12122	7716	1893
河　南 Henan	13665	13579	8693	1889
湖　北 Hubei	4671	4623	2715	739
湖　南 Hunan	5780	5603	3625	719
广　东 Guangdong	7074	6879	4597	1005
广　西 Guangxi	5341	5144	2906	869
海　南 Hainan	284	273	162	39
重　庆 Chongqing	4349	4193	2523	740
四　川 Sichuan	8552	8469	5229	1261
贵　州 Guizhou	1464	1441	765	299
云　南 Yunnan	3845	3845	2335	697
西　藏 Tibet	59	59	37	10
陕　西 Shaanxi	3722	3708	2116	749
甘　肃 Gansu	2172	2145	1126	400
青　海 Qinghai	390	348	244	45
宁　夏 Ningxia	331	331	195	61
新　疆 Xinjiang	1859	1859	1137	289

职工数

in Specialized Sec. Schools for Adults

单位：人

Unit: in Person

Staff & Workers				
Workers in College or Uni. Proper		校办企业职工 Employees in School-run Factories & Farms	其他附设机构人员 Personnel in Others Subsidiary Units	聘请校外教师 Part-time Teachers
教辅人员 Supporting Staff	工勤人员 Workers			
12759	**14804**	**1640**	**965**	**25700**
128	134	2		367
78	138			440
725	918	59	76	455
607	444	18	51	927
291	381	80	32	128
45	29	24		815
892	433	68	39	65
448	740	26	28	203
183	223	19	16	549
1015	1206	53	52	2532
305	289	17	10	1770
358	404	29	86	872
118	235	536	35	202
1074	1439	145	45	1440
1419	1578	39	47	2331
632	537	26	22	1137
502	757	83	94	638
504	773	10	185	1837
569	800	154	43	955
24	48	11		6
365	565	131	25	1322
855	1124	53	30	1295
214	163		23	876
330	483			1885
1	11			
488	355	6	8	1831
375	244	11	16	441
35	24	40	2	37
29	46			185
150	283			159

成人中等专业学校女

Number of Female Teachers, Staff & Workers

	教职工数 Teachers,			
		校本部教职工 Teacher, staff &		
	计 Total	计 Total	专任教师 Full-time Teachers	行政人员 Adm. Personnel
合　计 Total	**52719**	**51721**	**33289**	**6234**
北　京 Beijing	596	596	269	199
天　津 Tianjin	513	513	301	118
河　北 Hebei	3842	3801	2816	282
山　西 Shanxi	2418	2371	1552	239
内蒙古 Inner Mongolia	1487	1442	1029	120
辽　宁 Liaoning	264	252	185	40
吉　林 Jilin	3281	3239	2316	320
黑龙江 Heilongjiang	3064	3048	2246	336
上　海 Shanghai	624	613	279	129
江　苏 Jiangsu	2916	2875	1730	315
浙　江 Zhejiang	1119	1106	685	156
安　徽 Anhui	1027	995	505	209
福　建 Fujian				
江　西 Jiangxi	953	646	431	71
山　东 Shandong	4975	4902	3360	542
河　南 Henan	5709	5669	3831	549
湖　北 Hubei	1721	1698	949	248
湖　南 Hunan	2024	1972	1294	164
广　东 Guangdong	2949	2940	1871	416
广　西 Guangxi	2155	2065	1101	281
海　南 Hainan	98	94	37	15
重　庆 Chongqing	1793	1741	1051	298
四　川 Sichuan	3269	3245	2027	406
贵　州 Guizhou	589	589	304	105
云　南 Yunnan	1652	1652	968	200
西　藏 Tibet	23	23	11	6
陕　西 Shaanxi	1558	1557	909	227
甘　肃 Gansu	943	933	474	123
青　海 Qinghai	157	144	82	20
宁　夏 Ningxia	130	130	87	13
新　疆 Xinjiang	870	870	589	87

教职工数

in Specialized Sec. Schools for Adults

单位：人

Unit: in Person

Staff & Workers				
Workers in College or Uni. Proper		校办企业职工 Employees in School-run Factories & Farms	其他附设机构人员 Personnel in Others Subsidiary Units	聘请校外教师 Part-time Teachers
教辅人员 Supporting Staff	工勤人员 Workers			
6585	**5613**	**692**	**306**	**8792**
69	59			187
45	49			141
348	355	18	23	260
375	205	10	37	438
170	123	31	14	66
24	3	12		314
493	110	20	22	27
219	247	6	10	73
102	103	5	6	202
472	358	19	22	932
151	114	9	4	538
161	120	7	25	214
55	89	292	15	65
576	424	58	15	517
703	586	18	22	728
270	231	12	11	300
201	313	23	29	217
274	379	1	8	678
289	394	73	17	295
10	32	4		
182	210	38	14	429
434	378	17	7	489
109	71			213
209	275			512
1	5			
269	152	1		599
232	104	5	5	217
28	14	13		10
16	14			84
98	96			47

职业高中学

Number of Teachers, Staff &

	教职工数 Teachers,			
		校本部教职工 Teacher, staff &		
	计 Total	计 Total	专任教师 Full-time Teachers	行政人员 Adm. Personnel
合 计 Total	**377221**	**370179**	**270612**	**38293**
北 京 Beijing	10981	10890	6523	2124
天 津 Tianjin	6482	6325	4045	1295
河 北 Hebei	24221	24016	18087	2111
山 西 Shanxi	11380	11134	8441	913
内蒙古 Inner Mongolia	7704	7616	5624	811
辽 宁 Liaoning	20213	19517	13532	2628
吉 林 Jilin	7695	7515	4924	1248
黑龙江 Heilongjiang	10129	9954	6981	1294
上 海 Shanghai	5232	5111	3182	574
江 苏 Jiangsu	21890	21664	17209	1399
浙 江 Zhejiang	28161	27825	22402	1904
安 徽 Anhui	13796	13541	10446	1232
福 建 Fujian				
江 西 Jiangxi	11755	11418	8426	1009
山 东 Shandong	44017	42709	30239	4798
河 南 Henan	29096	28448	22178	2261
湖 北 Hubei	9354	9295	7039	823
湖 南 Hunan	24982	24462	16817	2922
广 东 Guangdong	14201	14109	10742	1359
广 西 Guangxi	9733	9653	6486	1068
海 南 Hainan	1177	1165	817	139
重 庆 Chongqing	9621	9424	6845	1027
四 川 Sichuan	18798	18593	13720	1562
贵 州 Guizhou	3270	3154	2175	458
云 南 Yunnan	9086	8981	6695	535
西 藏 Tibet				
陕 西 Shaanxi	15850	15343	10761	2132
甘 肃 Gansu	4300	4257	3354	279
青 海 Qinghai	465	465	381	38
宁 夏 Ningxia	899	896	698	65
新 疆 Xinjiang	2733	2699	1843	285

校教职工数

Workers in Vocational High Schools

单位:人

Unit: in Person

Staff & Workers				
Workers in College or Uni. Proper		校办企业职工 Employees in School-run Factories & Farms	其他附设机构人员 Personnel in Others Subsidiary Units	聘请校外教师 Part-time Teachers
教辅人员 Supporting Staff	工勤人员 Workers			
23411	**37863**	**4385**	**2657**	**20986**
920	1323	26	65	414
428	557	69	88	431
1502	2316	131	74	1112
638	1142	154	92	585
506	675	31	57	162
1204	2153	384	312	1300
767	576	110	70	423
624	1055	46	129	175
709	646	85	36	540
1191	1865	145	81	905
1145	2374	233	103	1678
688	1175	133	122	1422
620	1363	268	69	833
3074	4598	874	434	1554
1684	2325	460	188	1461
600	833	37	22	714
1687	3036	264	256	1453
738	1270	51	41	700
693	1406	68	12	877
44	165	3	9	81
670	882	150	47	524
1168	2143	143	62	949
177	344	35	81	299
433	1318	30	75	295
1025	1425	383	124	1714
235	389	35	8	253
17	29			18
63	70	3		38
161	410	34		76

职业高中学校女

Number of Female Teachers, Staff

		教职工数 Teachers,		
		校本部教职工 Teacher, staff &		
	计 Total	计 Total	专任教师 Full-time Teachers	行政人员 Adm. Personnel
合 计 Total	**166129**	**163400**	**126755**	**11706**
北 京 Beijing	6787	6753	4501	1189
天 津 Tianjin	3662	3595	2591	586
河 北 Hebei	12666	12589	10604	492
山 西 Shanxi	5587	5486	4531	255
内蒙古 Inner Mongolia	3574	3541	2897	228
辽 宁 Liaoning	11391	10978	8347	1196
吉 林 Jilin	4146	4025	2944	505
黑龙江 Heilongjiang	5364	5301	4103	494
上 海 Shanghai	2769	2732	1776	257
江 苏 Jiangsu	9143	9031	7506	283
浙 江 Zhejiang	13334	13164	10891	543
安 徽 Anhui	4138	4060	3165	249
福 建 Fujian				
江 西 Jiangxi	4000	3949	2886	266
山 东 Shandong	17641	17301	13637	1101
河 南 Henan	12119	11800	9792	562
湖 北 Hubei	3523	3497	2592	300
湖 南 Hunan	9866	9689	6976	763
广 东 Guangdong	6331	6293	4860	395
广 西 Guangxi	4068	4043	2650	313
海 南 Hainan	410	403	264	53
重 庆 Chongqing	3877	3799	2928	306
四 川 Sichuan	6897	6843	5354	390
贵 州 Guizhou	1133	1077	763	114
云 南 Yunnan	4040	3976	2900	132
西 藏 Tibet				
陕 西 Shaanxi	6437	6280	4776	593
甘 肃 Gansu	1414	1387	1108	31
青 海 Qinghai	210	210	181	6
宁 夏 Ningxia	345	344	282	9
新 疆 Xinjiang	1257	1254	950	95

教职工数

& Workers in Vocational High Schools

单位：人

Unit: in Person

Staff & Workers					
Workers in College or Uni. Proper		校办企业职工 Employees in School-run Factories & Farms	其他附设机构人员 Personnel in Others Subsidiary Units		聘请校外教师 Part-time Teachers
教辅人员 Supporting Staff	工勤人员 Workers				
11255	**13684**	**1606**	**1123**		**8804**
524	539	8	26		207
248	170	15	52		230
711	782	42	35		632
338	362	55	46		215
240	176	7	26		71
646	789	229	184		738
410	166	72	49		210
343	361	11	52		95
437	262	29	8		272
595	647	65	47		329
622	1108	123	47		713
303	343	38	40		480
249	548	39	12		263
1313	1250	208	132		636
770	676	241	78		647
274	331	19	7		265
734	1216	103	74		557
402	636	25	13		263
353	727	23	2		347
16	70		7		35
293	272	58	20		192
484	615	42	12		342
68	132	11	45		99
221	723	10	54		108
455	456	106	51		721
97	151	23	4		79
10	13				6
28	25	1			25
71	138	3			27

其他机构

Number of Teachers, Staff &

	教职工数 Teachers,			
		校本部教职工 Teacher, staff & Workers		
	计 Total	计 Total	专任教师 Full-time Teachers	行政人员 Adm. Personnel
合　计 Total	**43435**	**42031**	**27583**	**6005**
北　京 Beijing	307	305	220	63
天　津 Tianjin	519	517	373	51
河　北 Hebei	7855	7518	4312	1254
山　西 Shanxi	356	356	250	40
内蒙古 Inner Mongolia	739	739	471	124
辽　宁 Liaoning	206	206	141	22
吉　林 Jilin	4200	4171	2442	657
黑龙江 Heilongjiang	617	495	269	85
上　海 Shanghai	303	286	174	33
江　苏 Jiangsu	3070	3025	2237	273
浙　江 Zhejiang	4597	4575	3714	424
安　徽 Anhui	2213	2059	1433	259
福　建 Fujian	604	597	383	99
江　西 Jiangxi	627	627	385	117
山　东 Shandong	2578	2488	1768	369
河　南 Henan	3114	2871	1889	394
湖　北 Hubei	1771	1745	1097	218
湖　南 Hunan	1422	1358	828	230
广　东 Guangdong	1830	1824	1241	265
广　西 Guangxi	904	856	489	165
海　南 Hainan	508	444	326	29
重　庆 Chongqing	1397	1390	927	235
四　川 Sichuan	133	125	73	19
贵　州 Guizhou	347	347	254	43
云　南 Yunnan	217	207	115	42
西　藏 Tibet	129	129	75	17
陕　西 Shaanxi	655	653	470	112
甘　肃 Gansu	653	649	380	140
青　海 Qinghai				
宁　夏 Ningxia	82	82	79	1
新　疆 Xinjiang	1482	1387	768	225

教职工数

Workers in Other Institutions

单位：人

Unit: in Person

Staff & Workers in College or Uni. Proper		校办企业职工 Employees in School-run Factories & Farms	其他附设机构人员 Personnel in Others Subsidiary Units	聘请校外教师 Part-time Teachers
教辅人员 Supporting Staff	工勤人员 Workers			
3507	**4936**	**557**	**847**	**4712**
9	13		2	54
28	65		2	146
710	1242	143	194	798
31	35			6
66	78			6
20	23			8
506	566	9	20	207
52	89	5	117	269
43	36	17		75
227	288	8	37	210
201	236	12	10	550
126	241	5	149	325
50	65		7	
99	26			116
105	246	76	14	57
237	351	129	114	395
170	260	16	10	136
133	167	61	3	173
158	160	6		418
102	100		48	77
36	53		64	39
99	129		7	248
13	20		8	59
22	28			16
14	36		10	70
21	16			
36	35	2		78
60	69		4	10
2				32
131	263	68	27	134

其他机构女

Number of Female Teachers, Staff

地 区 Region	教职工数 Teachers,			
	计 Total	校本部教职工 Teacher, staff & Workers		
		计 Total	专任教师 Full-time Teachers	行政人员 Adm. Personnel
合 计 Total	**18982**	**18319**	**12715**	**2064**
北 京 Beijing	190	189	143	35
天 津 Tianjin	277	275	207	27
河 北 Hebei	3510	3383	2259	403
山 西 Shanxi	143	143	109	18
内蒙古 Inner Mongolia	305	305	206	36
辽 宁 Liaoning	101	101	75	12
吉 林 Jilin	2132	2125	1393	266
黑龙江 Heilongjiang	348	257	152	53
上 海 Shanghai	148	144	98	15
江 苏 Jiangsu	1295	1269	965	69
浙 江 Zhejiang	1978	1969	1657	108
安 徽 Anhui	834	746	493	83
福 建 Fujian	269	268	168	38
江 西 Jiangxi	244	244	147	50
山 东 Shandong	993	963	733	117
河 南 Henan	1344	1227	870	125
湖 北 Hubei	844	835	520	101
湖 南 Hunan	546	529	333	62
广 东 Guangdong	770	767	497	91
广 西 Guangxi	421	381	216	78
海 南 Hainan	209	155	101	13
重 庆 Chongqing	534	530	353	84
四 川 Sichuan	37	34	17	5
贵 州 Guizhou	160	160	117	17
云 南 Yunnan	86	84	47	19
西 藏 Tibet	70	70	47	9
陕 西 Shaanxi	247	247	194	34
甘 肃 Gansu	219	217	154	16
青 海 Qinghai				
宁 夏 Ningxia	24	24	24	
新 疆 Xinjiang	704	678	420	80

教职工数
& Workers in Other Institutions

单位：人

Unit: in Person

Staff & Workers in College or Uni. Proper 教辅人员 Supporting Staff	工勤人员 Workers	校办企业职工 Employees in School-run Factories & Farms	其他附设机构人员 Personnel in Others Subsidiary Units	聘请校外教师 Part-time Teachers
1839	**1701**	**210**	**453**	**1851**
7	4		1	23
17	24		2	54
340	381	53	74	371
9	7			2
29	34			1
10	4			3
301	165	2	5	73
25	27	1	90	205
20	11	4		29
125	110	1	25	70
114	90	3	6	206
80	90	3	85	106
31	31		1	
43	4			39
53	60	30		9
115	117	75	42	133
97	117	4	5	44
51	83	14	3	56
98	81	3		140
46	41		40	44
25	16		54	21
46	47		4	76
5	7		3	15
15	11			7
8	10		2	29
7	7			
8	11			27
29	18		2	7
				6
85	93	17	9	55

中等职业学校(机构)专

Data on Rank, Academic Qualifications of Full-time

地　区 Region	计 Total	职称 Rank		
		正高级 Senior	副高级 Sub-Senior	中级 Middle
合　计 Total	**571037**	**4530**	**94496**	**231475**
北　京 Beijing	10989	123	2023	4241
天　津 Tianjin	8358	75	2455	3381
河　北 Hebei	36030	327	6269	14953
山　西 Shanxi	16829	78	2089	6513
内蒙古 Inner Mongolia	11978	34	1799	5135
辽　宁 Liaoning	22509	226	6361	8914
吉　林 Jilin	15759	70	3289	7609
黑龙江 Heilongjiang	14608	112	3826	6303
上　海 Shanghai	9271	44	1403	5048
江　苏 Jiangsu	35883	129	4873	13813
浙　江 Zhejiang	31408	52	3016	10490
安　徽 Anhui	19402	253	3670	7685
福　建 Fujian	17266	124	2465	6531
江　西 Jiangxi	14301	205	2760	5581
山　东 Shandong	52494	464	10251	18371
河　南 Henan	43609	272	6059	16499
湖　北 Hubei	21460	133	4526	10237
湖　南 Hunan	26632	501	3607	10936
广　东 Guangdong	33794	292	3755	15198
广　西 Guangxi	17764	135	2374	8251
海　南 Hainan	2576	40	465	985
重　庆 Chongqing	12919	166	1861	5095
四　川 Sichuan	26837	383	4557	11519
贵　州 Guizhou	7612		1265	3225
云　南 Yunnan	15290	44	2383	6746
西　藏 Tibet	774	2	25	230
陕　西 Shaanxi	20035	205	3045	7210
甘　肃 Gansu	12064	26	1885	4951
青　海 Qinghai	1610		221	773
宁　夏 Ningxia	1734		433	673
新　疆 Xinjiang	9242	15	1486	4379

任教师职称、学历情况

Teachers in Secondary Vocational Schools (Institutions)

单位:人

Unit: in Person

		学历 Academic Qualifications				
初级 Junior	无职称 No Rank	博士 Doctor's Degree	硕士 Master's Degree	本科 Normal Courses	专科 Short-cycle Courses	高中阶段及以下 Below High School Graduate
190342	**50194**	**227**	**7076**	**387649**	**159854**	**16231**
3569	1033	5	328	8824	1553	279
2012	435	3	95	5796	2137	327
11438	3043	33	435	26447	8248	867
6796	1353	1	97	10061	5886	784
4198	812	1	102	7217	4195	463
5307	1701		304	16742	4820	643
4262	529	6	171	12059	3222	301
3598	769		43	9500	4651	414
2331	445	9	287	7471	1238	266
12805	4263	7	433	26428	8109	906
12212	5638		141	24213	6444	610
6039	1755	8	225	13112	5633	424
6801	1345	11	168	10206	6327	554
4336	1419	4	153	7968	5577	599
18512	4896	46	882	36456	13910	1200
17825	2954	22	503	29906	12125	1053
5300	1264	2	369	14422	6079	588
8472	3116	14	244	16141	9473	760
11534	3015	16	628	24522	7890	738
5728	1276	5	279	11159	5659	662
823	263		32	1853	622	69
4575	1222	5	135	8231	4161	387
8462	1916	6	243	16347	9363	878
2725	397		58	5119	2168	267
5211	906		104	9889	4779	518
345	172		12	511	233	18
6976	2599	16	289	11328	7497	905
4261	941	7	110	7435	4102	410
482	134		44	786	673	107
549	79		33	1193	469	39
2858	504		129	6307	2611	195

普通中等专业学校专任

Data on Rank, Academic Qualifications of Full-

地　区 Region	计 Total	职称 Rank 正高级 Senior	副高级 Sub-Senior	中级 Middle
合　计 Total	**197084**	**1220**	**43312**	**81694**
北　京 Beijing	3785	37	817	1604
天　津 Tianjin	3377	3	1132	1417
河　北 Hebei	8367	136	2356	3030
山　西 Shanxi	5247	18	1213	2160
内蒙古 Inner Mongolia	3775	13	881	1693
辽　宁 Liaoning	8472	112	2641	3325
吉　林 Jilin	4052	6	1102	1820
黑龙江 Heilongjiang	3039	10	1299	1027
上　海 Shanghai	5273	26	990	2767
江　苏 Jiangsu	12394	61	2222	4607
浙　江 Zhejiang	3698	19	564	1414
安　徽 Anhui	5875	117	1530	2141
福　建 Fujian	16883	124	2387	6339
江　西 Jiangxi	4091	58	1076	1540
山　东 Shandong	12771	12	3987	4578
河　南 Henan	10849	34	2545	4382
湖　北 Hubei	10609	76	2586	4916
湖　南 Hunan	5362	21	1329	2290
广　东 Guangdong	17214	141	2344	8025
广　西 Guangxi	7883	13	1240	3804
海　南 Hainan	1271	6	272	482
重　庆 Chongqing	2624	5	578	1048
四　川 Sichuan	7815	117	1683	3404
贵　州 Guizhou	4418		843	1880
云　南 Yunnan	6145	26	1473	2718
西　藏 Tibet	662		16	185
陕　西 Shaanxi	6688	17	1595	2671
甘　肃 Gansu	7204	10	1354	3068
青　海 Qinghai	985		147	479
宁　夏 Ningxia	762		220	293
新　疆 Xinjiang	5494	2	890	2587

教师职称、学历情况

time Teachers in Reg. Specialized Sec. Schools

单位:人

Unit: in Person

		学历 Academic Qualifications				
初级 Junior	无职称 No Rank	博士 Doctor's Degree	硕士 Master's Degree	本科 Normal Courses	专科 Short-cycle Courses	高中阶段及以下 Below High School Graduate
56519	**14339**	**68**	**3830**	**149066**	**38564**	**5556**
1045	282	4	243	2954	437	147
700	125		38	2579	667	93
2006	839	19	145	6363	1489	351
1351	505		48	3906	977	316
1037	151	1	68	2673	873	160
1813	581		156	6858	1242	216
987	137		75	3397	517	63
551	152		25	2698	282	34
1241	249	7	215	4124	711	216
4122	1382	3	292	9753	1971	375
1315	386		27	3101	485	85
1522	565		130	4619	1019	107
6715	1318	11	162	9894	6270	546
1097	320	2	124	2970	888	107
3480	714	2	329	10471	1749	220
3183	705	1	237	8986	1363	262
2352	679	2	244	7299	2770	294
1381	341	2	58	4367	822	113
5362	1342	12	442	13095	3252	413
2425	401		166	5952	1529	236
391	120		12	1072	144	43
757	236		18	2064	497	45
2069	542	1	91	5711	1725	287
1504	191		32	3326	925	135
1526	402		71	5040	908	126
301	160		6	439	199	18
1825	580	1	174	5137	1233	143
2251	521		72	5071	1854	207
279	80		34	467	409	75
226	23		25	545	169	23
1705	310		71	4135	1188	100

成人中等专业学校专任

Data on Rank, Academic Qualifications of Full-time

地 区 Region	计 Total	职称 Rank		
		正高级 Senior	副高级 Sub-Senior	中级 Middle
合 计 Total	**75758**	**1087**	**13877**	**36120**
北 京 Beijing	461	2	110	194
天 津 Tianjin	563		208	195
河 北 Hebei	5264	98	875	2630
山 西 Shanxi	2891	28	350	1457
内蒙古 Inner Mongolia	2108	14	350	1100
辽 宁 Liaoning	364	4	78	172
吉 林 Jilin	4341	27	1114	2343
黑龙江 Heilongjiang	4319	54	1357	2080
上 海 Shanghai	642	6	95	402
江 苏 Jiangsu	4043	33	698	1874
浙 江 Zhejiang	1594	8	327	732
安 徽 Anhui	1648	43	303	790
福 建 Fujian				
江 西 Jiangxi	1399	7	406	608
山 东 Shandong	7716	263	1704	3105
河 南 Henan	8693	93	1143	3839
湖 北 Hubei	2715	17	610	1451
湖 南 Hunan	3625	129	497	1764
广 东 Guangdong	4597	61	505	2145
广 西 Guangxi	2906	11	287	1594
海 南 Hainan	162	1	26	88
重 庆 Chongqing	2523	47	568	1029
四 川 Sichuan	5229	112	1116	2596
贵 州 Guizhou	765		93	446
云 南 Yunnan	2335	8	299	1249
西 藏 Tibet	37		1	18
陕 西 Shaanxi	2116	14	294	867
甘 肃 Gansu	1126	5	217	567
青 海 Qinghai	244		45	116
宁 夏 Ningxia	195		59	88
新 疆 Xinjiang	1137	2	142	581

教师职称、学历情况

Teachers in Specialized Sec. Schools for Adults

单位：人

Unit: in Person

初级 Junior	无职称 No Rank	学历 Academic Qualifications 博士 Doctor's Degree	硕士 Master's Degree	本科 Normal Courses	专科 Short-cycle Courses	高中阶段及以下 Below High School Graduate
20113	**4561**	**86**	**1006**	**47057**	**24674**	**2935**
115	40		9	373	67	12
99	61	3	21	352	149	38
1489	172	13	77	3553	1462	159
1003	53		13	1425	1306	147
572	72		11	1265	735	97
104	6		4	173	177	10
813	44	2	14	2880	1335	110
731	97		4	2380	1757	178
120	19	2	18	477	130	15
1082	356		53	2858	989	143
432	95		27	1256	253	58
427	85	7	22	961	601	57
283	95		4	735	526	134
1928	716	44	232	5022	2180	238
3017	601	8	91	5813	2537	244
565	72		20	1530	1015	150
802	433		42	1971	1482	130
1528	358	4	90	3192	1170	141
882	132		35	1608	1158	105
37	10		11	95	54	2
624	255		24	1558	787	154
1172	233	3	100	3157	1747	222
207	19		10	497	248	10
709	70		5	1334	854	142
18				25	12	
569	372		30	1003	952	131
272	65		24	653	419	30
73	10		7	116	95	26
42	6		4	134	49	8
398	14		4	661	428	44

职业高中学校专任教

Data on Rank, Academic Qualifications of Full-

地　区 Region	计 Total	职称 Rank 正高级 Senior	副高级 Sub-Senior	中级 Middle
合　计 Total	**270612**	**1947**	**31858**	**102783**
北　京 Beijing	6523	81	1051	2352
天　津 Tianjin	4045	67	988	1603
河　北 Hebei	18087	12	1757	7765
山　西 Shanxi	8441	32	496	2805
内蒙古 Inner Mongolia	5624	7	469	2139
辽　宁 Liaoning	13532	110	3601	5337
吉　林 Jilin	4924	17	496	2428
黑龙江 Heilongjiang	6981	48	1063	3078
上　海 Shanghai	3182	12	308	1761
江　苏 Jiangsu	17209	30	1701	6520
浙　江 Zhejiang	22402	19	1836	7085
安　徽 Anhui	10446	84	1532	4212
福　建 Fujian				
江　西 Jiangxi	8426	124	1228	3276
山　东 Shandong	30239	189	4168	10013
河　南 Henan	22178	109	2023	7509
湖　北 Hubei	7039	25	998	3382
湖　南 Hunan	16817	347	1625	6559
广　东 Guangdong	10742	87	792	4437
广　西 Guangxi	6486	106	725	2629
海　南 Hainan	817	33	102	288
重　庆 Chongqing	6845	85	555	2659
四　川 Sichuan	13720	149	1743	5488
贵　州 Guizhou	2175		278	790
云　南 Yunnan	6695	3	584	2741
西　藏 Tibet				
陕　西 Shaanxi	10761	158	1104	3486
甘　肃 Gansu	3354	2	216	1169
青　海 Qinghai	381		29	178
宁　夏 Ningxia	698		139	253
新　疆 Xinjiang	1843	11	251	841

师职称、学历情况

time Teachers in Vocational High Schools

单位:人
Unit: in Person

		学历 Academic Qualifications				
初级 Junior	无职称 No Rank	博士 Doctor's Degree	硕士 Master's Degree	本科 Normal Courses	专科 Short-cycle Courses	高中阶段及以下 Below High School Graduate
105592	**28432**	**54**	**1549**	**170979**	**90979**	**7051**
2332	707	1	73	5307	1031	111
1171	216		29	2656	1246	114
6982	1571		39	12776	4970	302
4323	785	1	36	4600	3506	298
2459	550		23	3017	2394	190
3372	1112		144	9602	3371	415
1800	183		18	3764	1064	78
2275	517		11	4216	2552	202
928	173		52	2728	376	26
6726	2232	4	64	12385	4471	285
8941	4521		57	17132	4822	391
3697	921	1	46	6341	3809	249
2832	966	2	22	4008	4037	357
12474	3395		292	19808	9477	662
11035	1502	10	112	13633	7915	508
2186	448		51	4810	2049	129
6045	2241	12	114	9283	6897	511
4213	1213		68	7269	3243	162
2331	695	5	49	3202	2909	321
325	69		8	389	398	22
2933	613	2	63	4065	2550	165
5206	1134	1	49	7442	5859	369
949	158		9	1133	916	117
2947	420		16	3446	2984	249
4448	1565	15	84	4995	5076	591
1644	323		5	1395	1786	168
130	44		3	203	169	6
261	45		4	468	218	8
627	113		8	906	884	45

其他机构专任教师

Data on Rank, Academic Qualifications of

地　区 Region	计 Total	职称 正高级 Senior	 副高级 Sub-Senior	 中级 Middle
合　计 Total	**27583**	**276**	**5449**	**10878**
北　京 Beijing	220	3	45	91
天　津 Tianjin	373	5	127	166
河　北 Hebei	4312	81	1281	1528
山　西 Shanxi	250		30	91
内蒙古 Inner Mongolia	471		99	203
辽　宁 Liaoning	141		41	80
吉　林 Jilin	2442	20	577	1018
黑龙江 Heilongjiang	269		107	118
上　海 Shanghai	174		10	118
江　苏 Jiangsu	2237	5	252	812
浙　江 Zhejiang	3714	6	289	1259
安　徽 Anhui	1433	9	305	542
福　建 Fujian	383		78	192
江　西 Jiangxi	385	16	50	157
山　东 Shandong	1768		392	675
河　南 Henan	1889	36	348	769
湖　北 Hubei	1097	15	332	488
湖　南 Hunan	828	4	156	323
广　东 Guangdong	1241	3	114	591
广　西 Guangxi	489	5	122	224
海　南 Hainan	326		65	127
重　庆 Chongqing	927	29	160	359
四　川 Sichuan	73	5	15	31
贵　州 Guizhou	254		51	109
云　南 Yunnan	115	7	27	38
西　藏 Tibet	75	2	8	27
陕　西 Shaanxi	470	16	52	186
甘　肃 Gansu	380	9	98	147
青　海 Qinghai				
宁　夏 Ningxia	79		15	39
新　疆 Xinjiang	768		203	370

职称、学历情况

Full-time Teachers in Other Institutions

单位:人

Unit: in Person

		学历				
初级 Junior	无职称 No Rank	博士 Doctor's Degree	硕士 Master's Degree	本科 Normal Courses	专科 Short-cycle Courses	高中阶段及以下 Below High School Graduate
8118	**2862**	**19**	**691**	**20547**	**5637**	**689**
77	4		3	190	18	9
42	33		7	209	75	82
961	461	1	174	3755	327	55
119	10			130	97	23
130	39			262	193	16
18	2			109	30	2
662	165	4	64	2018	306	50
41	3		3	206	60	
42	4		2	142	21	9
875	293		24	1432	678	103
1524	636		30	2724	884	76
393	184		27	1191	204	11
86	27		6	312	57	8
124	38		3	255	126	1
630	71		29	1155	504	80
590	146	3	63	1474	310	39
197	65		54	783	245	15
244	101		30	520	272	6
431	102		28	966	225	22
90	48		29	397	63	
70	64		1	297	26	2
261	118	3	30	544	327	23
15	7	1	3	37	32	
65	29		7	163	79	5
29	14		12	69	33	1
26	12		6	47	22	
134	82		1	193	236	40
94	32	7	9	316	43	5
20	5			46	33	
128	67		46	605	111	6

中等职业学校(机构)

Condition of Fixed Assets and Teaching Resources in Secondary

地区 Region	学校占地面积(平方米) Area of School sites (m^2) 计 Total	其中:绿化用地面积 of Which: Green Areas	其中:运动场地面积 of Which: Sports Areas	图书音像 Audio-visual ed. 一般图书(万册) Books & Magazines in Libraries(10,000 Volume) 计 Total	当年新增 New Floor Space Added in Current Year	电子图书 Electronic Books in Libraries 计 Total
合　计 Total	**473126105**	**90008008**	**74690480**	**305338916.00**	**17963834.00**	**19877014**
北　京 Beijing	7105601	1650982	1584886	6083996.00	217439.00	880906
天　津 Tianjin	4556876	786739	887094	4463084.00	270392.00	63349
河　北 Hebei	34609046	4584320	5196375	16553476.00	975774.00	3519740
山　西 Shanxi	12245036	2069597	1681254	7217461.00	356891.00	184689
内蒙古 Inner Mongolia	9612875	1394700	1612293	5257532.00	499947.00	205808
辽　宁 Liaoning	11147607	1448898	2666502	9799022.00	620369.00	18460
吉　林 Jilin	8967524	1916372	1903624	7269845.00	374806.00	237832
黑龙江 Heilongjiang	9976243	1693978	1683334	5149299.00	145923.00	100336
上　海 Shanghai	3780690	1098305	860426	6280710.00	471390.00	298509
江　苏 Jiangsu	25584109	6603599	4352306	17714660.00	1323086.00	749731
浙　江 Zhejiang	19351260	4863824	3931715	12868830.00	1225823.00	405305
安　徽 Anhui	23894139	4265144	3591263	12464398.00	909565.00	1118633
福　建 Fujian	12349033	3086074	1985005	9165383.00	638728.00	697144
江　西 Jiangxi	22329445	3526005	2023165	7315402.00	609072.00	346326
山　东 Shandong	38635050	7909064	6082209	21560491.00	1433843.00	374246
河　南 Henan	30942173	4690399	5195651	23602677.00	1350584.00	1020521
湖　北 Hubei	18044852	4266660	3077349	12254739.00	645185.00	339791
湖　南 Hunan	25307520	5703014	3129927	14884056.00	820561.00	679468
广　东 Guangdong	28287706	6958393	5093531	24609385.00	1513681.00	2121662
广　西 Guangxi	23390615	4226546	3824600	12218785.00	534468.00	1213625
海　南 Hainan	4035482	957912	471050	1858637.00	49063.00	33662
重　庆 Chongqing	8501486	1574653	1320494	6037527	332298	701371
四　川 Sichuan	17392961	3132627	2836985	20591777	810419	1608377
贵　州 Guizhou	6555594	1763418	932231	3988959	264773	271508
云　南 Yunnan	14355770	2874640	1721860	9775380	320631	125387
西　藏 Tibet	2310066	179880	1278448	400879	7957	3852
陕　西 Shaanxi	13338197	1924375	2087168	11540953	808958	1042482
甘　肃 Gansu	10798085	1924160	1940881	8763524	227787	472100
青　海 Qinghai	11592750	196787	194484	575250	20804	18678
宁　夏 Ningxia	2396203	321688	324940	863820	28870	73718
新　疆 Xinjiang	11732111	2415255	1219430	4208979	154747	949798

资产情况(学校产权)

Vocational Schools (Institutions)(Owned by HEIs)

资料情况 Resources (片) & Magazines (Disk) 当年新增 New Floor Space Added in Current Year	拥有教学用计算机(台) No. of computers used for Instruction	语音实验室座位数(个) No. of Seats in Audio-Labs	多媒体教室座位数(个) No. of Seats in Multi-media Class rooms	网上教学课程数(种) No. of Web-Based Courses	固定资产值(万元) Fixed Assets (in 10,000 yuan) 合计 Total	其中:教学、科研仪器设备资产 of which: Teaching Equipment & Instruments 计 Total	当年新增 New Floor Space Added in Current Year
5866784	**1539640**	**423995**	**1402873**	**53932**	**11701311.98**	**2485161.61**	**302098.39**
419862	36514	9523	33403	642	254157.74	72274.87	8932.89
9077	25349	6287	15830	353	149321.26	41342.48	5405.48
297561	83610	31749	86411	2635	697493.03	129530.56	14067.89
92534	39963	7877	22080	1298	227062.20	55663.72	5135.80
130688	21000	6768	17604	533	181458.19	27432.62	3750.88
6130	59059	17107	40502	500	349005.68	84477.25	11524.81
156560	28124	8172	23813	1159	214843.96	58783.66	4408.18
41782	29174	8657	21414	781	212605.53	44785.95	3223.22
101819	40101	10551	52321	1245	404212.97	125758.45	11253.09
277783	93356	23817	87674	5513	891115.82	184192.32	24358.47
140536	93278	19225	102602	2110	809255.48	141225.72	17495.67
557460	55195	15508	46700	2074	442676.42	86570.45	12218.60
223313	55198	15849	52380	1106	334224.94	75445.85	7706.07
226390	47118	15265	33428	868	276607.74	60996.91	13410.41
52783	114104	30558	91321	2484	931778.16	166943.89	22117.88
188085	99368	30619	90333	3268	723276.45	152715.55	14142.68
68886	44969	15588	48624	1840	432191.72	77795.41	7828.71
399657	96611	28123	68355	9752	497519.05	112085.09	15413.25
865251	148314	37684	182524	3850	1209389.27	261528.29	37231.42
342045	55122	14830	51567	2075	339716.35	85395.94	9351.67
28204	8222	2031	12019	190	74418.28	13988.70	1134.29
101237	39487	8475	31811	831	329335.99	62027.7	7831.57
217608	75187	17258	49756	3602	444206.91	91589.05	12724.85
30986	18586	5026	19432	1061	122076.62	32324.77	3117.33
91154	35970	10540	33199	0	289694.57	58644.21	5463.14
0	1356	445	1272	2	19868.46	3443.68	228.78
480762	43556	12555	36726	2294	373591.65	80663.53	9076.6
59007	25744	7208	24672	1183	224569.71	48567.65	6089.89
10114	4385	761	3928	2	30342.22	5660.01	1564.83
33346	5953	993	4226	256	46908.12	9806.73	2227.08
216164	15667	4946	16946	425	168387.49	33500.6	3662.96

中等职业学校(机构)资产情况

Condition of Fixed Assets and Teaching Resources in Secondary

地　区 Region	学校占地面积(平方米) Area of School sites (m^2)			图书音像 Audio-visual ed.		
	计 Total	其中:绿化用地面积 of Which: Green Areas	其中:运动场地面积 of Which: Sports Areas	一般图书(万册) Books & Magazines in Libraries(10,000 Volume)		电子图书 Electronic Books in Libraries
				计 Total	当年新增 New Floor Space Added in Current Year	计 Total
合　计 Total	**29366660**	**5349800**	**5078993**	**7684446.00**	**502438.00**	**1415369**
北　京 Beijing	447707	95672	106802	284905.00	7259.00	320103
天　津 Tianjin	387154	37121	82211	194641.00	2050.00	8084
河　北 Hebei	2522534	746265	332830	780634.00	43407.00	82510
山　西 Shanxi	381881	54576	93835	170609.00	5200.00	1183
内蒙古 Inner Mongolia	173525	12260	28883	56240.00	5549.00	3105
辽　宁 Liaoning	1060437	161690	314949	215540.00	6830.00	1527
吉　林 Jilin	207058	19743	37488	73621.00	2000.00	
黑龙江 Heilongjiang	155391	48797	75201	114351.00	1800.00	5000
上　海 Shanghai	226697	69940	46300	149804.00	6771.00	330980
江　苏 Jiangsu	486412	165879	97008	57410.00	5000.00	12690
浙　江 Zhejiang	1228596	207832	272914	366401.00	69158.00	2755
安　徽 Anhui	392095	71670	92235	283025.00	18315.00	104401
福　建 Fujian	884025	173164	187469	213700.00	38818.00	308840
江　西 Jiangxi	1955788	353487	279548	202380.00	11000.00	3306
山　东 Shandong	2343731	446038	459129	547554.00	28155.00	3313
河　南 Henan	1286051	178768	192649	323890.00	24340.00	8766
湖　北 Hubei	493480	56536	93112	81784.00	11913.00	13520
湖　南 Hunan	4089402	447392	418474	244326.00	25900.00	58872
广　东 Guangdong	1732652	297042	454039	1323951.00	36771.00	55582
广　西 Guangxi	988992	73341	92308	257558.00	15989.00	520
海　南 Hainan	310927	152410	38357	21443.00	800.00	
重　庆 Chongqing	1253899	372827	205457	475914	58017	4820
四　川 Sichuan	2358623	540219	377400	185836	17616	1728
贵　州 Guizhou	301037	68792	45475	2450		
云　南 Yunnan	457207	173329	133087	87557	14243	159
西　藏 Tibet	1285					
陕　西 Shaanxi	1445603	235147	452966	748881	43546	68248
甘　肃 Gansu	163690	19800	45041	32341	1991	140
青　海 Qinghai	162070	1400	2400	52400		15217
宁　夏 Ningxia	1333382					
新　疆 Xinjiang	135329	68663	21426	135300		

(非学校产权中独立使用)

Vocational Schools (Institutions)(Not Owned by HEIs)

资料情况 Resources (片) & Magazines (Disk) 当年新增 New Floor Space Added in Current Year	拥有教学用计算机(台) No. of computers used for Instruction	语音实验室座位数(个) No. of Seats in Audio-Labs	多媒体教室座位数(个) No. of Seats in Multi-media Class rooms	网上教学课程数(种) No. of Web-Based Courses	固定资产值(万元) Fixed Assets (in 10,000 yuan) 合计 Total	其中:教学、科研仪器设备资产 of which: Teaching Equipment & Instruments 计 Total	当年新增 New Floor Space Added in Current Year
771418	**45409**	**14630**	**29656**	**2144**	**353469.38**	**56403.85**	**7833.29**
64	1526	450	1737	41	13284.80	2638.69	276.27
1261	1796	619	482	69	3421.04	1138.00	95.00
80620	2271	1198	897	119	26192.20	3951.20	358.30
250	1530	174	584	11	4562.82	939.69	211.99
	360	115	80		1738.72	211.48	68.98
180	2126	537	848	11	5865.89	2406.03	358.22
	598	145	89	1	2003.58	350.82	7.60
500	636	170	434	3	2054.00	1790.30	31.00
330300	2234	662	1400		57792.63	1679.93	301.98
3170	805	226	292	2	2910.19	1231.19	212.19
1581	3161	632	3145	64	27559.32	4439.94	554.92
100281	1132	1264	1240	20	17442.60	1178.60	124.06
155110	1838	579	1338	9	8824.21	1902.73	212.48
1450	2502	601	1049	14	7839.90	1216.26	321.30
497	3577	1417	1676	40	23453.00	4947.55	694.70
1187	2033	470	979	8	8610.00	2276.52	300.52
200	677	359	344	3	7925.21	614.81	148.00
52205	2746	978	2101	78	15176.81	3876.56	531.60
20040	3760	821	3418	30	40409.82	5621.00	946.72
150	1382	281	828	9	4710.78	1183.08	133.00
	204	121		60	2401.00	264.00	38.00
623	2672	744	2210	59	18722.25	3008.05	349.95
374	2042	549	642	1007	15794.18	1848.17	301.67
	85	40	1		520	395	
45	483	260	251		2829.69	406.22	33.2
11320	2363	1171	2635	467	20738.37	5886.53	1078.64
10	223		563	19	2022.37	166	
10000	259	48	120		4294	391	78
					50		
	388	120	152		4320	444.5	65

普通中专学校资产情

Condition of Fixed Assets and Teaching

	学校占地面积(平方米) Area of School sites (m^2)			图书音像 Audio-visual ed.		
				一般图书(万册) Books & Magazines in Libraries(10,000 Volume)		电子图书 Electronic Books in Libraries
	计 Total	其中:绿化用地面积 of Which: Green Areas	其中:运动场地面积 of Which: Sports Areas	计 Total	当年新增 New Floor Space Added in Current Year	计 Total
合　计 Total	**193485880**	**39326737**	**30482276**	**145302508.00**	**6920558.00**	**8736732**
北　京 Beijing	2280739	459941	461716	2625342.00	88252.00	376197
天　津 Tianjin	2277363	556981	429365	2193032.00	164457.00	36266
河　北 Hebei	9025937	1371701	1328828	4699158.00	265983.00	447600
山　西 Shanxi	5372893	705686	614890	3803677.00	119450.00	128805
内蒙古 Inner Mongolia	3746830	532665	499418	2498849.00	275367.00	127834
辽　宁 Liaoning	5050382	882031	1249446	5358403.00	223508.00	6472
吉　林 Jilin	2868990	773518	547703	2166791.00	131404.00	55071
黑龙江 Heilongjiang	3273794	580817	419034	2482766.00	53798.00	34870
上　海 Shanghai	2488424	773391	534953	4042750.00	328166.00	213019
江　苏 Jiangsu	9777302	2735554	1636631	7883915.00	427530.00	284691
浙　江 Zhejiang	3428717	1091605	680605	2364565.00	245503.00	61865
安　徽 Anhui	8893758	1307270	1197637	4722049.00	345794.00	800455
福　建 Fujian	12097388	3041664	1937305	8855586.00	633213.00	676591
江　西 Jiangxi	5199514	1491588	648700	3501600.00	269769.00	154661
山　东 Shandong	12181870	2031219	1657506	9431596.00	244547.00	152730
河　南 Henan	8820379	1702861	1431708	9886628.00	405569.00	381044
湖　北 Hubei	10912120	2758821	1687786	8178306.00	353146.00	227972
湖　南 Hunan	5863613	1568767	883531	5830495.00	189023.00	227690
广　东 Guangdong	15073147	3395761	2859354	14625442.00	798868.00	1247345
广　西 Guangxi	10778861	2438162	2430821	7134510.00	258600.00	962808
海　南 Hainan	1385862	451259	206108	1201560.00	24415.00	30407
重　庆 Chongqing	2008966	462359	343935	2058011	57632	264075
四　川 Sichuan	5695501	1399698	965235	6304717	274425	220327
贵　州 Guizhou	4249019	1164691	611815	2950530	132768	155442
云　南 Yunnan	5975692	1439618	889229	6635765	153073	90081
西　藏 Tibet	2275841	170680	1260533	323879	5957	3852
陕　西 Shaanxi	5972518	900326	755776	5760706	157912	493979
甘　肃 Gansu	7053311	1415754	1244404	4294259	156422	446515
青　海 Qinghai	11175660	162425	124186	364378	17834	15627
宁　夏 Ningxia	1682681	245274	163508	553797	7081	41996
新　疆 Xinjiang	6598808	1314650	780610	2569446	111092	370445

况(学校产权)

Resources in SSSs (Owned by HEIs)

资料情况 Resources					固定资产值(万元) Fixed Assets (in 10,000 yuan)		
(片) & Magazines (Disk) 当年新增 New Floor Space Added in Current Year	拥有教学用计算机(台) No. of computers used for Instruction	语音实验室座位数(个) No. of Seats in Audio-Labs	多媒体教室座位数(个) No. of Seats in Multi-media Class rooms	网上教学课程数(种) No. of Web-Based Courses	合计 Total	其中:教学、科研仪器设备资产 of which: Teaching Equipment & Instruments 计 Total	当年新增 New Floor Space Added in Current Year
3182326	**602366**	**164525**	**644221**	**20074**	**5509624.73**	**1203026.85**	**129651.65**
189587	14630	2101	15234	127	129675.23	36324.79	4622.01
998	11699	2992	9701	196	82183.18	19756.93	1877.96
156177	23956	6487	22456	424	280527.70	43356.73	4798.44
61764	9999	3294	10425	149	113132.17	33645.37	1944.19
110562	8106	1768	7766	317	89969.53	14310.87	2107.63
3134	24010	7013	22967	249	176762.74	43738.60	5726.56
36435	10738	2389	7910	343	77437.96	27085.50	1236.46
1110	9799	3477	9319	223	88318.06	20558.39	1801.49
66956	20013	6349	28824	1202	222564.21	72875.56	6325.58
154051	36785	9423	38622	616	388641.96	82770.66	9543.83
33311	14224	3042	12010	163	150735.78	22952.82	3228.53
446400	18415	5259	17292	262	179524.94	39886.70	3770.62
223188	54144	15435	50565	1103	320095.82	72798.87	7505.90
110706	14725	6235	13977	128	123714.65	25309.22	4168.98
10788	38357	10295	38705	1591	358255.53	57525.36	5866.07
56643	33590	8615	39053	855	274683.97	70785.36	4981.65
34052	24655	8391	29799	1348	277212.92	48253.03	5097.04
156213	18767	4511	21628	4700	177164.49	34983.81	3356.07
448927	77147	19105	97377	2413	748035.32	154974.98	21837.27
267516	23863	6687	30069	340	186957.36	50450.61	4792.50
27228	4227	1066	7096	109	38542.27	7129.30	559.93
31607	8838	1984	9954	99	67319.42	14152.12	1353.22
41617	24275	6045	20900	640	180113.97	39558.66	5127.39
15602	11702	2934	12117	187	83703.4	21737.87	2064
72233	18154	5025	16975		170566.63	36827.08	2391.1
	1271	415	802	2	17435.06	2537.9	134
139335	17585	5111	18601	1171	190318.4	44617.59	4492.89
54973	16326	5099	17174	879	157421.38	36879.49	4139.78
10050	1635	369	2130		21012.3	3725.96	1343.8
20354	2317	571	2098	23	36774.13	6279.2	1668.2
200809	8414	3038	12675	215	100824.25	17237.52	1788.56

普通中专学校资产情况(非

Condition of Fixed Assets and Teaching

	学校占地面积(平方米) Area of School sites (m^2)			图书音像 Audio-visual ed.		
				一般图书(万册) Books & Magazines in Libraries(10,000 Volume)		电子图书 Electronic Books in Libraries
	计 Total	其中:绿化用地面积 of Which: Green Areas	其中:运动场地面积 of Which: Sports Areas	计 Total	当年新增 New Floor Space Added in Current Year	计 Total
合 计 Total	**8188133**	**1449217**	**1371206**	**2105177.00**	**107525.00**	**783430**
北 京 Beijing	123026	14142	45925	75980.00	128.00	93
天 津 Tianjin	123800	12420	13800			
河 北 Hebei	645072	166305	115428	68764.00	5457.00	660
山 西 Shanxi	70938	31000	20840			
内蒙古 Inner Mongolia	63743	2690	2200	4000.00		3000
辽 宁 Liaoning	293483	20000	49212	104900.00		
吉 林 Jilin	57128		4128			
黑龙江 Heilongjiang	40000	30000	10000	61000.00		
上 海 Shanghai	116858	41447	21972	129854.00	6121.00	330700
江 苏 Jiangsu	119852	47724	37991	22010.00	1500.00	12130
浙 江 Zhejiang	145082	30860	29395			
安 徽 Anhui	106644	38010	34200	225807.00	12538.00	100236
福 建 Fujian	884025	173164	187469	213700.00	38818.00	308840
江 西 Jiangxi	354611	80546	50180			
山 东 Shandong	223718	25280	32074	77333.00	4178.00	
河 南 Henan	258191	107513	23125	104000.00		
湖 北 Hubei	229944	33573	41784	36074.00	1500.00	320
湖 南 Hunan	36000	13000	6600	30100.00		
广 东 Guangdong	848106	176671	230106	116800.00	1000.00	300
广 西 Guangxi	247819	8550	24150	124855.00	5000.00	250
海 南 Hainan	72946	19830	16040			
重 庆 Chongqing	143292	28432	34075	126500	12600	
四 川 Sichuan	611152	72463	52164	28400	200	270
贵 州 Guizhou	20560	3100	2400			
云 南 Yunnan	236467	111682	74892	15000	5000	
西 藏 Tibet	1285					
陕 西 Shaanxi	552287	143215	197811	397700	13485	11514
甘 肃 Gansu	24744	300	4970			
青 海 Qinghai	155410	400	400	22400		15117
宁 夏 Ningxia	1332000					
新 疆 Xinjiang	49950	16900	7875	120000		

学校产权中独立使用）
Resources in SSSs (Not Owned by HEIs)

资料情况 sources (片) & Magazines (Disk) 当年新增 New Floor Space Added in Current Year	拥有教学用计算机（台） No. of computers used for Instruction	语音实验室座位数（个） No. of Seats in Audio-Labs	多媒体教室座位数（个） No. of Seats in Multi-media Class rooms	网上教学课程数（种） No. of Web-Based Courses	固定资产值（万元） Fixed Assets (in 10,000 yuan) 合计 Total	其中：教学、科研仪器设备资产 of which: Teaching Equipment & Instruments 计 Total	当年新增 New Floor Space Added in Current Year
599547	**11237**	**4368**	**10652**	**236**	**104558.53**	**14596.15**	**1746.86**
58	546	134	1040	20	6521.10	1559.39	221.00
100	447	198	120	15	4059.00	341.00	52.30
	130						
	60	50	80		200.00	20.00	
	832	68	244	3	1678.89	618.03	184.22
	185	48					
	108	42	320		1465.60	1465.60	
330200	1584	532	858		8978.52	1177.21	249.31
2900	276	42	37		761.19	371.19	71.19
100116	495	1200	800	15	15185.00	482.00	66.06
155110	1838	579	1338	9	8824.21	1902.73	212.48
	474	50	400		3047.00	511.00	4.00
	230	100	260		573.00	529.00	29.00
	200	156	206		3588.00	195.00	18.00
	102	60	135	1	971.00	211.00	25.00
	1088	256	1987	2	23251.10	1644.00	212.00
50	661	55	485	2	2372.70	628.00	70.00
	665	164	844	1	8648.02	883	156
50	271	216	4	7	1929.6	347	23
			1		20		
	80	60	1		420	115	5
963	551	230	1300	142	8046.6	1332	90.3
				19			
10000	159	48	120		2070	191	58
	255	80	72		1948	73	

成人中专学校资产情

Condition of Fixed Assets and Teaching

	学校占地面积(平方米) Area of School sites (m^2)			图书音像 Audio-visual ed.		
	计 Total	其中:绿化用地面积 of Which: Green Areas	其中:运动场地面积 of Which: Sports Areas	一般图书(万册) Books & Magazines in Libraries(10,000 Volume) 计 Total	当年新增 New Floor Space Added in Current Year	电子图书 Electronic Books in Libraries 计 Total
合　计 Total	**47703332**	**8077231**	**5974793**	**37773505.00**	**1871427.00**	**2164980**
北　京 Beijing	696958	42949	45349	263048.00	2434.00	22737
天　津 Tianjin	78102	4930	5777	190779.00	1603.00	1010
河　北 Hebei	2586047	301813	409299	2340653.00	172982.00	201164
山　西 Shanxi	712854	98966	88645	769738.00	34241.00	8010
内蒙古 Inner Mongolia	1422733	285888	203972	956944.00	66826.00	43838
辽　宁 Liaoning	30399	1030	5018	51230.00	920.00	
吉　林 Jilin	929695	103608	143750	1612809.00	18405.00	26696
黑龙江 Heilongjiang	2114722	285380	285417	1108564.00	16772.00	15766
上　海 Shanghai	176856	48028	24993	383852.00	5697.00	2872
江　苏 Jiangsu	3091160	342205	277569	2333056.00	88456.00	43200
浙　江 Zhejiang	922441	163311	136888	1299128.00	40420.00	15427
安　徽 Anhui	1198634	164103	131042	1613479.00	42725.00	45802
福　建 Fujian						
江　西 Jiangxi	1049278	116267	72677	974546.00	17771.00	5237
山　东 Shandong	4288148	935121	594668	2602778.00	358255.00	56343
河　南 Henan	6720164	840694	995265	3760039.00	223027.00	161895
湖　北 Hubei	2417493	463488	407986	1192352.00	68852.00	15130
湖　南 Hunan	3849825	1150549	353069	1653227.00	66013.00	71666
广　东 Guangdong	3049755	889321	469530	3454522.00	144897.00	162601
广　西 Guangxi	4578481	463418	380521	1874368.00	86708.00	168089
海　南 Hainan	97834	22540	11440	58880.00	1500.00	
重　庆 Chongqing	2169360	266283	215332	1383724	101205	133017
四　川 Sichuan	1794176	380763	317819	4980600	185929	815645
贵　州 Guizhou	227174	83019	39750	260182	33104	37784
云　南 Yunnan	1099790	215558	102219	957480	31252	11756
西　藏 Tibet	8810		1700	25000		
陕　西 Shaanxi	500593	38102	81213	679914	24572	19393
甘　肃 Gansu	513192	53189	77479	306540	10191	3158
青　海 Qinghai	182598	12675	26038	128800	2100	2000
宁　夏 Ningxia	86312	14329	25941	93891	14060	17270
新　疆 Xinjiang	1109748	289704	44427	463382	10510	57474

况(学校产权)

Resources in Adult SSSs(Owned by HEIs)

资料情况 Resources					固定资产值(万元) Fixed Assets (in 10,000 yuan)		
(片) & Magazines (Disk)	拥有教学用计算机(台) No. of computers used for Instruction	语音实验室座位数(个) No. of Seats in Audio-Labs	多媒体教室座位数(个) No. of Seats in Multi-media Class rooms	网上教学课程数(种) No. of Web-Based Courses	合计 Total	其中:教学、科研仪器设备资产 of which: Teaching Equipment & Instruments	
当年新增 New Floor Space Added in Current Year						计 Total	当年新增 New Floor Space Added in Current Year
183851	**188989**	**60867**	**200420**	**13013**	**1344451.06**	**290381.83**	**31436.47**
550	2679	1382	3467	24	18142.78	2964.36	126.50
895	1482	326	1270	94	7100.08	2771.05	78.37
5351	11985	6148	19596	350	58775.58	14066.67	1767.20
3792	4461	707	2835	126	24986.10	3957.47	475.00
1651	3735	1889	3784	123	46269.19	3683.40	397.01
	482	56	178	6	3831.20	456.50	19.40
2325	4574	1666	6002	422	29429.63	9099.92	437.12
457	4609	1440	4863	118	35948.82	6672.90	379.60
350	3612	1095	4208	32	75143.18	26234.17	375.59
938	11940	3633	14034	156	107745.01	24937.25	1959.93
3320	7248	2082	17806	1206	37775.79	9901.16	918.84
4245	5935	2073	5915	933	39248.19	7833.79	902.87
3735	3089	1076	2843	255	12909.08	3300.41	285.38
6006	16655	4741	13587	191	127144.44	25279.07	4920.95
28896	19521	10253	14967	637	141718.48	24056.84	2138.80
2720	4965	1722	4896	125	44910.53	9564.21	736.38
13578	11615	4601	7234	3744	50340.46	12071.51	1847.15
6640	23091	5210	33202	361	163983.54	39603.24	4186.12
37682	7767	2483	7476	123	45126.91	10415.30	1229.63
	221	140	555		1289.10	151.50	3.00
19939	9656	2387	9100	382	103537.03	13383.69	3223.93
20855	14485	3149	9987	2340	81844.72	14036.13	1974.57
2324	1317	252	1094	703	10573	5370.05	414.74
3306	5793	1092	6103		28811.43	6852.59	1060.37
	25				576	84	71
10560	2627	381	2101	333	13548.26	3236.2	251.18
875	2369	355	1804	130	11542.4	3610.59	611.18
60	356	190	178	2	4940.97	710.92	62.7
2634	1339	100	420	10	2458	774.4	139.9
167	1356	238	915	87	14801.16	5302.54	442.06

成人中专学校资产情况(非

Condition of Fixed Assets and Teaching

	学校占地面积(平方米) Area of School sites (m^2)			图书音像 Audio-visual ed.		
				一般图书(万册) Books & Magazines in Libraries(10,000 Volume)		电子图书 Electronic Books in Libraries
	计 Total	其中:绿化用地面积 of Which: Green Areas	其中:运动场地面积 of Which: Sports Areas	计 Total	当年新增 New Floor Space Added in Current Year	计 Total
合　计 Total	**4678033**	**1022926**	**766778**	**1018091.00**	**69274.00**	**14493**
北　京 Beijing	45740	50	100	13343.00		
天　津 Tianjin	12784	500	1780	2575.00	1530.00	1136
河　北 Hebei	146653	16034	35975	26200.00		
山　西 Shanxi	26933	500	12072	67890.00	2400.00	200
内蒙古 Inner Mongolia	20416	500	1200	9400.00	500.00	
辽　宁 Liaoning	20680					
吉　林 Jilin	27963	1143	5740	49621.00	1000.00	
黑龙江 Heilongjiang	36160	12420	7690	25300.00	1000.00	5000
上　海 Shanghai	71829	19193	15548	8600.00	500.00	180
江　苏 Jiangsu	126943	53799	21497	19400.00	2000.00	200
浙　江 Zhejiang	33015	5800	4200	37804.00		
安　徽 Anhui	139123	5585	9600	206.00		165
福　建 Fujian						
江　西 Jiangxi	30505	9082	3800	10180.00	50.00	
山　东 Shandong	810788	216784	165458	116000.00	600.00	664
河　南 Henan	588574	41769	44617	32000.00	10000.00	3147
湖　北 Hubei	21435	792	1218	10000.00	10000.00	200
湖　南 Hunan	831933	164296	160957	61696.00	1500.00	100
广　东 Guangdong	115195	5350	18685	10551.00	35.00	
广　西 Guangxi	89958	13946	6440	83022.00	4450.00	200
海　南 Hainan	6670	1000	1500			
重　庆 Chongqing	320135	100385	66633	229757	16850	1340
四　川 Sichuan	989126	320611	152741	131870	9916	1458
贵　州 Guizhou	78086	24386	15586	100		
云　南 Yunnan	12970	700	624	11376	2243	139
西　藏 Tibet						
陕　西 Shaanxi	29920	300	4666	15900	4700	264
甘　肃 Gansu	7440	1000				
青　海 Qinghai	6660	1000	2000	30000		100
宁　夏 Ningxia	1382					
新　疆 Xinjiang	29017	6001	6451	15300		

学校产权中独立使用)

Resources in Adult SSSs (Not Owned by HEIs)

资料情况 Resources	拥有教学用计算机(台) No. of computers used for Instruction	语音实验室座位数(个) No. of Seats in Audio-Labs	多媒体教室座位数(个) No. of Seats in Multi-media Class rooms	网上教学课程数(种) No. of Web-Based Courses	固定资产值(万元) Fixed Assets (in 10,000 yuan)		
(片) & Magazines (Disk)					合计 Total	其中:教学、科研仪器设备资产 of which: Teaching Equipment & Instruments	
当年新增 New Floor Space Added in Current Year						计 Total	当年新增 New Floor Space Added in Current Year
3929	**7268**	**1929**	**5628**	**1184**	**93395.14**	**7929.33**	**1132.01**
	135	48	47		391.70	129.90	
1136	33	42	80	51	8.40	2.00	2.00
	251	35	49		2535.20	290.20	
	434	26	521		1163.80	389.80	19.00
	78				85.00	72.00	10.00
	246	48	40	1	946.00	154.00	
500	201	50	50	3	469.00	233.00	31.00
100	552	80	542		48647.11	382.72	52.67
100	240	88	165		614.00	222.00	20.00
	180	50	1500		530.00	342.00	20.00
165	81		220	1	510.60	262.60	
	53	100	60		290.30	49.26	8.60
120	1055	429	337	28	5828.00	1455.60	149.00
547	352	40	60		3283.00	388.00	109.00
200	200		1	3	600.00	130.00	130.00
	582	346	220	12	5514.21	528.06	81.00
	41			20	674.00	182.00	11.00
100	286	150	80	1	579.80	135.80	20.00
440	532	144	618	40	3946.03	280.8	85
324	1245	131	478	1000	11027.6	1285.5	241
	50				230	125	
45	50	50	50		186.2	87.55	4.2
152	158	32	430	24	500.99	131.54	53.54
					1575.2	100	
	100				2224	200	20
	133	40	80		1035	370	65

职业高中学校资产情

Condition of Fixed Assets and Teaching Resources

	学校占地面积(平方米) Area of School sites (m^2)			图书音像 Audio-visual ed.		
				一般图书(万册) Books & Magazines in Libraries(10,000 Volume)		电子图书 Electronic Books in Libraries
	计 Total	其中:绿化用地面积 of Which: Green Areas	其中:运动场地面积 of Which: Sports Areas	计 Total	当年新增 New Floor Space Added in Current Year	计 Total
合　计 Total	**209562681**	**38045094**	**35047808**	**104529252.00**	**8266433.00**	**5657625**
北　京 Beijing	4087256	1147932	1075921	3108165.00	126630.00	481972
天　津 Tianjin	2128443	224628	444802	1971773.00	99332.00	22373
河　北 Hebei	18242645	2191086	2957627	6321242.00	477557.00	343123
山　西 Shanxi	6001216	1219145	923086	2566346.00	201200.00	47874
内蒙古 Inner Mongolia	4010196	538191	871965	1693371.00	156884.00	34046
辽　宁 Liaoning	6066826	565837	1412038	4389389.00	395941.00	11988
吉　林 Jilin	2732094	489213	916438	2107681.00	109185.00	46147
黑龙江 Heilongjiang	4569967	824981	977783	1553859.00	74353.00	49683
上　海 Shanghai	1073178	270526	285035	1751872.00	136614.00	82448
江　苏 Jiangsu	11913077	3379434	2267281	6710588.00	768281.00	333706
浙　江 Zhejiang	13915198	3385823	2886814	8188915.00	900712.00	323060
安　徽 Anhui	11868154	2338288	2034220	5255674.00	453204.00	231743
福　建 Fujian						
江　西 Jiangxi	15673893	1715746	1250983	2535121.00	304930.00	185221
山　东 Shandong	20952532	4748223	3713041	9110259.00	805417.00	161078
河　南 Henan	13390835	1716104	2344707	8522306.00	603776.00	274951
湖　北 Hubei	4055549	957622	876495	2465565.00	100787.00	93964
湖　南 Hunan	14519277	2654579	1684675	6370364.00	500299.00	361069
广　东 Guangdong	9011077	2478194	1574026	5308543.00	435431.00	519022
广　西 Guangxi	7726423	1237820	974940	3012277.00	181654.00	52428
海　南 Hainan	1580306	391819	206199	348798.00	17306.00	2055
重　庆 Chongqing	3985905	722886	712342	2311370	158589	246413
四　川 Sichuan	9725110	1267858	1508131	9183050	348515	572405
贵　州 Guizhou	2063033	514708	278266	735977	88901	78257
云　南 Yunnan	7280288	1219464	730412	2166435	135256	23550
西　藏 Tibet						
陕　西 Shaanxi	6698554	941167	1236879	4953413	614274	528122
甘　肃 Gansu	2664863	372424	476712	1120590	41019	18599
青　海 Qinghai	234492	21687	44260	82072	870	1051
宁　夏 Ningxia	549360	43885	102091	141218	5729	13996
新　疆 Xinjiang	2842934	465824	280639	543019	23787	517281

况(学校产权)

in High Vocational Schools(Owned by HEIs)

资料情况 Resources (片) & Magazines (Disk) 当年新增 New Floor Space Added in Current Year	拥有教学用计算机(台) No. of computers used for Instruction	语音实验室座位数(个) No. of Seats in Audio-Labs	多媒体教室座位数(个) No. of Seats in Multi-media Class rooms	网上教学课程数(种) No. of Web-Based Courses	固定资产值(万元) Fixed Assets (in 10,000 yuan) 合计 Total	其中:教学、科研仪器设备资产 of which:Teaching Equipment & Instruments 计 Total	当年新增 New Floor Space Added in Current Year
1953060	**672253**	**174182**	**478525**	**19830**	**4111939.52**	**853253.88**	**126487.30**
229725	19073	5916	14241	491	104191.43	32464.92	4149.38
6384	11918	2790	4639	63	58148.00	17841.50	3318.15
92423	35851	12744	32353	1807	241100.52	46819.97	5534.03
26978	25281	3876	8760	1023	83148.93	14369.44	2695.17
18445	8779	2991	5499	93	42386.97	8782.85	1216.24
2996	34567	10038	17357	245	168411.74	40282.15	5778.85
10264	7995	2257	4027	118	45983.37	8315.64	1540.90
40215	12120	3234	7032	440	85618.65	16877.26	1038.13
34513	15661	2957	19053	11	103431.93	25420.94	4388.94
41226	39806	9160	30265	4524	335268.02	68220.36	11570.99
103062	64754	12393	62282	726	560834.75	100177.14	12506.13
103031	27134	7018	19633	851	178885.22	31068.58	6262.11
111742	26615	7217	13307	479	126370.01	30419.78	8490.05
34189	56880	14985	37551	654	428386.95	79951.16	10752.46
51972	39128	10070	26983	1695	199613.99	44788.50	5865.35
31774	13275	4818	10951	363	86621.96	13623.55	1341.29
229631	59551	17456	35889	1180	236596.50	59478.14	9451.23
227790	41257	10474	42973	1054	231566.06	56173.50	9548.59
6847	21712	5490	12292	1528	93943.03	21927.86	2922.54
475	2001	485	2162	81	22880.45	3931.27	366.36
9520	18702	3782	11495	340	146693.69	32793.14	2915.67
155136	35971	7980	18548	619	171722.3	35228.26	5602.89
13035	5468	1810	5921	171	27478.52	5095.15	624.79
15615	11708	4423	10121		89990.01	14665.04	1915.07
330657	22140	6805	15803	758	162973.49	31153.54	3925.03
1227	6178	1319	4204	173	36770.67	5819.33	1195.71
4	2394	202	1620		4388.95	1223.13	158.33
10296	2094	204	1288	220	6604.29	2303.03	418.98
13888	4240	1288	2276	123	31929.12	4038.75	993.94

职业高中学校资产情况(非

Condition of Fixed Assets and Teaching Resources

	学校占地面积(平方米) Area of School sites (m^2)			图书音像 Audio-visual ed.		
	计 Total	其中:绿化用地面积 of Which: Green Areas	其中:运动场地面积 of Which: Sports Areas	一般图书(万册) Books & Magazines in Libraries(10,000 Volume) 计 Total	当年新增 New Floor Space Added in Current Year	电子图书 Electronic Books in Libraries 计 Total
合 计 Total	**14664798**	**2131999**	**2711394**	**4014303.00**	**291109.00**	**537446**
北 京 Beijing	278941	81480	60777	195582.00	7131.00	320010
天 津 Tianjin	250570	24201	66631	192066.00	520.00	6948
河 北 Hebei	823114	62750	146427	255670.00	7950.00	1850
山 西 Shanxi	268050	22076	46963	102719.00	2800.00	983
内蒙古 Inner Mongolia	54943	3070	24483	39440.00	5049.00	105
辽 宁 Liaoning	746274	141690	265737	110640.00	6830.00	1527
吉 林 Jilin	121967	18600	27620	24000.00	1000.00	
黑龙江 Heilongjiang	79231	6377	57511	28051.00	800.00	
上 海 Shanghai	38010	9300	8780	11350.00	150.00	100
江 苏 Jiangsu	190452	57550	33180	11000.00	1500.00	360
浙 江 Zhejiang	912778	126276	191236	328597.00	69158.00	2755
安 徽 Anhui	146328	28075	48435	47012.00	5777.00	4000
福 建 Fujian						
江 西 Jiangxi	1538672	234859	222568	182200.00	10950.00	3306
山 东 Shandong	1279172	198874	254991	354221.00	23377.00	2649
河 南 Henan	316439	26800	93657	115590.00	13340.00	5619
湖 北 Hubei	158101	6171	20310	35710.00	413.00	13000
湖 南 Hunan	3221469	270096	250917	152530.00	24400.00	58772
广 东 Guangdong	756122	113350	202286	1188905.00	35686.00	55282
广 西 Guangxi	651215	50845	61718	49681.00	6539.00	70
海 南 Hainan	231311	131580	20817	21443.00	800.00	
重 庆 Chongqing	501774	130735	76696	117177	26087	3480
四 川 Sichuan	752145	146545	170995	25566	7500	
贵 州 Guizhou	201591	41306	27489	2350		
云 南 Yunnan	157607	57917	54721	55181	6000	20
西 藏 Tibet						
陕 西 Shaanxi	801807	77214	229278	335281	25361	56470
甘 肃 Gansu	130353	18500	40071	32341	1991	140
青 海 Qinghai						
宁 夏 Ningxia						
新 疆 Xinjiang	56362	45762	7100			

学校产权中独立使用）
in Vocational High Schools (Not Owned by HEIs)

资料情况 Resources					固定资产值(万元) Fixed Assets (in 10,000 yuan)		
(片) & Magazines (Disk)	拥有教学用计算机(台) No. of computers used for Instruction	语音实验室座位数(个) No. of Seats in Audio-Labs	多媒体教室座位数(个) No. of Seats in Multi-media Class rooms	网上教学课程数(种) No. of Web-Based Courses	合计 Total	其中:教学、科研仪器设备资产 of which: Teaching Equipment & Instruments	
当年新增 New Floor Space Added in Current Year						计 Total	当年新增 New Floor Space Added in Current Year
87942	**25330**	**7772**	**12656**	**619**	**136014.91**	**29525.47**	**4519.72**
6	845	268	650	21	6372.00	949.40	55.27
125	1763	577	402	18	3412.64	1136.00	93.00
520	907	653	434	44	8151.00	1058.00	106.00
250	939	148	63	11	3399.02	549.89	192.99
	183	65			1385.92	118.98	58.98
180	1294	469	604	8	4187.00	1788.00	174.00
	167	49	49		1057.58	196.82	7.60
	327	78	64		119.40	91.70	
	98	50			167.00	120.00	
170	190	96	90	2	1154.00	450.00	80.00
1581	2681	542	1605	24	26590.32	3852.94	447.92
	496		60	4	1677.00	364.00	58.00
1450	2449	501	989	14	7549.60	1167.00	312.70
377	1998	938	939	12	13515.00	2894.55	541.00
640	1256	285	534	8	3154.00	468.52	106.52
	277	203	137		737.21	139.81	
52205	2062	572	1746	65	8691.60	3137.50	425.60
20040	2601	565	1430	8	15795.72	3695.00	673.72
	435	76	263	6	1758.28	419.28	43.00
	204		121	60	2401.00	264.00	38.00
183	1440	436	748	13	6084.2	1834.25	108.95
	526	202	160		2836.98	215.67	37.67
	35	40			270	270	
	280	50	100		1823.49	153.67	24
10205	1654	909	905	301	11890.78	4122.99	934.8
10	223		563		447.17	66	
					50		
					1337	1.5	

其他机构资产情

Condition of Fixed Assets and Teaching Resources

	学校占地面积(平方米) Area of School sites (m^2)					图书音像 Audio-visual ed.
				一般图书(万册) Books & Magazines in Libraries(10,000 Volume)		电子图书 Electronic Books in Libraries
	计 Total	其中:绿化用地面积 of Which: Green Areas	其中:运动场地面积 of Which: Sports Areas	计 Total	当年新增 New Floor Space Added in Current Year	计 Total
合　计 Total	**22374212**	**4558946**	**3185603**	**17733651.00**	**905416.00**	**3317677**
北　京 Beijing	40648	160	1900	87441.00	123.00	
天　津 Tianjin	72968	200	7150	107500.00	5000.00	3700
河　北 Hebei	4754417	719720	500621	3192423.00	59252.00	2527853
山　西 Shanxi	158073	45800	54633	77700.00	2000.00	
内蒙古 Inner Mongolia	433116	37956	36938	108368.00	870.00	90
辽　宁 Liaoning						
吉　林 Jilin	2436745	550033	295733	1382564.00	115812.00	109918
黑龙江 Heilongjiang	17760	2800	1100	4110.00	1000.00	17
上　海 Shanghai	42232	6360	15445	102236.00	913.00	170
江　苏 Jiangsu	802570	146406	170825	787101.00	38819.00	88134
浙　江 Zhejiang	1084904	223085	227408	1016222.00	39188.00	4953
安　徽 Anhui	1933593	455483	228364	873196.00	67842.00	40633
福　建 Fujian	251645	44410	47700	309797.00	5515.00	20553
江　西 Jiangxi	406760	202404	50805	304135.00	16602.00	1207
山　东 Shandong	1212500	194501	116994	415858.00	25624.00	4095
河　南 Henan	2010795	430740	423971	1433704.00	118212.00	202631
湖　北 Hubei	659690	86729	105082	418516.00	122400.00	2725
湖　南 Hunan	1074805	329119	208652	1029970.00	65226.00	19043
广　东 Guangdong	1153727	195117	190621	1220878.00	134485.00	192694
广　西 Guangxi	306850	87146	38318	197630.00	7506.00	30300
海　南 Hainan	971480	92294	47303	249399.00	5842.00	1200
重　庆 Chongqing	337255	123125	48885	284422	14872	57866
四　川 Sichuan	178174	84308	45800	123410	1550	
贵　州 Guizhou	16368	1000	2400	42270	10000	25
云　南 Yunnan				15700	1050	
西　藏 Tibet	25415	9200	16215	52000	2000	
陕　西 Shaanxi	166532	44780	13300	146920	12200	988
甘　肃 Gansu	566719	82793	142286	3042135	20155	3828
青　海 Qinghai						
宁　夏 Ningxia	77850	18200	33400	74914	2000	456
新　疆 Xinjiang	1180621	345077	113754	633132	9358	4598

况(学校产权)

in Other Institutions(Owned by HEIs)

资料情况 Resources					固定资产值(万元) Fixed Assets (in 10,000 yuan)		
(片) & Magazines (Disk)	拥有教学用计算机(台) No. of computers used for Instruction	语音实验室座位数(个) No. of Seats in Audio-Labs	多媒体教室座位数(个) No. of Seats in Multi-media Class rooms	网上教学课程数(种) No. of Web-Based Courses	合计 Total	其中:教学、科研仪器设备资产 of which: Teaching Equipment & Instruments	
当年新增 New Floor Space Added in Current Year						计 Total	当年新增 New Floor Space Added in Current Year
547547	**76032**	**24421**	**79707**	**1015**	**735296.67**	**138499.05**	**14522.97**
	132	124	461		2148.30	520.80	35.00
800	250	179	220		1890.00	973.00	131.00
43610	11818	6370	12006	54	117089.23	25287.19	1968.22
	222		60		5795.00	3691.44	21.44
30	380	120	555		2832.50	655.50	30.00
107536	4817	1860	5874	276	61993.00	14282.60	1193.70
	2646	506	200		2720.00	677.40	4.00
	815	150	236		3073.65	1227.78	162.98
81568	4825	1601	4753	217	59460.83	8264.05	1283.72
843	7052	1708	10504	15	59909.16	8194.60	842.17
3784	3711	1158	3860	28	45018.07	7781.38	1283.00
125	1054	414	1815	3	14129.12	2646.98	200.17
207	2689	737	3301	6	13614.00	1967.50	466.00
1800	2212	537	1478	48	17991.24	4188.30	578.40
50574	7129	1681	9330	81	107260.01	13084.85	1156.88
340	2074	657	2978	4	23446.31	6354.62	654.00
235	6678	1555	3604	128	33417.60	5551.63	758.80
181894	6819	2895	8972	22	65804.35	10776.57	1659.44
30000	1780	170	1730	84	13689.05	2602.17	407.00
501	1773	340	2206		11706.46	2776.63	205.00
40171	2291	322	1262	10	11785.85	1698.75	338.75
	456	84	321	3	10525.92	2766	20
25	99	30	300		321.7	121.7	13.8
	315				326.5	299.5	96.6
	60	30	470		1857.4	821.78	23.78
210	1204	258	221	32	6751.5	1656.2	407.5
1932	871	435	1490	1	18835.26	2258.24	143.22
62	203	118	420	3	1071.7	450.1	
1300	1657	382	1080		20832.96	6921.79	438.4

其他机构资产情况(非学

Condition of Fixed Assets and Teaching Resources

地区 Region	学校占地面积(平方米) Area of School sites (m^2)			图书音像 Audio-visual ed.		
				一般图书(万册) Books & Magazines in Libraries(10,000 Volume)		电子图书 Electronic Books in Libraries
	计 Total	其中:绿化用地面积 of Which: Green Areas	其中:运动场地面积 of Which: Sports Areas	计 Total	当年新增 New Floor Space Added in Current Year	计 Total
合计 Total	**1835696**	**745658**	**229615**	**546875.00**	**34530.00**	**80000**
北京 Beijing						
天津 Tianjin						
河北 Hebei	907695	501176	35000	430000.00	30000.00	80000
山西 Shanxi	15960	1000	13960			
内蒙古 Inner Mongolia	34423	6000	1000	3400.00		
辽宁 Liaoning						
吉林 Jilin						
黑龙江 Heilongjiang						
上海 Shanghai						
江苏 Jiangsu	49165	6806	4340	5000.00		
浙江 Zhejiang	137721	44896	48083			
安徽 Anhui				10000.00		
福建 Fujian						
江西 Jiangxi	32000	29000	3000	10000.00		
山东 Shandong	30053	5100	6606			
河南 Henan	122847	2686	31250	72300.00	1000.00	
湖北 Hubei	84000	16000	29800			
湖南 Hunan						
广东 Guangdong	13229	1671	2962	7695.00	50.00	
广西 Guangxi						
海南 Hainan						
重庆 Chongqing	288698	113275	28053	2480	2480	
四川 Sichuan	6200	600	1500			
贵州 Guizhou	800					
云南 Yunnan	50163	3030	2850	6000	1000	
西藏 Tibet						
陕西 Shaanxi	61589	14418	21211			
甘肃 Gansu	1153					
青海 Qinghai						
宁夏 Ningxia						
新疆 Xinjiang						

校产权中独立使用）
in Other Institutions (Not Owned by HEIs)

资料情况 Resources （片）& Magazines (Disk) 当年新增 New Floor Space Added in Current Year	拥有教学用计算机（台）No. of computers used for Instruction	语音实验室座位数（个）No. of Seats in Audio-Labs	多媒体教室座位数（个）No. of Seats in Multi-media Class rooms	网上教学课程数（种）No. of Web-Based Courses	固定资产值（万元）Fixed Assets (in 10,000 yuan) 合计 Total	其中：教学、科研仪器设备资产 of which: Teaching Equipment & Instruments 计 Total	当年新增 New Floor Space Added in Current Year
80000	**1574**	**561**	**720**	**105**	**19500.80**	**4352.90**	**434.70**
80000	666	312	294	60	11447.00	2262.00	200.00
	27						
	39				67.80	0.50	
	99				381.00	188.00	41.00
	300	40	40	40	439.00	245.00	87.00
	60	64	160		70.00	70.00	
	50				1063.00	86.40	0.70
	195	45	125		1600.00	891.00	56.00
					3000.00	150.00	
	30		1		689.00	100.00	50.00
	35			5	44	10	
	73	100	100		400	50	
					300	300	

中等职业学校(机构)校舍情况(总计)

Conditions of School Buidings in Secondary Vocational Schools (Regional Aggregates)

单位:平方米

Unit: m^2

	学校产权建筑面积 Floor Area of School Building Owned by HEIs				正在施工面积 Floor Area Under Construction	独立使用非学校产权建筑面积 Floor Area of School Building Not Owned by HEIs
	计 Total	其中:危房 of Which: Dilapidated Buildings	其中:当年新增 of Which: Newly Added in Current Year	其中:被外单位借用 of Which: Floor Space Hired by Other Schools or Units		
合 计 Total	**162714594**	**1387995**	**6643975**	**573267**	**4815831**	**9918617**
北 京 Beijing	2902499	4484	94796	18818	87300	247632
天 津 Tianjin	1897410	10489	31285	17379	68399	245529
河 北 Hebei	10038232	26138	395588	13499	384808	663968
山 西 Shanxi	4082946	55537	237797	23842	82130	127863
内蒙古 Inner Mongolia	2285160	73630	80129	5489	66807	21945
辽 宁 Liaoning	4910514	17550	136546	5453	170630	548799
吉 林 Jilin	3248787	27131	76814	5352	31909	186900
黑龙江 Heilongjiang	2667781	19460	39191	84474	27449	63096
上 海 Shanghai	2667653		58379	31994	43184	159308
江 苏 Jiangsu	9748179	22839	493904	34482	512342	148260
浙 江 Zhejiang	8130696	1498	641287	39367	272883	575382
安 徽 Anhui	6657791	160138	206391	66798	246648	140936
福 建 Fujian	4890767	40142	188433	3591	151278	395555
江 西 Jiangxi	4772772	35517	299528	5998	409221	365151
山 东 Shandong	13440405	28781	522469	28098	329242	628997
河 南 Henan	11982038	126548	490256	20523	325483	575745
湖 北 Hubei	7324410	38089	158507	7547	28990	242820
湖 南 Hunan	8245559	48708	412192	1180	166354	1110262
广 东 Guangdong	12078298	34934	434657	39818	338834	807547
广 西 Guangxi	6423729	75465	219554	14093	164599	328087
海 南 Hainan	1063408	12595	17720	535	23354	45317
重 庆 Chongqing	4335291	42095	371858	108	130499	514264
四 川 Sichuan	8041310	80894	355288	27779	242361	1056863
贵 州 Guizhou	2484614	31102	38526	28725	70704	77158
云 南 Yunnan	4217923	132616	127516	11930	93513	149483
西 藏 Tibet	233151	7141	25899		18179	5706
陕 西 Shaanxi	6188499	61291	253284	24733	187825	409658
甘 肃 Gansu	4048257	109327	178025	3654	88385	55203
青 海 Qinghai	419685	24321	4355		832	11745
宁 夏 Ningxia	471501	5534	7209		60	1382
新 疆 Xinjiang	2815329	34001	46592	8008	51629	8056

普通中专学校校舍情况

Conditions of School Buidings in Specialized Sec. Schools

单位:平方米

Unit:m²

	学校产权建筑面积 Floor Area of School Building Owned by HEIs				正在施工面积 Floor Area Under Construction	独立使用非学校产权建筑面积 Floor Area of School Building Not Owned by HEIs
	计 Total	其中:危房 of Which: Dilapidated Buildings	其中:当年新增 of Which: Newly Added in Current Year	其中:被外单位借用 of Which: Floor Space Hired by Other Schools or Units		
合　计 Total	**75146286**	**444764**	**2499795**	**304677**	**2282166**	**2711940**
北　京 Beijing	1299029		54958	1402	35232	130681
天　津 Tianjin	941587	6402	16468	13839	20358	60523
河　北 Hebei	2930800	10172	195291	10709	106436	239400
山　西 Shanxi	2057369	21527	121651	6679	9227	27942
内蒙古 Inner Mongolia	1230236	6747	29469	569	32814	2610
辽　宁 Liaoning	2362924	13732	87559	1200	78631	139495
吉　林 Jilin	1133937	9867	1736		11298	47934
黑龙江 Heilongjiang	1207184	3297	11990	83717	15421	
上　海 Shanghai	1696016		45525	17734	39616	113606
江　苏 Jiangsu	4173690	9168	274457	17389	252379	26142
浙　江 Zhejiang	1414829		40369	1240	5171	131526
安　徽 Anhui	2761411	31270	61896	51345	59972	14030
福　建 Fujian	4740644	39942	188433	3591	151278	395555
江　西 Jiangxi	1832659	3247	83739	145	275386	74841
山　东 Shandong	4843589	10135	145080	5704	192909	61156
河　南 Henan	4964349	15642	93085	11002	45548	158030
湖　北 Hubei	4715507	20660	71954	2098	23593	116415
湖　南 Hunan	2496940	5176	89340		51692	41016
广　东 Guangdong	7278347	15876	252423	23210	230543	419939
广　西 Guangxi	3603820	20344	152647	1200	102378	26243
海　南 Hainan	565083	204	7199	535	20294	25888
重　庆 Chongqing	1135459	13572	79315		30700	43702
四　川 Sichuan	3237128	23297	81505	22485	141777	226874
贵　州 Guizhou	1757538	19608	16107	7103	54048	5116
云　南 Yunnan	2294929	43970	41845	9275	63765	80963
西　藏 Tibet	213841	6608	21208		18179	1285
陕　西 Shaanxi	3012526	14600	109752	11121	86974	76490
甘　肃 Gansu	2969384	49669	99562	1385	86466	23784
青　海 Qinghai	279283	18685	1575		832	754
宁　夏 Ningxia	307722		3200			
新　疆 Xinjiang	1688526	11347	20457		39249	

成人中专学校校舍情况

Conditions of School Buidings in Specialized Sec. Schools for Adults

单位:平方米

Unit:m^2

	学校产权建筑面积 Floor Area of School Building Owned by HEIs				正在施工面积 Floor Area Under Construction	独立使用非学校产权建筑面积 Floor Area of School Building Not Owned by HEIs
	计 Total	其中:危房 of Which: Dilapidated Buildings	其中:当年新增 of Which: Newly Added in Current Year	其中:被外单位借用 of Which: Floor Space Hired by Other Schools or Units		
合 计 Total	**18260770**	**136771**	**724921**	**82606**	**259220**	**2163338**
北 京 Beijing	158334			12840	5232	31364
天 津 Tianjin	57783		177		6000	6619
河 北 Hebei	1085883	1299	24276	590	20018	61978
山 西 Shanxi	349414	7261	9804	12322	11255	25884
内蒙古 Inner Mongolia	214315	5741	7750	3420		2346
辽 宁 Liaoning	31583	500	200	750		5328
吉 林 Jilin	410769		10566	5352		36432
黑龙江 Heilongjiang	569664	1899	5199	24	6298	10546
上 海 Shanghai	196190			388		17371
江 苏 Jiangsu	1324875	11030	49027	8944	7629	62471
浙 江 Zhejiang	549471		17542	1860	20412	9208
安 徽 Anhui	518003	1925	11436	1310	2630	68650
福 建 Fujian						
江 西 Jiangxi	284035	200	2754	774	5660	4928
山 东 Shandong	1872849	5181	75448		26240	252594
河 南 Henan	1837267	8632	33796	5751	12033	223319
湖 北 Hubei	801703	1323	11578	3520		16541
湖 南 Hunan	976944	4619	148151	980	8766	347835
广 东 Guangdong	1437158	2349	30805	11201	11610	138897
广 西 Guangxi	981606	18884	13763	3631	22555	20394
海 南 Hainan	43348	160			3060	1582
重 庆 Chongqing	1099567	9657	179995	108	56987	234313
四 川 Sichuan	1352586	12307	40475	2883	19301	488385
贵 州 Guizhou	155397		4878		8000	34113
云 南 Yunnan	556293	20027	20996	2655	4074	9548
西 藏 Tibet	10751		4691			
陕 西 Shaanxi	758039	12987	3967	1824	1400	16218
甘 肃 Gansu	244110	8528	13046	819		16045
青 海 Qinghai	66984	1627	2780			10991
宁 夏 Ningxia	45114		221		60	1382
新 疆 Xinjiang	270735	635	1600	660		8056

职业高中学校校舍情况

Conditions of School Buidings in Vocational High Schools

单位:平方米

Unit:m^2

	学校产权建筑面积 Floor Area of School Building Owned by HEIs				正在施工面积 Floor Area Under Construction	独立使用非学校产权建筑面积 Floor Area of School Building Not Owned by HEIs
	计 Total	其中:危房 of Which: Dilapidated Buildings	其中:当年新增 of Which: Newly Added in Current Year	其中:被外单位借用 of Which: Floor Space Hired by Other Schools or Units		
合　计 Total	**60106213**	**782486**	**2861164**	**169002**	**1828860**	**4384403**
北　京 Beijing	1391413	3917	39838	4576	46836	81841
天　津 Tianjin	819189	4087	14640	3340	42041	178387
河　北 Hebei	4039099	14667	114467	2200	45587	89525
山　西 Shanxi	1618797	26749	90742	4841	39648	72767
内蒙古 Inner Mongolia	790949	51976	42910		23468	16989
辽　宁 Liaoning	2516007	3318	48787	3503	91999	403976
吉　林 Jilin	739436	14931	29058		13310	39534
黑龙江 Heilongjiang	880293	14264	22002	733	5730	52550
上　海 Shanghai	749395		12854	10367	3568	28331
江　苏 Jiangsu	3800550	2641	155301	7419	246961	49629
浙　江 Zhejiang	5606315	1498	498900	36157	240200	412466
安　徽 Anhui	2854216	123666	127557	14143	86796	54722
福　建 Fujian						
江　西 Jiangxi	2401548	32070	209435	5079	128175	285382
山　东 Shandong	6437377	13465	276279	22394	109715	305763
河　南 Henan	4280588	101277	187358	2000	232596	152708
湖　北 Hubei	1507840	16106	37731	1929	5397	88424
湖　南 Hunan	4322182	38913	156051	200	100796	721411
广　东 Guangdong	2790318	16709	131541	5407	71796	231354
广　西 Guangxi	1596073	36237	52491	95	39666	278140
海　南 Hainan	299445	11469	4275			17847
重　庆 Chongqing	1949705	18866	112548		42812	122368
四　川 Sichuan	3235792	45290	203854	2411	79683	332754
贵　州 Guizhou	534556	11494	17541	21622	8656	36469
云　南 Yunnan	1366701	68619	64675		25674	29869
西　藏 Tibet						
陕　西 Shaanxi	2359454	33704	139505	11788	83451	292735
甘　肃 Gansu	594862	45447	48101	1450	1919	8462
青　海 Qinghai	73418	4009				
宁　夏 Ningxia	109498	5534	3788			
新　疆 Xinjiang	441197	21563	18935	7348	12380	

Conditions of School Buildings

	学校产权 Floor Area of School	
	计 Total	其中:危房 of Which: Dilapidated Buildings
合 计 Total	**9201325**	**23974**
北 京 Beijing	53723	567
天 津 Tianjin	78851	
河 北 Hebei	1982450	
山 西 Shanxi	57366	
内蒙古 Inner Mongolia	49660	9166
辽 宁 Liaoning	964645	2333
吉 林 Jilin	10640	
黑龙江 Heilongjiang		
上 海 Shanghai	26052	
江 苏 Jiangsu	449064	
浙 江 Zhejiang	560081	
安 徽 Anhui	524161	3277
福 建 Fujian	150123	200
江 西 Jiangxi	254530	
山 东 Shandong	286590	
河 南 Henan	899834	997
湖 北 Hubei	299360	
湖 南 Hunan	449493	
广 东 Guangdong	572475	
广 西 Guangxi	242230	
海 南 Hainan	155532	762
重 庆 Chongqing	150560	
四 川 Sichuan	215804	
贵 州 Guizhou	37123	
云 南 Yunnan		
西 藏 Tibet	8559	533
陕 西 Shaanxi	58480	
甘 肃 Gansu	239901	5683
青 海 Qinghai		
宁 夏 Ningxia	9167	
新 疆 Xinjiang	414871	456

校舍情况
in Other Institutions

单位:平方米

Unit: m^2

建筑面积 Buiding Owned by HEIs 其中:当年新增 of Which: Newly Added in Current Year	其中:被外单位借用 of Which: Floor Space Hired by Other Schools or Units	正在施工面积 Floor Area Under Construction	独立使用非学校产权建筑面积 Floor Area of School Building Not Owned by HEIs
558095	**16982**	**445585**	**658936**
			3746
	200		
61554		212767	273065
15600		22000	1270
	1500	10525	
35454		7301	63000
	3505		
15119	730	5373	10018
84476	110	7100	22182
5502		97250	3534
3600			
25662		378	9484
176017	1770	35306	41688
37244			21440
18650		5100	
19888		24885	17357
653	9167		3310
6246			
			113881
29454		1600	8850
			1460
			29103
			4421
60		16000	24215
17316			6912
5600			

职业技术培训

Basic Statistics of Vocational

地区 Region	学校数(所) Schools	教学班(点)(个)External Teaching Sites (classes)	结业生数 Graduates 计 Total	其中:女 of which: Female
合计 Total	**217143**	**769984**	**61769903**	**27048197**
北京 Beijing	3535	14403	2152273	664670
天津 Tianjin	2191	9325	698812	318024
河北 Hebei	10431	32414	3207400	1394690
山西 Shanxi	10758	16322	1607944	645858
内蒙古 Inner Mongolia	5533	6785	556398	220230
辽宁 Liaoning	4800	26723	1203338	574322
吉林 Jilin	1853	4096	714639	258632
黑龙江 Heilongjiang	4046	7990	1554052	649516
上海 Shanghai	612	17553	1159998	584167
江苏 Jiangsu	14935	241662	7399549	3365682
浙江 Zhejiang	12384	50783	4807353	2037718
安徽 Anhui	3439	8556	1450203	595719
福建 Fujian	7705	21146	2148232	1026709
江西 Jiangxi	4038	4949	792376	394773
山东 Shandong	23684	44977	3874878	1721161
河南 Henan	23830	44174	4817709	2191884
湖北 Hubei	2253	4801	471259	175310
湖南 Hunan	1268	3626	213875	97687
广东 Guangdong	2605	19255	1477587	654138
广西 Guangxi	4376	12790	2360218	935565
海南 Hainan	1289	3272	217846	96949
重庆 Chongqing	8095	25679	2874723	1063667
四川 Sichuan	15383	42874	4134125	1957125
贵州 Guizhou	11208	17713	2235237	979542
云南 Yunnan	11525	37868	4947755	2436524
西藏 Tibet				
陕西 Shaanxi	15141	26309	2040592	880872
甘肃 Gansu	6673	13054	1409629	604398
青海 Qinghai	1746	4493	405124	192046
宁夏 Ningxia	516	559	39718	17115
新疆 Xinjiang	1291	5833	797061	313504

机构基本情况(总计)

Technical Training Institutions (Total)

单位:人次

Unit: in Person

注册学生数 Enrolment		教职工数 Teachers,Staff & Workers		聘请校外教师 Part-time Teachers
计 total	其中:女 of which: Female	计 Total	其中:专任教师 of which: Full-time Teacher	
57481382	**25594562**	**514534**	**234330**	**452198**
1980041	694639	42911	17217	22118
392011	154768	6648	3050	6555
2069859	1022436	17329	8847	19712
1400578	565899	23154	8304	17060
605341	233891	7973	2955	5434
1278864	641791	34759	18857	12171
761357	264287	4104	2656	1894
1331308	565636	12747	7541	4752
856555	424243	10331	4171	9791
12839856	5566200	60203	29676	55066
4473867	1884018	24877	11963	36938
912569	333003	8074	2192	9000
2024321	913874	10003	4839	16736
557923	259047	6018	2013	6283
3152898	1417130	49077	27755	28901
4208204	1970903	34244	20962	28022
217990	96028	3844	2331	4192
186456	86445	3649	1905	2683
1548251	741747	22359	11101	18387
1560715	671462	14617	4001	14356
205126	100021	2551	616	2844
2368415	1061652	6909	1995	15545
3055244	1534173	18299	9293	31776
2462777	1110957	27750	2588	17453
2765608	1303192	4359	1292	28881
1762488	877344	30457	13358	19967
1252469	550601	21071	10569	11354
316423	163868	3373	1519	734
41788	16466	358	164	281
892080	368841	2486	600	3312

职工技术培训

Basic Statistics of Vocational

	学校数(所) Schools	教学班(点)(个)External Teaching Sites (classes)	结业生数 Graduates	
			计 Total	其中:女 of which: Female
合　计 Total	**4301**	**26865**	**2480275**	**1110439**
北　京 Beijing	32	397	29692	13156
天　津 Tianjin	30	632	37568	14924
河　北 Hebei	309	1215	54335	20753
山　西 Shanxi	94	167	12056	4730
内蒙古 Inner Mongolia	24	150	18062	9868
辽　宁 Liaoning	12	23	7315	3128
吉　林 Jilin	73	151	18295	8336
黑龙江 Heilongjiang	130	1034	85218	24834
上　海 Shanghai	59	1824	145032	33669
江　苏 Jiangsu	643	10148	535555	242073
浙　江 Zhejiang	391	3135	278028	124163
安　徽 Anhui	53	73	290078	152512
福　建 Fujian	703	2080	161151	74639
江　西 Jiangxi	159	542	106055	52241
山　东 Shandong	79	277	48726	22021
河　南 Henan	925	1184	155624	80106
湖　北 Hubei	59	170	20575	3995
湖　南 Hunan	17	221	10087	6208
广　东 Guangdong	30	308	30679	21712
广　西 Guangxi	62	244	82572	33451
海　南 Hainan	24	117	4333	2148
重　庆 Chongqing	5	104	6474	2996
四　川 Sichuan	174	1330	216787	103155
贵　州 Guizhou	5	28	5614	1983
云　南 Yunnan	4	27	1022	346
西　藏 Tibet				
陕　西 Shaanxi	131	405	43629	19459
甘　肃 Gansu	44	425	44050	16611
青　海 Qinghai	4	282	12624	8374
宁　夏 Ningxia	9	39	10294	3997
新　疆 Xinjiang	17	133	8745	4851

学校基本情况
Technical Training Schools

单位:人次
Unit: in Person

注册学生数 Enrolment		教职工数 Teachers, Staff & Workers		聘请校外教师 Part-time Teachers
计 total	其中:女 of which: Female	计 Total	其中:专任教师 of which: Full-time Teacher	
1852344	**828414**	**34699**	**20975**	**17649**
29883	11691	526	289	195
12140	5898	621	469	473
44770	17985	1710	1072	270
11001	4933	643	330	287
13639	7926	475	351	33
4925	2388	118	51	76
54523	22345	1127	830	95
26885	11073	1530	974	564
103477	22628	1224	589	593
562987	253142	7070	3412	7174
335162	148095	3319	2140	2884
3318	1398	149	107	59
80266	42449	2137	1649	569
11786	6712	951	691	57
32359	15071	1770	1270	382
116869	59073	3763	1960	997
7389	3155	526	428	57
8395	4320	258	189	92
28420	20632	374	173	190
29089	11257	623	270	528
3933	1912	194	174	98
7277	3555	68	43	33
202356	98861	2508	1485	977
11382	3348	146	73	38
271	137	6	4	8
41849	19805	1368	861	419
40056	14696	1159	895	352
10758	7485	63	16	23
11300	3346	131	121	8
5879	3098	142	59	118

农村成人文化技术

Basic Statistics of Technical

地　区 Region	学校数(所) Schools	教学班(点)(个) External Teaching Sites (classes)	结业生数 Graduates	
			计 Total	其中:女 of which: Female
合　计 Total	**191704**	**612584**	**51271952**	**22564464**
北　京 Beijing	1780	7036	884391	334105
天　津 Tianjin	1858	5021	475814	218488
河　北 Hebei	9766	30201	3026116	1312518
山　西 Shanxi	9820	14709	1475763	577596
内蒙古 Inner Mongolia	5445	6518	532301	207755
辽　宁 Liaoning	1573	3797	514321	219376
吉　林 Jilin	1622	3360	680733	242397
黑龙江 Heilongjiang	3108	4984	1328639	543203
上　海 Shanghai	127	4190	396366	226176
江　苏 Jiangsu	9813	191907	4835770	2308481
浙　江 Zhejiang	10913	39232	3760661	1594015
安　徽 Anhui	3307	7791	1110653	426469
福　建 Fujian	6685	16461	1820568	865256
江　西 Jiangxi	3863	4369	681033	340341
山　东 Shandong	21524	41478	3539919	1556824
河　南 Henan	22459	42106	4582441	2070806
湖　北 Hubei	2138	4455	441425	166365
湖　南 Hunan	1125	2296	146491	58519
广　东 Guangdong	1028	6759	588810	237458
广　西 Guangxi	4031	11227	2227333	878085
海　南 Hainan	1213	2552	196065	86003
重　庆 Chongqing	8011	24792	2831950	1041197
四　川 Sichuan	14645	39251	3822981	1805652
贵　州 Guizhou	11124	16778	2216145	969418
云　南 Yunnan	11476	37305	4943041	2434072
西　藏 Tibet				
陕　西 Shaanxi	14288	22194	1782030	814743
甘　肃 Gansu	5452	11510	1232624	528343
青　海 Qinghai	1739	4114	388724	181597
宁　夏 Ningxia	500	508	22473	10694
新　疆 Xinjiang	1271	5683	786371	308512

培训学校基本情况
Training Schools for Peasants

单位:人次
Unit: in Person

注册学生数 Enrolment		教职工数 Teachers,Staff & Workers		聘请校外教师 Part-time Teachers
计 total	其中:女 of which:Female	计 Total	其中:专任教师 of which:Full-time Teacher	
46842345	**20962844**	**270515**	**106385**	**323894**
267361	144694	1972	537	3138
233686	88460	1419	499	4053
1908572	951847	13038	5987	19018
1168451	483137	15496	3404	14996
585444	223184	7394	2515	5370
464442	216632	1857	902	3030
681992	229635	2234	1402	1551
1193246	489459	8271	4492	3431
199843	106893	1096	674	1724
10202062	4474346	11729	5989	21860
3458281	1442725	13412	5567	26529
861814	312169	6842	1464	8343
1786179	801607	3892	1142	14012
540482	249722	4975	1261	6194
2879364	1277090	36300	21157	23421
4019355	1872958	28086	17243	25819
203129	88837	2865	1566	3893
123409	52785	1114	512	1752
374137	175597	3590	1756	3311
1413444	604106	11293	2172	9441
145517	68494	1399	136	2286
2324218	1038363	6397	1633	15246
2742425	1376941	13218	5902	29376
2425885	1093052	26860	2131	17106
2762801	1301833	4353	1288	28547
1590019	790202	20765	7496	16707
1080447	478080	16078	6752	9596
301368	154089	2047	256	711
20946	10373	199	25	259
884026	365534	2324	525	3174

	学校数(所) Schools	教学班(点)(个) External Teaching Sites (classes)	结业生数 Graduates	
			计 Total	其中:女 of which: Female
合　计 Total	**21138**	**130535**	**8017676**	**3373294**
北　京 Beijing	1723	6970	1238190	317409
天　津 Tianjin	303	3672	185430	84612
河　北 Hebei	356	998	126949	61419
山　西 Shanxi	844	1446	120125	63532
内蒙古 Inner Mongolia	64	117	6035	2607
辽　宁 Liaoning	3215	22903	681702	351818
吉　林 Jilin	158	585	15611	7899
黑龙江 Heilongjiang	808	1972	140195	81479
上　海 Shanghai	426	11539	618600	324322
江　苏 Jiangsu	4479	39607	2028224	815128
浙　江 Zhejiang	1080	8416	768664	319540
安　徽 Anhui	79	692	49472	16738
福　建 Fujian	317	2605	166513	86814
江　西 Jiangxi	16	38	5288	2191
山　东 Shandong	2081	3222	286233	142316
河　南 Henan	446	884	79644	40972
湖　北 Hubei	56	176	9259	4950
湖　南 Hunan	126	1109	57297	32960
广　东 Guangdong	1547	12188	858098	394968
广　西 Guangxi	283	1319	50313	24029
海　南 Hainan	52	603	17448	8798
重　庆 Chongqing	79	783	36299	19474
四　川 Sichuan	564	2293	94357	48318
贵　州 Guizhou	79	907	13478	8141
云　南 Yunnan	45	536	3692	2106
西　藏 Tibet				
陕　西 Shaanxi	722	3710	214933	46670
甘　肃 Gansu	1177	1119	132955	59444
青　海 Qinghai	3	97	3776	2075
宁　夏 Ningxia	7	12	6951	2424
新　疆 Xinjiang	3	17	1945	141

构基本情况
of Others

单位:人次
Unit: in Person

注册学生数 Enrolment		教职工数 Teachers,Staff & Workers		聘请校外教师 Part-time Teachers
计 total	其中:女 of which:Female	计 Total	其中:专任教师 of which:Full-time Teacher	
8786693	**3803304**	**209320**	**106970**	**110655**
1682797	538254	40413	16391	18785
146185	60410	4608	2082	2029
116517	52604	2581	1788	424
221126	77829	7015	4570	1777
6258	2781	104	89	31
809497	422771	32784	17904	9065
24842	12307	743	424	248
111177	65104	2946	2075	757
553235	294722	8011	2908	7474
2074807	838712	41404	20275	26032
680424	293198	8146	4256	7525
47437	19436	1083	621	598
157876	69818	3974	2048	2155
5655	2613	92	61	32
241175	124969	11007	5328	5098
71980	38872	2395	1759	1206
7472	4036	453	337	242
54652	29340	2277	1204	839
1145694	545518	18395	9172	14886
118182	56099	2701	1559	4387
55676	29615	958	306	460
36920	19734	444	319	266
110463	58371	2573	1906	1423
25510	14557	744	384	309
2536	1222			326
130620	67337	8324	5001	2841
131966	57825	3834	2922	1406
4297	2294	1263	1247	
9542	2747	28	18	14
2175	209	20	16	20

职业技术培训机

Condition of Fixed Assets and Teaching Resources

地 区 Region	占地面积(平方米) Area of School sites (m^2)	教学行政用房建筑面积(平方米) Administritive (m^2)	图书藏量(册) Books (Volume)
合 计 Total	**118374548**	**34516700**	**98654375**
北 京 Beijing	5431183	1945996	23935215
天 津 Tianjin	1348231	1666227	1672742
河 北 Hebei	7117109	1134433	5037280
山 西 Shanxi	1923347	518947	2081360
内蒙古 Inner Mongolia	2179434	223495	901401
辽 宁 Liaoning	4586052	1899335	7712862
吉 林 Jilin	2507139	353602	406350
黑龙江 Heilongjiang	4830430	880829	1548317
上 海 Shanghai	1779097	572995	1241320
江 苏 Jiangsu	12028016	6229647	5875796
浙 江 Zhejiang	6922302	2793687	5167765
安 徽 Anhui	2176254	484054	824114
福 建 Fujian	842505	613459	2133593
江 西 Jiangxi	770582	329074	1008434
山 东 Shandong	22667785	3731299	10961537
河 南 Henan	10304895	2600745	6013065
湖 北 Hubei	1599146	337548	566979
湖 南 Hunan	718445	275418	674447
广 东 Guangdong	5088941	2065330	8240855
广 西 Guangxi	2569742	592916	1969434
海 南 Hainan	890131	135947	337204
重 庆 Chongqing	589984	292058	482280
四 川 Sichuan	2333337	1034018	1879613
贵 州 Guizhou	1346636	349293	496882
云 南 Yunnan	1274479	486377	901491
西 藏 Tibet			
陕 西 Shaanxi	6055418	1480126	3337193
甘 肃 Gansu	6158777	1301200	2149546
青 海 Qinghai	585960	37325	94544
宁 夏 Ningxia	28634	7927	45424
新 疆 Xinjiang	1720557	143393	957332

构资产情况
in Vocational-Technical Training Institutions

教学用计算机（台）No. of computers used for Instruction	语音实验室座位数（个）No. of Seats in Audio-Labs	多媒体教室座位数（个）No. of Seats in Multi-media Class rooms	固定资产总值（万元）Fixed Assets (in 10,000 yuan) 计 Total	其中：教学、实习仪器设备资产值 of which: Teaching Equipment & Instruments
554728	**150964**	**349800**	**267489088.4**	**112149438.5**
18219	8534	21337	222487732.7	103053776.4
22979	3859	4827	899495.79	183639.53
29418	2893	9348	70203.74	18046.24
9096	2453	3279	43081.5	13256.96
2043	989	2753	696751.79	2099.68
56374	31912	43035	258199.5	83235.55
3281	760	435	48711.4	29844.16
10596	3992	4432	41716.5	13946.01
20467	4078	25417	32045217.2	4418268.07
112430	16706	50252	403424.93	208614.86
34763	12360	26808	591649.92	157898.77
3237	979	4225	52173.51	21983.28
11004	2311	16931	51042.52	13187.3
1344	445	2011	41945.86	29206.87
76690	12830	24342	8409160.93	3497709.32
14774	10729	13089	113574.24	21122.7
3774	408	4059	22310.08	4753.13
5509	1831	3332	17277.97	4143.85
56327	15214	43385	401262.46	107220.32
5455	1980	3353	42083.5	5571.73
583	545	618	4096.91	1221
2721	873	1235	21052.23	10773.57
10217	3633	5564	103925.64	30679.79
3464	2488	14529	20560.11	2533.96
1213	519	1579	18869.99	1646.53
19551	6096	6409	414777.09	204946.13
18037	1384	9326	69619.49	7595.54
380	43	4	92255.5	214.5
267			297.3	80.86
515	120	3886	6618.05	2221.83

职工技术培训学

Condition of Fixed Assets and Teaching

地　区 Region	占地面积(平方米) Area of School sites (m^2)	教学行政用房 建筑面积(平方米) Administritive (m^2)	图书藏量(册) Books (Volume)
合　计 Total	**13746361**	**3654891**	**6888814**
北　京 Beijing	59390	19817	53580
天　津 Tianjin	137635	57389	134081
河　北 Hebei	578883	67036	375399
山　西 Shanxi	52150	9370	42100
内蒙古 Inner Mongolia	292665	40728	81452
辽　宁 Liaoning	14640	6420	23000
吉　林 Jilin	179410	14198	62367
黑龙江 Heilongjiang	1227696	91918	222869
上　海 Shanghai	185800	104025	244430
江　苏 Jiangsu	1257242	1221678	831431
浙　江 Zhejiang	669642	514726	672258
安　徽 Anhui	129932	53393	66735
福　建 Fujian	200023	155730	609918
江　西 Jiangxi	34362	14422	46456
山　东 Shandong	5455327	257717	1113916
河　南 Henan	782161	317129	769817
湖　北 Hubei	422957	73744	78944
湖　南 Hunan	188182	69050	156438
广　东 Guangdong	171042	74313	161051
广　西 Guangxi	409947	63170	205682
海　南 Hainan	30385	24350	46070
重　庆 Chongqing	14830	7980	16500
四　川 Sichuan	182828	129832	304328
贵　州 Guizhou	48790	10392	8243
云　南 Yunnan	18967	3926	9286
西　藏 Tibet			
陕　西 Shaanxi	401784	109380	262567
甘　肃 Gansu	423798	108740	210818
青　海 Qinghai	58210	859	333
宁　夏 Ningxia	7546	5418	10120
新　疆 Xinjiang	110137	28041	68625

校资产情况

Resources in Technical Training Schools

教学用计算机(台)No. of computers used for Instruction	语音实验室座位数(个) No. of Seats in Audio-Labs	多媒体教室座位数(个) No. of Seats in Multi-media Class rooms	固定资产总值(万元) Fixed Assets (in 10,000 yuan)	
			计 Total	其中:教学、实习仪器设备资产值 of which: Teaching Equipment & Instruments
56019	**16851**	**47957**	**3377252.47**	**1119797.6**
457	40	901	2386.28	369
1550	443	516	9378.16	1848.4
2819	651	5092	17251	3594.62
86	76	206	4097.5	46.5
1058	389	611	3223	690.8
61		2	305	89
560		4	626.1	64.4
1565	437	1016	26337.7	8776.9
2227	408	3495	2963362.44	1034663.88
10215	1872	9782	43377.7	10770.6
7080	5907	5691	40234.91	8071.81
491	124	1068	16921.6	15263.6
3110	144	6693	13336.09	4111.1
225	60	280	577.41	147.68
7050	1002	1790	145024.46	8605.36
5952	2673	3901	26539.34	7015.02
827	158	554	6544.9	1526.4
1236	472	1052	969	431
2138	582	1686	8701	3745.22
1005	150	753	3454.92	1019.1
80			495	100
281	150	100	1035	417
1603	320	675	20850.63	2238.66
268		54	1840.03	380.9
46			249	28.2
2182	320	943	10232.05	3056.12
1308	353	749	7636.25	2170.33
25			130	
217			275	74
297	120	343	1861	482

农村成人文化技术培

Condition of Fixed Assets and Teaching Resources

地　区 Region	占地面积(平方米) Area of School sites (m^2)	教学行政用房 建筑面积(平方米) Administritive (m^2)	图书藏量(册) Books (Volume)
合　计 Total	**73154542**	**16209748**	**37397711**
北　京 Beijing	1012362	184306	808239
天　津 Tianjin	473938	91402	274174
河　北 Hebei	5881564	780944	4194086
山　西 Shanxi	1364373	318892	1468736
内蒙古 Inner Mongolia	1878924	180035	815661
辽　宁 Liaoning	340193	64882	348550
吉　林 Jilin	2149385	275074	211286
黑龙江 Heilongjiang	3382760	655486	1065781
上　海 Shanghai	290460	145032	162868
江　苏 Jiangsu	5519274	2243954	2479806
浙　江 Zhejiang	4809839	1379457	2818084
安　徽 Anhui	1546120	256991	349619
福　建 Fujian	329834	212819	443349
江　西 Jiangxi	557075	272254	866196
山　东 Shandong	13690143	2064335	4196233
河　南 Henan	9201367	2164860	5087189
湖　北 Hubei	990591	177380	314815
湖　南 Hunan	134156	53939	232597
广　东 Guangdong	1295385	451564	1435720
广　西 Guangxi	1927541	385857	1608052
海　南 Hainan	774014	61045	103634
重　庆 Chongqing	442003	252754	389382
四　川 Sichuan	1665321	656562	1208298
贵　州 Guizhou	1228577	314084	452299
云　南 Yunnan	1198854	364989	859556
西　藏 Tibet			
陕　西 Shaanxi	3808836	1033536	2493864
甘　肃 Gansu	5193989	1024687	1750585
青　海 Qinghai	442821	30230	72946
宁　夏 Ningxia	20488	2169	35304
新　疆 Xinjiang	1604355	110229	850802

训学校资产情况

in Technical Training Schools for Peasants

教学用计算机（台）No. of computers used for Instruction	语音实验室座位数（个）No. of Seats in Audio-Labs	多媒体教室座位数（个）No. of Seats in Multimedia Class rooms	固定资产总值(万元) Fixed Assets (in 10,000 yuan) 计 Total	其中:教学、实习仪器设备资产值 of which: Teaching Equipment & Instruments
131512	**33135**	**103669**	**2068435.7**	**381469.9**
1841	2436	3461	22326.52	8458.74
700	180	220	4930.37	703.95
4902	1628	1342	41348.57	7367.36
2360	858	610	19733.01	6764.86
805	600	2092	693428.97	1394.77
452	3	2	122160.7	20576.6
358	50	42	11873.3	535.86
5161	1468	838	6232.3	1998.98
3487	318	2832	26968.48	4066.56
13634	3872	19866	70347.23	17682.58
14108	3910	14007	111931.81	16673.86
508	94	210	24779.18	581.87
1961	650	5425	13762.28	2271.25
426	120	1463	38902.75	28334.49
39233	3934	5701	62930.43	11798.19
5611	5061	4541	74288.4	9299.98
810	250	2701	10551.38	1226.53
674	301	191	2723.55	523.83
9464	2657	10068	123595.72	44334.02
1453	895	1013	22973.52	3163.56
16			2406.8	402
740	312	811	16342.01	9236.37
3764	456	676	38938.45	8635.05
2807	2368	13895	17996.97	1770.28
517	230	750	18108.99	1515.33
2042	125	223	320003.4	167353.43
13278	359	8099	53416.66	3116.41
187		4	90791.5	12.5
50			18.2	4.76
163		2586	4624.25	1665.93

其他培训机构

Condition of Fixed Assets and

地　区 Region	占地面积(平方米) Area of School sites (m^2)	教学行政用房 建筑面积(平方米) Administritive (m^2)	图书藏量(册) Books (Volume)
合　计 Total	**31473645**	**14652061**	**54367850**
北　京 Beijing	4359431	1741873	23073396
天　津 Tianjin	736658	1517436	1264487
河　北 Hebei	656662	286453	467795
山　西 Shanxi	506824	190685	570524
内蒙古 Inner Mongolia	7845	2732	4288
辽　宁 Liaoning	4231219	1828033	7341312
吉　林 Jilin	178344	64330	132697
黑龙江 Heilongjiang	219974	133425	259667
上　海 Shanghai	1302837	323938	834022
江　苏 Jiangsu	5251500	2764015	2564559
浙　江 Zhejiang	1442821	899504	1677423
安　徽 Anhui	500202	173670	407760
福　建 Fujian	312648	244910	1080326
江　西 Jiangxi	179145	42398	95782
山　东 Shandong	3522315	1409247	5651388
河　南 Henan	321367	118756	156059
湖　北 Hubei	185598	86424	173220
湖　南 Hunan	396107	152429	285412
广　东 Guangdong	3622514	1539453	6644084
广　西 Guangxi	232254	143889	155700
海　南 Hainan	85732	50552	187500
重　庆 Chongqing	133151	31324	76398
四　川 Sichuan	485188	247624	366987
贵　州 Guizhou	69269	24817	36340
云　南 Yunnan	56658	117462	32649
西　藏 Tibet			
陕　西 Shaanxi	1844798	337210	580762
甘　肃 Gansu	540990	167773	188143
青　海 Qinghai	84929	6236	21265
宁　夏 Ningxia	600	340	
新　疆 Xinjiang	6065	5123	37905

资产情况

Teaching Resources in Others

教学用计算机(台)No. of computers used for Instruction	语音实验室座位数(个) No. of Seats in Audio-Labs	多媒体教室座位数(个)No. of Seats in Multimedia Class rooms	固定资产总值(万元) Fixed Assets (in 10,000 yuan)	
			计 Total	其中:教学、实习仪器设备资产值 of which: Teaching Equipment & Instruments
367197	**100978**	**198174**	**262043400.2**	**110648171**
15921	6058	16975	222463019.9	103044948.7
20729	3236	4091	885187.26	181087.18
21697	614	2914	11604.17	7084.26
6650	1519	2463	19250.99	6445.6
180		50	99.82	14.11
55861	31909	43031	135733.8	62569.95
2363	710	389	36212	29243.9
3870	2087	2578	9146.5	3170.13
14753	3352	19090	29054886.28	3379537.63
88581	10962	20604	289700	180161.68
13575	2543	7110	439483.2	133153.1
2238	761	2947	10472.73	6137.81
5933	1517	4813	23944.15	6804.95
693	265	268	2465.7	724.7
30407	7894	16851	8201206.04	3477305.77
3211	2995	4647	12746.5	4807.7
2137		804	5213.8	2000.2
3599	1058	2089	13585.42	3189.02
44725	11975	31631	268965.74	59141.08
2997	935	1587	15655.06	1389.07
487	545	618	1195.11	719
1700	411	324	3675.22	1120.2
4850	2857	4213	44136.56	19806.08
389	120	580	723.11	382.78
650	289	829	512	103
15327	5651	5243	84541.64	34536.58
3451	672	478	8566.58	2308.8
168	43		1334	202
			4.1	2.1
55		957	132.8	73.9

初中阶段校数、班数(总计)

Number of Junior Secondary Schools and Classes (Regional Aggregates)

	学校数(所) Schools	班数(个) Classes				
		计 Total	一年级 Grade 1	二年级 Grade 2	三年级 Grade 3	四年级 Grade 4
合　计 Total	**63757**	**1153572**	**375149**	**381099**	**372600**	**24724**
北　京 Beijing	422	11068	3216	3612	4194	46
天　津 Tianjin	414	9222	2706	2932	3004	580
河　北 Hebei	4133	71170	22854	24284	23359	673
山　西 Shanxi	2830	35597	11823	11750	11768	256
内蒙古 Inner Mongolia	1511	23935	7203	7571	7415	1746
辽　宁 Liaoning	1865	32894	10477	11104	10770	543
吉　林 Jilin	1400	23048	7473	7945	7386	244
黑龙江 Heilongjiang	2229	36425	9517	8614	10220	8074
上　海 Shanghai	493	12859	2933	3031	3165	3730
江　苏 Jiangsu	2311	68172	22489	23329	22347	7
浙　江 Zhejiang	1999	37709	11885	12596	13185	43
安　徽 Anhui	3384	56708	19184	19038	18475	11
福　建 Fujian	1409	34606	11601	11871	11134	0
江　西 Jiangxi	2188	37305	11783	12680	12841	1
山　东 Shandong	3710	76884	22416	22911	24257	7300
河　南 Henan	5327	90166	30575	30050	29053	488
湖　北 Hubei	2688	49798	16276	16971	16084	467
湖　南 Hunan	3855	60983	18198	21155	21630	0
广　东 Guangdong	3243	78820	27807	26615	24397	1
广　西 Guangxi	2428	42760	15025	14258	13477	0
海　南 Hainan	450	7331	2737	2484	2110	0
重　庆 Chongqing	1221	22621	7602	7679	7335	5
四　川 Sichuan	4182	63529	21000	21577	20833	119
贵　州 Guizhou	2261	35643	12508	12078	11057	0
云　南 Yunnan	1864	34925	11625	11799	11229	272
西　藏 Tibet	90	2080	822	696	562	0
陕　西 Shaanxi	2103	37051	12572	12508	11967	4
甘　肃 Gansu	1587	23575	8141	7667	7696	71
青　海 Qinghai	367	4369	1504	1465	1375	25
宁　夏 Ningxia	321	5031	1751	1636	1643	1
新　疆 Xinjiang	1472	27288	9446	9193	8632	17

普通初中校数、班数(总计)

Number of Junior Schools and Classes (Regional Aggregates)

	学校数(所) Schools			班数(个) Classes				
	合 计 Total	初级中学 Junior Sec. Schools	九年一贯制学校 9-Year Sec. Schools	计 Total	一年级 Grade 1	二年级 Grade 2	三年级 Grade 3	四年级 Grade 4
合 计 Total	**63060**	**53887**	**9173**	**1144002**	**372044**	**378070**	**369483**	**24405**
北 京 Beijing	422	381	41	11068	3216	3612	4194	46
天 津 Tianjin	414	385	29	9222	2706	2932	3004	580
河 北 Hebei	4103	3771	332	70671	22711	24104	23183	673
山 西 Shanxi	2758	2433	325	35088	11673	11573	11586	256
内蒙古 Inner Mongolia	1348	1078	270	22058	6675	6998	6851	1534
辽 宁 Liaoning	1853	1689	164	32845	10456	11092	10754	543
吉 林 Jilin	1367	1190	177	22320	7216	7716	7171	217
黑龙江 Heilongjiang	2218	1868	350	36224	9492	8580	10142	8010
上 海 Shanghai	492	353	139	12830	2925	3024	3159	3722
江 苏 Jiangsu	2311	2061	250	68172	22489	23329	22347	7
浙 江 Zhejiang	1999	1713	286	37707	11885	12596	13183	43
安 徽 Anhui	3210	2999	211	54315	18388	18212	17708	7
福 建 Fujian	1408	1332	76	34599	11598	11869	11132	
江 西 Jiangxi	2186	1903	283	37273	11772	12670	12830	1
山 东 Shandong	3707	3398	309	76857	22409	22904	24244	7300
河 南 Henan	5320	5067	253	90051	30540	30019	29004	488
湖 北 Hubei	2651	2351	300	49338	16122	16809	15942	465
湖 南 Hunan	3848	3220	628	60938	18186	21141	21611	
广 东 Guangdong	3243	2849	394	78820	27807	26615	24397	1
广 西 Guangxi	2411	2240	171	42587	14988	14210	13389	
海 南 Hainan	450	325	125	7331	2737	2484	2110	
重 庆 Chongqing	1220	1054	166	22611	7600	7675	7331	5
四 川 Sichuan	4168	2627	1541	63399	20958	21534	20788	119
贵 州 Guizhou	2183	1720	463	35001	12272	11868	10861	
云 南 Yunnan	1851	1726	125	34475	11487	11639	11077	272
西 藏 Tibet	88	88		2076	819	696	561	
陕 西 Shaanxi	2095	1758	337	36980	12549	12481	11946	4
甘 肃 Gansu	1584	1191	393	23552	8139	7664	7678	71
青 海 Qinghai	364	156	208	4332	1484	1452	1371	25
宁 夏 Ningxia	321	229	92	4969	1727	1616	1625	1
新 疆 Xinjiang	1467	732	735	26293	9018	8956	8304	15

普通初中校数、班数(城市)

Number of Junior Schools and Classes (Urban)

	学校数(所) Schools			班数(个) Classes				
	合 计 Total	初级中学 Junior Sec. Schools	九年一贯制学校 9-Year Sec. Schools	计 Total	一年级 Grade 1	二年级 Grade 2	三年级 Grade 3	四年级 Grade 4
合 计 Total	**8747**	**6578**	**2169**	**219058**	**68883**	**70224**	**70882**	**9069**
北 京 Beijing	132	115	17	5188	1618	1663	1886	21
天 津 Tianjin	156	137	19	3708	1090	1160	1341	117
河 北 Hebei	428	286	142	11115	3571	3671	3656	217
山 西 Shanxi	329	256	73	7366	2460	2402	2433	71
内蒙古 Inner Mongolia	237	178	59	6284	1901	1911	1915	557
辽 宁 Liaoning	513	459	54	11640	3506	3752	3843	539
吉 林 Jilin	200	187	13	4810	1403	1650	1592	165
黑龙江 Heilongjiang	422	357	65	8970	2037	2417	2526	1990
上 海 Shanghai	274	218	56	7298	1596	1667	1807	2228
江 苏 Jiangsu	419	355	64	12481	4146	4051	4277	7
浙 江 Zhejiang	421	351	70	10762	3544	3556	3619	43
安 徽 Anhui	322	240	82	8030	2657	2711	2662	
福 建 Fujian	148	125	23	5755	1939	1973	1843	
江 西 Jiangxi	162	118	44	4092	1264	1334	1494	
山 东 Shandong	709	584	125	17677	5060	4990	5423	2204
河 南 Henan	564	458	106	12533	4154	4095	4038	246
湖 北 Hubei	687	515	172	12861	3866	4268	4275	452
湖 南 Hunan	319	204	115	9492	2982	3184	3326	
广 东 Guangdong	769	520	249	19816	7073	6724	6018	1
广 西 Guangxi	246	164	82	5096	1714	1698	1684	
海 南 Hainan	53	21	32	1243	432	430	381	
重 庆 Chongqing	106	83	23	3290	1100	1084	1101	5
四 川 Sichuan	256	149	107	7559	2523	2492	2436	108
贵 州 Guizhou	195	123	72	3710	1235	1247	1228	
云 南 Yunnan	109	73	36	2644	817	883	895	49
西 藏 Tibet	14	14		315	103	106	106	
陕 西 Shaanxi	187	118	69	5416	1785	1796	1832	3
甘 肃 Gansu	118	59	59	3119	994	1045	1046	34
青 海 Qinghai	28	13	15	774	256	264	248	6
宁 夏 Ningxia	51	34	17	1160	399	383	378	
新 疆 Xinjiang	173	64	109	4854	1658	1617	1573	6

普通初中校数、班数(县镇)

Number of Junior Schools and Classes (County City & Towns)

	学校数(所) Schools			班数(个) Classes				
	合 计 Total	初级中学 Junior Sec. Schools	九年一贯制学校 9-Year Sec. Schools	计 Total	一年级 Grade 1	二年级 Grade 2	三年级 Grade 3	四年级 Grade 4
合 计 Total	**16218**	**14596**	**1622**	**377580**	**123849**	**124748**	**121613**	**7370**
北 京 Beijing	180	166	14	4369	1194	1439	1711	25
天 津 Tianjin	137	134	3	3221	982	1016	946	277
河 北 Hebei	1242	1153	89	25803	8411	8779	8366	247
山 西 Shanxi	415	359	56	8244	2771	2685	2749	39
内蒙古 Inner Mongolia	407	334	73	8678	2637	2729	2687	625
辽 宁 Liaoning	203	187	16	4311	1399	1492	1420	
吉 林 Jilin	478	420	58	9415	3102	3266	3010	37
黑龙江 Heilongjiang	358	311	47	7462	2096	1741	2104	1521
上 海 Shanghai	197	125	72	5193	1250	1277	1270	1396
江 苏 Jiangsu	377	325	52	16843	5818	5893	5132	
浙 江 Zhejiang	1051	974	77	21389	6732	7130	7527	
安 徽 Anhui	549	521	28	13430	4621	4465	4344	
福 建 Fujian	421	411	10	15035	5043	5153	4839	
江 西 Jiangxi	742	647	95	16263	5181	5536	5546	
山 东 Shandong	1544	1457	87	36065	10556	10965	11530	3014
河 南 Henan	1207	1134	73	24872	8461	8208	8126	77
湖 北 Hubei	416	375	41	9772	3322	3330	3114	6
湖 南 Hunan	979	879	100	19576	5969	6791	6816	
广 东 Guangdong	1064	994	70	29137	10158	9852	9127	
广 西 Guangxi	1120	1085	35	24380	8656	8092	7632	
海 南 Hainan	191	163	28	4024	1526	1356	1142	
重 庆 Chongqing	96	83	13	2700	940	917	843	
四 川 Sichuan	907	707	200	21107	7029	7190	6880	8
贵 州 Guizhou	688	620	68	14665	5082	4971	4612	
云 南 Yunnan	479	447	32	12195	4094	4086	3947	68
西 藏 Tibet	73	73		1740	706	582	452	
陕 西 Shaanxi	197	166	31	5090	1735	1702	1653	
甘 肃 Gansu	231	188	43	5686	1999	1833	1853	1
青 海 Qinghai	87	39	48	1646	564	538	525	19
宁 夏 Ningxia	76	55	21	1495	539	471	484	1
新 疆 Xinjiang	106	64	42	3774	1276	1263	1226	9

普通初中校数、班数(农村)

Number of Junior Schools and Classes (Rural)

	学校数(所) Schools			班数(个) Classes				
	合 计 Total	初级中学 Junior Sec. Schools	九年一贯制学校 9-Year Sec. Schools	计 Total	一年级 Grade 1	二年级 Grade 2	三年级 Grade 3	四年级 Grade 4
合 计 Total	**38095**	**32713**	**5382**	**547364**	**179312**	**183098**	**176988**	**7966**
北 京 Beijing	110	100	10	1511	404	510	597	
天 津 Tianjin	121	114	7	2293	634	756	717	186
河 北 Hebei	2433	2332	101	33753	10729	11654	11161	209
山 西 Shanxi	2014	1818	196	19478	6442	6486	6404	146
内蒙古 Inner Mongolia	704	566	138	7096	2137	2358	2249	352
辽 宁 Liaoning	1137	1043	94	16894	5551	5848	5491	4
吉 林 Jilin	689	583	106	8095	2711	2800	2569	15
黑龙江 Heilongjiang	1438	1200	238	19792	5359	4422	5512	4499
上 海 Shanghai	21	10	11	339	79	80	82	98
江 苏 Jiangsu	1515	1381	134	38848	12525	13385	12938	
浙 江 Zhejiang	527	388	139	5556	1609	1910	2037	
安 徽 Anhui	2339	2238	101	32855	11110	11036	10702	7
福 建 Fujian	839	796	43	13809	4616	4743	4450	
江 西 Jiangxi	1282	1138	144	16918	5327	5800	5790	1
山 东 Shandong	1454	1357	97	23115	6793	6949	7291	2082
河 南 Henan	3549	3475	74	52646	17925	17716	16840	165
湖 北 Hubei	1548	1461	87	26705	8934	9211	8553	7
湖 南 Hunan	2550	2137	413	31870	9235	11166	11469	
广 东 Guangdong	1410	1335	75	29867	10576	10039	9252	
广 西 Guangxi	1045	991	54	13111	4618	4420	4073	
海 南 Hainan	206	141	65	2064	779	698	587	
重 庆 Chongqing	1018	888	130	16621	5560	5674	5387	
四 川 Sichuan	3005	1771	1234	34733	11406	11852	11472	3
贵 州 Guizhou	1300	977	323	16626	5955	5650	5021	
云 南 Yunnan	1263	1206	57	19636	6576	6670	6235	155
西 藏 Tibet	1	1		21	10	8	3	
陕 西 Shaanxi	1711	1474	237	26474	9029	8983	8461	1
甘 肃 Gansu	1235	944	291	14747	5146	4786	4779	36
青 海 Qinghai	249	104	145	1912	664	650	598	
宁 夏 Ningxia	194	140	54	2314	789	762	763	
新 疆 Xinjiang	1188	604	584	17665	6084	6076	5505	

职业初中校数、班数(总计)

Number of Schools, Classes Admitted in Vocational Schools (Regional Aggregates)

	学校数(所) Schools	班数(个) Classes				
		计 Total	一年级 Grade 1	二年级 Grade 2	三年级 Grade 3	四年级 Grade 4
合　计 Total	**697**	**9570**	**3105**	**3029**	**3117**	**319**
北　京 Beijing						
天　津 Tianjin						
河　北 Hebei	30	499	143	180	176	
山　西 Shanxi	72	509	150	177	182	
内蒙古 Inner Mongolia	163	1877	528	573	564	212
辽　宁 Liaoning	12	49	21	12	16	
吉　林 Jilin	33	728	257	229	215	27
黑龙江 Heilongjiang	11	201	25	34	78	64
上　海 Shanghai	1	29	8	7	6	8
江　苏 Jiangsu						
浙　江 Zhejiang		2			2	
安　徽 Anhui	174	2393	796	826	767	4
福　建 Fujian	1	7	3	2	2	
江　西 Jiangxi	2	32	11	10	11	
山　东 Shandong	3	27	7	7	13	
河　南 Henan	7	115	35	31	49	
湖　北 Hubei	37	460	154	162	142	2
湖　南 Hunan	7	45	12	14	19	
广　东 Guangdong						
广　西 Guangxi	17	173	37	48	88	
海　南 Hainan						
重　庆 Chongqing	1	10	2	4	4	
四　川 Sichuan	14	130	42	43	45	
贵　州 Guizhou	78	642	236	210	196	
云　南 Yunnan	13	450	138	160	152	
西　藏 Tibet	2	4	3		1	
陕　西 Shaanxi	8	71	23	27	21	
甘　肃 Gansu	3	23	2	3	18	
青　海 Qinghai	3	37	20	13	4	
宁　夏 Ningxia		62	24	20	18	
新　疆 Xinjiang	5	995	428	237	328	2

职业初中校数、班数(城市)
Number of Schools, Classes Admitted in Vocational Schools (Urban)

	学校数(所) Schools	班数(个) Classes				
		计 Total	一年级 Grade 1	二年级 Grade 2	三年级 Grade 3	四年级 Grade 4
合　计 Total	**28**	**348**	**96**	**121**	**122**	**9**
北　京 Beijing						
天　津 Tianjin						
河　北 Hebei	1	35	10	12	13	
山　西 Shanxi	7	80	18	34	28	
内蒙古 Inner Mongolia		7	2	2	3	
辽　宁 Liaoning	2	11	3	4	4	
吉　林 Jilin	2	20	6	7	7	
黑龙江 Heilongjiang		4	1	1	1	1
上　海 Shanghai	1	29	8	7	6	8
江　苏 Jiangsu						
浙　江 Zhejiang		1			1	
安　徽 Anhui	2	49	16	16	17	
福　建 Fujian						
江　西 Jiangxi						
山　东 Shandong		4	1	1	2	
河　南 Henan						
湖　北 Hubei	6	24	8	8	8	
湖　南 Hunan	1	3	1	1	1	
广　东 Guangdong						
广　西 Guangxi	1	18	6	6	6	
海　南 Hainan						
重　庆 Chongqing	1	10	2	4	4	
四　川 Sichuan		3	1	1	1	
贵　州 Guizhou	2	12	4	4	4	
云　南 Yunnan		3	1	1	1	
西　藏 Tibet						
陕　西 Shaanxi	1	8	3	3	2	
甘　肃 Gansu						
青　海 Qinghai	1	2		1	1	
宁　夏 Ningxia		16	4	6	6	
新　疆 Xinjiang		9	1	2	6	

职业初中校数、班数(县镇)

Number of Schools, Classes Admitted in Vocational Schools (County City & Towns)

	学校数 (所) Schools	班数(个) Classes				
		计 Total	一年级 Grade 1	二年级 Grade 2	三年级 Grade 3	四年级 Grade 4
合　计 Total	**168**	**2524**	**805**	**830**	**853**	**36**
北　京 Beijing						
天　津 Tianjin						
河　北 Hebei	10	281	80	102	99	
山　西 Shanxi	27	188	59	65	64	
内蒙古 Inner Mongolia	38	580	168	190	188	34
辽　宁 Liaoning						
吉　林 Jilin	10	152	72	41	39	
黑龙江 Heilongjiang	2	4	2	1	1	
上　海 Shanghai						
江　苏 Jiangsu						
浙　江 Zhejiang		1			1	
安　徽 Anhui	24	524	178	181	165	
福　建 Fujian						
江　西 Jiangxi	1	17	5	6	6	
山　东 Shandong	1	8	2	2	4	
河　南 Henan	1	5	2	1	2	
湖　北 Hubei	4	85	29	29	27	
湖　南 Hunan	5	42	11	13	18	
广　东 Guangdong						
广　西 Guangxi	14	123	20	32	71	
海　南 Hainan						
重　庆 Chongqing						
四　川 Sichuan	3	31	10	8	13	
贵　州 Guizhou	17	139	51	48	40	
云　南 Yunnan	4	176	54	56	66	
西　藏 Tibet	1	3	3			
陕　西 Shaanxi	2	28	9	11	8	
甘　肃 Gansu	1	3	1	1	1	
青　海 Qinghai	2	8	6	1	1	
宁　夏 Ningxia		24	10	8	6	
新　疆 Xinjiang	1	102	33	34	33	2

职业初中校数、班数(农村)

Number of Schools, Classes Admitted in Vocational Schools (Rural)

	学校数(所) Schools	班数(个) Classes				
		计 Total	一年级 Grade 1	二年级 Grade 2	三年级 Grade 3	四年级 Grade 4
合 计 Total	**501**	**6698**	**2204**	**2078**	**2142**	**274**
北 京 Beijing						
天 津 Tianjin						
河 北 Hebei	19	183	53	66	64	
山 西 Shanxi	38	241	73	78	90	
内蒙古 Inner Mongolia	125	1290	358	381	373	178
辽 宁 Liaoning	10	38	18	8	12	
吉 林 Jilin	21	556	179	181	169	27
黑龙江 Heilongjiang	9	193	22	32	76	63
上 海 Shanghai						
江 苏 Jiangsu						
浙 江 Zhejiang						
安 徽 Anhui	148	1820	602	629	585	4
福 建 Fujian	1	7	3	2	2	
江 西 Jiangxi	1	15	6	4	5	
山 东 Shandong	2	15	4	4	7	
河 南 Henan	6	110	33	30	47	
湖 北 Hubei	27	351	117	125	107	2
湖 南 Hunan	1					
广 东 Guangdong						
广 西 Guangxi	2	32	11	10	11	
海 南 Hainan						
重 庆 Chongqing						
四 川 Sichuan	11	96	31	34	31	
贵 州 Guizhou	59	491	181	158	152	
云 南 Yunnan	9	271	83	103	85	
西 藏 Tibet	1	1			1	
陕 西 Shaanxi	5	35	11	13	11	
甘 肃 Gansu	2	20	1	2	17	
青 海 Qinghai		27	14	11	2	
宁 夏 Ningxia		22	10	6	6	
新 疆 Xinjiang	4	884	394	201	289	

初中阶段学生数(总计)

Number of Students in Junior Schools (Regional Aggregates)

单位:人

Unit: in Person

	毕业生数 Graduates	招生数 Students Admitted	在校学生数 Enrolment						毕业班学生数 Graduates for Next Year
			合计 Total	其中女 of Which: Female	一年级 Grade 1	二年级 Grade 2	三年级 Grade 3	四年级 Grade 4	
合　计 Total	**20872998**	**20946444**	**65275140**	**30916341**	**21007666**	**21767875**	**21229693**	**1269906**	**21400940**
北　京 Beijing	166417	100490	386511	186223	101072	126189	157721	1529	157836
天　津 Tianjin	139073	112460	400568	196067	112818	126747	135064	25939	135328
河　北 Hebei	1422615	1267872	4062247	1998502	1268572	1385362	1376342	31971	1385366
山　西 Shanxi	602851	623442	1954279	948452	631407	661413	649728	11731	651336
内蒙古 Inner Mongolia	344389	350004	1175903	568965	351974	378484	369444	76001	369584
辽　宁 Liaoning	583626	508325	1677001	812689	509165	572071	569047	26718	567996
吉　林 Jilin	380203	354509	1189311	576427	354988	426283	395224	12816	394573
黑龙江 Heilongjiang	555919	459307	1875576	916248	459506	436065	541177	438828	573542
上　海 Shanghai	168621	114018	523178	253203	114285	120648	130278	157967	157990
江　苏 Jiangsu	1132426	1189684	3677793	1707616	1190027	1265454	1222054	258	1222130
浙　江 Zhejiang	649384	547269	1800816	842799	547536	609635	641794	1851	641926
安　徽 Anhui	1131515	1243174	3699054	1742823	1246715	1254553	1197104	682	1197114
福　建 Fujian	591158	615411	1861573	878370	615945	643449	602179	0	602179
江　西 Jiangxi	724157	677209	2180853	986715	684172	750896	745785	0	745785
山　东 Shandong	1662169	1243110	4394109	2071745	1251056	1302042	1433778	407233	1516204
河　南 Henan	1985204	1963156	5913504	2836013	1970906	1954109	1960484	28005	1979122
湖　北 Hubei	1003370	1096875	3353845	1554754	1098395	1163719	1068226	23505	1068054
湖　南 Hunan	1184831	1033094	3530911	1690445	1033223	1247085	1250603	0	1250603
广　东 Guangdong	1314006	1586418	4495533	2112805	1586873	1526118	1382493	49	1382493
广　西 Guangxi	750373	854566	2415715	1128622	855733	811220	748762	0	748762
海　南 Hainan	123719	158608	439092	197710	158826	150736	129530	0	129530
重　庆 Chongqing	374256	427679	1255051	593157	429185	432567	393106	193	393147
四　川 Sichuan	1108550	1207891	3620756	1715815	1210864	1248114	1156976	4802	1156781
贵　州 Guizhou	585281	735500	2087151	939907	736841	710672	639638	0	639638
云　南 Yunnan	584166	640905	1952661	911397	646133	661742	629716	15070	627605
西　藏 Tibet	24570	41780	109255	49529	41780	37338	30137	0	30137
陕　西 Shaanxi	683789	733214	2196560	1054489	735435	752211	708786	128	708783
甘　肃 Gansu	398512	471093	1346001	621230	473346	439704	430058	2893	432771
青　海 Qinghai	63430	78291	225155	104806	78512	76488	69159	996	69257
宁　夏 Ningxia	86716	93945	272796	127080	94443	88808	89513	32	89545
新　疆 Xinjiang	347702	417145	1202382	591738	417933	407953	375787	709	375823

普通初中学生数(总计)

Number of Students in Junior Secondary Schools (Regional Aggregates)

单位:人

Unit:in Person

	毕业生数 Graduates	招生数 Students Admitted	在校学生数 Enrolment						毕业班学生数 Graduates for Next Year
			合 计 Total	其中女 of Which: Female	一年级 Grade 1	二年级 Grade 2	三年级 Grade 3	四年级 Grade 4	
合 计 Total	**20703868**	**20782272**	**64750006**	**30672272**	**20843167**	**21593028**	**21059054**	**1254757**	**21228099**
北 京 Beijing	166417	100490	386511	186223	101072	126189	157721	1529	157836
天 津 Tianjin	139073	112460	400568	196067	112818	126747	135064	25939	135328
河 北 Hebei	1411923	1259918	4035302	1985491	1260618	1375865	1366848	31971	1376222
山 西 Shanxi	592882	614985	1927068	935749	622950	651674	640713	11731	642321
内蒙古 Inner Mongolia	320375	326358	1092223	528374	328119	351922	344169	68013	344597
辽 宁 Liaoning	583036	507462	1675350	812007	508302	571668	568662	26718	567611
吉 林 Jilin	368638	346009	1148001	556430	346488	407652	383158	10703	382219
黑龙江 Heilongjiang	549422	458048	1863607	910356	458247	434480	536396	434484	566453
上 海 Shanghai	168209	113869	522475	252892	114136	120499	130123	157717	157717
江 苏 Jiangsu	1132426	1189684	3677793	1707616	1190027	1265454	1222054	258	1222130
浙 江 Zhejiang	649181	547269	1800749	842783	547536	609635	641727	1851	641859
安 徽 Anhui	1080085	1191877	3540957	1669242	1195401	1199795	1145296	465	1145365
福 建 Fujian	591043	615293	1861259	878240	615815	643381	602063		602063
江 西 Jiangxi	722574	676603	2178942	985867	683566	750343	745033		745033
山 东 Shandong	1661201	1242717	4392406	2070897	1250663	1301649	1432861	407233	1515287
河 南 Henan	1982146	1961250	5906674	2832938	1969000	1952116	1957553	28005	1976191
湖 北 Hubei	993151	1085882	3319842	1539186	1087401	1151380	1057721	23340	1057384
湖 南 Hunan	1184031	1032476	3528584	1689339	1032605	1246368	1249611		1249611
广 东 Guangdong	1314006	1586418	4495533	2112805	1586873	1526118	1382493	49	1382493
广 西 Guangxi	747468	853305	2410467	1126462	854472	809388	746607		746607
海 南 Hainan	123719	158608	439092	197710	158826	150736	129530		129530
重 庆 Chongqing	374205	427650	1254784	593023	429156	432447	392988	193	393029
四 川 Sichuan	1106335	1205767	3614111	1712909	1208699	1245980	1154630	4802	1154435
贵 州 Guizhou	573295	721590	2049364	923185	722912	698444	628008		628008
云 南 Yunnan	579396	633977	1930879	901525	639200	654145	622464	15070	620353
西 藏 Tibet	24270	41696	109148	49494	41696	37338	30114		30114
陕 西 Shaanxi	682679	731862	2192280	1052423	734072	750568	707512	128	707509
甘 肃 Gansu	397336	471039	1344797	620674	473292	439618	428994	2893	431707
青 海 Qinghai	63067	77052	223162	103758	77273	75853	69040	996	69138
宁 夏 Ningxia	86114	92568	269277	125675	93066	87671	88508	32	88540
新 疆 Xinjiang	336165	398090	1158801	572932	398866	397905	361393	637	361409

普通初中学生数(城市)

Number of Students in Junior Secondary Schools (Urban)

单位:人

Unit:in Person

	毕业生数 Graduates	招生数 Students Admitted	在校学生数 Enrolment						毕业班学生数 Graduates for Next Year
			合 计 Total	其中女 of Which: Female	一年级 Grade 1	二年级 Grade 2	三年级 Grade 3	四年级 Grade 4	
合 计 Total	**3616176**	**3474648**	**11196865**	**5312928**	**3479586**	**3612255**	**3666126**	**438898**	**3703643**
北 京 Beijing	73567	49507	172061	83988	49587	53971	67769	734	67776
天 津 Tianjin	60654	43906	152388	75213	43957	48290	56099	4042	56119
河 北 Hebei	207050	190471	608057	296033	190710	201109	205129	11109	204408
山 西 Shanxi	120190	128110	405678	195320	131041	135185	136160	3292	137125
内蒙古 Inner Mongolia	97523	100146	332648	161925	100279	101617	104147	26605	102178
辽 宁 Liaoning	210451	166259	578531	281230	166290	186364	199362	26515	199860
吉 林 Jilin	84622	69098	250651	119681	69119	88049	84795	8688	83537
黑龙江 Heilongjiang	125601	99561	435228	212888	99662	117075	124198	94293	124121
上 海 Shanghai	100282	58803	287164	139610	58970	63249	71902	93043	93043
江 苏 Jiangsu	211772	195250	596454	281962	195270	193318	207608	258	207684
浙 江 Zhejiang	175683	162565	513076	234919	162602	169986	178637	1851	178769
安 徽 Anhui	146656	151522	464903	218512	151611	158407	154885		154885
福 建 Fujian	88255	96238	289276	131898	96257	99444	93575		93575
江 西 Jiangxi	76682	64229	213557	95690	64434	70560	78563		78563
山 东 Shandong	318507	264330	945809	442128	264343	261930	297544	121992	309826
河 南 Henan	219606	219868	687288	329343	219925	225674	227194	14495	233403
湖 北 Hubei	235732	217161	720712	339038	217245	241761	238995	22711	238684
湖 南 Hunan	143317	141012	444235	210582	141015	151282	151938		151938
广 东 Guangdong	295544	381367	1068907	492101	381510	365275	322073	49	322073
广 西 Guangxi	84499	89999	264650	120887	90005	88081	86564		86564
海 南 Hainan	19301	23705	68949	29902	23724	24340	20885		20885
重 庆 Chongqing	46823	51763	153748	74434	52072	51025	50458	193	50412
四 川 Sichuan	117006	132563	395422	189851	132582	131698	126846	4296	126540
贵 州 Guizhou	60824	65249	196479	94414	65271	66326	64882		64882
云 南 Yunnan	42960	41600	135904	67602	41611	45188	46440	2665	45986
西 藏 Tibet	4472	4743	14646	6874	4743	5048	4855		4855
陕 西 Shaanxi	94957	94941	288984	137957	94970	96054	97832	128	97829
甘 肃 Gansu	52957	54378	169628	81386	54417	56626	57140	1445	58428
青 海 Qinghai	12094	13857	41758	20052	13857	14360	13347	194	13354
宁 夏 Ningxia	20469	22370	64798	31491	22372	21258	21168		21168
新 疆 Xinjiang	68120	80077	235276	116017	80135	79705	75136	300	75173

普通初中学生数(县镇)

Number of Students in Junior Secondary Schools (County City & Towns)

单位:人

Unit:in Person

	毕业生数 Graduates	招生数 Students Admitted	在校学生数 Enrolment						毕业班学生数 Graduates for Next Year
			合计 Total	其中女 of Which: Female	一年级 Grade 1	二年级 Grade 2	三年级 Grade 3	四年级 Grade 4	
合　计 Total	**6935778**	**7064699**	**21870482**	**10298686**	**7091327**	**7292170**	**7101349**	**385636**	**7163982**
北　京 Beijing	69668	39518	163768	78060	39892	54725	68356	795	68464
天　津 Tianjin	44807	41906	145729	70992	42106	44846	45370	13407	45484
河　北 Hebei	513729	493420	1537156	752725	493680	521043	510944	11489	516546
山　西 Shanxi	146039	155240	486205	233766	158024	163718	162592	1871	162297
内蒙古 Inner Mongolia	125483	134092	450875	217885	134986	145513	142204	28172	142663
辽　宁 Liaoning	81128	72637	241933	118010	72642	86380	82911		81837
吉　林 Jilin	159423	156327	499253	243305	156467	175189	166065	1532	166109
黑龙江 Heilongjiang	115194	108608	409132	201029	108648	96181	118151	86152	123599
上　海 Shanghai	63560	52068	222191	107091	52151	54219	54944	60877	60877
江　苏 Jiangsu	219131	266528	786773	356970	266605	270135	250033		250033
浙　江 Zhejiang	377227	314164	1035513	486648	314363	351110	370040		370040
安　徽 Anhui	266778	297550	881953	408728	299704	298572	283677		283677
福　建 Fujian	264817	274524	827571	389401	274806	286214	266551		266551
江　西 Jiangxi	308120	297902	950755	424645	301382	328960	320413		320413
山　东 Shandong	809364	600601	2134554	1004745	608532	646875	707223	171924	750879
河　南 Henan	562239	573560	1716837	819655	575759	562700	574510	3868	577297
湖　北 Hubei	184521	232638	688191	310583	232743	239501	215653	294	215624
湖　南 Hunan	391124	364572	1218114	579316	364618	431936	421560		421560
广　东 Guangdong	499717	588944	1683529	793507	589211	571697	522621		522621
广　西 Guangxi	436255	501926	1417048	657892	502320	474656	440072		440072
海　南 Hainan	72741	93595	255944	114940	93731	87441	74772		74772
重　庆 Chongqing	51781	57868	164299	77895	57919	56414	49966		50053
四　川 Sichuan	390623	426756	1266981	596295	427447	440401	398736	397	398837
贵　州 Guizhou	252441	303349	881564	399031	304022	299947	277595		277595
云　南 Yunnan	212136	231216	698919	332462	232801	236262	226165	3691	225782
西　藏 Tibet	19609	36471	93536	42194	36471	31908	25157		25157
陕　西 Shaanxi	97021	108352	322792	153229	109133	109892	103767		103767
甘　肃 Gansu	98647	120790	343428	159430	121227	111648	110525	28	110530
青　海 Qinghai	23511	29974	84272	39121	29985	27762	25723	802	25814
宁　夏 Ningxia	27159	30196	85424	40004	30299	26521	28572	32	28604
新　疆 Xinjiang	51785	59407	176243	89132	59653	59804	56481	305	56428

普通初中学生数(农村)

Number of Students in Junior Secondary Schools (Rural)

单位:人

Unit:in Person

	毕业生数 Graduates	招生数 Students Admitted	在校学生数 Enrolment						毕业班学生数 Graduates for Next Year
			合　计 Total	其中女 of Which: Female	一年级 Grade 1	二年级 Grade 2	三年级 Grade 3	四年级 Grade 4	
合　计 Total	**10151914**	**10242925**	**31682659**	**15060658**	**10272254**	**10688603**	**10291579**	**430223**	**10360474**
北　京 Beijing	23182	11465	50682	24175	11593	17493	21596		21596
天　津 Tianjin	33612	26648	102451	49862	26755	33611	33595	8490	33725
河　北 Hebei	691144	576027	1890089	936733	576228	653713	650775	9373	655268
山　西 Shanxi	326653	331635	1035185	506663	333885	352771	341961	6568	342899
内蒙古 Inner Mongolia	97369	92120	308700	148564	92854	104792	97818	13236	99756
辽　宁 Liaoning	291457	268566	854886	412767	269370	298924	286389	203	285914
吉　林 Jilin	124593	120584	398097	193444	120902	144414	132298	483	132573
黑龙江 Heilongjiang	308627	249879	1019247	496439	249937	221224	294047	254039	318733
上　海 Shanghai	4367	2998	13120	6191	3015	3031	3277	3797	3797
江　苏 Jiangsu	701523	727906	2294566	1068684	728152	802001	764413		764413
浙　江 Zhejiang	96271	70540	252160	121216	70571	88539	93050		93050
安　徽 Anhui	666651	742805	2194101	1042002	744086	742816	706734	465	706803
福　建 Fujian	237971	244531	744412	356941	244752	257723	241937		241937
江　西 Jiangxi	337772	314472	1014630	465532	317750	350823	346057		346057
山　东 Shandong	533330	377786	1312043	624024	377788	392844	428094	113317	454582
河　南 Henan	1200301	1167822	3502549	1683940	1173316	1163742	1155849	9642	1165491
湖　北 Hubei	572898	636083	1910939	889565	637413	670118	603073	335	603076
湖　南 Hunan	649590	526892	1866235	899441	526972	663150	676113		676113
广　东 Guangdong	518745	616107	1743097	827197	616152	589146	537799		537799
广　西 Guangxi	226714	261380	728769	347683	262147	246651	219971		219971
海　南 Hainan	31677	41308	114199	52868	41371	38955	33873		33873
重　庆 Chongqing	275601	318019	936737	440694	319165	325008	292564		292564
四　川 Sichuan	598706	646448	1951708	926763	648670	673881	629048	109	629058
贵　州 Guizhou	260030	352992	971321	429740	353619	332171	285531		285531
云　南 Yunnan	324300	361161	1096056	501461	364788	372695	349859	8714	348585
西　藏 Tibet	189	482	966	426	482	382	102		102
陕　西 Shaanxi	490701	528569	1580504	761237	529969	544622	505913		505913
甘　肃 Gansu	245732	295871	831741	379858	297648	271344	261329	1420	262749
青　海 Qinghai	27462	33221	97132	44585	33431	33731	29970		29970
宁　夏 Ningxia	38486	40002	119055	54180	40395	39892	38768		38768
新　疆 Xinjiang	216260	258606	747282	367783	259078	258396	229776	32	229808

普通初中女学生数

Number of Female Students in Junior Secondary Schools

单位:人

Unit:in Person

	毕业生数 Graduates	招生数 Students Admitted	在校学生数 Enrolment					毕业班学生数 Graduates for Next Year
			合 计 Total	一年级 Grade 1	二年级 Grade 2	三年级 Grade 3	四年级 Grade 4	
合 计 Total	**9890907**	**9808548**	**30672272**	**9830435**	**10198971**	**10032211**	**610655**	**10034877**
北 京 Beijing	81700	48509	186223	48619	60545	76331	728	74826
天 津 Tianjin	69089	54485	196067	54544	62318	66796	12409	65249
河 北 Hebei	700525	616493	1985491	616850	676240	677098	15303	669434
山 西 Shanxi	288721	296379	935749	300404	316434	313156	5755	312935
内蒙古 Inner Mongolia	156541	155487	528374	156174	168181	169371	34648	168805
辽 宁 Liaoning	287222	246282	812007	246575	275427	276825	13180	276401
吉 林 Jilin	182137	168298	556430	168450	195751	186884	5345	185892
黑龙江 Heilongjiang	271589	222270	910356	222324	211904	263378	212750	277256
上 海 Shanghai	82833	54823	252892	54879	58288	62750	76975	77005
江 苏 Jiangsu	532188	553242	1707616	553316	586264	567902	134	565739
浙 江 Zhejiang	307966	255229	842783	255304	284713	301998	768	299786
安 徽 Anhui	506605	561835	1669242	563321	564982	540715	224	539527
福 建 Fujian	286585	286464	878240	286553	303322	288365		288365
江 西 Jiangxi	331449	308026	985867	310039	338409	337419		328205
山 东 Shandong	789136	583590	2070897	587196	610552	677791	195358	718172
河 南 Henan	952951	939412	2832938	941921	933936	943077	14004	948542
湖 北 Hubei	461649	507248	1539186	507667	530171	489985	11363	479106
湖 南 Hunan	574234	490251	1689339	490290	596676	602373		602373
广 东 Guangdong	621275	743724	2112805	743910	716536	652329	30	635588
广 西 Guangxi	355591	391565	1126462	391719	377292	357451		354655
海 南 Hainan	56893	72165	197710	72277	67688	57745		57745
重 庆 Chongqing	177764	202484	593023	203115	203572	186240	96	179180
四 川 Sichuan	524228	569944	1712909	570701	590536	549383	2289	547446
贵 州 Guizhou	256021	325977	923185	326381	313984	282820		282820
云 南 Yunnan	270174	294309	901525	295566	305709	293156	7094	292085
西 藏 Tibet	11211	19128	49494	19128	16747	13619		13682
陕 西 Shaanxi	330201	349410	1052423	350339	358581	343443	60	342882
甘 肃 Gansu	184567	217842	620674	218610	202397	198388	1279	196203
青 海 Qinghai	29688	35593	103758	35738	35046	32488	486	32234
宁 夏 Ningxia	41104	43049	125675	43204	40664	41786	21	41807
新 疆 Xinjiang	169070	195035	572932	195321	196106	181149	356	180932

职业初中学生数(总计)

Number of Students in Vocational Junior Secondary Schools (Regional Aggregates)

单位:人

Unit: in Person

	毕业生数 Graduates	招生数 Students Admitted	在校学生数 Enrolment						毕业班学生数 Graduates for Next Year
			合计 Total	其中女 of Which: Female	一年级 Grade 1	二年级 Grade 2	三年级 Grade 3	四年级 Grade 4	
合　计 Total	**169130**	**164172**	**525134**	**244069**	**164499**	**174847**	**170639**	**15149**	**172841**
北　京 Beijing									
天　津 Tianjin									
河　北 Hebei	10692	7954	26945	13011	7954	9497	9494		9144
山　西 Shanxi	9969	8457	27211	12703	8457	9739	9015		9015
内蒙古 Inner Mongolia	24014	23646	83680	40591	23855	26562	25275	7988	24987
辽　宁 Liaoning	590	863	1651	682	863	403	385		385
吉　林 Jilin	11565	8500	41310	19997	8500	18631	12066	2113	12354
黑龙江 Heilongjiang	6497	1259	11969	5892	1259	1585	4781	4344	7089
上　海 Shanghai	412	149	703	311	149	149	155	250	273
江　苏 Jiangsu									
浙　江 Zhejiang	203		67	16			67		67
安　徽 Anhui	51430	51297	158097	73581	51314	54758	51808	217	51749
福　建 Fujian	115	118	314	130	130	68	116		116
江　西 Jiangxi	1583	606	1911	848	606	553	752		752
山　东 Shandong	968	393	1703	848	393	393	917		917
河　南 Henan	3058	1906	6830	3075	1906	1993	2931		2931
湖　北 Hubei	10219	10993	34003	15568	10994	12339	10505	165	10670
湖　南 Hunan	800	618	2327	1106	618	717	992		992
广　东 Guangdong									
广　西 Guangxi	2905	1261	5248	2160	1261	1832	2155		2155
海　南 Hainan									
重　庆 Chongqing	51	29	267	134	29	120	118		118
四　川 Sichuan	2215	2124	6645	2906	2165	2134	2346		2346
贵　州 Guizhou	11986	13910	37787	16722	13929	12228	11630		11630
云　南 Yunnan	4770	6928	21782	9872	6933	7597	7252		7252
西　藏 Tibet	300	84	107	35	84		23		23
陕　西 Shaanxi	1110	1352	4280	2066	1363	1643	1274		1274
甘　肃 Gansu	1176	54	1204	556	54	86	1064		1064
青　海 Qinghai	363	1239	1993	1048	1239	635	119		119
宁　夏 Ningxia	602	1377	3519	1405	1377	1137	1005		1005
新　疆 Xinjiang	11537	19055	43581	18806	19067	10048	14394	72	14414

职业初中学生数(城市)

Number of Students in Vocational Junior Secondary Schools (Urban)

单位:人

Unit:in Person

	毕业生数 Graduates	招生数 Students Admitted	在校学生数 Enrolment 合计 Total	其中女 of Which: Female	一年级 Grade 1	二年级 Grade 2	三年级 Grade 3	四年级 Grade 4	毕业班学生数 Graduates for Next Year
合　计 Total	**5778**	**4191**	**15782**	**6966**	**4191**	**5680**	**5626**	**285**	**5751**
北　京 Beijing									
天　津 Tianjin									
河　北 Hebei	720	531	1862	906	531	634	697		697
山　西 Shanxi	1814	1037	4685	2098	1037	2048	1600		1600
内蒙古 Inner Mongolia	82	71	289	85	71	86	132		132
辽　宁 Liaoning	139	68	260	98	68	84	108		108
吉　林 Jilin	273	201	690	347	201	225	264		264
黑龙江 Heilongjiang		7	83	36	7	13	28	35	35
上　海 Shanghai	412	149	703	311	149	149	155	250	273
江　苏 Jiangsu									
浙　江 Zhejiang	58		37	4			37		37
安　徽 Anhui	690	889	2659	1334	889	863	907		907
福　建 Fujian									
江　西 Jiangxi									
山　东 Shandong	112	14	80	62	14	18	48		48
河　南 Henan									
湖　北 Hubei	451	390	1096	246	390	414	292		292
湖　南 Hunan	29	21	90	67	21	36	33		33
广　东 Guangdong									
广　西 Guangxi	290	159	613	146	159	221	233		233
海　南 Hainan									
重　庆 Chongqing	51	29	267	134	29	120	118		118
四　川 Sichuan	65	4	37	4	4	9	24		24
贵　州 Guizhou	184	209	649	311	209	209	231		231
云　南 Yunnan	20	11	37	2	11	18	8		8
西　藏 Tibet									
陕　西 Shaanxi	70	150	408	192	150	142	116		116
甘　肃 Gansu									
青　海 Qinghai	21		37	12		23	14		14
宁　夏 Ningxia	247	208	838	387	208	308	322		322
新　疆 Xinjiang	50	43	362	184	43	60	259		259

职业初中学生数(县镇)

Number of Students in Vocational Junior Secondary Schools (County City & Towns)

单位:人

Unit: in Person

	毕业生数 Graduates	招生数 Students Admitted	在校学生数 Enrolment 合计 Total	其中女 of Which: Female	一年级 Grade 1	二年级 Grade 2	三年级 Grade 3	四年级 Grade 4	毕业班学生数 Graduates for Next Year
合 计 Total	**48262**	**42593**	**139208**	**64404**	**42609**	**49169**	**45817**	**1613**	**46153**
北 京 Beijing									
天 津 Tianjin									
河 北 Hebei	5764	4424	15411	7700	4424	5506	5481		5131
山 西 Shanxi	3946	3427	10483	4833	3427	3478	3578		3578
内蒙古 Inner Mongolia	9706	8452	28123	13880	8452	9293	8927	1451	9503
辽 宁 Liaoning									
吉 林 Jilin	2417	1090	8625	4339	1090	5247	2198	90	2288
黑龙江 Heilongjiang	343	94	164	63	94	29	41		41
上 海 Shanghai									
江 苏 Jiangsu									
浙 江 Zhejiang	72		30	12			30		30
安 徽 Anhui	11880	11648	35473	15356	11648	12141	11684		11684
福 建 Fujian									
江 西 Jiangxi	436	194	884	389	194	268	422		422
山 东 Shandong	600	160	669	320	160	130	379		379
河 南 Henan	178	65	193	69	65	32	96		96
湖 北 Hubei	1619	2070	6048	2626	2070	2112	1866		1866
湖 南 Hunan	771	597	2237	1039	597	681	959		959
广 东 Guangdong									
广 西 Guangxi	2008	1102	4635	2014	1102	1611	1922		1922
海 南 Hainan									
重 庆 Chongqing									
四 川 Sichuan	808	505	1580	650	505	349	726		726
贵 州 Guizhou	2953	2835	7810	3511	2835	2669	2306		2306
云 南 Yunnan	2286	2828	8599	3912	2833	2825	2941		2941
西 藏 Tibet	300	84	84	31	84				
陕 西 Shaanxi	423	590	1878	967	601	760	517		517
甘 肃 Gansu	17	11	45	20	11	17	17		17
青 海 Qinghai	42	396	499	235	396	56	47		47
宁 夏 Ningxia	29	563	1363	563	563	479	321		321
新 疆 Xinjiang	1664	1458	4375	1875	1458	1486	1359	72	1379

职业初中学生数(农村)

Number of Students in Vocational Junior Secondary Schools (Rural)

单位:人

Unit: in Person

	毕业生数 Graduates	招生数 Students Admitted	在校学生数 Enrolment 合计 Total	其中女 of Which: Female	一年级 Grade 1	二年级 Grade 2	三年级 Grade 3	四年级 Grade 4	毕业班学生数 Graduates for Next Year
合 计 Total	**115090**	**117388**	**370144**	**172699**	**117699**	**119998**	**119196**	**13251**	**120937**
北 京 Beijing									
天 津 Tianjin									
河 北 Hebei	4208	2999	9672	4405	2999	3357	3316		3316
山 西 Shanxi	4209	3993	12043	5772	3993	4213	3837		3837
内蒙古 Inner Mongolia	14226	15123	55268	26626	15332	17183	16216	6537	15352
辽 宁 Liaoning	451	795	1391	584	795	319	277		277
吉 林 Jilin	8875	7209	31995	15311	7209	13159	9604	2023	9802
黑龙江 Heilongjiang	6154	1158	11722	5793	1158	1543	4712	4309	7013
上 海 Shanghai									
江 苏 Jiangsu									
浙 江 Zhejiang	73								
安 徽 Anhui	38860	38760	119965	56891	38777	41754	39217	217	39158
福 建 Fujian	115	118	314	130	130	68	116		116
江 西 Jiangxi	1147	412	1027	459	412	285	330		330
山 东 Shandong	256	219	954	466	219	245	490		490
河 南 Henan	2880	1841	6637	3006	1841	1961	2835		2835
湖 北 Hubei	8149	8533	26859	12696	8534	9813	8347	165	8512
湖 南 Hunan									
广 东 Guangdong									
广 西 Guangxi	607								
海 南 Hainan									
重 庆 Chongqing									
四 川 Sichuan	1342	1615	5028	2252	1656	1776	1596		1596
贵 州 Guizhou	8849	10866	29328	12900	10885	9350	9093		9093
云 南 Yunnan	2464	4089	13146	5958	4089	4754	4303		4303
西 藏 Tibet			23	4			23		23
陕 西 Shaanxi	617	612	1994	907	612	741	641		641
甘 肃 Gansu	1159	43	1159	536	43	69	1047		1047
青 海 Qinghai	300	843	1457	801	843	556	58		58
宁 夏 Ningxia	326	606	1318	455	606	350	362		362
新 疆 Xinjiang	9823	17554	38844	16747	17566	8502	12776		12776

职业初中女学生数

Number of Female Students in Vocational Junior Secondary Schools

单位:人

Unit:in Person

	毕业生数 Graduates	招生数 Students Admitted	在校学生数 Enrolment					毕业班学生数 Graduates for Next Year
			合计 Total	一年级 Grade 1	二年级 Grade 2	三年级 Grade 3	四年级 Grade 4	
合　计 Total	**79471**	**75411**	**244069**	**75550**	**81293**	**79783**	**7443**	**80059**
北　京 Beijing								
天　津 Tianjin								
河　北 Hebei	5526	3651	13011	3651	4761	4599		4222
山　西 Shanxi	4745	3924	12703	3924	4615	4164		4340
内蒙古 Inner Mongolia	11843	11337	40591	11432	12542	12560	4057	12483
辽　宁 Liaoning	265	372	682	372	142	168		168
吉　林 Jilin	5699	3823	19997	3823	9119	6103	952	5905
黑龙江 Heilongjiang	3100	628	5892	628	786	2366	2112	3504
上　海 Shanghai	132	68	311	68	54	68	121	134
江　苏 Jiangsu								
浙　江 Zhejiang	23		16			16		16
安　徽 Anhui	23540	24058	73581	24062	25487	23940	92	23916
福　建 Fujian	45	51	130	56	19	55		55
江　西 Jiangxi	629	246	848	246	263	339		339
山　东 Shandong	376	190	848	190	186	472		472
河　南 Henan	1493	942	3075	942	845	1288		1288
湖　北 Hubei	4769	5122	15568	5122	5589	4784	73	4464
湖　南 Hunan	404	298	1106	298	332	476		490
广　东 Guangdong								
广　西 Guangxi	1250	433	2160	433	779	948		948
海　南 Hainan								
重　庆 Chongqing	34	13	134	13	59	62		62
四　川 Sichuan	1033	900	2906	920	931	1055		1055
贵　州 Guizhou	5172	6010	16722	6018	5649	5055		5055
云　南 Yunnan	2127	3165	9872	3167	3439	3266		3266
西　藏 Tibet	173	31	35	31		4		4
陕　西 Shaanxi	590	677	2066	682	767	617		617
甘　肃 Gansu	525	21	556	21	35	500		500
青　海 Qinghai	155	722	1048	722	276	50		50
宁　夏 Ningxia	244	551	1405	551	422	432		432
新　疆 Xinjiang	5579	8178	18806	8178	4196	6396	36	6274

职业初中教职工数(总计)

Number of Teachers, Staff & Workers in Vocational Schools (Regional Aggregates)

单位:人

Unit: in Person

	教职工数 Teachers, Staff & Workers						代课教师 Substitute Teachers	兼任教师 Part-time Teachers
	合计 Total	专任教师 Full-time Teachers	行政人员 Adm. Personnel	教辅人员 Supporting Staff	工勤人员 Workers	校办工厂、农(林)场职工 Employees in School-run by Factories & Farms		
合计 Total	**27997**	**23680**	**1515**	**957**	**1789**	**56**	**894**	**359**
北京 Beijing								
天津 Tianjin								
河北 Hebei	1950	1695	122	44	88	1	57	
山西 Shanxi	2034	1701	126	85	115	7	135	57
内蒙古 Inner Mongolia	7687	5953	371	446	884	33	236	46
辽宁 Liaoning	61	45	13		3			
吉林 Jilin	1900	1503	226	105	65	1	10	12
黑龙江 Heilongjiang	345	317	23	1	4			37
上海 Shanghai	65	28	12	13	12		17	
江苏 Jiangsu								
浙江 Zhejiang	11	7	3	1				2
安徽 Anhui	6836	6132	320	116	263	5	134	7
福建 Fujian	28	22	5		1			
江西 Jiangxi	102	93			9			2
山东 Shandong	139	114	8	4	13		9	
河南 Henan	271	257	4	1	9		23	
湖北 Hubei	1748	1539	68	40	99	2	71	
湖南 Hunan	148	138	2		8			4
广东 Guangdong								12
广西 Guangxi	402	294	31	18	59		5	3
海南 Hainan								
重庆 Chongqing	40	28	5	4	3		1	
四川 Sichuan	421	353	32	5	27	4	53	21
贵州 Guizhou	2194	2000	106	33	52	3	46	70
云南 Yunnan	600	524	16	14	46		10	79
西藏 Tibet	2	1	1				5	6
陕西 Shaanxi	247	233	10	3	1		1	
甘肃 Gansu	71	68			3		3	
青海 Qinghai	41	35	3	1	2		4	
宁夏 Ningxia	137	132		4	1			
新疆 Xinjiang	517	468	8	19	22		74	1

职业初中教职工数(城市)

Number of Teachers, Staff & Workers in Vocational Schools (Urban)

单位:人

Unit:in Person

	教职工数 Teachers,Staff & Workers						代课教师 Substitute Teachers	兼任教师 Part-time Teachers
	合 计 Total	专任教师 Full-time Teachers	行政人员 Adm. Personnel	教辅人员 Supporting Staff	工勤人员 Workers	校办工厂、农(林)场职工 Employees in School-run by Factories & Farms		
合 计 Total	**1240**	**967**	**109**	**51**	**111**	**2**	**37**	**27**
北 京 Beijing								
天 津 Tianjin								
河 北 Hebei	122	121	1					
山 西 Shanxi	422	332	27	18	43	2	8	19
内蒙古 Inner Mongolia	23	23						
辽 宁 Liaoning	33	23	7		3			
吉 林 Jilin	85	63	18		4			
黑龙江 Heilongjiang	11	10	1					
上 海 Shanghai	65	28	12	13	12		17	
江 苏 Jiangsu								
浙 江 Zhejiang	6	4	1	1				
安 徽 Anhui	59	52	5		2		4	
福 建 Fujian								
江 西 Jiangxi								
山 东 Shandong								
河 南 Henan								
湖 北 Hubei	142	107	10	7	18			
湖 南 Hunan	8	8						4
广 东 Guangdong								
广 西 Guangxi	86	51	12	3	20		3	3
海 南 Hainan								
重 庆 Chongqing	40	28	5	4	3		1	
四 川 Sichuan	13	8	2	1	2			
贵 州 Guizhou	41	34	6		1		1	
云 南 Yunnan								1
西 藏 Tibet								
陕 西 Shaanxi	45	42		3				
甘 肃 Gansu								
青 海 Qinghai	15	11	2	1	1		3	
宁 夏 Ningxia								
新 疆 Xinjiang	24	22			2			

职业初中教职工数(县镇)

Number of Teachers, Staff & Workers in Vocational Schools (County City & Towns)

单位:人

Unit: in Person

	教职工数 Teachers, Staff & Workers						代课教师 Substitute Teachers	兼任教师 Part-time Teachers
	合计 Total	专任教师 Full-time Teachers	行政人员 Adm. Personnel	教辅人员 Supporting Staff	工勤人员 Workers	校办工厂、农(林)场职工 Employees in School-run by Factories & Farms		
合 计 Total	**8438**	**7110**	**469**	**291**	**541**	**27**	**232**	**126**
北 京 Beijing								
天 津 Tianjin								
河 北 Hebei	1055	909	66	24	55	1	20	
山 西 Shanxi	813	674	48	51	40		80	8
内蒙古 Inner Mongolia	2372	1935	120	97	205	15	59	11
辽 宁 Liaoning								
吉 林 Jilin	489	382	65	30	12			
黑龙江 Heilongjiang	8	8						
上 海 Shanghai								
江 苏 Jiangsu								
浙 江 Zhejiang	5	3	2					2
安 徽 Anhui	1622	1416	89	29	83	5	38	
福 建 Fujian								
江 西 Jiangxi	65	56			9			2
山 东 Shandong	54	44	5	3	2		9	
河 南 Henan	17	16	1					
湖 北 Hubei	286	271	8	1	6		2	
湖 南 Hunan	140	130	2		8			
广 东 Guangdong								
广 西 Guangxi	316	243	19	15	39		2	
海 南 Hainan								
重 庆 Chongqing								
四 川 Sichuan	86	67	8	1	6	4	6	19
贵 州 Guizhou	548	466	26	22	32	2	7	54
云 南 Yunnan	202	163	7	8	24		3	29
西 藏 Tibet	2	1	1				2	1
陕 西 Shaanxi	105	105						
甘 肃 Gansu	11	8			3			
青 海 Qinghai	24	22	1		1		1	
宁 夏 Ningxia	82	77		4	1			
新 疆 Xinjiang	136	114	1	6	15		3	

职业初中教职工数(农村)

Number of Teachers, Staff & Workers in Vocational Schools (Rural)

单位:人
Unit: in Person

	教职工数 Teachers, Staff & Workers						代课教师 Substitute Teachers	兼任教师 Part-time Teachers
	合计 Total	专任教师 Full-time Teachers	行政人员 Adm. Personnel	教辅人员 Supporting Staff	工勤人员 Workers	校办工厂、农(林)场职工 Employees in School-run by Factories & Farms		
合 计 Total	**18319**	**15603**	**937**	**615**	**1137**	**27**	**625**	**206**
北 京 Beijing								
天 津 Tianjin								
河 北 Hebei	773	665	55	20	33		37	
山 西 Shanxi	799	695	51	16	32	5	47	30
内蒙古 Inner Mongolia	5292	3995	251	349	679	18	177	35
辽 宁 Liaoning	28	22	6					
吉 林 Jilin	1326	1058	143	75	49	1	10	12
黑龙江 Heilongjiang	326	299	22	1	4			37
上 海 Shanghai								
江 苏 Jiangsu								
浙 江 Zhejiang								
安 徽 Anhui	5155	4664	226	87	178		92	7
福 建 Fujian	28	22	5		1			
江 西 Jiangxi	37	37						
山 东 Shandong	85	70	3	1	11			
河 南 Henan	254	241	3	1	9		23	
湖 北 Hubei	1320	1161	50	32	75	2	69	
湖 南 Hunan								
广 东 Guangdong								12
广 西 Guangxi								
海 南 Hainan								
重 庆 Chongqing								
四 川 Sichuan	322	278	22	3	19		47	2
贵 州 Guizhou	1605	1500	74	11	19	1	38	16
云 南 Yunnan	398	361	9	6	22		7	49
西 藏 Tibet							3	5
陕 西 Shaanxi	97	86	10		1		1	
甘 肃 Gansu	60	60					3	
青 海 Qinghai	2	2						
宁 夏 Ningxia	55	55						
新 疆 Xinjiang	357	332	7	13	5		71	1

职业初中女教职工数

Number of Female Teachers, Staff & Workers in Vocational Schools

单位:人

Unit: in Person

	教职工数 Teachers, Staff & Workers						代课教师 Substitute Teachers	兼任教师 Part-time Teachers
	合计 Total	专任教师 Full-time Teachers	行政人员 Adm. Personnel	教辅人员 Supporting Staff	工勤人员 Workers	校办工厂、农(林)场职工 Employees in School-run by Factories & Farms		
合计 Total	**9969**	**9099**	**124**	**324**	**411**	**11**	**368**	**70**
北京 Beijing								
天津 Tianjin								
河北 Hebei	1058	999	10	18	30	1	38	
山西 Shanxi	911	823	15	37	36		60	3
内蒙古 Inner Mongolia	3014	2682	21	133	173	5	121	8
辽宁 Liaoning	24	20	4					
吉林 Jilin	903	824	30	33	15	1	3	
黑龙江 Heilongjiang	107	103	4					5
上海 Shanghai	47	20	7	11	9		3	
江苏 Jiangsu								
浙江 Zhejiang	4	4						1
安徽 Anhui	1614	1527	11	36	36	4	43	2
福建 Fujian	5	4			1			
江西 Jiangxi	36	31			5			1
山东 Shandong	58	54	1	1	2		7	
河南 Henan	95	94			1		19	
湖北 Hubei	492	458	1	11	22		22	
湖南 Hunan	65	58	2		5			2
广东 Guangdong								
广西 Guangxi	140	112	3	6	19		1	
海南 Hainan								
重庆 Chongqing	24	18	2	2	2		1	
四川 Sichuan	132	119	5	2	6		26	8
贵州 Guizhou	603	563	5	18	17		3	20
云南 Yunnan	224	190	1	7	26		3	20
西藏 Tibet							1	
陕西 Shaanxi	129	129					1	
甘肃 Gansu	15	14			1		2	
青海 Qinghai	16	13		1	2		2	
宁夏 Ningxia	49	48		1				
新疆 Xinjiang	204	192	2	7	3		12	

职业初中教职工总数中社会力量办教职工数

Number of Vocational Junior Secondary Schools Teachers, Staff & Workers Maintained by the Communities

单位:人

Unit: in Person

	教职工数 Teachers, Staff & Workers						代课教师 Substitute Teachers	兼任教师 Part-time Teachers
	合计 Total	专任教师 Full-time Teachers	行政人员 Adm. Personnel	教辅人员 Supporting Staff	工勤人员 Workers	校办工厂、农(林)场职工 Employees in School-run by Factories & Farms		
合计 Total	**834**	**634**	**72**	**28**	**100**		**77**	**25**
北京 Beijing								
天津 Tianjin								
河北 Hebei	50	42	3		5			
山西 Shanxi	93	62	8		23			
内蒙古 Inner Mongolia							51	1
辽宁 Liaoning	13	8	5					
吉林 Jilin								
黑龙江 Heilongjiang								
上海 Shanghai								
江苏 Jiangsu								
浙江 Zhejiang	5	3	2					2
安徽 Anhui	454	364	36	19	35			
福建 Fujian								
江西 Jiangxi	29	24			5			2
山东 Shandong								
河南 Henan							22	
湖北 Hubei	91	69	5	5	12			
湖南 Hunan	6	6						
广东 Guangdong								12
广西 Guangxi	51	29	8		14			
海南 Hainan								
重庆 Chongqing	21	9	5	4	3		1	
四川 Sichuan								
贵州 Guizhou	21	18			3			3
云南 Yunnan								
西藏 Tibet							3	5
陕西 Shaanxi								
甘肃 Gansu								
青海 Qinghai								
宁夏 Ningxia								
新疆 Xinjiang								

普通初中专任教师学

Breakdown of Junior Secondary Schools Full-time Teachers

	合计 Total	其中女 of Which: Female	按学历分 By Educational Attainment			
			研究生毕业 Graduate	本科毕业 Under-graduate	专科毕业 Associate Bachelor	高中阶段毕业 High School Graduate
合　计 Total	**3476784**	**1595046**	**5426**	**1007333**	**2247998**	**211291**
北　京 Beijing	32442	23438	362	21275	10237	546
天　津 Tianjin	28292	17431	163	11189	14498	2401
河　北 Hebei	222542	135161	164	69011	142900	10334
山　西 Shanxi	116405	66343	117	27929	78349	9858
内蒙古 Inner Mongolia	67595	38752	166	19002	43428	4885
辽　宁 Liaoning	109022	66045	142	33993	69472	5017
吉　林 Jilin	70754	43542	621	36965	31765	1355
黑龙江 Heilongjiang	116824	69715	258	37940	72347	6055
上　海 Shanghai	34067	21704	166	26079	7550	224
江　苏 Jiangsu	189493	80055	77	67517	111014	10695
浙　江 Zhejiang	109587	54481	90	55648	51288	2469
安　徽 Anhui	144396	42076	174	41007	94387	8599
福　建 Fujian	99417	38466	78	23236	72982	3066
江　西 Jiangxi	116548	36036	131	27247	79103	9867
山　东 Shandong	276822	124892	440	84284	176993	14814
河　南 Henan	289537	138294	418	64257	206114	18455
湖　北 Hubei	169315	58494	241	51372	103301	14071
湖　南 Hunan	198536	81672	137	42689	142920	12448
广　东 Guangdong	213640	97469	361	64908	135312	12954
广　西 Guangxi	115918	50120	90	14469	93042	8183
海　南 Hainan	20828	7345	21	7085	12806	898
重　庆 Chongqing	67984	27647	155	26265	38373	3076
四　川 Sichuan	186905	71648	230	45026	126661	14661
贵　州 Guizhou	93128	29871	132	15731	69624	7422
云　南 Yunnan	99642	41428	70	23079	70425	5953
西　藏 Tibet	5677	2146	5	2581	2791	272
陕　西 Shaanxi	113497	55136	135	23070	78578	11518
甘　肃 Gansu	67566	22240	27	11335	49619	6444
青　海 Qinghai	13496	6350	92	3962	8638	771
宁　夏 Ningxia	15337	6435	38	6698	8045	540
新　疆 Xinjiang	71572	40614	125	22484	45436	3440

历、职称情况(总计)

by Educational Attainment (Regional Aggregates)

单位:人

Unit: in Person

高中阶段毕业以下 Below High School Graduate	按职称分 By Rank 中学高级 Senior Secondary	中学一级 1st Grade	中学二级 2nd Grade	中学三级 3rd Grade	未评职称 Rank Undecided
4736	**195655**	**1193067**	**1455039**	**323206**	**309817**
22	3939	12187	12860	628	2828
41	4382	11767	9362	1622	1159
133	9497	67022	100345	17770	27908
152	3436	33882	51575	13961	13551
114	4418	25129	25192	5921	6935
398	23281	50076	25782	4230	5653
48	5394	32506	26654	4054	2146
224	11264	50873	38272	9103	7312
48	2049	19637	10629	157	1595
190	10323	72311	71150	12164	23545
92	5234	44112	44162	6383	9696
229	8142	51683	60814	12355	11402
55	5179	24161	55352	9068	5657
200	8540	36831	50966	10786	9425
291	19591	93257	127434	20379	16161
293	15679	82472	133991	41442	15953
330	10366	83040	55224	14070	6615
342	6485	81644	85632	11106	13669
105	6303	75109	84746	15846	31636
134	3609	35339	47632	19707	9631
18	1151	6152	9935	983	2607
115	2140	18005	33775	7401	6663
327	6573	60797	91856	15657	12022
219	3041	17856	42549	16802	12880
115	3460	31365	42796	14174	7847
28	28	726	2357	553	2013
196	3705	25475	44767	20296	19254
141	1606	17711	27792	9513	10944
33	590	4774	5562	778	1792
16	1957	5689	5416	1024	1251
87	4293	21479	30460	5273	10067

普通初中专任教师学

Breakdown of Junior Secondary Schools Full-time Teachers

	合计 Total	其中女 of Which: Female	按学历分 By Educational Attainment			
			研究生毕业 Graduate	本科毕业 Under-graduate	专科毕业 Associate Bachelor	高中阶段毕业 High School Graduate
合　计 Total	**688794**	**423918**	**3224**	**375799**	**294084**	**15170**
北　京 Beijing	14713	11506	284	11333	2893	193
天　津 Tianjin	10998	8058	149	6490	4026	314
河　北 Hebei	36715	26319	109	21037	14983	573
山　西 Shanxi	24873	17227	53	12632	11597	574
内蒙古 Inner Mongolia	18968	12905	102	8469	9908	478
辽　宁 Liaoning	41151	30387	134	22922	17371	681
吉　林 Jilin	16945	12661	439	12057	4289	157
黑龙江 Heilongjiang	30589	22269	182	16440	13291	664
上　海 Shanghai	18526	12697	105	14393	3974	52
江　苏 Jiangsu	39802	21982	48	21797	16596	1306
浙　江 Zhejiang	32049	18978	47	21230	10354	401
安　徽 Anhui	23730	10856	64	11051	12089	488
福　建 Fujian	17450	9845	68	8625	8511	243
江　西 Jiangxi	13974	7299	65	6104	7370	423
山　东 Shandong	64497	38288	179	35249	27807	1223
河　南 Henan	39981	24376	220	19959	19165	621
湖　北 Hubei	43731	20144	172	21784	20072	1664
湖　南 Hunan	25216	14582	68	11991	12635	509
广　东 Guangdong	54148	31551	260	28278	23533	2051
广　西 Guangxi	14633	8625	74	5581	8670	301
海　南 Hainan	3627	1911	10	2383	1204	30
重　庆 Chongqing	10894	6374	39	7561	3048	213
四　川 Sichuan	24242	13588	56	13460	10086	613
贵　州 Guizhou	11460	6536	44	5493	5612	287
云　南 Yunnan	8269	5018	38	4908	3206	114
西　藏 Tibet	1101	518	4	510	531	48
陕　西 Shaanxi	15630	10027	94	8638	6576	318
甘　肃 Gansu	9665	5211	13	4206	5167	266
青　海 Qinghai	2568	1696	13	1304	1179	70
宁　夏 Ningxia	3675	2226	18	2156	1440	57
新　疆 Xinjiang	14974	10258	73	7758	6901	238

历、职称情况(城市)

by Educational Attainment (Urban)

单位:人

Unit: in Person

	按职称分 By Rank				
高中阶段毕业以下 Below High School Graduate	中学高级 Senior Secondary	中学一级 1st Grade	中学二级 2nd Grade	中学三级 3rd Grade	未评职称 Rank Undecided
517	**94420**	**290343**	**227349**	**26182**	**50500**
10	2964	6181	4851	49	668
19	2934	4240	3164	181	479
13	5176	14979	12359	1343	2858
17	2246	10077	8804	1288	2458
11	2740	7734	5551	994	1949
43	8662	18165	10971	877	2476
3	3157	7991	4613	539	645
12	5815	13182	7358	2213	2021
2	1284	11144	5649	44	405
55	5032	15569	14219	800	4182
17	3305	15179	10922	639	2004
38	3451	9747	7543	1166	1823
3	2094	5630	7701	784	1241
12	2833	5550	4203	564	824
39	7787	24441	26302	2486	3481
16	6217	15023	14041	2288	2412
39	6583	21326	12059	2210	1553
13	3184	12678	7179	620	1555
26	4037	22281	18712	2006	7112
7	1719	5726	4758	1131	1299
	436	1294	1431	99	367
33	1113	4630	4140	437	574
27	2898	10243	8705	829	1567
24	1516	3942	4258	621	1123
3	999	3776	2729	208	557
8	16	351	490	83	161
4	1816	6051	5520	721	1522
13	878	4323	3198	438	828
2	354	1238	624	60	292
4	859	1653	935	72	156
4	2315	5999	4360	392	1908

普通初中专任教师学

Breakdown of Junior Secondary Schools Full-time Teachers

	合计 Total	其中女 of Which: Female	按学历分 By Educational Attainment			
			研究生毕业 Graduate	本科毕业 Under-graduate	专科毕业 Associate Bachelor	高中阶段毕业 High School Graduate
合　计 Total	**1154996**	**537133**	**1220**	**322308**	**773040**	**57239**
北　京 Beijing	13111	9039	71	7592	5176	265
天　津 Tianjin	9910	5831	11	3327	5579	983
河　北 Hebei	82260	51580	24	24946	53756	3500
山　西 Shanxi	27539	16416	35	5554	20084	1824
内蒙古 Inner Mongolia	26622	15559	61	6874	18224	1422
辽　宁 Liaoning	15734	10312	5	3948	11139	615
吉　林 Jilin	29782	18899	129	14764	14316	552
黑龙江 Heilongjiang	27073	18235	29	8951	17224	846
上　海 Shanghai	14609	8580	59	11215	3154	140
江　苏 Jiangsu	39416	18716	17	19271	19318	797
浙　江 Zhejiang	61672	28882	38	28766	31410	1415
安　徽 Anhui	36403	11306	14	11294	23623	1429
福　建 Fujian	43924	16890	7	9011	33531	1349
江　西 Jiangxi	49988	15698	31	12078	34029	3763
山　东 Shandong	129579	55400	172	33311	88931	7021
河　南 Henan	82621	42862	116	18170	60205	4086
湖　北 Hubei	34371	11831	13	8984	22676	2646
湖　南 Hunan	66613	27925	23	13682	49405	3415
广　东 Guangdong	81201	35082	46	19668	56357	5092
广　西 Guangxi	65710	28421	15	6396	54302	4911
海　南 Hainan	11664	3806	11	3576	7608	458
重　庆 Chongqing	7991	3579	33	3915	3868	170
四　川 Sichuan	63567	25445	117	15803	43761	3789
贵　州 Guizhou	40073	13035	38	6613	30933	2432
云　南 Yunnan	35941	15964	23	8976	25337	1567
西　藏 Tibet	4538	1620	1	2047	2247	223
陕　西 Shaanxi	15040	8465	7	3543	10924	555
甘　肃 Gansu	16800	6040	4	2671	12877	1227
青　海 Qinghai	5275	2619	53	1571	3342	295
宁　夏 Ningxia	4927	2109	2	2249	2554	118
新　疆 Xinjiang	11042	6987	15	3542	7150	334

历、职称情况(县镇)

by Educational Attainment (County City & Towns)

单位:人

Unit: in Person

	按职称分 By Rank				
高中阶段毕业以下 Below High School Graduate	中学高级 Senior Secondary	中学一级 1st Grade	中学二级 2nd Grade	中学三级 3rd Grade	未评职称 Rank Undecided
1189	**55698**	**412140**	**495064**	**96925**	**95169**
7	800	4583	5737	382	1609
10	1081	4456	3159	637	577
34	2821	26140	36641	5901	10757
42	594	8025	12552	2688	3680
41	1356	10518	10230	2173	2345
27	3613	7544	3545	491	541
21	1686	15013	10844	1491	748
23	3036	13825	7704	1353	1155
41	707	7963	4729	90	1120
13	2485	17897	13945	1461	3628
43	1793	23893	25942	4004	6040
43	2276	13732	15185	2479	2731
26	2101	11037	25017	3565	2204
87	3600	16405	22567	3765	3651
144	7725	41731	61725	10693	7705
44	4540	25131	38579	9697	4674
52	1792	19185	9139	2860	1395
88	1954	28437	28245	3985	3992
38	1391	29407	32604	6284	11515
86	1607	20817	27073	11505	4708
11	572	3355	5814	510	1413
5	464	2756	3719	371	681
97	2528	21870	30799	4465	3905
57	1209	8114	19551	6707	4492
38	1553	12985	15175	3854	2374
20	12	375	1846	470	1835
11	572	4128	6829	1902	1609
21	373	4639	7556	2057	2175
14	190	2042	2261	275	507
4	541	1944	1840	301	301
1	726	4193	4512	509	1102

普通初中专任教师学

Breakdown of Junior Secondary Schools Full-time Teachers

	合计 Total	其中女 of Which: Female	按学历分 By Educational Attainment			
			研究生毕业 Graduate	本科毕业 Under-graduate	专科毕业 Associate Bachelor	高中阶段毕业 High School Graduate
合　计 Total	**1632994**	**633995**	**982**	**309226**	**1180874**	**138882**
北　京 Beijing	4618	2893	7	2350	2168	88
天　津 Tianjin	7384	3542	3	1372	4893	1104
河　北 Hebei	103567	57262	31	23028	74161	6261
山　西 Shanxi	63993	32700	29	9743	46668	7460
内蒙古 Inner Mongolia	22005	10288	3	3659	15296	2985
辽　宁 Liaoning	52137	25346	3	7123	40962	3721
吉　林 Jilin	24027	11982	53	10144	13160	646
黑龙江 Heilongjiang	59162	29211	47	12549	41832	4545
上　海 Shanghai	932	427	2	471	422	32
江　苏 Jiangsu	110275	39357	12	26449	75100	8592
浙　江 Zhejiang	15866	6621	5	5652	9524	653
安　徽 Anhui	84263	19914	96	18662	58675	6682
福　建 Fujian	38043	11731	3	5600	30940	1474
江　西 Jiangxi	52586	13039	35	9065	37704	5681
山　东 Shandong	82746	31204	89	15724	60255	6570
河　南 Henan	166935	71056	82	26128	126744	13748
湖　北 Hubei	91213	26519	56	20604	60553	9761
湖　南 Hunan	106707	39165	46	17016	80880	8524
广　东 Guangdong	78291	30836	55	16962	55422	5811
广　西 Guangxi	35575	13074	1	2492	30070	2971
海　南 Hainan	5537	1628		1126	3994	410
重　庆 Chongqing	49099	17694	83	14789	31457	2693
四　川 Sichuan	99096	32615	57	15763	72814	10259
贵　州 Guizhou	41595	10300	50	3625	33079	4703
云　南 Yunnan	55432	20446	9	9195	41882	4272
西　藏 Tibet	38	8		24	13	1
陕　西 Shaanxi	82827	36644	34	10889	61078	10645
甘　肃 Gansu	41101	10989	10	4458	31575	4951
青　海 Qinghai	5653	2035	26	1087	4117	406
宁　夏 Ningxia	6735	2100	18	2293	4051	365
新　疆 Xinjiang	45556	23369	37	11184	31385	2868

历、职称情况(农村)

by Educational Attainment (Rural)

单位:人

Unit: in Person

	按职称分 By Rank				
高中阶段毕业以下 Below High School Graduate	中学高级 Senior Secondary	中学一级 1st Grade	中学二级 2nd Grade	中学三级 3rd Grade	未评职称 Rank Undecided
3030	**45537**	**490584**	**732626**	**200099**	**164148**
5	175	1423	2272	197	551
12	367	3071	3039	804	103
86	1500	25903	51345	10526	14293
93	596	15780	30219	9985	7413
62	322	6877	9411	2754	2641
328	11006	24367	11266	2862	2636
24	551	9502	11197	2024	753
189	2413	23866	23210	5537	4136
5	58	530	251	23	70
122	2806	38845	42986	9903	15735
32	136	5040	7298	1740	1652
148	2415	28204	38086	8710	6848
26	984	7494	22634	4719	2212
101	2107	14876	24196	6457	4950
108	4079	27085	39407	7200	4975
233	4922	42318	81371	29457	8867
239	1991	42529	34026	9000	3667
241	1347	40529	50208	6501	8122
41	875	23421	33430	7556	13009
41	283	8796	15801	7071	3624
7	143	1503	2690	374	827
77	563	10619	25916	6593	5408
203	1147	28684	52352	10363	6550
138	316	5800	18740	9474	7265
74	908	14604	24892	10112	4916
			21		17
181	1317	15296	32418	17673	16123
107	355	8749	17038	7018	7941
17	46	1494	2677	443	993
8	557	2092	2641	651	794
82	1252	11287	21588	4372	7057

职业初中专任教师学

Breakdown of Vocational Junior Secondary Schools Full-time Teachers

	合计 Total	其中女 of Which: Female	按学历分 By Educational Attainment			
			研究生毕业 Graduate	本科毕业 Under- graduate	专科毕业 Associate Bachelor	高中阶段毕业 High School Graduate
合　计 Total	**23680**	**9099**	**41**	**5315**	**15716**	**2534**
北　京 Beijing						
天　津 Tianjin						
河　北 Hebei	1695	999	1	679	963	51
山　西 Shanxi	1701	823	31	527	1011	123
内蒙古 Inner Mongolia	5953	2682	1	906	4131	903
辽　宁 Liaoning	45	20		4	27	13
吉　林 Jilin	1503	824	1	726	752	19
黑龙江 Heilongjiang	317	103		39	232	45
上　海 Shanghai	28	20		11	17	
江　苏 Jiangsu						
浙　江 Zhejiang	7	4		1	6	
安　徽 Anhui	6132	1527	5	1334	4103	678
福　建 Fujian	22	4		2	20	
江　西 Jiangxi	93	31		24	59	9
山　东 Shandong	114	54		31	73	10
河　南 Henan	257	94		83	160	14
湖　北 Hubei	1539	458		271	1052	201
湖　南 Hunan	138	58		34	95	9
广　东 Guangdong						
广　西 Guangxi	294	112		57	233	4
海　南 Hainan						
重　庆 Chongqing	28	18	1	7	15	5
四　川 Sichuan	353	119		74	253	26
贵　州 Guizhou	2000	563		202	1579	213
云　南 Yunnan	524	190		70	356	97
西　藏 Tibet	1				1	
陕　西 Shaanxi	233	129		52	150	24
甘　肃 Gansu	68	14		7	58	3
青　海 Qinghai	35	13	1	10	19	5
宁　夏 Ningxia	132	48		41	87	4
新　疆 Xinjiang	468	192		123	264	78

历、职称情况(总计)

by Educational Attainment (Regional Aggregates)

单位:人

Unit: in Person

高中阶段毕业以下 Below High School Graduate	按职称分 By Rank				
	中学高级 Senior Secondary	中学一级 1st Grade	中学二级 2nd Grade	中学三级 3rd Grade	未评职称 Rank Undecided
74	**563**	**7044**	**10552**	**3051**	**2470**
1	26	589	810	109	161
9	86	485	817	179	134
12	102	1793	2292	916	850
1	3	21	6	4	11
5	38	390	939	105	31
1	7	153	140	11	6
		10	18		
		1	2		4
12	183	1991	2736	625	597
		4	14	1	3
1	5	22	46	12	8
	7	45	37	23	2
	14	88	85	58	12
15	24	584	589	239	103
	4	34	66	14	20
	5	78	150	49	12
	1	11	12	4	
	8	91	207	19	28
6	22	323	984	382	289
1	8	130	197	144	45
			1		
7	11	57	87	39	39
	3	18	36	6	5
	1	17	14	2	1
	1	27	80	20	4
3	4	82	187	90	105

职业初中专任教师学

Breakdown of Vocational Junior Secondary Schools Full-time Teachers

	合计 Total	其中女 of Which: Female	按学历分 By Educational Attainment			
			研究生毕业 Graduate	本科毕业 Under-graduate	专科毕业 Associate Bachelor	高中阶段毕业 High School Graduate
合　计 Total	**967**	**504**	**6**	**402**	**462**	**85**
北　京 Beijing						
天　津 Tianjin						
河　北 Hebei	121	82		66	54	1
山　西 Shanxi	332	164	4	185	125	14
内蒙古 Inner Mongolia	23	15		8	15	
辽　宁 Liaoning	23	11		3	16	4
吉　林 Jilin	63	44	1	50	12	
黑龙江 Heilongjiang	10	9		6	4	
上　海 Shanghai	28	20		11	17	
江　苏 Jiangsu						
浙　江 Zhejiang	4	2		1	3	
安　徽 Anhui	52	8		18	31	3
福　建 Fujian						
江　西 Jiangxi						
山　东 Shandong						
河　南 Henan						
湖　北 Hubei	107	36		15	43	44
湖　南 Hunan	8	6		1	4	3
广　东 Guangdong						
广　西 Guangxi	51	25		11	39	1
海　南 Hainan						
重　庆 Chongqing	28	18	1	7	15	5
四　川 Sichuan	8	3		5	3	
贵　州 Guizhou	34	16		3	26	3
云　南 Yunnan						
西　藏 Tibet						
陕　西 Shaanxi	42	31		7	29	6
甘　肃 Gansu						
青　海 Qinghai	11	6		5	6	
宁　夏 Ningxia						
新　疆 Xinjiang	22	8			20	1

历、职称情况(城市)

by Educational Attainment (Urban)

单位:人

Unit: in Person

	按职称分 By Rank				
高中阶段毕业以下 Below High School Graduate	中学高级 Senior Secondary	中学一级 1st Grade	中学二级 2nd Grade	中学三级 3rd Grade	未评职称 Rank Undecided
12	**65**	**280**	**435**	**61**	**126**
	5	51	62	1	2
4	20	91	173	9	39
	5	6	12		
	2	9	2	1	9
	19	24	12	5	3
		6	4		
		10	18		
		1			3
	2	24	25		1
5	5	15	33	7	47
			2	2	4
	4	6	24	10	7
	1	11	12	4	
		1	6	1	
2			21	8	5
	2	13	16	11	
		3	6	2	
1		9	7		6

职业初中专任教师学

Breakdown of Vocational Junior Secondary Schools Full-time Teachers

	合计 Total	其中女 of Which: Female	按学历分 By Educational Attainment			
			研究生毕业 Graduate	本科毕业 Under-graduate	专科毕业 Associate Bachelor	高中阶段毕业 High School Graduate
合　计 Total	**7110**	**3146**	**13**	**1758**	**4804**	**517**
北　京 Beijing						
天　津 Tianjin						
河　北 Hebei	909	535	1	328	542	37
山　西 Shanxi	674	378	11	198	417	48
内蒙古 Inner Mongolia	1935	988		350	1385	197
辽　宁 Liaoning						
吉　林 Jilin	382	200		135	238	9
黑龙江 Heilongjiang	8	5		1	7	
上　海 Shanghai						
江　苏 Jiangsu						
浙　江 Zhejiang	3	2			3	
安　徽 Anhui	1416	394		360	946	109
福　建 Fujian						
江　西 Jiangxi	56	18		20	36	
山　东 Shandong	44	24		17	27	
河　南 Henan	16	12		4	9	3
湖　北 Hubei	271	74		41	193	31
湖　南 Hunan	130	52		33	91	6
广　东 Guangdong						
广　西 Guangxi	243	87		46	194	3
海　南 Hainan						
重　庆 Chongqing						
四　川 Sichuan	67	17		8	53	6
贵　州 Guizhou	466	133		73	364	29
云　南 Yunnan	163	77		27	119	17
西　藏 Tibet	1				1	
陕　西 Shaanxi	105	52		31	65	2
甘　肃 Gansu	8			2	4	2
青　海 Qinghai	22	7	1	5	11	5
宁　夏 Ningxia	77	31		26	47	4
新　疆 Xinjiang	114	60		53	52	9

历、职称情况(县镇)

by Educational Attainment (County City & Towns)

单位:人

Unit: in Person

	按职称分 By Rank				
高中阶段毕业以下 Below High School Graduate	中学高级 Senior Secondary	中学一级 1st Grade	中学二级 2nd Grade	中学三级 3rd Grade	未评职称 Rank Undecided
18	**209**	**2217**	**3179**	**777**	**728**
1	18	323	413	42	113
	23	194	326	88	43
3	43	636	798	244	214
	7	87	267	10	11
		8			
			2		1
1	65	428	556	135	232
	4	16	26	4	6
	2	8	12	22	
		6	4	2	4
6	8	144	102	17	
	4	34	64	12	16
	1	72	126	39	5
	3	15	46	3	
	14	101	224	93	34
	5	57	59	32	10
			1		
7	8	33	34	13	17
	1	6	1		
	1	12	8		1
	1	15	49	10	2
	1	22	61	11	19

职业初中专任教师学

Breakdown of Vocational Junior Secondary Schools Full-time Teachers

	合计 Total	其中女 of Which: Female	按学历分 By Educational Attainment			
			研究生毕业 Graduate	本科毕业 Under-graduate	专科毕业 Associate Bachelor	高中阶段毕业 High School Graduate
合　计 Total	**15603**	**5449**	**22**	**3155**	**10450**	**1932**
北　京 Beijing						
天　津 Tianjin						
河　北 Hebei	665	382		285	367	13
山　西 Shanxi	695	281	16	144	469	61
内蒙古 Inner Mongolia	3995	1679	1	548	2731	706
辽　宁 Liaoning	22	9		1	11	9
吉　林 Jilin	1058	580		541	502	10
黑龙江 Heilongjiang	299	89		32	221	45
上　海 Shanghai						
江　苏 Jiangsu						
浙　江 Zhejiang						
安　徽 Anhui	4664	1125	5	956	3126	566
福　建 Fujian	22	4		2	20	
江　西 Jiangxi	37	13		4	23	9
山　东 Shandong	70	30		14	46	10
河　南 Henan	241	82		79	151	11
湖　北 Hubei	1161	348		215	816	126
湖　南 Hunan						
广　东 Guangdong						
广　西 Guangxi						
海　南 Hainan						
重　庆 Chongqing						
四　川 Sichuan	278	99		61	197	20
贵　州 Guizhou	1500	414		126	1189	181
云　南 Yunnan	361	113		43	237	80
西　藏 Tibet						
陕　西 Shaanxi	86	46		14	56	16
甘　肃 Gansu	60	14		5	54	1
青　海 Qinghai	2				2	
宁　夏 Ningxia	55	17		15	40	
新　疆 Xinjiang	332	124		70	192	68

历、职称情况(农村)

by Educational Attainment (Rural)

单位:人

Unit: in Person

高中阶段毕业以下 Below High School Graduate	按职称分 By Rank				
	中学高级 Senior Secondary	中学一级 1st Grade	中学二级 2nd Grade	中学三级 3rd Grade	未评职称 Rank Undecided
44	**289**	**4547**	**6938**	**2213**	**1616**
	3	215	335	66	46
5	43	200	318	82	52
9	54	1151	1482	672	636
1	1	12	4	3	2
5	12	279	660	90	17
1	7	139	136	11	6
11	116	1539	2155	490	364
		4	14	1	3
1	1	6	20	8	2
	5	37	25	1	2
	14	82	81	56	8
4	11	425	454	215	56
	5	75	155	15	28
4	8	222	739	281	250
1	3	73	138	112	35
	1	11	37	15	22
	2	12	35	6	5
		2			
		12	31	10	2
2	3	51	119	79	80

普通初中办

Condition of School Buildings in Junior Secondary

	学校占地面积 Areas Occupied	校舍建筑面积 Floor Space	教学及辅 Teaching & Assistant			
			计 Total	其中		
				普通教室 classroom	实验室 Laboratory	图书室 Library
合　计 Total	**1445675662**	**349983624**	**159013475**	**113771246**	**20166679**	**6820961**
北　京 Beijing	9918227	2704013	1198974	661224	188462	55788
天　津 Tianjin	8129127	1942382	1079024	707044	142891	41617
河　北 Hebei	100489536	19429962	10419392	7345470	1786248	458915
山　西 Shanxi	41799555	9615720	4144994	3107324	473435	203642
内蒙古 Inner Mongolia	46649472	5481816	2635904	1880014	322782	123225
辽　宁 Liaoning	47923392	8932146	5004631	3087698	660310	201583
吉　林 Jilin	36335825	5333986	3011255	1960693	399029	124670
黑龙江 Heilongjiang	52587057	8678256	5346399	3871843	596663	190281
上　海 Shanghai	8537450	4558008	2115602	1118318	374725	143125
江　苏 Jiangsu	77736577	20379135	9856678	6830620	1329646	471427
浙　江 Zhejiang	48276660	16796523	7952588	4713016	1220035	400544
安　徽 Anhui	69490776	13275243	6420857	5039767	679498	295517
福　建 Fujian	30718997	9210017	3980474	2615191	545452	205196
江　西 Jiangxi	48189902	11835259	4893054	3801936	503725	203282
山　东 Shandong	137193500	28068103	13134977	9095777	1892925	547581
河　南 Henan	115947998	30497047	13261809	10118476	1454414	574162
湖　北 Hubei	66574792	21770245	7652342	5649480	978516	334840
湖　南 Hunan	82015041	21957460	9636523	7397104	929922	360964
广　东 Guangdong	90021147	28182586	11886219	7963692	1590858	561285
广　西 Guangxi	55329054	15522325	5470196	4262735	519735	198796
海　南 Hainan	16493291	2054395	872978	603884	95913	48536
重　庆 Chongqing	15657361	7033706	2769710	2046188	280074	92693
四　川 Sichuan	47638450	17769499	7660107	5754062	883494	259414
贵　州 Guizhou	28756377	7140606	3952835	3025875	421459	143793
云　南 Yunnan	43224160	10733596	3999731	3027672	599381	160960
西　藏 Tibet	4612843	1007599	320973	259005	32015	9887
陕　西 Shaanxi	33569753	9218786	4520914	3384219	590690	175744
甘　肃 Gansu	24911861	4388702	2240253	1774522	210890	89588
青　海 Qinghai	5392451	845986	444536	364661	27471	14376
宁　夏 Ningxia	7371700	1184534	626835	437836	98153	28430
新　疆 Xinjiang	44183330	4435983	2502711	1865900	337868	101100

学条件(一)(总计)

Schools (1) (Regional Aggregates)

单位:平方米

Unit: m^2

助用房 Buildings		行政办公用房 Administritive		生活用房 Residential and Welfare	其他用房 Rooms for Other Purposes	校舍面积中 of the Floor Space	
of Which							
微机室 PC-room	语音室 Linguistic	计 Total	其中教师办公室 of Which: for Teachers			危房面积 Floor Space of Dilapidated Buildings	当年新增 New Floor Space Added in Current Year
5228354	**2181293**	**38670925**	**26521604**	**115531256**	**36767968**	**13039579**	**11503192**
49129	19393	431123	219783	450205	623711	4977	23036
39520	24085	320412	211441	230798	312148	4543	42382
395290	209208	2757877	2140488	4238020	2014673	355553	490517
134435	63117	1638554	1259181	2755841	1076331	361073	432015
93809	48498	840486	615390	1480674	524752	445032	239009
177760	118883	1516178	891615	1173679	1237658	223940	248913
121333	77059	956299	643194	674055	692377	334050	188943
171632	85292	1357256	987686	1039937	934664	402373	198995
104309	47646	545957	310141	660179	1236270		210391
340680	118117	2167202	1305962	6273930	2081325	3345	890046
271059	130426	1515116	902174	5394557	1934262	22351	755332
162284	52223	1343264	917359	4575876	935246	1237291	471721
114630	41446	690109	386131	3730769	808665	160127	228109
155590	67409	871411	560906	5159667	911127	499831	275830
420950	236061	3702229	2431402	8832214	2398683	457965	614684
429869	141960	5026861	3943363	8970333	3238044	1137892	885847
247607	88000	1706036	1105549	10063041	2348826	849023	312696
283309	101259	1862418	1332297	7726568	2731951	1126338	418070
369290	176357	2121813	1183634	10237285	3937269	565294	727140
163172	43963	754968	482889	7960245	1336916	867436	446271
28118	11872	125893	72868	867339	188185	102291	61442
98807	23188	508467	294985	3096080	659449	273034	176666
265466	56294	1173548	745047	7591314	1344530	867124	700095
156045	33153	531990	338310	1935837	719944	112739	662426
68715	27322	563456	326734	5543963	626446	1003027	699521
5390	3693	68060	47399	559103	59463	23028	279438
163678	77861	1942114	1585590	2072862	682896	470851	284513
81562	17242	799973	679835	908508	439968	563012	258224
15221	4234	83665	69167	248233	69552	87352	17158
31793	9980	178976	140999	259991	118732	74164	56391
67902	26052	569214	390085	820153	543905	404523	207371

普通初中办

Condition of School Buildings in Junior

	学校占地面积 Areas Occupied	校舍建筑面积 Floor Space	教学及辅 Teaching & Assistant			
			计 Total	其中		
				普通教室 classroom	实验室 Laboratory	图书室 Library
合　计 Total	**176851476**	**63812653**	**31585495**	**19951386**	**4350479**	**1573092**
北　京 Beijing	1599698	937916	388589	198128	55727	18531
天　津 Tianjin	1784089	699048	370560	224483	48719	16142
河　北 Hebei	8847695	2968922	1524105	1019641	242222	73119
山　西 Shanxi	5044234	1740682	835348	582317	115381	43406
内蒙古 Inner Mongolia	5918284	1304105	708221	487759	80102	30600
辽　宁 Liaoning	11212195	3590995	2027795	1118565	224649	84726
吉　林 Jilin	5044733	1490404	802467	497366	86642	25911
黑龙江 Heilongjiang	7764902	2199508	1251804	781343	156034	48509
上　海 Shanghai	3326161	2571887	1151933	593350	189363	84645
江　苏 Jiangsu	10952149	3798836	2020329	1216687	324015	127448
浙　江 Zhejiang	11549568	4936076	2486042	1323765	374049	166575
安　徽 Anhui	5597058	1635233	878425	614279	126218	45128
福　建 Fujian	3247011	1391078	659062	374862	105295	42924
江　西 Jiangxi	2127055	820997	404532	295062	41192	20673
山　东 Shandong	20992442	6445217	3218401	2071530	461686	144856
河　南 Henan	11251287	4153055	1912880	1326485	294403	91583
湖　北 Hubei	13860576	5161760	2239150	1552344	324276	100790
湖　南 Hunan	6022358	2005535	1052462	752795	111283	44964
广　东 Guangdong	15312252	7081194	3337085	1991122	450251	176512
广　西 Guangxi	4852435	1469449	666472	451403	86188	29392
海　南 Hainan	1118252	337968	161959	90654	12935	9230
重　庆 Chongqing	1657557	1002761	391020	277269	43793	15659
四　川 Sichuan	3310354	1713173	850464	581037	100689	32238
贵　州 Guizhou	1801152	778327	413540	278274	47495	15072
云　南 Yunnan	1592254	574211	287759	192111	49739	15090
西　藏 Tibet	548667	132969	40316	30822	4991	2072
陕　西 Shaanxi	2287670	927763	483100	323445	61912	19708
甘　肃 Gansu	2110553	554870	278631	198339	31590	13226
青　海 Qinghai	480897	112615	63111	46095	4913	2587
宁　夏 Ningxia	1286186	268502	151805	90956	25235	8015
新　疆 Xinjiang	4351752	1007597	528128	369098	69492	23761

学条件(一)(城市)

Secondary Schools (1) (Urban)

单位:平方米

Unit:m²

助用房 Buildings		行政办公用房 Administritive		生活用房 Residential and Welfare	其他用房 Rooms for Other Purposes	校舍面积中 of the Floor Space	
of Which		计 Total	其中教师办公室 of Which: for Teachers			危房面积 Floor Space of Dilapidated Buildings	当年新增 New Floor Space Added in Current Year
微机室 PC-room	语音室 Linguistic						
1215673	**586542**	**8566513**	**5165869**	**13829787**	**9830858**	**690217**	**2152394**
15726	7022	164731	74952	99983	284613	2469	7752
14279	8938	122177	72282	58254	148057	170	942
66445	31669	442365	299540	569006	433446	35420	34878
29305	17657	327104	216904	348582	229648	15683	71447
25461	17123	228361	151402	206966	160557	66693	49159
69760	40724	599893	311709	353354	609953	28941	94785
33833	21121	253831	157071	167656	266450	15281	58751
41298	24874	380317	247919	211669	355718	36159	59632
58883	28070	308480	174831	311342	800132		149675
84145	28540	478948	272355	749405	550154	1015	156317
91651	47959	503484	280787	1245258	701292	5186	340764
34412	15413	238527	149866	321630	196651	57798	69333
26609	12867	134568	72789	351150	246298	5363	107229
14342	7676	84164	56522	244880	87421	13021	10438
118563	69671	1004731	604326	1496772	725313	37204	192460
76115	35660	672328	481061	1081120	486727	38617	106982
82062	32306	590598	361703	1625389	706623	63047	83564
35279	17423	196233	135922	520984	235856	55359	51559
125786	51842	723115	356479	1541867	1479127	23124	193925
30680	10857	132049	85115	476461	194467	29160	72135
5247	1970	26551	17546	102520	46938	2269	2086
16295	6269	123439	58072	306016	182286	16472	10770
30006	13303	199161	127068	501129	162419	22633	38372
18641	5118	88072	52530	186953	89762	7339	3686
9595	4579	55579	30376	181073	49800	23892	88812
901	389	13722	11885	72472	6459	1224	20923
16675	8268	160008	104475	187341	97314	14364	24110
12355	5909	90212	56825	86801	99226	23263	13149
3485	1095	16717	12895	22807	9980	7455	210
9008	3823	46103	34335	34665	35929	783	1125
18831	8407	160945	96327	166282	152242	40813	37424

普通初中办

Condition of School Buildings in Junior Secondary

	学校占地面积 Areas Occupied	校舍建筑面积 Floor Space	教学及辅 Teaching & Assistant			
			计 Total	其中 普通教室 classroom	实验室 Laboratory	图书室 Library
合 计 Total	**451083019**	**114790355**	**50605563**	**36301407**	**6439209**	**2072359**
北 京 Beijing	5343341	1167654	564891	320631	86410	25061
天 津 Tianjin	3186878	722564	392068	247682	53582	15328
河 北 Hebei	36381936	7271690	3751417	2714770	595770	153981
山 西 Shanxi	7998640	2193655	923658	692059	114064	39990
内蒙古 Inner Mongolia	16221881	2101453	992995	723632	119134	41736
辽 宁 Liaoning	4543787	1164690	666076	425207	76278	22694
吉 林 Jilin	13383354	2184545	1200180	786955	153933	49813
黑龙江 Heilongjiang	9519418	1925585	1219599	886644	133093	38050
上 海 Shanghai	4696077	1867173	906795	494057	172522	54051
江 苏 Jiangsu	12361900	4417173	2124590	1439914	268442	111073
浙 江 Zhejiang	28481876	9336937	4279729	2591115	674148	189492
安 徽 Anhui	14014282	3038867	1426956	1110435	145776	61533
福 建 Fujian	10402971	3195109	1340577	905128	174272	66530
江 西 Jiangxi	20402599	5146202	2024791	1565863	204338	87950
山 东 Shandong	65779974	13152270	5975532	4211890	868179	224193
河 南 Henan	28520369	8450477	3582988	2743208	381260	146708
湖 北 Hubei	11464838	4003080	1422046	1048099	173348	59897
湖 南 Hunan	27312591	7535679	3112765	2348296	322675	122307
广 东 Guangdong	32084776	9609473	4037356	2833113	543512	180863
广 西 Guangxi	30855715	8840363	2991372	2371193	268570	104011
海 南 Hainan	7857798	919911	379240	284601	38911	19389
重 庆 Chongqing	1532037	678409	299920	215475	28302	8952
四 川 Sichuan	13901020	5392353	2168282	1664935	243616	70928
贵 州 Guizhou	12642837	3087712	1585955	1221508	176211	55219
云 南 Yunnan	14094411	3408939	1294866	977226	191941	50326
西 藏 Tibet	4044833	870523	279319	227025	26964	7755
陕 西 Shaanxi	2854621	1208928	635519	465802	82915	28764
甘 肃 Gansu	4026778	830135	449243	359108	42431	16226
青 海 Qinghai	1568699	258240	137464	109997	10571	4314
宁 夏 Ningxia	2029448	356032	193804	135462	34456	7740
新 疆 Xinjiang	3573334	454534	245570	180377	33585	7485

学条件(一)(县镇)

Schools (1) (County City & Towns)

单位:平方米

Unit: m^2

助用房 Buildings		行政办公用房 Administritive		生活用房 Residential and Welfare	其他用房 Rooms for Other Purposes	校舍面积中 of the Floor Space	
of Which							
微机室 PC-room	语音室 Linguistic	计 Total	其中教师办公室 of Which: for Teachers			危房面积 Floor Space of Dilapidated Buildings	当年新增 New Floor Space Added in Current Year
1644483	**749716**	**11704677**	**7912781**	**41075987**	**11404128**	**3603640**	**4153393**
23425	9195	178836	94981	210803	213124	708	7698
15710	8651	118440	74904	109274	102782	2765	31363
138573	76716	960187	735274	1828215	731871	139860	247895
29736	16211	366041	279837	635706	268250	55021	138531
35004	20556	312738	235629	603123	192597	178408	92500
21146	14941	201076	125148	167819	129719	18500	21841
48291	34805	401404	261132	315483	267478	150490	89541
43488	22993	344538	252600	180556	180892	96584	38234
41985	17460	220496	123601	324893	414989		60716
70129	28055	498839	318544	1319862	473882		225324
141521	68899	810060	495825	3247027	1000121	12699	356978
40908	14259	283274	192238	1133372	195265	241318	139835
36338	13541	234664	127615	1368420	251448	51404	40956
64375	28950	369188	226997	2332819	419404	184936	153354
174203	100184	1618349	1087662	4553993	1004396	238120	277999
123294	46450	1363944	1037643	2616765	886780	261226	250290
46846	22389	321990	207330	1795275	463769	152671	67773
96102	41478	597375	413369	2818759	1006780	342455	145717
109016	58515	673930	390191	3813054	1085133	216860	269191
91534	25341	394075	259084	4749361	705555	421533	252377
11200	4377	49304	29028	419914	71453	68838	35677
11720	3198	49307	32321	262206	66976	16487	31014
72091	20465	328210	206832	2506536	389325	217520	246392
65771	13382	220187	136731	953604	327966	52449	266095
25412	9994	217778	126805	1689504	206791	274386	223254
4429	3304	54218	35394	484102	52884	21200	258515
24367	12502	220357	168014	249319	103733	25635	58416
15565	4005	156954	137345	141159	82779	85418	75810
4023	1691	25637	19908	73913	21226	26282	4672
10824	3949	60260	46512	69017	32951	14873	28368
7457	3260	53021	34287	102134	53809	34994	17067

普通初中办

Condition of School Buildings in Junior

	学校占地面积 Areas Occupied	校舍建筑面积 Floor Space	教学及辅 Teaching & Assistant			
			计 Total	其中 普通教室 classroom	实验室 Laboratory	图书室 Library
合　计 Total	**817741167**	**171380616**	**76822417**	**57518453**	**9376991**	**3175510**
北　京 Beijing	2975188	598443	245494	142465	46325	12196
天　津 Tianjin	3158160	520770	316396	234879	40590	10147
河　北 Hebei	55259905	9189350	5143870	3611059	948256	231815
山　西 Shanxi	28756681	5681383	2385988	1832948	243990	120246
内蒙古 Inner Mongolia	24509307	2076258	934688	668623	123546	50889
辽　宁 Liaoning	32167410	4176461	2310760	1543926	359383	94163
吉　林 Jilin	17907738	1659037	1008608	676372	158454	48946
黑龙江 Heilongjiang	35302737	4553163	2874996	2203856	307536	103722
上　海 Shanghai	515212	118948	56874	30911	12840	4429
江　苏 Jiangsu	54422528	12163126	5711759	4174019	737189	232906
浙　江 Zhejiang	8245216	2523510	1186817	798136	171838	44477
安　徽 Anhui	49879436	8601143	4115476	3315053	407504	188856
福　建 Fujian	17069015	4623830	1980835	1335201	265885	95742
江　西 Jiangxi	25660248	5868060	2463731	1941011	258195	94659
山　东 Shandong	50421084	8470616	3941044	2812357	563060	178532
河　南 Henan	76176342	17893515	7765941	6048783	778751	335871
湖　北 Hubei	41249378	12605405	3991146	3049037	480892	174153
湖　南 Hunan	48680092	12416246	5471296	4296013	495964	193693
广　东 Guangdong	42624119	11491919	4511778	3139457	597095	203910
广　西 Guangxi	19620904	5212513	1812352	1440139	164977	65393
海　南 Hainan	7517241	796516	331779	228629	44067	19917
重　庆 Chongqing	12467767	5352536	2078770	1553444	207979	68082
四　川 Sichuan	30427076	10663973	4641361	3508090	539189	156248
贵　州 Guizhou	14312388	3274567	1953340	1526093	197753	73502
云　南 Yunnan	27537495	6750446	2417106	1858335	357701	95544
西　藏 Tibet	19343	4107	1338	1158	60	60
陕　西 Shaanxi	28427462	7082095	3402295	2594972	445863	127272
甘　肃 Gansu	18774530	3003697	1512379	1217075	136869	60136
青　海 Qinghai	3342855	475131	243961	208569	11987	7475
宁　夏 Ningxia	4056066	560000	281226	211418	38462	12675
新　疆 Xinjiang	36258244	2973852	1729013	1316425	234791	69854

学条件(一)(农村)

Secondary Schools (1) (Rural)

单位:平方米

Unit: m^2

助用房 Buildings of Which 微机室 PC-room	语音室 Linguistic	行政办公用房 Administritive 计 Total	其中教师办公室 of Which: for Teachers	生活用房 Residential and Welfare	其他用房 Rooms for Other Purposes	校舍面积中 of the Floor Space 危房面积 Floor Space of Dilapidated Buildings	当年新增 New Floor Space Added in Current Year
2368198	**845035**	**18399735**	**13442954**	**60625482**	**15532982**	**8745722**	**5197405**
9978	3176	87556	49850	139419	125974	1800	7586
9531	6496	79795	64255	63270	61309	1608	10077
190272	100823	1355325	1105674	1840799	849356	180273	207744
75394	29249	945409	762440	1771553	578433	290369	222037
33344	10819	299387	228359	670585	171598	199931	97350
86854	63218	715209	454758	652506	497986	176499	132287
39209	21133	301064	224991	190916	158449	168279	40651
86846	37425	632401	487167	647712	398054	269630	101129
3441	2116	16981	11709	23944	21149		
186406	61522	1189415	715063	4204663	1057289	2330	508405
37887	13568	201572	125562	902272	232849	4466	57590
86964	22551	821463	575255	3120874	543330	938175	262553
51683	15038	320877	185727	2011199	310919	103360	79924
76873	30783	418059	277387	2581968	404302	301874	112038
128184	66206	1079149	739414	2781449	668974	182641	144225
230460	59850	2990589	2424659	5272448	1864537	838049	528575
118699	33305	793448	536516	6642377	1178434	633305	161359
151928	42358	1068810	783006	4386825	1489315	728524	220794
134488	66000	724768	436964	4882364	1373009	325310	264024
40958	7765	228844	138690	2734423	436894	416743	121759
11671	5525	50038	26294	344905	69794	31184	23679
70792	13721	335721	204592	2527858	410187	240075	134882
163369	22526	646177	411147	4583649	792786	626971	415331
71633	14653	223731	149049	795280	302216	52951	392645
33708	12749	290099	169553	3673386	369855	704749	387455
60		120	120	2529	120	604	
122636	57091	1561749	1313101	1636202	481849	430852	201987
53642	7328	552807	485665	680548	257963	454331	169265
7713	1448	41311	36364	151513	38346	53615	12276
11961	2208	72613	60152	156309	49852	58508	26898
41614	14385	355248	259471	551737	337854	328716	152880

职业初中办

Condition of School Buildings in Vocational Junior

	学校占地面积 Areas Occupied	校舍建筑面积 Floor Space	教学及辅 Teaching & Assistant			
			计 Total	其中		
				普通教室 classroom	实验室 Laboratory	图书室 Library
合　计 Total	**17310517**	**2302080**	**985422**	**730293**	**117546**	**50687**
北　京 Beijing						
天　津 Tianjin						
河　北 Hebei	660259	151834	66992	49126	10476	3263
山　西 Shanxi	1347107	222367	82716	55646	10402	5678
内蒙古 Inner Mongolia	5485464	523390	200822	141454	29192	12332
辽　宁 Liaoning	75168	10680	3532	2408	540	330
吉　林 Jilin	926488	87807	55084	38804	8415	2645
黑龙江 Heilongjiang	102120	11386	9003	6791	1218	614
上　海 Shanghai	6949	3477	1378	1246		44
江　苏 Jiangsu						
浙　江 Zhejiang						
安　徽 Anhui	4655127	602622	298660	241044	25256	15208
福　建 Fujian	4735	2663	714	400	175	81
江　西 Jiangxi	33310	7379	2780	2088	360	66
山　东 Shandong	149051	15025	4965	3810	807	178
河　南 Henan	110022	30803	12590	10450	1170	576
湖　北 Hubei	935539	238039	72134	50021	9416	3918
湖　南 Hunan	239155	23426	12560	7090	3900	560
广　东 Guangdong						
广　西 Guangxi	233811	59364	16173	12906	1512	565
海　南 Hainan						
重　庆 Chongqing	5500	1752				
四　川 Sichuan	252709	48827	18424	14750	2499	313
贵　州 Guizhou	1385308	177064	90353	63516	10036	3164
云　南 Yunnan	435498	47499	17437	12129	1539	577
西　藏 Tibet	4300	916	653	633		20
陕　西 Shaanxi	124331	18407	9191	8382	268	317
甘　肃 Gansu	13047	5215	3510	3212		28
青　海 Qinghai	68270	5394	2383	1801	234	134
宁　夏 Ningxia						
新　疆 Xinjiang	57249	6744	3368	2586	131	76

学条件(一)(总计)

Secondary Schools (1) (Regional Aggregates)

单位:平方米

Unit:m^2

助用房 Buildings		行政办公用房 Administritive		生活用房 Residential and Welfare	其他用房 Rooms for Other Purposes	校舍面积中 of the Floor Space		
of Which								
微机室 PC-room	语音室 Linguistic	计 Total	其中教师办公室 of Which: for Teachers			危房面积 Floor Space of Dilapidated Buildings	当年新增 New Floor Space Added in Current Year	实习工厂(农场)面积
35066	**11344**	**247052**	**184096**	**841700**	**227906**	**189298**	**64422**	**24623**
2826	1210	20778	11128	39110	24954	5193	720	
4827	1587	28151	20023	84666	26834	10388	12674	11754
9648	3496	68766	57319	192216	61586	54749	6557	7026
254		1070	740	1780	4298	590		
2080	1238	15990	12775	12781	3952	12961	1579	
240		1411	1236	892	80	1344		1000
88		295	111	113	1691			
5825	985	56357	43038	201188	46417	57809	19958	1868
58		134	50	1407	408			
134	132	1780	1780	2204	615	932		
100	70	3557	2420	6003	500			
394		6755	5731	10004	1454	5084	215	
2725	1339	15531	10570	126221	24153	14554	2680	441
	110	1371	854	8257	1238			
587		1924	1464	38824	2443	3120	910	220
				1752				
214		2495	1454	24707	3201	5464	1700	60
4161	539	12879	6858	57385	16447	4692	13611	1588
488	120	1834	1032	22278	5950	9983	1098	
		128	26	135				
224		3872	3709	5198	146	1160	2170	
		611	490	1094				
136		730	730	1567	714	543	175	
57	518	633	558	1918	825	732	375	666

职业初中办

Condition of School Buildings in Vocational

	学校占地面积 Areas Occupied	校舍建筑面积 Floor Space	教学及辅 Teaching & Assistant			
			计 Total	其中 普通教室 classroom	实验室 Laboratory	图书室 Library
合　计 Total	**495867**	**135390**	**56100**	**35870**	**8619**	**3916**
北　京 Beijing						
天　津 Tianjin						
河　北 Hebei	24750	9030	2032	1260	300	131
山　西 Shanxi	169510	58327	25233	15160	4970	2052
内蒙古 Inner Mongolia						
辽　宁 Liaoning	48468	6190	1060	660	90	160
吉　林 Jilin	14525	2558	2234	546		14
黑龙江 Heilongjiang						
上　海 Shanghai	6949	3477	1378	1246		44
江　苏 Jiangsu						
浙　江 Zhejiang						
安　徽 Anhui	44187	5972	3086	2521	309	156
福　建 Fujian						
江　西 Jiangxi						
山　东 Shandong						
河　南 Henan						
湖　北 Hubei	62630	34674	15482	9859	2600	1040
湖　南 Hunan	2790	1695	920	750		60
广　东 Guangdong						
广　西 Guangxi	39872	1912	826	487	95	124
海　南 Hainan						
重　庆 Chongqing	5500	1752				
四　川 Sichuan						
贵　州 Guizhou	43130	4458	1250	1250		
云　南 Yunnan						
西　藏 Tibet						
陕　西 Shaanxi	8210	3246	1766	1566	80	60
甘　肃 Gansu						
青　海 Qinghai	25346	2099	833	565	175	75
宁　夏 Ningxia						
新　疆 Xinjiang						

学条件(一)(城市)

Junior Secondary Schools (1) (Urban)

单位:平方米

Unit:m²

助用房 Buildings of Which		行政办公用房 Administritive		生活用房 Residential and Welfare	其他用房 Rooms for Other Purposes	校舍面积中 of the Floor Space		
微机室 PC-room	语音室 Linguistic	计 Total	其中教师办公室 of Which: for Teachers			危房面积 Floor Space of Dilapidated Buildings	当年新增 New Floor Space Added in Current Year	实习工厂(农场)面积
3159	**1385**	**18849**	**11415**	**47999**	**12442**	**5276**	**507**	**8118**
271	70	3849	700	300	2849			
1736	1055	7190	4147	24334	1570		332	8118
150		260	140	1150	3720			
		204	30	120				
88		295	111	113	1691			
100		901	901	1913	72	701		
640	150	4356	3680	12501	2335	4175		
	110	117	74	580	78			
96		157	112	856	73			
				1752				
				3208				
60		1400	1400	60	20	400		
18		120	120	1112	34		175	

职业初中办

Condition of School Buildings in Vocational Junior

	学校占地面积 Areas Occupied	校舍建筑面积 Floor Space	教学及辅 Teaching & Assistant			
			计 Total	其中 普通教室 classroom	实验室 Laboratory	图书室 Library
合计 Total	**4410312**	**608291**	**255308**	**182675**	**32471**	**12740**
北京 Beijing						
天津 Tianjin						
河北 Hebei	251748	64896	28284	19682	5442	1480
山西 Shanxi	346680	83061	29351	21431	2606	1845
内蒙古 Inner Mongolia	1516819	149357	54948	39209	7987	3448
辽宁 Liaoning						
吉林 Jilin	310035	22447	12762	8587	2588	724
黑龙江 Heilongjiang	3500	892	704	344	120	120
上海 Shanghai						
江苏 Jiangsu						
浙江 Zhejiang						
安徽 Anhui	755290	107617	59987	45985	4392	2268
福建 Fujian						
江西 Jiangxi	26610	5579	1696	1080	360	40
山东 Shandong	41340	6050	2600	2050	350	60
河南 Henan	2931	670	300	260		
湖北 Hubei	128095	32213	8424	6444	867	432
湖南 Hunan	235365	20731	11040	5740	3900	500
广东 Guangdong						
广西 Guangxi	170729	48443	12366	9550	1361	385
海南 Hainan						
重庆 Chongqing						
四川 Sichuan	59225	3458	1252	803		
贵州 Guizhou	470782	44050	21400	12614	2204	1163
云南 Yunnan	24901	7632	3142	2456	235	188
西藏 Tibet	1500	500	500	500		
陕西 Shaanxi	5000	2500	2500	2500		
甘肃 Gansu	2213	2555	1660	1362		28
青海 Qinghai	42924	3295	1550	1236	59	59
宁夏 Ningxia						
新疆 Xinjiang	14625	2345	842	842		

学条件(一)(县镇)

Secondary Schools (1) (County City & Towns)

单位:平方米

Unit: m^2

助用房 Buildings		行政办公用房 Administritive		生活用房 Residential and Welfare	其他用房 Rooms for Other Purposes	校舍面积中 of the Floor Space		
of Which								
微机室 PC-room	语音室 Linguistic	计 Total	其中教师办公室 of Which: for Teachers			危房面积 Floor Space of Dilapidated Buildings	当年新增 New Floor Space Added in Current Year	实习工厂(农场)面积
11239	**3204**	**69614**	**54520**	**211239**	**72130**	**43362**	**17527**	**5501**
1272	407	7157	4868	16706	12749	2433		
2220	462	12059	9213	31979	9672	5168	6990	
2268	866	22631	19981	47162	24616	14643	2604	5281
345	418	3518	2960	3528	2639	2954		
120		188	188					
2176	328	10324	7904	31108	6198	8884	4614	
108	108	1644	1644	1624	615	788		
70	70	2450	1700	500	500			
40		160	60	150	60		215	
482	199	1274	1174	20487	2028	2841		
		1254	780	7277	1160			
491		1196	831	32511	2370	3120	910	220
		420	192	450	1336			
1266	346	4139	2109	11611	6900		1200	
263		424	196	3722	344	1988	994	
		61	40	834				
118		610	610	455	680	543		
		105	70	1135	263			

职业初中办

Condition of School Buildings in Vocational

	学校占地面积 Areas Occupied	校舍建筑面积 Floor Space	教学及辅 Teaching & Assistant			
			计 Total	其中 普通教室 classroom	实验室 Laboratory	图书室 Library
合 计 Total	**12404338**	**1558399**	**674014**	**511748**	**76456**	**34031**
北 京 Beijing						
天 津 Tianjin						
河 北 Hebei	383761	77908	36676	28184	4734	1652
山 西 Shanxi	830917	80979	28132	19055	2826	1781
内蒙古 Inner Mongolia	3968645	374033	145874	102245	21205	8884
辽 宁 Liaoning	26700	4490	2472	1748	450	170
吉 林 Jilin	601928	62802	40088	29671	5827	1907
黑龙江 Heilongjiang	98620	10494	8299	6447	1098	494
上 海 Shanghai						
江 苏 Jiangsu						
浙 江 Zhejiang						
安 徽 Anhui	3855650	489033	235587	192538	20555	12784
福 建 Fujian	4735	2663	714	400	175	81
江 西 Jiangxi	6700	1800	1084	1008		26
山 东 Shandong	107711	8975	2365	1760	457	118
河 南 Henan	107091	30133	12290	10190	1170	576
湖 北 Hubei	744814	171152	48228	33718	5949	2446
湖 南 Hunan	1000	1000	600	600		
广 东 Guangdong						
广 西 Guangxi	23210	9009	2981	2869	56	56
海 南 Hainan						
重 庆 Chongqing						
四 川 Sichuan	193484	45369	17172	13947	2499	313
贵 州 Guizhou	871396	128556	67703	49652	7832	2001
云 南 Yunnan	410597	39867	14295	9673	1304	389
西 藏 Tibet	2800	416	153	133		20
陕 西 Shaanxi	111121	12661	4925	4316	188	257
甘 肃 Gansu	10834	2660	1850	1850		
青 海 Qinghai						
宁 夏 Ningxia						
新 疆 Xinjiang	42624	4399	2526	1744	131	76

学条件(一)(农村)

Junior Secondary Schools (1) (Rural)

单位:平方米

Unit: m^2

助用房 Buildings		行政办公用房 Administritive		生活用房 Residential and Welfare	其他用房 Rooms for Other Purposes	校舍面积中 of the Floor Space		
of Which								
微机室 PC-room	语音室 Linguistic	计 Total	其中教师办公室 of Which: for Teachers			危房面积 Floor Space of Dilapidated Buildings	当年新增 New Floor Space Added in Current Year	实习工厂(农场)面积
20668	**6755**	**158589**	**118161**	**582462**	**143334**	**140660**	**46388**	**11004**
1283	733	9772	5560	22104	9356	2760	720	
871	70	8902	6663	28353	15592	5220	5352	3636
7380	2630	46135	37338	145054	36970	40106	3953	1745
104		810	600	630	578	590		
1735	820	12268	9785	9133	1313	10007	1579	
120		1223	1048	892	80	1344		1000
3549	657	45132	34233	168167	40147	48224	15344	1868
58		134	50	1407	408			
26	24	136	136	580		144		
30		1107	720	5503				
354		6595	5671	9854	1394	5084		
1603	990	9901	5716	93233	19790	7538	2680	441
				400				
		571	521	5457				
214		2075	1262	24257	1865	5464	1700	60
2895	193	8740	4749	42566	9547	4692	12411	1588
225	120	1410	836	18556	5606	7995	104	
		128	26	135				
164		2472	2309	5138	126	760	2170	
		550	450	260				
57	518	528	488	783	562	732	375	666

普通初中办

Condition of School Buildings in Junior

	体育运动场(馆)面积(平方米) Sports Areas (m^2)	计算机(台) PC (set)	图书藏量(册) Books & Magazines in Libraries (Volume)
合 计 Total	**406130241**	**2453378**	**850951211**
北 京 Beijing	3681307	26265	9521041
天 津 Tianjin	3125792	20476	5221947
河 北 Hebei	34803271	172642	86281837
山 西 Shanxi	11749408	59350	24014954
内蒙古 Inner Mongolia	14273344	35146	13668106
辽 宁 Liaoning	17862982	86686	22032427
吉 林 Jilin	13382406	58305	15763956
黑龙江 Heilongjiang	23481284	83195	19498393
上 海 Shanghai	3019767	66832	13207556
江 苏 Jiangsu	21613281	149802	50781378
浙 江 Zhejiang	15908541	140946	39898715
安 徽 Anhui	16756401	65673	34732736
福 建 Fujian	8194437	66826	18597533
江 西 Jiangxi	11012770	54604	22114176
山 东 Shandong	40344014	236810	65906369
河 南 Henan	29746824	160953	93069618
湖 北 Hubei	18747656	105237	41776398
湖 南 Hunan	17877010	135637	54381779
广 东 Guangdong	23214453	227960	69992631
广 西 Guangxi	10621377	71074	24927948
海 南 Hainan	3287197	12679	3809233
重 庆 Chongqing	4487196	48852	8718546
四 川 Sichuan	13637463	118166	27666145
贵 州 Guizhou	6920007	61591	16955860
云 南 Yunnan	7116255	25381	16749795
西 藏 Tibet	646090	2825	929804
陕 西 Shaanxi	10010560	77431	27278404
甘 肃 Gansu	7018246	33871	10354670
青 海 Qinghai	1248107	5968	1602108
宁 夏 Ningxia	1998932	12513	2639765
新 疆 Xinjiang	10343863	29682	8857383

学条件(二)(总计)
Secondary Schools (2) (Regional Aggregates)

电子图书藏量 (片) Electronic Books & Magazines in Libraries (disk)	固定资产总值(万元) Total Value of Fixed Asset (in 10,000 yuan)			
	计 Total	其中:仪器设备总值(万元) of Which: Total Value of Equip & Instru. (in 10,000 yuan)		
		计 Subtotal	专业实验设备 For Prefession	专业实习设备 For Practice
10569704	**21108504.05**	**2144401.34**	**1355977.93**	**293663.48**
27458	223416.33	22983.46	11873.86	902.14
34728	134461.89	21700.48	11261.75	1948.26
568565	1281948.61	153465.12	106296.06	22638.56
258158	570877.73	55812.19	34811.92	8312.38
54769	274469.57	30899.92	19239.10	2660.61
30602	551512.00	77872.00	43321.00	7796.00
273190	446455.03	51726.93	33878.21	7003.56
122918	553380.57	66450.55	46939.16	9279.72
187795	572911.39	88814.56	50841.90	6498.02
1084875	1534438.54	139558.50	84810.16	16844.06
252195	1378647.62	123824.77	70246.03	312.19
173774	666545.60	63925.37	50390.89	7143.25
136696	440917.00	43585.00	35795.00	7790.00
285333	461580.68	35292.94	21977.40	6115.15
544986	1702113.10	157701.64	98617.84	21557.23
1216641	1459999.19	146221.26	85288.23	32714.26
196381	1171323.96	100671.31	66930.28	15073.53
508005	1125250.50	119553.83	79750.87	14260.85
2988118	2229029.03	235028.98	150642.14	45819.77
276237	681016.84	50522.45	35236.45	8975.53
57925	144235.59	12654.16	7811.92	2708.37
218328	384974.55	32053.79	19732.57	5503.62
237997	964505.17	81109.19	51327.46	13505.41
75623	328117.55	42355.75	20186.13	5754.96
36042	543009.94	25599.90	16679.02	2478.70
34668	115806.18	4300.48	1643.26	708.73
529494	500559.43	60137.04	38134.46	9799.91
91826	279100.40	59915.51	47457.35	6538.81
12854	40508.12	4374.88	2597.73	661.52
25105	78498.92	9184.78	5118.52	1149.64
28418	268893.02	27104.60	7141.26	1208.74

普通初中办

Condition of School Buildings in Junior

	体育运动场(馆)面积(平方米) Sports Areas (m^2)	计算机(台) PC (set)	图书藏量(册) Books & Magazines in Libraries (Volume)
合 计 Total	**57745354**	**662693**	**145124841**
北 京 Beijing	596945	11739	3116636
天 津 Tianjin	632606	7973	1752372
河 北 Hebei	3612762	31233	9220406
山 西 Shanxi	1644174	13647	3736731
内蒙古 Inner Mongolia	2214759	12447	3493150
辽 宁 Liaoning	4369000	41090	8946036
吉 林 Jilin	1827998	19667	3479061
黑龙江 Heilongjiang	3366048	25158	3681371
上 海 Shanghai	1238878	41749	7889010
江 苏 Jiangsu	3333147	39467	9875960
浙 江 Zhejiang	3813913	46632	10795462
安 徽 Anhui	1420240	19644	4026831
福 建 Fujian	861199	14563	2888563
江 西 Jiangxi	596726	7157	1403721
山 东 Shandong	6671539	78234	14453376
河 南 Henan	3369623	36159	9641547
湖 北 Hubei	4539333	37815	10916587
湖 南 Hunan	1483981	17804	4736019
广 东 Guangdong	4406614	73122	14469875
广 西 Guangxi	1290058	14950	2963812
海 南 Hainan	291124	2525	417543
重 庆 Chongqing	431125	8326	1146384
四 川 Sichuan	1317639	14967	2679684
贵 州 Guizhou	569148	8914	1540964
云 南 Yunnan	422877	4012	919875
西 藏 Tibet	83048	584	68078
陕 西 Shaanxi	723768	10815	2751573
甘 肃 Gansu	817270	6237	1440121
青 海 Qinghai	256587	1279	241458
宁 夏 Ningxia	398771	4186	657001
新 疆 Xinjiang	1144454	10598	1775634

学条件(二)(城市)
Secondary Schools (2) (Urban)

电子图书藏量(片) Electronic Books & Magazines in Libraries (disk)	固定资产总值(万元) Total Value of Fixed Asset (in 10,000 yuan)			
	计 Total	其中:仪器设备总值(万元) of Which: Total Value of Equip & Instru. (in 10,000 yuan)		
		计 Subtotal	专业实验设备 For Prefession	专业实习设备 For Practice
4033092	**5498351.17**	**668244.65**	**413862.95**	**71364.53**
10005	77620.55	8058.09	5028.87	246.79
25348	36806.78	10232.95	4894.64	441.68
264084	231758.28	32128.65	21642.36	4655.33
69344	117246.47	17378.46	9965.83	2014.43
23696	74793.48	12057.95	5894.31	912.56
14488	268862.00	38153.00	20941.00	2517.00
169105	240713.21	22518.14	13871.90	2714.70
60539	227531.50	26510.20	21367.14	1913.80
98143	342856.61	54339.45	33891.70	3371.90
289754	424387.09	43493.00	26961.53	4399.80
125395	471275.06	41954.89	23502.92	260.30
62817	145333.48	13417.35	9566.97	1780.15
94718	98036.00	14386.00	11048.00	3338.00
33542	44861.29	6188.60	3610.20	470.99
151037	568037.59	60219.94	35537.39	4581.63
281083	233266.74	30546.51	20451.87	4038.04
70365	291053.36	41514.89	27850.23	3437.97
59431	159921.54	17727.68	11668.16	2075.05
1881526	707710.28	98133.80	57670.45	18739.26
9365	89396.88	11238.33	9050.36	1587.79
14195	19922.47	3055.24	2245.00	374.63
61927	146177.58	8504.60	5870.80	1482.72
48325	194819.61	16272.76	10337.04	1593.23
22486	39246.64	7411.33	3465.87	1311.33
4398	42382.80	3913.91	2839.79	473.42
87	10950.72	814.67	257.75	142.59
51489	59722.87	8323.55	5618.30	1052.94
13124	41857.47	6199.84	3178.94	444.56
1786	6585.50	880.73	337.40	71.06
14435	18860.38	3392.04	1959.25	220.40
7055	66356.94	9278.10	3336.98	700.48

普通初中办

Condition of School Buildings in Junior

	体育运动场(馆)面积(平方米) Sports Areas (m^2)	计算机(台) PC (set)	图书藏量(册) Books & Magazines in Libraries (Volume)
合 计 Total	**123273552**	**773241**	**273623213**
北 京 Beijing	1941687	9319	4156645
天 津 Tianjin	1296098	6838	1830834
河 北 Hebei	12122223	63128	31083538
山 西 Shanxi	2247490	13159	5533453
内蒙古 Inner Mongolia	4983952	12387	5460240
辽 宁 Liaoning	1855431	10136	2529673
吉 林 Jilin	5136489	22013	6449628
黑龙江 Heilongjiang	4105706	20441	4011907
上 海 Shanghai	1608037	23792	4932021
江 苏 Jiangsu	3176156	31437	8309473
浙 江 Zhejiang	9328187	75090	22744872
安 徽 Anhui	3592750	16965	7531041
福 建 Fujian	2663045	20348	6286193
江 西 Jiangxi	4695622	23769	9393312
山 东 Shandong	18785950	97233	30210668
河 南 Henan	7660373	44532	26318382
湖 北 Hubei	2928074	19700	7556235
湖 南 Hunan	6025554	42119	18427548
广 东 Guangdong	8009589	70861	25942293
广 西 Guangxi	5917829	41079	13964325
海 南 Hainan	1511714	5343	1954532
重 庆 Chongqing	407491	4960	762202
四 川 Sichuan	3677154	32488	7246268
贵 州 Guizhou	2971467	27081	7594971
云 南 Yunnan	2297892	9809	5785942
西 藏 Tibet	562642	2222	855646
陕 西 Shaanxi	858962	11301	3203669
甘 肃 Gansu	1274600	6747	1684070
青 海 Qinghai	283544	1692	361322
宁 夏 Ningxia	603358	3836	694778
新 疆 Xinjiang	744486	3416	807532

学条件(二)(县镇)

Secondary Schools (2) (County City & Towns)

电子图书藏量(片) Electronic Books & Magazines in Libraries (disk)	固定资产总值(万元) Total Value of Fixed Asset (in 10,000 yuan)			
	计 Total	其中:仪器设备总值(万元) of Which: Total Value of Equip & Instru. (in 10,000 yuan)		
		计 Subtotal	专业实验设备 For Prefession	专业实习设备 For Practice
3425819	**7077104.28**	**624659.82**	**388454.14**	**93123.85**
9498	91473.62	8636.77	4167.74	406.64
8397	51055.13	7969.67	4174.46	792.85
214088	524781.70	53013.42	36646.10	7040.50
69502	115237.96	11861.19	8159.04	1862.56
20926	110238.13	10383.43	7698.90	896.86
2862	77913.00	8363.00	5335.00	1022.00
87522	137257.80	19379.51	13816.59	2522.59
25432	106656.54	14772.93	9501.75	2259.48
55954	220720.65	32742.32	15924.08	2896.76
394629	406585.99	35100.05	19852.69	3312.34
102075	767209.41	65493.53	38116.72	51.89
47174	157435.64	10969.66	7151.85	2299.03
13948	131514.00	10234.00	8342.00	1892.00
117942	183797.79	14569.88	8910.66	2716.10
266052	725324.87	60216.77	39697.62	9448.74
394177	476493.44	41542.34	22689.68	13065.19
41974	194468.32	19626.26	13303.68	4125.25
230229	450513.04	34673.19	21903.63	4783.42
813881	732336.13	60048.70	41897.87	12514.42
256127	376374.55	26806.85	17348.53	5636.28
20036	63642.33	4595.02	2636.18	1364.42
2169	36831.20	2677.35	1871.90	385.11
80231	329797.23	22032.19	14225.71	3774.60
39050	142935.52	17261.11	8324.47	2473.87
4379	184253.21	8420.74	4976.09	890.90
34577	104620.16	3477.51	1385.51	557.84
32316	73102.20	8583.27	4496.19	1803.12
29131	39994.29	4373.44	2671.32	1249.83
2954	14257.87	1690.84	1126.81	402.99
7736	21370.25	2642.01	1437.85	506.90
851	28912.31	2502.87	663.52	169.37

普通初中办

Condition of School Buildings in Junior

	体育运动场(馆)面积(平方米) Sports Areas (m^2)	计算机(台) PC (set)	图书藏量(册) Books & Magazines in Libraries (Volume)
合 计 Total	**225111335**	**1017444**	**432203157**
北 京 Beijing	1142675	5207	2247760
天 津 Tianjin	1197088	5665	1638741
河 北 Hebei	19068286	78281	45977893
山 西 Shanxi	7857744	32544	14744770
内蒙古 Inner Mongolia	7074633	10312	4714716
辽 宁 Liaoning	11638551	35460	10556718
吉 林 Jilin	6417919	16625	5835267
黑龙江 Heilongjiang	16009530	37596	11805115
上 海 Shanghai	172852	1291	386525
江 苏 Jiangsu	15103978	78898	32595945
浙 江 Zhejiang	2766441	19224	6358381
安 徽 Anhui	11743411	29064	23174864
福 建 Fujian	4670193	31915	9422777
江 西 Jiangxi	5720422	23678	11317143
山 东 Shandong	14886525	61343	21242325
河 南 Henan	18716828	80262	57109689
湖 北 Hubei	11280249	47722	23303576
湖 南 Hunan	10367475	75714	31218212
广 东 Guangdong	10798250	83977	29580463
广 西 Guangxi	3413490	15045	7999811
海 南 Hainan	1484359	4811	1437158
重 庆 Chongqing	3648580	35566	6809960
四 川 Sichuan	8642670	70711	17740193
贵 州 Guizhou	3379392	25596	7819925
云 南 Yunnan	4395486	11560	10043978
西 藏 Tibet	400	19	6080
陕 西 Shaanxi	8427830	55315	21323162
甘 肃 Gansu	4926376	20887	7230479
青 海 Qinghai	707976	2997	999328
宁 夏 Ningxia	996803	4491	1287986
新 疆 Xinjiang	8454923	15668	6274217

学条件(二)(农村)

Secondary Schools (2) (Rural)

电子图书藏量(片) Electronic Books & Magazines in Libraries (disk)	固定资产总值(万元) Total Value of Fixed Asset (in 10,000 yuan)			
	计 Total	其中:仪器设备总值(万元) of Which: Total Value of Equip & Instru. (in 10,000 yuan)		
		计 Subtotal	专业实验设备 For Prefession	专业实习设备 For Practice
3110793	**8533048.60**	**851496.87**	**553610.84**	**129175.10**
7955	54322.16	6288.60	2677.25	248.71
983	46599.98	3497.86	2192.65	713.73
90393	525408.63	68323.05	48007.60	10942.73
119312	338393.30	26572.54	16687.05	4435.39
10147	89437.96	8458.54	5645.89	851.19
13252	204737.00	31356.00	17045.00	4257.00
16563	68484.02	9829.28	6189.72	1766.27
36947	219192.53	25167.42	16070.27	5106.44
33698	9334.13	1732.79	1026.12	229.36
400492	703465.46	60965.45	37995.94	9131.92
24725	140163.15	16376.35	8626.39	
63783	363776.48	39538.36	33672.07	3064.07
28030	211367.00	18965.00	16405.00	2560.00
133849	232921.60	14534.46	9456.54	2928.06
127897	408750.64	37264.93	23382.83	7526.86
541381	750239.01	74132.41	42146.68	15611.03
84042	685802.28	39530.16	25776.37	7510.31
218345	514815.92	67152.96	46179.08	7402.38
292711	788982.62	76846.48	51073.82	14566.09
10745	215245.41	12477.27	8837.56	1751.46
23694	60670.79	5003.90	2930.74	969.32
154232	201965.77	20871.84	11989.87	3635.79
109441	439888.33	42804.24	26714.71	8137.58
14087	145935.39	17683.31	8395.79	1969.76
27265	316373.93	13265.25	8863.14	1114.38
4	235.30	8.30		8.30
445689	367734.36	43230.22	28019.97	6943.85
49571	197248.64	49342.23	41607.09	4844.42
8114	19664.75	1803.31	1133.52	187.47
2934	38268.29	3150.73	1721.42	422.34
20512	173623.77	15323.63	3140.76	338.89

职业初中办

Condition of School Buildings in Vocational Junior

	体育运动场(馆)面积(平方米) Sports Areas (m^2)	计算机(台) PC (set)	图书藏量(册) Books & Magazines in Libraries (Volume)
合　计 Total	**4076434**	**12696**	**5560117**
北　京 Beijing			
天　津 Tianjin			
河　北 Hebei	185181	1372	529626
山　西 Shanxi	295558	1893	348084
内蒙古 Inner Mongolia	1746509	3211	1128963
辽　宁 Liaoning	9940	92	29774
吉　林 Jilin	307520	710	373418
黑龙江 Heilongjiang	41300	73	55860
上　海 Shanghai	3855	72	7636
江　苏 Jiangsu			
浙　江 Zhejiang			
安　徽 Anhui	887346	1479	1851706
福　建 Fujian	2476	18	6732
江　西 Jiangxi	4000	36	4000
山　东 Shandong	24144	63	19780
河　南 Henan	56387	161	91408
湖　北 Hubei	214006	770	435940
湖　南 Hunan	9065	331	71125
广　东 Guangdong			
广　西 Guangxi	66675	262	71306
海　南 Hainan			
重　庆 Chongqing			
四　川 Sichuan	21970	136	56071
贵　州 Guizhou	137817	1683	367803
云　南 Yunnan	26278	106	53110
西　藏 Tibet	1	1	1500
陕　西 Shaanxi	18086	125	33668
甘　肃 Gansu	11000	1	2256
青　海 Qinghai	100	74	12000
宁　夏 Ningxia			
新　疆 Xinjiang	7220	27	8351

学条件(二)(总计)

Secondary Schools (2) (Regional Aggregates)

电子图书藏量(片) Electronic Books & Magazines in Libraries (disk)	固定资产总值(万元) Total Value of Fixed Asset (in 10,000 yuan)			
	计 Total	其中:仪器设备总值(万元) of Which: Total Value of Equip & Instru. (in 10,000 yuan)		
		计 Subtotal	专业实验设备 For Prefession	专业实习设备 For Practice
17086	**108174.21**	**11249.93**	**7025.50**	**1802.48**
3200	20345.52	880.71	609.52	94.80
5367	13277.36	2267.57	1340.90	553.57
3634	21553.63	2757.53	2253.72	274.96
	874.00	171.00	104.00	5.00
675	3969.86	498.31	349.21	132.90
1000	641.80	109.20	62.20	35.00
36	233.00	92.00	69.00	
462	21000.14	1266.00	772.18	254.72
10	139.00	14.00	14.00	
30	103.20	25.20	24.20	1.00
288	409.50	49.10	31.40	17.70
302	731.35	100.32	59.02	21.30
937	8546.35	634.65	414.66	75.47
	2333.00	752.50	94.50	4.00
	1767.80	237.80	129.50	107.30
	50.00			
74	1302.64	49.69	11.32	2.60
571	6606.73	1076.36	567.66	129.20
	1872.06	82.53	32.20	42.21
	86.60			
500	408.89	58.56	15.56	37.00
	350.45	0.80	0.75	0.05
	255.00	76.00	49.00	4.00
	1316.33	50.10	21.00	9.70

Condition of School Buildings in Vocational

	体育运动场(馆)面积(平方米) Sports Areas (m^2)	计算机(台) PC (set)	图书藏量(册) Books & Magazines in Libraries (Volume)
合 计 Total	**151374**	**1221**	**184233**
北 京 Beijing			
天 津 Tianjin			
河 北 Hebei	10080	144	24961
山 西 Shanxi	55014	663	71708
内蒙古 Inner Mongolia			
辽 宁 Liaoning	2740	70	14500
吉 林 Jilin	4970	18	2468
黑龙江 Heilongjiang			
上 海 Shanghai	3855	72	7636
江 苏 Jiangsu			
浙 江 Zhejiang			
安 徽 Anhui	7200	32	16740
福 建 Fujian			
江 西 Jiangxi			
山 东 Shandong			
河 南 Henan			
湖 北 Hubei	24000	65	22083
湖 南 Hunan	865	2	9500
广 东 Guangdong			
广 西 Guangxi	34850	35	952
海 南 Hainan			
重 庆 Chongqing			
四 川 Sichuan			
贵 州 Guizhou	7700	50	7000
云 南 Yunnan			
西 藏 Tibet			
陕 西 Shaanxi		42	4685
甘 肃 Gansu			
青 海 Qinghai	100	28	2000
宁 夏 Ningxia			
新 疆 Xinjiang			

学条件(二)(城市)

Junior Secondary Schools (2) (Urban)

电子图书藏量(片) Electronic Books & Magazines in Libraries (disk)	固定资产总值(万元) Total Value of Fixed Asset (in 10,000 yuan)			
	计 Total	其中:仪器设备总值(万元) of Which: Total Value of Equip & Instru. (in 10,000 yuan)		
		计 Subtotal	专业实验设备 For Prefession	专业实习设备 For Practice
4176	**8492.13**	**1766.38**	**1226.44**	**330.74**
3000	477.00	27.70	1.70	26.00
1140	4687.21	1099.23	755.79	260.24
	561.00	161.00	100.00	
	261.25	66.35	66.35	
36	233.00	92.00	69.00	
	178.00	53.00	35.00	18.00
	1573.00	132.00	132.00	
	94.00	42.00		
	11.90	9.60	2.10	7.50
	50.00			
	200.77	9.50	9.50	
	103.00	21.00	6.00	15.00
	62.00	53.00	49.00	4.00

职业初中办

Condition of School Buildings in Vocational Junior

	体育运动场(馆)面积(平方米) Sports Areas (m^2)	计算机(台) PC (set)	图书藏量(册) Books & Magazines in Libraries (Volume)
合 计 Total	**961485**	**4188**	**1433604**
北 京 Beijing			
天 津 Tianjin			
河 北 Hebei	70719	659	209987
山 西 Shanxi	102270	813	136694
内蒙古 Inner Mongolia	376937	758	324391
辽 宁 Liaoning			
吉 林 Jilin	109080	59	72216
黑龙江 Heilongjiang	2000	24	1000
上 海 Shanghai			
江 苏 Jiangsu			
浙 江 Zhejiang			
安 徽 Anhui	173741	439	325190
福 建 Fujian			
江 西 Jiangxi	3000	35	3000
山 东 Shandong	13340	40	10500
河 南 Henan	1941	23	2108
湖 北 Hubei	30000	168	99000
湖 南 Hunan	7600	329	61625
广 东 Guangdong			
广 西 Guangxi	26725	201	69154
海 南 Hainan			
重 庆 Chongqing			
四 川 Sichuan			100
贵 州 Guizhou	30926	547	94919
云 南 Yunnan	5506	47	9220
西 藏 Tibet			
陕 西 Shaanxi			
甘 肃 Gansu	6500		
青 海 Qinghai		46	10000
宁 夏 Ningxia			
新 疆 Xinjiang	1200		4500

学条件(二)(县镇)

Secondary Schools (2) (County City & Towns)

电子图书藏量(片) Electronic Books & Magazines in Libraries (disk)	固定资产总值(万元) Total Value of Fixed Asset (in 10,000 yuan)			
	计 Total	其中:仪器设备总值(万元) of Which: Total Value of Equip & Instru. (in 10,000 yuan)		
		计 Subtotal	专业实验设备 For Prefession	专业实习设备 For Practice
1661	**40333.92**	**3758.88**	**1966.10**	**678.64**
200	15480.10	410.28	329.98	50.30
677	3760.42	824.23	314.50	243.23
26	5797.34	649.52	528.57	69.56
20	700.30	40.88	32.28	8.10
	75.00	21.00	18.00	3.00
280	4471.35	332.51	205.11	114.90
	100.00	22.00	21.00	1.00
288	130.00	35.00	20.00	15.00
	99.00	16.00	16.00	
17	2113.10	117.80	31.40	18.40
	2199.00	710.50	94.50	4.00
	1512.90	209.20	121.40	87.80
	38.85	0.97		
153	1975.15	325.68	225.10	51.70
	229.20	18.70	7.70	11.00
	45.60			
	50.00			
	200.61	0.61	0.56	0.05
	193.00	23.00		
	1163.00	1.00		0.60

职业初中办

Condition of School Buildings in Vocational

	体育运动场(馆)面积(平方米) Sports Areas (m^2)	计算机(台) PC (set)	图书藏量(册) Books & Magazines in Libraries (Volume)
合计 Total	**2963575**	**7287**	**3942280**
北京 Beijing			
天津 Tianjin			
河北 Hebei	104382	569	294678
山西 Shanxi	138274	417	139682
内蒙古 Inner Mongolia	1369572	2453	804572
辽宁 Liaoning	7200	22	15274
吉林 Jilin	193470	633	298734
黑龙江 Heilongjiang	39300	49	54860
上海 Shanghai			
江苏 Jiangsu			
浙江 Zhejiang			
安徽 Anhui	706405	1008	1509776
福建 Fujian	2476	18	6732
江西 Jiangxi	1000	1	1000
山东 Shandong	10804	23	9280
河南 Henan	54446	138	89300
湖北 Hubei	160006	537	314857
湖南 Hunan	600		
广东 Guangdong			
广西 Guangxi	5100	26	1200
海南 Hainan			
重庆 Chongqing			
四川 Sichuan	21970	136	55971
贵州 Guizhou	99191	1086	265884
云南 Yunnan	20772	59	43890
西藏 Tibet	1	1	1500
陕西 Shaanxi	18086	83	28983
甘肃 Gansu	4500	1	2256
青海 Qinghai			
宁夏 Ningxia			
新疆 Xinjiang	6020	27	3851

学条件(二)(农村)

Junior Secondary Schools (2) (Rural)

电子图书藏量(片) Electronic Books & Magazines in Libraries (disk)	固定资产总值(万元) Total Value of Fixed Asset (in 10,000 yuan)			
	计 Total	其中:仪器设备总值(万元) of Which: Total Value of Equip & Instru. (in 10,000 yuan)		
		计 Subtotal	专业实验设备 For Prefession	专业实习设备 For Practice
11249	**59348.16**	**5724.67**	**3832.96**	**793.10**
	4388.42	442.73	277.84	18.50
3550	4829.73	344.11	270.61	50.10
3608	15756.29	2108.01	1725.15	205.40
	313.00	10.00	4.00	5.00
655	3008.31	391.08	250.58	124.80
1000	566.80	88.20	44.20	32.00
182	16350.79	880.49	532.07	121.82
10	139.00	14.00	14.00	
30	3.20	3.20	3.20	
	279.50	14.10	11.40	2.70
302	632.35	84.32	43.02	21.30
920	4860.25	384.85	251.26	57.07
	40.00			
	243.00	19.00	6.00	12.00
74	1263.79	48.72	11.32	2.60
418	4430.81	741.18	333.06	77.50
	1642.86	63.83	24.50	31.21
	41.00			
500	255.89	37.56	9.56	22.00
	149.84	0.19	0.19	
	153.33	49.10	21.00	9.10

小学校数、教

Number of Schools, External Teaching Sites & Classes

	学校数(所) Schools	教学点数(个) External Teaching Sites	班数(个) 计 Total	一年级 Grade 1
合　计 Total	**394183**	**101508**	**3203047**	**551467**
北　京 Beijing	1504		21180	3439
天　津 Tianjin	1099		16497	2764
河　北 Hebei	22953	3724	175940	26264
山　西 Shanxi	28254	969	124764	18887
内蒙古 Inner Mongolia	6874	3020	60257	11101
辽　宁 Liaoning	10281	460	87757	14106
吉　林 Jilin	7781	573	66114	10449
黑龙江 Heilongjiang	10791	784	83399	14866
上　海 Shanghai	658	11	15292	3138
江　苏 Jiangsu	6723	3003	122520	18485
浙　江 Zhejiang	6747	418	83648	13710
安　徽 Anhui	21295	3052	160496	29027
福　建 Fujian	11614	3790	92911	14929
江　西 Jiangxi	15257	3291	105909	21762
山　东 Shandong	16943	1731	168092	31766
河　南 Henan	34164	4170	262007	46881
湖　北 Hubei	14085	2730	118778	18746
湖　南 Hunan	19615	5427	125065	22973
广　东 Guangdong	21944	2877	249224	42645
广　西 Guangxi	15759	14375	156926	26903
海　南 Hainan	3192	682	29611	5366
重　庆 Chongqing	10409	776	67263	11205
四　川 Sichuan	21935	12658	189602	33116
贵　州 Guizhou	14257	5357	126430	23107
云　南 Yunnan	19752	17982	150028	26470
西　藏 Tibet	886	1850	11769	2802
陕　西 Shaanxi	22988	1786	125806	19013
甘　肃 Gansu	15347	3880	98439	18295
青　海 Qinghai	2995	424	17764	3588
宁　夏 Ningxia	2630	609	19994	4017
新　疆 Xinjiang	5451	1099	69565	11647

学点数及班数(总计)
in Primary Schools (Regional Aggregates)

Classes

二年级 Grade 2	三年级 Grade 3	四年级 Grade 4	五年级 Grade 5	六年级 Grade 6	复式班 Multiple-grade Classes
540992	**542446**	**525846**	**517066**	**423814**	**101416**
3532	3555	3629	3540	3464	21
2763	2850	2902	2944	2260	14
25715	26415	28407	30633	31013	7493
20191	23551	18780	18612	4569	20174
11152	12457	10493	10390	2428	2236
14385	14798	14933	15146	14294	95
10811	10958	11001	11262	11275	358
14837	14707	14804	15026	8262	897
3049	3038	3047	3020		
19007	20169	20640	21272	22468	479
13721	14363	14537	14903	11812	602
28545	30142	29829	28604	10411	3938
14635	15106	15368	15013	15255	2605
19637	18793	17709	16833	7512	3663
30301	29015	27179	26580	23232	19
45628	45720	45381	45779	30106	2512
18555	18737	19411	20070	20335	2924
21916	20145	19020	17147	18092	5772
42681	42419	41096	40001	38851	1531
25078	24551	24105	23936	24056	8297
5204	5033	4796	4589	4487	136
11568	11887	11413	10597	10048	545
33262	33281	31387	28851	26710	2995
22190	21022	19730	18659	18129	3593
25441	23679	22311	20909	20381	10837
2733	2337	1354	1252	1186	105
18612	18835	19222	18947	19064	12113
17418	16985	16114	15338	8945	5344
3260	3217	2699	2571	1128	1301
3589	3367	3198	3100	2331	392
11576	11314	11351	11542	11710	425

小学校数、教

Number of Schools, External Teaching Sites

	学校数(所) Schools	教学点数(个) External Teaching Sites	班数(个) 计 Total	一年级 Grade 1
合　计 Total	**23445**	**771**	**400798**	**68583**
北　京 Beijing	458		9560	1597
天　津 Tianjin	305		5694	959
河　北 Hebei	1058	23	16574	2665
山　西 Shanxi	759		13953	2485
内蒙古 Inner Mongolia	510	9	9650	1731
辽　宁 Liaoning	1117	2	19996	3213
吉　林 Jilin	428		8489	1409
黑龙江 Heilongjiang	689	1	11520	2042
上　海 Shanghai	391	1	8539	1753
江　苏 Jiangsu	1203	164	23900	3792
浙　江 Zhejiang	1115	24	20866	3584
安　徽 Anhui	1096	20	15077	2469
福　建 Fujian	876	16	11861	1869
江　西 Jiangxi	385	2	7042	1308
山　东 Shandong	1961	22	29369	5626
河　南 Henan	1317	25	20227	3641
湖　北 Hubei	1799	355	26198	3973
湖　南 Hunan	885	15	11813	1993
广　东 Guangdong	2791	1	55079	9614
广　西 Guangxi	789	21	10416	1712
海　南 Hainan	163	2	3218	549
重　庆 Chongqing	421	8	6615	1118
四　川 Sichuan	616	26	13629	2382
贵　州 Guizhou	467	5	6744	1207
云　南 Yunnan	339	16	5500	975
西　藏 Tibet	30	2	549	95
陕　西 Shaanxi	604	4	9965	1648
甘　肃 Gansu	331	1	5863	989
青　海 Qinghai	74		1510	249
宁　夏 Ningxia	111	1	2219	369
新　疆 Xinjiang	357	5	9163	1567

学点数及班数(城市)

& Classes in Primary Schools (Urban)

Classes

二年级 Grade 2	三年级 Grade 3	四年级 Grade 4	五年级 Grade 5	六年级 Grade 6	复式班 Multiple-grade Classes
68141	**69450**	**69325**	**68714**	**56375**	**210**
1610	1585	1600	1593	1575	
951	954	948	974	908	
2650	2680	2936	3000	2636	7
2515	2892	2459	2317	1263	22
1770	1987	1827	1795	540	
3275	3406	3487	3655	2960	
1408	1529	1507	1399	1237	
2067	2090	2208	2328	785	
1719	1723	1691	1653		
3839	3957	4090	4130	4091	1
3549	3606	3557	3509	3046	15
2479	2578	2615	2629	2283	24
1917	2027	2064	2000	1966	18
1286	1300	1335	1304	505	4
5444	5377	5106	4741	3073	2
3442	3411	3573	3511	2647	2
4093	4272	4533	4746	4534	47
1936	1935	1985	1968	1980	16
9516	9467	9164	8936	8377	5
1695	1709	1738	1756	1802	4
551	562	544	516	496	
1106	1109	1090	1114	1078	
2322	2338	2305	2281	1998	3
1135	1131	1115	1090	1062	4
958	937	900	882	846	2
94	96	92	87	85	
1623	1633	1694	1682	1657	28
993	1000	1014	993	872	2
259	250	262	257	233	
387	373	366	360	363	1
1552	1536	1520	1508	1477	3

小学校数、教

Number of Schools, External Teaching Sites & Classes

	学校数(所) Schools	教学点数(个) External Teaching Sites	班数(个) 计 Total	一年级 Grade 1
合　计 Total	**33420**	**2641**	**451455**	**75517**
北　京 Beijing	495		6667	1074
天　津 Tianjin	426		6244	1066
河　北 Hebei	2497	41	26252	3872
山　西 Shanxi	687	3	10182	1789
内蒙古 Inner Mongolia	715	21	10137	1781
辽　宁 Liaoning	445		7393	1171
吉　林 Jilin	697	11	12548	1971
黑龙江 Heilongjiang	675	4	10800	1840
上　海 Shanghai	234	8	6264	1300
江　苏 Jiangsu	736	106	18047	2732
浙　江 Zhejiang	2160	29	33853	5444
安　徽 Anhui	1318	21	15754	2626
福　建 Fujian	1197	109	16758	2509
江　西 Jiangxi	3866	742	31192	6185
山　东 Shandong	1893	26	27048	5032
河　南 Henan	1731	42	23512	4069
湖　北 Hubei	553	12	9274	1305
湖　南 Hunan	2089	70	20596	3373
广　东 Guangdong	2166	32	38569	6285
广　西 Guangxi	1267	207	18537	2972
海　南 Hainan	302	2	5055	810
重　庆 Chongqing	212	3	4005	700
四　川 Sichuan	1279	138	24256	3816
贵　州 Guizhou	1184	75	17342	2937
云　南 Yunnan	1092	278	13958	2344
西　藏 Tibet	109	107	1766	335
陕　西 Shaanxi	707	21	8127	1210
甘　肃 Gansu	1587	447	13979	2526
青　海 Qinghai	447	22	3688	715
宁　夏 Ningxia	328	52	3546	679
新　疆 Xinjiang	326	12	6106	1049

学点数及班数(县镇)

in Primary Schools (County City & Towns)

Classes

二年级 Grade 2	三年级 Grade 3	四年级 Grade 4	五年级 Grade 5	六年级 Grade 6	复式班 Multiple-grade Classes
74335	**76761**	**77257**	**78854**	**66243**	**2488**
1104	1118	1159	1117	1087	8
1039	1063	1103	1111	852	10
3777	3974	4385	4867	5165	212
1912	2375	1846	1833	385	42
1833	2104	1951	1963	486	19
1165	1205	1270	1311	1269	2
1974	2099	2087	2217	2197	3
1819	1890	1959	1939	1351	2
1236	1217	1247	1264		
2764	2936	3127	3218	3268	2
5465	5806	5958	6303	4801	76
2622	2859	3064	2996	1537	50
2549	2766	2918	2931	3050	35
5597	5487	5330	5223	2557	813
4877	4689	4412	4270	3763	5
3969	4061	4161	4298	2933	21
1292	1393	1584	1754	1918	28
3251	3237	3291	3439	3876	129
6367	6472	6384	6512	6533	16
2914	3006	3056	3172	3376	41
793	826	843	867	916	
683	689	668	650	615	
3829	3974	4062	4196	4368	11
2855	2895	2863	2856	2852	84
2309	2268	2267	2334	2305	131
326	313	271	253	266	2
1216	1278	1376	1424	1456	167
2465	2490	2435	2390	1237	436
688	650	594	574	337	130
606	603	596	587	467	8
1039	1018	990	985	1020	5

小学校数、教

Number of Schools, External Teaching Sites

	学校数(所) Schools	教学点数(个) External Teaching Sites	班数(个) 计 Total	一年级 Grade 1
合　计 Total	**337318**	**98096**	**2350794**	**407367**
北　京 Beijing	551		4953	768
天　津 Tianjin	368		4559	739
河　北 Hebei	19398	3660	133114	19727
山　西 Shanxi	26808	966	100629	14613
内蒙古 Inner Mongolia	5649	2990	40470	7589
辽　宁 Liaoning	8719	458	60368	9722
吉　林 Jilin	6656	562	45077	7069
黑龙江 Heilongjiang	9427	779	61079	10984
上　海 Shanghai	33	2	489	85
江　苏 Jiangsu	4784	2733	80573	11961
浙　江 Zhejiang	3472	365	28929	4682
安　徽 Anhui	18881	3011	129665	23932
福　建 Fujian	9541	3665	64292	10551
江　西 Jiangxi	11006	2547	67675	14269
山　东 Shandong	13089	1683	111675	21108
河　南 Henan	31116	4103	218268	39171
湖　北 Hubei	11733	2363	83306	13468
湖　南 Hunan	16641	5342	92656	17607
广　东 Guangdong	16987	2844	155576	26746
广　西 Guangxi	13703	14147	127973	22219
海　南 Hainan	2727	678	21338	4007
重　庆 Chongqing	9776	765	56643	9387
四　川 Sichuan	20040	12494	151717	26918
贵　州 Guizhou	12606	5277	102344	18963
云　南 Yunnan	18321	17688	130570	23151
西　藏 Tibet	747	1741	9454	2372
陕　西 Shaanxi	21677	1761	107714	16155
甘　肃 Gansu	13429	3432	78597	14780
青　海 Qinghai	2474	402	12566	2624
宁　夏 Ningxia	2191	556	14229	2969
新　疆 Xinjiang	4768	1082	54296	9031

学点数及班数(农村)
& Classes in Primary Schools (Rural)

Classes

二年级 Grade 2	三年级 Grade 3	四年级 Grade 4	五年级 Grade 5	六年级 Grade 6	复式班 Multiple-grade Classes
398516	**396235**	**379264**	**369498**	**301196**	**98718**
818	852	870	830	802	13
773	833	851	859	500	4
19288	19761	21086	22766	23212	7274
15764	18284	14475	14462	2921	20110
7549	8366	6715	6632	1402	2217
9945	10187	10176	10180	10065	93
7429	7330	7407	7646	7841	355
10951	10727	10637	10759	6126	895
94	98	109	103		
12404	13276	13423	13924	15109	476
4707	4951	5022	5091	3965	511
23444	24705	24150	22979	6591	3864
10169	10313	10386	10082	10239	2552
12754	12006	11044	10306	4450	2846
19980	18949	17661	17569	16396	12
38217	38248	37647	37970	24526	2489
13170	13072	13294	13570	13883	2849
16729	14973	13744	11740	12236	5627
26798	26480	25548	24553	23941	1510
20469	19836	19311	19008	18878	8252
3860	3645	3409	3206	3075	136
9779	10089	9655	8833	8355	545
27111	26969	25020	22374	20344	2981
18200	16996	15752	14713	14215	3505
22174	20474	19144	17693	17230	10704
2313	1928	991	912	835	103
15773	15924	16152	15841	15951	11918
13960	13495	12665	11955	6836	4906
2313	2317	1843	1740	558	1171
2596	2391	2236	2153	1501	383
8985	8760	8841	9049	9213	417

小学学生
Number of Students in Primary

	毕业生数 Graduates	招生数 Entrants		在校学生数	
		计 Total	其中受过学前教育 of Which: Received The Pre-school Education	合计 Total	其中女 of Which: Female
合计 Total	**21351726**	**17470128**	**14487564**	**112462256**	**52811549**
北京 Beijing	100139	73577	66469	516042	249650
天津 Tianjin	114771	81603	77404	554844	262707
河北 Hebei	1280862	714975	662400	5470049	2621125
山西 Shanxi	624291	601024	556130	3592007	1724394
内蒙古 Inner Mongolia	350342	269785	247586	1658154	788292
辽宁 Liaoning	511757	416143	403810	2794330	1326910
吉林 Jilin	355449	248558	238915	1741380	830153
黑龙江 Heilongjiang	462923	383832	365621	2315394	1118653
上海 Shanghai	110830	106510	104199	542898	255813
江苏 Jiangsu	1204413	682082	664633	5282096	2438594
浙江 Zhejiang	532422	514151	484613	3443066	1604271
安徽 Anhui	1243178	919509	610342	6237115	2931614
福建 Fujian	625809	364882	308713	2869442	1313950
江西 Jiangxi	676849	681228	503650	3862115	1776709
山东 Shandong	1246899	1101680	1016666	6278002	2965584
河南 Henan	2035444	1624945	1506636	10140634	4777641
湖北 Hubei	1099308	599698	505123	4749500	2171563
湖南 Hunan	1038675	714098	653004	4325557	2035571
广东 Guangdong	1628669	1684682	1494991	10496221	4883770
广西 Guangxi	893095	757330	660963	4705591	2160435
海南 Hainan	167544	161941	92380	1001835	456159
重庆 Chongqing	446095	410479	383408	2718999	1296860
四川 Sichuan	1221872	1169163	942410	7365754	3488781
贵州 Guizhou	766334	836431	461089	4794083	2264253
云南 Yunnan	721324	732476	444898	4406482	2063735
西藏 Tibet	45182	59126	5208	326952	152398
陕西 Shaanxi	765673	481638	429196	3709746	1723651
甘肃 Gansu	488842	508787	297037	3155535	1497762
青海 Qinghai	80728	99052	51121	512586	241294
宁夏 Ningxia	94419	123379	78539	677738	323386
新疆 Xinjiang	417588	347364	170410	2218109	1065871

数(总计)

Schools(Regional Aggregates)

单位:人

Unit:in Person

Enrolment						毕业班学生数 Graduates for Next Year
一年级 Grade 1	二年级 Grade 2	三年级 Grade 3	四年级 Grade 4	五年级 Grade 5	六年级 Grade 6	
17747491	**18226389**	**19604088**	**19754067**	**20087610**	**17042611**	**20203171**
74045	81993	85246	90791	91873	92094	93567
81887	86321	95412	101458	105882	83884	107305
715528	728641	806395	953292	1106930	1159263	1186497
605183	701548	812370	665835	637934	169137	631564
270218	292185	362436	321129	324499	87687	312601
418948	429488	465078	487968	512662	480186	506866
249080	263843	290126	296619	318068	323644	329697
384076	396314	409005	425487	438403	262109	458397
106676	105495	108418	111321	110988		110988
683168	751197	857564	940572	991022	1058573	1058974
515385	534366	606182	623396	650176	513561	552987
930157	1036657	1243099	1304841	1254833	467528	1174591
374082	413696	488513	523481	523883	545787	546708
746846	713033	711329	685431	676488	328988	625332
1101977	1086247	1081339	1024925	1028426	955088	1145282
1647775	1645061	1800400	1793139	1904684	1349575	1918807
603441	628138	713994	840091	946628	1017208	1025434
716856	696167	694742	707492	707363	802937	803128
1684682	1768273	1831745	1777552	1754877	1679092	1679092
766687	745679	780621	779538	801201	831865	844753
164431	162400	170243	168846	169227	166688	166688
415419	445867	478942	471141	460947	446683	446844
1197014	1199037	1286384	1268684	1232600	1182035	1188457
840314	837744	830196	791378	757832	736619	736619
749820	753403	755765	735260	712568	699666	701080
59323	58199	57177	54734	50058	47461	47461
493201	532076	606671	659925	696250	721623	721623
555156	570815	598280	579507	540056	311721	493782
106415	94789	100264	88138	84923	38057	80981
131675	118384	117933	113185	110167	86394	105062
358026	349333	358219	368911	386162	397458	402004

小学学生

Number of Students in

	毕业生数 Graduates	招生数 Entrants		在校学生数	
		计 Total	其中受过学前教育 of Which: Received The Pre-school Education	合 计 Total	其中女 of Which: Female
合 计 Total	**3028051**	**2996128**	**2770481**	**18314007**	**8539921**
北 京 Beijing	46894	37255	31478	251151	122029
天 津 Tianjin	44269	32155	28735	208336	99198
河 北 Hebei	135381	117930	112048	776679	368987
山 西 Shanxi	99303	115308	107507	662215	317292
内蒙古 Inner Mongolia	85506	74245	71790	447737	214239
辽 宁 Liaoning	156929	129794	125839	864231	413311
吉 林 Jilin	57657	56670	54430	369657	175789
黑龙江 Heilongjiang	91728	86350	84819	505080	244225
上 海 Shanghai	56849	55465	54980	280482	133146
江 苏 Jiangsu	193181	152206	146211	1037480	480846
浙 江 Zhejiang	131930	148555	140239	933217	426680
安 徽 Anhui	133068	109847	104120	736259	341157
福 建 Fujian	86823	75682	69068	526959	233647
江 西 Jiangxi	50605	65582	57244	361829	162169
山 东 Shandong	216064	255259	247440	1342517	629213
河 南 Henan	172996	178363	169373	992206	463656
湖 北 Hubei	210932	147815	141159	1108833	504152
湖 南 Hunan	114539	101644	91451	610427	284088
广 东 Guangdong	387325	460339	386698	2722237	1246256
广 西 Guangxi	79610	68790	64558	427915	192282
海 南 Hainan	22732	21615	18803	139490	60160
重 庆 Chongqing	46511	48547	45697	306081	146861
四 川 Sichuan	100681	115235	107969	693201	330506
贵 州 Guizhou	50660	59927	54898	332701	157419
云 南 Yunnan	32037	47150	43837	262543	125370
西 藏 Tibet	4002	4234	2856	24838	11789
陕 西 Shaanxi	78090	76946	74156	482586	224560
甘 肃 Gansu	44831	49220	47045	291790	138007
青 海 Qinghai	13110	14088	9831	82982	39300
宁 夏 Ningxia	17836	19163	17309	115506	55092
新 疆 Xinjiang	65972	70749	58893	416842	198495

数(城市)

Primary Schools(Urban)

单位:人

Unit:in Person

Enrolment						毕业班学生数 Graduates for Next Year
一年级 Grade 1	二年级 Grade 2	三年级 Grade 3	四年级 Grade 4	五年级 Grade 5	六年级 Grade 6	
2999329	**2991119**	**3175267**	**3231347**	**3238233**	**2678712**	**3122887**
37269	40232	40632	42807	44481	45730	46429
32170	32300	33440	35466	38083	36877	40539
117931	116055	124064	142155	147604	128870	141680
115358	115493	138704	120612	111254	60794	111182
74254	77686	94105	88067	86430	27195	79014
129828	134683	144205	152228	166125	137162	163521
56673	58608	66835	66097	64558	56886	62150
86351	86281	89515	96967	101580	44386	106649
55505	55018	56046	57349	56564		56564
152228	158517	171952	182245	187817	184721	184721
148620	151595	164056	162808	164732	141406	145497
109890	115241	127597	134885	134842	113804	127670
75962	80785	91956	96761	92797	88698	88698
66334	64381	66482	70152	67736	26744	59928
255268	243996	248415	236283	218469	140086	214301
178425	162338	165504	177869	174695	133375	168732
147946	152950	173111	199148	217845	217833	220448
101818	96009	98693	102467	104201	107239	107239
460339	467453	475884	458039	448980	411542	411542
68798	67517	70192	71667	73440	76301	76301
21661	23171	24725	24055	23490	22388	22388
49551	49384	51110	51318	53406	51312	51312
115310	112123	119341	119710	120852	105865	112022
59951	55801	56570	55329	53409	51641	51641
47160	44427	44381	44113	42805	39657	39992
4234	4149	4432	4116	4035	3872	3872
77087	74950	79546	83862	84846	82295	82295
49234	48480	50120	50887	50467	42602	45589
14088	13838	14019	14608	13872	12557	14097
19165	20184	19472	19424	18678	18583	18583
70921	67474	70163	69853	70140	68291	68291

小学学生

Number of Students in Primary

	毕业生数 Graduates	招生数 Entrants 计 Total	其中受过学前教育 of Which: Received The Pre-school Education	在校学生数 合计 Total	其中女 of Which: Female
合　计 Total	**3762044**	**3171362**	**2858484**	**20362265**	**9448885**
北　京 Beijing	33637	24568	23883	173663	83831
天　津 Tianjin	39147	30130	29563	201456	96468
河　北 Hebei	227268	138870	135276	1024453	482859
山　西 Shanxi	82013	89153	84367	504639	237067
内蒙古 Inner Mongolia	83732	67671	63677	417965	196744
辽　宁 Liaoning	56204	52588	51443	338597	161812
吉　林 Jilin	93008	71562	70601	489748	233775
黑龙江 Heilongjiang	85226	82015	80226	481318	231823
上　海 Shanghai	49945	48179	46763	246036	115094
江　苏 Jiangsu	172866	121559	120666	884607	399031
浙　江 Zhejiang	236280	220479	210212	1495867	691558
安　徽 Anhui	159922	110492	95766	787466	360001
福　建 Fujian	144987	91607	78942	707962	318669
江　西 Jiangxi	220338	215817	162728	1250262	568818
山　东 Shandong	217112	210174	196494	1193737	555755
河　南 Henan	230467	210276	199271	1250970	574722
湖　北 Hubei	121395	68173	63161	528919	237676
湖　南 Hunan	238957	144315	138672	958881	447887
广　东 Guangdong	311727	300482	277370	1928710	884422
广　西 Guangxi	147446	119218	115604	774820	346097
海　南 Hainan	43095	35844	24579	242451	104925
重　庆 Chongqing	45203	38297	37376	231685	110241
四　川 Sichuan	236176	203925	179389	1318859	626864
贵　州 Guizhou	137231	133718	108839	813054	379566
云　南 Yunnan	95156	92727	80385	567308	271408
西　藏 Tibet	9595	10375	1579	62575	29393
陕　西 Shaanxi	71082	54325	51869	393113	179652
甘　肃 Gansu	88076	89586	63741	559307	266162
青　海 Qinghai	19357	25926	12949	132855	63372
宁　夏 Ningxia	21700	26400	22046	149113	70943
新　疆 Xinjiang	43696	42911	31047	251869	122250

数(县镇)

Schools(County City & Towns)

单位:人

Unit:in Person

Enrolment						毕业班学生数 Graduates for Next Year
一年级 Grade 1	二年级 Grade 2	三年级 Grade 3	四年级 Grade 4	五年级 Grade 5	六年级 Grade 6	
3202631	**3218531**	**3509244**	**3588815**	**3694971**	**3148073**	**3728356**
24788	27908	28996	31048	30937	29986	30760
30265	31669	34998	37184	38367	28973	37364
138938	136544	151608	176229	204271	216863	218984
89596	94747	119245	93785	88789	18477	87080
67697	71943	89025	83696	83455	22149	80555
52620	50427	54343	58712	62303	60192	60513
71711	71335	81482	83027	90746	91447	92100
82051	78777	83405	88767	85480	62838	90368
48297	47345	49084	50418	50892		50892
121606	128563	144293	158466	165333	166346	166747
220823	227884	261616	273495	291407	220642	243613
111281	121568	149988	166745	160789	77095	154623
93094	101512	120473	130064	129460	133359	133826
228238	219127	227885	226477	227468	121067	221013
210185	210698	209902	196771	189967	176214	211243
212023	206007	220998	219584	228398	163960	232094
68314	68434	76244	91028	106685	118214	120059
144679	138578	146911	157776	171740	199197	199388
300482	316134	330036	324525	330786	326747	326747
119907	118164	127167	129208	135492	144882	146505
36266	36379	39668	41020	43446	45672	45672
38509	37715	40245	39955	38681	36580	36580
206321	199751	215585	220874	234299	242029	242029
133898	132040	138137	137917	135433	135629	135629
93385	92499	94280	95319	97349	94476	95555
10512	9910	10458	11294	10320	10081	10081
54614	55476	63491	69140	73258	77134	77134
93968	97148	106433	106844	101415	53499	94108
26588	23626	25291	22980	22375	11995	20700
28434	25089	25938	25152	24729	19771	23835
43541	41534	42019	41315	40901	42559	42559

小学学生

Number of Students in

	毕业生数 Graduates	招生数 Entrants		在校学生数	
		计 Total	其中受过学前教育 of Which:Received The Pre-school Education	合计 Total	其中女 of Which:Female
合计 Total	**14561631**	**11302638**	**8858599**	**73785984**	**34822743**
北京 Beijing	19608	11754	11108	91228	43790
天津 Tianjin	31355	19318	19106	145052	67041
河北 Hebei	918213	458175	415076	3668917	1769279
山西 Shanxi	442975	396563	364256	2425153	1170035
内蒙古 Inner Mongolia	181104	127869	112119	792452	377309
辽宁 Liaoning	298624	233761	226528	1591502	751787
吉林 Jilin	204784	120326	113884	881975	420589
黑龙江 Heilongjiang	285969	215467	200576	1328996	642605
上海 Shanghai	4036	2866	2456	16380	7573
江苏 Jiangsu	838366	408317	397756	3360009	1558717
浙江 Zhejiang	164212	145117	134162	1013982	486033
安徽 Anhui	950188	699170	410456	4713390	2230456
福建 Fujian	393999	197593	160703	1634521	761634
江西 Jiangxi	405906	399829	283678	2250024	1045722
山东 Shandong	813723	636247	572732	3741748	1780616
河南 Henan	1631981	1236306	1137992	7897458	3739263
湖北 Hubei	766981	383710	300803	3111748	1429735
湖南 Hunan	685179	468139	422881	2756249	1303596
广东 Guangdong	929617	923861	830923	5845274	2753092
广西 Guangxi	666039	569322	480801	3502856	1622056
海南 Hainan	101717	104482	48998	619894	291074
重庆 Chongqing	354381	323635	300335	2181233	1039758
四川 Sichuan	885015	850003	655052	5353694	2531411
贵州 Guizhou	578443	642786	297352	3648328	1727268
云南 Yunnan	594131	592599	320676	3576631	1666957
西藏 Tibet	31585	44517	773	239539	111216
陕西 Shaanxi	616501	350367	303171	2834047	1319439
甘肃 Gansu	355935	369981	186251	2304438	1093593
青海 Qinghai	48261	59038	28341	296749	138622
宁夏 Ningxia	54883	77816	39184	413119	197351
新疆 Xinjiang	307920	233704	80470	1549398	745126

数(农村)

Primary Schools(Rural)

单位:人

Unit:in Person

Enrolment						毕业班学生数 Graduates for Next Year
一年级 Grade 1	二年级 Grade 2	三年级 Grade 3	四年级 Grade 4	五年级 Grade 5	六年级 Grade 6	
11545531	**12016739**	**12919577**	**12933905**	**13154406**	**11215826**	**13351928**
11988	13853	15618	16936	16455	16378	16378
19452	22352	26974	28808	29432	18034	29402
458659	476042	530723	634908	755055	813530	825833
400229	491308	554421	451438	437891	89866	433302
128267	142556	179306	149366	154614	38343	153032
236500	244378	266530	277028	284234	282832	282832
120696	133900	141809	147495	162764	175311	175447
215674	231256	236085	239753	251343	154885	261380
2874	3132	3288	3554	3532		3532
409334	464117	541319	599861	637872	707506	707506
145942	154887	180510	187093	194037	151513	163877
708986	799848	965514	1003211	959202	276629	892298
205026	231399	276084	296656	301626	323730	324184
452274	429525	416962	388802	381284	181177	344391
636524	631553	623022	591871	619990	638788	719738
1257327	1276716	1413898	1395686	1501591	1052240	1517981
387181	406754	464639	549915	622098	681161	684927
470359	461580	449138	447249	431422	496501	496501
923861	984686	1025825	994988	975111	940803	940803
577982	559998	583262	578663	592269	610682	621947
106504	102850	105850	103771	102291	98628	98628
327359	358768	387587	379868	368860	358791	358952
875383	887163	951458	928100	877449	834141	834406
646465	649903	635489	598132	568990	549349	549349
609275	616477	617104	595828	572414	565533	565533
44577	44140	42287	39324	35703	33508	33508
361500	401650	463634	506923	538146	562194	562194
411954	425187	441727	421776	388174	215620	354085
65739	57325	60954	50550	48676	13505	46184
84076	73111	72523	68609	66760	48040	62644
243564	240325	246037	257743	275121	286608	291154

六年制小

Number of Students in

	毕业生数 Graduates	招生数 Entrants		在校学生数	
		计 Total	其中受过学前教育 of Which: Received The Pre-school Education	合 计 Total	其中女 of Which: Female
合 计 Total	**20188445**	**16445079**	**13646911**	**106939483**	**50185037**
北 京 Beijing	98503	72349	65241	509180	246320
天 津 Tianjin	93375	64087	60209	453342	215628
河 北 Hebei	1275556	709788	657236	5443708	2608537
山 西 Shanxi	617104	594763	550043	3555969	1706983
内蒙古 Inner Mongolia	238418	181550	167677	1167787	553584
辽 宁 Liaoning	485316	395996	384350	2676521	1270443
吉 林 Jilin	348906	242466	233636	1708945	814346
黑龙江 Heilongjiang	256687	218025	206364	1435327	695511
上 海 Shanghai					
江 苏 Jiangsu	1204031	681877	664428	5280770	2438015
浙 江 Zhejiang	531124	512972	483434	3435946	1600964
安 徽 Anhui	1201530	891579	588285	6045975	2842391
福 建 Fujian	624129	363699	307676	2861735	1310494
江 西 Jiangxi	633326	647415	480427	3684452	1695133
山 东 Shandong	1079180	915825	841155	5341621	2515248
河 南 Henan	1870130	1511304	1405225	9489854	4472804
湖 北 Hubei	1084400	589918	496334	4689252	2142867
湖 南 Hunan	1038243	713497	652543	4322925	2034301
广 东 Guangdong	1624792	1684038	1494369	10493571	4882527
广 西 Guangxi	883671	754444	658340	4686314	2151426
海 南 Hainan	165677	161941	92380	1001835	456159
重 庆 Chongqing	445065	410096	383065	2712759	1293551
四 川 Sichuan	1216182	1162203	935886	7331111	3472065
贵 州 Guizhou	766334	836431	461089	4794083	2264253
云 南 Yunnan	720043	731320	443751	4400316	2060777
西 藏 Tibet	45182	59115	5208	326918	152382
陕 西 Shaanxi	765673	481426	428984	3708775	1723192
甘 肃 Gansu	351371	356212	235805	2316474	1097750
青 海 Qinghai	36361	58310	21310	296479	138727
宁 夏 Ningxia	75549	99014	72051	569712	272392
新 疆 Xinjiang	412587	343419	170410	2197827	1056267

学学生数

6-year Primary Schools

单位:人

Unit:in Person

Enrolment						毕业班学生数
一年级 Grade 1	二年级 Grade 2	三年级 Grade 3	四年级 Grade 4	五年级 Grade 5	六年级 Grade 6	Graduates for Next Year
16692830	**17172284**	**18467723**	**18620375**	**18959291**	**17026980**	**19108280**
72817	80625	83935	89295	90414	92094	92108
64268	67685	74978	79636	83428	83347	84958
710341	723589	801101	947826	1101588	1159263	1181155
598832	693782	804684	658771	630811	169089	624472
181851	200251	258572	217610	221816	87687	213443
398795	408194	440819	462545	485982	480186	480186
242988	257414	283457	289666	311889	323531	323531
218219	235251	234352	243328	242068	262109	262109
682963	751022	857353	940238	990621	1058573	1058573
514206	533120	604812	621950	648728	513130	551499
901638	1003751	1200169	1259373	1213516	467528	1133566
372884	412392	487260	522216	522524	544459	545380
711870	677397	676365	650001	640195	328624	591937
916001	898602	881530	835109	855291	955088	974173
1533045	1534160	1671749	1655515	1751851	1343534	1769480
593647	619215	704063	828464	927999	1015864	1015864
716255	695581	694279	707116	707036	802658	802658
1684038	1767625	1831159	1777122	1754535	1679092	1679092
763639	742372	776621	775284	796723	831675	840316
164431	162400	170243	168846	169227	166688	166688
415036	444375	477771	469759	459701	446117	446278
1190054	1192280	1279011	1261553	1226178	1182035	1182035
840314	837744	830196	791378	757832	736619	736619
748664	752319	754607	733906	711154	699666	699666
59312	58189	57164	54734	50058	47461	47461
492989	531833	606404	659758	696168	721623	721623
381211	394601	422436	414807	396088	307331	360635
64598	54049	51347	46429	41999	38057	38057
103850	97000	96890	93323	92255	86394	87260
354074	345466	354396	364817	381616	397458	397458

小学女

Number of Female Students

	毕业生数 Graduates	招生数 Entrants		在校学生数
		计 Total	其中受过学前教育 of Which: Received The Pre-school Education	合　计 Total
合　计 Total	**10096689**	**8149966**	**6678151**	**52811549**
北　京 Beijing	48024	35397	31659	249650
天　津 Tianjin	55447	38496	36132	262707
河　北 Hebei	620823	339321	312511	2621125
山　西 Shanxi	301150	286967	264325	1724394
内蒙古 Inner Mongolia	166776	127845	116511	788292
辽　宁 Liaoning	245426	193492	186970	1326910
吉　林 Jilin	171877	118201	112363	830153
黑龙江 Heilongjiang	222926	182847	172036	1118653
上　海 Shanghai	53116	49373	48218	255813
江　苏 Jiangsu	563598	311685	301554	2438594
浙　江 Zhejiang	250483	237299	222435	1604271
安　徽 Anhui	593400	423896	274665	2931614
福　建 Fujian	292895	165512	138795	1313950
江　西 Jiangxi	314317	311371	225979	1776709
山　东 Shandong	590693	519426	471393	2965584
河　南 Henan	971288	761053	702852	4777641
湖　北 Hubei	514627	269581	223128	2171563
湖　南 Hunan	490393	333514	300208	2035571
广　东 Guangdong	767917	769835	673149	4883770
广　西 Guangxi	411667	348059	301826	2160435
海　南 Hainan	76888	72119	39350	456159
重　庆 Chongqing	210684	194659	178273	1296860
四　川 Sichuan	579032	551223	441884	3488781
贵　州 Guizhou	353221	399854	213551	2264253
云　南 Yunnan	334646	343888	208024	2063735
西　藏 Tibet	20591	27992	2426	152398
陕　西 Shaanxi	361014	221799	195831	1723651
甘　肃 Gansu	230120	242001	138576	1497762
青　海 Qinghai	37507	47034	24443	241294
宁　夏 Ningxia	44242	59664	37681	323386
新　疆 Xinjiang	201901	166563	81403	1065871

学生数

in Primary Schools

单位:人

Unit:in Person

Enrolment						毕业班学生数 Graduates for Next Year
一年级 Grade 1	二年级 Grade 2	三年级 Grade 3	四年级 Grade 4	五年级 Grade 5	六年级 Grade 6	
8268283	**8531715**	**9197103**	**9300962**	**9482985**	**8030501**	**9490455**
35562	39618	41124	44035	44615	44696	43882
38575	40485	45087	47872	50269	40419	51033
339556	346705	384354	455590	533238	561682	571926
288700	336519	389056	319420	309274	81425	301350
128020	137653	172647	152926	154901	42145	149239
194515	203573	221017	232136	245915	229754	242663
118402	123139	140274	141687	152094	154557	157326
182930	191553	198179	206338	212823	126830	220829
49427	49435	51169	52683	53099		51863
312029	342478	393549	435275	461902	493361	493548
237768	247858	281443	290452	304166	242584	261100
428469	483959	584507	619182	594878	220619	556802
169119	186917	220746	240825	243426	252917	253471
339592	326114	328090	316941	313034	152938	281485
519545	514117	510750	485350	487022	448800	540213
771202	771269	845109	844071	904784	641206	906755
271040	281319	322399	384075	439042	473688	469694
334502	327599	327428	333956	333772	378314	378400
769835	818947	852378	833489	821926	787195	787195
352014	342836	358050	359209	367809	380517	384604
73065	73645	77321	77187	77770	77171	77171
196873	211765	228019	225536	220623	214044	206694
562562	566717	608584	601443	586897	562578	564715
401516	400314	394023	373612	354751	340037	340037
351245	354001	354039	344740	333052	326658	327346
28067	27155	26839	25782	22837	21718	21164
226394	244528	280923	308314	325187	338305	338305
262908	271245	283863	276366	256745	146635	231204
50757	45369	46885	41169	39548	17566	37579
63532	56963	56519	54105	51756	40511	49272
170562	167920	172732	177196	185830	191631	193590

小学教职工

Number of Teachers, Staff & Workers in

	教职工数		
	合 计 Total	专任教师 Full-time Teachers	行政人员 Adm. Personnel
合 计 Total	**6171358**	**5628860**	**308624**
北 京 Beijing	62191	48767	6508
天 津 Tianjin	50989	42122	5715
河 北 Hebei	348392	324832	14794
山 西 Shanxi	206361	191152	7238
内蒙古 Inner Mongolia	142319	124319	7804
辽 宁 Liaoning	194973	167203	24882
吉 林 Jilin	165872	140904	14526
黑龙江 Heilongjiang	201911	175274	14401
上 海 Shanghai	51369	38111	4752
江 苏 Jiangsu	292204	264937	12529
浙 江 Zhejiang	176132	160075	7781
安 徽 Anhui	275401	262528	8614
福 建 Fujian	182185	170962	7892
江 西 Jiangxi	202340	194377	3818
山 东 Shandong	410264	378793	14976
河 南 Henan	504468	478499	14081
湖 北 Hubei	239549	221763	7692
湖 南 Hunan	263448	248345	6721
广 东 Guangdong	455679	396487	39939
广 西 Guangxi	230087	200546	21268
海 南 Hainan	55433	50108	2169
重 庆 Chongqing	127262	114007	8018
四 川 Sichuan	341358	307940	17677
贵 州 Guizhou	192532	180793	8658
云 南 Yunnan	232561	218969	7143
西 藏 Tibet	14378	13610	195
陕 西 Shaanxi	204007	188062	10766
甘 肃 Gansu	133383	128725	2530
青 海 Qinghai	28926	27832	338
宁 夏 Ningxia	35076	33903	497
新 疆 Xinjiang	150308	134915	4702

数(总计)

Primary Schools (Regional Aggregates)

单位 :人

Unit: in Person

Teachers, Staff & Workers			代课教师 Substitute Teachers	兼任教师 Part-time Teachers
教辅人员 Teaching Auxiliary	工勤人员 Workers	校办工厂、农场职工 Employees in School-run by Factories & Farms		
82835	**147158**	**3881**	**378614**	**17968**
3651	3225	40	279	121
1114	1952	86	271	89
3371	5302	93	13467	594
3068	4856	47	20834	843
3665	6347	184	4484	679
468	2334	86	3790	1454
6289	4046	107	1323	370
4464	7586	186	939	126
4812	3388	306	407	270
7740	6551	447	7819	543
2815	5207	254		610
1382	2776	101	14560	621
1223	2057	51	3378	294
1911	2162	72	7073	548
7005	9239	251	8097	668
5145	6627	116	12357	2427
3651	6132	311	20820	630
2756	5511	115	3549	564
4186	14870	197	45929	824
2893	5309	71	60849	1084
525	2581	50	1529	95
1214	3941	82	11250	175
3107	12406	228	25244	1567
983	2084	14	24224	599
1210	5228	11	25114	275
36	456	81	2868	64
1620	3442	117	26072	534
492	1605	31	21550	551
120	589	47	1230	47
219	449	8	1804	162
1700	8900	91	7504	540

小学教职工

Number of Teachers, Staff & Workers

教职工数

	合 计 Total	专任教师 Full-time Teachers	行政人员 Adm. Personnel
合 计 Total	**1077119**	**937495**	**73297**
北 京 Beijing	27208	21786	2905
天 津 Tianjin	22020	17060	3049
河 北 Hebei	49069	43620	3061
山 西 Shanxi	38743	33865	2254
内蒙古 Inner Mongolia	28271	24438	2285
辽 宁 Liaoning	56429	47058	8039
吉 林 Jilin	26941	22327	2438
黑龙江 Heilongjiang	38280	31404	3739
上 海 Shanghai	26712	19749	2670
江 苏 Jiangsu	61957	56091	3181
浙 江 Zhejiang	48190	43129	1920
安 徽 Anhui	39388	36533	1347
福 建 Fujian	29159	26814	1221
江 西 Jiangxi	18327	17082	735
山 东 Shandong	86255	75996	4981
河 南 Henan	58624	52443	3144
湖 北 Hubei	66154	58769	3864
湖 南 Hunan	35359	32115	1432
广 东 Guangdong	121798	102307	9909
广 西 Guangxi	25626	22579	1649
海 南 Hainan	7694	6310	352
重 庆 Chongqing	19139	16577	1144
四 川 Sichuan	35165	30727	2139
贵 州 Guizhou	17059	15099	1184
云 南 Yunnan	13915	12419	596
西 藏 Tibet	1810	1617	53
陕 西 Shaanxi	26531	22762	2074
甘 肃 Gansu	15600	14295	667
青 海 Qinghai	4091	3815	145
宁 夏 Ningxia	5976	5655	83
新 疆 Xinjiang	25629	23054	1037

数(城市)

in Primary Schools (Urban)

单位:人

Unit: in Person

Teachers, Staff & Workers 教辅人员 Teaching Auxiliary	工勤人员 Workers	校办工厂、农场职工 Employees in School-run Factories & Farms	代课教师 Substitute Teachers	兼任教师 Part-time Teachers
23889	**40928**	**1510**	**34066**	**4516**
1391	1089	37	165	78
544	1332	35	94	61
785	1557	46	1054	163
1022	1569	33	2060	133
640	850	58	832	111
208	1092	32	246	487
1373	757	46	386	103
1284	1824	29	112	14
2417	1725	151	280	204
1173	1408	104	1119	119
955	2087	99		386
439	1044	25	1662	34
312	799	13	514	42
156	348	6	86	166
2428	2675	175	1079	198
1277	1723	37	1863	601
1438	2006	77	2127	308
681	1095	36	337	82
2048	7401	133	13576	367
498	894	6	1032	88
179	833	20	80	9
461	921	36	482	27
573	1663	63	1373	216
201	566	9	373	124
217	677	6	50	29
11	59	70	2	16
590	1012	93	1443	149
155	467	16	383	84
27	103	1	226	1
37	201		79	1
369	1151	18	951	115

小学教职

Number of Teachers, Staff & Workers in

教职工数

	合计 Total	专任教师 Full-time Teachers	行政人员 Adm. Personnel
合 计 Total	**1185461**	**1053492**	**64702**
北 京 Beijing	21423	15930	2442
天 津 Tianjin	17907	15149	1814
河 北 Hebei	65543	59051	3209
山 西 Shanxi	27750	24445	1030
内蒙古 Inner Mongolia	31938	26656	2278
辽 宁 Liaoning	22297	19261	2496
吉 林 Jilin	41962	32800	4976
黑龙江 Heilongjiang	36103	30176	2951
上 海 Shanghai	22920	17023	1934
江 苏 Jiangsu	50422	44712	2168
浙 江 Zhejiang	76658	69474	3744
安 徽 Anhui	37590	34752	1761
福 建 Fujian	44673	40611	3099
江 西 Jiangxi	64771	62269	1287
山 东 Shandong	80879	72490	3496
河 南 Henan	65679	59629	2422
湖 北 Hubei	29113	26611	685
湖 南 Hunan	58745	54144	1827
广 东 Guangdong	92133	80577	6960
广 西 Guangxi	49178	42294	3518
海 南 Hainan	13771	12294	382
重 庆 Chongqing	10720	9452	689
四 川 Sichuan	65075	57491	3695
贵 州 Guizhou	40167	36938	2139
云 南 Yunnan	34671	31417	1484
西 藏 Tibet	3694	3440	58
陕 西 Shaanxi	21390	19304	1003
甘 肃 Gansu	24963	23888	520
青 海 Qinghai	7733	7439	92
宁 夏 Ningxia	7916	7685	97
新 疆 Xinjiang	17677	16090	446

工数(县镇)

Primary Schools (County City & Towns)

单位:人

Unit: in Person

Teachers, Staff & Workers			代课教师 Substitute Teachers	兼任教师 Part-time Teachers
教辅人员 Teaching Auxiliary	工勤人员 Workers	校办工厂、农场职工 Employees in School-run Factories & Farms		
26022	**40194**	**1051**	**24951**	**2865**
1745	1304	2	41	15
429	476	39	61	28
1186	2071	26	1644	89
864	1404	7	1373	62
1041	1923	40	469	161
56	454	30	127	118
2760	1376	50	140	197
927	2034	15	72	7
2297	1519	147	98	63
1754	1701	87	620	231
1244	2072	124		99
360	660	57	1000	99
455	502	6	300	65
415	786	14	1588	139
2055	2785	53	1081	139
1498	2111	19	1066	276
678	1114	25	839	35
1041	1689	44	365	91
1099	3456	41	2779	94
1289	2029	48	3464	263
183	897	15	196	34
197	379	3	293	4
879	2904	106	1206	270
401	685	4	834	56
475	1295		621	27
11	181	4	141	16
294	771	18	1076	39
85	463	7	2914	66
46	156		127	20
36	94	4	193	4
222	903	16	223	58

小学教职工

Number of Teachers, Staff &

	教职工数		
	合 计 Total	专任教师 Full-time Teachers	行政人员 Adm. Personnel
合 计 Total	**3908778**	**3637873**	**170625**
北 京 Beijing	13560	11051	1161
天 津 Tianjin	11062	9913	852
河 北 Hebei	233780	222161	8524
山 西 Shanxi	139868	132842	3954
内蒙古 Inner Mongolia	82110	73225	3241
辽 宁 Liaoning	116247	100884	14347
吉 林 Jilin	96969	85777	7112
黑龙江 Heilongjiang	127528	113694	7711
上 海 Shanghai	1737	1339	148
江 苏 Jiangsu	179825	164134	7180
浙 江 Zhejiang	51284	47472	2117
安 徽 Anhui	198423	191243	5506
福 建 Fujian	108353	103537	3572
江 西 Jiangxi	119242	115026	1796
山 东 Shandong	243130	230307	6499
河 南 Henan	380165	366427	8515
湖 北 Hubei	144282	136383	3143
湖 南 Hunan	169344	162086	3462
广 东 Guangdong	241748	213603	23070
广 西 Guangxi	155283	135673	16101
海 南 Hainan	33968	31504	1435
重 庆 Chongqing	97403	87978	6185
四 川 Sichuan	241118	219722	11843
贵 州 Guizhou	135306	128756	5335
云 南 Yunnan	183975	175133	5063
西 藏 Tibet	8874	8553	84
陕 西 Shaanxi	156086	145996	7689
甘 肃 Gansu	92820	90542	1343
青 海 Qinghai	17102	16578	101
宁 夏 Ningxia	21184	20563	317
新 疆 Xinjiang	107002	95771	3219

数(农村)

Workers in Primary Schools(Rural)

单位:人

Unit: in Person

Teachers, Staff & Workers			代课教师 Substitute Teachers	兼任教师 Part-time Teachers
教辅人员 Teaching Auxiliary	工勤人员 Workers	校办工厂、农场职工 Employees in School-run Factories & Farms		
32924	**66036**	**1320**	**319597**	**10587**
515	832	1	73	28
141	144	12	116	
1400	1674	21	10769	342
1182	1883	7	17401	648
1984	3574	86	3183	407
204	788	24	3417	849
2156	1913	11	797	70
2253	3728	142	755	105
98	144	8	29	3
4813	3442	256	6080	193
616	1048	31		125
583	1072	19	11898	488
456	756	32	2564	187
1340	1028	52	5399	243
2522	3779	23	5937	331
2370	2793	60	9428	1550
1535	3012	209	17854	287
1034	2727	35	2847	391
1039	4013	23	29574	363
1106	2386	17	56353	733
163	851	15	1253	52
556	2641	43	10475	144
1655	7839	59	22665	1081
381	833	1	23017	419
518	3256	5	24443	219
14	216	7	2725	32
736	1659	6	23553	346
252	675	8	18253	401
47	330	46	877	26
146	154	4	1532	157
1109	6846	57	6330	367

小学教职工总数中社会

Number of Primary Schools Teachers, Staff &

	教职工数		
	合 计 Total	专任教师 Full-time Teachers	行政人员 Adm. Personnel
合　计 Total	**192704**	**139432**	**12110**
北　京 Beijing	1151	705	126
天　津 Tianjin	611	251	102
河　北 Hebei	12045	8470	860
山　西 Shanxi	10299	7204	492
内蒙古 Inner Mongolia	3412	2608	286
辽　宁 Liaoning	1148	1018	117
吉　林 Jilin	874	629	102
黑龙江 Heilongjiang	1670	1226	151
上　海 Shanghai	1288	1079	65
江　苏 Jiangsu	7073	5470	261
浙　江 Zhejiang	9805	7070	487
安　徽 Anhui	5339	3701	308
福　建 Fujian	3574	2599	276
江　西 Jiangxi	3229	2452	170
山　东 Shandong	12309	8938	811
河　南 Henan	14108	10402	793
湖　北 Hubei	4379	3223	346
湖　南 Hunan	4729	3307	245
广　东 Guangdong	52395	36669	3182
广　西 Guangxi	6340	4971	546
海　南 Hainan	4552	3041	314
重　庆 Chongqing	2649	1974	186
四　川 Sichuan	8630	6863	446
贵　州 Guizhou	6687	5412	470
云　南 Yunnan	2782	2085	205
西　藏 Tibet	270	151	19
陕　西 Shaanxi	7434	4979	503
甘　肃 Gansu	569	379	42
青　海 Qinghai	355	258	24
宁　夏 Ningxia	267	191	11
新　疆 Xinjiang	2731	2107	164

力量办教职工数

Workers Maintained by Communities

单位:人

Unit:in Person

Teachers, Staff & Workers			代课教师 Substitute Teachers	兼任教师 Part-time Teachers
教辅人员 Teaching Auxiliary	工勤人员 Workers	校办工厂、农场职工 Employees in School-run Factories & Farms		
8614	**32135**	**413**	**14773**	**2759**
152	168		24	7
58	200			25
595	2120		1116	90
668	1929	6	1100	116
120	398		346	312
1	12		22	28
35	107	1	174	185
70	222	1	1	
49	95		53	145
439	876	27	181	42
552	1696			376
245	1078	7	814	70
91	608		181	76
225	367	15	149	38
626	1901	33	914	80
822	2050	41	1630	260
178	624	8	194	92
353	824		118	13
1954	10498	92	1488	183
208	594	21	1222	76
181	1010	6	3	12
80	408	1	772	19
266	1044	11	1652	270
147	658		925	64
124	367	1	63	17
3	27	70	9	
265	1615	72	1459	92
23	125		66	53
6	67		4	1
1	64		18	
77	383		75	17

小学女教

Number of Female Teachers,

	教职工数		
	合　计 Total	专任教师 Full-time Teachers	行政人员 Adm. Personnel
合　计 Total	**3234456**	**3051704**	**77915**
北　京 Beijing	45910	38221	3677
天　津 Tianjin	34196	29635	2892
河　北 Hebei	231194	223315	3726
山　西 Shanxi	139047	132884	2130
内蒙古 Inner Mongolia	77941	72050	2455
辽　宁 Liaoning	123945	112085	10712
吉　林 Jilin	100938	90626	5593
黑龙江 Heilongjiang	120351	108408	6120
上　海 Shanghai	36961	29489	2794
江　苏 Jiangsu	147745	139591	2730
浙　江 Zhejiang	105744	99693	1462
安　徽 Anhui	107629	104783	1002
福　建 Fujian	97339	94695	951
江　西 Jiangxi	83695	81456	741
山　东 Shandong	186190	177425	3176
河　南 Henan	264877	256261	3263
湖　北 Hubei	110424	104580	1852
湖　南 Hunan	132242	127517	1299
广　东 Guangdong	263055	246129	6836
广　西 Guangxi	109850	103264	2690
海　南 Hainan	24414	22216	295
重　庆 Chongqing	60318	57131	1351
四　川 Sichuan	155686	146915	3184
贵　州 Guizhou	79179	76365	1456
云　南 Yunnan	101242	96690	1021
西　藏 Tibet	6494	6238	47
陕　西 Shaanxi	109634	104914	2248
甘　肃 Gansu	51053	49663	418
青　海 Qinghai	13808	13360	109
宁　夏 Ningxia	16818	16460	72
新　疆 Xinjiang	96537	89645	1613

职工数

Staff &Workers in Primary Schools

单位:人

Unit:in Person

Teachers, Staff & Workers			代课教师 Substitute Teachers	兼任教师 Part-time Teachers
教辅人员 Teaching Auxiliary	工勤人员 Workers	校办工厂、农场职工 Employees in School-run Factories & Farms		
39639	**63722**	**1476**	**224980**	**8879**
2315	1683	14	207	61
696	943	30	181	73
1848	2274	31	11432	382
1800	2211	22	16992	580
1444	1957	35	3026	356
275	844	29	3061	919
3481	1172	66	887	208
2604	3126	93	591	43
2897	1656	125	314	173
2754	2591	79	5907	285
1533	2988	68		396
570	1230	44	9016	268
625	1043	25	2682	129
491	970	37	4378	296
2686	2814	89	5580	281
2613	2696	44	8400	934
1597	2277	118	8725	378
1232	2147	47	2187	309
2392	7611	87	33674	399
1022	2831	43	35373	606
291	1576	36	612	9
546	1264	26	5621	45
1198	4320	69	12663	532
342	1011	5	7642	197
412	3115	4	11293	105
2	149	58	695	38
755	1632	85	17076	260
193	767	12	10265	262
57	270	12	576	23
48	233	5	1014	72
920	4321	38	4910	260

小学专任教师学历、

Breakdown of Primary Schools Full-time Teachers

按学历分

	合计 Total	其中女 of Which: Female	研究生毕业 Graduate	本科毕业 Under-graduate	专科毕业 Associate Bachelor	高中阶段毕业 High School Graduate
合计 Total	**5628860**	**3051704**	**1395**	**257650**	**2485580**	**2789184**
北京 Beijing	48767	38221	44	10765	28107	9572
天津 Tianjin	42122	29635	27	2534	21601	17600
河北 Hebei	324832	223315	47	15426	175634	132831
山西 Shanxi	191152	132884	47	7541	85345	96224
内蒙古 Inner Mongolia	124319	72050	12	7248	52517	62292
辽宁 Liaoning	167203	112085	56	7265	74094	84064
吉林 Jilin	140904	90626	272	20156	77786	41696
黑龙江 Heilongjiang	175274	108408	49	12315	85519	75245
上海 Shanghai	38111	29489	8	3712	25890	8264
江苏 Jiangsu	264937	139591	10	13786	136344	111714
浙江 Zhejiang	160075	99693	16	11035	84690	62213
安徽 Anhui	262528	104783	13	8464	89062	162259
福建 Fujian	170962	94695	11	2250	64406	101803
江西 Jiangxi	194377	81456	26	7174	59289	122362
山东 Shandong	378793	177425	132	23976	161274	190449
河南 Henan	478499	256261	93	17302	185351	270834
湖北 Hubei	221763	104580	82	15100	97662	104037
湖南 Hunan	248345	127517	26	6979	100668	137398
广东 Guangdong	396487	246129	126	20099	224179	149395
广西 Guangxi	200546	103264	17	2126	77084	115899
海南 Hainan	50108	22216	3	1275	20819	27313
重庆 Chongqing	114007	57131	23	5363	62931	43916
四川 Sichuan	307940	146915	81	9796	137305	154343
贵州 Guizhou	180793	76365	15	1963	52941	113946
云南 Yunnan	218969	96690		4170	72005	133364
西藏 Tibet	13610	6238		133	3823	8801
陕西 Shaanxi	188062	104914	36	5506	84841	93156
甘肃 Gansu	128725	49663	35	2996	45783	74748
青海 Qinghai	27832	13360	29	1365	15320	10469
宁夏 Ningxia	33903	16460	6	1754	16095	15384
新疆 Xinjiang	134915	89645	53	8076	67215	57593

职称情况(总计)

by Educational Attainment (Regional Aggregates)

单位:人

Unit:in Person

By Educational Attainment	按职称分 By Rank					
高中阶段毕业以下 Below High School Graduate	中学高级 Senior Secondary	小学高级 Senior Primary	小学一级 1st Grade Primary	小学二级 2nd Grade Primary	小学三级 3rd Grade Primary	未评职称 Rank Undecided
95051	**18277**	**2191733**	**2458818**	**596178**	**31558**	**332296**
279	193	23211	22855	752	25	1731
360	200	24224	15942	1170	37	549
894	665	121307	151373	29852	823	20812
1995	422	59134	90803	21424	1146	18223
2250	865	56577	46919	11890	423	7645
1724	1718	108549	42672	8323	320	5621
994	434	66078	58978	11604	408	3402
2146	2481	84743	65896	13118	1391	7645
237	100	20911	15176	592	23	1309
3083	516	121559	100854	29384	366	12258
2121	650	63334	72718	12484	457	10432
2730	303	101320	131465	19386	376	9678
2492	444	48093	99375	18657	412	3981
5526	481	74844	91024	20241	1030	6757
2962	2955	177662	160187	23813	727	13449
4919	1494	161250	204357	71471	4620	35307
4882	1343	121933	75862	14668	1001	6956
3274	631	123707	105714	12011	658	5624
2688	518	136936	166776	39932	6978	45347
5420	206	81295	72472	36530	1778	8265
698	70	14621	23745	8021	928	2723
1774	117	33362	61360	13100	266	5802
6415	519	117208	154109	23012	647	12445
11928	132	36496	92871	32886	2497	15911
9430	103	69932	101449	35609	699	11177
853	6	1075	5817	2911	298	3503
4523	245	43524	82767	37233	1336	22957
5163	138	39101	56425	18506	527	14028
649	30	8698	12963	3956	140	2045
664	105	13987	14012	4272	91	1436
1978	193	37062	61882	19370	1130	15278

小学专任教师学历、

Breakdown of Primary Schools Full-time Teachers

	合 计 Total	其中女 of Which: Female	按学历分			
			研究生毕业 Graduate	本科毕业 Under-graduate	专科毕业 Associate Bachelor	高中阶段毕业 High School Graduate
合 计 Total	**937495**	**724779**	**772**	**125940**	**542111**	**263520**
北 京 Beijing	21786	18677	15	5997	12346	3324
天 津 Tianjin	17060	14269	23	1880	9487	5564
河 北 Hebei	43620	37243	10	5498	27369	10668
山 西 Shanxi	33865	29081	14	3486	20538	9751
内蒙古 Inner Mongolia	24438	19779	7	3533	13883	6866
辽 宁 Liaoning	47058	39085	50	5199	29593	12073
吉 林 Jilin	22327	18931	173	8078	10511	3506
黑龙江 Heilongjiang	31404	26000	36	6195	17082	7964
上 海 Shanghai	19749	17201	7	2318	13295	4093
江 苏 Jiangsu	56091	39307	4	5362	33388	16921
浙 江 Zhejiang	43129	32355	12	6289	24915	11762
安 徽 Anhui	36533	24827	8	3433	18986	13953
福 建 Fujian	26814	20524	1	1143	14784	10771
江 西 Jiangxi	17082	13193	9	2057	8511	6353
山 东 Shandong	75996	54557	75	12683	42525	20458
河 南 Henan	52443	41831	42	6771	31061	14422
湖 北 Hubei	58769	39990	54	9200	30632	18283
湖 南 Hunan	32115	25621	15	3769	18428	9750
广 东 Guangdong	102307	77063	99	13387	60529	27700
广 西 Guangxi	22579	17551	6	974	13403	8031
海 南 Hainan	6310	4269	2	807	3916	1544
重 庆 Chongqing	16577	12352	4	2664	10346	3452
四 川 Sichuan	30727	23197	34	4438	17443	8592
贵 州 Guizhou	15099	11552	2	978	7711	6127
云 南 Yunnan	12419	9449		1584	7038	3708
西 藏 Tibet	1617	1034		36	761	759
陕 西 Shaanxi	22762	18402	13	2754	14629	5267
甘 肃 Gansu	14295	10827	4	1180	8974	3928
青 海 Qinghai	3815	2938	10	460	2105	1184
宁 夏 Ningxia	5655	4505	4	710	3456	1440
新 疆 Xinjiang	23054	19169	39	3077	14466	5306

职称情况(城市)

by Educational Attainment (Urban)

单位:人

Unit: in Person

By Educational Attainment	按职称分 By Rank					
高中阶段毕业以下 Below High School Graduate	中学高级 Senior Secondary	小学高级 Senior Primary	小学一级 1st Grade Primary	小学二级 2nd Grade Primary	小学三级 3rd Grade Primary	未评职称 Rank Undecided
5152	**6432**	**435403**	**361630**	**66314**	**4690**	**63026**
104	125	11980	8580	278	18	805
106	101	11087	5338	267	21	246
75	133	21488	16327	3084	181	2407
76	98	12923	14515	3017	130	3182
149	373	10978	8299	2535	86	2167
143	359	28385	14051	1874	41	2348
59	186	10993	8766	1656	24	702
127	992	16962	9865	2291	112	1182
36	65	10572	8221	312	4	575
416	194	26626	20984	4322	70	3895
151	427	18554	18165	2236	84	3663
153	121	18286	14369	2159	49	1549
115	188	9245	13234	2571	104	1472
152	131	8629	6082	1485	70	685
255	838	34096	32884	4256	154	3768
147	291	21669	21809	5790	250	2634
600	578	31584	20960	2939	354	2354
153	243	18969	10709	1280	81	833
592	346	37866	38273	10272	1699	13851
165	51	10034	6850	2946	388	2310
41	51	2120	2655	717	134	633
111	59	7000	7876	838	29	775
220	165	14311	13373	926	65	1887
281	45	5146	6379	1224	173	2132
89	29	5669	4714	983	78	946
61	3	362	832	162	15	243
99	76	8461	9863	2463	86	1813
209	33	6479	5738	1013	66	966
56	5	1968	1261	288	7	286
45	28	2934	1996	420	8	269
166	98	10027	8662	1710	109	2448

小学专任教师学历、

Breakdown of Primary Schools Full-time Teachers

按学历分

	合 计 Total	其中女 of Which: Female	研究生毕业 Graduate	本科毕业 Under-graduate	专科毕业 Associate Bachelor	高中阶段毕业 High School Graduate
合 计 Total	**1053492**	**717645**	**225**	**53934**	**561231**	**428974**
北 京 Beijing	15930	12080	21	2991	9066	3745
天 津 Tianjin	15149	10310	1	422	7520	7082
河 北 Hebei	59051	46945	12	3425	36455	19062
山 西 Shanxi	24445	21206	5	1316	13680	9311
内蒙古 Inner Mongolia	26656	19982	1	1623	14058	10767
辽 宁 Liaoning	19261	15184	6	640	10143	8378
吉 林 Jilin	32800	26007	61	5496	19125	8061
黑龙江 Heilongjiang	30176	24570	9	2370	17876	9753
上 海 Shanghai	17023	11378	1	1327	11700	3809
江 苏 Jiangsu	44712	29988	3	3653	28573	12277
浙 江 Zhejiang	69474	43857	4	3667	39056	26021
安 徽 Anhui	34752	20465	3	1589	16547	16492
福 建 Fujian	40611	27265		583	18612	21091
江 西 Jiangxi	62269	30745	13	2643	22162	36098
山 东 Shandong	72490	43997	32	5221	38326	28579
河 南 Henan	59629	46026	8	3092	31252	25062
湖 北 Hubei	26611	17006	2	1993	15157	9216
湖 南 Hunan	54144	35277		1395	26227	26119
广 东 Guangdong	80577	57543	3	2581	50453	27207
广 西 Guangxi	42294	31163		457	21276	20233
海 南 Hainan	12294	6673	1	171	6248	5795
重 庆 Chongqing	9452	6755	3	618	6048	2748
四 川 Sichuan	57491	36171	12	2077	32017	22852
贵 州 Guizhou	36938	23701	1	385	14787	20908
云 南 Yunnan	31417	21090		1031	14470	15386
西 藏 Tibet	3440	1872		58	1005	2198
陕 西 Shaanxi	19304	15598	1	653	11155	7299
甘 肃 Gansu	23888	12713	7	528	9881	12878
青 海 Qinghai	7439	4615	10	332	4689	2307
宁 夏 Ningxia	7685	4543		453	3910	3165
新 疆 Xinjiang	16090	12920	5	1144	9757	5075

职称情况(县镇)

by Educational Attainment (County City & Towns)

单位:人

Unit: in Person

By Educational Attainment	按职称分 By Rank					
高中阶段毕业以下 Below High School Graduate	中学高级 Senior Secondary	小学高级 Senior Primary	小学一级 1st Grade Primary	小学二级 2nd Grade Primary	小学三级 3rd Grade Primary	未评职称 Rank Undecided
9128	**4353**	**456429**	**447860**	**89479**	**4952**	**50419**
107	50	6764	8230	258	7	621
124	71	7884	6496	499	14	185
97	178	25887	24214	4601	131	4040
133	51	7915	11213	2416	92	2758
207	185	13013	9655	2325	118	1360
94	249	12403	5223	830	26	530
57	89	16936	12878	2138	114	645
168	737	15420	10779	1812	225	1203
186	33	9657	6410	232	16	675
206	179	21599	17316	3342	60	2216
726	192	27192	32168	5535	181	4206
121	44	16508	14856	1974	36	1334
325	155	13626	22707	3399	85	639
1353	178	25179	28978	5928	246	1760
332	733	31836	30597	6285	222	2817
215	238	21688	24398	7997	469	4839
243	320	15683	7738	2087	137	646
403	192	28716	21660	2488	159	929
333	52	32608	31142	7897	1308	7570
328	67	20847	13764	6119	297	1200
79	9	4457	5467	1581	83	697
35	20	3624	5122	354	37	295
533	140	25195	28184	2748	126	1098
857	26	11965	18639	4282	154	1872
530	22	14340	13495	2648	44	868
179	2	541	1578	589	62	668
196	29	5479	9385	2587	304	1520
594	49	7435	11165	3375	84	1780
101	9	2842	3384	856	16	332
157	24	3196	3428	763	10	264
109	30	5994	7591	1534	89	852

小学专任教师学历、

Breakdown of Primary Schools Full-time Teachers

	合 计 Total	其中女 of Which: Female	按学历分 研究生毕业 Graduate	本科毕业 Under-graduate	专科毕业 Associate Bachelor	高中阶段毕业 High School Graduate
合 计 Total	**3637873**	**1609280**	**398**	**77776**	**1382238**	**2096690**
北 京 Beijing	11051	7464	8	1777	6695	2503
天 津 Tianjin	9913	5056	3	232	4594	4954
河 北 Hebei	222161	139127	25	6503	111810	103101
山 西 Shanxi	132842	82597	28	2739	51127	77162
内蒙古 Inner Mongolia	73225	32289	4	2092	24576	44659
辽 宁 Liaoning	100884	57816		1426	34358	63613
吉 林 Jilin	85777	45688	38	6582	48150	30129
黑龙江 Heilongjiang	113694	57838	4	3750	50561	57528
上 海 Shanghai	1339	910		67	895	362
江 苏 Jiangsu	164134	70296	3	4771	74383	82516
浙 江 Zhejiang	47472	23481		1079	20719	24430
安 徽 Anhui	191243	59491	2	3442	53529	131814
福 建 Fujian	103537	46906	10	524	31010	69941
江 西 Jiangxi	115026	37518	4	2474	28616	79911
山 东 Shandong	230307	78871	25	6072	80423	141412
河 南 Henan	366427	168404	43	7439	123038	231350
湖 北 Hubei	136383	47584	26	3907	51873	76538
湖 南 Hunan	162086	66619	11	1815	56013	101529
广 东 Guangdong	213603	111523	24	4131	113197	94488
广 西 Guangxi	135673	54550	11	695	42405	87635
海 南 Hainan	31504	11274		297	10655	19974
重 庆 Chongqing	87978	38024	16	2081	46537	37716
四 川 Sichuan	219722	87547	35	3281	87845	122899
贵 州 Guizhou	128756	41112	12	600	30443	86911
云 南 Yunnan	175133	66151		1555	50497	114270
西 藏 Tibet	8553	3332		39	2057	5844
陕 西 Shaanxi	145996	70914	22	2099	59057	80590
甘 肃 Gansu	90542	26123	24	1288	26928	57942
青 海 Qinghai	16578	5807	9	573	8526	6978
宁 夏 Ningxia	20563	7412	2	591	8729	10779
新 疆 Xinjiang	95771	57556	9	3855	42992	47212

职称情况(农村)

by Educational Attainment (Rural)

单位:人

Unit: in Person

By Educational Attainment	按职称分 By Rank					
高中阶段毕业以下 Below High School Graduate	中学高级 Senior Secondary	小学高级 Senior Primary	小学一级 1st Grade Primary	小学二级 2nd Grade Primary	小学三级 3rd Grade Primary	未评职称 Rank Undecided
80771	**7492**	**1299901**	**1649328**	**440385**	**21916**	**218851**
68	18	4467	6045	216		305
130	28	5253	4108	404	2	118
722	354	73932	110832	22167	511	14365
1786	273	38296	65075	15991	924	12283
1894	307	32586	28965	7030	219	4118
1487	1110	67761	23398	5619	253	2743
878	159	38149	37334	7810	270	2055
1851	752	52361	45252	9015	1054	5260
15	2	682	545	48	3	59
2461	143	73334	62554	21720	236	6147
1244	31	17588	22385	4713	192	2563
2456	138	66526	102240	15253	291	6795
2052	101	25222	63434	12687	223	1870
4021	172	41036	55964	12828	714	4312
2375	1384	111730	96706	13272	351	6864
4557	965	117893	158150	57684	3901	27834
4039	445	74666	47164	9642	510	3956
2718	196	76022	73345	8243	418	3862
1763	120	66462	97361	21763	3971	23926
4927	88	50414	51858	27465	1093	4755
578	10	8044	15623	5723	711	1393
1628	38	22738	48362	11908	200	4732
5662	214	77702	112552	19338	456	9460
10790	61	19385	67853	27380	2170	11907
8811	52	49923	83240	31978	577	9363
613	1	172	3407	2160	221	2592
4228	140	29584	63519	32183	946	19624
4360	56	25187	39522	14118	377	11282
492	16	3888	8318	2812	117	1427
462	53	7857	8588	3089	73	903
1703	65	21041	45629	16126	932	11978

小学办学

Condition of School Buildings in

	学校占地面积 Areas Occupied	校舍建筑面积 Floor Space	教学及辅 Teaching & Assistant			
			计 Total	其中 普通教室 classroom	实验室 Laboratory	图书室 Library
合 计 Total	**2689087714**	**578892590**	**355016682**	**297372008**	**15545131**	**13537276**
北 京 Beijing	17448105	5051184	2540823	1860529	130916	100672
天 津 Tianjin	14119415	3447568	2089068	1570888	75844	64609
河 北 Hebei	158890868	27316836	18929437	15388372	1254326	1018809
山 西 Shanxi	79634664	16856570	10296801	8819964	435905	454332
内蒙古 Inner Mongolia	105600559	9128331	5513322	4472081	335522	282751
辽 宁 Liaoning	93322911	13478835	9133410	6727946	602367	431763
吉 林 Jilin	92795579	9319123	6332343	5008841	399902	239721
黑龙江 Heilongjiang	120583469	12706336	8847796	7115951	590185	361514
上 海 Shanghai	7589320	3838368	1884879	1159948	189675	106304
江 苏 Jiangsu	129333723	27153473	17137240	13829741	590688	704711
浙 江 Zhejiang	56558056	20436333	11700483	8498052	572469	386637
安 徽 Anhui	129710866	24344011	16403610	14685106	441264	645044
福 建 Fujian	56480402	20347160	12118965	9620031	513407	542817
江 西 Jiangxi	68013573	19179377	11980989	10626316	426457	361913
山 东 Shandong	170721065	29370811	18921623	15136861	1120815	833056
河 南 Henan	196124958	44569000	29724791	25450080	1315467	1303305
湖 北 Hubei	127274089	30197146	16535559	13825529	1056738	786202
湖 南 Hunan	117154327	33321396	19112918	16369769	747593	618959
广 东 Guangdong	193671310	61577084	34578820	27634103	1378799	1342110
广 西 Guangxi	111876904	28994607	17937528	16158330	408741	513712
海 南 Hainan	43707106	4914447	2725914	2386776	90121	123824
重 庆 Chongqing	38964472	14102032	8146127	7020240	270430	201050
四 川 Sichuan	102549045	34091786	19835543	17212686	761623	483238
贵 州 Guizhou	56869197	14622492	10182273	9017824	348805	340542
云 南 Yunnan	95759946	24519158	13869830	12430295	559326	390780
西 藏 Tibet	14086768	2095872	834374	751776	14954	36405
陕 西 Shaanxi	87310173	19179120	11841422	10649212	309052	330357
甘 肃 Gansu	73576897	11572638	7541284	6812836	181006	198731
青 海 Qinghai	15934172	2194382	1267966	1131269	13784	32747
宁 夏 Ningxia	19530053	2627123	1749304	1487527	76064	75712
新 疆 Xinjiang	93895722	8339991	5302240	4513129	332886	224949

条件(一)(总计)

Primary Schools (1) (Regional Aggregates)

单位:平方米

Unit: m^2

助用房 Buildings		行政办公用房 Administritive		生活用房 Residential and Welfare	其他用房 Rooms for Other Purposes	校舍面积中 of the Floor Space	
of Which							
微机室 PC-room	语音室 Linguistic	计 Total	其中教师办公室 of Which: for Teachers			危房面积 Floor Space of Dilapidated Buildings	当年新增 New Floor Space Added in Current Year
6498270	**2067467**	**63023856**	**48892201**	**100073141**	**60778911**	**32383252**	**13915530**
97383	25600	661690	410089	676457	1172214	9869	89202
67404	39027	467684	328819	360035	530781	5887	118682
587269	166639	3412373	2875073	1995155	2979871	765547	469010
189518	54763	3028714	2606408	1862100	1668955	639297	532211
142486	47900	1403837	1153497	1415767	795405	893596	175481
267000	86115	1777940	1153505	837538	1729947	336231	304473
184659	67239	1366862	987520	506752	1113166	655806	172144
223891	55446	1710187	1307295	767654	1380699	754364	223600
82518	33738	471809	264062	447356	1034324		162905
448464	123295	2874297	1891853	3789693	3352243	3395	880357
299596	119720	1760153	1172237	4226170	2749527	43538	1110055
182282	46301	2670735	2190714	3611325	1658341	2956195	822166
220960	54245	1460766	1013479	4728880	2038549	386667	351743
152134	56351	1708101	1319608	4001249	1489038	722826	353435
464004	186270	3916169	2946317	3538666	2994353	700844	398439
360106	103276	7344185	6281659	4310516	3189508	2632756	895475
235836	70632	2695601	1969090	7944463	3021523	1651310	335859
222006	61213	3430714	2725051	6706565	4071199	1873251	342458
574707	335987	4841589	3281095	12242934	9913741	1892538	1233660
143031	38235	1842460	1498282	6353582	2861037	2497972	269239
35918	12764	337186	249654	1476559	374788	339575	137598
184425	34528	1015137	690888	3609682	1331086	900765	166924
369772	81261	2393903	1798342	9072377	2789963	2437529	1124708
184306	23219	1143056	896045	2117087	1180076	384073	474420
88233	30792	1280734	928253	7644646	1723948	4325609	1252060
10164	3584	161150	131810	941676	158672	71447	154604
188003	47893	4002799	3555517	2069333	1265566	1522665	503515
116702	17076	2155912	1980621	1075292	800150	1814065	384282
23312	6178	214732	172242	534499	177185	163391	64415
54316	10860	377833	319284	279522	220464	152527	82645
97865	27320	1095548	793892	929611	1012592	849717	329765

小学办学条

Condition of School Buildings in

	学校占地面积 Areas Occupied	校舍建筑面积 Floor Space	教学及辅 Teaching & Assistant			
			计 Total	其中		
				普通教室 classroom	实验室 Laboratory	图书室 Library
合 计 Total	**243565965**	**94917693**	**55069103**	**40678986**	**2651140**	**2070664**
北 京 Beijing	4559996	2617558	1223421	871403	62806	50703
天 津 Tianjin	2700771	1310368	734411	514602	24849	20143
河 北 Hebei	11452662	3558619	2196083	1712985	107373	85323
山 西 Shanxi	7451213	2643083	1591435	1260821	61009	52183
内蒙古 Inner Mongolia	7621599	1850932	1098339	845325	43379	39080
辽 宁 Liaoning	11901285	4237653	2690090	1741455	112408	97988
吉 林 Jilin	4821985	1807752	1082552	757420	46042	35368
黑龙江 Heilongjiang	7934149	2559689	1548075	1114730	68424	51688
上 海 Shanghai	3101863	2188564	1071410	648733	96541	58158
江 苏 Jiangsu	15900950	5948949	3719081	2618996	165067	148276
浙 江 Zhejiang	12321207	5475281	3168403	2030083	172710	127754
安 徽 Anhui	9798064	3114077	1948440	1607972	75710	76472
福 建 Fujian	5668936	2889906	1717889	1211376	67172	80786
江 西 Jiangxi	3166434	1396919	830426	681985	35377	28126
山 东 Shandong	22916229	6795169	4107543	2953642	201579	147040
河 南 Henan	11867040	4823866	2713492	2185343	108699	91724
湖 北 Hubei	19429128	6205335	3650151	2919456	203731	159454
湖 南 Hunan	8423304	3268392	1957317	1524692	102594	73396
广 东 Guangdong	32462590	15999067	8738748	6168363	475260	340508
广 西 Guangxi	7719159	2545864	1423182	1083652	82849	51052
海 南 Hainan	2064481	730365	336815	276952	16601	13124
重 庆 Chongqing	3312341	2009995	1095361	876366	44507	35291
四 川 Sichuan	5354233	3079872	1731301	1303769	77871	59142
贵 州 Guizhou	2402704	1122093	691485	551799	28678	21815
云 南 Yunnan	2759785	1317088	795431	628571	48905	26141
西 藏 Tibet	560175	136983	64087	57285	1840	1305
陕 西 Shaanxi	4491641	1990579	1202161	967650	43961	34346
甘 肃 Gansu	3054833	1078338	667026	536198	22596	21231
青 海 Qinghai	901685	320225	181315	125043	3268	4497
宁 夏 Ningxia	1452529	408261	271391	217997	8780	8772
新 疆 Xinjiang	5992994	1486851	822242	684322	40554	29778

件(一)(城市)

Primary Schools (1) (Urban)

单位:平方米

Unit: m^2

助用房 Buildings		行政办公用房 Administritive		生活用房 Residential and Welfare	其他用房 Rooms for Other Purposes	校舍面积中 of the Floor Space	
of Which		计 Total	其中教师办公室 of Which: for Teachers			危房面积 Floor Space of Dilapidated Buildings	当年新增 New Floor Space Added in Current Year
微机室 PC-room	语音室 Linguistic						
1809301	**739758**	**10951255**	**7125625**	**13938482**	**14958853**	**1189986**	**2654857**
46697	15357	310562	190228	324731	758844	5175	45272
24295	13455	185760	117098	167948	222249	2384	47297
81735	37279	495826	348365	303866	562844	18729	58763
44527	19216	421378	300335	344007	286263	25596	34021
38725	18483	306375	216893	258540	187678	71634	39174
87338	43047	592368	321511	271168	684027	19477	74409
49621	23767	253653	160807	122238	349309	28361	19194
51360	22155	405258	254487	211082	395274	66028	25125
45707	19780	265883	153184	234266	617005		88662
122516	33282	649511	384949	640654	939703		232171
101423	45062	523301	331287	945647	837930	730	432175
72647	19130	369784	261162	445860	349993	153104	79781
56711	20680	241597	154819	456062	474358	45426	67930
29948	15676	135803	97294	261281	169409	17584	27689
136742	73464	938313	599610	867572	881741	51935	145837
89967	32308	714247	511871	834073	562054	71045	100331
90926	27082	625723	412521	1142055	787406	100337	78059
53220	23776	293845	213352	588056	429174	87731	59363
259599	122367	1412803	861998	2479098	3368418	93103	358506
45601	14058	212044	139180	575527	335111	44638	74356
10682	3640	46852	30178	243288	103410	9955	22099
37079	12682	191450	124767	435089	288095	31776	16357
65433	23039	310565	207010	644748	393258	36222	161249
25091	5115	117587	83093	185745	127276	11970	33572
24306	12476	129773	83248	247440	144444	40968	184765
2053	588	20323	15974	36453	16120	2062	10225
40938	16596	295818	212402	286301	206299	35269	43447
23363	6607	157023	113361	120658	133631	39538	23202
6339	2908	36308	25142	60010	42592	14396	164
12181	4449	68977	54344	21096	46797	8915	12452
32531	12234	222545	145155	183923	258141	55898	59210

小学办学条

Condition of School Buildings in

	学校占地面积 Areas Occupied	校舍建筑面积 Floor Space	教学及辅 Teaching & Assistant			
			计 Total	其中 普通教室 classroom	实验室 Laboratory	图书室 Library
合　计 Total	**349842728**	**97260995**	**56608825**	**46212625**	**2456110**	**2004453**
北　京 Beijing	6466277	1376335	737599	561106	33714	24871
天　津 Tianjin	6249915	1327210	809880	611379	30416	23961
河　北 Hebei	24335598	4811710	3158330	2577033	183557	141641
山　西 Shanxi	5568052	1651055	945377	794155	45135	37338
内蒙古 Inner Mongolia	14230724	1746650	1028484	838816	53871	42690
辽　宁 Liaoning	5448533	1281574	879892	688322	33845	28607
吉　林 Jilin	11342830	2161700	1365274	1057717	64344	47739
黑龙江 Heilongjiang	9594899	1971590	1319529	1082544	58921	40488
上　海 Shanghai	3958115	1524130	745313	464450	85708	43415
江　苏 Jiangsu	13711349	4602330	2761775	2179252	107555	102946
浙　江 Zhejiang	24075578	8491434	4803332	3468155	237968	153765
安　徽 Anhui	11540530	3053901	1849117	1611157	65289	71974
福　建 Fujian	9757774	3980033	2214283	1726096	96137	97932
江　西 Jiangxi	21497806	6146781	3742971	3307353	133410	119397
山　东 Shandong	26831955	5399937	3145977	2524195	179169	123194
河　南 Henan	15365338	5013848	3141038	2613981	114176	100345
湖　北 Hubei	7271072	2713689	1411849	1195180	76488	53004
湖　南 Hunan	21317953	6035880	3248479	2696496	148210	115777
广　东 Guangdong	27487296	10471575	5926419	4622257	240966	237670
广　西 Guangxi	15293540	4556855	2577432	2264012	65217	74319
海　南 Hainan	6005037	1051385	533367	467251	19453	20506
重　庆 Chongqing	1945912	940909	533020	428161	15536	12958
四　川 Sichuan	12100286	5483229	2886524	2426827	115177	74319
贵　州 Guizhou	8974605	2661962	1658089	1423944	71396	61978
云　南 Yunnan	9474942	2945181	1639404	1433308	67232	53455
西　藏 Tibet	3134050	440098	169654	155314	2697	4542
陕　西 Shaanxi	4040245	1489070	905364	793428	30075	25237
甘　肃 Gansu	9657713	1892082	1214467	1114652	25702	27349
青　海 Qinghai	3310099	513240	303258	273185	5622	7346
宁　夏 Ningxia	3228292	547952	355777	303587	13879	13327
新　疆 Xinjiang	6626413	977670	597551	509312	35245	22363

件(一)(县镇)

Primary Schools (1) (County City & Towns)

单位:平方米

Unit: m^2

助用房 Buildings		行政办公用房 Administritive		生活用房 Residential and Welfare	其他用房 Rooms for Other Purposes	校舍面积中 of the Floor Space	
of Which							
微机室 PC-room	语音室 Linguistic	计 Total	其中教师办公室 of Which: for Teachers			危房面积 Floor Space of Dilapidated Buildings	当年新增 New Floor Space Added in Current Year
1530807	**576757**	**10466686**	**7495237**	**19032885**	**11152599**	**3252114**	**3016304**
27892	5174	204148	126421	198415	236173	779	20739
25514	15054	173844	124545	143173	200313	1280	45952
113064	37535	588582	477464	486762	578036	91284	112418
28423	11028	274631	224288	224604	206443	31573	100703
36324	14593	292114	225608	247884	178168	175516	48419
26296	13040	185551	114925	74825	141306	22681	44635
54147	27642	373891	251269	138364	284171	123114	73152
46261	13370	318930	226914	100641	232490	103166	64459
33510	13051	189652	100283	200837	388328		69804
84345	29459	542614	322031	668765	629176	1040	203348
128269	55201	737282	483426	1721042	1229778	22664	539846
45080	11216	307261	219797	658250	239273	229976	108960
59372	15435	341176	202202	976973	447601	59701	92471
61413	22447	535858	401456	1415782	452170	209976	122126
97016	50856	700394	507060	985955	567611	102042	80128
81028	21612	753315	611304	754736	364759	146992	111001
42557	17406	277209	191401	799103	225528	116055	28520
69085	20055	580512	426378	1407552	799337	267494	85014
125919	88069	774574	505407	2188629	1581953	174178	244384
56558	13429	318811	235624	1197483	463129	242798	117257
12435	4832	72026	47769	381674	64318	60555	31039
16872	4544	83204	53467	213869	110816	15111	17134
83413	25950	398227	279598	1724093	474385	237990	220340
55803	10204	220279	152027	485636	297958	47007	67400
28841	11119	248765	167346	802121	254891	340357	148593
2384	838	36650	27726	203832	29962	6627	39651
26525	8517	300055	254480	181504	102147	60845	36276
21897	3588	362642	335829	171550	143423	239807	75169
7642	2330	52763	41158	119857	37362	36008	15819
14341	3758	84506	64195	58306	49363	34650	10692
18581	5405	137220	93839	100668	142231	50848	40855

小学办学

Condition of School Buildings in

	学校占地面积 Areas Occupied	校舍建筑面积 Floor Space	教学及辅 Teaching & Assistant			
			计 Total	其中 普通教室 classroom	实验室 Laboratory	图书室 Library
合 计 Total	**2095679021**	**386713902**	**243338754**	**210480397**	**10437881**	**9462159**
北 京 Beijing	6421832	1057291	579803	428020	34396	25098
天 津 Tianjin	5168729	809990	544777	444907	20579	20505
河 北 Hebei	123102608	18946507	13575024	11098354	963396	791845
山 西 Shanxi	66615399	12562432	7759989	6764988	329761	364811
内蒙古 Inner Mongolia	83748236	5530749	3386499	2787940	238272	200981
辽 宁 Liaoning	75973093	7959608	5563428	4298169	456114	305168
吉 林 Jilin	76630764	5349671	3884517	3193704	289516	156614
黑龙江 Heilongjiang	103054421	8175057	5980192	4918677	462840	269338
上 海 Shanghai	529342	125674	68156	46765	7426	4731
江 苏 Jiangsu	99721424	16602194	10656384	9031493	318066	453489
浙 江 Zhejiang	20161271	6469618	3728748	2999814	161791	105118
安 徽 Anhui	108372272	18176033	12606053	11465977	300265	496598
福 建 Fujian	41053692	13477221	8186793	6682559	350098	364099
江 西 Jiangxi	43349333	11635677	7407592	6636978	257670	214390
山 东 Shandong	120972881	17175705	11668103	9659024	740067	562822
河 南 Henan	168892580	34731286	23870261	20650756	1092592	1111236
湖 北 Hubei	100573889	21278122	11473559	9710893	776519	573744
湖 南 Hunan	87413070	24017124	13907122	12148581	496789	429786
广 东 Guangdong	133721424	35106442	19913653	16843483	662573	763932
广 西 Guangxi	88864205	21891888	13936914	12810666	260675	388341
海 南 Hainan	35637588	3132697	1855732	1642573	54067	90194
重 庆 Chongqing	33706219	11151128	6517746	5715713	210387	152801
四 川 Sichuan	85094526	25528685	15217718	13482090	568575	349777
贵 州 Guizhou	45491888	10838437	7832699	7042081	248731	256749
云 南 Yunnan	83525219	20256889	11434995	10368416	443189	311184
西 藏 Tibet	10392543	1518791	600633	539177	10417	30558
陕 西 Shaanxi	78778287	15699471	9733897	8888134	235016	270774
甘 肃 Gansu	60864351	8602218	5659791	5161986	132708	150151
青 海 Qinghai	11722388	1360917	783393	733041	4894	20904
宁 夏 Ningxia	14849232	1670910	1122136	965943	53405	53613
新 疆 Xinjiang	81276315	5875470	3882447	3319495	257087	172808

条件(一)(农村)
Primary Schools (1) (Rural)

单位:平方米
Unit:m^2

助用房 Buildings		行政办公用房 Administritive		生活用房 Residential and Welfare	其他用房 Rooms for Other Purposes	校舍面积中 of the Floor Space	
of Which							
微机室 PC-room	语音室 Linguistic	计 Total	其中教师办公室 of Which: for Teachers			危房面积 Floor Space of Dilapidated Buildings	当年新增 New Floor Space Added in Current Year
3158162	**750952**	**41605915**	**34271339**	**67101774**	**34667459**	**27941152**	**8244369**
22794	5069	146980	93440	153311	177197	3915	23191
17595	10518	108080	87176	48914	108219	2223	25433
392470	91825	2327965	2049244	1204527	1838991	655534	297829
116568	24519	2332705	2081785	1293489	1176249	582128	397487
67437	14824	805348	710996	909343	429559	646446	87888
153366	30028	1000021	717069	491545	904614	294073	185429
80891	15830	739318	575444	246150	479686	504331	79798
126270	19921	985999	825894	455931	752935	585170	134016
3301	907	16274	10595	12253	28991		4439
241603	60554	1682172	1184873	2480274	1783364	2355	444838
69904	19457	499570	357524	1559481	681819	20144	138034
64555	15955	1993690	1709755	2507215	1069075	2573115	633425
104877	18130	877993	656458	3295845	1116590	281540	191342
60773	18228	1036440	820858	2324186	867459	495266	203620
230246	61950	2277462	1839647	1685139	1545001	546867	172474
189111	49356	5876623	5158484	2721707	2262695	2414719	684143
102353	26144	1792669	1365168	6003305	2008589	1434918	229280
99701	17382	2556357	2085321	4710957	2842688	1518026	198081
189189	125551	2654212	1913690	7575207	4963370	1625257	630770
40872	10748	1311605	1123478	4580572	2062797	2210536	77626
12801	4292	218308	171707	851597	207060	269065	84460
130474	17302	740483	512654	2960724	932175	853878	133433
220926	32272	1685111	1311734	6703536	1922320	2163317	743119
103412	7900	805190	660925	1445706	754842	325096	373448
35086	7197	902196	677659	6595085	1324613	3944284	918702
5727	2158	104177	88110	701391	112590	62758	104728
120540	22780	3406926	3088635	1601528	957120	1426551	423792
71442	6881	1636247	1531431	783084	523096	1534720	285911
9331	940	125661	105942	354632	97231	112987	48432
27794	2653	224350	200745	200120	124304	108962	59501
46753	9681	735783	554898	645020	612220	742971	229700

小学办学条

Condition of School Buildings in

	体育运动场(馆)面积(平方米) Sports Areas (m^2)	计算机(台) PC (set)	图书藏量(册) Books & Magazines in Libraries (Volume)
合计 Total	**883710121**	**3182886**	**1421451482**
北京 Beijing	6693460	63792	22070160
天津 Tianjin	5467482	36809	8624915
河北 Hebei	67604242	223004	108586059
山西 Shanxi	25653529	86550	40438027
内蒙古 Inner Mongolia	39398817	56579	21058222
辽宁 Liaoning	47087055	119120	41154648
吉林 Jilin	40500705	88982	30292904
黑龙江 Heilongjiang	68287972	102700	28512800
上海 Shanghai	2474482	56455	15209586
江苏 Jiangsu	39327264	215040	88143987
浙江 Zhejiang	21877173	188481	58833724
安徽 Anhui	38505417	83060	60707300
福建 Fujian	22484496	131459	48717448
江西 Jiangxi	23908105	72745	33981641
山东 Shandong	59310022	225217	74092801
河南 Henan	53447060	135364	140138660
湖北 Hubei	39770877	100225	61136508
湖南 Hunan	29636737	115125	75099947
广东 Guangdong	59239589	393220	157959900
广西 Guangxi	25603058	68764	46126417
海南 Hainan	10491662	18755	9812997
重庆 Chongqing	13102157	104912	22583319
四川 Sichuan	32665827	178637	55833579
贵州 Guizhou	15658576	62600	24539468
云南 Yunnan	14983776	36191	39421141
西藏 Tibet	1657119	5635	2451994
陕西 Shaanxi	28584651	87563	52407262
甘肃 Gansu	20832767	56418	24374731
青海 Qinghai	3098160	12084	4314163
宁夏 Ningxia	5116326	19389	6954736
新疆 Xinjiang	21241558	38011	17872438

件(二)(总计)

Primary Schools (2) (Regional Aggregates)

电子图书藏量(片) Electronic Books & Magazines in Libraries (disk)	固定资产总值(万元) Total Value of Fixed Asset (in 10,000 yuan)			
	计 Total	其中:仪器设备总值(万元) of Which: Total Value of Equip & Instru. (in 10,000 yuan)		
		计 Subtotal	专业实验设备 For Prefession	专业实习设备 For Practice
19768156	**31546534.90**	**3180853.87**	**1862042.46**	**321493.15**
97429	407483.01	52399.17	25285.59	1803.25
40797	227003.96	27892.40	13965.37	2945.26
1139611	1757518.01	182035.45	118882.14	18691.38
439864	861051.78	70947.07	46746.77	7990.76
216003	418869.73	45953.13	28137.46	3406.29
60657	735232.00	108157.00	49314.00	8081.00
426056	528874.99	87097.68	59688.51	8497.23
133870	663341.74	75371.29	48321.27	8275.36
162974	458565.55	81333.73	44692.05	3927.16
1324158	1865724.01	195751.62	92173.42	15086.04
304258	1512728.92	146368.79	78000.18	
317332	1296916.56	68712.10	40300.53	7740.12
188812	1003422.00	124201.00	105100.00	19101.00
285868	850650.60	54571.14	28161.31	6248.87
328377	1595284.99	150305.21	80741.43	18103.39
1472617	1905267.58	213338.24	151255.18	27082.36
374466	1257320.97	134995.59	93278.67	13901.57
550530	1349215.43	238781.08	120844.31	10544.39
9312837	5008702.31	364235.05	293220.88	71014.17
122048	1139490.82	80685.00	51483.65	8718.24
100589	360118.87	31635.77	14455.56	10424.85
537707	821864.78	148127.67	43130.90	7274.15
483138	1483185.18	136356.22	75848.41	16028.67
133195	534750.89	46882.92	22379.04	5645.23
43439	975334.65	46427.32	24309.53	2953.37
3745	182421.99	6833.04	3567.96	1019.71
782109	792604.76	92883.23	35794.99	7336.18
216537	711233.32	49358.50	20695.03	6002.85
31725	99946.21	8673.70	3990.56	912.04
68379	153943.10	17967.00	7710.66	2099.13
69029	588466.19	92576.76	40567.10	639.13

小学办学条

Condition of School Buildings

	体育运动场(馆)面积(平方米) Sports Areas (m^2)	计算机(台) PC (set)	图书藏量(册) Books & Magazines in Libraries (Volume)
合 计 Total	**85949630**	**1079925**	**286989943**
北 京 Beijing	1443339	35634	11353936
天 津 Tianjin	885135	15682	3161256
河 北 Hebei	4792236	44329	14259963
山 西 Shanxi	2342863	23133	7743074
内蒙古 Inner Mongolia	3192441	20025	6179912
辽 宁 Liaoning	5900028	49911	16912810
吉 林 Jilin	2344291	28372	7030259
黑龙江 Heilongjiang	4078400	32889	6680674
上 海 Shanghai	1068799	34098	9285943
江 苏 Jiangsu	5382520	65008	18727988
浙 江 Zhejiang	4415208	67002	17940787
安 徽 Anhui	3020705	39558	10124813
福 建 Fujian	2166296	38242	9565493
江 西 Jiangxi	1215831	15111	3240854
山 东 Shandong	8223139	94587	18527951
河 南 Henan	3933151	43750	15764360
湖 北 Hubei	6319220	47302	15875545
湖 南 Hunan	2224020	31326	11114535
广 东 Guangdong	9724041	177741	43168124
广 西 Guangxi	2439656	23879	5988710
海 南 Hainan	572678	6739	1592167
重 庆 Chongqing	1053463	23119	3388082
四 川 Sichuan	2101401	32406	6039894
贵 州 Guizhou	951415	12364	2356198
云 南 Yunnan	758689	12028	3479505
西 藏 Tibet	89706	1035	201835
陕 西 Shaanxi	1608254	25411	7444778
甘 肃 Gansu	1098915	13111	3297050
青 海 Qinghai	378559	4745	867680
宁 夏 Ningxia	493418	6600	1331650
新 疆 Xinjiang	1731813	14788	4344117

件(二)(城市)

in Primary Schools (2) (Urban)

电子图书藏量（片）Electronic Books & Magazines in Libraries (disk)	固定资产总值(万元) Total Value of Fixed Asset (in 10,000 yuan)			
	计 Total	其中:仪器设备总值(万元) of Which: Total Value of Equip & Instru. (in 10,000 yuan)		
		计 Subtotal	专业实验设备 For Prefession	专业实习设备 For Practice
9362901	**8085391.68**	**1245478.04**	**646577.20**	**99923.23**
71402	238569.30	29962.27	18254.44	1078.99
12329	64416.29	12854.00	5468.77	1038.08
774413	261011.79	49433.93	23393.90	3477.66
122114	147954.60	21094.16	12742.50	2218.46
159177	112796.20	14805.16	8668.13	1087.02
26392	283221.00	51569.00	21879.00	2567.00
319406	143727.33	23812.07	14286.38	2490.23
59320	178410.73	29418.72	18754.63	1579.99
103514	256537.29	57690.79	29565.41	1821.37
483469	531939.47	67797.50	25908.50	3575.69
185180	554155.40	60033.82	31165.09	
119654	221353.10	29124.45	16908.09	2854.02
108295	243059.00	22280.00	16882.00	5398.00
117441	103612.35	14666.32	7016.80	1014.04
132445	625586.42	65379.29	31244.06	5361.51
432481	272662.96	37059.90	20142.53	6169.40
148867	349830.68	60494.54	42905.82	3517.23
328934	406389.90	159351.87	69051.01	3202.30
4862913	1622344.75	153801.40	123413.24	30388.16
35110	231099.51	27243.11	22043.05	2001.95
79476	95160.82	14818.08	6051.12	7102.04
148102	353493.19	104210.62	18499.62	2662.32
140833	225291.74	33305.88	17806.18	3600.76
39412	60057.85	9654.06	4711.82	1190.12
14297	97931.99	11222.69	5121.32	740.79
615	12336.34	1278.55	1102.06	63.10
202234	128309.66	21292.61	10274.23	1301.43
65998	70646.31	9980.48	5365.55	994.34
8086	17578.63	3077.50	1743.42	393.20
42672	29603.55	5212.54	2174.78	795.21
18320	146303.53	43552.73	14033.75	238.82

小学办学

Condition of School Buildings in

	体育运动场(馆)面积(平方米) Sports Areas (m^2)	计算机(台) PC (set)	图书藏量(册) Books & Magazines in Libraries (Volume)
合 计 Total	**117830067**	**762253**	**275333788**
北 京 Beijing	2683988	14165	6069781
天 津 Tianjin	2482209	13324	3176279
河 北 Hebei	9704749	46788	20298075
山 西 Shanxi	1816348	12836	5099035
内蒙古 Inner Mongolia	5151509	12665	5412995
辽 宁 Liaoning	2705619	11954	3820357
吉 林 Jilin	5202867	28701	7996342
黑龙江 Heilongjiang	5046771	24471	5089646
上 海 Shanghai	1238645	20853	5383685
江 苏 Jiangsu	3947623	43276	13715897
浙 江 Zhejiang	9043263	78594	26256359
安 徽 Anhui	3635348	22590	8991172
福 建 Fujian	4017452	32105	12021523
江 西 Jiangxi	7399814	26861	11631191
山 东 Shandong	8927099	48495	14580027
河 南 Henan	4457819	31878	16618242
湖 北 Hubei	2366459	17452	6342125
湖 南 Hunan	5269575	31864	17475503
广 东 Guangdong	10787230	87733	31283259
广 西 Guangxi	3607233	24216	10669828
海 南 Hainan	1576854	6390	2449461
重 庆 Chongqing	623961	8890	1848339
四 川 Sichuan	3680510	39270	10830871
贵 州 Guizhou	2790475	21377	5827680
云 南 Yunnan	1689897	12345	7184405
西 藏 Tibet	282081	1424	581955
陕 西 Shaanxi	1516007	14259	5061341
甘 肃 Gansu	2963172	11948	4617453
青 海 Qinghai	769181	3610	962825
宁 夏 Ningxia	867076	4704	1412757
新 疆 Xinjiang	1579233	7215	2625380

条件(二)(县镇)

Primary Schools (2) (County City & Towns)

电子图书藏量(片) Electronic Books & Magazines in Libraries (disk)	固定资产总值(万元) Total Value of Fixed Asset (in 10,000 yuan)			
	计 Total	其中:仪器设备总值(万元) of Which: Total Value of Equip & Instru. (in 10,000 yuan)		
		计 Subtotal	专业实验设备 For Prefession	专业实习设备 For Practice
3624869	**6218987.46**	**700913.29**	**430313.79**	**81123.34**
11788	100931.22	13069.28	3882.35	210.43
25840	106639.40	10945.79	6265.15	1174.67
157917	312773.64	34337.76	23909.64	3682.56
53766	103343.64	8066.65	4778.03	1521.80
14157	88373.00	10824.62	6346.47	868.36
8618	82005.00	10629.00	4146.00	1202.00
54832	149625.55	20899.95	12344.61	2419.73
31526	136889.42	15681.82	9765.46	2299.48
57308	190745.51	22714.66	14507.84	2049.65
254149	407635.45	44014.37	22755.89	2779.14
89753	651366.50	60250.72	31798.14	
97885	153072.37	13643.97	9065.64	2189.12
24974	222153.00	22926.00	14688.00	8238.00
96359	297356.71	21839.88	10891.22	2946.28
92171	299443.49	29542.64	16045.20	4044.01
337409	311241.76	94500.06	82566.68	5958.27
92150	142458.41	16239.05	10213.63	3117.07
52548	251324.91	25624.84	15462.67	2899.29
1659576	944682.52	80690.45	64473.89	16216.56
23433	217617.35	19651.51	11102.22	3631.79
7104	73296.15	7114.88	4047.60	1644.33
21164	54978.42	7737.19	3570.72	1023.45
120758	290538.21	32012.84	20073.51	4221.17
46444	115386.33	12649.46	5907.10	1722.24
12598	149826.44	11033.73	5365.70	966.47
560	46171.04	1642.93	772.81	311.13
117228	107269.35	31754.62	5269.95	1346.58
43251	85575.40	7886.87	4019.06	1685.35
7730	24381.84	1973.47	975.68	251.37
6980	36394.45	3342.14	1465.98	383.26
4893	65490.98	7672.14	3836.95	119.78

小学办学条
Condition of School Buildings in

	体育运动场(馆)面积(平方米) Sports Areas (m^2)	计算机(台) PC (set)	图书藏量(册) Books & Magazines in Libraries (Volume)
合 计 Total	**679930424**	**1340708**	**859127751**
北 京 Beijing	2566133	13993	4646443
天 津 Tianjin	2100138	7803	2287380
河 北 Hebei	53107257	131887	74028021
山 西 Shanxi	21494318	50581	27595918
内蒙古 Inner Mongolia	31054867	23889	9465315
辽 宁 Liaoning	38481408	57255	20421481
吉 林 Jilin	32953547	31909	15266303
黑龙江 Heilongjiang	59162801	45340	16742480
上 海 Shanghai	167038	1504	539958
江 苏 Jiangsu	29997121	106756	55700102
浙 江 Zhejiang	8418702	42885	14636578
安 徽 Anhui	31849364	20912	41591315
福 建 Fujian	16300748	61112	27130432
江 西 Jiangxi	15292460	30773	19109596
山 东 Shandong	42159784	82135	40984823
河 南 Henan	45056090	59736	107756058
湖 北 Hubei	31085198	35471	38918838
湖 南 Hunan	22143142	51935	46509909
广 东 Guangdong	38728318	127746	83508517
广 西 Guangxi	19556169	20669	29467879
海 南 Hainan	8342130	5626	5771369
重 庆 Chongqing	11424733	72903	17346898
四 川 Sichuan	26883916	106961	38962814
贵 州 Guizhou	11916686	28859	16355590
云 南 Yunnan	12535190	11818	28757231
西 藏 Tibet	1285332	3176	1668204
陕 西 Shaanxi	25460390	47893	39901143
甘 肃 Gansu	16770680	31359	16460228
青 海 Qinghai	1950420	3729	2483658
宁 夏 Ningxia	3755832	8085	4210329
新 疆 Xinjiang	17930512	16008	10902941

件(二)(农村)

Primary Schools (2) (Rural)

电子图书藏量(片) Electronic Books & Magazines in Libraries (disk)	固定资产总值(万元) Total Value of Fixed Asset (in 10,000 yuan)			
	计 Total	其中:仪器设备总值(万元) of Which: Total Value of Equip & Instru. (in 10,000 yuan)		
		计 Subtotal	专业实验设备 For Prefession	专业实习设备 For Practice
6780386	**17242155.76**	**1234462.54**	**785151.47**	**140446.58**
14239	67982.49	9367.62	3148.80	513.83
2628	55948.27	4092.61	2231.45	732.51
207281	1183732.58	98263.76	71578.60	11531.16
263984	609753.54	41786.26	29226.24	4250.50
42669	217700.53	20323.35	13122.86	1450.91
25647	370006.00	45959.00	23289.00	4312.00
51818	235522.11	42385.66	33057.52	3587.27
43024	348041.59	30270.75	19801.18	4395.89
2152	11282.75	928.28	618.80	56.14
586540	926149.09	83939.75	43509.03	8731.21
29325	307207.02	26084.25	15036.95	
99793	922491.09	25943.68	14326.80	2696.98
55543	538210.00	78995.00	73530.00	5465.00
72068	449681.54	18064.94	10253.29	2288.55
103761	670255.08	55383.28	33452.17	8697.87
702727	1321362.86	81778.28	48545.97	14954.69
133449	765031.88	58262.00	40159.22	7267.27
169048	691500.62	53804.37	36330.63	4442.80
2790348	2441675.04	129743.20	105333.75	24409.45
63505	690773.96	33790.38	18338.38	3084.50
14009	191661.90	9702.81	4356.84	1678.48
368441	413393.17	36179.86	21060.56	3588.38
221547	967355.23	71037.50	37968.72	8206.74
47339	359306.71	24579.40	11760.12	2732.87
16544	727576.22	24170.90	13822.51	1246.11
2570	123914.61	3911.56	1693.09	645.48
462647	557025.75	39836.00	20250.81	4688.17
107288	555011.61	31491.15	11310.42	3323.16
15909	57985.74	3622.73	1271.46	267.47
18727	87945.10	9412.32	4069.90	920.66
45816	376671.68	41351.89	22696.40	280.53

工读学校

Basic Statistics of Correctional

	学校数(所) Schools	班数(个) Classes	离校人数 School leavers
合　计 Total	**76**	**391**	**3507**
北　京 Beijing	6	41	420
天　津 Tianjin	3	3	82
河　北 Hebei			
山　西 Shanxi	2	6	11
内蒙古 Inner Mongolia	1	2	12
辽　宁 Liaoning	10	73	581
吉　林 Jilin	4	13	30
黑龙江 Heilongjiang	1	4	12
上　海 Shanghai	13	140	1137
江　苏 Jiangsu	4	16	225
浙　江 Zhejiang	2	8	64
安　徽 Anhui	3	4	28
福　建 Fujian			
江　西 Jiangxi	1		
山　东 Shandong			
河　南 Henan	3	11	34
湖　北 Hubei	3	14	452
湖　南 Hunan	1	4	
广　东 Guangdong	2	11	164
广　西 Guangxi	3	4	25
海　南 Hainan			
重　庆 Chongqing	5	11	55
四　川 Sichuan	4	11	48
贵　州 Guizhou	3	3	49
云　南 Yunnan	1	7	69
西　藏 Tibet			
陕　西 Shaanxi	1	5	9
甘　肃 Gansu			
青　海 Qinghai			
宁　夏 Ningxia			
新　疆 Xinjiang			

基本情况
Work-study Schools

单位:人
Unit: in Person

入校人数 No. of persons Entered	在校生数 Enrolment	教职工数 Teachers, Staff & Workers 计 Total	教职工数 Teachers, Staff & Workers 其中专任教师 of Which: Full-time Teachers
3121	**7975**	**2539**	**1533**
207	851	337	165
62	62	107	27
8	48	95	67
17	38	11	9
561	1566	371	219
176	391	118	84
20	48	28	24
908	2838	632	370
182	320	115	87
34	127	53	38
12	16	89	47
		5	
44	231	62	48
342	436	73	46
200	200	50	36
116	210	73	46
35	45	42	27
42	97	81	52
107	231	71	51
8	31	41	31
38	105	43	32
2	84	42	27

特殊教育基本

Basic Statistics of Special Education

	学校数(所) Schools	班数(个) Classes	毕业生数 Graduates	招生数 Entrants	在校学生数 合计 Total	一年级 Grade 1	二年级 Grade 2
合　计 Total	**1560**	**13368**	**46727**	**50771**	**371813**	**46397**	**47798**
北　京 Beijing	23	285	1276	796	6412	475	514
天　津 Tianjin	22	170	439	239	2643	202	258
河　北 Hebei	109	741	917	1665	10939	1795	1442
山　西 Shanxi	35	336	420	717	4658	835	757
内蒙古 Inner Mongolia	29	251	275	437	3148	466	480
辽　宁 Liaoning	75	690	878	738	8539	961	910
吉　林 Jilin	48	422	613	914	5555	595	593
黑龙江 Heilongjiang	73	759	566	760	6475	867	752
上　海 Shanghai	29	486	2404	1193	10951	410	594
江　苏 Jiangsu	109	1123	4197	3398	31573	3218	3764
浙　江 Zhejiang	62	590	2124	1663	14195	1246	1524
安　徽 Anhui	65	495	2225	2851	19159	2552	2754
福　建 Fujian	66	619	6827	5090	37600	3641	4315
江　西 Jiangxi	54	287	1545	3066	19451	3391	3339
山　东 Shandong	139	1298	1881	2113	16173	2040	1835
河　南 Henan	123	964	1786	2746	19146	3192	2607
湖　北 Hubei	77	577	730	966	7808	1107	1177
湖　南 Hunan	54	404	3136	3450	16725	1510	1511
广　东 Guangdong	67	585	3346	3178	26352	3112	3507
广　西 Guangxi	50	348	1391	2276	15653	2491	2154
海　南 Hainan	4	38	92	206	1738	249	275
重　庆 Chongqing	43	262	2326	2044	15973	1454	1757
四　川 Sichuan	73	509	2131	2726	17354	2477	2637
贵　州 Guizhou	38	261	952	1735	13397	2170	2449
云　南 Yunnan	25	222	2013	2917	18374	2630	2742
西　藏 Tibet	2	9	10	38	254	53	33
陕　西 Shaanxi	29	240	985	992	7344	1070	1061
甘　肃 Gansu	14	148	612	979	7732	1292	1188
青　海 Qinghai	9	74	185	338	2383	385	366
宁　夏 Ningxia	6	63	63	150	1560	234	232
新　疆 Xinjiang	8	112	382	390	2549	277	271

情况(总计)

(Regional Aggregates)

单位:人

Unit:in Person

Enrolment

三年级 Grade 3	四年级 Grade 4	五年级 Grade 5	六年级 Grade 6	七年级 Grade 7	八年级 Grade 8	九年级 Grade 9	十年级及以上 Grade 10
50421	**51623**	**49876**	**43987**	**25424**	**25631**	**23950**	**6706**
724	779	812	937	535	614	688	334
289	409	402	437	172	231	231	12
1515	1619	1609	1298	619	415	336	291
749	672	617	366	266	196	174	26
437	465	468	212	192	225	161	42
915	1164	1023	929	687	887	711	352
608	740	731	705	526	461	403	193
780	786	949	771	490	453	425	202
868	1083	1315	481	1069	1365	1756	2010
4140	4537	4864	5416	1698	1751	1721	464
1863	1918	2022	1788	1148	1259	1288	139
2964	3052	2540	1341	1348	1216	1176	216
4923	5303	5557	5890	2740	2587	2506	138
3260	2801	2401	974	1035	1140	996	114
1780	1937	1801	1936	1435	1381	1197	831
2786	2781	2619	1844	1177	1077	823	240
1101	1114	982	947	494	438	383	65
1565	1338	1301	1265	2577	2912	2564	182
3409	3774	3827	3974	1513	1561	1485	190
2518	2471	2231	1913	585	659	582	49
310	294	188	160	93	82	87	
1968	2176	2367	2494	1236	1205	1213	103
2796	2458	2062	1956	1123	882	792	171
2342	2100	1781	1376	382	427	334	36
2591	2618	2478	2253	1039	1046	955	22
47	59	38	24				
1106	1069	1074	1021	314	348	281	
1209	1241	1083	724	367	328	289	11
413	404	323	136	95	130	88	43
215	244	195	159	157	79	45	
230	217	216	260	312	276	260	230

特殊教育基本

Basic Statistics of Special

	学校数(所) Schools	班数(个) Classes	毕业生数 Graduates	招生数 Entrants	在校学生数		
					合　计 Total	一年级 Grade 1	二年级 Grade 2
合　计 Total	**710**	**7321**	**13444**	**14364**	**106009**	**13044**	**11903**
北　京 Beijing	14	185	765	493	3428	267	248
天　津 Tianjin	13	107	311	144	1535	99	142
河　北 Hebei	37	350	372	534	4146	658	489
山　西 Shanxi	19	210	222	437	2972	474	444
内蒙古 Inner Mongolia	17	169	122	217	1537	252	218
辽　宁 Liaoning	41	389	585	451	4707	484	388
吉　林 Jilin	22	202	340	646	2628	273	235
黑龙江 Heilongjiang	22	240	194	255	2426	316	266
上　海 Shanghai	22	375	1721	810	7391	324	368
江　苏 Jiangsu	42	418	1029	810	6740	633	653
浙　江 Zhejiang	48	458	772	794	6655	755	798
安　徽 Anhui	27	276	392	615	4250	587	501
福　建 Fujian	29	306	790	694	5620	616	674
江　西 Jiangxi	14	130	127	399	2112	344	338
山　东 Shandong	80	828	1122	1181	9361	1108	1052
河　南 Henan	48	451	435	674	5837	874	701
湖　北 Hubei	34	300	324	402	3192	446	456
湖　南 Hunan	20	225	213	516	3099	453	420
广　东 Guangdong	31	419	1302	1081	9031	960	1032
广　西 Guangxi	16	148	192	461	1991	449	249
海　南 Hainan	2	32	21	83	481	84	74
重　庆 Chongqing	10	95	421	350	2120	148	176
四　川 Sichuan	31	224	479	650	3487	602	487
贵　州 Guizhou	14	119	114	278	1563	313	227
云　南 Yunnan	15	173	355	504	3027	450	401
西　藏 Tibet	2	9		16	118	29	16
陕　西 Shaanxi	14	165	326	306	2170	357	292
甘　肃 Gansu	10	116	148	271	1666	284	209
青　海 Qinghai	3	37	30	56	613	92	88
宁　夏 Ningxia	5	60	26	85	755	107	65
新　疆 Xinjiang	8	105	194	151	1351	206	196

情况(城市)

Education (Urban)

单位:人

Unit: in Person

Enrolment

三年级 Grade 3	四年级 Grade 4	五年级 Grade 5	六年级 Grade 6	七年级 Grade 7	八年级 Grade 8	九年级 Grade 9	十年级及以上 Grade 10
12122	**12640**	**12304**	**11654**	**8825**	**8808**	**8769**	**5940**
271	340	359	364	318	390	537	334
144	210	184	238	155	182	169	12
430	514	483	448	337	261	240	286
436	383	375	281	224	177	152	26
213	218	174	133	112	113	66	38
479	523	598	502	434	551	443	305
261	274	279	323	275	261	269	178
270	289	323	280	203	208	176	95
445	613	735	417	636	947	1283	1623
642	725	857	969	564	574	690	433
924	804	818	681	555	565	628	127
592	626	425	465	328	275	251	200
668	704	823	815	392	424	366	138
346	294	211	111	131	121	102	114
912	1024	949	1013	909	896	757	741
709	696	717	608	486	470	356	220
397	397	392	343	249	208	239	65
433	345	297	294	274	224	187	172
960	1112	1193	1288	737	743	816	190
289	238	212	212	86	103	104	49
85	69	41	46	32	31	19	12
239	300	257	322	199	184	196	99
526	514	350	414	227	118	92	157
248	193	185	123	93	85	60	36
387	414	336	326	288	212	194	19
24	36	13					
282	268	265	270	144	158	134	
182	208	187	176	163	132	114	11
99	83	77	52	20	37	23	42
85	125	81	51	146	63	32	
144	101	108	89	108	95	74	230

特殊教育基本
Basic Statistics of Special

	学校数(所) Schools	班数(个) Classes	毕业生数 Graduates	招生数 Entrants	在校学生数		
					合　计 Total	一年级 Grade 1	二年级 Grade 2
合　计 Total	**771**	**5463**	**12914**	**15538**	**98911**	**13402**	**12463**
北　京 Beijing	9	94	374	240	2034	164	167
天　津 Tianjin	9	63	120	80	928	89	95
河　北 Hebei	62	350	328	757	3604	738	533
山　西 Shanxi	12	93	78	169	779	217	144
内蒙古 Inner Mongolia	10	67	78	137	815	127	108
辽　宁 Liaoning	31	274	257	233	2920	368	399
吉　林 Jilin	26	220	221	228	2435	249	291
黑龙江 Heilongjiang	50	497	297	438	3167	480	403
上　海 Shanghai	7	106	637	352	3373	86	220
江　苏 Jiangsu	54	590	733	1037	8606	1175	1147
浙　江 Zhejiang	14	132	1036	687	5560	361	484
安　徽 Anhui	33	198	279	504	3051	489	455
福　建 Fujian	35	280	2082	1775	11013	1074	1114
江　西 Jiangxi	40	157	625	1103	5891	1053	922
山　东 Shandong	57	449	540	765	4956	756	552
河　南 Henan	72	499	602	953	5743	1078	770
湖　北 Hubei	40	256	210	335	2474	387	439
湖　南 Hunan	29	150	1443	1468	5832	428	394
广　东 Guangdong	32	134	753	824	5159	668	703
广　西 Guangxi	33	191	229	551	3146	645	441
海　南 Hainan	2	6	26	64	552	52	87
重　庆 Chongqing	22	126	124	313	1850	333	300
四　川 Sichuan	42	248	601	887	4635	718	684
贵　州 Guizhou	24	139	186	457	2982	557	518
云　南 Yunnan	6	29	349	428	2376	320	328
西　藏 Tibet				4	17	4	2
陕　西 Shaanxi	10	51	420	295	2494	331	371
甘　肃 Gansu	3	22	133	227	1332	272	209
青　海 Qinghai	6	32	81	157	763	149	106
宁　夏 Ningxia	1	3	13	8	187	11	54
新　疆 Xinjiang		7	59	62	237	23	23

情况(县镇)
Education (County City & Towns)

单位:人
Unit: in Person

Enrolment

三年级 Grade 3	四年级 Grade 4	五年级 Grade 5	六年级 Grade 6	七年级 Grade 7	八年级 Grade 8	九年级 Grade 9	十年级及以上 Grade 10
12967	**12976**	**12138**	**10568**	**8316**	**8282**	**7205**	**594**
285	266	299	365	189	179	120	
113	162	197	181	13	36	42	
566	484	493	405	213	117	55	
118	133	97	45	21	3	1	
89	109	143	59	65	64	48	3
310	452	306	322	218	284	214	47
267	385	364	280	250	200	134	15
409	388	352	391	249	209	208	78
416	464	560	64	394	381	434	354
1106	1192	1040	1135	606	614	573	18
633	778	847	796	500	596	553	12
478	473	372	269	170	203	142	
1328	1286	1322	1448	1150	1131	1160	
922	744	627	266	434	470	453	
604	617	567	622	473	397	345	23
864	852	695	584	388	311	181	20
397	378	258	262	169	138	46	
378	330	372	314	1198	1376	1032	10
639	635	654	746	388	389	337	
462	411	354	300	167	187	179	
100	89	45	27	53	42	57	
247	230	241	143	113	119	124	
714	608	450	320	443	345	341	12
476	402	410	242	137	140	100	
264	304	327	297	160	180	195	1
2	2	5	2				
421	424	436	450	23	26	12	
213	204	194	99	47	52	42	
117	124	78	56	40	53	39	1
22	36	15	40	3	3	3	
7	14	18	38	42	37	35	

特殊教育基本

Basic Statistics of Special

	学校数(所) Schools	班数(个) Classes	毕业生数 Graduates	招生数 Entrants	在校学生数		
					合 计 Total	一年级 Grade 1	二年级 Grade 2
合 计 Total	**79**	**584**	**20369**	**20869**	**166893**	**19951**	**23432**
北 京 Beijing		6	137	63	950	44	99
天 津 Tianjin			8	15	180	14	21
河 北 Hebei	10	41	217	374	3189	399	420
山 西 Shanxi	4	33	120	111	907	144	169
内蒙古 Inner Mongolia	2	15	75	83	796	87	154
辽 宁 Liaoning	3	27	36	54	912	109	123
吉 林 Jilin			52	40	492	73	67
黑龙江 Heilongjiang	1	22	75	67	882	71	83
上 海 Shanghai		5	46	31	187		6
江 苏 Jiangsu	13	115	2435	1551	16227	1410	1964
浙 江 Zhejiang			316	182	1980	130	242
安 徽 Anhui	5	21	1554	1732	11858	1476	1798
福 建 Fujian	2	33	3955	2621	20967	1951	2527
江 西 Jiangxi			793	1564	11448	1994	2079
山 东 Shandong	2	21	219	167	1856	176	231
河 南 Henan	3	14	749	1119	7566	1240	1136
湖 北 Hubei	3	21	196	229	2142	274	282
湖 南 Hunan	5	29	1480	1466	7794	629	697
广 东 Guangdong	4	32	1291	1273	12162	1484	1772
广 西 Guangxi	1	9	970	1264	10516	1397	1464
海 南 Hainan			45	59	705	113	114
重 庆 Chongqing	11	41	1781	1381	12003	973	1281
四 川 Sichuan		37	1051	1189	9232	1157	1466
贵 州 Guizhou		3	652	1000	8852	1300	1704
云 南 Yunnan	4	20	1309	1985	12971	1860	2013
西 藏 Tibet			10	18	119	20	15
陕 西 Shaanxi	5	24	239	391	2680	382	398
甘 肃 Gansu	1	10	331	481	4734	736	770
青 海 Qinghai		5	74	125	1007	144	172
宁 夏 Ningxia			24	57	618	116	113
新 疆 Xinjiang			129	177	961	48	52

情况(农村)

Education (Rural)

单位:人

Unit: in Person

Enrolment

三年级 Grade 3	四年级 Grade 4	五年级 Grade 5	六年级 Grade 6	七年级 Grade 7	八年级 Grade 8	九年级 Grade 9	十年级及以上 Grade 10
25332	**26007**	**25434**	**21765**	**8283**	**8541**	**7976**	**172**
168	173	154	208	28	45	31	
32	37	21	18	4	13	20	
519	621	633	445	69	37	41	5
195	156	145	40	21	16	21	
135	138	151	20	15	48	47	1
126	189	119	105	35	52	54	
80	81	88	102	1			
101	109	274	100	38	36	41	29
7	6	20		39	37	39	33
2392	2620	2967	3312	528	563	458	13
306	336	357	311	93	98	107	
1894	1953	1743	607	850	738	783	16
2927	3313	3412	3627	1198	1032	980	
1992	1763	1563	597	470	549	441	
264	296	285	301	53	88	95	67
1213	1233	1207	652	303	296	286	
307	339	332	342	76	92	98	
754	663	632	657	1105	1312	1345	
1810	2027	1980	1940	388	429	332	
1767	1822	1665	1401	332	369	299	
125	136	102	87	8	9	11	
1482	1646	1869	2029	924	902	893	4
1556	1336	1262	1222	453	419	359	2
1618	1505	1186	1011	152	202	174	
1940	1900	1815	1630	591	654	566	2
21	21	20	22				
403	377	373	301	147	164	135	
814	829	702	449	157	144	133	
197	197	168	28	35	40	26	
108	83	99	68	8	13	10	
79	102	90	133	162	144	151	

Number of Female Students

	毕业生数 Graduates	招生数 Entrants	在校学生数 合计 Total	一年级 Grade 1	二年级 Grade 2	三年级 Grade 3
合 计 Total	**16604**	**18018**	**130222**	**16350**	**16753**	**17380**
北 京 Beijing	447	318	2480	192	207	279
天 津 Tianjin	160	65	938	66	82	117
河 北 Hebei	362	648	3926	630	515	537
山 西 Shanxi	158	315	1898	360	310	310
内蒙古 Inner Mongolia	78	176	1106	188	181	143
辽 宁 Liaoning	387	288	3352	342	354	357
吉 林 Jilin	208	345	2076	234	206	245
黑龙江 Heilongjiang	225	307	2605	359	308	326
上 海 Shanghai	959	469	4207	147	216	348
江 苏 Jiangsu	1401	1098	10524	1006	1204	1387
浙 江 Zhejiang	826	600	5322	451	585	685
安 徽 Anhui	773	1011	6498	936	948	993
福 建 Fujian	2477	1757	13657	1274	1546	1798
江 西 Jiangxi	476	926	5553	992	980	882
山 东 Shandong	676	790	5985	736	694	639
河 南 Henan	579	983	6500	1167	894	905
湖 北 Hubei	249	340	2887	395	460	396
湖 南 Hunan	1274	1311	5820	555	524	551
广 东 Guangdong	1087	1037	8256	940	1104	1029
广 西 Guangxi	515	777	5119	834	717	831
海 南 Hainan	26	59	446	75	72	62
重 庆 Chongqing	744	595	6094	544	660	756
四 川 Sichuan	680	968	6099	932	941	985
贵 州 Guizhou	342	680	4827	858	924	824
云 南 Yunnan	771	1112	6677	1001	1054	920
西 藏 Tibet	4	18	95	27	9	14
陕 西 Shaanxi	333	370	2652	383	383	401
甘 肃 Gansu	175	287	2259	404	362	352
青 海 Qinghai	53	141	797	126	126	129
宁 夏 Ningxia	19	64	581	92	87	83
新 疆 Xinjiang	140	163	986	104	100	96

女学生数

in Special Education

单位：人

Unit: in Person

Enrolment

四年级 Grade 4	五年级 Grade 5	六年级 Grade 6	七年级 Grade 7	八年级 Grade 8	九年级 Grade 9	十年级及以上 Grade 10
17828	**17175**	**15248**	**9131**	**9257**	**8513**	**2587**
268	317	370	216	251	245	135
151	123	156	56	92	89	6
584	556	465	228	145	132	134
276	257	143	93	71	71	7
155	152	76	73	72	51	15
457	387	382	286	385	272	130
273	269	261	182	179	131	96
286	383	305	190	180	172	96
447	515	203	412	498	685	736
1497	1619	1780	604	625	607	195
697	763	647	431	496	510	57
1072	858	468	429	375	351	68
1969	2108	2175	977	919	853	38
748	623	296	327	359	319	27
724	621	677	558	510	468	358
919	837	649	416	386	250	77
394	374	352	179	175	139	23
462	452	435	874	1033	871	63
1175	1160	1200	529	529	511	79
805	718	608	190	214	180	22
69	53	30	31	28	26	
839	871	939	474	471	506	34
854	719	641	388	305	276	58
756	588	466	130	149	117	15
893	908	748	387	405	351	10
22	16	7				
398	370	373	121	118	105	
361	297	201	116	86	80	
130	109	47	41	44	33	12
76	69	62	64	31	17	
71	83	86	129	126	95	96

特殊教育学校教职工数(总计)

Number of Teachers, Staff and Workers in Special Education Schools (Regional Aggregates)

单位:人

Unit:in Person

	教职工数 Teachers, Staff & Workers					代课教师 Substitute Teachers	兼任教师 Part-time Teachers
	合计 Total	专任教师 Full-time Teachers	行政人员 Adm. Personnel	教辅人员 Teaching Auxiliary	工勤人员 Workers		
合 计 Total	**41384**	**31058**	**3832**	**2177**	**4317**	**761**	**280**
北 京 Beijing	975	720	107	62	86	19	4
天 津 Tianjin	686	457	119	35	75		
河 北 Hebei	2337	1768	197	129	243	26	12
山 西 Shanxi	951	771	62	30	88	99	15
内蒙古 Inner Mongolia	827	636	71	61	59	2	9
辽 宁 Liaoning	2563	1927	341	103	192	51	19
吉 林 Jilin	1744	1203	294	129	118	14	3
黑龙江 Heilongjiang	2484	1910	230	112	232	6	12
上 海 Shanghai	1597	978	221	153	245	3	9
江 苏 Jiangsu	3379	2521	232	173	453	49	6
浙 江 Zhejiang	1475	1194	99	34	148		23
安 徽 Anhui	1256	963	101	71	121	42	8
福 建 Fujian	1513	1259	93	42	119	79	9
江 西 Jiangxi	631	513	52	24	42	11	5
山 东 Shandong	5153	3622	535	392	604	5	21
河 南 Henan	3166	2506	237	188	235	25	29
湖 北 Hubei	1660	1267	166	88	139	29	11
湖 南 Hunan	1250	958	85	59	148	19	8
广 东 Guangdong	1739	1327	135	69	208	132	7
广 西 Guangxi	776	549	67	32	128	27	4
海 南 Hainan	108	73	10	9	16	6	
重 庆 Chongqing	693	541	66	29	57	17	19
四 川 Sichuan	1343	1068	109	44	122	17	4
贵 州 Guizhou	695	548	59	29	59	29	9
云 南 Yunnan	635	472	38	17	108		7
西 藏 Tibet	22	18	2		2		
陕 西 Shaanxi	658	489	52	16	101	32	21
甘 肃 Gansu	410	296	25	25	64	3	
青 海 Qinghai	155	128	5	6	16	7	3
宁 夏 Ningxia	147	119	9	1	18	3	
新 疆 Xinjiang	356	257	13	15	71	9	3

特殊教育学校女教职工数

Number of Female Teachers, Staff and Workers in Special Education Schools

单位:人

Unit:in Person

	教职工数 Teachers, Staff & Workers					代课教师 Substitute Teachers	兼任教师 Part-time Teachers
	合计 Total	专任教师 Full-time Teachers	行政人员 Adm. Personnel	教辅人员 Teaching Auxiliary	工勤人员 Workers		
合　计 Total	**27751**	**22564**	**1758**	**1358**	**2071**	**502**	**144**
北　京 Beijing	758	591	78	48	41	10	2
天　津 Tianjin	483	360	67	23	33		
河　北 Hebei	1737	1436	88	84	129	19	6
山　西 Shanxi	688	596	32	17	43	80	8
内蒙古 Inner Mongolia	548	463	24	31	30	2	4
辽　宁 Liaoning	1865	1516	210	69	70	28	13
吉　林 Jilin	1199	919	161	78	41	12	2
黑龙江 Heilongjiang	1582	1338	117	64	63		
上　海 Shanghai	1182	794	156	107	125	2	3
江　苏 Jiangsu	2094	1702	83	93	216	40	5
浙　江 Zhejiang	1057	891	42	29	95		14
安　徽 Anhui	773	632	30	45	66	32	1
福　建 Fujian	1122	965	39	32	86	30	5
江　西 Jiangxi	455	386	22	19	28	6	3
山　东 Shandong	2917	2340	156	219	202	4	7
河　南 Henan	2205	1882	99	120	104	20	11
湖　北 Hubei	995	832	56	52	55	23	8
湖　南 Hunan	795	659	19	37	80	12	3
广　东 Guangdong	1223	965	80	56	122	84	7
广　西 Guangxi	608	441	40	26	101	23	3
海　南 Hainan	66	42	6	7	11	5	
重　庆 Chongqing	467	409	22	10	26	13	9
四　川 Sichuan	875	753	48	24	50	9	2
贵　州 Guizhou	502	415	28	21	38	18	6
云　南 Yunnan	429	327	15	14	73		7
西　藏 Tibet	13	11	1		1		
陕　西 Shaanxi	422	352	20	5	45	14	11
甘　肃 Gansu	247	179	11	14	43	1	
青　海 Qinghai	94	78	1	5	10	5	1
宁　夏 Ningxia	99	90	1	1	7	3	
新　疆 Xinjiang	251	200	6	8	37	7	3

特殊教育学校专任教师

Full－time Teachers in Special Education

	合 计 Total	其中女 of Which: Female	按学历分 Brokendown by Educational			
			研究生毕业 Graduate	本科毕业 Under-graduate	专科毕业 Associate Bachelor	高中阶段毕业 High School Graduate
合　计 Total	**31058**	**22564**	**77**	**5061**	**16240**	**9364**
北　京 Beijing	720	591	5	208	349	152
天　津 Tianjin	457	360	0	61	248	133
河　北 Hebei	1768	1436	2	305	1074	385
山　西 Shanxi	771	596	1	105	395	265
内蒙古 Inner Mongolia	636	463	0	122	296	207
辽　宁 Liaoning	1927	1516	10	342	1167	395
吉　林 Jilin	1203	919	9	350	528	314
黑龙江 Heilongjiang	1910	1338	2	269	966	648
上　海 Shanghai	978	794	0	197	479	295
江　苏 Jiangsu	2521	1702	1	293	1339	871
浙　江 Zhejiang	1194	891	0	131	611	431
安　徽 Anhui	963	632	17	149	454	328
福　建 Fujian	1259	965	2	45	594	600
江　西 Jiangxi	513	386	0	52	277	181
山　东 Shandong	3622	2340	6	884	1857	862
河　南 Henan	2506	1882	0	368	1328	783
湖　北 Hubei	1267	832	1	220	663	368
湖　南 Hunan	958	659	0	123	556	272
广　东 Guangdong	1327	965	3	276	687	342
广　西 Guangxi	549	441	0	19	277	245
海　南 Hainan	73	42	0	16	41	16
重　庆 Chongqing	541	409	1	57	327	155
四　川 Sichuan	1068	753	5	125	577	351
贵　州 Guizhou	548	415	1	38	257	240
云　南 Yunnan	472	327	1	88	254	121
西　藏 Tibet	18	11	0	3	6	9
陕　西 Shaanxi	489	352	2	70	253	158
甘　肃 Gansu	296	179	3	35	134	110
青　海 Qinghai	128	78	2	28	66	26
宁　夏 Ningxia	119	90	0	14	68	37
新　疆 Xinjiang	257	200	3	68	112	64

学历、职称情况
Schools Broken Down by Rank and Age

单位:人
Unit:in Person

Attainment	按职称分 Brokendown by Rank					
高中阶段毕业以下 Below High School Graduate	中学高级 Senior Secondary	小学高级 Senior Primary	小学一级 1st Grade Primary	小学二级 2nd Grade Primary	小学三级 3rd Grade Primary	未评职称 Rank Undecided
316	**850**	**13506**	**11722**	**2849**	**159**	**1972**
6	13	340	268	28	0	71
15	17	274	153	4	0	9
2	29	735	729	149	0	126
5	7	335	313	53	2	61
11	16	248	209	108	6	49
13	85	1170	489	104	3	76
2	34	614	409	112	0	34
25	86	971	609	140	6	98
7	4	521	374	23	0	56
17	55	1203	851	228	10	174
21	15	542	381	120	16	120
15	25	382	384	109	0	63
18	3	397	618	198	2	41
3	19	172	175	71	1	75
13	190	1416	1593	267	5	151
27	72	924	1016	282	6	206
15	29	610	452	126	10	40
7	44	459	341	67	12	35
19	4	418	492	159	62	192
8	0	210	187	106	4	42
0	2	24	20	18	0	9
1	4	208	273	33	1	22
10	13	472	471	72	1	39
12	11	153	256	94	3	31
8	10	215	166	54	0	27
0	0	2	5	7	0	4
6	12	163	211	39	4	60
14	17	107	113	38	2	19
6	12	63	37	8	1	7
0	2	58	49	6	0	4
10	20	100	78	26	2	31

特殊教育学

Condition of School Buildings in

	学校占地面积 Areas Occupied	校舍建筑面积 Floor Space	教学及辅助用房 Teaching & Assistant Buildings						
			计 Total	其中 of Which					
				普通教室 classroom	实验室 Laboratory	图书室 Library	微机室 PC-room	专用教室
合　计 Total	**10227228**	**3856823**	**1635608**	**1034273**	**69527**	**61663**	**44107**	**254473**
北　京 Beijing	175021	89334	41269	22502	1256	1782	1502	7794
天　津 Tianjin	102341	55580	29396	18351	336	1217	1070	2739
河　北 Hebei	643604	177831	85209	54300	3606	3822	2545	17229
山　西 Shanxi	213100	86285	25321	16679	230	780	415	4479
内蒙古 Inner Mongolia	228100	59966	25826	18543	810	738	684	3846
辽　宁 Liaoning	513286	183154	85336	43563	5373	3664	2878	15033
吉　林 Jilin	596791	131086	63539	41745	2617	2168	1637	5260
黑龙江 Heilongjiang	570989	146218	74947	41219	4118	3584	2154	13190
上　海 Shanghai	211801	137153	62734	35004	1830	3065	1789	20283
江　苏 Jiangsu	764803	320584	127228	78362	4181	4774	3379	23065
浙　江 Zhejiang	385136	176243	76778	42520	3588	3072	3128	11770
安　徽 Anhui	473087	145509	66445	39994	2191	2593	1770	17185
福　建 Fujian	320513	145493	63159	51672	1390	1660	1337	7100
江　西 Jiangxi	108839	64843	27990	20037	1477	1043	739	2430
山　东 Shandong	1416560	460749	177695	99590	12184	7531	4300	25828
河　南 Henan	579264	203329	86197	62977	3420	3160	2043	10913
湖　北 Hubei	500308	217485	74484	51545	2785	2895	1701	12831
湖　南 Hunan	525568	158927	57662	41328	1252	1636	682	8730
广　东 Guangdong	450760	254366	113543	62264	8275	4248	3201	14781
广　西 Guangxi	161631	78662	39392	26204	1417	1145	1020	6113
海　南 Hainan	58094	13662	4206	2510	50	482	160	350
重　庆 Chongqing	138522	81378	34601	21491	869	750	983	6293
四　川 Sichuan	228123	138100	63297	43924	1824	1582	1880	6336
贵　州 Guizhou	116146	55780	28607	21262	658	693	572	2336
云　南 Yunnan	216791	98410	31238	24039	1415	1164	475	4145
西　藏 Tibet	20904	3718	1022	684				128
陕　西 Shaanxi	140668	64603	28076	20858	1154	860	801	1769
甘　肃 Gansu	116301	32639	12203	9372	621	650	604	452
青　海 Qinghai	81574	18262	7534	6379	162	202	54	736
宁　夏 Ningxia	53211	17916	6749	4642	189	264	225	359
新　疆 Xinjiang	115392	39558	13925	10713	249	439	379	970

校办学条件

Special Education Schools

单位：平方米

Unit：m^2

行政办公用房 Administritive		生活用房 Residential and Welfare	其他用房 Rooms for Other Purposes	校舍面积中 of the Floor Space		图书(册) Books & Magazines in Libraries (Volume)	教学用录像录音带(盘) Tapes for Teaching
计 Total	其中教师办公室 of Which: for Teachers			危房面积 Floor Space of Dilapidated Buildings	当年新增 New Floor Space Added in Current Year		
452133	**276968**	**1155813**	**613269**	**106053**	**109287**	**6058417**	**59465**
9696	4609	21414	16955		4070	119040	3307
11450	5708	7411	7323			45980	997
23824	16012	39835	28963	5612	4141	99206	1463
10779	6835	38903	11282	5315	400	21930	540
8749	6502	20136	5255	5445	1913	20490	160
24719	12704	34572	38527	4363	8073	192865	2113
16415	11506	27827	23305	14854	1692	68221	476
29341	16280	29178	12752	7345	2202	64116	397
16049	9633	21226	37144		92	192948	4685
36696	20698	104689	51971	78	7050	324677	9081
17907	11452	60533	21025	40	25343	155478	3742
12579	8834	51100	15385	6295	5220	122728	1085
18616	8209	47139	16579	1282	1344	79448	1187
4687	3907	20982	11184	628	7396	35391	867
63614	34416	152564	66876	5876	3286	382050	7210
31327	23073	56385	29420	6845	8578	132081	3447
17100	12248	74629	51272	9650	1565	138575	1306
17404	9778	48785	35076	5872	4190	3221265	2012
18832	11847	68517	53474	1561		327492	5714
5426	4076	18756	15088	3057	-2000	63997	1286
953	513	5638	2865			4200	240
6881	4291	34078	5818	4803	4722	27018	514
9864	6592	51093	13846	7729	3819	47562	1313
4954	3616	17404	4815	1200	90	19921	2797
7333	4190	43988	15851	4150	9773	45343	1491
584	264	1932	180		703		10
13027	9963	16593	6907	1400	2559	44409	1328
4805	3258	8777	6854			27158	328
1906	1552	7950	872	321	1000	11838	120
2526	2047	6080	2561	1346	1756	16914	159
4090	2355	17699	3844	986	310	6076	90

幼儿园基本

Basic Statistics of Kindergartens

	园数(所) Kindergartens		班数(个) Classes	
	计 Total	其中少数民族幼儿园 of Which: Minorities	计 Total	其中学前班 of Which: Pre-School
合　计 Total	**117899**	**588**	**757414**	**321633**
北　京 Beijing	1422	10	8087	1365
天　津 Tianjin	1636	6	6584	530
河　北 Hebei	3368	12	40601	24226
山　西 Shanxi	4857		27904	11804
内蒙古 Inner Mongolia	1169	86	12568	7630
辽　宁 Liaoning	6981	92	29560	11323
吉　林 Jilin	2691	78	14445	7143
黑龙江 Heilongjiang	3179	13	19491	9390
上　海 Shanghai	1034	2	8591	
江　苏 Jiangsu	6566	1	42590	8735
浙　江 Zhejiang	11366	4	46490	994
安　徽 Anhui	2496	4	25008	14131
福　建 Fujian	7200	40	27793	6775
江　西 Jiangxi	4370		23666	9899
山　东 Shandong	16453	18	56168	16330
河　南 Henan	3467	18	47770	29983
湖　北 Hubei	2256	3	20034	9521
湖　南 Hunan	2555	66	24338	15430
广　东 Guangdong	10213	1	71997	25637
广　西 Guangxi	3122	3	32037	20262
海　南 Hainan	708	4	4753	2182
重　庆 Chongqing	3408		19809	9463
四　川 Sichuan	7602	33	51552	22263
贵　州 Guizhou	1484	13	17866	11933
云　南 Yunnan	2103	7	25453	15641
西　藏 Tibet	41		239	72
陕　西 Shaanxi	2346	4	21570	13946
甘　肃 Gansu	2377	12	15432	7065
青　海 Qinghai	240	16	3150	2216
宁　夏 Ningxia	212	19	3435	2240
新　疆 Xinjiang	977	23	8433	3504

情况(总计)
(Regional Aggregates)

入园(班)人数(人) Enrolment		在园(班)人数(人) Retained		离园(班)人数(人) Leavers	
计 Total	其中学前班 of Which: Pre-School	计 Total	其中学前班 of Which: Pre-School	计 Total	其中学前班 of Which: Pre-School
13503007	**7540944**	**20894002**	**8882683**	**10597227**	**7024480**
86672	25132	205532	35700	71677	23897
64990	17696	198558	19254	75952	16352
751413	486542	1085313	620929	443351	353013
370603	151827	641386	226788	339161	196961
216767	150898	296382	168514	193281	160787
358325	179271	673088	257528	324423	232210
214053	131383	289838	153463	156573	115457
304094	174631	422998	206061	344382	299249
94213		267903		90623	
609592	139939	1309570	283569	567004	242672
514580	27641	1278472	32776	486193	25816
531467	348615	724196	389870	442238	317568
400939	98425	748156	145726	332131	126517
507222	279961	658093	308585	231953	151455
828940	303556	1461622	427401	663802	338295
1162617	864243	1490207	946740	818283	692611
406781	237930	587973	270780	258163	186051
551222	375103	651089	398331	332054	276873
1267855	715228	2131994	809067	1143651	709268
719224	553667	887791	591151	523438	462857
77985	45752	116820	55251	55872	43025
377174	209578	544759	267933	295635	226053
1017580	532428	1527298	673097	911748	625410
565322	458885	657060	477078	363897	311006
593354	435611	753691	435611	440306	349403
3488	1382	8204	3122	3090	2240
349691	237736	476499	278306	281500	245386
242534	147782	350749	162516	190376	119925
65530	47004	77512	50547	50862	46330
83359	62992	108625	70052	55082	46130
165421	100106	262624	116937	110526	81663

幼儿园基本

Basic Statistics of

	园数(所) Kindergartens		班数(个) Classes	
	计 Total	其中少数民族幼儿园 of Which: Minorities	计 Total	其中学前班 of Which: Pre-School
合　计 Total	**32938**	**110**	**194544**	**32860**
北　京 Beijing	534	5	4454	396
天　津 Tianjin	365	2	2377	350
河　北 Hebei	952	7	6959	1557
山　西 Shanxi	689		4601	763
内蒙古 Inner Mongolia	445	19	3095	920
辽　宁 Liaoning	3043	18	12503	1927
吉　林 Jilin	950	2	4071	1145
黑龙江 Heilongjiang	1240	6	6181	1327
上　海 Shanghai	615	2	4811	
江　苏 Jiangsu	1695		11334	1561
浙　江 Zhejiang	2586		14096	148
安　徽 Anhui	804	1	5281	1044
福　建 Fujian	1382		7101	255
江　西 Jiangxi	685		4197	622
山　东 Shandong	3251	11	16343	3140
河　南 Henan	1196	8	9136	1650
湖　北 Hubei	1226		8383	2003
湖　南 Hunan	994	1	5438	1285
广　东 Guangdong	4329		24736	3259
广　西 Guangxi	669		5414	1448
海　南 Hainan	297		1555	361
重　庆 Chongqing	728		4194	1404
四　川 Sichuan	1455		8622	2107
贵　州 Guizhou	473	1	3096	768
云　南 Yunnan	459	2	3297	505
西　藏 Tibet	26		161	39
陕　西 Shaanxi	687	3	4865	1174
甘　肃 Gansu	450	8	3210	438
青　海 Qinghai	141	6	785	243
宁　夏 Ningxia	86	2	718	160
新　疆 Xinjiang	486	6	3530	861

情况(城市)
Kindergartens (Urban)

入园(班)人数(人) Enrolment		在园(班)人数(人) Retained		离园(班)人数(人) Leavers	
计 Total	其中学前班 of Which: Pre-School	计 Total	其中学前班 of Which: Pre-School	计 Total	其中学前班 of Which: Pre-School
2661464	**791256**	**5534326**	**1089877**	**2139004**	**872581**
45538	8592	119167	11834	37316	8177
28237	12662	69894	12662	27638	11870
107475	39551	203463	52997	65336	28792
77731	17689	136709	26133	55406	20062
56492	30753	98625	36126	49990	33470
108807	24662	279957	50574	95721	50110
56174	23450	83820	31071	38780	23575
64089	24980	131606	36844	82161	60188
45041		141232		47162	
142153	16244	345413	52479	131108	42425
143575	5129	392845	6098	136597	5174
93456	31382	174364	38394	79125	33388
84448	3906	194167	6416	66598	4648
60338	13713	114096	18279	33361	10143
219836	44912	459216	78410	179608	62482
139818	42263	282608	55030	104046	43331
138713	51542	251644	63811	90448	41577
113628	42566	164012	48178	64015	32894
280583	79498	707352	118516	286937	98861
80105	43383	140323	50187	58846	41613
17626	4537	35108	8479	11786	5735
68336	31942	108245	38224	40875	25190
142816	56652	263259	76378	114861	63054
70809	33922	108569	36221	46986	26852
56142	20327	112514	20327	38684	14491
2049	614	5763	2220	2303	1810
76915	28503	148932	44322	54896	35293
47844	14601	92141	17883	32520	10441
19316	8710	25607	10163	7921	6215
13010	4912	26152	6734	10228	5472
60364	29659	117523	34887	47745	25248

幼儿园基本

Basic Statistics of Kindergartens

	园数(所) Kindergartens		班数(个) Classes	
	计 Total	其中少数民族幼儿园 of Which: Minorities	计 Total	其中学前班 of Which: Pre-School
合　计 Total	**30701**	**261**	**170961**	**45739**
北　京 Beijing	431	3	2286	615
天　津 Tianjin	998	4	3339	162
河　北 Hebei	971	1	7392	3602
山　西 Shanxi	561		4087	953
内蒙古 Inner Mongolia	484	54	3310	1318
辽　宁 Liaoning	1270	7	4378	1228
吉　林 Jilin	1270	58	4948	1757
黑龙江 Heilongjiang	1282	2	4453	1454
上　海 Shanghai	392		3548	
江　苏 Jiangsu	909		7582	1142
浙　江 Zhejiang	3944		20218	590
安　徽 Anhui	721	1	4356	1263
福　建 Fujian	1584	1	7175	1044
江　西 Jiangxi	1745		9184	3014
山　东 Shandong	2645	2	10636	2811
河　南 Henan	946	4	7540	2725
湖　北 Hubei	478	2	3023	995
湖　南 Hunan	978	51	5857	2635
广　东 Guangdong	2346		14933	3893
广　西 Guangxi	1422	2	8166	2799
海　南 Hainan	259	4	1431	487
重　庆 Chongqing	660		2967	943
四　川 Sichuan	1724	27	10667	3057
贵　州 Guizhou	711	7	4699	2092
云　南 Yunnan	847	1	5735	1478
西　藏 Tibet	15		64	19
陕　西 Shaanxi	380	1	2768	1082
甘　肃 Gansu	344	4	3031	1084
青　海 Qinghai	76	9	711	418
宁　夏 Ningxia	87	4	872	452
新　疆 Xinjiang	221	12	1605	627

情况(县镇)
(County City & Towns)

入园(班)人数(人) Enrolment		在园(班)人数(人) Retained		离园(班)人数(人) Leavers	
计 Total	其中学前班 of Which: Pre-School	计 Total	其中学前班 of Which: Pre-School	计 Total	其中学前班 of Which: Pre-School
3243902	**1364047**	**5393470**	**1676988**	**2421016**	**1350662**
27366	9694	59884	15764	23527	11924
29449	4571	104208	6062	36779	3869
148775	82340	224827	112105	93861	71880
69507	18710	129470	29400	57342	25924
67378	38302	94248	44015	57726	44952
52663	23740	104160	35219	46594	33485
77155	42430	114799	52172	57849	37907
94807	38923	125520	47202	83779	72112
46506		121110		41167	
121428	18837	271373	44330	105417	36174
240864	17076	584929	20670	223266	16540
97454	44060	144717	50535	70540	34047
105171	14470	218769	28348	94308	30420
204220	91057	266993	102194	86054	48895
179749	63708	314694	94692	136067	72560
194653	97951	281823	117628	123805	85347
74435	33679	110465	41447	47662	34928
165435	91946	202327	100163	90251	71583
293153	130226	490289	154562	233014	134748
180491	96768	259289	109953	121794	89462
25676	12912	41084	16400	18255	13158
60256	28132	93409	34638	44590	28391
221670	101370	368614	134351	197723	129325
151605	100537	186048	104091	97820	73127
118580	51839	196568	51839	88353	44623
1154	483	2156	617	624	267
62493	32836	89409	40913	49338	39995
54276	29731	82335	32764	43095	25747
16352	10130	21243	11601	14290	11903
23681	16582	31626	18169	15594	11861
37500	21007	57084	25144	20532	15508

幼儿园基本

Basic Statistics of

	园数(所) Kindergartens		班数(个) Classes	
	计 Total	其中少数民族幼儿园 of Which: Minorities	计 Total	其中学前班 of Which: Pre-School
合　计 Total	**54260**	**217**	**391909**	**243034**
北　京 Beijing	457	2	1347	354
天　津 Tianjin	273		868	18
河　北 Hebei	1445	4	26250	19067
山　西 Shanxi	3607		19216	10088
内蒙古 Inner Mongolia	240	13	6163	5392
辽　宁 Liaoning	2668	67	12679	8168
吉　林 Jilin	471	18	5426	4241
黑龙江 Heilongjiang	657	5	8857	6609
上　海 Shanghai	27		232	
江　苏 Jiangsu	3962	1	23674	6032
浙　江 Zhejiang	4836	4	12176	256
安　徽 Anhui	971	2	15371	11824
福　建 Fujian	4234	39	13517	5476
江　西 Jiangxi	1940		10285	6263
山　东 Shandong	10557	5	29189	10379
河　南 Henan	1325	6	31094	25608
湖　北 Hubei	552	1	8628	6523
湖　南 Hunan	583	14	13043	11510
广　东 Guangdong	3538	1	32328	18485
广　西 Guangxi	1031	1	18457	16015
海　南 Hainan	152		1767	1334
重　庆 Chongqing	2020		12648	7116
四　川 Sichuan	4423	6	32263	17099
贵　州 Guizhou	300	5	10071	9073
云　南 Yunnan	797	4	16421	13658
西　藏 Tibet			14	14
陕　西 Shaanxi	1279		13937	11690
甘　肃 Gansu	1583		9191	5543
青　海 Qinghai	23	1	1654	1555
宁　夏 Ningxia	39	13	1845	1628
新　疆 Xinjiang	270	5	3298	2016

情况(农村)

Kindergartens (Rural)

入园(班)人数(人) Enrolment		在园(班)人数(人) Retained		离园(班)人数(人) Leavers	
计 Total	其中学前班 of Which: Pre-School	计 Total	其中学前班 of Which: Pre-School	计 Total	其中学前班 of Which: Pre-School
7597641	**5385641**	**9966206**	**6115818**	**6037207**	**4801237**
13768	6846	26481	8102	10834	3796
7304	463	24456	530	11535	613
495163	364651	657023	455827	284154	252341
223365	115428	375207	171255	226413	150975
92897	81843	103509	88373	85565	82365
196855	130869	288971	171735	182108	148615
80724	65503	91219	70220	59944	53975
145198	110728	165872	122015	178442	166949
2666		5561		2294	
346011	104858	692784	186760	330479	164073
130141	5436	300698	6008	126330	4102
340557	273173	405115	300941	292573	250133
211320	80049	335220	110962	171225	91449
242664	175191	277004	188112	112538	92417
429355	194936	687712	254299	348127	203253
828146	724029	925776	774082	590432	563933
193633	152709	225864	165522	120053	109546
272159	240591	284750	249990	177788	172396
694119	505504	934353	535989	623700	475659
458628	413516	488179	431011	342798	331782
34683	28303	40628	30372	25831	24132
248582	149504	343105	195071	210170	172472
653094	374406	895425	462368	599164	433031
342908	324426	362443	336766	219091	211027
418632	363445	444609	363445	313269	290289
285	285	285	285	163	163
210283	176397	238158	193071	177266	170098
140414	103450	176273	111869	114761	83737
29862	28164	30662	28783	28651	28212
46668	41498	50847	45149	29260	28797
67557	49440	88017	56906	42249	40907

幼儿教育中女儿童数

Number of Female Children in Kindergartens

	入园(班)人数(人) Enrolment		在园(班)人数(人) Retained		离园(班)人数(人) Leavers	
	计 Total	其中学前班 of Which: Pre-School	计 Total	其中学前班 of Which: Pre-School	计 Total	其中学前班 of Which: Pre-School
合　计 Total	**6047868**	**3383225**	**9438046**	**3994948**	**4789932**	**3172551**
北　京 Beijing	39245	11299	95417	16062	32401	10562
天　津 Tianjin	29867	8228	92488	8992	35189	7521
河　北 Hebei	335815	218214	491166	280740	202583	162117
山　西 Shanxi	168903	68718	295265	103442	156412	89838
内蒙古 Inner Mongolia	99850	69828	136355	77755	89562	74303
辽　宁 Liaoning	157959	78620	298643	111885	148284	104088
吉　林 Jilin	91709	55059	125659	64785	68617	49868
黑龙江 Heilongjiang	138651	80946	195998	95616	163307	141761
上　海 Shanghai	44067		126982		42167	
江　苏 Jiangsu	268448	59666	588075	125467	250676	107033
浙　江 Zhejiang	237055	12466	590758	14790	217263	11540
安　徽 Anhui	231370	151502	316483	170109	192567	138047
福　建 Fujian	178188	43600	335396	64907	145771	56103
江　西 Jiangxi	213047	118489	278656	130801	99125	65118
山　东 Shandong	374323	134484	670014	191484	302396	151205
河　南 Henan	525615	395064	676352	432468	375176	316991
湖　北 Hubei	177200	103363	257432	117630	112442	80912
湖　南 Hunan	246981	168622	293236	179620	150618	126197
广　东 Guangdong	565174	323980	952048	366829	518059	321258
广　西 Guangxi	318819	248180	393511	264792	233051	207116
海　南 Hainan	31653	18977	47587	22697	22833	17512
重　庆 Chongqing	169690	93203	249215	120739	134354	101672
四　川 Sichuan	460285	239672	697124	304949	414833	282258
贵　州 Guizhou	256692	207904	299233	216673	165956	142015
云　南 Yunnan	273723	200753	349844	200753	203075	160663
西　藏 Tibet	1653	705	3893	1582	1370	1029
陕　西 Shaanxi	155491	105781	213880	124141	124708	109114
甘　肃 Gansu	110799	68233	158845	74478	86451	55691
青　海 Qinghai	30630	21868	36199	23606	23747	21688
宁　夏 Ningxia	38570	29445	50434	32739	25350	21346
新　疆 Xinjiang	76396	46356	121858	54417	51589	37985

幼儿园教职工数(总计)

Number of Teachers,Staff & Workers in Kindergarten (Regional Aggregates)

单位:人

Unit:in Person

	教职工数 Teachers, Staff & Workers					代课教师 Substitute Teachers	兼任教师 Part-time Teachers
	合　计 Total	园　长 Kindergarten Heads	专任教师 Full-time Teachers	保健员 Health Nurses	其　他 Other		
合　计 Total	**1047323**	**103486**	**656083**	**71342**	**216412**	**72804**	**12222**
北　京 Beijing	28326	1606	14208	1391	11121	531	195
天　津 Tianjin	15378	1092	9730	310	4246		
河　北 Hebei	34664	3177	23021	2331	6135	2482	392
山　西 Shanxi	30460	2850	20340	1634	5636	5946	738
内蒙古 Inner Mongolia	16972	1387	10449	1061	4075	918	175
辽　宁 Liaoning	45983	6654	26937	3127	9265	851	407
吉　林 Jilin	18585	2637	11264	1538	3146	1569	163
黑龙江 Heilongjiang	24145	3741	13956	1948	4500	584	269
上　海 Shanghai	25962	1430	15715	1311	7506	1023	159
江　苏 Jiangsu	67545	6563	47980	3262	9740	11607	1238
浙　江 Zhejiang	91772	8565	58732	5183	19292		1355
安　徽 Anhui	21241	2633	15005	1312	2291	2219	568
福　建 Fujian	41870	3666	28846	1963	7395	5911	336
江　西 Jiangxi	28406	3970	18228	2365	3843	645	333
山　东 Shandong	84112	9614	60015	3311	11172	8043	653
河　南 Henan	48889	3933	30909	4168	9879	4304	796
湖　北 Hubei	31335	2867	19202	2585	6681	2148	393
湖　南 Hunan	26395	2771	13780	4398	5446	841	289
广　东 Guangdong	149289	12427	85805	10426	40631	5715	733
广　西 Guangxi	26998	3158	15688	2455	5697	2684	310
海　南 Hainan	8015	891	4466	1016	1642	80	76
重　庆 Chongqing	19801	2359	12351	1677	3414	1842	307
四　川 Sichuan	54547	6291	33997	5104	9155	3467	772
贵　州 Guizhou	15610	1572	9514	1356	3168	1083	279
云　南 Yunnan	26410	2160	16963	1880	5407	1226	228
西　藏 Tibet	616	65	345	55	151	14	12
陕　西 Shaanxi	23269	2108	14299	1614	5248	3516	309
甘　肃 Gansu	15046	1533	9933	725	2855	2165	456
青　海 Qinghai	3518	287	1955	289	987	111	43
宁　夏 Ningxia	4397	269	2838	276	1014	350	79
新　疆 Xinjiang	17767	1210	9612	1271	5674	929	159

幼儿园教职工数(城市)

Number of Teachers, Staff & Workers in Kindergarten(Urban)

单位:人

Unit: in Person

	教职工数 Teachers, Staff & Workers					代课教师 Substitute Teachers	兼任教师 Part-time Teachers
	合计 Total	园长 Kindergarten Heads	专任教师 Full-time Teachers	保健员 Health Nurses	其他 Other		
合 计 Total	**525017**	**43461**	**301566**	**37130**	**142860**	**20508**	**5509**
北 京 Beijing	20185	978	9668	922	8617	297	152
天 津 Tianjin	9013	593	4885	205	3330		
河 北 Hebei	18430	1330	11274	1283	4543	664	162
山 西 Shanxi	14006	919	8129	915	4043	2063	372
内蒙古 Inner Mongolia	9192	620	5220	619	2733	530	108
辽 宁 Liaoning	30744	3941	16734	2238	7831	469	293
吉 林 Jilin	9128	1039	5088	903	2098	504	73
黑龙江 Heilongjiang	13292	1769	7252	1158	3113	460	187
上 海 Shanghai	15887	851	9132	812	5092	366	99
江 苏 Jiangsu	27465	2308	17682	1480	5995	1543	339
浙 江 Zhejiang	35860	2775	21750	2092	9243		353
安 徽 Anhui	11510	1124	7750	753	1883	988	402
福 建 Fujian	18218	1526	10893	1016	4783	1039	181
江 西 Jiangxi	9769	1012	5803	940	2014	118	101
山 东 Shandong	38519	3618	24788	2062	8051	1963	335
河 南 Henan	26342	1738	15080	2212	7312	1556	339
湖 北 Hubei	22157	1925	13027	1608	5597	1148	233
湖 南 Hunan	15383	1344	7449	2616	3974	193	194
广 东 Guangdong	80179	5993	44322	5685	24179	2082	368
广 西 Guangxi	10660	910	5902	771	3077	405	80
海 南 Hainan	4055	398	2201	495	961	27	51
重 庆 Chongqing	8658	875	4766	653	2364	110	110
四 川 Sichuan	21185	1924	11680	1880	5701	558	253
贵 州 Guizhou	7591	661	4042	783	2105	330	126
云 南 Yunnan	9585	651	5788	682	2464	241	86
西 藏 Tibet	463	52	241	41	129	3	12
陕 西 Shaanxi	13522	944	7772	832	3974	1669	148
甘 肃 Gansu	8169	611	4808	437	2313	473	205
青 海 Qinghai	2349	182	1225	224	718	82	33
宁 夏 Ningxia	2572	148	1534	163	727	237	33
新 疆 Xinjiang	10929	702	5681	650	3896	390	81

幼儿园教职工数(县镇)

Number of Teachers, Staff & Workers in Kindergarten (County City & Towns)

单位:人

Unit: in Person

	教职工数 Teachers, Staff & Workers					代课教师 Substitute Teachers	兼任教师 Part-time Teachers
	合计 Total	园长 Kindergarten Heads	专任教师 Full-time Teachers	保健员 Health Nurses	其他 Other		
合计 Total	**308809**	**30990**	**205850**	**22112**	**49857**	**20863**	**3565**
北京 Beijing	6132	444	3479	395	1814	157	40
天津 Tianjin	5215	357	3952	87	819		
河北 Hebei	10058	950	7182	659	1267	880	83
山西 Shanxi	8326	645	6062	494	1125	1089	113
内蒙古 Inner Mongolia	6770	605	4546	402	1217	316	54
辽宁 Liaoning	7568	1307	4767	510	984	96	63
吉林 Jilin	7590	1247	4852	558	933	755	70
黑龙江 Heilongjiang	7856	1358	4793	591	1114	78	66
上海 Shanghai	9357	527	6152	466	2212	640	60
江苏 Jiangsu	14855	1304	10857	753	1941	1544	442
浙江 Zhejiang	38710	3652	25023	2213	7822		736
安徽 Anhui	5837	801	4371	363	302	691	100
福建 Fujian	13755	1371	9990	622	1772	1940	90
江西 Jiangxi	13323	1809	9028	1084	1402	340	158
山东 Shandong	17450	1943	12978	735	1794	2184	95
河南 Henan	13482	1055	9531	1215	1681	1292	174
湖北 Hubei	6036	532	4087	677	740	687	51
湖南 Hunan	8812	1030	5091	1446	1245	399	84
广东 Guangdong	34346	2931	20779	2542	8094	1961	197
广西 Guangxi	13335	1537	8118	1368	2312	1415	177
海南 Hainan	2811	334	1651	332	494	46	21
重庆 Chongqing	4428	552	2885	483	508	207	22
四川 Sichuan	16350	1788	10913	1594	2055	1177	175
贵州 Guizhou	6509	670	4459	485	895	539	105
云南 Yunnan	13095	930	8763	881	2521	526	85
西藏 Tibet	153	13	104	14	22	11	
陕西 Shaanxi	5776	465	4103	415	793	910	101
甘肃 Gansu	4282	376	3241	219	446	590	96
青海 Qinghai	1108	92	684	64	268	27	10
宁夏 Ningxia	1637	104	1177	95	261	104	40
新疆 Xinjiang	3847	261	2232	350	1004	262	57

幼儿园教职工数(农村)

Number of Teachers, Staff & Workers in Kindergarten (Rural)

单位:人

Unit: in Person

	教职工数 Teachers, Staff & Workers					代课教师 Substitute Teachers	兼任教师 Part-time Teachers
	合计 Total	园长 Kindergarten Heads	专任教师 Full-time Teachers	保健员 Health Nurses	其他 Other		
合计 Total	**213497**	**29035**	**148667**	**12100**	**23695**	**31433**	**3148**
北京 Beijing	2009	184	1061	74	690	77	3
天津 Tianjin	1150	142	893	18	97		
河北 Hebei	6176	897	4565	389	325	938	147
山西 Shanxi	8128	1286	6149	225	468	2794	253
内蒙古 Inner Mongolia	1010	162	683	40	125	72	13
辽宁 Liaoning	7671	1406	5436	379	450	286	51
吉林 Jilin	1867	351	1324	77	115	310	20
黑龙江 Heilongjiang	2997	614	1911	199	273	46	16
上海 Shanghai	718	52	431	33	202	17	
江苏 Jiangsu	25225	2951	19441	1029	1804	8520	457
浙江 Zhejiang	17202	2138	11959	878	2227		266
安徽 Anhui	3894	708	2884	196	106	540	66
福建 Fujian	9897	769	7963	325	840	2932	65
江西 Jiangxi	5314	1149	3397	341	427	187	74
山东 Shandong	28143	4053	22249	514	1327	3896	223
河南 Henan	9065	1140	6298	741	886	1456	283
湖北 Hubei	3142	410	2088	300	344	313	109
湖南 Hunan	2200	397	1240	336	227	249	11
广东 Guangdong	34764	3503	20704	2199	8358	1672	168
广西 Guangxi	3003	711	1668	316	308	864	53
海南 Hainan	1149	159	614	189	187	7	4
重庆 Chongqing	6715	932	4700	541	542	1525	175
四川 Sichuan	17012	2579	11404	1630	1399	1732	344
贵州 Guizhou	1510	241	1013	88	168	214	48
云南 Yunnan	3730	579	2412	317	422	459	57
西藏 Tibet							
陕西 Shaanxi	3971	699	2424	367	481	937	60
甘肃 Gansu	2595	546	1884	69	96	1102	155
青海 Qinghai	61	13	46	1	1	2	
宁夏 Ningxia	188	17	127	18	26	9	6
新疆 Xinjiang	2991	247	1699	271	774	277	21

幼儿园女教职工数

Number of Female Teachers, Staff & Workers in Kindergarten

单位:人

Unit: in Person

	教职工数 Teachers, Staff & Workers					代课教师 Substitute Teachers	兼任教师 Part-time Teachers
	合 计 Total	园 长 Kindergarten Heads	专任教师 Full-time Teachers	保健员 Health Nurses	其 他 Other		
合 计 Total	**976782**	**96016**	**644596**	**66974**	**169196**	**67129**	**9543**
北 京 Beijing	26370	1547	14033	1371	9419	471	153
天 津 Tianjin	14047	948	9186	298	3615		
河 北 Hebei	31562	2513	22336	2127	4586	2127	272
山 西 Shanxi	28420	2605	19825	1538	4452	5430	609
内蒙古 Inner Mongolia	15694	1294	10216	1013	3171	749	134
辽 宁 Liaoning	42590	6125	26281	2790	7394	752	315
吉 林 Jilin	17322	2454	11020	1470	2378	1312	120
黑龙江 Heilongjiang	22491	3506	13599	1781	3605	510	235
上 海 Shanghai	25108	1414	15588	1301	6805	964	133
江 苏 Jiangsu	64956	6256	47571	3137	7992	11240	880
浙 江 Zhejiang	86417	8227	58397	4769	15024		1142
安 徽 Anhui	20111	2424	14710	1212	1765	2016	453
福 建 Fujian	40664	3619	28740	1910	6395	5739	277
江 西 Jiangxi	26089	3612	17516	2113	2848	537	245
山 东 Shandong	79443	8883	59042	3071	8447	7514	514
河 南 Henan	44607	3400	30241	3884	7082	3727	659
湖 北 Hubei	28705	2639	18784	2416	4866	2008	315
湖 南 Hunan	24047	2554	13490	4211	3792	732	180
广 东 Guangdong	138093	12008	84975	10044	31066	5331	554
广 西 Guangxi	25305	2995	15340	2303	4667	2506	231
海 南 Hainan	7473	842	4416	987	1228	71	41
重 庆 Chongqing	18466	2181	12121	1536	2628	1775	227
四 川 Sichuan	50241	5879	33266	4668	6428	3117	568
贵 州 Guizhou	14656	1462	9330	1305	2559	981	237
云 南 Yunnan	24537	2004	16541	1746	4246	1128	148
西 藏 Tibet	535	52	327	53	103	13	9
陕 西 Shaanxi	21331	1815	14051	1455	4010	3156	260
甘 肃 Gansu	13732	1120	9599	685	2328	2006	414
青 海 Qinghai	3209	256	1915	283	755	97	39
宁 夏 Ningxia	4033	246	2730	266	791	292	71
新 疆 Xinjiang	16528	1136	9410	1231	4751	828	108

幼儿园园长、专任教师

Breakdown of Kindergarten Heads and Teachers by

	合计 Total	按学历分 Brokendown by Educational Attainment				
		研究生毕业 Graduate	本科毕业 Under-graduate	专科毕业 Associate Bachelor	高中阶段毕业 High School Graduate	高中阶段以下毕业 Below High School Graduate
合　计 Total	**759569**	**996**	**36150**	**308435**	**377079**	**36909**
北　京 Beijing	15814	123	1408	8077	5789	417
天　津 Tianjin	10822	8	551	3934	5909	420
河　北 Hebei	26198	37	1608	14055	9869	629
山　西 Shanxi	23190	59	1296	10939	9705	1191
内蒙古 Inner Mongolia	11836	7	968	5742	4791	328
辽　宁 Liaoning	33591	94	1861	15671	14438	1527
吉　林 Jilin	13901	102	1903	7064	4403	429
黑龙江 Heilongjiang	17697	32	1332	8266	7492	575
上　海 Shanghai	17145	9	1800	11781	3303	252
江　苏 Jiangsu	54543	19	2479	24313	25398	2334
浙　江 Zhejiang	67297	18	1588	19553	42399	3739
安　徽 Anhui	17638	11	809	7696	8524	598
福　建 Fujian	32512	4	555	10134	19972	1847
江　西 Jiangxi	22198	7	788	7498	11861	2044
山　东 Shandong	69629	106	3332	20178	41967	4046
河　南 Henan	34842	29	1867	15669	15793	1484
湖　北 Hubei	22069	29	1573	9574	10199	694
湖　南 Hunan	16551	32	1007	7322	7745	445
广　东 Guangdong	98232	155	2696	36884	52299	6198
广　西 Guangxi	18846	5	536	7283	10226	796
海　南 Hainan	5357	2	205	2001	2967	182
重　庆 Chongqing	14710	8	804	5600	7560	738
四　川 Sichuan	40288	32	1442	13594	22348	2872
贵　州 Guizhou	11086	6	411	4638	5418	613
云　南 Yunnan	19123		863	7487	9729	1044
西　藏 Tibet	410		6	93	240	71
陕　西 Shaanxi	16407	17	789	8284	6797	520
甘　肃 Gansu	11466	9	593	5268	5039	557
青　海 Qinghai	2242	4	104	1254	837	43
宁　夏 Ningxia	3107	3	280	1871	871	82
新　疆 Xinjiang	10822	29	696	6712	3191	194

学历、职称情况(总计)

Educational Attainment and Rank (Regional Aggregates)

单位:人

Unit:in Person

按职称分 Brokendown by Rank					
中学高级 Senior Secondary	小学高级 Senior Primary	小学一级 1st Grade Primary	小学二级 2nd Grade Primary	小学三级 3rd Grade Primary	未评职称 Rank Undecided
4713	**117567**	**161779**	**68381**	**11103**	**396026**
124	3703	4932	1815	189	5051
139	4265	2361	326	20	3711
187	6613	8214	2580	327	8277
91	3866	6991	2663	427	9152
150	3295	3638	1116	183	3454
594	6372	5141	1988	441	19055
247	3550	3396	1056	189	5463
355	3440	3151	1475	313	8963
126	7927	5823	1108	68	2093
120	8391	12587	5042	584	27819
191	4349	8906	5730	682	47439
36	4175	4889	1475	233	6830
88	3201	9324	3225	252	16422
191	2531	3192	1218	540	14526
502	7540	13445	4725	641	42776
279	5746	8072	4763	644	15338
205	5380	5735	2494	484	7771
124	2259	3022	1384	217	9545
180	6773	13312	9217	2472	66278
95	3037	3697	2474	514	9029
23	559	938	509	113	3215
73	1909	3287	1219	193	8029
191	5680	7826	2224	362	24005
48	1626	3151	1206	140	4915
82	4356	5068	2087	143	7387
	48	97	34	9	222
71	2105	3692	1921	363	8255
121	1896	3212	1554	147	4536
9	407	544	238	22	1022
36	738	950	308	48	1027
35	1830	3186	1207	143	4421

幼儿园园长、专任教师

Breakdown of Kindergarten Heads and Teachers

	合计 Total	按学历分 Brokendown by Educational Attainment				
		研究生毕业 Graduate	本科毕业 Under-graduate	专科毕业 Associate Bachelor	高中阶段毕业 High School Graduate	高中阶段以下毕业 Below High School Graduate
合 计 Total	**345027**	**812**	**24625**	**167558**	**142463**	**9569**
北 京 Beijing	10646	110	1069	5555	3747	165
天 津 Tianjin	5478	6	427	2560	2405	80
河 北 Hebei	12604	22	952	7229	4134	267
山 西 Shanxi	9048	48	815	5123	2846	216
内蒙古 Inner Mongolia	5840	7	613	3217	1850	153
辽 宁 Liaoning	20675	83	1527	11097	7500	468
吉 林 Jilin	6127	67	1157	3269	1508	126
黑龙江 Heilongjiang	9021	12	984	4848	3045	132
上 海 Shanghai	9983	3	1114	7046	1749	71
江 苏 Jiangsu	19990	15	1293	10608	7682	392
浙 江 Zhejiang	24525	16	1165	9978	12664	702
安 徽 Anhui	8874	10	474	4283	3843	264
福 建 Fujian	12419	3	379	4490	7296	251
江 西 Jiangxi	6815	4	403	3305	2885	218
山 东 Shandong	28406	93	2533	11920	13057	803
河 南 Henan	16818	21	1209	8438	6825	325
湖 北 Hubei	14952	27	1231	6944	6350	400
湖 南 Hunan	8793	30	803	4365	3454	141
广 东 Guangdong	50315	142	2075	21420	24059	2619
广 西 Guangxi	6812	5	355	3194	3073	185
海 南 Hainan	2599	2	142	1096	1327	32
重 庆 Chongqing	5641	5	515	2437	2456	228
四 川 Sichuan	13604	21	803	5980	6410	390
贵 州 Guizhou	4703	6	267	2300	1958	172
云 南 Yunnan	6439		440	2979	2760	260
西 藏 Tibet	293		4	77	150	62
陕 西 Shaanxi	8716	14	642	4845	3074	141
甘 肃 Gansu	5419	8	471	3016	1737	187
青 海 Qinghai	1407	2	76	774	536	19
宁 夏 Ningxia	1682	3	192	1023	427	37
新 疆 Xinjiang	6383	27	495	4142	1656	63

学历、职称情况(城市)

by Educational Attainment and Rank (Urban)

单位:人

Unit: in Person

按职称分 Brokendown by Rank					
中学高级 Senior Secondary	小学高级 Senior Primary	小学一级 1st Grade Primary	小学二级 2nd Grade Primary	小学三级 3rd Grade Primary	未评职称 Rank Undecided
3120	**63809**	**79404**	**35733**	**6321**	**156640**
111	2730	3463	1526	170	2646
100	2933	1329	220	16	880
134	2880	3286	1273	229	4802
58	1794	2543	1168	164	3321
101	1529	1673	538	135	1864
436	4219	3613	1429	347	10631
135	1418	1375	573	111	2515
220	2175	1824	691	159	3952
80	4953	3445	513	37	955
71	4014	6334	2373	267	6931
165	2731	4854	2994	384	13397
22	2119	2270	883	181	3399
70	1609	2902	1344	156	6338
101	1048	1356	503	183	3624
352	4548	6824	2546	310	13826
159	3206	4053	2332	333	6735
167	3712	3889	1753	317	5114
87	1361	1865	1009	165	4306
121	4179	8048	5186	1529	31252
48	1259	1472	928	180	2925
14	310	370	199	26	1680
38	833	1137	610	100	2923
83	2198	2891	1169	199	7064
14	636	1113	446	77	2417
40	1559	1528	655	58	2599
	32	45	18		198
43	1200	1916	1171	261	4125
90	888	1518	645	95	2183
3	192	246	136	18	812
34	389	499	160	41	559
23	1155	1723	742	73	2667

幼儿园园长、专任教师

Breakdown of Kindergarten Heads and Teachers by

	合 计 Total	按学历分 Brokendown by Educational Attainment				
		研究生毕业 Graduate	本科毕业 Under-graduate	专科毕业 Associate Bachelor	高中阶段毕业 High School Graduate	高中阶段以下毕业 Below High School Graduate
合 计 Total	**236840**	**133**	**8867**	**95408**	**121904**	**10528**
北 京 Beijing	3923	11	280	2056	1418	158
天 津 Tianjin	4309	2	103	1141	2812	251
河 北 Hebei	8132	3	452	4109	3319	249
山 西 Shanxi	6707	4	389	3596	2589	129
内蒙古 Inner Mongolia	5151		321	2206	2482	142
辽 宁 Liaoning	6074	8	229	2574	3035	228
吉 林 Jilin	6099	30	591	2910	2316	252
黑龙江 Heilongjiang	6151	11	243	2449	3141	307
上 海 Shanghai	6679	6	674	4470	1383	146
江 苏 Jiangsu	12161	4	703	6291	4706	457
浙 江 Zhejiang	28675	2	373	7621	19259	1420
安 徽 Anhui	5172	1	284	2294	2440	153
福 建 Fujian	11361		155	4242	6483	481
江 西 Jiangxi	10837	3	343	3501	6150	840
山 东 Shandong	14921	13	590	4387	9220	711
河 南 Henan	10586	7	540	5119	4574	346
湖 北 Hubei	4619	2	253	1807	2388	169
湖 南 Hunan	6121	2	191	2526	3222	180
广 东 Guangdong	23710	6	367	8684	12990	1663
广 西 Guangxi	9655		166	3570	5514	405
海 南 Hainan	1985		50	764	1102	69
重 庆 Chongqing	3437	1	166	1426	1766	78
四 川 Sichuan	12701	10	474	5212	6484	521
贵 州 Guizhou	5129		127	1957	2726	319
云 南 Yunnan	9693		369	3767	5101	456
西 藏 Tibet	117		2	16	90	9
陕 西 Shaanxi	4568	2	103	2343	1980	140
甘 肃 Gansu	3617	1	96	1685	1686	149
青 海 Qinghai	776	2	28	454	270	22
宁 夏 Ningxia	1281		87	764	391	39
新 疆 Xinjiang	2493	2	118	1467	867	39

学历、职称情况(县镇)

Educational Attainment and Rank (County City & Towns)

单位:人

Unit:in Person

按职称分 Brokendown by Rank					
中学高级 Senior Secondary	小学高级 Senior Primary	小学一级 1st Grade Primary	小学二级 2nd Grade Primary	小学三级 3rd Grade Primary	未评职称 Rank Undecided
1218	**41032**	**55602**	**19881**	**3047**	**116060**
11	763	1216	220	17	1696
22	954	796	77	4	2456
36	2371	2456	732	83	2454
18	1513	2634	767	115	1660
45	1530	1695	485	44	1352
85	1302	739	188	44	3716
96	1575	1577	299	50	2502
116	834	955	572	123	3551
46	2823	2216	558	29	1007
39	2542	2759	1198	141	5482
22	1395	3380	2003	245	21630
12	1506	1418	303	20	1913
18	1384	4176	1034	77	4672
44	1313	1600	560	294	7026
124	1864	3389	983	110	8451
68	1981	3048	1399	151	3939
28	1250	1222	538	135	1446
36	827	1024	313	47	3874
45	2133	3608	2224	605	15095
43	1674	1982	1230	273	4453
8	208	397	173	59	1140
23	543	766	191	14	1900
95	2875	3434	522	81	5694
30	874	1681	582	50	1912
41	2484	2924	1068	68	3108
	16	52	16	9	24
24	768	1516	616	81	1563
25	686	1381	548	45	932
6	212	292	99	3	164
1	315	400	137	7	421
11	517	869	246	23	827

幼儿园园长、专任教师学历、

Breakdown of Kindergarten Heads and Teachers by

	合 计 Total	按学历分 Brokendown by Educational Attainment				
		研究生毕业 Graduate	本科毕业 Under-graduate	专科毕业 Associate Bachelor	高中阶段毕业 High School Graduate	高中阶段以下毕业 Below High School Graduate
合 计 Total	**177702**	**51**	**2658**	**45469**	**112712**	**16812**
北 京 Beijing	1245	2	59	466	624	94
天 津 Tianjin	1035		21	233	692	89
河 北 Hebei	5462	12	204	2717	2416	113
山 西 Shanxi	7435	7	92	2220	4270	846
内蒙古 Inner Mongolia	845		34	319	459	33
辽 宁 Liaoning	6842	3	105	2000	3903	831
吉 林 Jilin	1675	5	155	885	579	51
黑龙江 Heilongjiang	2525	9	105	969	1306	136
上 海 Shanghai	483		12	265	171	35
江 苏 Jiangsu	22392		483	7414	13010	1485
浙 江 Zhejiang	14097		50	1954	10476	1617
安 徽 Anhui	3592		51	1119	2241	181
福 建 Fujian	8732	1	21	1402	6193	1115
江 西 Jiangxi	4546		42	692	2826	986
山 东 Shandong	26302		209	3871	19690	2532
河 南 Henan	7438	1	118	2112	4394	813
湖 北 Hubei	2498		89	823	1461	125
湖 南 Hunan	1637		13	431	1069	124
广 东 Guangdong	24207	7	254	6780	15250	1916
广 西 Guangxi	2379		15	519	1639	206
海 南 Hainan	773		13	141	538	81
重 庆 Chongqing	5632	2	123	1737	3338	432
四 川 Sichuan	13983	1	165	2402	9454	1961
贵 州 Guizhou	1254		17	381	734	122
云 南 Yunnan	2991		54	741	1868	328
西 藏 Tibet						
陕 西 Shaanxi	3123	1	44	1096	1743	239
甘 肃 Gansu	2430		26	567	1616	221
青 海 Qinghai	59			26	31	2
宁 夏 Ningxia	144		1	84	53	6
新 疆 Xinjiang	1946		83	1103	668	92

职称情况(农村)
Educational Attainment and Rank (Rural)

单位:人

Unit:in Person

按职称分 Brokendown by Rank					
中学高级 Senior Secondary	小学高级 Senior Primary	小学一级 1st Grade Primary	小学二级 2nd Grade Primary	小学三级 3rd Grade Primary	未评职称 Rank Undecided
375	**12726**	**26773**	**12767**	**1735**	**123326**
2	210	253	69	2	709
17	378	236	29		375
17	1362	2472	575	15	1021
15	559	1814	728	148	4171
4	236	270	93	4	238
73	851	789	371	50	4708
16	557	444	184	28	446
19	431	372	212	31	1460
	151	162	37	2	131
10	1835	3494	1471	176	15406
4	223	672	733	53	12412
2	550	1201	289	32	1518
	208	2246	847	19	5412
46	170	236	155	63	3876
26	1128	3232	1196	221	20499
52	559	971	1032	160	4664
10	418	624	203	32	1211
1	71	133	62	5	1365
14	461	1656	1807	338	19931
4	104	243	316	61	1651
1	41	171	137	28	395
12	533	1384	418	79	3206
13	607	1501	533	82	11247
4	116	357	178	13	586
1	313	616	364	17	1680
4	137	260	134	21	2567
6	322	313	361	7	1421
	3	6	3	1	46
1	34	51	11		47
1	158	594	219	47	927

幼儿园校舍及

Statistics of Kindergarten Buildings

	学校占地面积 Areas Occupied	校舍建筑面积 Floor Space	教学及辅助用房 Teaching & Assistant Buildings				
			计 Total	其中 of Which			
				活动室 Recreational	睡眠室 Bedroom	保健室 Health Care	图书室 Picture Books
合　计 Total	**156301473**	**78217399**	**51354630**	**30073274**	**13357657**	**1649343**	**1734224**
北　京 Beijing	3587698	1897397	1038125	555229	361571	26102	27375
天　津 Tianjin	1766192	778993	542683	315513	116022	13456	9949
河　北 Hebei	6675758	2244222	1471848	859248	391327	63296	61281
山　西 Shanxi	5554897	2209563	1444851	956987	267309	54687	62228
内蒙古 Inner Mongolia	2816645	999483	615608	333208	171638	17603	22677
辽　宁 Liaoning	6186860	2738591	1879395	991380	575897	78948	68502
吉　林 Jilin	2728067	1093379	715219	365687	223349	27545	27001
黑龙江 Heilongjiang	3457200	1501154	1004442	544753	310374	41823	36604
上　海 Shanghai	3585403	2252397	1249365	754763	253882	32145	29266
江　苏 Jiangsu	14205518	6355989	4225296	2560508	978144	108837	135030
浙　江 Zhejiang	11602630	6936475	4667031	2727579	1380116	118614	134938
安　徽 Anhui	3510578	1472046	1022580	651935	206396	36118	35979
福　建 Fujian	4704533	2981528	2003229	1312922	378501	45716	45664
江　西 Jiangxi	3067785	1889400	1329765	768201	350648	51994	51900
山　东 Shandong	22706324	6689439	4400689	2884087	885291	126438	159336
河　南 Henan	6732188	3294327	2221849	1188354	616175	82943	82188
湖　北 Hubei	4307624	2532222	1663758	902803	505443	68239	54126
湖　南 Hunan	3523240	2037625	1385992	725015	434690	70354	60396
广　东 Guangdong	16910884	12816788	8151096	4838434	2145385	230628	293644
广　西 Guangxi	3117207	2047577	1376521	777196	404429	49098	38045
海　南 Hainan	1020848	557288	361752	209606	104384	17674	16965
重　庆 Chongqing	2683613	1584557	1054564	593836	238020	44098	39167
四　川 Sichuan	6805575	4052872	2763368	1569991	675638	98495	90622
贵　州 Guizhou	1620164	953307	659982	373142	187445	24267	24118
云　南 Yunnan	3358675	1957021	1246290	681633	391904	35258	34582
西　藏 Tibet	191510	70476	37844	18250	14083	1630	426
陕　西 Shaanxi	2836917	1487772	1021260	574341	286470	31715	36815
甘　肃 Gansu	2947835	1089484	741237	475012	143584	22489	26101
青　海 Qinghai	518786	204798	127112	73640	38358	3065	2451
宁　夏 Ningxia	557243	269896	175762	92182	60115	5687	4565
新　疆 Xinjiang	3013076	1221333	756117	397839	261069	20381	22283

其他情况(总计)

and Others (Regional Aggregates)

单位:平方米

Unit:m^2

行政办公用房 Administritive 计 Total	行政办公用房 Administritive 其中教师办公室 of Which: Office	生活用房 Residential and Welfare	其他用房 For other Purposes	校舍面积中 of Floor Space: 危房面积 Floor Space of Dilapidated Buildings	校舍面积中 of Floor Space: 当年新增 New Floor Space Added in Current Year	幼儿园中户外活动场 Areas for Out-door Activities	图书(册) Picture Books	教学用录像录音带(盒) Tapes for Teaching
6607247	**4014810**	**8789468**	**11466054**	**306508**	**1898843**	**66022916**	**61632129**	**7590467**
183119	70805	273109	403044	2500	18528	1523565	1516479	236948
68575	43462	67383	100352		4106	908009	591802	85555
237727	155747	205455	329192	12513	55656	3213169	2116819	184773
296871	210623	214971	252870	13986	36809	2466446	2419519	213455
110244	63009	115821	157810	21852	33964	1156097	601009	79093
201411	109827	292722	365063	3235	55038	2993022	2339715	314244
100745	56509	115425	161990	5313	14642	1137375	751779	99978
126551	59550	159247	210914	5259	13439	1395100	786661	125240
185217	81388	320993	496822		83673	995668	1300417	98191
538940	321426	655399	936354		212231	5451328	6006451	511723
523422	323207	783024	962998	471	184974	5542233	9561114	808076
146497	93535	158575	144394	23477	24551	1338302	1114456	153273
230592	153485	326816	420891	12869	45385	2157374	1238423	242935
145670	89286	195222	218743	7066	37414	1092149	1021399	165339
709223	515738	548422	1031105	15319	134695	11714998	5494756	599553
360228	217638	316934	395316	13844	101205	2722101	2499406	331351
199370	104423	359075	310019	12760	32948	1528512	1394258	197643
159813	93225	227863	263957	4032	47084	1162191	1634103	211040
773508	442395	1463000	2429184	10447	152972	7472412	8769399	1518300
126585	75947	290998	253473	19565	82531	1283662	935309	181494
42275	26127	82284	70977	3643	8539	436707	304589	62458
166751	109789	187787	175455	8169	17528	1139331	1062189	147977
292232	179149	550608	446664	17197	91227	2683008	3000488	358036
73290	45832	105731	114304	8822	33126	440140	663142	79981
147088	79547	310423	253220	23204	268819	1159816	1134405	174377
3271	2431	12124	17237		7277	20465	17735	1874
177968	115327	152376	136168	6289	35765	699698	1294983	170399
125958	90232	98592	123697	23976	22306	509681	1120865	113238
18195	8838	28416	31075	4014	2590	181191	119155	13185
25318	16087	27525	41291	7013	10865	227281	214691	22155
110593	60226	143148	211475	19673	28956	1271885	606613	88583

幼儿园校舍及

Statistics of Kindergarten

	学校占地面积 Areas Occupied	校舍建筑面积 Floor Space	教学及辅助用房 Teaching & Assistant Buildings				
			计 Total	其中 of Which			
				活动室 Recreational	睡眠室 Bedroom	保健室 Health Care	图书室 Picture Books
合 计 Total	**59026923**	**36884115**	**23633244**	**13313039**	**7064240**	**651488**	**709858**
北 京 Beijing	2145128	1309737	704668	365624	257057	18210	18512
天 津 Tianjin	733130	468491	302295	151108	83805	5038	5501
河 北 Hebei	2475919	1174350	769062	420596	252919	25313	22532
山 西 Shanxi	1631815	915604	569368	304025	178270	19214	20824
内蒙古 Inner Mongolia	1121939	545423	327071	167481	108014	8516	10888
辽 宁 Liaoning	3322885	1833883	1195216	614668	384082	46282	36226
吉 林 Jilin	1117153	556799	342142	166899	115096	12541	13482
黑龙江 Heilongjiang	1641619	905083	558221	296558	174413	23907	20068
上 海 Shanghai	1777502	1243931	676526	413516	126324	17737	13976
江 苏 Jiangsu	3760357	2256446	1473972	899865	384813	32457	38485
浙 江 Zhejiang	3569323	2565876	1695518	987313	522924	35538	43872
安 徽 Anhui	1404320	788323	534888	321394	147861	16385	17959
福 建 Fujian	1733891	1359612	895857	542483	228695	18131	18354
江 西 Jiangxi	951152	679399	466512	262077	150133	13987	17561
山 东 Shandong	6393340	2866508	1840136	1055199	533184	52370	64097
河 南 Henan	3117406	1808016	1190242	617667	394641	29809	33247
湖 北 Hubei	2435010	1627638	1064085	590187	337705	29925	31062
湖 南 Hunan	1840830	1087668	734373	390384	238627	31511	30159
广 东 Guangdong	7472278	6217366	3922312	2363567	1013074	97799	127107
广 西 Guangxi	1073110	753669	488465	283990	155294	12234	11496
海 南 Hainan	368003	267417	174868	100208	57496	6053	7619
重 庆 Chongqing	737863	549064	369428	197246	117980	9775	10752
四 川 Sichuan	2060484	1489041	980882	527134	315150	30764	30732
贵 州 Guizhou	671755	453266	313709	175417	101372	10129	9671
云 南 Yunnan	1004597	720996	450259	257546	149925	9018	9644
西 藏 Tibet	123743	41967	22394	11660	6819	911	336
陕 西 Shaanxi	1414046	861885	595126	321335	196498	13229	16714
甘 肃 Gansu	914209	518129	349341	186313	108874	9591	12161
青 海 Qinghai	261651	128868	84647	45034	28708	1803	1492
宁 夏 Ningxia	286538	151460	95703	49975	34911	2964	2446
新 疆 Xinjiang	1465927	738200	445958	226570	159576	10347	12883

其他情况(城市)

Buildings and Others(Urban)

单位:平方米

Unit: m^2

行政办公用房 Administritive		生活用房 Residential and Welfare	其他用房 For other Purposes	校舍面积中 of Floor Space:		幼儿园中户外活动场 Areas for Out-door Activities	图书(册) Picture Books	教学用录像录音带(盒) Tapes for Teaching
计 Total	其中教师办公室 of Which: Office			危房面积 Floor Space of Dilapidated Buildings	当年新增 New Floor Space Added in Current Year			
2892650	**1448227**	**4241382**	**6116839**	**84314**	**811844**	**25260111**	**27769764**	**4008074**
124109	43391	197901	283059	872	6840	867224	1051207	180066
40765	19014	48918	76513		3278	321303	275359	52398
108033	60204	114386	182869	3854	20705	1289197	854408	95342
96848	46325	119068	130320	3462	10957	652608	737911	87364
60707	29751	64734	92911	7536	15427	492442	376338	47725
127884	60783	213402	297381	2315	44508	1504032	1410461	215798
51336	21098	67766	95555	450	4139	446454	387621	44371
77107	30057	110179	159576		4767	735035	481774	73599
103009	43447	165263	299133		30452	516540	589054	54142
167483	84990	246446	368545		90643	1540982	2093144	236089
183878	102782	288976	397504	241	79395	1563919	2676342	306448
75340	37526	83900	94195	7058	12526	565709	577477	86847
92979	50477	152722	218054	4773	21898	797284	612772	143566
49273	24112	57184	106430	2524	15923	381525	439769	64897
252196	141086	270971	503205	4190	63057	3213324	2698013	313732
173684	86717	179624	264466	4736	73156	1489526	1374523	186886
130856	60176	217841	214856	4232	23407	1001623	946475	143256
84863	43541	109149	159283	2159	15558	628340	886458	120194
375496	201373	684580	1234978	1973	47763	3279322	4504608	876391
47874	22975	107764	109566	7015	13827	514809	417353	86337
20005	12860	39069	33475	1162	1944	155193	163789	34359
40808	20307	61489	77339	4185	7631	294367	395998	69026
111332	54153	194445	202382	2400	32736	865950	1072400	137136
31054	17012	47935	60568	126	12029	219700	398592	44041
52373	24693	118853	99511	3425	112660	389460	452109	72397
2171	1456	6133	11269		5144	19802	14606	1335
79528	40665	100484	86747	3225	12490	402686	745820	99113
45596	23337	50283	72909	3876	5237	235420	544236	55798
9323	5013	15433	19465	2125	1868	85904	103408	9705
13266	7108	16194	26297	2067	3231	114937	106436	12555
63474	31798	90290	138478	4333	18648	675494	381303	57161

幼儿园校舍及

Statistics of Kindergarten Buildings

	学校占地面积 Areas Occupied	校舍建筑面积 Floor Space	教学及辅助用房 Teaching & Assistant Buildings				
			计 Total	其中 of Which			
				活动室 Recreational	睡眠室 Bedroom	保健室 Health Care	图书室 Picture Books
合 计 Total	**44170919**	**22698744**	**15100072**	**8824174**	**3885928**	**513136**	**494260**
北 京 Beijing	955894	436337	246838	135490	82361	6010	6542
天 津 Tianjin	783518	250556	196827	133794	27855	6779	3046
河 北 Hebei	1609927	561218	371085	215787	97357	14862	16890
山 西 Shanxi	1061052	504908	325579	233259	52638	11331	12034
内蒙古 Inner Mongolia	1270841	381688	237882	134282	56750	7275	9328
辽 宁 Liaoning	919763	403721	303958	167221	91918	14087	13729
吉 林 Jilin	1095690	418512	291483	154705	86455	10266	8748
黑龙江 Heilongjiang	918105	395188	291540	163208	88751	11776	11145
上 海 Shanghai	1668110	956140	539309	320552	120531	13431	13206
江 苏 Jiangsu	2473569	1310440	864435	512267	211765	20153	28155
浙 江 Zhejiang	5122331	2951265	1975002	1147729	590732	49860	55942
安 徽 Anhui	982061	399787	287033	195926	40183	10594	9640
福 建 Fujian	1514142	930512	624975	415311	98843	14739	14303
江 西 Jiangxi	1386408	825036	587449	331595	156662	25368	22267
山 东 Shandong	5385441	1406229	913660	585242	171188	28539	33440
河 南 Henan	1787112	877621	625138	351162	145419	28635	26183
湖 北 Hubei	980637	596328	394934	207611	118342	25592	14089
湖 南 Hunan	1182399	726707	507333	264234	157924	27777	20870
广 东 Guangdong	3821461	3124625	2045845	1203372	564799	61607	71436
广 西 Guangxi	1571857	1036835	708134	388666	204407	25913	18821
海 南 Hainan	378595	193195	130663	78327	32899	7576	5987
重 庆 Chongqing	580410	395348	232830	121952	56393	12427	9679
四 川 Sichuan	2036885	1284713	864310	490285	197481	29925	23625
贵 州 Guizhou	708115	398168	276334	157630	71884	11294	11429
云 南 Yunnan	1629270	915735	594493	314350	192503	16607	15195
西 藏 Tibet	67767	28509	15450	6590	7264	719	90
陕 西 Shaanxi	527097	302387	205107	116715	55068	8007	7102
甘 肃 Gansu	618481	271334	179975	127667	24695	4565	4484
青 海 Qinghai	240114	72228	40042	27231	9173	1083	867
宁 夏 Ningxia	224005	103113	68882	36853	23126	2016	1795
新 疆 Xinjiang	669862	240361	153547	85161	50562	4323	4193

其他情况(县镇)

and Others (County City & Towns)

单位:平方米

Unit: m^2

行政办公用房 Administritive		生活用房 Residential and Welfare	其他用房 For other Purposes	校舍面积中 of Floor Space:		幼儿园中户外活动场 Areas for Out-door Activities	图书(册) Picture Books	教学用录像录音带(盒) Tapes for Teaching
计 Total	其中教师办公室 of Which: Office			危房面积 Floor Space of Dilapidated Buildings	当年新增 New Floor Space Added in Current Year			
1922332	**1219079**	**2660762**	**3015578**	**145233**	**684926**	**18220080**	**16766046**	**1999946**
44230	18369	57558	87711	1284	3888	424529	355377	41025
21594	18576	14876	17259		573	425089	256465	29375
65309	41277	55677	69147	6743	24730	734658	591811	58278
74652	51945	48785	55892	6431	14536	446569	592120	53261
41539	26738	43587	58680	12425	16812	482214	178432	25978
29690	18878	37123	32950	80	8088	428693	340656	47618
36946	26238	35460	54623	4591	9497	456952	263270	43479
34680	20706	32393	36575	2134	6699	361703	223595	38795
77662	35828	148203	190966		53221	432233	671961	39931
103560	57637	137933	204512		35500	873168	1316290	104446
228684	138917	333482	414097	90	87252	2646093	2806728	340743
38403	28626	42008	32343	7535	8510	377682	323537	40182
75976	52023	103349	126212	4804	11165	730350	382795	58875
62090	40365	96439	79058	3902	15286	470665	441695	69635
153090	112188	117381	222098	5751	39299	2683627	1116317	108833
103818	67568	75841	72824	6397	14794	658650	720766	86527
41285	25227	96632	63477	6186	6233	262880	285227	35700
53349	32867	87857	78168	1706	29291	405845	594156	70496
181581	108186	365435	531764	4575	50983	1711344	2062324	286414
59367	39246	152741	116593	9037	45636	617326	441238	75541
12680	8652	29462	20390	1435	4781	170685	104651	20686
72547	50415	52117	37854	168	2950	311633	205336	31113
84060	53172	202071	134272	10116	36873	801876	962060	107140
32900	21812	47646	41288	7264	16767	162426	224532	28487
66692	36352	140158	114392	15942	106068	515315	506708	77149
1100	975	5991	5968		2133	663	3129	539
45745	33583	26476	25059	3034	7594	133043	274474	29279
34430	26507	24608	32321	7761	9689	82805	312121	24160
8318	3469	12494	11374	1889	687	91491	14422	2982
10656	7689	9893	13682	4946	7554	97957	105432	9050
25699	15048	27086	34029	9007	7837	221916	88421	14229

幼儿园校舍及

Statistics of Kindergarten

	学校占地面积 Areas Occupied	校舍建筑面积 Floor Space	教学及辅助用房 Teaching & Assistant Buildings				
			计 Total	其中 of Which			
				活动室 Recreational	睡眠室 Bedroom	保健室 Health Care	图书室 Picture Books
合 计 Total	**53103631**	**18634540**	**12621314**	**7936061**	**2407489**	**484719**	**530106**
北 京 Beijing	486676	151323	86619	54115	22153	1882	2321
天 津 Tianjin	249544	59946	43561	30611	4362	1639	1402
河 北 Hebei	2589912	508654	331701	222865	41051	23121	21859
山 西 Shanxi	2862030	789051	549904	419703	36401	24142	29370
内蒙古 Inner Mongolia	423865	72372	50655	31445	6874	1812	2461
辽 宁 Liaoning	1944212	500987	380221	209491	99897	18579	18547
吉 林 Jilin	515224	118068	81594	44083	21798	4738	4771
黑龙江 Heilongjiang	897476	200883	154681	84987	47210	6140	5391
上 海 Shanghai	139791	52326	33530	20695	7027	977	2084
江 苏 Jiangsu	7971592	2789103	1886889	1148376	381566	56227	68390
浙 江 Zhejiang	2910976	1419334	996511	592537	266460	33216	35124
安 徽 Anhui	1124197	283936	200659	134615	18352	9139	8380
福 建 Fujian	1456500	691404	482397	355128	50963	12846	13007
江 西 Jiangxi	730225	384965	275804	174529	43853	12639	12072
山 东 Shandong	10927543	2416702	1646893	1243646	180919	45529	61799
河 南 Henan	1827670	608690	406469	219525	76115	24499	22758
湖 北 Hubei	891977	308256	204739	105005	49396	12722	8975
湖 南 Hunan	500011	223250	144286	70397	38139	11066	9367
广 东 Guangdong	5617145	3474797	2182939	1271495	567512	71222	95101
广 西 Guangxi	472240	257073	179922	104540	44728	10951	7728
海 南 Hainan	274250	96676	56221	31071	13989	4045	3359
重 庆 Chongqing	1365340	640145	452306	274638	63647	21896	18736
四 川 Sichuan	2708206	1279118	918176	552572	163007	37806	36265
贵 州 Guizhou	240294	101873	69939	40095	14189	2844	3018
云 南 Yunnan	724808	320290	201538	109737	49476	9633	9743
西 藏 Tibet							
陕 西 Shaanxi	895774	323500	221027	136291	34904	10479	12999
甘 肃 Gansu	1415145	300021	211921	161032	10015	8333	9456
青 海 Qinghai	17021	3702	2423	1375	477	179	92
宁 夏 Ningxia	46700	15323	11177	5354	2078	707	324
新 疆 Xinjiang	877287	242772	156612	86108	50931	5711	5207

其他情况(农村)
Buildings and Others (Rural)

单位:平方米
Unit:m^2

行政办公用房 Administritive		生活用房 Residential and Welfare	其他用房 For other Purposes	校舍面积中 of Floor Space:		幼儿园中户外活动场 Areas for Out-door Activities	图书(册) Picture Books	教学用录像录音带(盒) Tapes for Teaching
计 Total	其中教师办公室 of Which: Office			危房面积 Floor Space of Dilapidated Buildings	当年新增 New Floor Space Added in Current Year			
1792265	**1347504**	**1887324**	**2333637**	**76961**	**402073**	**22542725**	**17096319**	**1582447**
14780	9045	17650	32274	344	7800	231812	109895	15857
6216	5872	3589	6580		255	161617	59978	3782
64385	54266	35392	77176	1916	10221	1189314	670600	31153
125371	112353	47118	66658	4093	11316	1367269	1089488	72830
7998	6520	7500	6219	1891	1725	181441	46239	5390
43837	30166	42197	34732	840	2442	1060297	588598	50828
12463	9173	12199	11812	272	1006	233969	100888	12128
14764	8787	16675	14763	3125	1973	298362	81292	12846
4546	2113	7527	6723			46895	39402	4118
267897	178799	271020	363297		86088	3037178	2597017	171188
110860	81508	160566	151397	140	18327	1332221	4078044	160885
32754	27383	32667	17856	8884	3515	394911	213442	26244
61637	50985	70745	76625	3292	12322	629740	242856	40494
34307	24809	41599	33255	640	6205	239959	139935	30807
303937	262464	160070	305802	5378	32339	5818047	1680426	176988
82726	63353	61469	58026	2711	13255	573925	404117	57938
27229	19020	44602	31686	2342	3308	264009	162556	18687
21601	16817	30857	26506	167	2235	128006	153489	20350
216431	132836	412985	662442	3899	54226	2481746	2202467	355495
19344	13726	30493	27314	3513	23068	151527	76718	19616
9590	4615	13753	17112	1046	1814	110829	36149	7413
53396	39067	74181	60262	3816	6947	533331	460855	47838
96840	71824	154092	110010	4681	21618	1015182	966028	113760
9336	7008	10150	12448	1432	4330	58014	40018	7453
28023	18502	51412	39317	3837	50091	255041	175588	24831
52695	41079	25416	24362	30	15681	163969	274689	42007
45932	40388	23701	18467	12339	7380	191456	264508	33280
554	356	489	236		35	3796	1325	498
1396	1290	1438	1312		80	14387	2823	550
21420	13380	25772	38968	6333	2471	374475	136889	17193

第二部分
Part Ⅱ

办 学 条 件
PHYSICAL FACILITIES

一、教育经费
Public Expenditure on Education

全国教育经费来源和支出情况

Sources of Educational Fund and Expenditure for Education

单位：万元

Unit: in 10,000 Yuan

年份 Year	合　计 Total	国家财政性教育经费 Government Appropriation for Education	预算内教育经费 Budgetary	社会团体和公民个人办学经费 Funds of Social Organizations and Citizens for Running Schools	社会捐资和集资办学经费 Donations and Fund-Raising for Running Schools	学费和杂费 Tuition and Miscellanecous Fee	其他教育经费 Other Educational Funds
1991	7315028.2	6178286.0	4597308.1		628209.7	323475.6	185056.9
1992	8670490.5	7287505.8	5387381.7		696285.2	439319.3	247380.2
1993	10599374.4	8677618.3	6443914.0	33322.7	701856.1	871476.9	315100.4
1994	14887812.6	11747395.6	8839794.7	107795.2	974487.1	1469228.1	588906.6
1995	18779501.1	14115233.3	10283930.0	203671.5	1628414.0	2012422.5	819759.8
1996	22623393.5	16717045.5	12119133.6	261998.9	1884189.5	2610391.2	1149798.4
1997	25317325.7	18625416.3	13577262.1	301746.4	1706587.6	3260792.0	1422783.4
1998	29490592.0	20324526.0	15655917.0	480314.0	1418537.0	3697474.0	3569741.0
1999	33490416.4	22871756.1	18157597.3	628957.1	1258694.2	4636107.9	4094901.1
2000	38490805.8	25626055.7	20856792.0	858537.2	1139556.9	5948304.3	4918351.7
2001	46376626.2	30570099.5	25823761.9	1280895.2	1128851.8	7456013.5	5940766.2
2002	54800277.6	34914047.5	31142383.3	1725548.7	1272791.0	9227791.7	7660098.7
2003	62082653.0	38506236.6	34538582.6	2590147.8	1045926.9	11214984.7	8725357.0

各地区教育经费来

Sources of Educational Fund and Expenditure

年份 Year	合计 Total	国家财政性教育经费 Government Appropriation for Education	预算内教育经费 Budgetary
北　京 Beijing	3928773.6	2523392.4	2319631.6
天　津 Tianjin	1118576.5	691054.9	604289.3
河　北 Hebei	2320027.8	1481519.2	1350020.3
山　西 Shanxi	1304752.0	849910.2	743811.3
内蒙古 Inner Mongolia	935814.5	707598.6	636218.6
辽　宁 Liaoning	2256444.1	1443058.6	1293260.5
吉　林 Jilin	1329890.6	885322.0	786851.5
黑龙江 Heilongjiang	1882420.1	1227114.3	992137.5
上　海 Shanghai	3070202.2	1925679.2	1690253.6
江　苏 Jiangsu	4653849.6	2607027.0	2271204.8
浙　江 Zhejiang	4115764.3	2320312.0	1875090.9
安　徽 Anhui	1834929.8	1150903.7	1081197.5
福　建 Fujian	1965773.3	1241810.9	1164045.4
江　西 Jiangxi	1349864.8	733139.5	685835.7
山　东 Shandong	3740855.1	2289913.1	2015068.2
河　南 Henan	2544931.9	1699490.0	1582775.7
湖　北 Hubei	2527725.0	1357803.6	1237342.2
湖　南 Hunan	2354582.9	1221033.7	1124481.0
广　东 Guangdong	6222727.2	3800234.9	3485442.4
广　西 Guangxi	1437796.0	959254.5	871282.3
海　南 Hainan	329190.1	208048.7	173969.3
重　庆 Chongqing	1207817.6	695287.5	638962.6
四　川 Sichuan	2662491.1	1614052.1	1474876.7
贵　州 Guizhou	954017.5	692410.9	636651.5
云　南 Yunnan	1448459.5	1155358.0	1081578.6
西　藏 Tibet	187466.8	176969.4	173700.1
陕　西 Shaanxi	1859410.8	1026279.5	948219.6
甘　肃 Gansu	914335.8	652145.8	582180.8
青　海 Qinghai	199568.3	168022.9	162434.6
宁　夏 Ningxia	244761.7	182463.6	170016.1
新　疆 Xinjiang	1179432.5	819625.9	685752.4

源和支出情况(2003 年)

for Education by Region(2003)

单位：万元

Unit: in 10 thousand Yuan

社会团体和公民个人办学经费 Funds of Social Organizations and Citizens for Running Schools	社会捐资和集资办学经费 Donations and Fund-Raising for Running Schools	学费和杂费 Tuition and Miscellanecous Fee	其他教育经费 Other Educational Funds
62414.5	52207.0	468168.5	822591.2
47722.5	2117.8	174744.1	202937.2
77882.2	26245.9	504783.2	229597.3
50490.0	26707.8	258019.9	119624.1
8057.3	1647.5	152796.1	65715.0
53847.6	6569.1	443861.0	309107.8
14163.7	25109.8	207333.4	197961.7
56612.8	16040.8	328270.4	254381.8
131565.4	49125.3	502115.4	461716.9
220429.0	229606.0	798516.7	798270.9
347709.8	138558.4	587758.1	721426.0
45298.9	24176.3	405068.6	209482.3
176289.7	37900.5	302450.9	207321.3
100021.1	8947.5	313908.0	193848.7
162674.7	57582.6	771652.5	459032.2
69855.3	21565.5	489993.7	264027.4
36439.1	31703.3	622607.5	479171.5
125730.9	25909.8	617745.6	364162.9
405892.6	97029.6	1278988.1	640582.0
25097.0	9738.6	266799.4	176906.5
16894.2	7072.8	60473.3	36701.1
34376.8	53129.5	185473.9	239549.9
57712.5	44659.3	455123.9	490943.3
15043.6	5830.3	154699.0	86033.7
35914.5	12826.5	135888.2	108472.3
0.0	2124.3	5971.9	2401.2
174532.6	21979.7	391076.0	245543.0
18684.6	5685.6	156052.7	81767.1
780.1	338.1	21269.5	9157.7
336.4	987.9	33881.9	27091.9
17678.4	2803.8	119493.3	219831.1

各类学校教育经费
Sources of Educational Fund and Expenditure

学校、类别 Type of schools	合计 Total	国家财政性教育经费 Government Appropriation for Education	预算内教育经费 Budgetary
全国总计 National Total	**62082653.0**	**38506236.6**	**34538582.6**
中央 Central Government	7221217.8	3903741.2	3350809.7
地方 Local Government	54861435.2	34602495.4	31187772.9
按学校类别分组 Grouped by Type of Schools			
高等学校 Institutions of Higher Education	18736787.6	8768736.5	8389002.3
普通高等学校 Regular Institutions of Higher Education	17543468.0	8405779.1	8074147.8
成人高等学校 Institutions of Higher Education for Adults	1193319.6	362957.4	314854.5
中等专业学校 Specialized Secondary Schools	2592065.4	1395181.7	1304068.7
中等技术学校 Technical Schools	1849131.8	997193.5	934878.5
中等师范学校 Teacher Training Schools	329182.3	169110.5	159800.6
成人中专学校 Specialized Secondary Schools for Adults	413751.3	228877.7	209389.6
技工学校 Technical Schools	425408.1	228395.4	164876.3
中学 Secondary Schools	19147185.4	11922063.3	10225505.0
普通中学 Regular Secondary Schools	19120716.4	11909021.6	10216959.1
高级中学 Senior Secondary Schools	4304896.1	2003792.9	1671386.9
完全中学 Whole Secondary Schools	5174841.1	2741683.8	2216046.6
初级中学 Junior Secondary Schools	9640979.2	7163544.9	6329525.6
农村 Rural	4686137.6	3764239.7	3568147.1
成人中学 Secondary Schools for Adults	26469.0	13041.7	8545.9
职业中学 Vocational Schools	1727891.7	996813.8	848456.4
小学 Primary Schools	15754519.1	12686976.9	11566847.3
普通小学 Regular Primary Schools	15742418.3	12680740.4	11563329.3
农村 Rural Areas	8966437.5	7664065.8	7374990.0
成人小学 Primary Schools for Adults	12100.8	6236.5	3518.0
特殊教育学校 Special Education Schools	167411.1	147470.8	129882.2
幼儿园 Kindergartens	742577.3	462390.0	441207.8
其它 Others	2788807.3	1898208.2	1468736.6

来源和支出情况(2003 年)
Education in Various School(2003)

单位:万元
Unit: in 10,000 Yuan

社会团体和公民个人办学经费 Funds of Social Organizations and Citizens for Running Schools	社会捐资和集资办学经费 Donations and Fund-Raising for Running Schools	学费和杂费 Tuition and Miscellanecous Fee	其他教育经费 Other Educational Funds
2590147.8	**1045926.9**	**11214984.7**	**8725357.0**
	151515.5	1113770.3	2052190.8
2590147.8	894411.4	10101214.4	6673166.2
776276.1	257366.4	5487493.1	3446915.5
603015.2	256375.0	5057306.5	3220992.2
173260.9	991.4	430186.6	225923.3
30844.5	6433.0	857516.7	302089.5
12561.7	3938.2	648761.8	186676.6
	1590.2	122248.7	36232.9
18282.8	904.6	86506.2	79180.0
	951.3	96549.4	99512.0
1257479.1	485117.1	2926106.9	2556419.0
1255492.7	485058.1	2921566.7	2549577.3
214122.7	134370.3	1104819.7	847790.5
572327.5	183058.7	844460.4	833310.7
469042.5	167629.1	972286.6	868476.1
	63411.1	537684.7	320802.1
1986.4	59.0	4540.2	6841.7
99161.5	13467.3	439523.2	178925.9
426386.6	254164.2	1283907.2	1103084.2
425400.4	254160.7	1283797.1	1098319.7
	119638.5	804892.2	377841.0
986.2	3.5	110.1	4764.5
	2454.8	4172.2	13313.3
	12487.8	119716.0	147983.5
	13485.0		877114.1

二、教育基本建设投资
Capital Construction Investment in the Educational Sector

教育基本建设

Data on the Completion of Capital Construction

学校类别 Type of School	投资合计 Total Investment Completed in the Curent year (in 10 Thousand Yuan)	本年完成投资按 Investment by source of 国家预算内 Budgetary Allocation 计 Sub-total	中 央 Central	省级 Local	计 Sub-total
总　计 Total	**16194307**	**2633314**	**1160486**	**1472827**	**10490575**
普通高等学校 Regular Institutions of Higher Education	8896537	920046	510959	409087	5742660
中等师范学校 Teacher Training Schools	37859	2518	566	1952	29566
普通中学 Regular Secondary Schools	4690463	1004204	371967	632237	3074811
职业中学 Vocational Schools	280060	42841	8106	34735	208161
小学 primary Schools	1918074	611569	257408	354160	1167421
特殊教育学校 Special Education Schools	18941	5178	1186	3992	12393
幼儿园 Kindergartens	119709	4735	150	4585	88241
其他 Other	232664	42223	10144	32079	167322

投资完成情况
Investment in the Educational Sector

资金来源分(万元) Fund (in 10 Thousand Yuan)			本年竣工建筑面积(平方米) Building Floor Area Completed (in m^2)			
自筹资金 Self - raised Fund		其他 Other Sources				
其中 of Which:						
学校自筹 Raised by School	个人集资 Individual Donations		合计 Total	教学及辅助用房 Teaching & Administritive	行政办公用房 Adm. Building Rooms for other purposes	其他用房 Others
7754895	**490647**	**3070418**	**116454793**	**84622852**	**4110351**	**27721590**
5393993	201179	2233831	39097161	23797218	1271536	14028407
16532	5887	5775	297142	174324	1532	121286
1684380	182147	611448	47494377	35832547	1741259	9920571
121669	14160	29058	2577106	1886501	68071	622534
424028	61716	139084	24385132	21227799	858807	2298526
1522	1566	1370	176268	135919	7216	33133
24386	7236	26733	816891	663476	37846	115569
88385	16756	23119	1610716	905068	124084	581564

地方所属各级学校

Data on the Completion of Capital Construction

地区 Region	投资合计 Total Investment Completed in the Curent year (in 10 Thousand Yuan)	本年完成投资按 Investment by source of			
		国家预算内 Budgetary Allocation			
		计 Sub-total	中央 Central	省级 Local	计 Sub-total
合计 Total	**14336821**	**2216995**	**744167**	**1472827**	**9049408**
北京 Beijing	174679	47383	2950	44433	125043
天津 Tianjin	254215	6544	2200	4344	201216
河北 Hebei	653743	85603	24864	60739	512208
山西 Shanxi	164776	13576	7537	6039	140391
内蒙古 Inner Mongolia	185351	59041	34238	24804	116638
辽宁 Liaoning	389982	25442	7833	17609	326706
大连 Dalian	86664	29543	0	29543	57121
吉林 Jilin	269828	19175	11440	7735	213434
黑龙江 Heilongjiang	315790	10848	4699	6149	265060
上海 Shanghai	369457	16257	200	16057	252950
江苏 Jiangsu	1441886	26771	4648	22124	1075210
浙江 Zhejiang	1147636	111734	2781	108953	766755
宁波 Ningbo	111960	14515	0	14515	96578
安徽 Anhui	430525	56618	20706	35913	328729
福建 Fujian	223824	40388	3236	37152	163250
厦门 Xiamen	79204	33795	534	33261	16464
江西 Jiangxi	515001	47781	25205	22575	246345
山东 Shandong	905996	43653	6642	37011	752513
青岛 Qingdao	55038	100	100	0	54938
河南 Henan	734094	93929	34404	59525	566719
湖北 Hubei	609341	39567	19028	20539	439955
湖南 Hunan	524610	48540	19640	28900	354302
广东 Guangdong	1995844	502364	3072	499292	618062
深圳 Shenzhen	130513	113986	0	113986	10946
广西 Guangxi	195705	52611	24028	28582	110612
海南 Hainan	69549	15295	10295	5000	36599
重庆 Chongqing	307618	40409	25742	14667	191381
四川 Sichuan	445850	71951	43447	28503	244716
贵州 Guizhou	193472	66864	53886	12978	121582
云南 Yunnan	322555	132641	63106	69534	135770
西藏 Tibet	90706	80152	75152	5000	7020
陕西 Shaanxi	367706	43613	22468	21145	235669
甘肃 Gansu	274661	100343	90642	9701	129626
青海 Qinghai	31531	18853	13901	4952	9315
宁夏 Ningxia	55281	13757	11760	1997	31037
新疆 Xinjiang	165131	60603	42029	18574	80198
新疆生产建设兵团 Xinjiang Constraction corps	47099	32750	31754	996	14350

基本建设投资完成情况

Investment in the Educational Sector(Regional Aggregates)

资金来源分(万元) Fund (in 10 Thousand Yuan)			本年竣工建筑面积(平方米) Building Floor Area Completed (in m^2)			
自筹资金 Self - raised Fund 其中 of Which:		其 他 Other Sources	合 计 Total	教学及辅助用房 Teaching & Administritive	行政办公用房 Adm. Building Rooms for other purposes	其他用房 Others
学校自筹 Raised by School	个人集资 Individual Donations					
6313728	**490647**	**3070418**	**112172369**	**82804481**	**3905307**	**25462581**
75431	0	2253	403981	309274	9058	85649
180828	0	46455	690339	611379	926	78034
421864	44168	55932	5612812	4557638	162688	892486
112507	2330	10809	1506299	1051468	108530	346301
81971	7021	9672	1834987	1609410	32452	193125
272955	11949	37834	2598693	1790518	53328	754847
17037	1200	0	789659	737853	31201	20605
160691	22575	37219	1865610	1353198	29895	482517
233508	9908	39882	2855893	2323232	109482	423179
102592	0	100250	1428931	1051083	149333	228515
732815	19128	339905	9304320	6931034	291261	2082025
475943	25217	269147	6264338	4775351	274237	1214750
12469	325	867	830860	596590	67130	167140
281545	10683	45178	3659755	2402181	183579	1073995
100327	3956	20186	2222620	1495823	22455	704342
10214	0	28945	164832	113677	14343	36812
193258	5686	220875	4637269	3295061	55073	1287135
570407	90833	109830	7702626	5217780	532556	1952290
30536	230	0	541291	438129	27746	75416
456330	42433	73446	8606954	5914709	430699	2261546
365538	30507	129819	4387391	2709280	103361	1574750
259100	20486	121768	4775479	3338628	155597	1281254
362486	19616	875418	11327762	9884252	322151	1121359
63	0	5581	659955	508343	40229	111383
73236	11670	32482	2143342	1256601	27002	859739
18677	3764	17655	544581	474951	0	69630
121511	22272	75828	2744710	1489521	61579	1193610
158578	23512	129183	6668408	4591380	198756	1878272
35833	6947	5026	2933235	2252017	34207	647011
75584	10905	54144	2978591	2485367	29967	463257
1248	10	3534	759476	499601	35800	224075
189492	14409	88424	3343011	2490275	118079	734657
81840	16079	44692	2938787	2310185	107295	521307
7694	517	3363	299983	288880	900	10203
6306	225	10487	435044	416382	0	18662
28385	11886	24330	1468614	1066961	79946	321707
4929	200	−1	241931	166469	4466	70996

三、仪器设备

Instrument and Equipment

普通高等学校教学、科研仪器设备分省情况

Classification of Instruments and Equipment for Instruction and Scientific Research in Regular HEIs by Province

单位:万元

Unit: in 10,000 Yuan

地 区 Region	教学科研仪器设备数 No. of Instruments and Equipment for Instruction and Scientific Research		十万元以上仪器设备数 No. of Instruments and Equipment Valued above 100,000 Yuan	
	台、件 Set & Piece	金额(万元) Book Value (in 10 Thousand Yuan)	台、件 Set & Piece	金额(万元) Book Value (in 10,000 Yuan)
合 计 Total	**9129817**	**8374070.77**	**93631**	**2865898.84**
北 京 Beijing	697351	931070.2	11249	405737.66
天 津 Tianjin	182679	202967.28	2320	84145.23
河 北 Hebei	361747	285943.92	2893	88799.84
山 西 Shanxi	179262	139055.65	1331	37998.25
内蒙古 Inner Mongolia	69620	52247.92	494	12468.21
辽 宁 Liaoning	414417	366423.2	3927	118682.24
吉 林 Jilin	214184	225620.33	2549	95216.99
黑龙江 Heilongjiang	261615	289500.04	2520	108573.96
上 海 Shanghai	427692	553142.46	6047	249314.37
江 苏 Jiangsu	785219	718466.66	9679	247800.92
浙 江 Zhejiang	481449	430385.58	4753	140165.14
安 徽 Anhui	337657	255856.47	2247	70442.22
福 建 Fujian	237729	194761.38	1929	62596.90
江 西 Jiangxi	292987	224201.05	2219	66018.15
山 东 Shandong	542312	480203.23	4546	160060.69
河 南 Henan	348034	261975.87	2302	66198.36
湖 北 Hubei	603516	522849.19	4963	169076.36
湖 南 Hunan	467895	364856.53	3523	102063.92
广 东 Guangdong	533740	475960.33	4507	154107.88
广 西 Guangxi	180248	140125.17	6860	46146.86
海 南 Hainan	34454	23899.67	221	5218.38
重 庆 Chongqing	171722	138992.1	1310	39654.00
四 川 Sichuan	336291	299168.58	3093	103393.31
贵 州 Guizhou	104743	67583.21	614	14334.41
云 南 Yunnan	147873	107033.76	926	24819.52
西 藏 Tibet				
陕 西 Shaanxi	448555	421248.87	4415	143242.82
甘 肃 Gansu	130460	105177.66	963	30228.53
青 海 Qinghai	18559	11869.34	537	1476.51
宁 夏 Ningxia	35384	24801.36	216	4525.38
新 疆 Xinjiang	82423	58683.76	478	13391.83

第三部分
Part Ⅲ

科学研究活动及其他
SCIENTIFIC RESEARCH ACTIVITES & OTHER

一、自然科学与技术
Natural Science and Technology

	教学与科研人员 Personnel Engaged in S&T Activities		研究与发展人员 R & D Personnel	
	计 Total	其中:科学家和工程师 of Which: Scientists & Engineers	计 Total	其中:科学家和工程师 of Which: Scientists & Engineers
合　计 Total	**647703**	**607640**	**241168**	**232971**
按学校规格分 Breakdown by category of HEIs				
重点院校 Key HEIs	197279	184530	99970	95960
般院校 Ordinary Degree Level HEIs	411802	387034	136131	132097
高等专科学校 Short - cycle HEIs	38622	36076	5067	4914
按学校隶属分 Breakdown by Control				
部委院校 HEIs under Other Central Ministries	24579	22949	13607	13216
教育部直属院校 HEIs Under Ministry of Education	175405	163882	85341	81586
地方院校 HEIs Under Local Govermments	447719	420809	142220	138169
按学校类型分 Breakdown by Type of HEIs				
综合大学 Comprehensive Universities	161250	152458	68627	65678
工科院校 Engineering	218424	205482	87337	85050
农林院校 Agriculture	35406	32026	17948	17129
医药院校 Medicine & Pharmacy	153894	143306	43696	42226
师范院校 Teachers Training	54303	51542	19191	18720
其他院校 Others	24426	22826	4369	4168

科技人力情况
in Regular HEIs

单位:人
Unit: in Person

研究与发展全时人员 R & D FTEs (Full-time Equivalents)		R&D成果应用及科技服务人员 R & D Personnel		R&D成果应用及科技服务全时人员 R & D FTEs(Full-time Equivalents)	
计 Total	其中:科学家和工程师 of Which: Scientists & Engineers	计 Total	其中:科学家和工程师 of Which: Scientists & Engineers	计 Total	其中:科学家和工程师 of Which: Scientists & Engineers
144651	**139723**	**43992**	**42058**	**26379**	**25228**
59980	57574	19938	18676	11957	11204
81638	79208	23553	22889	14122	13730
3033	2941	501	493	300	294
8164	7929	2216	2085	1329	1252
51204	48949	17093	16060	10252	9634
85283	82845	24683	23913	14798	14342
41166	39398	8420	8097	5043	4855
52392	51018	28967	27652	17376	16588
10768	10274	3142	2967	1885	1783
26207	25321	1566	1512	939	907
11500	11215	1410	1352	845	810
2618	2497	487	478	291	285

普通高等学校

S & T Expenditure in

	拨入 Revenues			
	合计 Total	政府资金 Government Funds	企事业单位委托 Contract Research Fund	其他 Others
合 计 Total	**34439699**	**17252081**	**14402930**	**2784688**
按学校规格分 Breakdown by category of HEIs				
重点院校 Key HEIs	22868332	11617877	9932420	1318035
一般院校 Ordinary Degree Level HEIs	11342210	5520028	4434876	1387306
高等专科学校 Short－cycle HEIs	229157	114176	35634	79347
按学校隶属分 Breakdown by Control				
部委院校 HEIs under Other Central Ministries	4507015	2537770	1822678	146567
教育部直属院校 HEIs Under Ministry of Education	18276434	9036478	8080065	1159891
地方院校 HEIs Under Local Govermments	11656250	5677833	4500187	1478230
按学校类型分 Breakdown by Type of HEIs				
综合大学 Comprehensive Universities	8982697	5124520	3358817	499360
工科院校 Engineering	20112916	8460742	10277314	1374860
农林院校 Agriculture	1875412	1395754	239745	239913
医药院校 Medicine & Pharmacy	1617888	1104996	226780	286112
师范院校 Teachers Training	1583018	1030113	254597	298308
其他院校 Others	267768	135956	45677	86135

科技经费情况

Regular HEIs

单位:千元

Unit: in 10,000 Yuan

支出 Expenditures				
合计 Total	劳务费 Personnel Costs	业务费 Non-Personnel Expenses	转拨外单位经费 Expenses on Extermal Services	其他 Others
29515048	**5116799**	**13808926**	**1845328**	**8743995**
19029796	2977566	9336878	1459923	5255429
10287484	2089868	4425757	380734	3391125
197768	49365	46291	4671	97441
3763327	393933	1968239	217523	1183632
15207755	2571048	7232011	1237647	4167049
10543966	2151818	4608676	390158	3393314
7595724	1320242	3424745	383390	2467347
17342690	2797190	8571291	1207832	4766377
1571756	259583	718203	132629	461341
1424009	407391	565521	50491	400606
1346132	291750	464582	65854	523946
234737	40643	64584	5132	124378

普通高等学校研究与

Statistics of R & D Projects and

	科技课题 R&D Projects			出版科技专著（部）No. of Mono-graphs Published
	课题数(项) No. of projects	投入人数 No. of Input of S&T Manpower	实际支出 Actual Exp.	
合　计 Total	**191744**	**189992**	**19397679**	**8619**
按学校规格分 Breakdown by category of HEIs				
重点院校 Key HEIs	93520	79930	13395119	2711
一般院校 Ordinary Degree Level HEIs	95186	106369	5935564	4996
高等专科学校 Short－cycle HEIs	3038	3693	66996	912
按学校隶属分 Breakdown by Control				
部委院校 HEIs under Other Central Ministries	13899	10547	2412864	312
教育部直属院校 HEIs Under Ministry of Education	78112	68280	10811242	2413
地方院校 HEIs Under Local Govermments	99733	111165	6173573	5894
按学校类型分 Breakdown by Type of HEIs				
综合大学 Comprehensive Universities	50367	51343	4774787	1775
工科院校 Engineering	89280	77503	12481611	3392
农林院校 Agriculture	14433	14054	1009022	663
医药院校 Medicine & Pharmacy	21276	30153	544627	1440
师范院校 Teachers Training	13221	13711	509128	718
其他院校 Others	3167	3227	78504	631

发展课题、成果情况

Achievements in Regular HEIs

单位:千元

Unit: in 10,000 Yuan

发表学术论文(篇) No. of Papers Published	成果获奖 Achieverments Awards		技术转让 Technological Transfer		知识产权授权数 No. Of Awarded	专利出售 Income from License Arrangements	
	合计 Total	其中:国家奖 of Which: National Awards	合同数 No. Of Contracts	收入 Actual Revenues		项数 No. Of Items	实现金额 Income
428229	**4102**	**190**	**9188**	**1355338**	**6399**	**731**	**277585**
182316	1867	136	5334	908640	4429	389	167933
232082	2193	51	3834	446101	1897	341	109647
13831	42	3	20	597	73	1	5
22921	274	16	1272	188224	286	36	8312
157889	1543	119	4411	719110	4049	354	151021
247419	2285	55	3505	448004	2064	341	118252
112084	996	61	2125	267565	1843	155	63623
181990	1788	92	5533	944683	3749	524	164899
22486	293	15	515	46773	272	15	26113
61213	794	18	815	61863	207	11	10810
40229	187	3	153	29474	257	22	11955
10227	44	1	47	4980	71	4	185

二、社会科学
Social Science

普通高等学校人文、
Professional Manpower in Regular HEIs in the

		学校数（所）No. Of HEIs	社科活动人员（人）Personnel Engaged in Social Science Research (in Person)				
			合计 Total	高级 Senior	中级 Middle	初级 Junior	辅助人员 Auxiliary
	合计：Total	777	320068	312935	112347	115575	85013
按学校规格分 Breakdown by category of HEIs	本科院校 Regular HEIs	644	294615	288201	105772	105873	76556
	专科院校 Short-cycle HEIs	133	25453	24734	6575	9702	8457
按学校隶属关系分 Breakdown by Control	教育部直属院校 HEIs Under Ministry of Education	73	55176	54178	26293	19342	8543
	其他部委院校 HEIs under Other Central Ministries	29	10890	10653	4313	3895	2445
	地方院校 HEIs Under Local Govermments	675	254002	248104	81741	92338	74025
按学校类型分 Breakdown by Type of HEIs	综合大学 Comprehensive Universities	137	86249	84576	33632	30801	20143
	理工农医院校 HEIs Science and Technology, Agriculture and Medicine	312	87476	85072	27051	32013	26008
	师范院校 Teachers Training	168	76549	75043	26221	27451	21371
	语文院校 Languages	14	7900	7786	2721	3082	1983
	财经院校 Finance and Economics	60	32628	31973	12141	11941	7891
	政法院校 Political Science & Law	30	9944	9755	3667	3693	2395
	艺术院校 Art	29	8701	8383	3102	2817	2464
	民族院校 Minorities	12	5568	5451	2010	2012	1429
	体育院校 Physical Culture	15	5053	4896	1802	1765	1329

社会科学人力情况

Fields of the Humanities and Social Science

研究与发展人员(人) R & D Personnel (in Person)					研究与发展全时人员(人年) R & D FTEs (Man/Year)				
合 计 Total	高级 Senior	中级 Middle	初级 Junior	辅助人员 Auxiliary	合 计 Total	高级 Senior	中级 Middle	初级 Junior	辅助人员 Auxiliary
7133	112265	60057	36643	15074	491	43494	25731	12981	4630
6414	106097	57603	34077	13953	464	41514	24804	12224	4341
719	6168	2454	2566	1121	27	1977	928	755	289
998	23398	15710	6149	1485	54	9913	7001	2357	533
237	4327	2442	1425	448	12	1732	1084	502	139
5898	84540	41905	29069	13141	425	31847	17647	10121	3958
1673	33173	19811	9780	3428	154	14027	9054	3789	1135
2404	26282	12465	9262	4450	105	9877	5121	3276	1439
1506	27771	14424	9442	3830	75	10907	6291	3402	1185
114	3326	1652	1190	463	21	914	572	256	79
655	12989	6969	4101	1802	117	4385	2603	1308	455
189	3391	1678	1275	435	3	1185	668	397	120
318	1551	930	409	206	6	770	517	172	77
117	1997	1150	625	219	3	668	457	157	52
157	1785	978	559	241	7	761	448	224	88

普通高等学校人文、社会科
Humanities and Social Sciences R & D

		学校数(所) No. Of HEIs	拨入 Revenues						
			合计 Total	科研事业费 Primary Research Funds	科研基金费 Grants by Research Funds	国家社科规划、基金项目经费 Funds Allocated to Projects Supported by NSSP Funds	中央其他部门社科专项经费 Earmarked SSRF Provided by Other Central Agencies	省市自治区社科专项经费 Earmarked SSRF Provided by Prov. Authorities	企事业单位委托项目经费 Contract Research Funds Provided by Ent. & Inst.
按学校规格分 Breakdown by category of HEIs	合计：Total		24343244	10875819	105900	776434	1257795	2179665	4591838
	本科院校 Regular HEIs	644	23813035	10502270	104620	773244	1251115	2122404	4576001
	专科院校 Short-cycle HEIs	133	530209	373548.8	1280	3190	6680	57261	15837
按学校隶属关系分 Breakdown by Control	教育部直属院校 HEIs Under Ministry of Education	73	9631101.1	2910118	0	339923	744872	712514	2674931
	其他部委院校 HEIs under Other Central Ministries	29	1407614.5	739292	200	51841	191361	83319	187531
	地方院校 HEIs Under Local Govermments	675	13304528	7226409.2	105700	384670	321562	1383833	1729377
按学校类型分 Breakdown by Type of HEIs	综合大学 Comprehensive Universities	137	8779751	3714723.9	0	359149	518875	742945	1916347
	理工农医院校 HEIs Science and Technology, Agriculture and Medicine	312	5624415.8	2101523.7	4080	99553	393929	731093	1319752
	师范院校 Teachers Training	168	5109781.4	2637033	81500	161732	156181	351165	807564
	语文院校 Languages	14	646580.87	225345.47	0	6692	7003	17896	32528
	财经院校 Finance and Economics	60	2442463.1	1240844.7	3800	84400	86041	206842	440477
	政法院校 Political Science & Law	30	650233	373547.38	1480	21920	35235	30781	19028
	艺术院校 Art	29	423538	245737.47	0	2384	550	44096	27274
	民族院校 Minorities	12	301844	159653	0	22506	20637	18345	15244
	体育院校 Physical Culture	15	364636	177410.4	15040	18098	39345	36502	13624

学研究与发展经费情况

Expenditure in Regular HEIs

单位:百元

Unit: in 100 Yuan

金融机构贷款 Loans Provided by Financial Inst.	自筹经费 Self-raised Funds	国外资金 International Funds	其他收入 Others Revenues	支出 Expenditures									
				合计 Total	内部支出 Intramural Expenditures								转拨给外单位经费 Extra-mural Exp.
					小计 Subtotal	科研人员费 Personnel Costs	业务费 Non-Personnel Expenses	科研基建费 Capital Construction Funds for R&D	仪器设备费 Instruments and Equipment	图书资料费 Books and Information	管理费 Management	其他 Others	
37400	2587119	4811116	1314678	21140166	20882564	7107234	7439011	121432	2064874	2063312	485515	1601185	257602
37400	2521111	616595	1308275	20637062	20385113	6816480	7378685	118782	1976419	2027475	478690	1588582	251949
0	66008	616595	6403	503104	497451	290755	60327	2650	88455	35837	6824	12603	5653
0	885521	371612	991610	7531849	7438758	1711773	3619857	0	615639	532631	222633	736225	93091
0	98040	6760	49271	1199094	1169464	307322	410797	0	58630	277198	23881	91636	29630
37400	1603558	238224	273796	12409223	12274342	5088140	3408358	121432	1390604	1253483	239001	773324	134881
5900	801556	257822	462432	7210712	7135803	2345053	2562000	2800	750891	701445	195760	577854	74908
0	423603	448436	360268	4814088	4695734	1577939	1736663	8363	376684	578793	151373	265920	118354
31500	691613	546827	93102	4782288	4742035	1596872	1642490	83600	543854	435457	66986	372777	40253
0	168227	549867	185849	611158	611158	218778	161362	0	33620	37716	5365	154317	0
0	254635	564198	111093	2158580	2140540	812179	792445	14300	148971	193502	43070	136072	18040
0	74733	608967	48740	527433	525747	186690	157513	2640	80795	36626	7772	53712	1686
0	88172	609437	14854	390531	389531	140521	153053	429	52329	28831	3510	10858	1000
0	52833	616595	5469	306517	305817	95225	111716	0	45179	34897	3861	14939	700
0	31747	608967	32870	338858	336198	133976	121769	9300	32552	16045	7818	14737	2660

普通高等学校人文、社会科学研

Basic Statistics of Humunities and Social Sciences

		课题数 (项)No. of Projects	当年投入人数(人年) Input of Man-year	其中:研究生 of Which: Graduate Students	当年拨入经费(百元) Revenues (100 Yuan)	当年支出经费(百元) Expenditures (100 Yuan)
按学校规格分 Breakdown by category of HEIs	合计:Total	79831	47680	7889	12332031.07	8677550
	本科院校 Regular HEIs	77231	45880	7854	12210728.78	8586949
	专科院校 Short-cycle HEIs	2600	1800	35	121302.29	90601
按学校隶属关系分 Breakdown by Control	教育部直属院校 HEIs Under Ministry of Education	2780	2017	520	675449.5	545531
	其他部委院校 HEIs under Other Central Ministries	25101	13162	3525	6473694.96	4345673
	地方院校 HEIs Under Local Govermments	51950	32501	3844	5182886.61	3786345
按学校类型分 Breakdown by Type of HEIs	综合大学 Comprehensive Universities	28343	16310	3200	5071345.15	3369775
	理工农医院校 HEIs Science and Technology, Agriculture and Medicine	17321	10967	2066	3430387.65	2439258
	师范院校 Teachers Training	18603	11587	1686	1981143.21	1613099
	语文院校 Languages	1643	887	66	156685.4	112099
	财经院校 Finance and Economics	8763	4407	384	1098237.46	742584
	政法院校 Political Science & Law	1990	1135	29	198217	123134
	艺术院校 Art	998	931	221	143388.8	77576
	民族院校 Minorities	1236	655	104	132025.8	107119
	体育院校 Physical Culture	934	800	132	120600.6	92906

究与发展课题、成果情况

R & D and Achievements in Regular HEIs

出版专著(部) Monographs Published (Titles)	发表论文(篇) No. of Papers Published				应用成果(项) No. of Application-oriented Results (Items)	
	合　计 Total	国内学术刊物 In Domestic Journals		国外学术刊物 In International Journals	提交有关部门数 No. of Results Submitted to Relevant Agencies	鉴定成果数 No. of Results Appraised
		国内外公开发行 Published and Distributed at Home and Abroad	国内公开发行 Openly Distributed at Home			
9374	240291	140980	96050	3261	20137	2898
9201	228173	134348	90663	3162	19573	2652
173	12118	6632	5387	99	564	246
445	10036	4765	5034	237	717	21
3350	57611	32248	23922	1441	7910	1195
5579	172644	103967	67094	1583	11510	1682
3500	78057	47984	28733	1340	7211	1296
1497	55118	28477	25843	798	4936	651
2303	58213	35263	22447	503	3037	199
250	3952	2607	1258	87	240	9
835	27232	18397	8548	287	3334	538
321	8104	4037	3952	115	893	98
356	2503	1032	1451	20	98	18
278	4661	2436	2177	48	205	16
34	2451	747	1641	63	183	73

普通高等学校

Applicants of Student for Regular

地区 Region	报名总数 Total	性别 Gender		政治面貌 Political Party		年龄分布 Age Distribution		
		男 Male	女 Female	中共党员 Member of C.P.C	共青团员 Member of C.Y.L	18周岁以下 Under 18 years of age	18(含)25(含)周岁 Over 25 years of age	25周岁以上 Over 25 years of age
总　计 Total	**8671327**	**4721944**	**3949383**	**25059**	**8251381**	**1094073**	**7566606**	**10648**
比　例 Percentage		54.45%	45.55%	0.29%	95.16%	12.62%	87.26%	0.12%
北　京 Beijing	114072	53186	60886	119	104587	4761	109237	74
天　津 Tianjin	73876	36312	37564	89	71325	646	73199	31
河　北 Hebei	483053	240765	242288	2325	453060	78484	404217	352
山　西 Shanxi	300932	161007	139925	841	277676	38507	262405	20
内蒙古 Inner Mongolia	206710	104914	101796	652	199132	82132	124482	96
辽　宁 Liaoning	247744	124031	123713	1126	241623	49795	197677	272
吉　林 Jilin	163406	81971	81435	205	160405	4531	158743	132
黑龙江 Heilongjiang	217275	108700	108575	430	214158	6705	210126	444
上　海 Shanghai	133937	63969	69968	156	117344	1234	132662	41
江　苏 Jiangsu	505403	287056	218347	277	490321	15841	489286	276
浙　江 Zhejiang	371233	190806	180427	1097	351801	54495	316604	134
安　徽 Anhui	417346	250183	167163	831	392364	191094	225995	257
福　建 Fujian	257243	142821	114422	265	240623	35841	221285	117
江　西 Jiangxi	356134	221067	135067	343	326612	182815	172807	512
山　东 Shandong	731166	399098	332068	1421	717391	13764	715983	1419
河　南 Henan	688332	372554	315778	2299	663413	161962	525942	428
湖　北 Hubei	460595	266802	193793	731	455065	29021	431390	184
湖　南 Hunan	425069	234364	190705	1324	412536	20338	404371	360
广　东 Guangdong	451410	255104	196306	1663	423908	22472	428774	164
广　西 Guangxi	255232	134533	120699	649	240612	11854	242956	422
海　南 Hainan	44914	27311	17603	208	40957	2392	42498	24
重　庆 Chongqing	167746	88130	79616	536	167210	449	167203	94
四　川 Sichuan	477840	255604	222236	2908	456106	12126	465453	261
贵　州 Guizhou	175744	107094	68650	813	153420	19663	155567	514
云　南 Yunnan	171824	89317	82507	412	162411	4078	167298	448
西　藏 Tibet	14158	7202	6956	280	12955	2487	10943	728
陕　西 Shaanxi	339848	187793	152055	1768	315076	7515	332134	199
甘　肃 Gansu	208374	128191	80183	819	193905	24074	182175	2125
青　海 Qinghai	32542	15975	16567	176	29264	7611	24686	245
宁　夏 Ningxia	49941	26357	23584	162	46404	3038	46844	59
新　疆 Xinjiang	128228	59727	68501	134	119717	4348	123664	216

注:天津、上海报名数为秋季高考报名数,不含春季高考报数。

招生报名情况

Higher Educational Institutions

单位:人
Unit: in Person

考试类型 Examinations Participated by Applicants			考生类别 Categories of Applicants					
			城市应届 Urban Sec. Schools Graduates in Current Year		农村应届 Rural Sec. Schools Graduates in Current Year			
全国统考 National Exam.	高职班 Class in Tertiary Vocational Education	其他非统考 Others Non National Exam	小 计 Total	其中:普通高中应届生 of which: General Senion Sec. Schools Graduates	小 计 Total	其中:普通高中应届生 of which: General Senion Sec. Schools Graduates	城市往届 Urban Sec. Schools Graduates in Previous Year	农村往届 Rural Sec. Schools Graduates in Previous Year
8001643	**572397**	**97287**	**3140829**	**2679722**	**3550777**	**3234983**	**836093**	**1143628**
92.28%	6.60%	1.12%	36.22%	30.90%	40.95%	37.31%	9.64%	13.19%
98403	15309	360	77725	63761	22496	21652	11145	2706
73876		0	45401	44509	18652	18507	7184	2639
451159	31133	761	116462	100100	241650	220408	33645	91296
300756		176	85980	78988	110026	105287	38429	66497
192337	13823	550	69213	60121	87969	79950	18023	31505
222430	24120	1194	133468	113459	86880	78909	14180	13216
156629		6777	92794	86330	36376	34910	22525	11711
201130	16145	0	117179	103262	57200	54268	23574	19322
111950	21069	918	110264	86658	14365	14297	7851	1457
470504	34899	0	184823	167466	256295	234775	22344	41941
313872	57177	184	112461	92299	221088	173964	12843	24841
416416		930	146231	143265	139894	136854	63755	67466
240043	17200	0	70612	58280	140201	125522	12945	33485
302525	53432	177	148485	124680	112023	101459	54336	41290
668390	62776	0	224745	159161	337975	335032	43281	125165
629093	59239	0	165398	127038	329215	250550	55698	138021
419383	41212	0	180042	150129	197463	184319	30411	52679
397059	27822	188	117573	105205	222315	207382	24617	60564
414186	37031	193	225630	196880	29144	28053	165300	31336
243195	9671	2366	85558	70793	118545	114407	20360	30769
44353	551	10	32369	31560	4670	4501	7093	782
147654		20092	64495	53662	77850	71034	9863	15538
425089	241	52510	159392	124340	230277	208369	27375	60796
168502	7225	17	53389	50503	67006	64449	20166	35183
149934	21890	0	51841	40080	78738	69078	14444	26801
12004	431	1723	6978	6978	2623	2623	4218	339
326015	5764	8069	114414	104166	148762	138520	31368	45304
204494	3880	0	48541	45834	91164	87928	19510	49159
30184	2358	0	14756	12828	12665	12335	2226	2895
47832	2057	52	17608	16216	17653	16706	5291	9389
122246	5942	40	67002	61171	39597	38935	12093	9536

Applicants of Student for Regular

地 区 Region	统考科类 Categories of Major Fields 文理综合 Comprehensive	文史 Literature and History	外语（文） Foreign Languages	艺术（文） Arts	体育（文） Physical Education	理工 Science and Engineering	外语（理） Foreign Languages	艺术（理） Arts	体育（理） Physical Education	高中毕业 General Senior Sec. School Graduates
总 计 Total	**987527**	**2179992**	**140181**	**405739**	**57702**	**3859341**	**229557**	**50197**	**91407**	**7754866**
比 例 Percentage	12.34%	27.24%	1.75%	5.07%	0.72%	48.23%	2.87%	0.63%	1.14%	89.43%
北 京 Beijing		34955				63448				95965
天 津 Tianjin		22646		2513	244	47864		344	265	72462
河 北 Hebei		143792		25671	2732	269757		2445	6762	438137
山 西 Shanxi		88643		20467	5674	173860		4390	7722	284453
内蒙古 Inner Mongolia		63886		11582	2931	111316		1098	1524	189683
辽 宁 Liaoning	196427			21289		0			4714	217102
吉 林 Jilin		54791				101838				153951
黑龙江 Heilongjiang		55201		14283	2003	123735		2323	3585	198388
上 海 Shanghai		38213				73737				109697
江 苏 Jiangsu	412195			46944					11365	466128
浙 江 Zhejiang		100162		23382	3184	179982		3788	3374	301025
安 徽 Anhui		146452		23329	6632	233066		2918	4019	408391
福 建 Fujian		95576		8119		132004			4344	227412
江 西 Jiangxi		96437	0	15608	5027	180150		2240	3063	300462
山 东 Shandong		174219		98738		367703		15194	12536	659430
河 南 Henan		236212				392881				523224
湖 北 Hubei		148667				270716				416846
湖 南 Hunan		172733				224326				395881
广 东 Guangdong	378905			23498	11783					406295
广 西 Guangxi		89259		9575		135801		2186	6374	235487
海 南 Hainan		16683		532		26603		27	508	43788
重 庆 Chongqing		44029		6449	2418	90818		2515	1425	147167
四 川 Sichuan		10614	135673	20193	7864	11732	229557	5692	3764	419228
贵 州 Guizhou		56926		4702	2193	101353		1218	2110	166871
云 南 Yunnan		48656	4508	5229	2115	86916		949	1561	148873
西 藏 Tibet		5474				6530				11999
陕 西 Shaanxi		107701		12292		197861		1356	6805	316672
甘 肃 Gansu		63099		7158	1295	129473		652	2817	201655
青 海 Qinghai		8263		299	46	21398		58	120	29652
宁 夏 Ningxia		15224		887		31011			710	47884
新 疆 Xinjiang		41479		3000	1561	73462		804	1940	120658

注：天津、上海报名数为秋季高考报名数，不含春季高考报数。

招生报名情况(续)

Higher Educational Institutions (Continue)

单位:人
Unit: in Person

毕业类别 Categories of Graduates					应试外语语种 Foreign Languages to be Tested						
中等师范毕业 Teachers Training School Graduates	其他中专毕业 Specialized Sec. School Graduates	职业高中毕业 Vacational Senior Sec. School Graduates	技工学校毕业 Skilled Worker School Graduates	其他中等学历教育毕业 Others	英语 English	俄语 Russian	日语 Japanese	德语 German	法语 France	西班牙语 Spanish	其他外语 Other Foreign Languages
46403	**346843**	**380758**	**14284**	**128173**	**8049184**	**19452**	**11959**	**57**	**89**	**1**	**42301**
0.54%	4.00%	4.39%	0.16%	1.48%	92.83%	0.22%	0.14%	0.00%	0.00%	0.00%	0.49%
32	7333	8984	1118	640	113501	3	206	2			
37	968	324	37	48	73850	1	22	3			
2699	10409	23174	356	8278	482555	257	241				
2952	4302	8180	313	732	300869	10	50	1	2		
272	2816	13237	428	274	189867	1609	1280				
282	14850	11815	2080	1615	242743	1667	3333	1			
217	3587	4703	400	548	160234	154	3018				
113	6217	11387	466	704	206505	8632	2138				
18	23079	1028	56	59	133549	8	360	9	11		
55	9332	28707	1170	11	505314	1	36	12	40		
225	8487	60093	1039	364	314038	1	15	1	1		
270	1116	5685	77	1807	416979	358	9				
3235	11538	13280	1691	87	257149		94				
623	47060	7590	158	241	356094	2	38				
146	58306	12987	125	172	724339	6033	780	5	3		
1794	24895	42374	1116	94929	687371	5	63	1	3		
782	26886	15742	281	58	460271	162	120	17	25		
61	14718	14192	78	139	424756	221	90	1	1		
8078	10207	24528	2069	233			36				
5881	7267	4139	48	2410	243189		3	1	2		
436	179	492	16	3	44910	2	2				
2049	7914	7698	85	2833	167607	132	7				
7973	17019	27020	217	6383	477668	166	3	2		1	
622	3587	4005	193	466	175737	1	6				
4204	7130	10869	274	474	171823	1					
206	1953				14155	3					
1418	7166	13231	221	1140	331761	9	8	1	1		
1084	571	3844	86	1134	203954	1					
99	2293	399	12	87	32541		1				
				2057	49932	9					
540	5658	1051	74	247	85923	4					42301

普通高等学校招生报名情况(续)

Applicants of Student for Regular Higher Educational Institutions (Continue)

单位:人

Unit: in Person

地区 Region	民族 Nationalities					
	汉族 Han	蒙古族 Mongol	藏族 Tibetan	维吾尔族 Uygur	朝鲜族 Korean	其他民族 Others
总计 Total	**8047857**	**64333**	**21858**	**37357**	**18772**	**481150**
比例 Percentage	92.81%	0.74%	0.25%	0.43%	0.22%	5.55%
北京 Beijing	106191	438	274	79	125	6965
天津 Tianjin	70884	108	119	33	46	2686
河北 Hebei	451822	1855	7	2	97	29270
山西 Shanxi	299596	65	81	4	14	1172
内蒙古 Inner Mongolia	147522	47624	7	3	297	11257
辽宁 Liaoning	202058	5701	41	66	2695	37183
吉林 Jilin	139606	1697	3	1	10699	11400
黑龙江 Heilongjiang	202584	1466	2	4	4460	8759
上海 Shanghai	132442					1495
江苏 Jiangsu	503081	78	94	163	32	1955
浙江 Zhejiang	369696	18			12	1507
安徽 Anhui	413056	3	6			4281
福建 Fujian	253223	36	10		8	3966
江西 Jiangxi	353813	165	30	3	12	2111
山东 Shandong	725850	112	2	1	86	5115
河南 Henan	676692	910	22	29	15	10664
湖北 Hubei	440436	145	109	1145	31	18729
湖南 Hunan	389086	41	120	49	9	35764
广东 Guangdong	448935	69	23	138	37	2208
广西 Guangxi	153918					101314
海南 Hainan	41137	92			8	3677
重庆 Chongqing	156086	44	81	6	5	11524
四川 Sichuan	464066	196	4770	5	14	8789
贵州 Guizhou	102941	384	8	16	5	72390
云南 Yunnan	123799	169	721		13	47122
西藏 Tibet	4880	12	8942			324
陕西 Shaanxi	337671	82	19	2	18	2056
甘肃 Gansu	199299	123	2005	3	10	6934
青海 Qinghai	22524	750	4282		1	4985
宁夏 Ningxia	39380	127	11	1	6	10416
新疆 Xinjiang	75583	1823	69	35604	17	15132

注:天津、上海报名数为秋季高考报名数,不含春季高考报数

附　　表

Appendixes

国内生产总值

Gross Domestic Product

本表按当年价格计算　　　　单位:亿元

The data in Value terms in this table are calculated at current prices　　　　Unit: in 100 Million Yuan

年 份 Year	国民生产总值 Gross National Product	国内生产总值 Gross Domestic Product								人均国内生产总值(元) Per Capita GDP (Yuan)
		合 计 Total	第一产业 Primary Industry	第二产业 Secondary Industry			第三产业 Tertiary Industry			
				小 计 Subtotal	工 业 Industry	建筑业 Construction	小 计 Subtotal	交通运输仓储邮电通信业 Transportation, Post and Telecommunications	批发和零售贸易餐饮业 Wholesale, Retail & Catering Trade	
1952	679.0	679.0	342.9	141.8	119.8	22.0	194.3	29.0	80.3	119
1953	824.0	824.0	378.0	192.5	163.5	29.0	253.5	35.0	115.5	142
1954	859.0	859.0	392.0	211.7	184.7	27.0	255.3	38.0	120.3	144
1955	910.0	910.0	421.0	222.2	191.2	31.0	266.8	39.0	119.8	150
1956	1028.0	1028.0	443.9	280.7	224.7	56.0	303.4	46.0	131.4	165
1957	1068.0	1068.0	430.0	317.0	271.0	46.0	321.0	49.0	133.0	168
1958	1307.0	1307.0	445.9	483.5	414.5	69.0	377.6	71.0	136.6	200
1959	1439.0	1439.0	383.8	615.5	538.5	77.0	439.7	94.0	145.7	216
1960	1457.0	1457.0	340.7	648.2	568.2	80.0	468.1	104.0	133.1	218
1961	1220.0	1220.0	441.1	388.9	362.1	26.8	390.0	69.2	110.8	185
1962	1149.3	1149.3	453.1	359.3	325.4	33.9	336.9	57.4	80.5	173
1963	1233.3	1233.3	497.5	407.6	365.6	42.0	328.2	55.0	76.1	181
1964	1454.0	1454.0	559.0	513.5	161.1	52.4	381.5	58.4	94.0	208
1965	1716.1	1716.1	651.1	602.2	546.5	55.7	462.8	77.4	118.3	240
1966	1868.0	1868.0	702.2	709.5	648.6	60.9	456.3	85.1	148.1	254
1967	1773.9	1773.9	714.2	602.8	544.9	57.9	456.9	72.3	153.5	235
1968	1723.1	1723.1	726.3	537.3	190.3	47.0	459.5	70.5	138.9	222
1969	1937.9	1937.9	736.2	689.1	626.1	63.0	512.6	84.9	163.6	243
1970	2252.7	2252.7	793.3	912.2	828.1	84.1	547.2	100.2	178.1	275
1971	2426.4	2426.4	826.3	1022.8	926.6	96.2	577.3	108.4	178.3	288
1972	2518.1	2518.1	827.4	1084.2	989.9	94.3	606.5	118.0	194.3	292
1973	2720.9	2720.9	907.5	1173.0	1072.5	100.5	640.4	125.5	211.0	309
1974	2789.9	2789.9	945.2	1192.0	1083.6	108.4	652.7	126.1	206.6	310
1975	2997.3	2997.3	971.1	1370.5	1244.9	125.6	655.7	141.6	175.8	327
1976	2943.7	2943.7	967.0	1337.2	1204.6	132.6	639.5	139.6	147.2	316
1977	3201.9	3201.9	942.1	1509.1	1372.4	136.7	750.7	156.9	213.8	339
1978	3624.1	3624.1	1018.4	1745.2	1607.0	138.2	860.5	172.8	265.5	379
1979	4038.2	4038.2	1258.9	1913.5	1769.7	143.8	865.8	184.2	220.2	417
1980	4517.8	4517.8	1359.4	2192.0	1996.5	195.5	966.4	205.0	213.6	460
1981	4860.3	4862.4	1545.6	2255.5	2048.4	207.1	1061.3	211.1	255.7	489
1982	5301.8	5294.7	1761.6	2383.0	2162.3	220.7	1150.1	236.7	198.6	525
1983	5957.4	5934.5	1960.8	2646.2	2375.6	270.6	1327.5	264.9	231.4	580
1984	7206.7	7171.0	2295.5	3105.7	2789.0	316.7	1769.8	327.1	412.4	692
1985	8989.1	8964.4	2541.6	3866.6	3448.7	417.9	2556.2	406.9	878.4	853
1986	10201.4	10202.2	2763.9	4492.7	3967.0	525.7	2945.6	475.6	943.2	956
1987	11954.5	11962.5	3204.3	5251.6	4585.8	665.8	3506.6	544.9	1159.3	1104
1988	14922.3	14928.3	3831.0	6587.2	5777.2	810.0	4510.1	661.0	1618.0	1355
1989	16917.8	16909.2	4228.0	7278.0	6484.0	794.0	5403.2	786.0	1687.0	1512
1990	18598.4	18547.9	5017.0	7717.4	6858.0	859.4	5813.5	1147.5	1419.7	1634
1991	21662.5	21617.8	5288.6	9102.2	8087.1	1015.1	7227.0	1409.7	2087.0	1879
1992	26651.9	26638.1	5800.0	11699.5	10284.5	1415.0	9138.6	1681.8	2735.0	2287
1993	34560.5	34634.4	6882.1	16428.5	14143.8	2284.7	11323.8	2123.2	3090.7	2939
1994	46670.0	46759.4	9457.2	22372.2	19359.6	3012.6	14930.0	2685.9	4050.4	3923
1995	57494.9	58478.1	11993.0	28537.9	24718.3	3819.6	17947.2	3054.7	4932.3	4854
1996	66850.5	67884.6	13844.2	33612.9	29082.6	4530.5	20427.5	3494.0	5560.3	5576
1997	73142.7	74462.6	14211.2	37222.7	32412.1	4810.6	23028.7	3797.2	6159.9	6053
1998	78017.8	79395.7	14599.6	38691.8	33429.8	5262.0	26104.3	5029.3	6609.6	6392
1999	80422.8	81910.9	14457.2	40417.9	34975.2	5442.7	27035.8	4459.5	6842.3	6534
2000	88189.6	89403.6	14212.0	45487.8	39570.3	5917.5	29703.8	4918.6	7306.9	7078
2001	94346.4	95933.3	14609.9	49069.1	42607.1	6462.0	32254.3	5222.1	7823.5	7543
2002	103553.6	104790.6	16117.3	53540.7	46535.7	7005.0	35132.6	6240.9	8215.3	8184
2003	116603.2	117251.9	17092.1	61274.1	53092.9	8181.3	38885.7	6715.6	9238.1	9101

数据来源:摘自国家统计局《2004 中国统计年鉴》。

各地区国内生产总值(2003年)

Gross Domestic Product by Region (2003)

本表绝对数按当年价格计算,指数按可比价格计算

Absolute figures in this table are calculated at current prices while indices are calculated at comparable prices.

单位:亿元

Unit: in 100 Million Yuan

地区 Region	国内生产总值 Gross Domestic Product							人均国内生产总值(元) Per Capita GDP (Yuan)
	合计 Total	第一产业 Primary Industry	第二产业 Secondary Industry			第三产业 Tertiary Industry		
			小计 Subtotal	工业 Industry	建筑业 Construction	小计 Subtotal	教育、文化艺术和广播电影电视业 Education, Culture, Arts, Radio, Film and Television	
北京 Beijing	3663.10	95.64	1311.86	1032.03	279.83	2255.60	242.66	32061
天津 Tianjin	2447.66	89.66	1245.29	1136.24	109.05	1112.71	100.03	26532
河北 Hebei	7098.56	1064.33	3657.19	3212.96	444.23	2377.04	170.97	10513
山西 Shanxi	2456.59	215.19	1389.33	1192.74	196.59	852.07	88.22	7435
内蒙古 Inner Mongolia	2150.41	420.10	973.94	721.59	252.35	756.38	75.83	8975
辽宁 Liaoning	6002.54	615.80	2898.89	2556.82	342.07	2487.85	157.38	14258
吉林 Jilin	2522.62	486.90	1143.39	929.28	214.11	892.33	80.63	9338
黑龙江 Heilongjiang	4430.00	500.80	2532.45	2248.59	283.86	1396.75	114.91	11615
上海 Shanghai	6250.81	90.64	3130.72	2865.85	264.87	3029.45	215.95	46718
江苏 Jiangsu	12460.83	1106.35	6787.11	6004.65	782.46	4567.37	354.10	16809
浙江 Zhejiang	9395.00	728.00	4941.00	4381.00	560.00	3726.00	311.08	20147
安徽 Anhui	3972.38	732.81	1780.60	1445.60	335.00	1458.97	132.04	6455
福建 Fujian	5232.17	692.94	2492.73	2147.00	345.73	2046.50	147.04	14979
江西 Jiangxi	2830.46	560.00	1227.38	849.32	378.06	1043.08	79.52	6678
山东 Shandong	12435.93	1480.67	6656.85	5860.63	796.22	4298.41	331.09	13661
河南 Henan	7048.59	1239.70	3551.94	3034.14	517.80	2256.95	177.70	7570
湖北 Hubei	5401.71	798.35	2580.58	2254.50	326.08	2022.78	171.66	9011
湖南 Hunan	4638.73	886.47	1794.21	1452.86	341.35	1958.05	219.99	7554
广东 Guangdong	13625.87	1093.52	7307.08	6532.98	774.10	5225.27	264.50	17213
广西 Guangxi	2735.13	652.28	1007.96	813.81	194.15	1074.89	95.65	5969
海南 Hainan	670.93	248.33	151.16	102.52	48.64	271.44	19.37	8316
重庆 Chongqing	2250.56	336.36	977.30	768.37	208.93	936.90	91.41	7209
四川 Sichuan	5456.32	1128.61	2266.06	1771.41	494.65	2061.65	174.53	6418
贵州 Guizhou	1356.11	298.37	579.31	457.12	122.19	478.43	55.58	3603
云南 Yunnan	2465.29	502.84	1069.29	872.14	197.15	893.16	94.04	5662
西藏 Tibet	184.50	40.62	47.99	13.77	34.22	95.89	10.64	6871
陕西 Shaanxi	2398.58	320.03	1133.56	834.76	298.80	944.99	118.01	6480
甘肃 Gansu	1304.60	236.61	607.62	449.81	157.81	460.37	33.40	5022
青海 Qinghai	390.21	46.15	184.26	120.77	63.49	159.80	17.53	7277
宁夏 Ningxia	385.34	55.50	192.00	143.31	48.69	137.84	16.44	6691
新疆 Xinjiang	1877.61	412.90	796.84	571.00	225.84	667.87	72.80	9700

数据来源:摘自国家统计局《2004中国统计年鉴》。

国家财政收支总额及增长速度

Total Government Revenue and Expenditures and Their Increase Rate

年份 Year	财政收入（亿元）Total Revenue (100 million Yuan)	财政支出（亿元）Total Expenditures (100 million Yuan)	收支差额（亿元）Balance (100 million Yuan)	增长速度 Increase Rate（%）	
				财政收入 Total Revenue	财政支出 Total Expenditures
1970	662.90	649.41	13.49	25.8	23.5
1971－1975	3919.71	3917.94	1.77	4.2	4.8
1971	744.73	732.17	12.56	12.3	12.7
1972	766.56	765.86	0.70	2.9	4.6
1973	809.67	808.78	0.89	5.6	5.6
1974	783.14	790.25	－7.11	－3.3	－2.3
1975	815.61	820.88	－5.27	4.1	3.8
1976－1980	5089.61	5282.44	－192.83	7.3	8.4
1976	776.58	806.20	－29.62	－4.8	－1.8
1977	874.46	843.53	30.93	12.6	4.6
1978	1132.26	1122.09	10.17	29.5	33.0
1979	1146.38	1281.79	－135.41	1.2	14.2
1980	1159.93	1228.83	－68.90	1.2	－4.1
1981－1985	7402.75	7483.18	－80.43	11.6	10.3
1981	1175.79	1138.41	37.38	1.4	－7.5
1982	1212.33	1229.98	－17.65	3.1	8.0
1983	1366.95	1409.52	－42.57	12.8	14.6
1984	1642.86	1701.02	－58.16	20.2	20.7
1985	2004.82	2004.25	0.57	22.0	17.8
1986－1990	12280.60	12865.67	－585.07	7.9	9.0
1986	2122.01	2204.91	－82.90	5.8	10.0
1987	2199.35	2262.18	－62.83	3.6	2.6
1988	2357.24	2491.21	－133.97	7.2	10.1
1989	2664.90	2823.78	－158.88	13.1	13.3
1990	2937.10	3083.59	－146.49	10.2	9.2
1991－1995	22442.10	24387.46	－1945.36	16.3	17.2
1991	3149.48	3386.62	－237.14	7.2	9.8
1992	3483.37	3742.20	－258.83	10.6	10.5
1993	4348.95	4642.30	－293.35	24.8	24.1
1994	5218.10	5792.62	－574.52	20.0	24.8
1995	6242.20	6823.72	－581.52	19.6	17.8
1996	7407.99	7937.55	－529.56	18.7	16.3
1997	8651.14	9233.56	－582.42	16.8	16.3
1998	9875.95	10798.18	－922.23	14.2	16.9
1999	11444.08	13187.67	－1743.59	15.9	22.1
2000	13395.23	15886.50	－2491.27	17.0	20.5
2001	16386.04	18902.58	－2516.54	22.3	19.0
2002	18903.64	22053.15	－3149.51	15.4	16.7
2003	21715.25	24649.95	－2934.70	14.9	11.8

数据来源：摘自国家统计局《2004 中国统计年鉴》。

中央财政和地方财政收支总额

Total Revenue and Expenditures of Central and Local Governments

单位:亿元

Unit: in 100 million Yuan

年 份 Year	财政收入 Total Revenue			财政支出 Total Expenditures		
	合计 Total	中央 Central Government	地方 Local Government	合计 Total	中央 Central Government	地方 Local Government
1970	662.90	182.95	479.95	649.41	382.37	267.04
1971-1975	3919.71	576.43	3343.28	3919.44	2125.14	1794.30
1975	815.61	96.63	718.98	820.88	409.40	411.48
1976-1980	5089.61	904.32	4185.29	5282.44	2625.34	2657.10
1976	776.58	98.91	677.67	806.20	377.63	428.57
1977	874.46	113.85	760.61	843.53	393.70	449.83
1978	1132.26	175.77	956.49	1122.09	532.12	589.97
1979	1146.38	231.34	915.04	1281.79	655.08	626.71
1980	1159.93	284.45	875.48	1228.83	666.81	562.02
1981-1985	7402.75	2583.02	4819.73	7483.18	3725.64	3757.54
1981	1175.79	311.07	864.72	1138.41	625.65	512.76
1982	1212.33	346.84	865.49	1229.98	651.81	578.17
1983	1366.95	490.01	876.94	1409.52	759.60	649.92
1984	1642.86	665.47	977.39	1701.02	893.33	807.69
1985	2004.82	769.63	1235.19	2004.25	795.25	1209.00
1986-1990	12280.60	4104.41	8176.19	12865.67	4420.27	8445.40
1986	2122.01	778.42	1343.59	2204.91	836.36	1368.55
1987	2199.35	736.29	1463.06	2262.18	845.63	1416.55
1988	2357.24	774.76	1582.48	2491.21	845.04	1646.17
1989	2664.90	822.52	1842.38	2823.78	888.77	1935.01
1990	2937.10	992.42	1944.68	3083.59	1004.47	2079.12
1991-1995	22442.10	9038.39	13403.71	24387.46	7323.13	17064.33
1991	3149.48	938.25	2211.23	3386.62	1090.81	2295.81
1992	3483.37	979.51	2503.86	3742.20	1170.44	2571.76
1993	4348.95	957.51	3391.44	4642.30	1312.06	3330.24
1994	5218.10	2906.50	2311.60	5792.62	1754.43	4038.19
1995	6242.20	3256.62	2985.58	6823.72	1995.39	4828.33
1996	7407.99	3661.07	3746.92	7937.55	2151.27	5786.28
1997	8651.14	4226.92	4424.22	9233.56	2532.50	7672.58
1998	9875.95	4892.00	4983.95	10798.18	3125.60	7672.58
1999	11444.08	5849.21	5594.87	13187.67	4152.33	9035.34
2000	13395.23	6989.17	6406.06	15886.50	5519.85	10366.65
2001	16386.04	8582.74	7803.30	18902.58	5768.02	13134.56
2002	18903.64	10388.64	8515.00	22053.15	6771.70	15281.45
2003	21715.25	11865.27	9849.98	24649.95	7420.10	17229.85

数据来源:摘自国家统计局《2004 中国统计年鉴》。

人口数及构成

Population and Composition

单位:万人

Unit: in 10,000 persons

年份 Year	年底总人口 Total Population (year-end)	按性别分 By Sex				按城乡分 By Residence			
		男 Male		女 Female		城镇总人口 Urban		农村总人口 Rural	
		人口数 Population	比重(%) Proportion	人口数 Population	比重(%) Proportion	人口数 Population	比重(%) Proportion	人口数 Population	比重(%) Proportion
1978	96259	49567	51.49	46692	48.51	17245	17.92	79014	82.08
1979	97542	50192	51.46	47350	48.54	18495	18.96	79047	81.04
1980	98705	50785	51.45	47920	48.55	19140	19.39	79565	80.61
1981	100072	51519	51.48	48553	48.52	20171	20.16	79901	79.84
1982	101654	52352	51.50	49302	48.50	21480	21.13	80174	78.87
1983	103008	53152	51.60	49856	48.40	22274	21.62	80734	78.38
1984	104357	53848	51.60	50509	48.40	24017	23.01	80340	76.99
1985	105851	54725	51.70	51126	48.30	25094	23.71	80757	76.29
1986	107507	55581	51.70	51926	48.30	26366	24.52	81141	75.48
1987	109300	56290	51.50	53010	48.50	27674	25.32	81626	74.68
1988	111026	57201	51.52	53825	48.48	28661	25.81	82365	74.19
1989	112704	58099	51.55	54605	48.45	29540	26.21	83164	73.79
1990	114333	58904	51.52	55429	48.48	30191	26.41	84142	73.59
1991	115823	59466	51.34	56357	48.66	30543	26.37	85280	73.63
1992	117171	59811	51.05	57360	48.95	32372	27.63	84799	72.37
1993	118517	60472	51.02	58045	48.98	33351	28.14	85166	71.86
1994	119850	61246	51.10	58604	48.90	34301	28.62	85549	71.38
1995	121121	61808	51.03	59313	48.97	35174	29.04	85947	70.96
1996	122389	62200	50.82	60189	49.18	35950	29.37	86439	70.63
1997	123626	63131	51.07	60495	48.93	36989	29.92	86637	70.08
1998	124810	63629	50.98	61181	49.02	37942	30.40	86868	69.60
1999	125909	64189	50.98	61720	49.02	38892	30.89	87017	69.11
2000	126583	65355	51.63	61228	48.37	45844	36.22	80739	63.78
2001	127627	65672	51.46	61955	48.54	48064	37.66	79563	62.34
2002	128453	66115	51.47	62338	48.53	50212	39.09	78241	60.91
2003	129227	66556	51.50	62671	48.50	52376	40.53	76851	59.47

注:总人口和城镇人口中包括中国人民解放军现役军人。

Note: Urban Population include the military personnel of Chinese People's Liberation Army.

各地区分性别的 15 岁及 15 岁以上文盲半文盲人口

Illterate and Semi-Illterate Population Aged 15 and Over by Gender and Region

本表是 2003 年人口变动情况抽样调查样本数据,抽样比为 0.982‰。

单位:人,%(person,%)

地　区 Region	15 岁及 15 岁以上人口 Population Aged 15 & Over			文盲、半文盲人口 Illiterate and Semi-illiterate			文盲半文盲占 15 岁及以上人口比例 Percentage to total Population Aged 15 & Over(%)		
	合　计 Total	男 Male	女 Female	合　计 Total	男 Male	女 Female	合　计 Total	男 Male	女 Female
合　计 Total	**1004154**	**505478**	**498676**	**109955**	**30912**	**79043**	**10.95**	**6.12**	**15.85**
北　京 Beijing	12583	6472	6111	580	127	453	4.61	1.96	7.41
天　津 Tianjin	8566	4201	4365	545	125	420	6.36	2.97	9.62
河　北 Hebei	53791	27172	26620	3955	1150	2805	7.35	4.23	10.54
山　西 Shanxi	25082	12755	12327	1452	425	1026	5.79	3.34	8.32
内蒙古 Inner Mongolia	19223	9815	9408	2628	857	1771	13.67	8.73	18.82
辽　宁 Liaoning	35441	17632	17809	1680	419	1261	4.74	2.38	7.08
吉　林 Jilin	22617	11259	11358	880	302	578	3.89	2.68	5.09
黑龙江 Heilongjiang	31722	16004	15718	1835	538	1298	5.79	3.36	8.26
上　海 Shanghai	14646	7304	7342	861	157	705	5.88	2.14	9.60
江　苏 Jiangsu	60549	29480	31069	8753	2168	6585	14.46	7.35	21.19
浙　江 Zhejiang	38534	19292	19242	5096	1459	3638	13.23	7.56	18.90
安　徽 Anhui	48983	24798	24186	6694	1925	4769	13.67	7.76	19.72
福　建 Fujian	26935	13505	13430	3650	826	2825	13.55	6.11	21.03
江　西 Jiangxi	32045	16118	15927	2644	662	1982	8.25	4.11	12.44
山　东 Shandong	73300	36226	37074	10020	2626	7394	13.67	7.25	19.94
河　南 Henan	73564	37159	36405	6773	1907	4866	9.21	5.13	13.37
湖　北 Hubei	46673	23525	23148	5522	1357	4165	11.83	5.77	17.99
湖　南 Hunan	52835	27187	25647	4476	1227	3249	8.47	4.51	12.67
广　东 Guangdong	57083	28411	28672	4308	869	3439	7.55	3.06	12.00
广　西 Guangxi	37377	19275	18102	3309	826	2483	8.85	4.28	13.72
海　南 Hainan	6026	3121	2905	549	126	423	9.11	4.05	14.56
重　庆 Chongqing	24945	12503	12442	2095	552	1543	8.40	4.42	12.40
四　川 Sichuan	68569	34325	34244	8046	2424	5622	11.73	7.06	16.42
贵　州 Guizhou	28111	14350	13760	5533	1718	3815	19.68	11.97	27.72
云　南 Yunnan	32286	16808	15478	6941	2327	4614	21.50	13.84	29.81
西　藏 Tibet	1927	890	1036	1057	408	649	54.86	45.82	62.63
陕　西 Shaanxi	28725	14531	14194	3421	1092	2329	11.91	7.51	16.41
甘　肃 Gansu	19739	10066	9673	4013	1429	2584	20.33	14.20	26.71
青　海 Qinghai	3937	1981	1957	924	280	643	23.45	14.15	32.88
宁　夏 Ningxia	4163	2094	2069	731	220	511	17.57	10.52	24.69
新　疆 Xinjiang	14178	7220	6957	984	384	600	6.94	5.32	8.62

注:本表“文盲、半文盲人口”指 15 岁及 15 岁以上不识字及识字很少人口。

Note: Illiterate and semi-illiterate population in this table refers to the population aged 15 and over, who are unable or very difficult to read.

各地区按性别和受

Population by Gender, Educational

本表是 2003 年人口变动情况抽样调查样本数据，抽样比为 0.982‰。

地　　区 Region	6 岁及 6 岁以上人口 Population Aged 6 and Over			不识字或识字很少 Illterate		
	合　计 Total	男 Male	女 Fernale	合　计 Total	男 Male	女 Fernale
全　国 National Total	**1182247**	**600593**	**581653**	**114500**	**33359**	**81141**
北　京 Beijing	13595	6989	6606	594	134	460
天　津 Tianjin	9550	4702	4848	564	134	430
河　北 Hebei	62686	31800	30887	4080	1212	2868
山　西 Shanxi	30367	15507	14860	1550	476	1074
内蒙古 Inner Mongolia	22221	11354	10867	2733	907	1825
辽　宁 Liaoning	39692	19802	19891	1795	474	1322
吉　林 Jilin	25568	12799	12769	1022	383	639
黑龙江 Heilongjiang	35942	18212	17730	1934	592	1342
上　海 Shanghai	15698	7840	7858	887	171	716
江　苏 Jiangsu	69585	34335	35250	8951	2270	6681
浙　江 Zhejiang	43420	21904	21516	5217	1532	3684
安　徽 Anhui	58913	30153	28760	6810	1988	4822
福　建 Fujian	32243	16393	15850	3754	887	2867
江　西 Jiangxi	38534	19662	18871	2731	715	2017
山　东 Shandong	83824	41811	42013	10243	2753	7490
河　南 Henan	88402	45453	42949	6925	1985	4940
湖　北 Hubei	56338	28633	27705	5596	1392	4204
湖　南 Hunan	61285	31681	29604	4567	1279	3288
广　东 Guangdong	71928	36389	35539	4800	1170	3629
广　西 Guangxi	44290	23111	21179	3570	983	2587
海　南 Hainan	7371	3886	3485	605	158	447
重　庆 Chongqing	28968	14658	14310	2230	630	1600
四　川 Sichuan	80344	40564	39780	8509	2656	5853
贵　州 Guizhou	34629	17857	16771	5846	1887	3959
云　南 Yunnan	38942	20304	18639	7254	2482	4772
西　藏 Tibet	2426	1154	1272	1089	423	666
陕　西 Shaanxi	34371	17532	16839	3542	1161	2381
甘　肃 Gansu	23934	12258	11676	4176	1503	2673
青　海 Qinghai	4781	2429	2352	1015	327	688
宁　夏 Ningxia	5131	2600	2530	778	240	538
新　疆 Xinjiang	17268	8823	8445	1134	454	679

注：本表数据摘自《2004 中国统计年鉴》。

教育程度分的人口

Level and Region

单位：人

Unit: in Person

小　学 Primary School			初　中 Junior Secondary School			高　中 Senior Secondary School			大专以上 College and Higher Level		
合　计 Total	男 Male	女 Fernale	合　计 Total	男 Male	女 Fernale	合　计 Total	男 Male	女 Fernale	合　计 Total	男 Male	女 Fernale
395118	**193215**	**201903**	**449693**	**246547**	**203146**	**158060**	**89289**	**68771**	**64875**	**38183**	**26692**
2001	925	1076	4796	2698	2098	3446	1726	1720	2758	1506	1252
2149	1023	1125	3597	1868	1729	2204	1114	1090	1037	562	474
18837	9124	9713	27200	14522	12678	8433	4666	3766	4138	2276	1861
9108	4326	4782	14220	7633	6588	3855	2178	1676	1634	893	740
6815	3366	3449	8396	4729	3666	3062	1683	1380	1214	668	545
10161	4816	5346	17990	9333	8658	6185	3234	2951	3561	1945	1614
7695	3689	4006	10822	5643	5178	4389	2184	2205	1642	900	742
10424	4911	5513	16778	8974	7804	5042	2738	2305	1762	996	766
2112	933	1179	5521	2832	2689	4560	2383	2177	2617	1520	1097
21505	10382	11123	25753	13742	12012	9922	5813	4109	3454	2129	1326
14520	7264	7256	15031	8276	6756	5973	3237	2736	2679	1596	1084
19469	9357	10112	22841	12993	9847	6899	4089	2810	2894	1725	1170
11770	5670	6100	10879	6260	4619	4336	2580	1756	1504	997	509
12776	5901	6875	14360	7810	6550	6245	3668	2577	2421	1569	853
23462	10925	12536	34149	18826	15323	11370	6498	4871	4601	2806	1793
26922	13022	13900	41081	22551	18529	10646	6215	4431	2829	1680	1149
18440	8938	9502	21441	11967	9473	7799	4509	3290	3063	1828	1236
21357	10588	10769	23521	12810	10711	8959	5270	3688	2881	1734	1147
27565	12960	14605	26240	14239	12001	9679	5792	3887	3645	2229	1417
17143	8488	8656	16581	9556	7025	4996	2864	2132	2000	1219	780
2377	1163	1214	2754	1528	1226	1209	749	461	426	289	138
11818	5953	5865	10657	5754	4903	3219	1710	1509	1045	611	433
32491	16490	16000	27761	14864	12897	8580	4742	3838	3004	1811	1192
14108	7400	6708	9841	5818	4024	3003	1665	1338	1831	1089	742
20218	10714	9503	8856	5563	3294	1902	1136	767	712	409	302
993	542	451	258	146	111	66	33	34	20	10	10
10443	5090	5353	12419	6730	5689	5775	3237	2538	2192	1314	878
8589	4289	4300	7128	4012	3115	2980	1797	1183	1062	657	405
1683	910	773	1311	768	542	530	284	246	242	139	102
1815	906	909	1594	918	676	660	370	290	284	168	117
6354	3150	3204	5920	3184	2735	2135	1125	1010	1726	909	817